Stefan Dittrich

Das
große
QBasic
Buch

DATA BECKER

Copyright	© 1992 by DATA BECKER GmbH
	Merowingerstr. 30
	4000 Düsseldorf 1
	1. Auflage 1992
Lektorat	Peter Meisner
Schlußredaktion	Susanne Klinkmann
Umschlaggestaltung	Werner Leinhos
Textverarbeitung und Gestaltung	Cornelia Dörr
Text verarbeitet mit	Word 5.0, Microsoft
Belichtung	MAC, Studio für Satz und Design GmbH, Düsseldorf
Druck und buchbinderische Verarbeitung	Mohndruck, Gütersloh

ISBN 3-89011-574-8

Wichtiger Hinweis

Vorwort

Nachdem nun endlich das alte GW-BASIC durch eine völlig neue BASIC-Variante abgelöst wurde, ist es auch an der Zeit, die sich dadurch eröffnenden Möglichkeiten vorzustellen. Das Buch, welches Sie nun in Händen halten, wendet sich an alle QBasic-interessierten Leser, um ihnen das beeindruckende Beilage-Werkzeug zu MS-DOS 5.0 näherzubringen.

QBasic ist so vielseitig, daß es nicht einfach als verbesserte GW-BASIC-Version angesehen werden kann. Dennoch liegt dem DOS-Paket leider keine Beschreibung bei, wodurch zu befürchten ist, daß QBasic weniger Beachtung findet als es verdient.

Diese Lücke soll das vorliegende QBasic-Buch schließen und das ganze Thema QBasic vor Ihnen ausbreiten.

Es enthält neben umfangreichen Einblicken in die Programmierpraxis mit QBasic einen grundlegenden Einsteigerteil, der Sie schrittweise in die Programmierung einführt sowie ausführliche Referenzlisten und -Tabellen. Unabhängig von Ihren Vorkenntnissen werden Sie in die Lage versetzt, fast beliebige Programmideen zu realisieren.

Ich möchte an dieser Stelle besonders den Herren Frank Schepers und Bernd Zoller meinen Dank ausdrücken, die durch die Erstellung des Referenzteils das Buch vervollständigt und abgerundet haben.

Außerdem finden Sie im Buch eine Diskette, auf der die diversen Programmbeispiele und -Tips enthalten sind, die im Buch beschrieben werden. Hierdurch ist es für Sie noch leichter, die gewonnenen Kenntnisse direkt in eigene Programmideen einzubauen.

Doch nun möchte ich Sie nicht weiter aufhalten, sondern wünsche Ihnen viel Spaß und Erfolg mit QBasic und diesem Buch.

Stefan Dittrich   *Hilden, April 1992*

Inhaltsverzeichnis

1

Das Grundkonzept der QBasic-Programmierung

Sollten Sie bereits in einer anderen BASIC-Variante Ihre Erfahrungen mit dieser Sprache gesammelt haben (z.B. GW-BASIC), wird es reichen, wenn Sie diesen Teil nur überfliegen. Es ist aber auch dann sehr empfehlenswert, die Zusammenfassungen am Ende jedes Kapitels durchzusehen, weil QBasic bestimmt einige Fähigkeiten mehr hat als das Ihnen bekannte BASIC.

Kapitel 2 gibt Ihnen einen Überblick über das Werkzeug QBasic. Hier werden die mit DOS gelieferten Programme und Dateien betrachtet, die dazugehören und ein Blick auf die Beispielprogramme geworfen. Danach wird QBasic gestartet und die einzelnen Elemente erläutert, die sich hier bieten, etwa die Menüs, der Editor und das Hilfesystem von QBasic. Den Abschluß dessen bildet die Eingabe und das Ausprobieren Ihres ersten Programmes.

Kapitel 3 enthält die Grundüberlegungen, die beim Schritt in die Programmierpraxis auftreten. Begriffe wie Programme, Daten und Strukturierung sind danach keine Fremdworte mehr.

Die vielfältigen Erscheinungsformen von Daten und wie QBasic damit umgehen kann beschreibt Kapitel 4. Hier werden Sie mit der Theorie und Praxis der Datentypen und Variablen vertraut gemacht, was Sie bei der Programmierung auch ständig brauchen werden.

Mit der Ein- und Ausgabe von Daten beschäftigt sich Kapitel 5. Hier erfahren Sie, wie Sie Eingaben in ein Programm vornehmen können und wie QBasic seine Ergebnisse und Informationen auf den Bildschirm und Drucker bringen kann.

In Kapitel 6 beginnt die eigentliche Datenverarbeitung. Hier lernen Sie, wie in einem Programm Entscheidungen getroffen und Wiederholungen programmiert werden.

Kapitel 7 beschäftigt sich mit der Möglichkeit, ein Programm in verschiedene Bereiche aufzuteilen. Zusammengehörende Aufgaben eines Programmes werden dort in einzelne Programmteile wie Unterprogramme und Funktionen untergliedert, was die Programmierung und das Nachvollziehen der Programmfunktionen enorm erleichtern kann. Dieses Kapitel ist besonders wichtig, wenn Sie bisher mit GW-BASIC gearbeitet haben.

1. Einleitung

Es spielt eigentlich keine Rolle, ob Sie durch das neue QBasic auf die Sprache BASIC aufmerksam und neugierig geworden sind oder bereits mit anderen BASIC-Varianten, etwa GW-BASIC, oder auch auf anderen Rechnertypen Programme geschrieben haben und diese nun in QBasic umsetzen und weiterentwickeln wollen. Wenn Sie in erster Linie einmal selbst das Programmieren eines Computers ausprobieren wollen, sind Sie mit diesem Buch ebenso gut bedient wie der versierte Fortgeschrittene, für den BASIC ein alter Bekannter ist. QBasic bietet für jeden etwas, sei es die einfache Bedienbarkeit oder der mächtige Funktionsumfang, woran sich der Aufbau des Buches orientiert.

QBasic für wen?

Der Umsteiger von GW-BASIC wird sehr wenig Probleme haben, seine Programme unter QBasic laufen zu lassen. Die meisten Programme laufen unverändert auch dort, allerdings bedeutend schneller. Die möglichen Probleme bei der Umsetzung und vielleicht auch Optimierung von GW-BASIC-Programmen in QBasic beschreibt auch das Kapitel 23 des Buches. Dort wird auch beleuchtet, wo die Grenzen von QBasic liegen und wie bzw. womit sie überwunden werden können (z.B. durch den Aufstieg auf den großen Bruder QuickBASIC).

GW-BASIC

Neben dem QBasic-Programm selbst (QBASIC.EXE) sind nach der Installation von DOS auch eine Hilfedatei (QBASIC.HLP), eine Initialisierungsdatei (QBASIC.INI, nach dem ersten Aufruf) sowie einige Beispielprogramme im DOS-Verzeichnis zu finden. Hierbei handelt es sich neben zwei Spielen um sinnvolle QBasic-Programme, mit denen Sie richtig arbeiten können. In Kapitel 2.1 finden Sie die Beschreibungen der Programme.

Lieferumfang

Das Ziel des Buches ist zunächst einmal, Sie in die BASIC-Programmierung einzuführen. Hier werden die grundlegenden Elemente eines Programmes erläutert und am speziellen Beispiel QBasic vorgeführt, wobei jeweils am Ende dieser Kapitel - sofern es sich anbietet - eine Zusammenfassung vorgenommen wird.

Ziel des Buches

Im zweiten und dritten Teil des Buches werden anhand einiger exemplarischer Beispiele die verschiedensten Einsatzgebiete von QBasic erläutert, ohne über die vermittelte Theorie die tägliche Programmierpraxis zu vernachlässigen. Sie finden neben den Erläuterungen der notwendigen Grundlagen viele kleine Programmierideen und Tricks, mit denen Sie leicht eigene Vorstellungen in die Praxis, sprich in QBasic-Programme, umsetzen können.

Aufgaben und
Zusammen-
fassungen

Am Ende der jeweiligen Kapitel werden Sie Zusammenfassungen und auch Aufgaben finden. Diese Aufgaben sind kleine Programmteile, die Sie selbst erstellen sollen. Selbstverständlich werden Sie bei der Lösung der Aufgaben nicht alleine gelassen, sondern können im Anhang nachschlagen - dort sind alle Lösungen aufgeführt.

Der vierte Teil des Buches enthält schließlich eine komplette Übersicht über die QBasic-Befehle und -Funktionen sowie Fehlermeldungen und Interrupt-Funktionen, damit Sie auch später immer wieder schnell nachschlagen können. Danach werden im Anhang die Lösungen zu den im Buch enthaltenen Aufgaben aufgeführt. Ein Glossar, wichtige Tabellen und das Stichwort-Verzeichnis runden das Buch ab.

Ikons und
Marginaleinträge

Für den schnellen Zugriff auf den Text können Sie sich neben dem Index und dem Inhaltsverzeichnis auch der Texteinträge in der Marginalspalte bedienen. Einige Ikons weisen Sie unmittelbar auf wichtige Punkte hin.

 Wichtige Sachverhalte

 Thematische Querverweise auf andere Kapitel

 Kleine oder größere Praxisbeispiele

 Warnung vor Fehlern und Gefahren

 Das folgende Programm und seine SUBs und FUNCTI-ONs finden Sie unter dem aufgeführten Namen auf der Diskette.

Praxis

Damit auch die Erfolgserlebnisse nicht zu kurz kommen, werden im Verlauf des Buches fertige Routinen sowie auch ganze Programme vorgestellt, die klein, aber wirksam sind. Diese Programme sind meist mehr als nur ein Beispiel, weil sie oft auch in der Praxis einsetzbar sind. Ich habe dabei versucht, den richtigen Mittelweg zwischen kurzen und dennoch vollständigen Programmen zu finden, damit Sie sie leicht nachvollziehen und weiterentwickeln können.

Im Buch enthalten ist eine Diskette, auf der die besprochenen Programmbeispiele und Übungen enthalten sind. Sie können die dort enthaltenen Dateien auf Ihre Festplatte kopieren und danach in QBasic einladen und ausprobieren. Eine Übersicht über die dort enthaltenen Programme finden Sie in Kapitel 24. Einige Komplettprogramme sind von uns kompiliert worden (EXE-Dateien) und können direkt von der Kommandozeilenebene aufgerufen werden.

Die Diskette im Buch

Mehr zur Installation und zum Inhalt der Diskette im Buch erfahren Sie im Kapitel 24.

Nicht alle zwei- oder dreizeiligen Kurzprogramme wurden auf die Diskette übernommen, weil vor allem im ersten Teil des Buches der Einsteiger auch die Arbeit mit dem Editor kennenlernen soll. Jedoch alle größeren Programmprojekte des zweiten und dritten Teils finden Sie auf der Diskette, und zwar unter Dateinamen, die auch im Buch neben dem Programmlisting stehen. Zusätzlich zeigt Ihnen das Diskettensymbol sofort, ob dieses Listing auch auf der Diskette enthalten ist.

Nach der Lektüre dieses Buches und ein wenig praktischer Erfahrung sind Sie in der Lage, die unterschiedlichsten Programme zu entwickeln. Da sich QBasic sicherlich mit DOS 5 sehr weit verbreiten wird, können Sie solche Programme auch weitergeben und anderen zur Verfügung stellen.

Ausblick

Sollten Ihre Projekte allerdings sehr große Dimensionen annehmen, wird der Einsatz eines Übersetzungsprogrammes sinnvoll, der ein QBasic-Programm in ein direkt ausführbares Programm (EXE-Datei) übersetzt. Ein solcher Übersetzer, ein Compiler, ist zwar leider nicht im Lieferumfang von QBasic enthalten, jedoch in Verbindung mit QBasics großem Bruder QuickBASIC erhältlich. Mit diesem System können Sie Ihre QBasic-Programme unverändert weiterverarbeiten, dessen zusätzliche Möglichkeiten nutzen oder einfach nur die Übersetzung vornehmen. Sie haben mit QBasic also ein System gewählt, welches nicht nur den meisten Anforderungen genügt, sondern außerdem ausbaubar ist: Ein System mit Zukunft!

2. Der erste Kontakt mit QBasic

Sie haben sich also nun entschlossen, in die Geheimnisse der BA-SIC-Programmierung einzudringen. Wie Sie sehr bald sehen, ist dies eine gute Entscheidung, weil kaum eine andere Programmiersprache so einfach und schnell zu erlernen ist und zu Erfolgserlebnissen führt.

In den folgenden Kapiteln werden wir uns schrittweise mit den Grundlagen von QBasic und eines QBasic-Programmes sowie den wichtigsten Elementen der Sprache beschäftigen. Sollten Sie bereits einmal in einer anderen Sprache oder auch in BASIC programmiert haben, wird Ihnen das eine oder andere sicherlich bekannt vorkommen. In einem solchen Fall können Sie getrost das betreffende Kapitel überschlagen.

Am Ende jedes Kapitels wird eine Zusammenfassung vorgenommen. Auch wenn Sie mit dem Inhalt des Kapitels grundsätzlich vertraut sind, sollten Sie sich diese Zusammenfassungen ansehen. Dadurch ist sichergestellt, daß Sie im weiteren Verlauf des Buches nicht auf größere Überraschungen stoßen.

2.1 Was gehört zu QBasic?

Wenn Sie MS DOS 5.0 auf Ihrem Rechner installiert haben, ist auch QBasic auf die Festplatte oder auf eine Arbeitsdiskette kopiert worden. Neben der großen Zahl der DOS-Programme liegen somit auch einige Dateien vor, die speziell zu QBasic gehören. Wir werden nun einen Blick auf diese Dateien werfen.

Wenn Sie DOS auf Ihrer Festplatte installiert haben, liegen alle Dateien üblicherweise in einem Unterverzeichnis namens DOS. Es finden sich hier eine große Menge an Dateien, die überwiegend natürlich zu DOS selbst gehören. Um die zu QBasic gehörenden Dateien, die nun betrachtet werden, zu finden, geben Sie auf der Kommandozeilenebene den folgenden DOS-Befehl ein:

```
DIR \DOS\QBASIC.*
```

Hier wird im DOS-Verzeichnis nach allen Dateien gesucht, deren Name mit QBASIC beginnt. Sie sehen dann die Programmdatei QBASIC.EXE sowie die Hilfedatei QBASIC.HLP. Sollten Sie schon einmal mit QBasic gearbeitet und dort bestimmte Einstellungen vorgenommen haben, wird außerdem noch die Einstellungsdatei QBASIC.INI angezeigt.

```
DIR \DOS\*.BAS
```

Diese Zeile sucht alle BASIC-Dateien heraus und zeigt sie an. Sie erhalten eine Liste mit allen mitgelieferten Beispielprogrammen, die im folgenden kurz betrachtet werden.

2.1.1 Die Programmdatei QBASIC.EXE

Zunächst wäre hier natürlich QBasic selbst zu nennen, welches als Programmdatei namens QBASIC.EXE auftaucht. Wenn Sie in DOS den Befehl

```
QBASIC
```

eingeben, wird dieses Programm geladen und gestartet. Hierin ist alles enthalten, was Sie für die Eingabe und Ausführung Ihrer BASIC-Programme benötigen. Eine eingehende Betrachtung der einzelnen Elemente von QBasic finden Sie in den folgenden Kapiteln.

2.1.2 Die Hilfedatei QBASIC.HLP

Da bei DOS leider kein Handbuch über QBasic beiliegt, ist zumindest eine Art Kurzhandbuch im Lieferumfang enthalten. In der Datei QBASIC.HLP sind etliche Informationen über QBasic und seine Elemente zusammengefaßt. Diese Informationen können zwar nicht einfach mit einer Textverarbeitung geladen und gedruckt werden, stehen aber bei der Arbeit mit QBasic auf Tastendruck zur Verfügung. Mehr über dieses QBasic-Hilfesystem erfahren Sie im gleichnamigen Kapitel.

2.1.3 Die INI-Datei QBASIC.INI

Diese Datei enthält Voreinstellungen, die bei jedem Start von QBasic mit aufgerufen werden. Zu ihr gehört beispielsweise die Farbeinstellung des Bildschirms. Existiert sie noch nicht, wird sie beim ersten Aufruf von QBasic erstellt.

2.1.4 Die Beispielprogramme

Damit Sie mit dem QBasic-Interpreter nicht völlig ohne Beispiel
dastehen, werden von Microsoft einige Beispielprogramme mitgeliefert. Es handelt sich dabei um Dienstprogramme und auch
Spiele, die in diesem Kapitel jeweils kurz erläutert werden sollen.
Um diese Programme zum Einstieg in QBasic kennenzulernen,
geben Sie folgenden Befehl ein:

```
QBASIC /RUN Dateiname
```

also z.B.

```
QBASIC /RUN REMLINE.BAS
```

Das Dienstprogramm REMLINE.BAS

Dieses Programm dient dazu, aus einem mit Zeilennummern ver-
sehenen BASIC-Programm alle nicht benötigten Zeilennummern
zu entfernen. Ein solches Programm kann beispielsweise ein be-
stehendes GW- oder PC-BASIC-Programm sein, welches mit der
Option ‚A abgespeichert wurde. Da GW-BASIC Zeilennummern-
orientiert ist, steht in einem solchen Programm vor jeder Zeile eine
Nummer. Soll ein solches Programm in QBasic übernommen und
dort weiterbearbeitet werden, sind die meisten Zeilennummern
nicht mehr notwendig und stören.

*Umwandeln von
GW-BASIC-
Programmen*

Mit *REMLINE* (Remove Linenumbers) wird eine BASIC-Datei
eingelesen und nach Verweisen auf Zeilennummern durchsucht.
Danach wird in eine anzugebende andere Datei jede Programmzeile ohne die Zeilennummer geschrieben, es sei denn, die
Zeilennummer wird im Programm z.B. durch einen *GOTO*-Befehl
referenziert. In einem solchen Fall bleibt die Zeilennummer erhalten.

Weitere Hinweise auf die Verwendung dieses Programmes finden
Sie in Kapitel 23.

Die Kontenverwaltung MONEY.BAS

Das Programm MONEY.BAS stellt ein Programm dar, mit dem
Ein- und Ausgabekonten verwaltet werden können. Es ist zwar
leider in englischer Sprache, jedoch mit vielen interessanten
Funktionen ausgestattet. Die programmtechnischen Spezialitäten
dieses Programmes sind vor allem die Pulldown-Menüs und die
Scroll-Funktionen, die die Tabellen nach oben und unten ver-

Konten verwalten

schieben. Auf beide dieser Funktionen wird in späteren Kapiteln noch genauer eingegangen. Das Programm präsentiert sich nach dem Start mit einer Menüzeile am oberen Bildrand, einem mit Punkten gefüllten Arbeitsbereich und einer Hilfezeile unten. Einer der Menüpunkte wird dabei invertiert dargestellt. Diese Marke kann nun mit den Pfeiltasten ⊡ und ⊡ verschoben werden und mit ⊡ oder ⎡Return⎤ kann das dazugehörige Pulldown-Menü angezeigt werden. So erscheint das *Colors*-Menü, in dem die Farbverteilungen des Bildes eingestellt werden können, folgendermaßen:

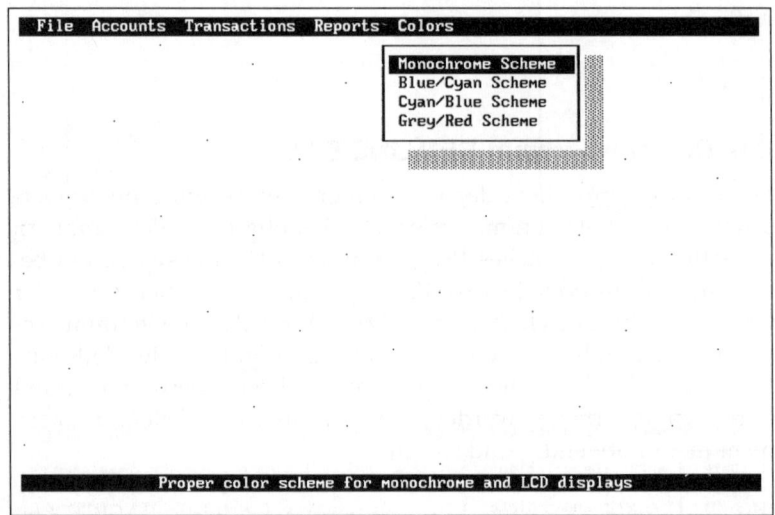

Abb. 1: Colors-Menü von MONEY.BAS

Die Menüs von   Die Einträge der einzelnen Menüs und deren Funktion sind fol-
MONEY.BAS   gende:

File (Datei)

Dieses Menü enthält nur den Eintrag *Exit*, mit dem das Programm beendet wird.

Accounts (Konten)

Mit dem einzigen Eintrag dieses Menüs, *Edit Account Titles*, können Sie die zu verwaltenden Konten erfassen. Hierbei bleibt es Ihnen überlassen, ob Sie einfach nur bestehende Privatkonten oder die Ein- und Ausgabekonten einer Buchführung eingeben. Die Eingabemaske enthält pro Eintrag eine laufende Nummer (*No*), den Kontennamen (*Account Title*), eine Kontenbeschreibung (*De-*

scription) und eine Kennung für Ein- oder Ausgabenkonto (*A* für *Asset* bzw. Aktiva und *L* für *Liability* bzw. Belastung).

```
 File  Accounts  Transactions  Reports  Colors                    Edit Accounts

    |                                                              |Ass
 No | Account Title     Description                                |Lia

   1|Sparkassen-Konto   Konto SSK Hilden Nummer 123456             | A
   2|Post-Giro          Giro bei PGA Essen Nummer 7654-321         | A
   3|
   4|
   5|
   6|
   7|
   8|
   9|
  10|
  11|
  12|
  13|
  14|
  15|
  16|
  17|
  18|

              Hit <F2> save changes, or <Escape> to abort
```

Abb. 2: Accounts-Maske von MONEY.BAS

Transactions (Kontenbewegungen, Buchungen)

```
 File  Accounts  Transactions  Reports  Colors              Sparkassen-Konto

   Date  | Ref# | Description            | Increase | Decrease | Balance

  1.1.91 | 1    | Januar-Miete           |          | 1,000.00 | -1,000.00
 31.1.91 | 1    | Gehalt Januar          | 3,000.00 |          |  2,000.00
  1.2.91 | 2    | Februar-Miete          |          | 1,000.00 |  1,000.00
 28.2.91 | 2    | Februar-Gehalt         | 3,000.00 |          |  4,000.00




    <F2> Save & Exit    <F9> Insert Transaction    <F10> Delete Transaction
```

Abb. 3: Transaktionen in MONEY.BAS

In diesem Menü werden alle eingegebenen Konten aufgeführt. Sie können hier eines auswählen, auf dem die Buchungen stattfinden sollen.

Reports (Ausdrucke, Journale)

Hier werden ebenfalls alle verfügbaren Konten aufgeführt, angeführt von dem Eintrag *Net Worth Report*, mit dem eine Übersicht über alle Konten ausgegeben wird. Wählen Sie hier ein Konto aus, wird eine Gesamtliste aller Bewegungen dieses Kontos ausgedruckt. Alle Ausgaben dieses Menüs werden sofort gedruckt, so daß Sie den Drucker vorher einschalten sollten.

Colors (Farben)

Hier können Sie aus vier verschiedenen Farbschemen eines auswählen, wodurch die gesamte Darstellung des Programmes eingestellt werden kann. Falls Sie über einen monochromen Bildschirm bzw. eine solche Bildschirmkarte verfügen, sollten Sie den Eintrag *Monochrome Scheme* wählen, andernfalls bleibt die Auswahl Ihrem Geschmack überlassen.

Das GORILLA-Spiel

Dieses Spiel läuft leider nur mit einer Farbgrafik-Karte (CGA, EGA oder VGA) und stellt eine Variante des beliebten Spieles dar, in dem zwei Burgen auf einer bergigen Landschaft abwechselnd mit Kanonen aufeinander schießen. In dieser Variante ist mit sehr schöner Grafik eine Skyline-Szenerie dargestellt, auf der zwei Gorillas sich mit Bananen bewerfen.

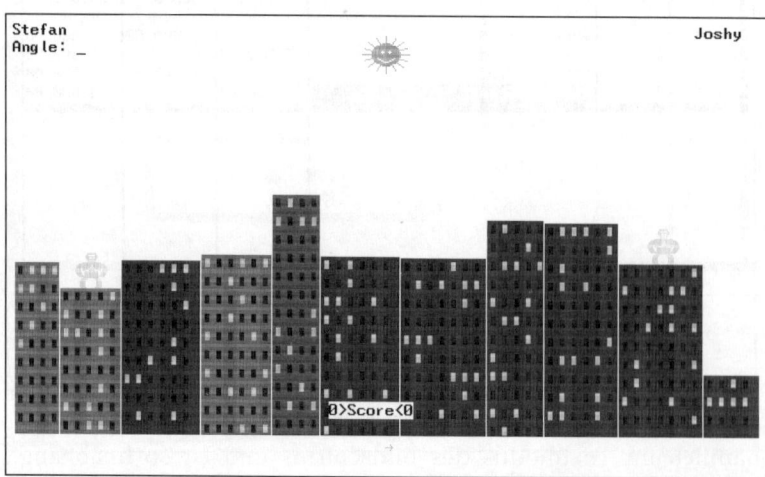

Abb. 4: GORILLA.BAS

Fliegende
Bananen

Im Verlauf des Spiels muß jeder Spieler abwechselnd einen Winkel und die Kraft eingeben, mit der die Banane geworfen werden soll. Der Flug der sich drehenden Banane ist abhängig von diesen Werten, dem am unteren Bildrand angezeigten Wind und der Erdanziehung, die bei Spielbeginn eingegeben werden kann. Es ist schön, zu beobachten, wie diese Banane fliegt und auch, wie die Sonne reagiert, falls sie getroffen wird...

Das NIBBLES-Spiel

Dieses Spiel für eine bis zwei Person(en) ist ein Geschicklichkeits- und Reaktionsspiel, in dem es darum geht, mit einer über den Bildschirm laufenden Schlange pro Spieler zufällig auf dem Bildschirm erscheinende Ziffern zu treffen. Nach jedem erfolgreichen "Fressen" einer solchen Ziffer wird die betreffende Schlange länger. Das Problem dabei ist aber, daß die Schlange nichts anderes als die Ziffer treffen darf, weil sonst die Spielrunde beendet ist. Bei zwei Spielern und entsprechend langen Schlangen wird es auf dem Bildschirm recht eng, was das Spiel erst richtig interessant macht!

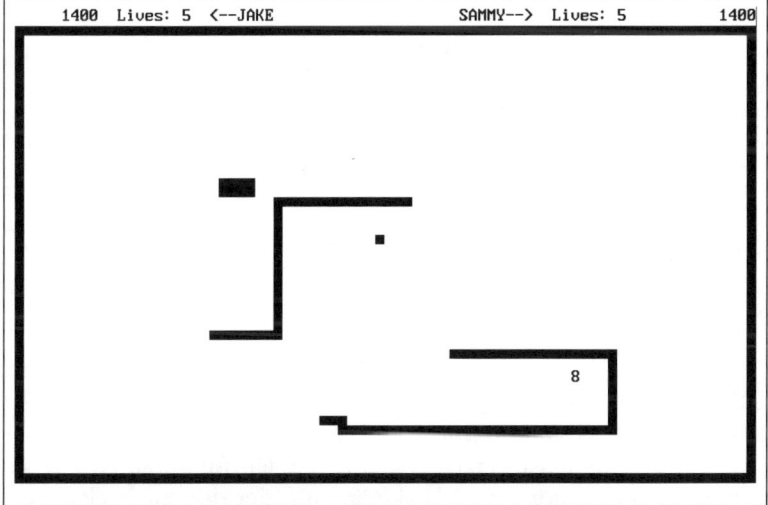

Abb. 5: NIBBLES.BAS

In diesem Programm ist eine interessante Technik eingesetzt worden, um den Bildschirm voll auszureizen. Das gesamte Spiel läuft nämlich im Textmodus des Bildschirms und ist so unabhängig von der eingesetzten Bildschirmkarte. Der Nachteil dieses Moduls ist aber, das eigentlich nur 80 mal 25 Zeichen auf dem Bildschirm darstellbar sind, was ein recht kleines Spielfeld bedeutet. Durch die geschickte Verwendung der IBM-Grafikzeichen in der SUB *SET* wird diese Auflösung jedoch scheinbar verdoppelt, indem

pro Zeichen der obere und der untere Teil mit dem Grafikzeichen
CHR$(220) und *CHR$(223)* einzeln dargestellt werden. Hierdurch
wird eine Verdoppelung der ansteuerbaren Zeichenanzahl erreicht!

Um in dem Fall, daß im selben physikalischen Zeichen beide
Spieler mit der jeweiligen Farbe sichtbar werden können, wird
hierbei die Vordergrundfarbe auf die Farbe des einen und die
Hintergrundfarbe auf die Farbe des anderen Spielers gesetzt. Auf
diese Weise kann wirklich jede Punktkombination dargestellt
werden!

2.2 QBasic starten

Die im vorangegangenen Kapitel aufgezählten Programme können nicht von DOS aus einfach gestartet werden, sondern müssen
in QBasic geladen und dort gestartet werden. Hierzu muß natürlich zunächst QBasic selbst laufen.

Bei der Installation von DOS 5.0 auf einer Festplatte sind keinerlei
Vorbereitungen notwendig. Hier ist nämlich das QBasic-Programm in das gleiche Unterverzeichnis gesetzt worden wie die
DOS-Programme selbst. Um QBasic zu starten, genügt somit einfach der Befehl

```
QBASIC
```

und schon erscheint der QBasic-Bildschirm.

Ist DOS auf Disketten installiert, ist dabei eine eigene Diskette für
QBasic erstellt worden. In dem Fall muß nur diese Diskette in ein
Laufwerk gelegt und QBasic von dort aus gestartet werden. QBasic benötigt zunächst keine weiteren Dateien für seine Arbeit. Es
genügt somit schon eine Diskette, auf der lediglich die Programmdatei QBASIC.EXE enthalten ist. Um allerdings auch in
den Genuß der Hilfetexte zu kommen, die während der Arbeit mit
QBasic eingeblendet werden können, sollte auch die Datei namens
QBASIC.HLP mit auf die Diskette kopiert werden.

QBasic auf
Disketten
Auf eine 360 KByte-Diskette passen beide Dateien allerdings nicht;
haben Sie kein anderes Diskettenformat zur Verfügung, müssen
Sie die Hilfedatei auf eine andere Diskette kopieren. Verfügen Sie
über zwei Laufwerke, können Sie die Diskette mit der Hilfe-Datei
in das anderes Laufwerk legen. Innerhalb von QBasic kann der

Pfad der Hilfedatei, also auch die Bezeichnung des Laufwerks mit der Hilfe-Diskette, einstellen werden. Dies geschiet über den Menüpunkt *Optionen/Pfad für Hilfe...*

Selbst wenn nur ein 360 KByte-Laufwerk zur Verfügung steht, kann mit QBasic und der Hilfe gearbeitet werden. In dem Fall brauchen Sie nur nach dem Start von QBasic die Programmdiskette zu entnehmen und die Hilfediskette einzulegen. QBasic läuft, einmal geladen, vollständig im Speicher ab und braucht daher die Programmdiskette nicht mehr. Bei einem Aufruf der Hilfe wird somit nur die Hilfedatei im Laufwerk gesucht. Auf die Diskette mit dem Hilfetext QBASIC.HLP können Sie dann auch Ihre selbstgeschriebenen Programme speichern, weil die Hilfedatei nur etwa 150 KByte belegt. Es bleibt also genug Platz (ca. 200 KByte!) für BASIC-Programme!

Der Start von QBasic kann einfach durch die Eingabe des Programmnamens erfolgen, wenn QBASIC.EXE auf der Festplatte oder im aktuellen Laufwerk liegt. Darüber hinaus können aber noch einige Parameter angegeben werden, die verschiedene Einstellungen von QBasic bewirken. Solche Parameter werden beim Aufruf des Programmes hinter dem eigentlichen Programmnamen eingetragen, jeweils getrennt durch ein Leerzeichen.

Programmstart

Um beispielsweise nach dem Start von QBasic ein bestimmtes BASIC-Programm automatisch mitladen zu lassen, genügt es, den Dateinamen des BASIC-Programmes mit anzugeben. Dies kann zum Beispiel das GORILLA-Programm sein. Hierfür müßte in der DOS-Kommandozeile eingetippt werden:

```
QBASIC GORILLA
```

Die Erweiterung .BAS braucht hierbei nicht mit angegeben zu werden, weil QBasic sie automatisch anhängt.

Voraussetzung für das Funktionieren des obigen DOS-Befehls sind zwei Dinge: QBASIC.EXE muß in einem Verzeichnis liegen, wo DOS es findet und GORILLA.BAS muß im aktuellen Verzeichnis liegen. Um sicherzustellen, daß die Zeile funktioniert, können Sie vorher eingeben:

QBasic auf Festplatte

```
CD C:\DOS
```

In dem so aktivierten Verzeichnis liegen nach der Installation von DOS und somit auch von QBasic sowohl das Programm QBASIC.EXE als auch die BASIC-Beispielprogramme.

Um bei häufiger Verwendung von QBasic nicht immer in dem ohnehin recht vollen DOS-Verzeichnis zu arbeiten, empfiehlt es sich, ein Extra-Verzeichnis dafür anzulegen. Hierzu können Sie beispielsweise folgendermaßen vorgehen:

```
CD \
MD QBASIC
CD QBASIC
COPY \DOS\*.BAS
```

Hiermit wird zunächst das Stammverzeichnis angewählt und dann mit MD ein neues Verzeichnis namens QBASIC angelegt. Der folgende CD-Befehl wählt das neue Verzeichnis an. Um auch die Beispielprogramme aus dem DOS-Verzeichnis in das neue Arbeitsverzeichnis zu kopieren, dient die letzte Zeile mit dem COPY-Befehl. Wenn Sie diese Prozedur durchlaufen haben, existiert ein neues QBASIC-Verzeichnis auf Ihrer Festplatte. Immer, wenn Sie mit QBasic arbeiten wollen, sollten Sie dann zuerst mit

```
CD \QBASIC
```

dieses Verzeichnis aktivieren. Alle neuen Programme, die Sie später erstellen werden, liegen dann immer gut auffindbar in ihrem eigenen Verzeichnis. Der Start von QBasic erfolgt wie gewohnt durch die Eingabe des Programmnamens. Darüber hinaus können aber noch einige Parameter angegeben werden, die verschiedene Einstellungen von QBasic bewirken.

QBasic Start-Parameter

Zusätzliche Angaben

<Dateiname>

Die mit <Dateiname> spezifizierte Datei wird von QBasic automatisch geladen. In <Dateiname> muß der Pfad enthalten sein, wenn sich die Datei nicht in dem aktuellen Verzeichnis befindet. Ist in *<Dateiname>* kein Suffix vorhanden, wird vom Interpreter automatisch die Endung .BAS angenommen.

/B   Die Darstellung auf dem Monitor erfolgt in schwarzweiß, auch wenn eine Farbgrafikkarte vorhanden ist.

/EDITOR   QBasic wird als reiner Editor gestartet.

/G   Der Bildwechsel bei CGA-Anzeige wird bei Angabe dieses Parameters mit der größtmöglichen Geschwindigkeit durchgeführt. Dabei kann es zu einem "Flackern" des Bildschirms kommen.

/H	Wird dieser Parameter angegeben, dann wird QBasic mit der höchstmöglichen Auflösung dargestellt.
/MBF	Die Funktionen MKS$, MKD$, CVS und CVD konvertieren in bzw. von Microsoft.Binär-Format statt IEEE-Format.
/NOHI	Wird ein Monitor verwendet, der nicht in der Lage ist, unterschiedliche Intensitäten darzustellen, dann kann mit diesem Parameter angegeben werden, daß anstelle von unterschiedlicher Intensität verschiedene Farben eingesetzt werden. Hier kann auch die Kombination mit der */B*-Option von Vorteil sein.

/RUN<Dateiname>

Die angegebene Datei wird beim Start von QBasic automatisch geladen und gestartet.

2.3 Der QBasic-Bildschirm und die Menüs

Nach dem Programmstart (ohne weitere Parameter) erscheint der QBasic-Einschaltbildschirm. Hier wird auch gleich ein Hinweis eingeblendet, der Sie in QBasic begrüßt und eine Kurzeinweisung in QBasic anbietet:

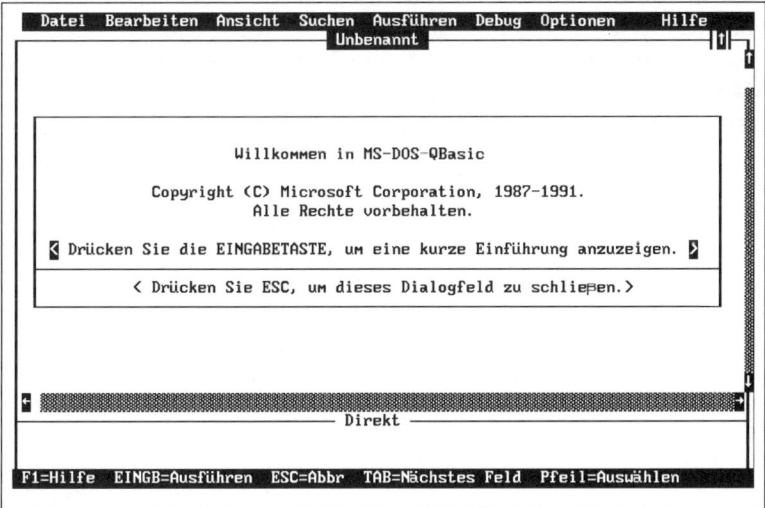

Abb. 6: QBasic-Einschaltbildschirm

Wenn Sie hier die [Return]-Taste drücken, werden sofort Hinweise und Informationen zur Einführung in QBasic eingeblendet. Mit der [Escape]-Taste lassen Sie den Hinweis verschwinden und erhalten den leeren QBasic-Bildschirm.

Nun ja, so leer ist der Bildschirm auch wieder nicht. Sie sehen eine Reihe Elemente, die die Bedieneroberfläche von QBasic ausmachen:

Komponenten   Die oberste Zeile enthält einige Stichworte, hinter bzw. unter denen sich Auswahlmenüs befinden. Darunter sehen Sie einen Rahmen mit der Überschrift *Unbenannt*, den QBasic-Editor. Unter diesem liegt ein weiterer Rahmen mit dem Titel *Direkt*, das Direktfenster. In der letzten Zeile schließlich werden die wichtigsten Tasten angezeigt, mit denen Sie momentan arbeiten können, also eine kurze Hilfestellung.

Alle erwähnten Komponenten werden nun im einzelnen erläutert.

Pulldown-Menüs

Wenn Sie die [Alt]-Taste betätigen, invertiert QBasic den ersten Menütitel in der Menüleiste am oberen Bildrand. Hier können Sie durch Betätigung eines der hervorgehobenen Buchstaben (Short-Cut) oder mit den Pfeiltasten das gewünschte Menü wählen. Aus diesem Pulldown-Menü heraus können Sie ebenfalls mit einem ShortCut oder den Pfeiltasten eine Funktion wählen und mit [Return] auslösen. Dieser gesamte Vorgang ist auch mit einer Maus möglich, mit der Sie durch Anklicken mit der linken Maustaste das Menü und den Eintrag wählen können.

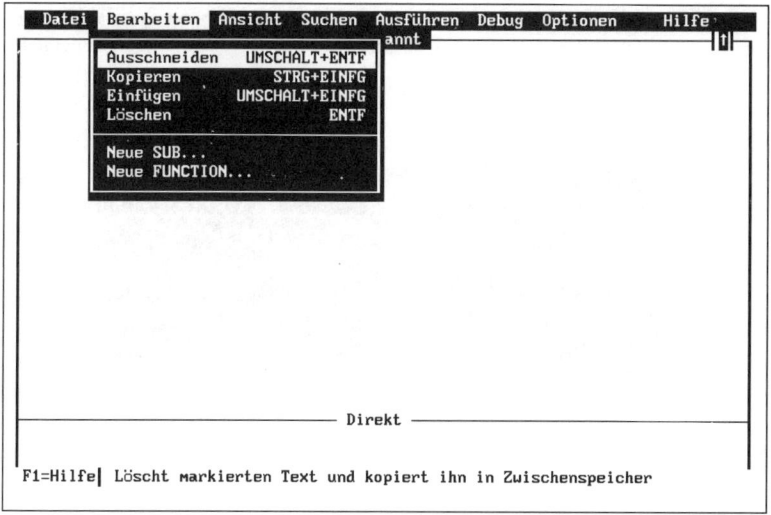

Abb. 7: Das Menü Bearbeiten

In den Menüs sind gelegentlich einige Einträge grau dargestellt und nicht anwählbar. Diese sind von QBasic als momentan nicht sinnvoll eingestuft und daher abgeschaltet (englisch: disabled). Hierdurch wird verhindert, daß unpassende Kommandos in Verwirrung führen. *Abgeschaltete Menüeinträge*

Einigen Menüeinträgen folgen drei Punkte, was bedeutet, daß das Aktivieren dieser Funktion erst eine Dialogbox einblendet. Solche Funktionen sind zum Beispiel *Laden...* oder *Drucken...* Die dann erscheinenden Dialogboxen sind alle auf die gleiche Art bedienbar und folgen somit einem Standard, welcher als CUA (Common User Access) bezeichnet wird. Dieser Standard wurde entwickelt, damit ein Anwender mit jedem Programm arbeiten kann, ohne erst lange im Handbuch blättern zu müssen.

Dialogboxen

Dialogboxen bestehen stets aus mehreren verschiedenen Bereichen, aus denen mit der ⌨Tab⌨-Taste oder einem Mausklick einzelne Eingabe- oder Auswahlfelder gewählt werden können. Ein gutes Beispiel für eine solche Dialogbox ist die Suchen-Box, welche nach der Anwahl des Menüeintrags *Suchen...* aus dem *Suchen*-Menü erscheint (Erreichbar mit den Tasten ⌨Alt⌨-⌨S⌨, ⌨S⌨).

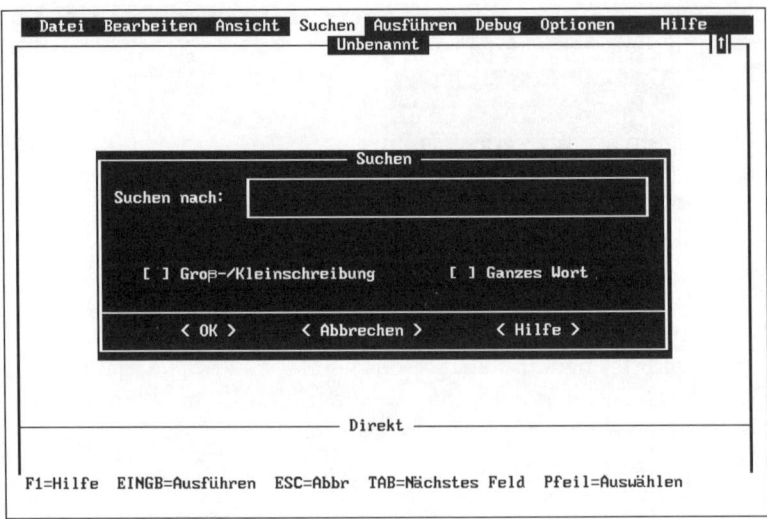

Abb. 8: Die Dialogbox Suchen

In dieser Box sind ein Eingabefeld (*Suchen nach:*), zwei Schaltfelder (*Groß-/Kleinschreibung* und *Ganzes Wort*) und drei Aktionsfelder (*OK*, *Abbrechen* und *Hilfe*) enthalten. Zuerst ist das Eingabefeld aktiv, was durch den Cursor in diesem Feld bzw. einen invertierten Text erkennbar ist. Dieser Text wird immer dann beim Aufruf der Box vorgegeben, wenn im Editor der Cursor auf einem Wort stand. Dies erleichtert das Suchen nach einem Begriff, weil nur der Cursor auf diesen Begriff zu stellen und die Suchen-Box aufzurufen ist.

Schaltfelder

Die Schaltfelder sind stets durch zwei eckige Klammern [] angeführt. Zwischen den Klammern steht entweder ein Leerzeichen oder ein X, je nachdem, ob die Option aus- oder eingeschaltet ist. Das Ein- und Ausschalten ist recht einfach: Entweder Sie klicken die eckige Klammer mit der Maus an, oder Sie wählen das Feld durch mehrmaliges Drücken der ⌜Tab⌝-Taste an, wodurch der Cursor zwischen den Klammern blinkt. Mit der Leertaste wird dann umgeschaltet.

Kurzwahltasten

Eine dritte Möglichkeit der Bedienung von Schaltfeldern und auch allen anderen Elementen einer Dialogbox ist der Einsatz von Kurzwahltasten, auch Shortcuts genannt. Wenn Sie die ⌜Alt⌝-Taste drücken, erscheint in den Beschriftungen aller Elemente jeweils ein Buchstabe hell dargestellt. Durch Betätigung dieses Buchstabens in Verbindung mit der ⌜Alt⌝-Taste wird das Element der Dialogbox direkt angewählt. Handelt es sich dabei um ein Schaltfeld, wird es auch gleich umgeschaltet (aus einem Leerzeichen wird ein X und umgekehrt. Im Falle eines Aktionsfeldes, in unserem Beispiel *OK*, *Abbrechen* oder *Hilfe*, wird die entsprechende Aktion direkt ausgelöst.

An der invertierten Erscheinung des Textes im Eingabefeld (*Suchen nach*) ist erkennbar, daß dies nur ein Vorschlag ist. Soll dieser Vorschlag übernommen werden, braucht lediglich durch Anwahl des OK-Feldes oder nur durch ⎡Return⎤ die Box quittiert werden, der vorgeschlagene Begriff wird dann gesucht. Andernfalls kann ein anderer Begriff eingegeben werden. Bei der ersten Betätigung eines Buchstabens wird der Vorschlag vollständig gelöscht und der neue Buchstabe erscheint. Als dritte Variante kann der Vorschlag auch verändert werden. Hierfür braucht nur eine Pfeiltaste gedrückt zu werden, woraufhin der Text wieder normal und der Cursor im Feld erscheint. Sie können den Eintrag dann auf die gewohnte Art editieren.

Eingabefeld

Nachdem Sie nun die Pulldown-Menüs und die Dialogboxen kennengelernt haben, erproben wir das Zusammenspiel gleich einmal anhand eines sinnvollen Beispiels. In dem Menü *Optionen* befindet sich unter anderem der Eintrag *Bildschirmanzeige*. Wenn Sie diesen anwählen, erscheint die gleichnamige Dialogbox:

*QBasic-
Einstellungen*

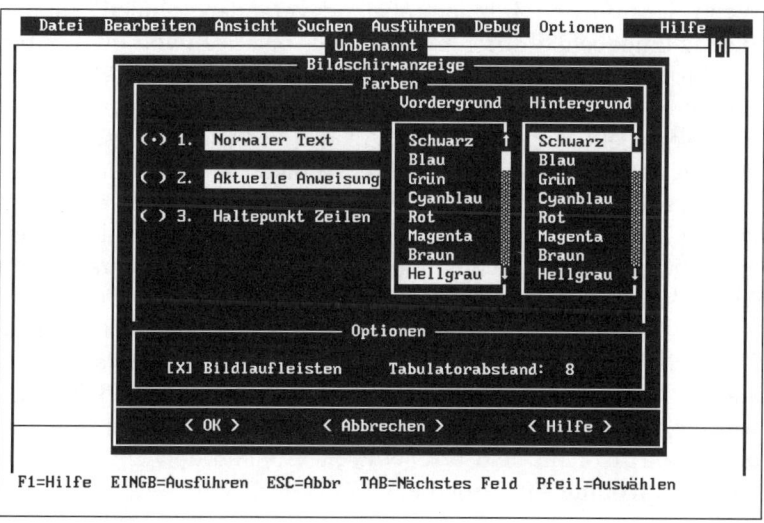

Abb. 9: Einstellung der Bildschirmanzeige

In dieser Box sind ein Eingabefeld (*Tabulatorabstand*), ein Schaltfeld (*Bildlaufleisten*), drei Auswahlfelder (*Normaler Text*, *Aktuelle*

Anweisung und *Haltepunkt Zeilen*), zwei Auswahllisten (*Vorder-grund* und *Hintergrund*) und drei Aktionsfelder (*OK, Abbrechen* und *Hilfe*) enthalten.

Auswahlfelder

Zuerst ist das Auswahlfeld *Normaler Text* aktiv, was durch den Punkt in den Klammern vor dem Feld bzw. dem blinkenden Cursor erkennbar ist. Mit den Pfeiltasten ⑦ oder ⑨ bzw. einem Mausklick in die Klammern eines anderen Auswahlfeldes können Sie ein anderes anwählen, wobei der Punkt an der alten Stelle verschwindet. In diesen Listen, die stets durch runde Klammern gekennzeichnet sind, kann also immer nur ein Eintrag aktiv sein.

Schaltfeld

Sind jedoch die Klammern eckig, wie in der Box im Schaltfeld *Bildlaufleisten*, ist jedes Feld für sich ein- oder ausschaltbar.

Auswahllisten

Die Farbe der im Auswahlfeld bestimmten Zeilen kann nun in den Auswahllisten mit den Pfeiltasten ⑦ und ⑨ oder auch mit einem Mausklick eingestellt werden, wobei die Farbe des Auswahlfeld-Textes sich unmittelbar entsprechend ändert. Zu erreichen sind die Auswahllisten mit ⌜Tab⌟, der Tastenkombination ⌜Alt⌟ und den hervorgehobenen Kurzwahlbuchstaben *V* bzw. *H* oder mit der Maus.

Eingabefelder

Wenn Sie nun den Tabulatorabstand verändern wollen, können Sie das Eingabefeld durch mehrmaliges Betätigen von ⌜Tab⌟, über die Tastenkombination ⌜Alt⌟ + ⌜T⌟ oder durch einen Mausklick aktivieren. Die Standardvorgabe für den Tabulator ist 8, was auch in diesem Feld eingetragen ist. An der invertierten Erscheinung des Textes nacch der Aktivierng des Eingabefeldes ist erkennbar, daß dies nur ein Vorschlag ist. Soll dieser Vorschlag übernommen werden, braucht kedugkucg durch Anwahl des *OK*-Feldes oder nur durch ⌜Return⌟ die Box quittiert zu werden. Andernfalls kann ein anderer Wert eingegeben werden; bei der ersten Betätigung einer Ziffer wird der Vorschlag vollständig gelöscht, und die neue Ziffer erscheint. Als dritte Variante kann der Vorschlag auch verändert werden. Hierfür braucht nur eine Pfeiltaste gedrückt zu werden, woraufhin der Text wieder normal erscheint und der normale Cursor im Feld erscheint. Sie können den Eintrag dann auf die gewohnte Art editieren.

INI-Datei

Die in dieser Box vorgenommenen Einstellungen sind nach dem Verlassen der Box über das *OK*-Aktionsfeld gültig. Damit Sie den Vorgang nicht bei jedem neuen Start von QBasic wiederholen müssen, werden die Einstellungen beim Verlassen von QBasic auf der Diskette bzw. Festplatte abgespeichert. Dabei entsteht die

Datei QBASIC.INI in dem Verzeichnis, aus dem QBasic gestartet wurde, also im DOS-Verzeichnis.

Bei jedem weiteren Start von QBasic wird die INI-Datei eingeladen und die dort definierten Einstellungen vorgenommen. Sie finden somit immer Ihre persönlichen Farben vor. Sollten Sie versehentlich einmal gar fürchterliche Farben eingestellt haben und lieber wieder von vorne beginnen wollen, können Sie QBasic verlassen, die QBASIC.INI-Datei löschen und QBasic erneut starten. Es sind dann wieder die Standardfarben aktiv.

Neben den beschriebenen Bildschirmeinstellungen kann noch eine weitere Definition vorgenommen werden, die auch in der INI-Datei vermerkt wird. Hierbei handelt es sich um die Vorgabe, wo QBasic nach der Hilfedatei QBASIC.HLP suchen soll. Sie finden die Einstellung im *Optionen*-Menü unter dem Eintrag *Pfad für Hilfe*.

Hilfe-Pfad

Eine Veränderung dieses Pfades ist bei einer Festplatteninstallation nicht notwendig. Anders ist es, wenn Sie QBasic mit Disketten betreiben. Hierbei kann es ja vorkommen, daß das QBasic-Programm, die Hilfedatei und Ihre BASIC-Programme nicht zusammen auf eine Diskette passen, speziell bei 360 KByte-Disketten. In einem solchen Fall können Sie eine Diskette mit der Hilfedatei QBASIC.HLP in ein zweites Laufwerk legen, beispielsweise in Laufwerk B:. In der Eingabebox, die beim Aufruf des Menüeintrages *Pfad für Hilfe* erscheint, geben Sie dann einfach B:\ ein.

Wird die Hilfestellung dann angefordert, sucht QBasic zuerst im aktuellen Verzeichnis nach der HLP-Datei. Kann es sie dort nicht finden, wird der angegebene Pfad durchsucht. Ist die Hilfedatei dann immer noch nicht zu finden, erfolgt eine Fehlermeldung, bei der Sie die Möglichkeit haben, die Disketten zu wechseln. Dieser kompliziert klingende Weg ermöglicht es Ihnen, bei jeder denkbaren Rechnerkonfiguration QBasic mit der Hilfestellung zu betreiben!

2.4 Der Editor

Das beim Start von QBasic aktive Fenster ist der Editor, mit dem Sie die BASIC-Programme schreiben können. Wenn Sie schon einmal mit einer Textverarbeitung gearbeitet haben, wird Ihnen das Eingeben und Ändern eines Programmes sicher leichtfallen. Auch hier können Sie Texte einfügen, löschen, kopieren oder verschieben. Außerdem sind Such- und Ersetz-Funktionen ebenso enthalten wie die Möglichkeit, mit mehreren Fenstern verschiedene Programmteile quasi gleichzeitig zu bearbeiten.

Eine Auflistung der einzelnen Editierbefehle und -Tasten finden Sie im Anhang.

Syntax-Über-
prüfung

Gegenüber einem normalen Texteditor bzw. einer Textverarbeitung hat der QBasic-Editor einige Besonderheiten, die ihn (natürlich) für das Bearbeiten von QBasic-Programmen prädestinieren. Die wohl auffallenste Funktion ist die Syntax-Überprüfung, welche im Menü *Optionen* auch ausgeschaltet werden kann. Diese bewirkt das unmittelbare Überprüfen einer eingegebenen Programmzeile auf korrekte Schreibweise nach dem Verlassen dieser Zeile. Wird dort ein Fehler entdeckt, erscheint sofort eine Fehlermeldung.

Dies ist ein großer Vorteil gegenüber BASIC-Interpretern wie GW-BASIC. Dort werden solche Schreibfehler (Syntax Error) erst beim Abarbeiten der Zeile entdeckt, was unter Umständen erst sehr spät auftritt!

Hinter dieser Syntax-Überprüfung steht noch wesentlich mehr, als auf den ersten Blick erkennbar ist. Dies läßt sich schon durch den Umstand erahnen, daß eine eingegebene und mit dem Cursor verlassene Zeile automatisch formatiert und die enthaltenen BASIC-Schlüsselworte in Großbuchstaben (versal) dargestellt werden. Dies ist vor allem dadurch möglich, daß eine BASIC-Zeile nicht Zeichen für Zeichen gespeichert sondern in ein internes Format übersetzt wird. Die reine Textform der auf Diskette abgespeicherten BASIC-Programme bleibt davon allerdings unberührt.

P-Code und
Tokens

Diese Übersetzung jeder Programmzeile in das interne Format, den sogenannten Zwischen oder P-Code, hat mehrere große Vorteile. Der wichtigste davon ist der, daß die Geschwindigkeit von QBasic-Programmen enorm hoch ist. Für das Abarbeiten einer Zeile muß der Interpreter nicht jeden Befehl Buchstaben für Buchstaben lesen und mit einer internen Befehlsliste vergleichen, sondern jeder Befehl wird als eine einzige Codezahl gespeichert (sogenannte Tokens), anhand der QBasic unmittelbar die zugehörige Funktion aufrufen kann.

Auch die Syntax-Überprüfung und die Formatierung der Eingabezeile ergeben sich durch diese Technik. Tritt bei der Übersetzung der Zeile in den Zwischencode ein Fehler auf, handelt es sich zwangsläufig um einen Eingabefehler an der Stelle, wo die Übersetzung gescheitert ist. Hat die Übersetzung dagegen korrekt stattgefunden, wird die Zeile wieder zurückübersetzt, also vom Zwischencode in die Textdarstellung, wobei die Formatierung neu entsteht.

Ein weiteres Merkmal des Editors ist, daß einzelne Programmteile (SUBs und FUNCTIONs) getrennt editiert werden. Hierdurch ist eine sehr übersichtliche Bearbeitung auch größerer Programme möglich, weil wirklich nur der Programmteil editiert werden braucht, an dem die Änderungen vorgenommen werden sollen. Die mühsame Suche nach dem entsprechenden Programmteil in einem meterlangen Programmlisting entfällt. Zwischen diesen einzelnen Programmabschnitten kann leicht mit F2 aus einer Liste gewählt oder mit Shift-F2 oder Strg-F2 weiter- bzw. zurückgeblättert werden.

Getrenntes Editieren

Aber auch wenn gesucht werden soll, hilft der Editor mit seinen flexiblen Suchfunktionen (F3). Hierdurch kann beispielsweise ein Text im gesamten Programm gesucht und gegen einen anderen ersetzt werden. Dies ist ein unschätzbarer Vorteil gegenüber Interpretern wie GW-BASIC, wo man sich für diesen Zweck das gesamte Programm Zeile für Zeile ansehen und selbst suchen muß.

Suchen

Der Aufruf der Suchfunktion ist denkbar einfach. Im Menü *Suchen* muß nur der Eintrag *Suchen...* angewählt werden, und schon erscheint eine Dialogbox. Hier kann dann der Suchbegriff eingegeben und mit der Return-Taste die Suche begonnen werden. Das Weitersuchen nach dem Begriff geht noch einfacher: mit der F3-Taste.

2.5 Das Hilfesystem

Wie bereits einmal erwähnt, stellt QBasic eine recht umfangreiche Hilfestellung zur Verfügung. Hierin enthalten sind Kurzanleitungen zu allen QBasic-Befehlen und -Funktionen sowie einige allgemeine Informationen. Obwohl der Umfang der Hilfetexte nicht so groß ist wie beispielsweise in dem Großen Bruder QuickBASIC, ist dieses Hilfesystem schon fast ein Ersatz für ein Handbuch. Und das gibt schließlich Sinn, weil ja mit DOS kein QBasic-Handbuch ausgeliefert wird.

Der Nachteil der QBasic-Hilfe ist, wie bei vielen ähnlichen Systemen auch, daß man schon recht gut wissen muß, was man eigentlich sucht. Die Frage "Wie ging noch mal das Drucken.?" wird QBasic nicht beantworten, es sei denn, Ihnen fällt der Befehl dazu doch noch ein. Also: Sie sollten jetzt nicht dieses Buch weglegen und nur noch mit der QBasic-Hilfe arbeiten.

Es gibt in QBasic verschiedene Wege zur Hilfe. Hier wäre zunächst das Menü *Hilfe* zu nennen, in dem verschiedene Punkte zusammengefaßt sind.

Das Hilfe-Menü   Wenn Sie das Hilfe-Menü mit der Maus oder Tastatur anwählen, erscheint eine Liste mit folgenden Einträgen:

Index	Liste aller QBasic-Befehle und -Funktionen
Inhalt	Auswahl verschiedener Themenbereiche
Thema	Hilfestellung zu einem bestimmten Begriff
Verwenden von Hilfe	Hinweise auf die Bedienung des Hilfesystems
Info...	Copyright-Meldung

Index   Wenn Sie den ersten Menüeintrag, *Index*, anwählen, wird der Editor durch ein anderes Fenster überdeckt: das Hilfefenster:

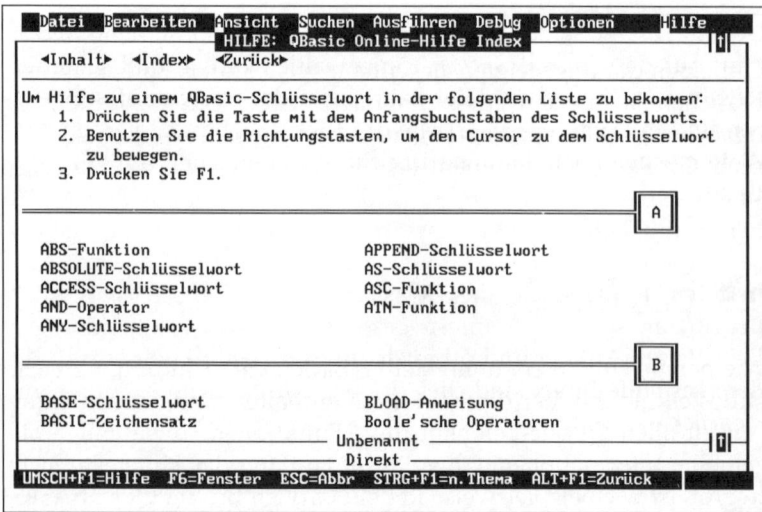

Abb. 10: Hilfesystem: Index

Hier werden in einer Liste alle Befehle und Funktionen von QBasic sowie einige andere Begriffe angezeigt. Innerhalb der Liste können Sie mit den Pfeiltasten den Cursor bewegen. Wenn Sie den Cursor an den unteren Fensterrand bewegen und weiter nach unten bewegen, verschiebt sich der Inhalt der Liste nach oben. Dieses Verschieben eines Fensterinhaltes wird auch Scrollen genannt.

Innerhalb der Liste, in der alle Begriffe alphabetisch sortiert sind, werden die unterschiedlichsten Worte angezeigt. Die vollständig groß (versal) geschriebenen Worte stellen sogenannte Schlüsselworte dar, also Worte, die für QBasic eine besondere Bedeutung haben.

Neben dem Schlüsselwort selbst wird jeweils noch die Art dieses Wortes angegeben. Hierbei tauchen Begriffe auf wie Anweisung, Funktion, Schlüsselwort oder Operator. Was diese Begriffe im einzelnen bedeuten, wird Ihnen im Verlauf des Buches noch eingehender erläutert. Hier daher nur eine kurze Erklärung der Begriffe:

Anweisung	Befehlswort
Funktion	Mathematische Funktion
Schlüsselwort	Begriff, der nur in einem bestimmten Zusammenhang verwendet wird, etwa zusammen mit einer Anweisung
Operator	Logische Funktion, die den Zusammenhang bzw. das Verhältnis verschiedener Parameter zueinander beschreibt

Um einen der angezeigten Begriffe näher erläutert zu bekommen, brauchen Sie nur den Cursor auf das Wort zu setzen und die `F1`-oder `Return`-Taste zu betätigen. Das Hilfefenster verändert dann seine Größe und zeigt eine Beschreibung des gewählten Begriffes. Wie Sie später sehen werden, ist dies auch direkt aus dem Editor heraus möglich.

In jeder Hilfeseite, die das QBasic-Hilfesystem bietet, sind einige Begriffe in spitze Klammern gesetzt. Üblicherweise sind solche Begriffe am Anfang und oft auch am Ende einer Hilfeseite zu finden. Im Hilfe-Index sind dies die Begriffe <Inhalt>, <Index> und <Zurück>.

Verweise auf andere Hilfeseiten

Die so markierten Begriffe stellen eine echte Besonderheit des QBasic-Hilfesystems dar: Verweise. Wenn Sie nämlich den Cursor auf einen solchen Begriff setzen und die `Return`-Taste drücken, erscheint eine neue Hilfeseite. Ebenso können Sie einen Verweis aktivieren, indem Sie ihn mit der Maus anklicken.

Außer mit den Pfeiltasten können Sie den Cursor zwischen den Verweisen viel einfacher auch mit der ⌜Tab⌝-Taste hin- und herbewegen. Hierbei springt der Cursor bei ⌜Tab⌝ zum nächsten und mit ⌜Shift⌝-⌜Tab⌝ zum vorhergehenden Verweis.

Die drei Verweise *<Inhalt>*, *<Index>* und *<Zurück>* werden in den meisten Hilfeseiten angeboten. Wählen Sie den Punkt *<Index>* an, erhalten Sie den nun bekannten Index. Der Verweis *<Zurück>* zeigt die zuletzt angezeigte Hilfeseite erneut an. QBasic merkt sich also immer, welche Hilfeseite zuletzt aktiviert wurde. Auf diese Weise können Sie sehr schnell zwischen verschiedenen Seiten hin- und herspringen, ohne beispielsweise immer den zuvor angezeigten Begriff neu aus dem Index anwählen zu müssen. Den gleichen Effekt wie das Anwählen des *<Zurück>*-Verweises können Sie übrigens auch durch die Tastenkombination ⌜Alt⌝-⌜F1⌝ erreichen. Über den Verweis <Inhalt> erreichen Sie die gleiche Hilfeseite wie durch den Menüpunkt *Inhalt* aus dem Menü *Hilfe*:

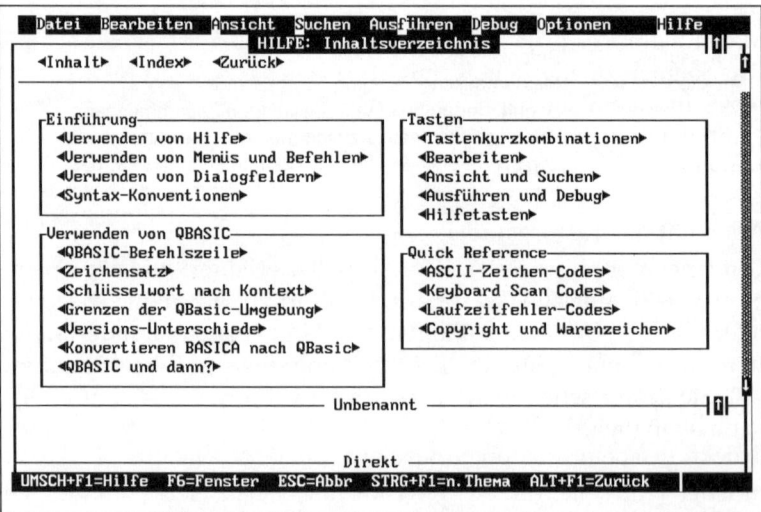

Abb. 11: Hilfesystem: Inhaltsverzeichnis

Im Gegensatz zum Hilfe-Index, wo alle Begriffe einfach alphabetisch sortiert angeboten werden, ist hier die Auswahl eines bestimmten Themenbereiches möglich. Durch Anwahl des entsprechenden Verweises können Sie einführende Anmerkungen zur Verwendung von QBasic und seiner Hilfe, detaillierte Listen seiner Fähigkeiten sowie Tabellen angezeigt bekommen. In der Praxis ist die Auswahl sehr sinnvoll, weil die hier gezeigten Themen immer wieder einmal auftreten.

Im Vergleich zu dem Hilfe-Index ist bei der Inhalts-Seite eine Be- *Mehrere Fenster*
sonderheit zu beobachten. Hier ist nämlich unter dem Hilfe-Fen-
ster selbst sowohl ein Teil des Editors als auch das Direkt-Fenster
sichtbar. Der Grund dafür ist einfach: diese Hilfeseite ist nicht so
groß. Der gleiche Effekt ist auch bei fast allen anderen Hilfeseiten
zu beobachten, was in der Praxis einen großen Vorteil bedeutet.
Hierzu finden Sie am Ende des Kapitels eine Erläuterung dazu,
wie das QBasic-Hilfesystem in der Programmierpraxis eingesetzt
werden kann.

Bevor Sie bei den einzelnen Begriffen im QBasic-Hilfesystem
nachschlagen, möchte ich Sie jedoch bitten, mit mir zusammen
dieses Kapitel und möglichst auch das ganze Buch durchzuarbei-
ten. Der Umfang der QBasic-Hilfe ist nämlich so groß, daß ein
Durchstöbern garantiert hoffnungslos verwirrt.

Um eine eingeblendete Hilfeseite wieder vom Bildschirm zu ent- *Hilfeseite*
fernen, braucht lediglich die `Escape`-Taste gedrückt zu werden. *ausblenden*

Manchmal ist es jedoch erforderlich, das Hilfefenster lediglich et- *Fenstergröße*
was kleiner zu machen, damit etwas mehr vom Editor sichtbar *ändern*
wird. In einem solchen Fall können Sie mit der Maus das Pfeil-
symbol unten rechts im Fenster anklicken und mit gedrückter
Maustaste nach oben bewegen.

Auch mit der Tastur ist dies möglich. Hierzu brauchen Sie nur die
`Alt`-Taste und `+` bzw. `-` auf dem numerischen Ziffernblock
zu drücken, je nachdem, ob das Fenster größer oder kleiner werden soll.

Eine andere Methode, die Hilfeseiten einzublenden, stellt die `F1`
`F1`-Taste dar. Wird sie in Verbindung mit der `Shift`-Taste gedrückt, erscheint das oben gezeigte Inhaltsverzeichnis der Hilfeseiten.

Auch die Funktion, Hilfestellung zu einem bestimmten Schlüsselwort zu erhalten, ist ohne das Hilfe-Menü erreichbar. Hierzu
braucht auch nur der Cursor auf das betreffende Wort gesetzt und
die `F1`-Taste gedrückt zu werden. Der Effekt ist der gleiche, als
ob nach der Positionierung des Cursors der Menüpunkt *Thema:*
angewählt worden wäre.

Nicht nur bei Fragen zu Schlüsselworten hilft QBasic aus, sondern *Fehler-Hilfe*
auch bei Fehlern. Während der Programmierung geschieht es häufig, daß einem ein Tippfehler unterläuft. Der intelligente QBasic-

Editor merkt dies unter bestimmten Umständen sofort, andere werden erst bei der Ausführung des Programmes bemerkt. Es erscheint dann eine sehr knappe Fehlermeldung.

Das Hilfesystem in der Praxis

Sie kennen nun das QBasic-Hilfesystem und wissen, daß hier zu allen möglichen Themen und Schlüsselworten ein Hilfetext eingeblendet werden kann. Wie dies in der normalen Programmierpraxis eingesetzt werden kann, wird nun anhand eines kleinen Beispielvorganges erläutert.

Angenommen, Sie wollen QBasic eine Rechenaufgabe lösen lassen. Schließlich haben Sie ja einen leistungsfähigen Rechner vor sich (Computer heißt auch nichts anderes als Rechner!). Wie Sie es von Ihrem Taschenrechner gewohnt sind, geben Sie also im Editor die folgende Zeile ein:

1 + 1

und drücken am Ende der Zeile die ⌈Return⌋-Taste. Falls Sie nun erwarten, daß QBasic Ihnen souverän die Antwort 2 liefert, werden Sie enttäuscht. QBasic versteht die Zeile nämlich nicht und ahndet dies mit einer Fehlermeldung in Form einer sogenannten Hinweisbox:

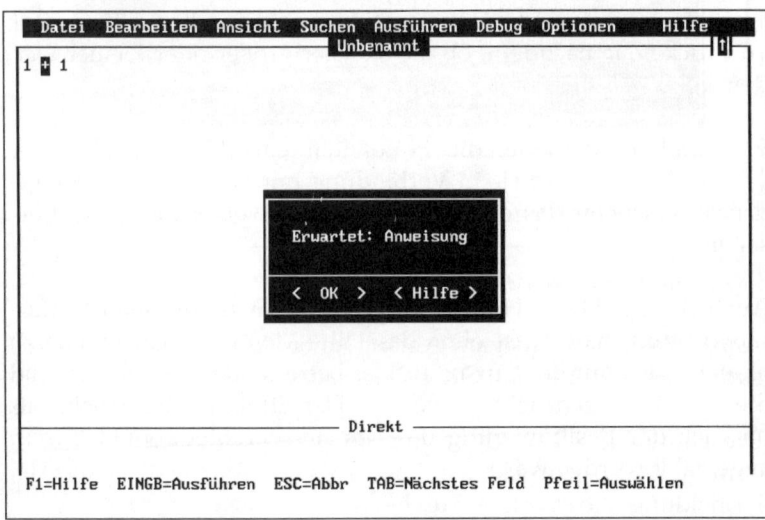

Abb. 12: Fehlermeldung "Erwartet: Anweisung"

QBasic gibt Ihnen hiermit zu verstehen, daß es irgendwo eine unverständliche Zeile gefunden hat. Um Ihnen dabei zu zeigen, wo genau das Problem liegt, ist zusätzlich zu der Fehlermeldung noch das +-Zeichen der eingegebenen Zeile invertiert dargestellt. Das bedeutet soviel wie: "Bis hierhin bin ich gekommen, aber ich verstehe nicht, was Sie von mir wollen!".

Die Fehlermeldung "Erwartet: Anweisung" ist allerdings nicht besonders hilfreich. Doch dies ist kein Grund zur Besorgnis: Auch im Falle eines Fehlers bietet QBasic eine Hilfestellung an. In obigem Fall wird dies durch das <Hilfe> in der Fehlermeldung deutlich.

Wählen Sie doch nun einmal das Wort Hilfe mit der Maus oder der ⌞Tab⌟-Taste und ⌞Return⌟ an. Prompt erscheint eine weitere Hinweisbox, in der zu lesen ist:

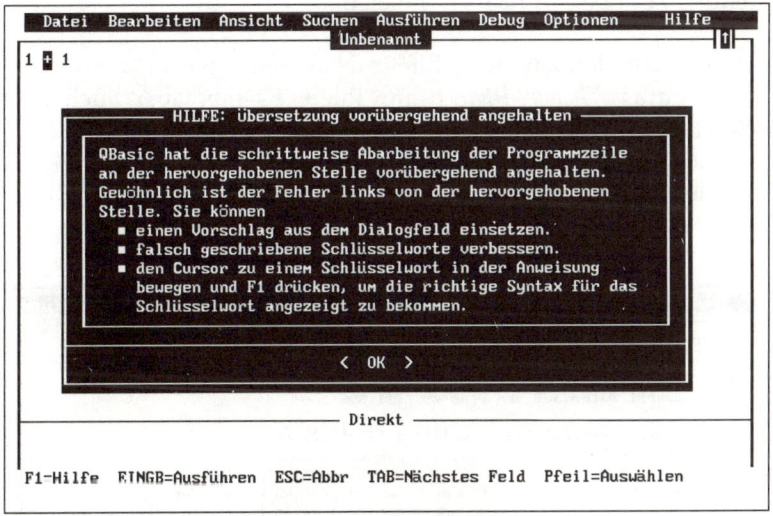

Abb. 13: Beschreibung des Fehlers

Aha, QBasic hätte also am Anfang einer Zeile gerne eine Anweisung, was es zu tun hat. OK, soll es haben.

Die Hinweisbox kann nun vom Bildschirm entfernt werden, indem ⌞Escape⌟ gedrückt wird. Es erscheint dann wieder die Fehlermeldung, die ebenfalls durch ⌞Escape⌟ entsorgt wird.

Beheben wir nun den gemeldeten Fehler. Um das Ergebnis der Berechnung auf den Bildschirm zu bringen, gibt es einen speziellen

PRINT-Befehl

Befehl. Dieser Befehl lautet *PRINT*, was auf deutsch soviel wie Drucke bedeutet. Geben Sie also vor die Formel 1+1 den Befehl PRINT ein. Die Zeile im Editor lautet dann

```
PRINT 1 + 1
```

Wenn Sie mit dem Cursor die Zeile verlassen, erfolgt keine Fehlermeldung. Scheinbar ist QBasic damit zufrieden.

Hilfe zum
PRINT-Befehl

Nun tauchen die ersten Zweifel auf, ob der *PRINT*-Befehl wirklich auf den Bildschirm "druckt", und nicht etwa auf den Drucker!

Bewegen Sie hierzu bitte den Cursor auf das Wort *PRINT*. Wenn Sie nun mit der Maus oder Tastatur das Menü *Hilfe* herunterklappen, erkennen Sie eine Veränderung eines der Einträge. Neben dem Wort Thema: in der dritten Zeile steht nämlich nun das PRINT-Schlüsselwort. Was bedeutet, daß QBasic uns eine Hilfestellung zum Begriff PRINT anbietet.

Für das Einblenden des Hilfetextes können Sie also nun den Menüeintrag *Thema: PRINT* anwählen. Es gibt aber auch eine schnellere Möglichkeit. Drücken Sie hierzu bitte die ⌐Escape⌐-Taste, damit das Menü verschwindet, und dann ⌐F1⌐. Der Effekt ist der gleiche: es wird eine Hilfeseite eingeblendet, die den *PRINT*-Befehl erklärt.

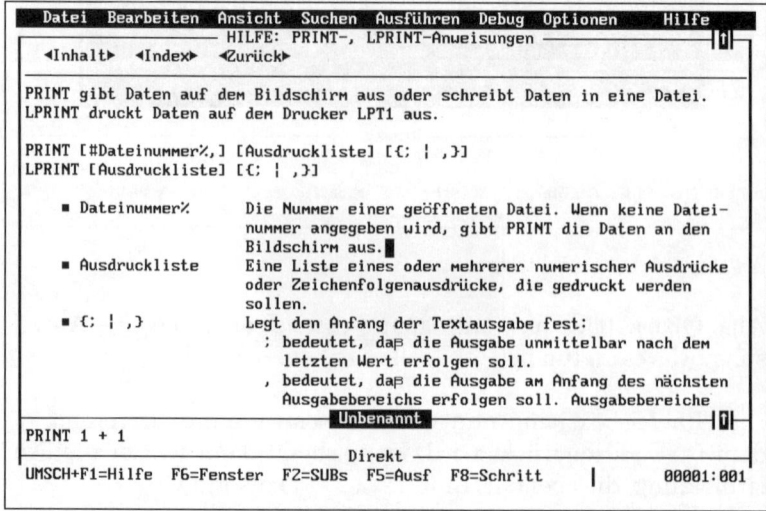

Abb. 14: Hilfestellung zum PRINT-Befehl

Nun wollen wir den Befehl auch einmal ausführen lassen. Hierzu *Ausführen*
können Sie den Menüeintrag Starten aus dem Ausführen-Menü
anwählen oder einfach die ⌈F5⌉-Taste drücken. Der QBasic-Bildschirm verschwindet und auf dem leeren Bildschirm erscheint die
Zahl 2.

Nach dem Drücken einer beliebigen Taste verschwindet der Ausgabebildschirm und QBasic erscheint wieder.

Ermutigt durch den Erfolg wollen wir nun einmal sehen, wie
QBasic mit einem echten mathematischen Problem zurechtkommt:
der Division durch 0. Ein Mathematiker rauft sich bei einer Formel
wie 1/0 die Haare; mal sehen, wie das bei QBasic aussieht.

Ändern Sie hierzu bitte die Zeile im Editor folgendermaßen:

```
PRINT 1 / 0
```

Und nun bitte die ⌈F5⌉-Taste und los geht's.

Wie Sie sehen, kann auch QBasic das Problem nicht lösen und *Laufzeitfehler*
meldet einfach in einer Fehlermeldung, daß Sie eine Division
durch 0 verlangen. Dieser Fehler trat im Gegensatz zum vorhergehenden Beispiel aber nicht schon im Editor auf, sondern erst
nach dem Start des Programmes. Fehler, die beim Laufen des Programmes auftreten, nennt man auch Laufzeitfehler.

Abb. 15: Laufzeitfehler

Wollen Sie wissen, wo das Problem genau liegt? Dann wählen Sie doch auch hier wieder den <Hilfe>-Verweis an. Es erscheint wieder eine Hinweisbox:

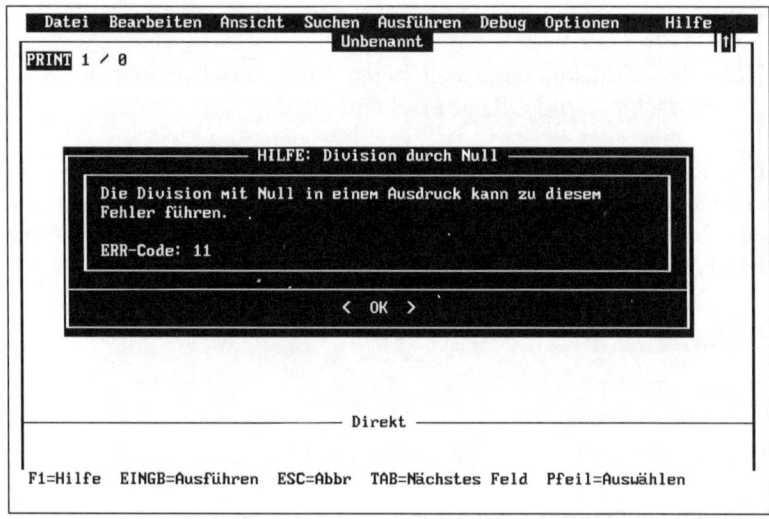

Abb. 16: Fehlerbeschreibung zu Division durch 0

Unter der hier gezeigten Erläuterung, daß die Division durch 0 nicht geht, finden Sie eine geheimnisvoll anmutende Angabe: ERR-Code: 11. Was mag das bedeuten?

Fehlercode

Ganz einfach: Jeder Laufzeitfehler hat in QBasic eine Nummer, anhand der er intern identifiziert wird. In unserem Fall ist dies die Nummer 11. Eine Liste aller QBasic-Fehlernummern finden Sie auch im Kapitel 21. Eine andere Informationsquelle steht aber auch vor Ihnen: das QBasic-Hilfesystem!

Liste der Fehlercodes

Wählen Sie hierzu bitte aus dem Hilfe-Menü den Eintrag *Inhalt* an. In der dann erscheinenden Hilfeseite finden Sie unten rechts den Eintrag <Laufzeitfehler-Codes>, den Sie bitte nun anwählen. Sie erhalten, wie erwartet, eine Liste mit den QBasic-Fehlercodes und deren Bedeutungen.

```
 Datei  Bearbeiten  Ansicht  Suchen  Ausführen  Debug  Optionen    Hilfe
                         HILFE: Laufzeitfehler-Codes                        ↑↓
   ◄Inhalt►   ◄Index►   ◄Zurück►

  Code   Fehlermeldung              ║   Code   Fehlermeldung

  1      NEXT ohne FOR              ║   37     Falsche Anzahl von Argumenten
  2      Syntaxfehler               ║   38     Feld nicht definiert
  3      RETURN ohne GOSUB          ║   40     Variable erforderlich
  4      READ jenseits von DATA     ║   50     FIELD-überlauf
  5      Unzulässiger Funktionsaufruf║  51     Interner Fehler
  6      überlauf                   ║   52     Dateiname oder -nummer
  7      Zu wenig Speicher          ║          unzulässig
  8      Marke nicht definiert      ║   53     Datei nicht gefunden
  9      Index außerhalb des        ║   54     Falscher Dateimodus
         zulässigen Bereichs        ║   55     Datei bereits geöffnet
  10     Doppelte Definition        ║   56     FIELD-Anweisung aktiv
  11     Division durch Null        ║   57     Gerätefehler bei Ein/Ausgabe
  12     Unzulässig im Direkt-Modus ║   58     Datei existiert bereits
  13     Falscher Datentyp          ║   59     Ungültige Datensatzlänge
  14     Zu wenig Zeichenketten-    ║   61     Festplatte/Diskette voll
         Speicherplatz             ║    62     Eingabe nach Dateiende
                         ── Unbenannt ──────────────────────────────────
                         ── Direkt ──
 UMSCH+F1=Hilfe  F6=Fenster  ESC=Abbr  STRG+F1=n.Thema  ALT+F1=Zurück │
```

Abb. 17: Hilfeseite: Fehlercodes

2.6 Das Direktfenster

Mit der ⌨F6-Taste kann vom Editor in das untere Fenster gewechselt werden, das sogenannte Direkt-Fenster. Hier können
nun einzelne oder, durch Doppelpunkte getrennt, mehrere QBasic-Befehle eingegeben und direkt ausgeführt werden. So kann
z.B. der Inhalt einer Variablen mit dem *PRINT*-Befehl angezeigt
oder neu zugewiesen, Programmteile aufgerufen oder Berechnungen ausgeführt und die Ergebnisse angezeigt werden.

Die letzten zehn Befehle, die im Direktfenster eingegeben wurden,
bleiben in diesem Fenster sichtbar und können somit jederzeit erneut aufgerufen werden, indem der Cursor irgendwo in diese
Zeile gesetzt und ⌨Return gedrückt wird.

*Der
Direktmodus...*

Um das Thema Direktmodus abzurunden, erfolgt nun ein kleiner
Vorgriff auf die Programmierung. Da mehrere Befehle in einer
Zeile hier eingegeben und ausgeführt werden können, sind auch
Schleifen möglich. Um beispielsweise mit einer Schleife alle Zah-
len von 1 bis 1000 addieren zu lassen, kann eingegeben werden:

```
Sum = 0: FOR i% = 1 TO 1000: Sum = Sum + i%: NEXT I%: PRINT Sum
```

Hierbei kann ein besonderer Effekt beobachtet werden, wenn
diese Zeile auch einmal im Editor als Programm eingegeben und

*...ist recht
langsam!*

gestartet wird. Obwohl dabei dieselben Befehle und Funktionen ausgeführt werden wie im Direktmodus, ist die Bearbeitung der Zeile als Programm bedeutend schneller als im Direktmodus. Dies hat einen sehr einfachen Grund: Die Zeilen im Direktmodus werden nicht in den Zwischencode übersetzt wie die Programmzeilen im Editor. Hierdurch muß jeder Befehl vor der Ausführung gelesen, identifiziert und erst dann ausgeführt werden, was natürlich Zeit kostet. Der Vorteil der Verwendung des internen Zwischencodes wird hierdurch besonders deutlich!

Befehle
ausprobieren

Der Direktmodus eignet sich ausgezeichnet zum Ausprobieren von QBasic-Befehlen. Wenn Sie im Verlauf des Buches neue Befehle lernen, können Sie diese (zumindest die meisten davon) jederzeit im Direktfenster eingeben und ausführen lassen. Und das kann man eigentlich auch nur empfehlen, weil trotz aller Vorteile der Systematik eines Lernprozesses die Try-and-Error-Methode (Versuch und Irrtum) immer noch am meisten Spaß macht!

Wie wär's mit einem Beispiel? Geben Sie doch einfach einmal den Befehl *BEEP* im Direktfenster ein und drücken die `Return`-Taste. Als Reaktion erfolgt prompt ein Piepton aus dem Lautsprecher des Computers. So einfach ist das!

2.7 Das erste Programm

Eigentlich ist die Überschrift ein wenig dick aufgetragen. In einem so frühen Kapitel eines Buches kann sicherlich nicht gleich ein komplexes Programm entwickelt werden. Hier geht es vielmehr darum, anhand eines einfachen BASIC-Befehls die Handhabung von Direktmodus und Editor zu üben, nicht ohne ein sichtbares Erfolgserlebnis.

Der erste Befehl: PRINT

In den folgenden Kapiteln werden Sie verschiedene Arten kennenlernen, um mit Zahlen und Texten umzugehen. Damit Sie das alles auch einmal ausprobieren können, stelle ich Ihnen nun den ersten BASIC-Befehl vor. Dieser Befehl hat die Aufgabe, etwas auf dem Bildschirm auszugeben. Sein Name ist *PRINT*, was zu deutsch soviel wie Drucke heißt. Aber keine Sorge: es wird hierbei nicht Ihr Drucker bemüht, sondern ausschließlich auf den Bildschirm "gedruckt".

Schreiten wir nun also zur Tat und geben den Befehl einmal ein. Hierzu bietet sich der Direktmodus an, weil dort auch der Befehl direkt ausgeführt werden kann. Aktivieren Sie also mit der Maus oder der ⌊F6⌋-Taste das untere Direktfenster und geben Sie ein:

```
PRINT
```

Wenn Sie die Zeile eingegeben haben, drücken Sie zur Bestätigung bitte die ⌊Return⌋-Taste. Der QBasic-Bildschirm verschwindet und der Ausgabebildschirm erscheint. In der untersten Zeile sehen Sie dort den Hinweis, daß Sie eine beliebige Taste drücken sollen, um wieder in QBasic zurückzukehren. Ansonsten ist nichts besonderes zu erkennen.

Was ist geschehen?

Der Befehl wurde in obigem Beispiel einfach so aufgerufen, ohne daß ihm angegeben wurde, was er eigentlich auf den Bildschirm zu bringen hat. Aus diesem Grund hat er auch nur eine Leerzeile "gedruckt", was lediglich bedeutet, daß der Cursor an den Anfang der nächsten Zeile gesetzt wurde. Wenn Sie also den Befehl noch ein paar mal aufrufen, werden Sie sehen, daß der Ausgabebildschirm irgendwann nach oben verschoben wird. Dies geschieht ja immer dann, wenn der Cursor in der untersten Zeile steht und in die nächste Zeile soll.

Um nun den *PRINT*-Befehl sinnvoll zu nutzen, geben Sie doch einfach einmal ein:

```
PRINT DATE$
```

Der Ausdruck hinter dem Befehl, allgemein auch Argument genannt, lautet hier *DATE$*. Hierbei handelt es sich um ein Schlüsselwort für QBasic, welches es durch die Angabe des aktuellen Tagesdatums ersetzt. Das Ergebnis dieses Vorganges wird danach von dem *PRINT*-Befehl auf den Bildschirm gebracht.

Andere Beispiele für Ausdrücke wären: *Ausdrücke*

```
PRINT TIME$    Ausgabe der aktuellen Uhrzeit
PRINT 123      Ausgabe der Zahl 123
PRINT "Hallo!" Ausgabe des Textes Hallo!
```

Eine eingehendere Betrachtung möglicher Ausdrücke folgt später. Bleiben wir zunächst beim *PRINT*-Befehl selbst.

Lassen Sie nun bitte den Befehl *PRINT DATE$* ein weiteres mal ausführen, indem Sie einfach den Cursor auf diese Zeile bewegen (⬆-Taste) und erneut ⌷Return⌷ drücken. Sie sehen, daß das Datum in der nächsten Zeile des Ausgabebildschirms erscheint. Der *PRINT*-Befehl setzt also nach jeder Ausgabe den Cursor an den Anfang der nächsten Zeile, wo die nächste Ausgabe beginnen wird.

In der Praxis kommt es häufig vor, daß zwei Ausgaben nicht untereinander, sondern nebeneinander erscheinen sollen. Auch hierfür bietet der *PRINT*-Befehl eine Reihe Möglichkeiten an.

Ausgabe nebeneinander

Wollen Sie beispielsweise aus irgendeinem Grund das Datum zweimal hintereinander ausgeben lassen: Kein Problem, geben Sie das *DATE$*-Argument einfach zweimal hintereinander an. Die Zeile lautet dann:

```
PRINT DATE$ DATE$
```

Als Ergebnis erhalten Sie zweimal das Datum auf dem Ausgabebildschirm, allerdings direkt hintereinander.

Wenn Sie obige Zeile im Editor eingeben, setzt der Editor zwischen die beiden Argumente selbständig ein Semikolon. Dies deutet darauf hin, daß QBasic schon eine klare Trennung der einzelnen Argumente möchte. Wenn Sie im Direktfenster ein Semikolon selbst einsetzen, wird das Ergebnis genauso aussehen wie zuvor.

Neben dem Semikolon kann auch ein Komma zur Trennung von Argumenten verwendet werden. Hierbei ist allerdings ein großer Unterschied gegenüber dem Semikolon zu beobachten. Probieren Sie es zunächst bitte einmal aus und setzen ein Komma zwischen die Argumente:

```
PRINT DATE$, DATE$
```

Die Ausführung obiger Zeile ergibt wiederum zweimal das Datum nebeneinander auf dem Ausgabebildschirm. Der Unterschied ist allerdings, daß zwischen beiden ein Abstand erscheint. Auf diese Weise kann also das Zusammenkleben mehrerer Argumente verhindert werden.

Im Zusammenhang mit den Zeichen Komma und Semikolon beim *PRINT*-Befehl kann ein weiteres Experiment gemacht werden. Setzen Sie hierzu bitte ans Ende der Zeile ein weiteres Komma und führen Sie aus. Das Ergebnis unterscheidet sich zunächst nicht vom Vorgänger. Wenn Sie aber nun die selbe Zeile noch einmal ausführen lassen, erkennen Sie den Unterschied: Die Ausgabe erscheint in der selben Zeile wie die des Vorgängers.

Die Erklärung des Effektes ist einfach. Der *PRINT*-Befehl bearbeitet alles hinter ihm stehende der Reihe nach. Steht dort ein Argument, wird es an der aktuellen Cursor-Position ausgegeben. Findet er ein Semikolon oder ein Komma, setzt er den Cursor innerhalb der Zeile weiter bzw. läßt ihn, wo er ist.

Folgt dann ein weiteres Argument, gibt er es wieder an der Cursor-Position aus. Ist dagegen die Zeile zu Ende, bleibt der Cursor stehen und *PRINT* beendet seine Arbeit. Nur dann, wenn das letzte Zeichen der *PRINT*-Zeile weder ein Komma noch ein Semikolon ist, wird der Cursor an den Anfang der nächsten Zeile gesetzt.

Auf diese Weise kann also die Position der Ausgabe durch entsprechende Kombinationen der *PRINT*-Befehle gezielt gesteuert werden.

Fassen wir zusammen:

Der *PRINT*-Befehl dient zur Ausgabe auf den Ausgabebildschirm. Alle hinter ihm stehenden Argumente werden an der aktuellen Cursorposition ausgegeben. Ein Semikolon bewirkt, daß die nächste Ausgabe unmittelbar hinter der letzten erscheint; ein Komma setzt den Cursor lediglich noch ein Stück nach rechts. Ist das letzte Zeichen der *PRINT*-Befehlszeile weder Komma noch Semikolon, wird der Cursor an den Anfang der nächsten Zeile gesetzt.

Zusammen-fassung PRINT

Die in der Programmierung übliche Beschreibung des *PRINT*-Befehls lautet folgendermaßen:

```
PRINT [Ausdrucksliste][,|;]
```

Begriffe in eckigen Klammern sind sogenannte optionale Angaben, d.h. sie können entfallen. Der senkrechte Strich zwischen dem Komma und dem Semikolon bedeutet ODER, also kann hier ENTWEDER ein Komma ODER ein Semikolon angegeben werden.

Da der *PRINT*-Befehl ein sehr häufig eingesetzter Befehl ist und entsprechend oft getippt werden muß, gibt es in QBasic und den meisten BASIC-Dialekten eine Abkürzung. Sie können nämlich

Tip

anstelle des *PRINT*-Schlüsselwortes auch einfach ein Fragezeichen eingeben. Wenn Sie dies im Editor machen, wird das Fragezeichen beim Verlassen der Zeile automatisch durch *PRINT* ersetzt. Man spart dadurch schon einige Tipperei!

Doch nun zurück zu dem Vorhaben, ein erstes Programm zu schreiben. Der Befehl, um das Datum auf den Bildschirm zu zaubern, ist nun zwar bekannt, aber das ist doch nur ein Befehl. Machen wir jetzt daraus ein Programm.

Es beginnt natürlich damit, daß die Befehlszeile in den Editor eingegeben wird. Aktivieren Sie also das obere Fenster, das immer noch mit Unbenannt betitelt sein müßte. Dies kann mit der F6 -Taste oder durch Anklicken mit der Maus geschehen. Ist der Cursor im Editor sichtbar, geben Sie die bekannte Programmzeile ein:

```
PRINT DATE$
```

So, nun enthält der QBasic-Editor ein gültiges BASIC-Programm. Zur Kontrolle, ob es auch richtig funktioniert, können Sie es ja einmal mit der F5 -Taste starten und das Ergebnis prüfen. Stimmts? OK, dann weiter.

Kommentar   Die Funktion des Programmes ist hier recht einfach zu überblicken. Dennoch sollte jedes Programm einen Kommentar am Anfang haben, in dem der Name und die Funktion des Programmes kurz vorgestellt wird. Der Kommentar für unser Programm soll also vor die eingegebene Programmzeile eingefügt werden. In QBasic ist dies überhaupt kein Problem. Wenn der Cursor als Unterstrich dargestellt ist, können Sie sofort damit beginnen, andernfalls muß noch eine Taste gedrückt werden.

Die Bedeutung der Cursor-Darstellung wurde bereits in einem früheren Kapitel untersucht. Ist er ein Unterstrich, befindet sich der QBasic-Editor im Einfügemodus, andernfalls im Überschreibmodus. Sollte der Cursor als großer Block angezeigt sein, drücken Sie bitte die Einfg -Taste, um in den Einfügemodus zu schalten.

Im Einfügemodus wird jedes eingegebene Zeichen an der Cursorposition eingefügt, wobei alle bereits vorhandenen Zeichen entsprechend nach rechts gerückt werden. Dies gilt auch für die Return -Taste, die einen Zeilenumbruch einfügt. Setzen Sie bitte den Cursor an den Anfang der Programmzeile und drücken die Taste: Die *PRINT*-Anweisung rückt um eine Zeile nach unten und eine Leerzeile erscheint. In die neue Leerzeile können Sie nun den Kommentar einsetzen. Dieser könnte etwa so lauten:

```
'*** Mein erstes Programm: Datum ausgeben
```

Wenn Sie das Programm später einmal in QBasic einladen, sehen
Sie auf den ersten Blick, um was für ein Programm es sich hier
handelt.

Ein Programm der hier eingegebenen Größenordnung kann na-   *Umgang mit*
türlich bei Bedarf jederzeit neu eingegeben werden. Dennoch   *Programmen*
können Sie sich bestimmt vorstellen, daß schon hier der Wunsch
nach dem Sichern der Arbeit entsteht. Spätestens nach der Eingabe mehrzeiliger bis langer Programme wird dies zur Selbstver-
ständlichkeit.

Betrachten wir daher den eingegebenen Befehl als ganzes Pro-   *Das Datei-Menü*
gramm und üben damit den Umgang mit QBasic. Gemeint ist
hierbei das erwähnte Sichern der Arbeit auf Diskette bzw. Festplatte, das Wiedereinladen einer so gesicherten Datei und schließlich das Ausdrucken des Programmes. All diese Funktionen sind
unter dem Datei-Menü zusammengefaßt:

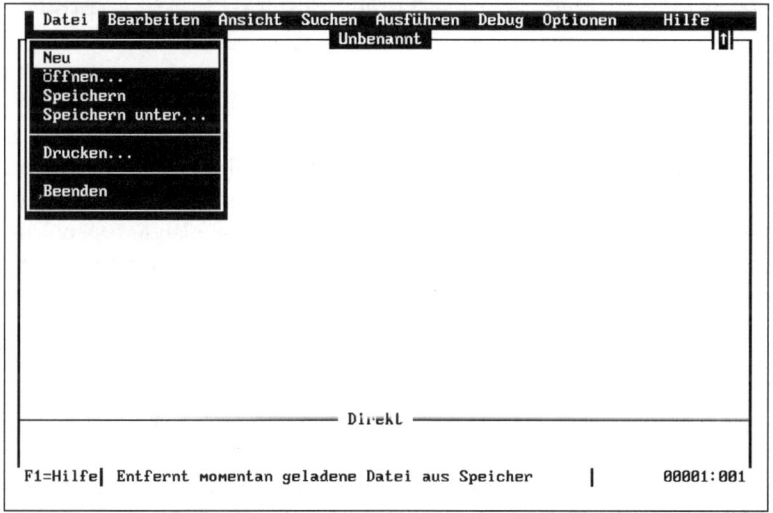

Abb. 18: Das Datei-Menü

Jedes Programm muß einen Namen haben, damit es identifiziert
und auf der Festplatte wiedergefunden werden kann. In der Titel-
zeile des Editorfensters wird der Name des aktuell bearbeiteten
Programmes angezeigt. Da wir bisher noch keinen Namen für unser Programm vorgegeben haben, steht dort völlig zu recht Unbenannt. Das Benennen eines Programmes findet erst dann statt,
wenn es wirklich nötig wird: beim Speichern.

Programm speichern

Wählen Sie hierzu aus dem Datei-Menü den Eintrag *Speichern unter*.... Da hier zunächst einmal der Dateiname angegeben werden muß, unter dem QBasic das Programm speichern soll, erscheint auch eine entsprechende Eingabebox.

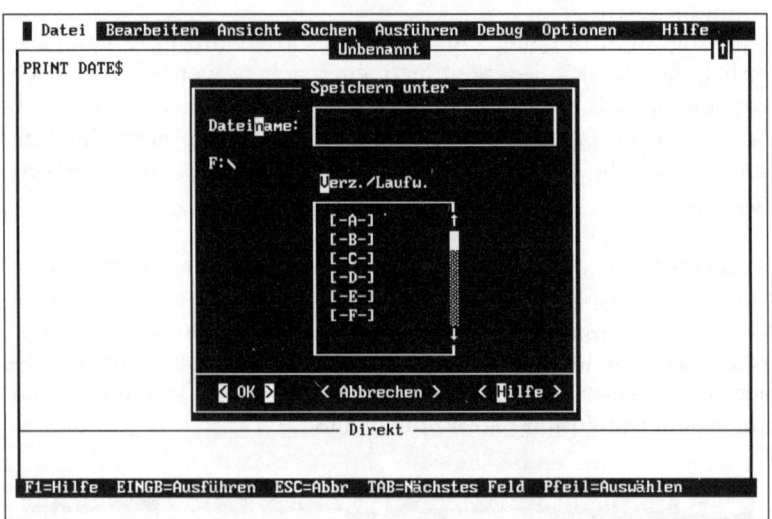

Abb. 19: Eingabe des Dateinamens

Neben der Eingabe des Dateinamens selbst kann hier auch noch der Pfad der Datei gewählt werden. Haben Sie allerdings vor dem Programmstart von QBasic bereits das BASIC-Arbeitsverzeichnis mit dem DOS-Befehl CD aktiviert, brauchen Sie hier nur den Namen eingeben. Sie sehen ja dann in der Box, daß Ihr Arbeitsverzeichnis bereits vorgegeben ist.

Das Eingabefeld im oberen Teil der Box ist zu Beginn immer aktiv. Dies zeigt sich dadurch, daß der dort enthaltene Text invertiert dargestellt ist. Sollte das Programm schon einen Namen haben, ist dieser hier angezeigt. In unserem Fall gibt es jedoch noch keinen Namen, also steht hier nur *.BAS. Geben Sie nun bitte in der Eingabe den Programmnamen DATUM.BAS ein. Sie werden feststellen, daß schon bei der Eingabe des ersten Zeichens der alte Inhalt des Eingabefeldes verschwindet und der neuen Eingabe Platz macht. Hierdurch kann eine neue Eingabe schnell stattfinden, ohne daß erst der alte Eintrag gelöscht werden braucht.

Wenn Sie die Box mit Return oder durch Anklicken der Schaltfläche <OK> bestätigen, wird das Programm unter dem eingegebenen Namen auf der Diskette bzw. Festplatte abgespeichert. Mit

der Escape -Taste kann die Box auch abgebrochen werden, ohne
daß etwas gespeichert wird. Das Programm liegt nun als reine
Text-Datei auf der Platte vor. Sie können es somit auch in eine beliebige Textverarbeitung einladen und betrachten oder auch ausdrucken. Nötig ist das nicht, weil QBasic natürlich auch Programme ausdrucken kann. Doch dazu später.

Nachdem das Programm auf der Diskette bzw. Festplatte gespei-   *Programm laden*
chert ist, können Sie getrost QBasic beenden (Menü *Datei*, Eintrag
Beenden) und den Rechner ausschalten. Die getane Arbeit ist ja gesichert und kann jederzeit wieder eingeladen und weiterbearbeitet
werden.

Wie ein Programm geladen wird, haben Sie ja vielleicht schon
einmal ausprobiert. Schließlich ist es ja interessant zu wissen, wie
die bei DOS mitgelieferten BASIC-Programme aussehen. Sollten
Sie das nocht nicht getan haben, wird es nun Zeit. Wählen Sie
hierzu bitte im Menü *Datei* den Eintrag *Öffnen...* an. Wie Sie schon
durch die drei Punkten hinter dem Menüeintrag vermuten, erscheint auch hier eine Dialogbox für die Auswahl der zu ladenden
Datei.

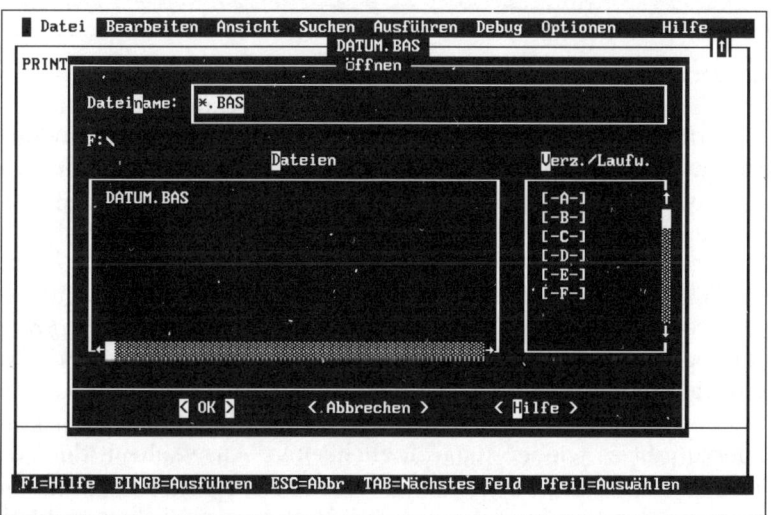

Abb. 20: Dialogbox für Dateiauswahl

Die Box unterscheidet sich deutlich von derjenigen beim Speichern. Hier zeigt sich nicht nur eine Eingabe für den Namen und
die Auswahl des Pfades, sondern es werden auch alle im gewählten Verzeichnis gefundenen BASIC-Dateien aufgelistet.

Hilfestellung

Bevor ich Ihnen nun die Bedeutung der einzelnen Felder und Listen dieser Dialogbox sowie deren Bedienung erläutere, schauen Sie doch selbst einmal nach. In der Box findet sich ja wie gewohnt ein Auswahlknopf für <Hilfe>, den Sie nun bitte einmal anklicken bzw. mit der ⌈Tab⌉-Taste anwählen und mit ⌈Return⌉ aktivieren. Es erscheint die Hilfestellung zu der Dialogbox:

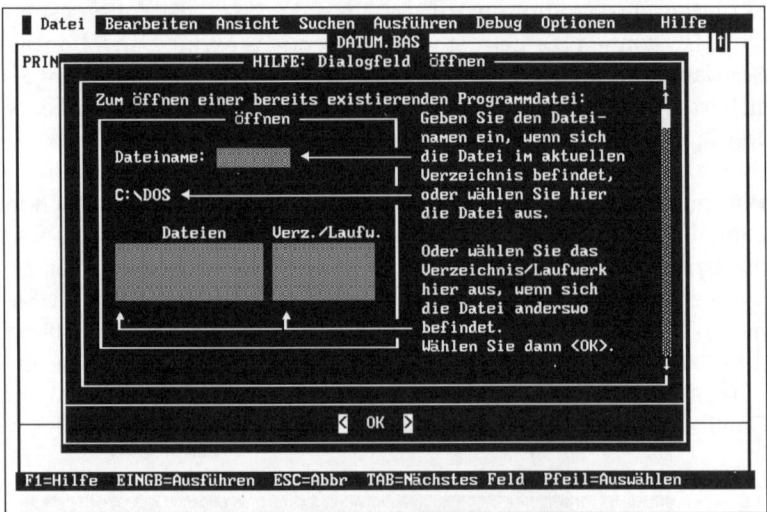

Abb. 21: Hilfestellung zur Dateiauswahl

Entfernen Sie nun bitte das Hilfefenster vom Bildschirm, indem Sie die ⌈Escape⌉-Taste drücken. Es erscheint dann wieder die Dateiauswahl.

In der angezeigten Liste sollte auch die eben abgespeicherte Datei DATUM.BAS sichtbar sein. Sie können diese nun laden, indem Sie entweder den Namen DATUM eingeben (QBasic setzt dann selbständig die Endung .BAS dran) oder den Eintrag aus der Liste anwählen.

Auswahl aus der Liste

Hierzu gibt es wieder zwei Möglichkeiten: Auswahl mit der Tastatur oder der Maus. Mit der Maus ist es sehr einfach: Sie brauchen nur den Eintrag mit der linken Maustaste anklicken und auf <OK> klicken. Mit der Tastatur geht es aber auch recht schnell. Hierzu muß zuerst die Dateiliste aktiviert werden, weil ja immer noch die Namenseingabe aktiv ist. Drücken Sie hierzu bitte einmal die ⌈Tab⌉-Taste. Der blinkende Cursor steht dann am Beginn der Liste.

Mit den Pfeiltasten können Sie nun innerhalb der Liste die angezeigten Einträge anwählen. Ein gewählter Eintrag erscheint dabei
invertiert, also weiß auf schwarz (je nach Farbeinstellung). Ist der
gewünschte Eintrag invertiert, also in unserem Fall DATUM.BAS,
drücken Sie nur noch ⌐Return⌐ und die Datei wird geladen. Die
Dateiauswahl verschwindet vom Bildschirm und das geladene
Programm erscheint im Editor. Hier kann es dann weiter bearbeitet, gestartet oder auch ausgedruckt werden.

Für das Drucken eines Programmes existiert ein eigener Eintrag
im *Datei*-Menü: *Drucken...*. Wählen Sie ihn nun bitte an. Wie aus
den drei Punkten schon ersichtlich war, erscheint eine Dialogbox.
Hier kann gewählt werden, welcher Teil des Programmes gedruckt werden soll:

Programm
drucken

Abb. 22: *Programm drucken*

Unser Programm besteht zur Zeit nur aus einem einzigen Teil,
wodurch hier die Auswahl nicht schwerfällt. Im weiteren Verlauf
des Buches werden Sie aber noch die Möglichkeit kennenlernen,
ein Programm in mehrere Teile zu untergliedern. In einem so un-
tergliederten Programm kann in der angezeigten Dialogbox auch
nur der aktuell bearbeitete Teil gedruckt werden. Eine andere Variante, die hier angeboten wird, ist das Drucken von markiertem
Text. Das Markieren von Programmzeilen ist ja einfach: Bewegen
des Cursors über den zu markierenden Text mit gedrückter
⌐Shift⌐-Taste. So etwas kann sehr sinnvoll sein, wenn Sie einen
bestimmten Teil aus einem langen Programm ausdrucken wollen.

Sie brauchen ihn dann nur zu markieren und in der Dialogbox den Eintrag *Markierter Text* anzuwählen. Der gewählte Eintrag ist an dem Punkt zu erkennen, der in den Klammern vor dem Eintrag steht. Beim Aufruf der Box ist der Eintrag *Gesamtes Programm* aktiv, also wird jede Zeile des Programmes auf das Papier gebracht. Ist der Drucker bereit, brauchen Sie nun nur [Return] zu drücken bzw. die Schaltfläche <OK> anzuklicken. Der Drucker erwacht dann zum Leben und bringt Ihr erstes Programm zu Papier.

Zusammenfassung

- Zu dem mit MS-DOS 5 ausgelieferten QBasic-Paket gehören das Programm selbst (QBASIC.EXE), die Hilfedatei QBASIC.HLP, die INI-Datei QBASIC.INI, die Beispielprogramme MONEY.BAS und REMLINE.BAS sowie die Spiele GORILLA.BAS und NIBBLES.BAS.

- Nach dem Start von QBasic erscheint der QBasic-Bildschirm, der aus folgenden Elementen besteht:

Menüzeile	In der obersten Bildschirmzeile sind die Menütitel sichtbar, unter denen sich jeweils die Pulldown-Menüs verbergen. Diese Titel können mit der Maus angeklickt oder über die [Alt]-Taste aktiviert werden.
Editor	Das große Fenster ist der QBasic-Editor, dessen Überschrift den Namen des aktuellen Programmes beinhaltet.
Direktfenster	Das untere Fenster dient dazu, sofort auszuführende Befehle einzugeben.
Statuszeile	Die unterste Zeile enthält Informationen wie die aktuelle Cursorposition oder Hilfestellungen.

- Es kann jederzeit mit der [F1]-Taste eine Hilfestellung angefordert werden. Es erscheint dann ein Extra-Fenster oder eine Hinweis-Box, in der Anmerkungen zu dem aktuellen Vorgang enthalten sind. Sind innerhalb eines Hilfefensters Schlüsselworte in spitzen Klammern enthalten, dienen diese als Verweise auf weitere Hilfetexte. Alle Hilfetexte sind in der Datei QBASIC.HLP enthalten.

3. Was ist eigentlich ein Programm?

Wir haben zwar nun schon ein BASIC-Programm erstellt, indem wir die Ausgabe des Tagesdatums programmiert haben. Sicherlich sind Sie aber auch der Meinung, daß es sich hierbei nicht gerade um ein echtes Programm gehandelt hat, sondern einfach nur um einen BASIC-Befehl. Wenden wir uns daher nun der Betrachtung eines richtigen BASIC-Programmes zu.

Per Definition ist ein Programm eine Liste mit Anweisungen für den Computer, unabhängig von der verwendeten Sprache. Damit ist aber nicht alles erfaßt, was für die Lösung einer Aufgabe für den Computer nötig ist. Grob gesehen, ist doch jedes Programm nichts anderes als das Verarbeiten von eingegebenen Daten und Ausgabe des Ergebnisses. Man spricht dabei auch vom EVA-Prinzip (Eingabe - Verarbeitung - Ausgabe).

Programme

Um ein solches Programm zu erstellen, ist natürlich ein Vermittler notwendig, der die eingegebenen Befehle zur Ausführung bringt. Ein solches Programm ist ein Interpreter wie QBasic oder ein Compiler, der die Befehle entweder, wie der Name schon sagt, schrittweise interpretiert oder in die dem Rechner verständliche Form übersetzt, also kompiliert.

Interpreter und Compiler

In diesem Rahmen wird dann das eigentliche Programm eingegeben. Im Fall von QBasic wird dies im eingebauten Editor geschehen. Hier werden dann die Befehle eingegeben, die der Rechner zur Lösung der gestellten Aufgabe ausführen soll. In einigen Fällen ist es auch damit getan, diese Befehle einfach hintereinander zu setzen. Wird aber die Aufgabe größer und somit das Programm komplexer, ist es unumgänglich, den Aufbau des Programms sorgsam zu planen. Für die gesamte Abwicklung eines solchen Programmprojekts bietet QBasic eine Fülle von Funktionen an, deren Beherrschung auch großen Projekten den Schrecken nimmt.

3.1 Befehle und Funktionen

Ein Programm wird aus diversen Anweisungen zusammengesetzt, die in der jeweiligen Sprache gültig sind. In QBasic gibt es

eine ganze Reihe solcher gültigen Anweisungen, auch Schlüsselworte genannt. Die Anweisungen werden grundsätzlich in zwei
verschiedene Gruppen unterteilt: Befehle und Funktionen. Während Befehle genau das sind, was der Name schon sagt, dienen
Funktionen zur Verrechnung von Zahlen oder Bearbeitung von
Texten und liefern ein Ergebnis.

Befehl

Daß hier ein deutlicher Unterschied herrscht, können Sie sich
leicht verdeutlichen. Stellen Sie sich vor, jemand sagt zu Ihnen
"Schreibe den Text Hallo". Sie nehmen sich dann ein Blatt Papier
und schreiben den Text. Ganz klar: hier handelt es sich um einen
Befehl.

Funktion

Als Gegenbeispiel sagt Ihnen Ihr imaginärer Programmierer nun
"Wurzel aus 4". Was nun? Sie können das Ergebnis zwar schnell
im Kopf ausrechnen und denken "...ergibt 2, und?".

Hier wurde Ihnen eine Funktion genannt, die ein Ergebnis liefert.
Ohne eine ergänzende Anweisung wie etwa "Schreibe das Ergebnis von..." ist die Funktion aber nicht vollständig.

Kombination

Nehmen wir jetzt einmal die Anweisung "Schreibe das Ergebnis
von Wurzel aus 4", handelt es sich hierbei um eine Kombination
aus einem Befehl (Schreibe) und einer Funktion (Wurzel aus). Mit
dieser kombinierten Anweisung kann man wiederum etwas an-
fangen.

Variable

Übrigens: Neben einem Befehl wie "Schreibe" kann das Ergebnis
einer Funktion auch nur vorerst in das Gedächtnis geschrieben
werden, etwa durch "Merke Dir mal das Ergebnis von..." in einer
Variablen. Die so gespeicherte Information kann dann später ab-
gerufen und in einem anderen Befehl eingesetzt werden. Genau
das ist ein sehr häufiger Vorgang innerhalb von Programmen, wie
Sie auch bald selbst erfahren werden.

3.2 Vom Umgang mit Daten: Zahlen, Werte und Texte

In obigen Beispielen wurde mit Zahlen hantiert, also etwa mit einer 4 oder dem Ergebnis einer Berechnung. Solche Zahlen stellen
Informationen oder auch einfach Daten dar, die im Verlauf eines
Programmes verarbeitet werden. Nicht umsonst spricht man ja
von elektronischer Datenverarbeitung.

Was sind eigentlich Daten?

Informationen können in sehr unterschiedlicher Form anfallen. Es können Zahlen oder auch nur Ziffern sein, Buchstaben, Worte, Texte sowie Kombinationen daraus. Die Gesamtheit dessen sind die Daten, die be- und verarbeitet werden.

Daten

Daten werden im Laufe eines Programmes auch in verschiedenen Richtungen ausgetauscht, verändert, ein- oder ausgegeben sowie manchmal einfach vergessen. Für ein menschliches Gehirn gibt es dabei kaum Regeln, weil die Information "drei Bleistifte" einfach so hingenommen und gespeichert werden kann.

Für einen Computer ist dies nicht ganz so einfach. Er muß für das Speichern von Daten wissen, welcher Art sie sind. Er unterscheidet hierbei sehr genau zwischen numerischen (Zahlen) und alphanumerischen (Texten) Daten.

Die numerischen Daten sind ausschließlich Ziffern und Zahlen sowie die Vorzeichen + und - und der Dezimalpunkt. Obwohl in der deutschen Sprache für die Trennung von Vor- und Nachkommastellen ein Komma eingesetzt wird, wie der Name schon sagt, wird in QBasic hierzu der Punkt verwendet.

Wenn Sie also den Wert 2½ schreiben wollen, müssen Sie anstelle von 2,5 in QBasic 2.5 eingeben. Andernfalls erfolgt entweder eine Fehlermeldung oder es geschehen merkwürdige Dinge. Der Grund hierfür ist einfach zu erklären: QBasic kommt aus der amerikanischen Softwareschmiede, Microsoft, und ist daher nach amerikanischen Standards programmiert. In Amerika sowie vielen anderen Staaten ist das Dezimaltrennzeichen ein Punkt, also auch in QBasic. Sie müssen sich dies leider unbedingt angewöhnen, um Probleme zu vermeiden!

Dezimalpunkt

Zurück zu den Bleistiften. Die Information, die in der oben erwähnten Angabe steckt, unterteilt sich eindeutig in eine Zahl (drei) und einen Text (Bleistifte). Während Sie sich dies sicherlich einfach so gemerkt haben, wie es kam, muß eine solche Kombination für QBasic erst einmal zerlegt werden.

Trennung von Zahl und Text

Es kann nun der Einwand kommen: Aber die Information "drei Bleistifte" kann doch auch einfach insgesamt als Text gesehen werden! Das ist völlig richtig, allerdings nicht ohne ein großes ABER.

Fällt eine solche Information an, dürfte es sich in den meisten Fällen um eine zu verarbeitende Angabe handeln. Hierbei könnte zum Beispiel der Eingang in eine Lagerbuchhaltung gemeint sein, bei der eine Lieferung von drei Bleistiften ins Lager zu den bereits vorhandenen 10 Stiften gelegt werden soll. Logischerweise soll dann der Bestand von 10 mit dem Neuzugang von drei addiert werden.

Ist Ihnen aufgefallen, daß hier zwei Zahlen unterschiedlich dargestellt wurden? Einerseits wird von 10, andererseits von drei gesprochen. Für Sie ist dies kein Problem, weil Sie ja wissen, daß drei und 3 das selbe bedeuten. QBasic ist nicht so schlau.

Wir müssen also ein wenig wie ein Computer denken lernen. Der Zugang in die Lagerhaltung würde besser durch 3 Bleistifte ausgedrückt, wobei die Trennung von Zahlen und Texten deutlich wird.

Zusammenfassend kann gesagt werden, daß QBasic sowohl Zahlen als auch Texte verarbeiten kann, allerdings getrennt voneinander. Eine Information wie das Wort drei kann nur dann als der Wert 3 erkannt werden, wenn sie auch als Zahlenwert 3 angegeben wird.

In einem Programm werden Texte dadurch als solche ausgewiesen, daß sie in Anführungsstriche gesetzt werden. Hierdurch weiß QBasic sofort, welcher Art die Information ist.

Die folgenden Daten sind für QBasic gültig. Bitte sehen Sie sich diese an und entscheiden, ob es sich um Text- oder Zahlendaten handelt:

```
123
"123"
-27.5
"Hallo"
3
"drei"
```

Was mit den Daten geschehen soll, hängt natürlich von dem Programm selbst ab. Bei der Programmierung müssen Sie sich jederzeit darüber im Klaren sein, ob Sie Texte oder Zahlen verarbeiten wollen.

In QBasic gibt es einige Funktionen, die eine Umwandlung von Zahlen in Texte und umgekehrt ermöglichen. Hierdurch kann etwa der Text "123" in den Wert 123 umgewandelt und dann als Zahl weiterverarbeitet werden. Sie finden solche Funktionen in vielen der folgenden Programmbeispiele, weil sie recht häufig benötigt werden.

3.3 Von der Idee zum Programm: Grundüberlegungen

Die Aufgabe eines Computers oder genauer gesagt eines Programmes ist es, solche Daten zu be- und verarbeiten. Das hierzu nötige Programm kann aus einer einzigen Zeile bestehen oder auch aus tausenden davon. Sie können sich sicher vorstellen, daß ein Programm mit tausend Anweisungen schnell unübersichtlich und schwer zu bearbeiten sein kann.

Mit Hilfe der vielen Fähigkeiten von QBasic kann ein größeres Programm so aufgebaut werden, daß es leicht zu verstehen, zu erweitern und von Fehlern zu bereinigen ist. Voraussetzung hierfür ist die Planung eines Programmes VOR der Eingabe der Programmzeilen selbst.

Überlegung zur Struktur

Wichtigster Punkt bei der Planung ist die Überlegung, welche Struktur das gesamte Programm haben soll. Hierbei sind einzelne Funktionsgruppen der zu lösenden Aufgabe zu definieren. Man spricht auch von modularer Programmierung. Diese Gruppen können dann im Programm auf verschiedene Programmteile, sogenannte Unterprogramme, SUBs oder FUNCTIONs verteilt werden. Hierfür ist QBasic ausgezeichnet geeignet, wie Sie in späteren Kapiteln noch sehen werden.

Struktur

Die in diesem Buch vorgestellten Programme sind alle strukturiert programmiert. Da natürlich jedes Programm einen anderen Aufbau hat, gibt es auch kein allgemeingültiges Rezept für eine solche Strukturierung. Es sollen daher nun im Vorfeld die grundsätzlichen Überlegungen in der Planung eines QBasic-Projektes zusammengestellt werden.

1. Welche Aufgaben soll das Programm erfüllen?

Zu lösende
Aufgaben

Hier werden die erwähnten Funktionsgruppen aufgestellt. Dies sind z.B. die Ein- und Ausgabefunktionen, die Benutzeroberfläche sowie natürlich die eigentlichen Aufgaben des Programmes (Berechnungen und Datenverarbeitung). Jeder dieser einzelnen Punkte sollte im Programm durch eigene Programmabschnitte realisiert werden.

Das Ergebnis dieser Überlegung sollte eine Liste der Funktionsgruppen sein.

2. Welche Daten fallen an?

Datenarten

Hier sind die Arten und Mengen der Daten aufzuführen, mit denen das Programm umgehen wird. Bei einem Texteditor ist hier sicher der zu editierende Text zu nennen; dazu kommen Angaben wie Dateinamen, Datenfelder für Grundangaben oder Druckertreiber. Solche Daten werden in Variablen gespeichert, für die wiederum überlegt werden muß, welche Programmteile diese Variablen untereinander austauschen können müssen.

Die Bedeutung des Begriffes Variable sowie deren Unterschiede und Anwendungen wird im nächsten Kapitel betrachtet.

Aus dieser Überlegung entsteht eine Liste der globalen Daten bzw. Variablen, die im Programm auch gesondert definiert werden müssen. Außerdem können oft benötigte Daten in einer Datei gespeichert werden, deren Aufbau von vorneherein feststehen sollte.

3. Welche Funktionen werden zuerst gebraucht?

Funktionen

In vielen Fällen spielt die Benutzeroberfläche eine große Rolle, daß diese zuerst realisiert werden sollte. Ist diese nämlich zumindestens grundsätzlich vorhanden, ist der Ausbau des Programmes um die eigentlichen Funktionen schneller möglich. Hat das Projekt eine Vielzahl an Funktionen, ist die Gestaltung von Menüs anzuraten. Steht ein solches Menü, können nach und nach weitere Funktionen dort hinzugefügt werden.

4. Wie kann ein Programm wartungsfreundlich gestaltet werden?

Lesbarkeit

Im Grunde ist dieser Punkt keine konkrete Überlegung vor, sondern während der Programmierung. Neben der nachvollziehbaren Aufteilung eines Programmes in Funktionsgruppen sollten auch stets Kommentare in das Programm eingebaut werden, um später eine bestimmte Stelle im Programm schneller finden zu können.

Solche Kommentare können jeweils vor dem Beginn einer zusammengehörenden Gruppe von Befehlszeilen oder auch zusätzlich hinter einigen Programmzeilen eingesetzt werden. In allen Programmen, die im Verlauf des Buches vorgestellt werden, sind solche Kommentare eingesetzt. Ein Kommentar wird entweder mit dem Schlüsselwort *REM* (für Remark, Bemerkung) oder mit dem Kommentarhäkchen ' eingeleitet. Das Häkchen finden Sie auf den Standard-AT-Tastaturen mit deutschem Layout rechts über dem #-Zeichen.

Kommentare

Da QBasic im Gegensatz zu den alten BASIC-Versionen auch Leerzeilen verträgt, sollten die erwähnten Gruppen auch damit voneinander optisch getrennt werden.

Leerzeilen

Zusammenfassung

- Ein Programm ist eine Folge von Anweisungen an den Computer. Die Befehle sind in der jeweiligen Programmiersprache zu formulieren, also hier in BASIC.

- Es gibt verschiedene Schlüsselworte, die QBasic versteht. Hierbei handelt es sich entweder um Befehle, also auszuführende Anweisungen, oder um Funktionen, die rechnen oder Daten manipulieren sollen.

- Daten können in unterschiedlichen Arten auftreten. Man unterscheidet grundsätzlich Zahlenwerte, sogenannte numerische Daten, und Texte, auch Strings genannt. Bei den numer-ischen Daten gibt es außerdem verschiedene Kathegorien, die sich im möglichen Wertebereich und den Nachkommastellen unterscheiden.

4. Variablen und Datentypen

Der Speicher eines Computers besteht aus einer langen Reihe einzelner Speicherzellen, sogenannter Bytes. Jedes Byte kann eine Zahl von 0 bis 255 beinhalten - mehr nicht. Um also die verschiedenen Daten unterscheiden zu können, mit denen ein Programm umgehen muß, werden Teile des Speichers für die Aufnahme benannter Daten definiert, sogenannte Variablen. Die Zuordnung der Variablen zu Speicheradressen erledigt QBasic weitestgehend selbständig. Dies bedeutet für den Programmierer, daß er sich nur über Namen und Typ seiner Variablen Gedanken machen muß.

4.1 Das Gedächtnis eines Programmes: Variablen

Der Name einer Variablen kann fast beliebig ausgesucht werden. Hierdurch ist es meist gut möglich, den Verwendungszweck durch einen aussagekräftigen Namen zu verdeutlichen. So kann beispielsweise eine Telefonnummer in einer Variablen namens Telefonnummer gespeichert werden.

Variablennamen

In jedem einigermaßen umfangreichen Programm werden eine Vielzahl Variablen eingesetzt. Um sie stets auseinanderhalten zu können, bietet sich die oben beschriebene Methode der Namensgebung an. Sie werden zwar wahrscheinlich, ebenso wie die weitaus meisten Programmierer, eher zu kurzen Namen tendieren, aber achten Sie bitte auf eine systematische Methodik. Der Variablenname X für eine Telefonnummer ist zwar schnell und leicht zu tippen, aber bei einem späteren Blick in das Programm werden Sie wohl kaum noch die Zuordnung erkennen. Ein Kompromiß wäre da etwa der Name TelNr: kurz und doch erkennbar.

Ein Variablenname muß mit einem Buchstaben beginnen und kann fast beliebig lang werden. Innerhalb des Namens dürfen Buchstaben und Ziffern vorkommen, nicht jedoch deutsche Umlaute wie ÄÖÜ oder ß.

4.2 Datentypen für Zahlen und Texte

Für einen Menschen ist es ziemlich egal, ob er sich eine Ganzzahl, eine Zahl mit Nachkommastellen oder einen Namen merken soll. Je nachdem, wofür es gebraucht wird, fällt ihm die Zahl als Zweiunddreißig oder 32 ein. Dies ist die unnachahmliche Intuition eines menschlichen Gehirns. Computer haben da schon richtige Probleme.

Aus dem Grund, daß Computer völlig phantasielos sind, muß sich der Programmierer über die Art der anfallenden Daten Gedanken machen. In QBasic werden verschiedene Datentypen angeboten, für die jeweils spezielle Variablen verwendet werden.

Variablentypen

QBasic bietet eine Vielzahl an Variablentypen an. So können Texte, Ganzzahlen oder Fließkommazahlen gespeichert werden, aber auch Kombinationen daraus. Folgende Daten- bzw. Variablentypen bietet QBasic von sich aus an:

Typ	Symbol	Inhalt	Speicherbedarf
INTEGER	%	ganze Zahlen von -32768 bis +32767	2 Byte
LONG	&	ganze Zahlen von -2.147.483.648 bis +2.147.483.647	4 Byte
SINGLE	!	Fließkommazahlen mit 7 signifikanten Stellen	4 Byte
DOUBLE	#	Fließkommazahlen mit 15 signifikanten Stellen	8 Byte
STRING	$	beliebiger Text aus bis zu 32.767 Zeichen	x Zeichen

Wie bereits bei der Besprechung der unterschiedlichen Arten von Daten gezeigt, sind auch bei den Variablen Zahlen und Texte streng voneinander getrennt. Die ersten vier Variablentypen der obigen Liste nehmen Zahlen verschiedener Arten auf, während nur der letzte Typ, STRING, für Texte geeignet ist.

Wann welcher Typ?

Taucht bei der Programmierung die Notwendigkeit auf, einen Text wie z.B einen Nachname oder eine Artikelbezeichnung zu speichern, muß hierzu eine String-Variable eingesetzt werden.

Das Speichern von Zahlen kann in vier verschiedenen Variablentypen geschehen. Auf den ersten Blick ist hierfür die generelle Verwendung des DOUBLE-Typs sinnvoll, weil dieser den größten

Wertebereich hat. In einer solchen Variablen kann fast jede vorstellbare Zahl gespeichert werden. Warum gibt es denn noch die anderen Typen?

Eine Variable vom Typ INTEGER hat sicherlich die größte Einschränkung, wenn es um den Wertebereich geht. Dennoch sind die oft meisten im Programm gebrauchten Zahlen innerhalb des hier möglichen Bereiches und können in INTEGER-Variablen gespeichert werden.

Dies sollte dann auch gemacht werden. INTEGER-Variablen haben nämlich gegenüber DOUBLE-Variablen zwei Vorteile: sie belegen nur 2 Bytes im Speicher (DOUBLE-Variablen immerhin 8!) und werden wesentlich schneller verarbeitet als die anderen Typen. Sie sollten daher immer den kleinsten Typ für die Variable nehmen, der unbedingt notwendig ist. In der oben gezeigten Reihenfolge der Typen wird jeweils mehr Speicherplatz und auch mehr Rechenzeit verbraucht.

In Kapitel 8 des Buches finden Sie eine genauere Betrachtung des Speicherbedarfs verschiedener Variablentypen.

Variablennamen

Eine Variable wird durch den Namen und das Symbol bestimmt. Der Name kann ein beliebiges Wort mit bis zu 40 Zeichen sein. Erlaubt sind dabei alle Buchstaben, Ziffern und der Dezimalpunkt, wobei am Anfang des Namens ein Buchstabe stehen muß. Er darf nicht mit FN beginnen, weil dies reserviert ist, ebenso wie BASIC-Befehls- und Schlüsselwörter nicht erlaubt sind. Die Graphie (Groß-/Kleinschreibung) des Namens ist beliebig.

Hinter dem Namen kann dann das Symbol für den Datentyp (siehe oben) stehen. Fehlt das Symbol, wird der Variablen der Typ SINGLE zugeordnet.

Für das Erstellen einer Rechnung per Computer müssen die benötigten Daten eingegeben und gespeichert werden. Zu diesen Daten gehören verschiedene Angaben, die auch in verschiedenen Variablen abgelegt werden.

Da wäre zunächst einmal die Bezeichnung des gelieferten Artikels. Hier handelt es sich um eine Folge von Buchstaben bzw. einen Text, für welche also eine Variable vom Typ String, kurz Stringvariable genannt, verwendet wird.

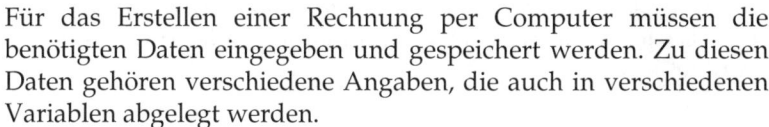

Dann kommt die Anzahl, in der dieser Artikel geliefert wurde: eine ganze Zahl, geeignet für eine Integervariable. Schließlich brauchen wir noch den Preis, der ja in DM und Pfennig angegeben wird, wofür nur eine Fließkommavariable in Frage kommt.

Die Belegung dieser Variablen könnte somit folgendermaßen aussehen:

```
Artikel$ = "Die Programmierer-Fibel"
```

Hier handelt es sich um eine Variable vom Typ STRING, kurz String-Variable genannt. Erkennbar wird dies durch das Dollarzeichen unmittelbar hinter dem Namen. Der Text selbst, der hier in die Variable eingesetzt wird, ist in Anführungszeichen gesetzt, um ihn auch als reinen Text zu markieren. Andernfalls würde obige Programmzeile zu einer Fehlermeldung führen.

```
Anzahl% = 5
```

Diese Variable ist durch das Prozent-Zeichen als Typ INTEGER definiert, d.h. sie kann nur ganzzahlige Werte aufnehmen.

```
Preis = 49.80
```

Das fehlende Symbol setzt diese Variable als SINGLE-Typ fest, was natürlich auch durch ein Ausrufungszeichen festgesetzt werden kann. Die Variable *Preis* entspricht somit der Variablen *Preis!*.

Sollte der Preis tatsächlich mehr als sieben Stellen lang werden, muß für die Sicherstellung der Genauigkeit der DOUBLE-Typ durch ein #-Symbol verwendet werden. In einem solchen Falls würde die Zeile lauten:

```
Preis# = 49.80
```

Um den Gesamtpreis der Lieferung zu ermitteln, kann hier Anzahl% * Preis gerechnet werden. Dies kann dann z.B. der Variablen *Gesamt* vom Typ DOUBLE durch folgende Anweisung zugeordnet werden:

```
Gesamt# = Anzahl% * Preis
```

bzw.

```
Gesamt# = Anzahl% * Preis#
```

Ein Programm, welches die gezeigten Schritte ausführt, könnte dann etwa so aussehen:

```
Artikel$ = "Die Programmierer-Fibel"
Anzahl% = 5
Preis = 49.80
Gesamt# = Anzahl% * Preis
PRINT "Artikel: "; Artikel$
PRINT Anzahl%; "Stück auf Lager"
PRINT Preis; "DM pro Stück"
PRINT "Gesamtwert:"; Gesamt#
```

Wahlweise könnte natürlich die Anzahl der Artikel auch als Fließkommavariable vorliegen, was weniger bei Büchern, eher jedoch bei einer Einheit wie Liter sinnvoll ist. Der Vorteil der Verwendung von INTEGER-Variablen ist aber, daß diese schneller verrechnet werden können.

Weiterhin ist der Speicherbedarf bei Variablen mit größerem Wertebereich natürlich höher. So benötigt eine INTEGER-Variable nur 2 Bytes (16 Bit), während eine DOUBLE-Variable 8 Bytes (64 Bit) verschlingt. Somit ist es einleuchtend, daß die verwendeten Typen für die Variablen besonders bei größeren Programmen sorgfältig gewählt werden sollten.

Speicherbedarf

Typzuordnung mit DEF

Ein Sonderfall bei der Definition der Variablentypen gilt bei Verwendung des *DEF*-Befehls. Mit dieser Anweisung kann einer bestimmten Gruppe von Variablennamen direkt ein anderer Typ zugeordnet werden.

Typenvorgabe

Dies kann z.B. dann sinnvoll sein, wenn ein Programm grundsätzlich mit DOUBLE-Werten arbeiten soll. Der angewandte Befehl setzt sich zusammen aus dem Schlüsselwort *DEF* und dem gewünschten Typ mit 3 Buchstaben (INT, LNG, SNG, DBL oder STR), gefolgt von einem Leerzeichen und den Buchstaben, mit denen die betroffenen Variablen beginnen.

So kann z.B. ein Programmierer, der FORTRAN-Verhältnisse gewohnt ist, alle mit I, J oder K beginnenden Variablen zu INTEGER-Variablen erklären durch

```
DEFINT I-K
```

Sollte jedoch eine Variable im Programm vorkommen, die durch ein Typensymbol als anderer Datentyp definiert ist, hat das Symbol Vorrang gegenüber dem *DEF*-Befehl. Somit bezieht sich *DEF* nur auf Variablen ohne Typensymbol. In obigem Beispiel wäre dann eine Variable namens *Inhalt$* immer noch ein String.

Zusammenfassung Variablentypen

Für die unterschiedlichen Typen anfallender Daten können die folgenden Variablentypen eingesetzt werden:

Typ:	INTEGER
Symbol:	%
Inhalt:	ganze Zahlen von -32768 bis +32767
Vorteile:	minimaler Speicherbedarf (2 Bytes), schnellste Verarbeitung
Nachteile:	keine Nachkommastellen, geringer Wertebereich
Typ:	LONG
Symbol:	&
Inhalt:	ganze Zahlen von -2.147.483.648 bis +2.147.483.647
Vorteile:	sehr hohe Zahlen möglich, schnellere Verarbeitung als Fließkomma
Nachteile:	keine Nachkommastellen, höherer Speicherbedarf als INTEGER (4 Bytes)
Typ:	SINGLE
Symbol:	! oder ohne Symbol
Inhalt:	Fließkommazahlen zwischen $-3,4*10^{38}$ und $+3,4*10^{38}$ mit etwa 7-stelliger Genauigkeit
Vorteile:	flexibler Wertebereich
Nachteile:	höherer Speicherbedarf als INTEGER (4 Bytes), langsamere Verarbeitung als Ganzzahlen
Typ:	DOUBLE
Symbol:	#
Inhalt:	Fließkommazahlen zwischen $-1,7*10^{308}$ und $+1,7*10^{308}$ mit etwa 15-stelliger Genauigkeit
Vorteile:	höchster Wertebereich
Nachteile:	höchster Speicherbedarf (8 Bytes), langsamste Verarbeitung
Typ:	STRING
Symbol:	$
Inhalt:	Text von 0 bis 32767 Zeichen
Vorteile:	Verarbeitung von Texten
Nachteile:	keine direkte Verrechnung möglich

Buchstaben und Texte: Strings

Bisher haben wir fast nur über Zahlen gesprochen, die in Variablen gespeichert werden. Wenden wir uns nun der Verwaltung von Buchstaben und Texten, auch Zeichenketten genannt, zu.

Kette heißt im Englischen String, weshalb die Variablen zum Speichern von Zeichenketten auch String-Variablen genannt werden.

Für Strings (Zeichenketten) gelten zwangsläufig einige andere Verhältnisse als für numerische Variablen. Was eigentlich völlig klar ist, denn wie sollte man beispielsweise zwei Strings multiplizieren?

Um eine String-Variable mit einem Text zu belegen, kann eine ähnliche Zuordnung wie bei numerischen Variablen geschrieben werden. Der Unterschied ist allerdings der, daß hinter dem Gleichheitszeichen entweder auch eine String-Variable, eine String-Funktion oder ein Text in Anführungszeichen stehen muß.

Zuweisung

```
Vorname$ = "Stefan"
```

Hier wird die Variable *Vorname$*, die durch das Dollar-Zeichen als Stringvariable kenntlich gemacht ist, mit dem Text *Stefan* belegt. In der Variablen steht danach allerdings nur das Wort Stefan ohne die Anführungszeichen.

QBasic legt einen solchen Text im Speicher hintereinander Zeichen für Zeichen ab. Da jedoch im Speicher eines Computers nur Zahlen enthalten sein können, werden alle Zeichen durch einen zugeordneten Wert dargestellt. Die Tabelle, in der allen möglichen Zeichen (Buchstaben, Ziffern, Symbole) die entsprechende Zahl zugeordnet wird, ist im sogenannten ASCII weltweit genormt. ASCII steht hierbei für American Standard for Information Interchange und legt die Codierung von Zeichen und Texten im Speicher fest. Im Anhang dieses Buches finden Sie auch eine vollständige ASCII-Tabelle, die auch um die deutschen Umlaute ergänzt ist.

ASCII

Um den Namen auf den Bildschirm zu bringen, kann genauso wie bei den numerischen Variablen verfahren werden:

```
PRINT Vorname$
```

Da zu dem *PRINT*-Befehl auch mehrere auszugebende Argumente angegeben werden können, kann hier natürlich auch geschrieben werden:

Ausgabe

```
PRINT "Guten Tag, "; Vorname$
```

Und schon kann der Computer persönlich begrüßen!

Da ein Programm Daten verarbeiten soll und Strings ebenfalls Daten sind, muß es auch Möglichkeiten zur Be- und Verarbeitung von Strings geben. Hierzu stehen einige mächtige Funktionen zur Verfügung, die in manch anderem BASIC-Interpreter fehlen. Hier eine kurze Übersicht über die QBasic-String-Funktionen:

+	Strings können mit dem +-Zeichen aneinandergereiht werden *(A$ = B$ + C$)*
INSTR()	Zeichen in String suchen *(F% = INSTR(Ab%, Text$, Such$))*
LEFTS()	Linken Teil eines Strings übernehmen *(A$ = LEFT$(B$, Laenge%)*
LEN()	Länge eines Strings ermitteln *(Laenge% = LEN(A$))*
MID$()	Teilstück aus String übernehmen *(A$ = MID$(B$, Ab%, Laenge%)*
MID$()	Teilstück eines Strings ändern *(MID$(B$, Ab%, Laenge%) = Ersatz$)*
RIGHTS()	Rechten Teil eines Strings übernehmen *(A$ = RIGHT$(B$, Laenge%))*
LTRIMS()	Führende Leerzeichen entfernen
RTRIMS()	Leerzeichen am Ende entfernen
LCASE$()	String in Kleinbuchstaben umwandeln *(A$ = LCASE$(B$))*
UCASE$()	String in Kleinbuchstaben umwandeln *(A$ = UCASE$(B$))* Hinweis: LCASE$() und UCASE$() ignorieren die Umlaute äöüÄÖÜ!
SPACE$()	Leerzeichen generieren *(A$ = SPACE$(Laenge%))*
STRING$()	String beliebiger Länge aus vorgegebenem Zeichen generieren *(A$ = STRING$(Anzahl%, Zeichen$))*

Zwei ähnliche Funktionen wie die normalen String-Funktionen dienen zur Umrechnung von Werten in andere Zahlensysteme. Dies sind:

HEX$()	Umrechnung in Sedezimalzahl (auch Hexadezimalzahl genannt) mit Zahlenbasis 16 und Zeichenvorrat 0-9 und A-F
OCT$()	Umrechnung in Oktalzahl (Basis 8)

Außerdem gibt es noch die Möglichkeit, einen String wie "123" in einen Wert umzurechnen. Hierzu dient die folgende Funktion:

VAL()	Umrechnung eines Strings in einen Wert

In dem späteren Kapitel 16 werden die genannten Befehle und Funktionen für die Verarbeitung von Strings anhand praktischer Beispiele genauer betrachtet.

4.3 Konstanten

Eine Variable kann in einem Programm jederzeit neu belegt werden und dadurch einen anderen Inhalt bekommen. Außerdem hat eine Variable, die bisher nicht belegt wurde, stets den Inhalt 0 bzw. bei String-Variablen keinen Inhalt.

Oft werden aber auch bestimmte Angaben in einem Programm häufiger eingesetzt, etwa eine Versionsnummer oder auch die Zahl Pi. Hierzu kann natürlich eine Variable eingesetzt werden, die am Programmbeginn mit dem entsprechenden Inhalt belegt wird.

Es gibt für solche Fälle aber auch eine andere Möglichkeit: Die Verwendung sogenannter Konstanten. Der Unterschied zwischen normalen Variablen und Konstanten ist der, daß eine Konstante grundsätzlich einen festen Inhalt hat und nicht verändert werden kann.

Fester Inhalt

Für die Definition einer Konstanten dient die Anweisung *CONST*. Steht eine solche Anweisung mit der Definition der Konstanten am Anfang des Programmes, gilt die Konstante im gesamten Programm. Die Zahl Pi kann somit beispielsweise folgendermaßen als Konstante definiert werden:

CONST

```
CONST Pi = 3.141592654
```

Im gesamten Programm können Sie dann die Konstante *Pi* ebenso einsetzen wie eine Variable. Mit einem Unterschied: Es kann nicht (versehentlich) ein anderer Wert zugewiesen werden. Die Zeile

```
Pi = 1
```

würde hier zu einer Fehlermeldung führen, weil eine Konstante eben konstant und daher nicht veränderbar ist.

In einem späteren Kapitel werden Sie noch erfahren, wie ein QBasic-Programm in verschiedene Abschnitte (Prozeduren) unterteilt werden können (SUBs und FUNCTIONs). Innerhalb einer solchen Prozedur definierte Konstanten sind dann auch nur für diese Funktion gültig.

Wenn Sie bei einer Konstanten-Definition kein Symbol für den Datentyp angeben, entscheidet QBasic selbst, welcher Typ verwendet werden soll. Weisen Sie also einer Konstanten ohne Symbol den Wert 1 zu, wird QBasic hierzu eine INTEGER-Definition verwenden. Der Vorteil dieser "Eigenmächtigkeit" ist, daß immer derjenige Typ verwendet wird, der den geringsten Speicherbedarf hat.

4.4 Datenfelder (Arrays)

Aus allen Variablentypen können sowohl Datenfelder (Arrays) als auch eigene Datentypen zusammengesetzt werden.

Ein solches Datenfeld oder Array ist nichts anderes als eine vorgegebene Anzahl gleichartiger Variablen, die unter einem gemeinsamen Namen abgelegt werden. Für den Zugriff auf einen speziellen Eintrag dieser Liste wird dem Namen eine Nummer in Klammern angefügt, der sogenannte Index.

Ein Array muß vor der Benutzung definiert werden, damit QBasic weiß, wieviele Einträge die Liste haben soll. Hierbei ist es nicht nur möglich, die Anzahl der Einträge vorzugeben, sondern auch, in welchem Bereich der Nummernkreis liegen soll.

Sie werden mit der *DIM*-Anweisung definiert:

Der DIM-Befehl
```
DIM [SHARED] <Variablenname>[([<Von> TO] <Bis>[,...])] [AS <Datentyp>]
[,...]
```

SHARED
Das *SHARED*-Schlüsselwort bewirkt, daß diese Variable bzw. dieses Array allen Programmteilen (SUBs und FUNCTIONs) dieses Programmes zugänglich ist.

Die Angabe, in welchem Bereich die Nummern der Einträge, die Indices, liegen sollen, kann auf verschiedene Arten erfolgen.

Eine Möglichkeit, die auch aus der Schreibweise obiger Definition des *DIM*-Befehls hervorgeht, ist das Weglassen des Bereiches für den Index. In einem solchen Fall wird kein Array dimensioniert, sondern einfach nur eine Variable. Ein solcher Fall gibt nur Sinn in Verbindung mit dem oben erwähnten *SHARED*-Schlüsselwort, wobei die Variable für alle Programmteile gültig ist.

```
DIM SHARED Variable
```

Die einfachste Art der Dimensionierung eines echten Arrays ist nur die Angabe von <Bis>. Hierbei werden die Variablen mit den Indices 0 (Standard) bis zu der angegebenen Zahl vorbereitet, wodurch ein mit 100 dimensioniertes Feld insgesamt 101 Einträge aufweist.

```
DIM Feld(100)
```

Wollen Sie grundsätzlich die so dimensionierten Arrays bei 1 beginnen lassen, können Sie den *OPTION BASE*-Befehl einsetzen. Hierbei wird die untere Grenze der normal dimensionierten Arrays angegeben: 0 oder 1.

OPTION BASE

```
OPTION BASE 1
```

Es kann aber auch vorkommen, daß ein Array beispielsweise die Indices -100 bis +100 haben muß. Kein Problem: Sie geben dann in der Dimensionierung einfach beide Grenzen an, getrennt durch das Schlüsselwort *TO*:

```
DIM Feld(-100 TO 100)
```

Neben der einfachen Dimensionierung, bei der nur ein Index definiert wird, können auch mehrere Indices angegeben werden. In einem solchen Fall entstehen mehrdimensionale Felder.

Mehrdimensionale Felder

Zweidimensionale Felder haben zwei Indices, die beide zusammen erst den Feldeintrag bestimmen. Ein solches Feld können Sie sich leicht als Tabelle vorstellen, in der ja auch Zeile und Spalte für jedes Fels angegeben werden muß. Die folgende Dimensionierung erstellt ein zweidimensionales Array:

```
DIM Tabelle(3, 3)
```

Hiermit werden insgesamt 4 mal 4, also 16 Einträge definiert. Sie werden von (0, 0) bis (3, 3) nummeriert, wodurch eine Tabelle folgenden Aufbaus entsteht:

```
              Index 1 = Spalte
Index 2 =    0    1    2    3
Zeile 0     0,0  1,0  2,0  3,0
Zeile 1     0,1  1,1  2,1  3,1
Zeile 2     0,2  1,2  2,2  3,2
Zeile 3     0,3  1,3  2,3  3,3
```

Solche Felder sind beispielsweise sinnvoll, um ein Spielfeld (z.B Damespiel) zu speichern. Hierbei würde ein Feld mit den Dimensionen (8, 8) dimensioniert, wodurch jedes Feld des Spielbrettes einem direkt adressierbaren Feldeintrag zugeordnet würde. Neben den zweidimensionalen können auch drei- bis n-dimensionale Felder dimensioniert werden. In der Praxis kommt das selten vor, ist aber möglich.

Begrenzt ist die Anzahl der Dimensionen nicht nur durch QBasic (bis zu 14), sondern auch durch den hierfür verbrauchten Speicher. Sie müssen bedenken, daß ein 10-dimensionales Feld mit je 4 Einträgen pro Dimension schon insgesamt $4^{10}=1.048.576$ Einträge hätte!

Feldtypen

In den obigen Beispielen sind die Variablen ohne besondere Symbole angegeben. Es handelt sich daher um Real-Variablen, also diejenigen mit Nachkommastellen. Oft werden aber Felder anderer Typen gebraucht, etwa Integer- oder String-Felder. Die einfachste Methode, solche Felder herzustellen, ist die Angabe des entsprechenden Symbols mit dem Variablennamen. Hierdurch werden beispielsweise folgende Dimensionierungen möglich:

```
DIM StringFeld$(100)
DIM IntegerFeld%(1000)
DIM LongFeld&(100)
```

Neben dieser direkten Methode gibt es noch eine andere, die eigentlich nur unter bestimmten Bedingungen sinnvoll ist. Hierzu wird der Typ des Feldes in der *DIM*-Anweisung angegeben. Der Variablenname darf dabei allerdings kein Symbol haben, weil das ja nur zu Verwirrung führen würde. Obige Beispiel können daher auch folgendermaßen dimensioniert werden:

```
DIM StringFeld(100) AS STRING
DIM IntegerFeld(1000) AS INTEGER
DIM LongFeld(100) AS LONG
```

Stringfelder fester Länge

Im Beispiel mit dem String-Feld kann eine besondere Eigenart des Feldes mit definiert werden. Sollen nämlich in die Einträge des

Feldes immer gleich lange Texte eingesetzt werden, kann das Feld mit Strings fester Länge dimensioniert werden. Hierzu wird einfach die Länge mit angegeben, etwa so:

```
DIM StringFeld(100) AS STRING * 8
```

In Kapitel 16 wird der Umgang mit Strings eingehend erläutert.

In einigen Fällen muß in einem Programm die Dimensionierung eines bestehenden Feldes ermittelt werden. Dies geschieht etwa dann, wenn ein Feld nach bestimmten Berechnungen dimensioniert wurde und beispielsweise der gesamte Inhalt des Feldes bearbeitet werden soll.

*Feldgrenzen
ermitteln*

QBasic bietet hierzu die beiden Funktionen *UBOUND* und *LBOUND* an. Die Funktion *UBOUND* (Upperbound) liefert die obere und *LBOUND* (Lowerbound) die untere Grenze der Dimensionierung. Die folgenden Zeilen zeigen die Anwendung der Funktionen:

```
DIM Feld(-10 TO 50)
PRINT "Untere Grenze:"; LBOUND(Feld)
PRINT "Obere  Grenze:"; UBOUND(Feld)
```

Wie Sie sehen, wird der Name des Feldes ganz ohne die Klammern angegeben - QBasic weiß hier schon, daß es sich um ein Feld handelt.

Erwartungsgemäß wird obiges Programm als untere Grenze den Wert -10 und als obere die 50 melden.

So weit, so gut. Was aber, wenn ein mehrdimensionales Feld vorliegt? Hier ist ja nicht nur eine untere und obere Grenze vorhanden, sondern mehrere - je nach der Dimension.

Das Problem löst sich durch die Möglichkeit, bei der *UBOUND*- bzw. *LBOUND*-Funktion einen weiteren Parameter anzugeben. Wird er weggelassen, wie in den obigen Beispielen, nimmt QBasic die erste (und evtl. einzige) Dimension an. Andernfalls ist die zusätzliche Zahl einfach die Nummer der Dimension des Feldes.

Die Dimensionierung eines zweidimensionalen Feldes lautet:

```
DIM Feld(-1 TO 10, 20)
```

Hier ist die erste Dimension von -1 bis 10 und die zweite von 0 bis 20 definiert (oder von 1 bis 20, abhängig von einem eventuell ausgeführten *OPTION BASE*-Befehl). Die Grenzen beider Dimensionen können Sie nun mit den folgenden Befehlen ermitteln:

```
PRINT "1. Dimension: von"; LBOUND(Feld, 1); "bis"; LBOUND(Feld, 1)
PRINT "2. Dimension: von"; LBOUND(Feld, 2); "bis"; LBOUND(Feld, 2)
```

Die interne Verwaltung von Arrays in QBasic hängt zusätzlich von der Definition als statisch oder dynamisch ab. In Kapitel 8 werden diese Begriffe sowie deren Auswirkungen erläutert. Nur wenn ein Feld dynamisch verwaltet wird, kann mit dem Befehl *REDIM* die Dimensionierung nachträglich verändert werden.

Zusammenfassung

Variablenname

Der Variablenname kann in gemischter Groß/Kleinschreibung geschrieben sein, 1 bis 40 Zeichen lang sein, Buchstaben (ohne Umlaute und ß) und Ziffern beinhalten und muß mit einem Buchstaben beginnen (kein Unterstrich möglich!). Das Symbol für den Variablentyp ($, %, &, ! und #) wird direkt hinter dem Namen angegeben, sofern der Typ nicht mit dem AS-Schlüsselwort gesetzt wird.

Dimensionierung

Die Dimensionierung kann in mehrere Dimensionen unterteilt sein und wahlweise von-bis angegeben werden. Standard ist Beginn bei 0, wodurch *DIM A!(10)* ein Datenfeld mit 11 Einträgen (A!(0) bis A!(10)) definiert. Für die Angaben von und bis können auch negative Werte eingesetzt werden, z.B. *DIM A!(-100 TO 100)*.

Typ

Mit dem *AS*-Schlüsselwort wird der Variablen bzw. dem Array ein Datentyp zugewiesen, wodurch kein Datentyp-Symbol angegeben werden braucht und darf. Dieses Schlüsselwort muß bei der Verwendung eigener Datentypen eingesetzt werden.

Grenzen ermitteln

Mit den Funktionen *LBOUND* (untere) und *UBOUND* (obere) können die Grenzen eines dimensionierten Feldes ermittelt werden. Hierbei wird der Name des Feldes in Klammern (ohne eigene Klammern) hinter der Funktion angegeben. Sollte es sich um ein mehrdimensionales Feld handeln, kann die Nummer der Dimension hinter dem Feldnamen angegeben werden.

Beispiele für Dimensionierungen

DIM A$(10)	Stringarray variabler Länge von A$(0) bis A$(10)
DIM Name AS STRING*10	String der Länge 10
DIM Wert#(10, 2)	Array mit Fließkommawerten doppelter Genauigkeit mit 2 Dimensionen, von (0,0) bis (10,2) 11*3=33 Einträge
DIM SHARED Zahl%	INTEGER-Variable, die auch allen SUBs und FUNCTIONs des Programmes zugänglich ist

In Kapitel 8 wird ein Blick darauf geworfen, wieviel Speicher ein Variablenfeld eigentlich frißt. Dies kann durchaus wichtig sein, wenn große Felder benötigt werden.

4.5 Eigene Datentypen definieren

Eigene Datentypen werden vor allem bei Dateioperationen mit RANDOM-Dateien verwendet. Auch sonst bieten sie die Möglichkeit, zusammengehörende Datengruppen ordentlich als zusammengesetzte Struktur zu verwalten.

Ein eigener Datentyp wird mit den Schlüsselworten *TYPE* und *END TYPE* definiert. Um beispielsweise einen Datentyp "Adress-Typ" aus Name, Vorname, Straße, Postleitzahl, Ort und Telefonnummer zusammenzusetzen, kann dies folgendermaßen definiert werden:

TYPE...END TYPE

```
TYPE AdressTyp
  Nachname  AS STRING * 20
  Vorname   AS STRING * 15
  Strasse   AS STRING * 20
  PLZ       AS INTEGER
  Ort       AS STRING * 25
  Telefon   AS STRING * 15
END TYPE
```

Der neue Datentyp *AdressTyp* besteht somit aus einem bis zu 20 Zeichen langen Nachnamen, 15 Zeichen für den Vornamen und so weiter. Für den Nachnamen kann hier leider nicht das Wort "Name" als Feldname eingesetzt werden, weil QBasic dies mit dem *NAME*-Befehl zum Umnennen von Dateien verwechselt und ablehnt.

Typen zuweisen   Es soll nun eine einzelne Adresse sowie ein Datenfeld vom Datentyp *AdressTyp* mit 100 Einträgen angelegt werden:

```
DIM Adresse AS AdressTyp
DIM Adr(100) AS AdressTyp
```

Auch einzelnen Variablen wie *Adresse* muß mit einer *DIM*-Anweisung der Typ zugewiesen werden. Für die Feststellung der gesamten Länge des Datentyps kann nun

```
PRINT LEN(Adresse)
```

geschrieben werden. Diese Länge wird bei der Definition der Feldlänge in RANDOM-Dateien benötigt. Die Einträge in jedem Datenfeld werden mit dem Variablennamen und Eintrag getrennt durch einen Punkt adressiert. Folgende Anweisungen sind z.B. möglich:

```
Adresse.Nachname = "Meier"
Adresse.PLZ = 4000
Adr(1).Ort = "Düsseldorf"
Adr(2) = Adresse
```

Das letzte Beispiel zeigt, daß auch die eigenen Datentypen einander zugewiesen werden können. Nicht möglich dagegen sind Operationen oder Vergleiche wie

Vergleiche
```
Adresse = Adr(1) + Adr(2)
IF Adr(1) < Adr(2) THEN ...
IF Adr(2) = Adresse THEN ...
```

Um die Gleichheit zweier Variablen eines eigenen Datentyps zu testen, muß jedes Element verglichen werden. Dies ist zwar zugegebenermaßen recht aufwendig aber selten nötig.

Verschachtelung von Datentypen

Innerhalb der Deklaration eines Datentyps kann auch ein bereits vorher definierter eigener Typ enthalten sein. Somit könnte beispielsweise ein Typ namens *VereinsTyp* folgendermaßen definiert werden:

```
TYPE VereinsTyp
  VName    AS STRING * 20
  Vorstand AS AdressTyp
  Kassier  AS AdressTyp
END TYPE
```

Auf diese Weise kann diese Gruppe an Informationen über den Verein mit Namen und Adressen von Vorstand und Kassierer in einer Variablen gehalten werden, was die Übersichtlichkeit in einem Programm enorm steigern kann. Der Zugriff auf die so zusammengefaßten Einzelvariablen geschieht dann folgendermaßen:

```
DIM Verein AS VereinsTyp
Verein.VName = "Kegelverein Gut Holz"
Verein.Vorstand.Nachname = "Berger"
Verein.Vorstand.Strasse = "Bergweg 2"
Verein.Kassier.Telefon = "0211/123456"
   usw.
```

In diesem Beispiel kann natürlich auch eine bereits beschriebene Variable des Typs AdressTyp, z.B. die Variable *Adresse* aus obigem Beispiel, mit

```
Verein.Vorstand = Adresse
```

direkt zugewiesen werden.

4.6 Rechnen und Entscheiden: Operatoren und Formeln

Nicht nur bei einigen der vorangegangenen Beispiele, sondern auch in der Schule, haben Sie das Verrechnen von Zahlen kennengelernt. QBasic kann so etwas demnach auch, sei es die Addition zweier Zahlen oder das Wurzelziehen. Es gibt für das Verrechnen von Zahlenwerten eine große Anzahl Funktionen in QBasic. Hierzu gehören die Grundrechenarten wie Addition oder Division ebenso wie trigonometrische Funktionen wie Sinus oder Logarithmus.

In Kapitel 19 finden Sie eine Gesamtübersicht über alle QBasic-Funktionen im Überblick. Außerdem ist in Kapitel 20 eine Beschreibung jeder Funktion zu finden.

Wir werden das Verrechnen von Zahlen nun anhand einiger exemplarischer Beispiele üben. Für das Ausprobieren der folgenden Funktionen kann leicht der *PRINT*-Befehl eingesetzt werden, um das Ergebnis zu betrachten.

Um zwei Zahlen zu addieren, wird das Plus-Zeichen eingesetzt. So ermittelt sich die Summe aus 2 und 8 durch

Grundrechenarten

```
PRINT 2 + 10
```

Ebenso verhält es sich mit der Subtraktion (-), der Multiplikation (*) und der Division (/). Dazu kommt auch noch die Potenzierung (^), mit der eine Zahl "hoch" einer anderen gerechnet werden kann. Sicherlich ist es nicht besonders schwierig, die Anwendung der Grundrechenarten in QBasic zu übertragen. Gehen wir also einen Schritt weiter und kombinieren solche Funktionen zu Kettenrechnungen.

Kettenrechnung   Eine solche Kettenrechnung, die den Schülern der ersten Klassen noch echte Schwierigkeiten machen kann, ist für QBasic kein Problem. Es kennt sogar die Punkt-vor-Strich-Regel sowie die Klammernsetzung. Ein Ausdruck wie der folgende wird daher blitzschnell und korrekt berechnet:

```
PRINT 9 / 4.5 + 4 * (5 - 1) + 3 ^ 2
```

Wenn Sie die Zeile im Direktfenster von QBasic eingeben und ⌷Return⌷ drücken, erscheint prompt das Ergebnis 27. Das Ganze im Kopf zu rechnen, dauert schon etwas länger. In Punkto Rechnen ist QBasic also ein echter Renner! Die obige Formel sieht vielleicht etwas anders aus als es in einem Rechenbuch stünde. So ist für die Division hier kein Doppelpunkt, sondern ein Schrägstrich eingesetzt, statt des Mal-Punktes ein Sternchen und statt der Hochstellung des Exponenten das ^-Zeichen. Auch hier tritt wieder die Notwendigkeit der Umgewöhnung auf, ebenso wie bei dem bereits angesprochenen Dezimalpunkt anstelle des Kommas.

Sollte in Ihrem Computer ein Mathematik-Coprozessor eingebaut sein, könnte dieser solche Berechnungen noch um ein Vielfaches schneller rechnen als QBasic. Leider unterstützt QBasic diesen jedoch nicht, wodurch der Chip keinerlei Verbesserung der Rechenleistung eines QBasic-Programmes bringt. Erst in dem großen Bruder von QBasic, QuickBASIC, wird der Chip genutzt und bringt enorme Beschleunigungen rechenintensiver Programme.

Strings   Neben den erwähnten Verrechnungen von Zahlenwerten, also numerischer Daten, können auch Strings über Operatoren verarbeitet werden. Natürlich gibt es hier nicht die Grundrechenarten, denn Strings können kaum multipliziert oder dividiert werden. Möglich ist hier aber die Addition von Strings, wobei zwei Texte oder Stringvariablen mit dem Plus-Zeichen zu einem Ergebnisstring zusammengesetzt werden. Die Anweisung

```
PRINT "Q" + "Basic"
```

ergibt somit den zusammenhängenden String QBasic. Sie sehen, QBasic kann spielerisch leicht mit den Grundrechenarten umgehen. Wie sieht es nun mit den etwas komplizierten Ausdrücken aus, die in der Praxis immer wieder auftreten?

Einige Formeln, die in einer Formelsammlung stehen, können nicht direkt abgeschrieben werden, sondern müssen erst umgearbeitet werden. Hierzu einige Beispiele:

Formeln
umschreiben

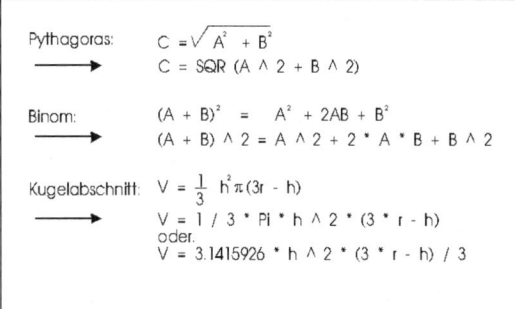

Abb. 23: Formeln und Berechnung

Hier sind drei Beispiele aus einem Mathematik-Lehrbuch entnommen und in der QBasic-Schreibweise dagegengestellt. Hieraus können Sie sehen, daß die Formeln grundsätzlich anders aussehen können als im Buch, aber dennoch genauso gerechnet werden.

Funktionen

Neben den durch ein einziges Formelzeichen repräsentierten Operationen wie + oder - gibt es auch noch einige weitere, die über ein Schlüsselwort aufgerufen werden. Solche Funktionen sehen stets so aus, daß der Funktionsname und in Klammern der zu verrechnende Ausdruck geschrieben wird.

Ein Beispiel hierfür ist das Ziehen einer Quadratwurzel. Es ist mathematisch möglich, dies folgendermaßen auszudrücken:

Quadratwurzel

```
Wurzel = <Ausdruck> ^ 0.5
```

In QBasic geht es aber auch etwas einfacher, und zwar mit der Funktion *SQR()*:

```
Wurzel = SQR(<Ausdruck>)
```

Hier wird die Funktion SQR (Square Root) auf den <Ausdruck> angewendet und die Wurzel geliefert.

Es gibt eine ganze Reihe solcher Funktionen, etwa trigonometrische (Sinus, Cosinus) oder Umwandlungen (INT).

Eine Übersicht über die Funktionen in QBasic finden Sie in Kapitel 19 bzw. 20.

Logische Operatoren

Über die Funktionen hinaus, die Zahlen verrechnen, gibt es auch die sogenannten logischen Operatoren. Hierbei werden in erster Linie Zahlen verglichen.

Es kommt ja oft vor, daß eine Zahl mit einer anderen verglichen werden soll. Beispielsweise nach der Eingabe einer Zahl, deren Wert nur zwischen 0 und 9 liegen darf, muß ein solcher Vergleich angewandt werden. Hierbei könnte unter der folgenden Bedingung ein Eingabefehler gemeldet werden:

```
WENN die Zahl kleiner als 0 ODER größer als 9 ist DANN ...
```

Die Wenn-Abfrage (*IF...THEN*) wird in einem späteren Kapitel noch eingehend besprochen. Setzen wir sie dennoch ein, um die Überprüfung der Zahl zu programmieren, würde es lauten:

```
IF <Zahl kleiner als 0> OR <Zahl größer als 9> THEN <Fehlermeldung>
```

Verknüpfungen

Hier wurden neben den erwähnten *IF* (Wenn) und *THEN* (Dann) noch ein weiteres Schlüsselwort eingesetzt: *OR*. Es handelt sich hierbei um das logische ODER, was die beiden Argumente miteinander verknüpft. Sollten beide Argumente 0 sein, also "nicht wahr", so liefert die *OR*-Verknüpfung ebenfalls den Wert 0 zurück, andernfalls einen Wert ungleich 0.

Die Vergleiche, die oben noch als Klartext in spitzen Klammern erscheinen, werden mit entsprechenden Formelzeichen vorgenommen. Bei dem Test auf Gleichheit würde hier das bekannte Gleichheitszeichen eingesetzt. In unserem Fall brauchen wir Symbole, die "Größer" und "Kleiner" darstellen. Hier werden die spitzen Klammern verwendet. Die Programmzeile lautet somit vollständig geschrieben so:

```
IF (Zahl < 0) OR (Zahl > 9) THEN PRINT "Fehler in der Eingabe!"
```

Vergleiche

Die Vergleiche selbst sind hier nur für die Übersichtlichkeit in runde Klammern gesetzt. Sie können in diesem Fall auch die Klammern weglassen - die Funktion der Zeile bleibt gleich.

Neben dem *OR* gibt es auch noch andere Verknüpfungen wie beispielsweise *AND*, das logische UND. Sie finden eine Übersicht
über diese Operatoren in Kapitel 19 bzw. 20.

Zusammenfassung

* Für die Speicherung aller Arten von Daten gibt es in QBasic
  die sogenannten Variablen, und zwar auch unterschiedliche
  Typen.

* Für die Text-Daten werden String-Variablen verwendet, die
  mit einem Dollar-Symbol hinter dem Namen gekennzeichnet
  werden, etwa *Text$*. Eine Stringvariable kann bis zu etwa
  32000 Zeichen beinhalten.

* Für numerische Daten gibt es in QBasic vier verschiedene Variablentypen:

Typ	Symbol	Inhalt
INTEGER	%	ganze Zahlen von -32768 bis +32767
LONG	&	ganze Zahlen von -2.147.483.648 bis +2.147.483.647
SINGLE	!	Fließkommazahlen mit 7 signifikanten Stellen
DOUBLE	#	Fließkommazahlen mit 15 signifikanten Stellen

* Es können auch eigene Datentypen definiert werden, die aus
  einer Kombination der vorgegebenen Datentypen zusammengesetzt werden. Eine solche Typen-Deklaration wird mit den
  Schlüsselwörtern *TYPE* und *END TYPE* eingesetzt, zwischen
  die dann die einzelnen Elemente des neuen Datentyps gesetzt
  werden. Beispiel:

```
TYPE AdressTyp
  Vorname  AS STRING * 20
  Nachname AS STRING * 20
  Alter    AS INTEGER
END TYPE
```

* Die Zuordnung eines so definierten neuen Datentyps an eine
  Variable geschieht dann mit dem *DIM*-Befehl, zum Beispiel:

```
DIM Adresse AS AdressTyp
```

Aus jedem beliebigen Variablentyp können auch zusammen-
gehörige Gruppen gebildet werden, die über einen Index an-
geprochen werden. Hierbei spricht man von Variablenfeldern

oder Arrays, die mit dem *DIM*-Befehl definiert werden. Beispiel:

```
DIM Feld%(10)
```

Hier wird ein Variablenfeld vom Typ INTEGER (durch das Prozentzeichen bestimmt) dimensioniert, welches die Feldeinträge *Feld%(0)* bis *Feld%(10)* besitzt. Der Bereich der Indexwerte kann auch abweichend definiert werden, indem in der Dimensionierung der Bereich durch *(von TO bis)* angegeben wird.

- Arrays können auch mehr als einen Index bekommen, wenn sogenannte mehrdimensionale Arrays gebildet werden. Dies geschieht bei der Dimensionierung durch das Einsetzen mehrerer Dimensionierungsgrenzen, etwa:

```
DIM ZweiDimensional(1 TO 10, -5 TO 5)
```

Dieses zweidimensionale Array enthält die Elemente von (1,-5) bis (10,5), also insgesamt 110 einzelne Einträge.

- Neben den Variablen, deren Inhalt im Programm beliebig verändert werden kann, gibt es auch die Konstanten. Konstanten werden im Programm mit dem Schlüsselwort *CONST* definiert und können nicht verändert werden. Es können alle Standard-Datentypen für Konstanten verwendet werden.

- Das Verrechnen und Vergleichen von Daten kann über diverse QBasic-Funktionen vorgenommen werden. Neben den Grundrechenarten wie Plus (+) oder Minus (-) können auch erweiterte Funktionen auf numerische Daten und andere Funktionen auf Strings angewandt werden. Beispiele:

A = SIN(B)	In A wird der Sinus der Zahl in B eingesetzt
T$ = LEFT$(X$, 3)	Die ersten drei Buchstaben aus X$ werden in T$ gebracht

Daten können auch verglichen werden, wobei die Art der Variablen gleich sein muß (numerische und String-Variablen können nicht direkt verglichen werden). Hierzu können die Formelzeichen = (identisch gleich), < (kleiner als) oder > (größer als) verwendet werden, auch in Kombination (z.B. >= für größer oder gleich).

Zahlen, Texte oder Variablen können auf unterschiedliche Weise miteinander verrechnet, verknüpft oder verglichen werden. Hier eine Übersicht über die möglichen Funktionen in ihrer Priorität bei Kettenrechnungen:

Numerische Daten:

Zeichen	Beispiel	Funktion
^	2 ^ 4	Potenzierung (sprich 2 hoch 4)
-	-1	negatives Vorzeichen (auch in Kombination)
*	3 * 2	Multiplikation
/	10 / 2	Division
\	15 \ 3	ganzzahlige Division (nur INTEGER, aber schnell!)
MOD	10 MOD 2	Modulo-Bildung, ergibt Rest der Teilung
+	1 + 2	Addition der Werte
-	5 - 3	Subtraktion des zweiten vom ersten Wert

Stringdaten:

Zeichen	Beispiel	Funktion
+	"Q" + "Basic"	Verkettung von Strings

Vergleiche (numerische und Stringdaten):

Zeichen	Beispiel	Funktion
<	2 < 5	kleiner als
>	5 > 2	größer als
<>	A <> B	ungleich (kleiner oder größer)
=	A = B	gleich
<=	A <= B	kleiner oder gleich
=>	A => B	größer oder gleich

Erweiterte, binäre Verknüpfung numerischer Daten:

Funktion	Beispiel	Funktion
AND	A% AND B%	UND-Verknüpfung
OR	A% OR B%	ODER-Verknüpfung
NOT	NOT A%	Invertierung
XOR	A% XOR B%	UND-Verknüpfung mit invertiertem Wert

5. Datenein- und -ausgabe

Die wohl zentrale Funktion jedes Programmes ist die Ein- und Ausgabe von unterschiedlichen Daten. Hierbei wird auch das EVA-Prinzip (Eingabe - Verarbeitung - Ausgabe) berücksichtigt.

Mit Eingabe sind alle Verfahren gemeint, dem Programm Daten zukommen zu lassen. Die naheliegendste Methode ist allerdings die Eingabe von der Tastatur, etwa des Anwendernamens.

Eine Ausgabe ist ebenfalls alles, was zur Anzeige von Daten führt. Hierbei ist ebenso das Schreiben eines Textes auf den Bildschirm gemeint wie die Ausgabe auf den Drucker.

5.1 Tastatureingaben mit INPUT und INKEY$

QBasic kennt für Tastatureingaben eine Reihe von Befehlen, die eine Eingabe auf unterschiedliche Weise abwickelt. Der einfachste und auch bekannteste Befehl trägt den Namen *INPUT*, was ja auf englisch nichts anderes als Eingabe bedeutet.

Eingabe mit INPUT

Mit dem *INPUT*-Befehl kann ein Text zur Eingabe-Aufforderung (Prompt) angezeigt werden, hinter dem dann der Cursor steht und auf die Eingabe von der Tastatur wartet. Wahlweise kann vor die Eingabe ein Fragezeichen eingeblendet werden, um zu verdeutlichen, daß der Computer bzw. das Programm eine Frage stellt.

INPUT

```
INPUT "Bitte geben Sie Ihren Namen ein: "; MeinName$
```

Mit obigem Befehl wird an der aktuellen Cursorposition der Text angezeigt, der hier in Anführungszeichen steht. Dahinter erscheint ein Fragezeichen und der Cursor.

Der Anwender kann nun etwas eingeben und mit der `Return`-Taste abschließen. Die Eingabe ist damit beendet und der eingegebene Text steht in der String-Variablen *MeinName$*. Das Ergebnis kann auch gleich für eine Begrüßung verwendet werden:

```
PRINT "Guten Tag, "; MeinName$; "!"
```

Fragezeichen

Probieren Sie bitte den *INPUT*-Befehl einmal aus. Testen Sie auch einmal die gleiche Zeile mit einem Komma anstelle des Semikolons. Sie sehen dann, daß das Fragezeichen nicht erscheint. Die Wahl des Trennzeichens zwischen Prompt und Variable bestimmt also, ob ein Fragezeichen erscheinen soll oder nicht.

Manchmal kommt es auch vor, daß eine Eingabe ohne einen Prompt-Text erfolgen soll. In einem solchen Fall können Sie entweder nur "" als Prompt angeben oder ihn auch ganz weglassen:

```
INPUT MeinName$
```

Liegt der Text der Eingabeaufforderung in einer String-Variablen vor und soll so in den *INPUT*-Befehl eingesetzt werden, geht das schief. Warum?

Probieren Sie hierzu bitte einmal das folgende kleine Programm aus:

```
Prompt$ = "Bitte geben Sie Ihren Namen ein: "
INPUT Prompt$; MeinName$
PRINT "Guten Tag, "; MeinName$; "!"
```

Sie werden feststellen, daß QBasic die *INPUT*-Zeile so nicht akzeptiert - das Semikolon stört scheinbar. Setzen Sie also ein Komma ein, und die Zeile wird angenommen.

```
INPUT Prompt$, MeinName$
```

Wenn Sie das Programm dann starten (F5 -Taste), so erscheint ein Fragezeichen, aber nicht der Text der Eingabeaufforderung aus *Prompt$*. Dies ist leicht zu erklären: QBasic nimmt an, daß die Eingabe IN die Variable *Prompt$* erfolgen soll.

Die Lösung dieses Problems ist einfach: Teilen Sie die Eingabe in zwei Befehle auf, ein *PRINT*- und ein *INPUT*-Befehl:

```
Prompt$ = "Bitte geben Sie Ihren Namen ein: "
PRINT Prompt$;
INPUT MeinName$
PRINT "Guten Tag, "; MeinName$; "!"
```

Hier wird zuerst der in *Prompt$* eingesetzte Text mit *PRINT* ausgegeben und der Cursor durch das abschließende Semikolon festgehalten. An der Stelle wird danach der *INPUT*-Befehl abgearbeitet, wodurch das Ergebnis aussieht wie gewünscht.

Doch nun zurück zu der alten Version, in der die beiden Variablen hinter dem *INPUT*-Befehl eingesetzt waren. Wenn Sie dort einen Namen eingegeben haben, erfolgte von QBasic aus die Fehlermeldung "Nochmal von vorne beginnen". Was bedeutet das?

Die Tatsache, daß QBasic die zwei Variablen hinter dem *INPUT*-Befehl akzeptiert hat, deutet darauf hin, daß mehrere Variablen mit einem Befehl gefüllt werden können. Wenn Sie beispielsweise den Namen und Vornamen getrennt eingeben wollen, können Sie dies durch eine solche Konstruktion programmieren.

Mehrfach-Eingaben

Das Beispiel von eben könnte dafür eingesetzt werden, eine Eingabe beider Variablen gleichzeitig anzufordern.

```
INPUT Prompt$, MeinName$
```

Die Fehlermeldung "Nochmal von vorne beginnen" bei der Eingabe eines Wortes bedeutet somit, daß QBasic eine Doppeleingabe wollte und nur eine Eingabe erfolgt ist.

Eine solche Doppeleingabe erfolgt dadurch, daß beide Texte durch ein Komma getrennt eingegeben werden. Probieren Sie dies mit folgendem Programm einmal aus:

```
INPUT "Name, Vorname eingeben: "; Nachname$, Vorname$
PRINT "Guten Tag, "; Vorname$; " "; Nachname$
```

Diese schon recht komplexe Form des *INPUT*-Befehls funktioniert recht gut.

Es können auch noch mehr Variablen hinter dem *INPUT*-Befehl angegeben werden. Da dies aber immer die exakte Eingabe der geforderten Eingaben voraussetzt und bei jedem Fehler die anderen Eingaben verwirft, ist dies in der Praxis nicht zu empfehlen.

Tip

Doch nun zurück zu der ursprünglichen Form des *INPUT*-Befehls mit einer Variablen.

Komma im Namen

```
INPUT "Bitte geben Sie Ihren Namen ein: "; MeinName$
```

Angenommen, Sie sind es gewohnt, Ihren Namen in der Form

```
Nachname, Vorname
```

einzugeben und tun das hier, so werden Sie eine Überraschung erleben. Lassen Sie sich nämlich nach der Eingabe mit *PRINT* den Inhalt der Variablen *MeinName$* ausgeben, liegt hier nur der Nachname drin. Der Vorname ist weg.

Eigentlich ist das ein Fehler im *INPUT*-Befehl. Es wird hier angenommen, daß ein Komma Eingaben voneinander trennt und somit der Vorname in obigem Beispiel eine andere Eingabe ist. Da der *INPUT*-Befehl aber nur eine Variable füllen soll, wird der zweite Teil einfach verworfen.

Anführungs-
zeichen

Für die obige Anwendung gibt es jedoch eine Lösung des Problems: Fügen Sie die Eingabe in Anführungszeichen ein. Wenn Sie also beispielsweise den Text "Meier, Hans" bei dem *INPUT*-Befehl eingeben, enthält die Variable *MeinName$* den ganzen Namen, und zwar ohne die Anführungszeichen.

Die Alternative ist LINE INPUT

LINE INPUT

Es gibt aber auch eine andere Möglichkeit, dieses immerhin recht häufig auftretende Problem zu lösen. Was auch sein muß, denn wie sollten Sie allen potentiellen Anwendern Ihres Programmes klarmachen, daß sie alle Eingaben in Anführungszeichen setzen müssen?

Die Alternative ist eine Variante des *INPUT*-Befehls: *LINE INPUT*. Die Anwendung ist die gleiche wie beim *INPUT*-Befehl selbst, nur daß hier nicht mehrere Variablen gleichzeitig eingegeben werden können.

```
LINE INPUT "Bitte geben Sie Ihren Namen ein: "; MeinName$
```

Hier brauchen Sie keine Anführungszeichen einzugeben, um einen Text mit Kommata in die Variable zu bringen. Probieren Sie es aus!

Die Variante *LINE INPUT* wird meist eingesetzt, wenn ganze Sätze eingegeben oder auch aus einer Datei gelesen werden sollen (siehe auch Kapitel 11).

Eine weitere Variante: INPUT$

INPUT$

Last not Least gibt es noch eine weitere *INPUT*-Form in QBasic: die *INPUT$*-Funktion.

Hierbei handelt es sich wirklich nicht um einen Befehl, sondern eine Funktion. Der Unterschied zeigt sich dadurch, daß *INPUT$* in einer Zuweisung eingesetzt wird und nicht als alleinstehende Anweisung.

Der entscheidende Unterschied zwischen *INPUT* bzw. *LINE IN-PUT* und der *INPUT$*-Funktion besteht darin, daß hier eine vorgegebene Anzahl Zeichen eingegeben werden soll. Außerdem ist hier keine automatische Ausgabe einer Eingabeaufforderung möglich.

```
<Stringvariable> = INPUT$(<Anzahl Zeichen>)
```

Angenommen, Sie stellen den Anwender vor eine Ja/Nein-Entscheidung. Sie könnten dies natürlich folgendermaßen programmieren:

```
INPUT "Ja oder Nein ", JaNein$
```

Das Problem hierbei ist aber, daß der Anwender nun wahrscheinlich das ganze Wort (Ja oder Nein) eingeben und die ⌜Return⌝-Taste betätigen muß. Viel eleganter wäre doch, wenn nur ein Buchstabe (J oder N) gedrückt werden bräuchte. Die Variante

```
INPUT "(J)a oder (N)ein ", JaNein$
```

ist hierbei möglich, wenn auch nicht so eindeutig, und erfordert immer noch die ⌜Return⌝-Taste.

Wenn wir hier die *INPUT$*-Funktion einsetzen, können wir die eine gedrückte Taste (J/N) sofort auswerten, ohne daß der Anwender etwas anderes drücken muß.

```
PRINT "(J)a oder (N)ein ";
JaNein$ = INPUT$(1)
```

Hier wird in der *INPUT$*-Funktion ein einziges Zeichen angefordert. Sobald der Anwender eine Taste gedrückt hat, läuft das Programm weiter und in *JaNein$* steht das getippte Zeichen.

Alle Varianten der *INPUT*-Anweisung können auch in Verbindung mit Ein-/Ausgabekanälen eingesetzt werden (siehe auch Kapitel 11 und 12). Hierbei werden vor allem *LINE INPUT* und die *INPUT$*-Funktion eingesetzt.

Unterbrechen mit INKEY$

Programm-
unterbrechung

Alle bisher gezeigten Anweisungen für die Eingabe von Tastatur haben unter anderem eines gemeinsam: sie halten das Programm solange an, bis die Eingabe erfolgt ist. In einigen Fällen kann dies aber nicht erwünscht sein.

Stellen Sie sich beispielsweise vor, ein Programm läuft und erstellt eine komplexe Zeichnung, was recht lange dauert. Sie schauen dem Vorgang zu und stellen schon früh fest, daß die Zeichnung nicht Ihren Vorstellungen entspricht. Es sollte nun möglich sein, den Vorgang mit einer Taste, etwa [Escape], zu unterbrechen.

INKEY$

Für diese Anforderung sind die *INPUT*-Varianten sicherlich nicht zu gebrauchen. Es wird ein Befehl oder eine Funktion benötigt, die nachsieht, ob eine Taste gedrückt wurde. Die gibt es auch: Die *INKEY$*-Funktion.

Hierbei handelt es sich wie bei *INPUT$* um eine Funktion, keinen Befehl. *INKEY$* wird demnach folgendermaßen eingesetzt:

```
Taste$ = INKEY$
```

Wird die Zeile im Programmverlauf ausgeführt, prüft QBasic nach, ob eine noch nicht bearbeitete Taste gedrückt worden ist. Wenn nicht, liefert die *INKEY$*-Funktion nichts zurück, d.h. die Variable *Taste$* enthält dann einen leeren String (Nichts mit Länge 0).

War eine Taste gedrückt worden, holt die *INKEY$*-Funktion das Zeichen aus dem Tastaturpuffer und setzt es in die Variable ein. Sollten in der Zwischenzeit mehrere Tasten gedrückt worden sein, wird das erste davon genommen - die restlichen verbleiben im Tastaturpuffer.

Um das Gesagte auszuprobieren, müßte ein andauernder Vorgang programmiert werden. Hierzu fehlen uns bisher aber die Grundlagen. Lassen Sie uns daher einfach einen kleinen Vorgriff auf die Schleifenprogrammierung und Abfragen (Kapitel 6) wagen. Geben Sie hierzu bitte folgendes Programm ein:

```
FOR i% = 1 TO 10000
 PRINT i%
 IF INKEY$ = " " THEN END
NEXT i%
```

Das Programm funktioniert folgendermaßen:

Die Anweisungen *FOR...TO* und *NEXT* stellen eine sogenannte Schleife dar, die 10000 mal durchlaufen wird. Hierbei dient die Variable *i%* als Schleifenzähler, der von 1 bis (*TO*) 10000 hochgezählt wird. Der folgende *PRINT*-Befehl gibt den Inhalt des Zählers auf dem Bildschirm aus. Es werden also die Zahlen von 1 bis 10000 auf dem Bildschirm untereinander ausgegeben.

Sie können sich sicher vorstellen, daß so etwas recht lange dauern kann. Aus dem Grund ist auch eine Abbruchmöglichkeit geschaffen. Die Zeile

```
IF INKEY$ = " " THEN END
```

vergleicht das von *INKEY$* gelieferte Zeichen (wenn eines vorliegt) mit dem Text " ", einem Leerzeichen. Wenn (*IF*) beides gleich ist, also die Leertaste gedrückt wurde, dann (*THEN*) wird mit dem Befehl *END* das Programm beendet.

Probieren Sie das Programm ruhig einmal aus. Sie sehen, wie prompt es auf die Betätigung der Leertaste reagiert. Wenn Sie dagegen eine andere Taste drücken, wird das völlig ignoriert.

Die *INKEY$*-Funktion hat noch einen anderen speziellen Vorteil gegenüber allen anderen Eingabefunktionen. Hiermit können nämlich betätigte Sondertasten erkannt und ausgewertet werden. Mit Sondertasten sind etwa die Cursor- oder die Funktionstasten gemeint.

Sondertasten

Diesen Tasten ist kein spezielles Zeichen zugeordnet, das von *IN-KEY$* geliefert werden könnte. Aus dem Grund wird bei einer gedrückten Sondertaste auch nicht nur ein, sondern zwei Zeichen zurückgegeben. Ist also die Länge des von *INKEY$* gelieferten Strings 2, wurde eine Sondertaste gedrückt.

Die Zusammensetzung dessen ist stets so, daß das erste Zeichen 0 ist. Hiermit ist nicht das Zeichen 0 gemeint, sondern das Zeichen mit der Nummer 0.

Alle Zeichen haben nämlich eine Nummer, den sogenannten ASCII-Code, was mit der QBasic-Funktion *ASC()* ermittelt werden kann:

ASCII-Code

```
PRINT ASC("A")      ergibt 65
PRINT ASC("0")      ergibt 48
```

Der ASCII-Code des von *INKEY$* gelieferten Strings ist somit 0, zumindest der des ersten Zeichens. Erst das zweite Zeichen gibt Auskunft über die gedrückte Sondertaste. Dies kann durch folgende Funktion ermittelt werden:

```
Taste$ = INKEY$
IF LEN(Taste$) = 2 THEN SonderTaste% = ASC(RIGHT$(Taste$, 1))
```

Hier wird zuerst ein eventuell vorliegender Tastencode in den String *Taste$* eingelesen. Das Ergebnis kann 0, 1 oder 2 Zeichen groß sein. Ist es 2 Zeichen lang, wird in die Variable *SonderTaste%* der ASCII-Wert des rechten Zeichens eingetragen. Dieser Wert kann dann ausgewertet werden. Eine 72 bedeutet beispielsweise, daß die Taste ⬆ gedrückt wurde; 59 steht für die F1 -Taste und so weiter.

Eine Tabelle mit allen Codes der Sondertasten sowie eine normale ASCII-Tabelle finden Sie im Anhang.

5.2 Fixe Daten eingeben mit READ und DATA

Neben der Notwendigkeit der Eingaben vom Anwender sind oft in Programmen konstante Daten vorhanden, die jedesmal gebraucht werden. Tritt das ein- oder zweimal auf, kann einfach mit entsprechenden Konstanten gearbeitet werden. Schwierig wird es aber, wenn beispielsweise eine Tabelle benötigt wird.

Stellen Sie sich hierzu vor, Sie möchten ein privates Telefonbuch programmieren (siehe auch Kapitel 12.3). Hierzu benötigen Sie eine Möglichkeit, Namen und Telefonnummern Ihrer Bekannten im Programm fest einzubauen, ohne für jeden neuen Bekannten eine neue Konstante einführen zu müssen.

Eine Lösung des Problems wäre, ein String- und ein Long-Feld zu dimensionieren und eine Reihe Zuordnungen an den Beginn des Programmes zu setzen:

```
DIM Liste$(3), Nummer&(3)
Liste$(1) = "Hans Meier": Nummer&(1) = "765432"
Liste$(2) = "Bernd Schmidt": Nummer&(2) = "345678"
Liste$(3) = "Sabine Berger": Nummer&(3) = "234567"
```

Sie sehen, daß das nicht besonders komfortabel und elegant aussieht. Ist es auch nicht.

Die Alternative bietet sich durch die Fähigkeit von QBasic, konstante Daten in sogenannten *DATA*-Zeilen abzulegen. Mit solchen Zeilen, die mit dem Schlüsselwort *DATA* begonnen werden, kann die Adreßliste folgendermaßen aufgebaut werden:

DATA-Zeilen

```
DATA Hans Meier, 765432
DATA Bernd Schmidt, 345678
DATA Sabine Berger, 234567
```

Das sieht schon besser aus, vor allem auch aufgeräumt und übersichtlich.

Analog zum *INPUT*-Befehl ist auch hier das Komma als Trennzeichen zwischen unterschiedlichen Daten eingesetzt. Soll aber ein Komma zu einem Eintrag dazugehören, muß dieser hier in Klammern gesetzt werden. Beispiel:

```
DATA "Meier, Hans", 765432
```

Die so vorliegenden Daten müssen nun noch irgendwie eingelesen werden. Lesen heißt auf englisch "to read", und genauso lautet auch der Befehl: *READ*.

READ-Befehl

Der Einsatz des *READ*-Befehls erinnert ein wenig an *INPUT*, zumal hier ja auch fast das gleiche passiert. Der Unterschied ist nur, daß die "Eingaben" nicht von der Tastatur, sondern aus den *DATA*-Zeilen stattfindet. Das Einlesen des ersten Namens und der ersten Nummer könnte duch folgende Zeile geschehen:

```
READ Liste$(1), Nummer&(1)
```

Um alle Daten einzulesen, könnte nun für jedes Datenpaar eine eigene *READ*-Zeile eingesetzt werden. Es geht aber natürlich auch einfacher, wenn hier wieder eine Schleife eingesetzt wird (siehe auch Kapitel 6.2). Greifen wir also erneut vor und schreiben:

```
FOR i% = 1 TO 3
 READ Liste$(i%), Nummer&(i%)
NEXT i%
```

Hier werden innerhalb der zwischen *FOR* und *NEXT* liegenden Schleife, in der die Variable *i%* von 1 bis 3 hochgezählt wird, die einzelnen Einträge der *DATA*-Zeilen in die beiden Datenfelder eingelesen.

Datenzeiger   Während die einzelnen Einträge aus den *DATA*-Zeilen eingelesen werden, merkt sich QBasic die Position der jeweils zuletzt gelesenen Daten: den Datenzeiger. Dies muß ja auch sein, weil doch der nächste *READ*-Befehl auch den nächsten Eintrag aus den *DATA*-Zeilen lesen muß.

Was geschieht aber nun, wenn das Einlesen der Daten aus irgendeinem Grund wiederholt werden soll? Wird die obige Schleife einfach ein weiteres mal ausgeführt, erfolgt prompt die Fehlermeldung, daß keine weiteren Daten mehr vorliegen.

RESTORE   Kein Problem - der Datenzeiger kann auch im Programm verstellt werden. Hierzu dient der *RESTORE*-Befehl, der den Datenzeiger wieder auf die allererste *DATA*-Zeile im Programm setzt.

Doch auch wenn im Programm mehrere verschiedene *DATA*-Zeilen in Gruppen vorliegen, in denen auch unterschiedliche Daten enthalten sind, kann mit dem *RESTORE*-Befehl eine bestimmte Gruppe herausgefischt werden. Gemeint ist damit, daß der Datenzeiger auf eine bestimmte *DATA*-Zeile gesetzt werden kann, nicht nur auf die erste.

Voraussetzung hierzu ist natürlich, daß die gewünschte Programmzeile mit der *DATA*-Anweisung auch irgendwie benannt werden kann. Hierzu gibt es eine einfache Möglichkeit: Zeilennummern.

Zeilennummern   Jede Programmzeile kann in QBasic mit einer Zahl begonnen werden, ohne daß sich die Funktion der Zeile irgendwie ändert. Die Schleife aus obigem Beispiel kann daher beispielsweise auch folgendermaßen geschrieben werden:

```
100 FOR i% = 1 TO 3
110   READ Liste$(i%), Nummer&(i%)
120 NEXT i%
```

Diese Art der Numerierung gibt in QBasic eigentlich keinen Sinn mehr, wenn die Zeilen nicht im Programm adressiert werden müssen. Dennoch ist es möglich, alle Zeilen zu numerieren.

BASIC-Programme, die in GW- oder PC-BASIC geschrieben wurden, sind grundsätzlich komplett mit Zeilennummern versehen. In QBasic ist das nicht nötig und sollte auch nicht gemacht werden, weil das Speicher und teilweise auch Übersichtlichkeit kostet.

Eine andere Möglichkeit, eine Zeile zu benennen, ist der Einsatz einer Zeilenmarke, auch Label genannt. Hierbei handelt es sich um einen richtigen Namen, der einer Zeile zugeordnet werden kann.

Marken/Labels

Eine Marke muß stets am Anfang einer Zeile stehen und mit einem Doppelpunkt enden. Der Text der Marke unterliegt den gleichen Regeln wie die Benennung von Variablen, also beispielsweise keine Umlaute.

Für das Ziel, die erste unserer *DATA*-Zeilen zu benennen, kann somit etwa davor folgende Zeile gesetzt werden:

Gezieltes RESTORE

```
AdressListe:
```

Um den Datenzeiger über *RESTORE* auf diese Zeile zu setzen, braucht dann nur noch der Name der Zeile bzw. die Marke hinter dem Befehl angegeben werden:

```
RESTORE AdressListe
```

Der Doppelpunkt wird hierbei weggelassen - er ist nur für die Marke selbst notwendig.

Als sinnvolle Anwendung des gezielten *RESTORE* könnte man sich in diesem Zusammenhang vorstellen, daß im Programm zwei unterschiedliche Adreßlisten als *DATA*-Zeilen vorliegen. Nach einer Abfrage, welche der Listen nun verwendet werden soll (etwa privat oder geschäftlich) kann dann mit *RESTORE* die entsprechende Liste gewählt werden.

Es gibt über die hier besprochenen Eingabearten hinaus noch andere Möglichkeiten, an Daten zu kommen. Hierzu können beispielsweise Daten von Diskette gelesen (Kapitel 11) oder die Mausposition eingelesen (Kapitel 13.5) werden. Im weiteren Verlauf des Buches werden solche Varianten noch besprochen.

5.3 Ausgaben auf Bildschirm und Drucker

Bisher wurden in diesem Kapitel die Varianten der Dateneingabe besprochen. Wenden wir uns nun der Gegenseite zu: Den Ausgaben.

PRINT

Die einfachste Art der Ausgabe haben Sie ja schon kennengelernt und häufig eingesetzt: den *PRINT*-Befehl. Hiermit können Zahlen und Texte auf dem Bildschirm an der aktuellen Cursorposition ausgegeben werden.

CLS

Um die Ausgabe auf den Bildschirm steuern zu können, gibt es noch eine ganze Reihe weiterer QBasic-Anweisungen. Beginnen wir mit dem Löschen des Ausgabebildschirms, für den die Anweisung *CLS* zuständig ist:

```
CLS
```

Der Ausgabebildschirm wird gelöscht und steht nun für beliebige neue Ausgaben zur Verfügung.

Für gezielte Ausgaben auf dem Bildschirm tritt die Notwendigkeit der Festlegung der Bildschirmposition auf, wo die nächste Ausgabe durch einen *PRINT*-Befehl stattfinden soll.

LOCATE

Die Aufgabe ist es, die Cursorposition festzulegen. Auf englisch heißt Position "location" und Positionieren "to locate". Ebenso lautet auch der QBasic-Befehl zum Festlegen der Cursorposition: *LOCATE*.

Mit dem *LOCATE*-Befehl können bis zu drei Parameter angegeben werden:

```
LOCATE [<Zeile>] [, <Spalte>] [, <Cursorflag>] [, <von_Zeile>]
       [, <bis_Zeile>]
```

An der Schreibweise erkennen Sie, daß beliebige Parameter angegeben und weggelassen werden können.

Probieren wir den Befehl einmal aus. Es soll der Text "Hallo!" in Zeile 10 ausgegeben werden:

```
LOCATE 10
PRINT "Hallo!"
```

So einfach ist das. Wenn nun der Text auch noch mittig auf dem Bildschirm erscheinen soll, muß auch die Spalte festgelegt werden, wo der Text ausgegeben werden soll. Die Breite des Bildschirms ist 80 Zeichen, also muß der Text in Spalte 37 beginnen:

Mittige Ausgabe

```
LOCATE 10, 37
PRINT "Hallo!"
```

Die Berechnung für die mittige Ausgabe eines Textes wird häufig gebraucht und ist auch ganz einfach. Es braucht nur die Hälfte der Textlänge von der Hälfte der Gesamtbreite abgezogen werden. Für die Bildschirmbreite von 80 bedeutet dies:

```
Spalte = 80 / 2 - Textlänge / 2
oder
Spalte = (80 - Textlänge) / 2
oder
Spalte = 40 - Textlänge / 2
```

Da die Länge eines Strings mit der Funktion *LEN* ermittelt werden kann, wird der Text aus der Variablen *Text$* mit folgendem Befehl zentriert in der aktuellen Zeile ausgegeben:

```
LOCATE , 40 - LEN(Text$) / 2
PRINT Text$
```

Da die Zählweise der Zeilen und Spalten bei 1 beginnt, nicht bei 0, muß für die präzise Zentrierung noch 1 zur berechneten Spalte addiert werden. Das ist leicht nachzuvollziehen, wenn Sie die Zentrierung eines genau 80 Zeichen langen Textes berechnen, wo ja als Startspalte 1 herauskommen muß.

Sie sehen hier, daß die Angabe der Zeile im *LOCATE*-Befehl weggelassen und nur das Komma gesetzt wurde. Hierdurch wird der übersprungene Parameter ignoriert und die entsprechende Position nicht verändert. Sie können das auch mit der Angabe der Spalte ausprobieren, wenn Sie eingeben:

Parameter auslassen

```
LOCATE 10, 1
PRINT "Text 1";
LOCATE 11
PRINT "Text 2"
```

Hier wird zuerst der Cursor in Zeile 10, Spalte 1 gesetzt und *Text 1* ausgegeben. Durch das Semikolon hinter dem *PRINT*-Befehl bleibt der Cursor hinter dem Text stehen. Die folgende *LOCATE*-Anweisung setzt nun die Zeile 11 fest, läßt die Spalte aber unberührt. Der Effekt ist, daß der zweite Text um die Länge des erste verschoben in Zeile 11 angezeigt wird.

Wenn Sie mit dem *LOCATE*-Befehl eine Zeile oder Spalte außerhalb des Bildschirms angeben (Zeile kleiner als 1 oder größer als 25, Spalte kleiner als 1 oder größer als 80), erfolgt eine Fehlermeldung. Obige Berechnung für die Zentrierung des Strings funktioniert daher logischerweise nur für Strings bis zu einer Länge von 80 Zeichen.

Cursorflag

Die ersten beiden Parameter beim *LOCATE*-Befehl sind somit klar. Was hat es mit dem dritten auf sich?

Wenn ein Programm läuft, ist immer irgendwo auf dem Bildschirm die aktuelle Cursorposition. Sichtbar ist der Cursor allerdings nicht, außer bei der Bearbeitung eines *INPUT*-Befehls.

Mit dem dritten Parameter des *LOCATE*-Befehls kann der Cursor sichtbar und auch wieder unsichtbar gemacht werden. Wird hier eine 1 angegeben, erscheint der Cursor, bei einer 0 verschwindet er wieder.

Das war auch ganz einfach. Nun fehlen aber noch die letzten beiden Parameter, <von_Zeile> und <bis_Zeile>.

Cursorgröße

Hiermit kann die Größe des Cursors eingestellt werden, besser gesagt die Höhe des blinkenden Rechtecks. Mit Zeile ist dabei nicht die Bildschirmzeile, sondern die Punktzeile gemeint, von und bis der der Cursor invertiert erscheinen soll. In welchem Bereich die Zeilen eingestellt werden können, hängt dabei von der eingesetzten Bildschirmkarte und dem Anzeigemodus ab.

Mehr dazu erfahren Sie auch in Kapitel 9 "Grafik".

Sie können durch die Veränderung der Cursorgröße beispielsweise den Schreibmodus (Einfügen oder Überschreiben) bei einem Text-Editor anzeigen (siehe auch Kapitel 17.2).

Die Zeilen, die hier angegeben werden, zählen von oben nach unten, und zwar beginnend mit der Zeile 0. Somit ist die Einstellung "von 6 bis 7" bei einer VGA-Karte durchaus gültig und stellt einen etwas dickeren Unterstrich dar.

```
LOCATE , , 1, 6, 7
```

Wenn Sie allerdings mit einer Hercules-Karte arbeiten, sind die Zeichen höher. Die obige Definition des Cursors ergibt dann den Strich etwa in der Mitte der Zeichen.

Der normale Bildschirm hat im Textmodus 25 Zeilen mit jeweils 80 Zeichen. Es gibt jedoch auch andere Darstellungsarten. Hierbei ist einerseits die Grafikdarstellung (Grafikmodus, siehe Kapitel 9) zu nennen, bei der teilweise auch nur 40 Zeichen in eine Zeile passen. Es gibt aber auch im Textmodus eine Möglichkeit, die Anzahl der Zeilen zu verändern. Ob das auch bei Ihrem Rechner möglich ist, hängt von der eingesetzten Grafikkarte ab. Verfügen Sie über eine Hercules- oder CGA-Karte, können Sie diesen Abschnitt überspringen - dann geht es nicht.

Bei EGA- oder VGA-Karten kann auf eine größere Anzahl Zeilen umgeschaltet werden: bei EGA 43 und bei VGA 43 oder 50 Zeilen. Ausgeführt wird die Umschaltung mit dem *WIDTH*-Befehl. Es können dabei als Parameter die Breite und Höhe der Textdarstellung in Spalten und Zeilen angegeben werden, wobei auch hier ein Parameter ausgelassen werden kann:

WIDTH

```
WIDTH , 43
```

bzw.

```
WIDTH , 50
```

Im ersten Beispiel werden 43 Zeilen angezeigt (bei EGA oder VGA) und im zweiten 50 Zeilen (nur VGA).

Ist die Umschaltung geglückt, kann nun auch mit dem *LOCATE*-Befehl eine Zeile größer als 25 angegeben werden, um den Cursor in den unteren Bereich zu setzen.

Sie wissen nun, wie der Cursor an eine beliebige Stelle auf den Bildschirm gebracht werden kann. Oft kommt es aber auch andersherum, wenn die aktuelle Cursorposition ermittelt werden soll.

Cursorposition ermitteln

QBasic bietet hierzu die beiden Funktionen *POS(0)* und *CSRLIN* an. *POS(0)* liefert die Cursorspalte und *CSRLIN* (Cursorline) die - Zeile zurück.

Angenommen, Sie wollen ab der aktuellen Cursorspalte zwei Texte untereinander anzeigen. Sie können dann folgendes programmieren:

POS(0) und CSRLIN

```
Spalte% = POS(0)
PRINT "Text 1"
LOCATE , Spalte%
PRINT "Text 2"
```

Hier wird zunächst die aktuelle Cursorspalte in der Variablen *Spalte%* gerettet und dann der erste Text ausgegeben. Nach der Ausführung des *PRINT*-Befehls steht der Cursor am Anfang der nächsten Zeile. Der folgende *LOCATE*-Befehl läßt die Zeile unverändert, weil der erste Parameter ausgelassen wurde, und setzt die zuvor gerettete Spalte fest. Nun kann der zweite Text ausgegeben werden - er steht genau unter dem ersten.

Text- und
Rahmenfarben
Wenn Sie über einen Farbbildschirm verfügen, können Sie die Ausgaben auch farbig gestalten. Hierbei kann die Text- und die Hintergrundfarbe eingestellt werden, was eine große Vielfalt ermöglicht. Außerdem kann die Farbe des nicht bedruckbaren Rahmens um den Bildschirm eingestellt werden.

Realisiert wird das mit dem *COLOR*-Befehl:

```
COLOR [<Textfarbe>] [, <Hintergrundfarbe>] [, <Rahmenfarbe>]
```

Alle Farben können in einem Bereich von 0 (schwarz) bis 15 (weiß) angegeben werden. Die Werte von 0 bis 7 stellen die verschiedenen Farben ein. Wird 8 addiert, also ein Wert von 8 bis 15 angegeben, erscheint die selbe Farbe heller.

Bei der Angabe der Textfarbe kann außerdem noch 16 addiert werden. Der damit angezeigte Text blinkt dann.

Bei Verwendung einer Hercules-Karte sind keine Farben möglich. Hierbei wird allerdings auch zwischen normal und hell (Farbe + 8) unterschieden sowie bei einer Addition von 16 der Text blinkend dargestellt. Zusätzlich wird ein Text bei verschiedenen Farbkombinationen unterstrichen. Probieren Sie es einfach einmal aus!

Fenster

Fenster definieren
Ein Begriff, der häufig im Zusammenhang mit Programmen gelesen werden kann, ist Fenstertechnik. Gemeint ist hiermit meist die Begrenzung von Ausgaben auf einen rechteckigen Bildschirmbereich - das Fenster.

Etwas ähnliches ist auch in QBasic mit minimalem Aufwand möglich. Es kann hier nämlich der Ausgabebereich für alle weiteren *PRINT*-Befehle auf einen Teil des Bildschirms begrenzt werden. Hierbei ist allerdings nur die Begrenzung auf eine Anzahl Zeilen möglich, nicht gleichzeitig auch auf einen Teil der Spalten.

Realisiert wird das mit dem *VIEW PRINT*-Befehl. Hierbei werden zwei Parameter angegeben:

VIEW PRINT

```
VIEW PRINT <von_Zeile> TO <bis_Zeile>
```

Soll beispielsweise die Ausgabe auf die letzten 5 Zeilen beschränkt werden, kann geschrieben werden:

```
VIEW PRINT 20 TO 25
```

Wird nun mit *CLS* der Bildschirm gelöscht, werden in Wirklichkeit nur diese 5 Zeilen gelöscht - der Rest bleibt erhalten. Alle nun folgenden Ausgaben finden in dem so definierten Bereich statt. Wenn die letzte Zeile des Fensters beschrieben wurde, rollt auch nicht der ganze Bildinhalt, sondern nur der Inhalt des Fensters nach oben.

Wird der *VIEW PRINT*-Befehl ohne Parameter eingesetzt, wird wieder der gesamte Bildschirm als Ausgabefenster bestimmt. Danach ist wieder alles wie gehabt.

Sie können dies einmal ausprobieren, indem Sie folgendes Programm eingeben und laufen lassen:

```
'*** VIEW PRINT-Demo
VIEW PRINT
CLS
PRINT "Dies ist die Titelzeile, die fest stehen bleibt."
LOCATE 24
PRINT "Hier ist eine feste Fußzeile"
VIEW PRINT 2 TO 23
CLS
```

VIEWPRT.BAS

Der *CLS*-Befehl hat den Bildschirm zwar gelöscht, die Kopf- und Fußzeilen jedoch stehenlassen. Fügen Sie nun noch folgende Zeilen an, in denen wiederum als Vorgriff auf das Kapitel 6.2 eine Schleife eingesetzt wird.

```
FOR i% = 1 TO 1000
 PRINT "Zeile"; i%
NEXT i%
VIEW PRINT
```

Die Schleife gibt alle Zahlen von 1 bis 1000 auf dem Bildschirm aus. Besser gesagt, in dem Fenster. Während nämlich nach Erreichen der unteren Zeile der Fensterinhalt nach oben rollt, bleiben die Kopf- und Fußzeilen unverändert stehen.

```
Dies ist die Titelzeile, die fest stehen bleibt.
Zeile 187
Zeile 188
Zeile 189
Zeile 190
Zeile 191
Zeile 192
Zeile 193
Zeile 194
Zeile 194
Zeile 195
Zeile 196
Zeile 197
Zeile 198
Zeile 199
Zeile 200
Zeile 201
Zeile 202
Zeile 203
Zeile 204
Zeile 205
Zeile 206
Zeile 207
Hier ist eine feste Fußzeile
```

Abb. 24: VIEW-PRINT-Demo

Sie sehen, daß es in QBasic ein großes Spektrum an Bildschirm-Manipulationen gibt. Zum Thema Ausgaben sollen nun aber noch zwei weitere Befehle genannt werden.

WRITE

Der Befehl *WRITE* arbeitet sehr ähnlich wie der *PRINT*-Befehl. Seine Anwendung ist völlig gleich und auch er gibt die angegebenen Argumente auf dem Bildschirm (oder in eine Datei, siehe Kapitel 11) aus.

Der Unterschied besteht allerdings darin, daß alle so ausgegebenen Argumente in Anführungszeichen gesetzt und mit Kommata voneinander getrennt werden. Probieren Sie es aus!

Bei der Ausgabe auf den Bildschirm gibt dies eigentlich keinen Sinn. Erst wenn Texte oder Zahlen in eine Datei geschrieben werden und später von dort wieder eingelesen werden sollen, wird *WRITE* zu einem wichtigen Befehl.

Warum? Nun, das Einlesen aus der Datei kann mit einer Variante des *INPUT*-Befehls vorgenommen werden. Erinnern Sie sich, was passiert, wenn in einer damit eingelesenen Zeile ein Komma vorkommt?

Wenn Sie einen Text, in dem ein Komma vorkommt, einfach so in eine Datei schreiben und mit *INPUT* wieder herauslesen, wird der Teil hinter dem Komma verschwinden. Dies ist genauso wie bei der Eingabe von Tastatur. Schreiben Sie den Text dagegen mit

WRITE in die Datei, wird er in Anführungszeichen eingefaßt und kann genau so am Stück wieder eingelesen werden.

Näheres zu dem Thema Dateien finden Sie im Kapitel 11.

Eine weitere Ausgabemöglichkeit soll erwähnt werden: das Ausdrucken. Hierfür kann genauso verfahren werden wie mit dem *PRINT*-Befehl, nur daß davor ein *L* gesetzt wird. Der Befehl für die Ausgabe auf den Drucker lautet somit *LPRINT*.

Drucken

Es gibt nicht allzuviel über diesen Befehl zu sagen, wenn der *PRINT*-Befehl bekannt ist. Eigentlich alles, was für *PRINT* gilt, trifft auch für *LPRINT* zu, eben nur, daß hier auf den Drucker ausgegeben wird.

LPRINT

Auch die Ermittlung der aktuellen Druckspalte, die bei Bildschirmausgaben über die Funktion *POS(0)* erfolgt, wird beim Drucker ebenso vorgenommen. Auch hier wird ein *L* vor das *POS* gesetzt. Außerdem, weil ja mehrere Drucker existieren können, wird in die Klammer nicht eine 0, sondern die Nummer des Druckers eingesetzt.

LPOS

Aufgabe

Schreiben Sie nun bitte ein kleines Programm, welches aus einer *DATA*-Zeile eine Adresse ausliest und diese auf dem Bildschirm ausgibt.

Zusammenfassung

Dateneingabe

Tastatureingaben können auf verschiedene Weise erfolgen:

Eingaben von Tastatur

INPUT	Zeichen einlesen
Syntax	INPUT [;]["Kommentar",|;]<Variablenname>[,...]

Dieser Befehl dient zum Einlesen von Daten über die Tastatur. Wenn hinter *INPUT* ein Semikolon *[;]* folgt, wird nach Abschluß der Eingabe mit ⌷Return⌷ oder ⌷Enter⌷ kein Zeilenvorschub ausgelöst. Mit *<Kommentar>* kann zusätzlich ein Text ausgegeben werden. Das folgende Komma *[,]* oder Semikolon *[;]* dient zur Trennung der Variablen voneinander.

Der Kommentar kann nicht mittels einer Variablen angegeben werden. Bei der Verwendung von Kommata wird das Fragezeichen unterdrückt. Sollen mehrere Variablen mit einem *INPUT*-Befehl eingelesen werden, sind diese durch Kommata zu trennen. Bei der Eingabe sind die einzelnen Daten dann auch durch Kommata zu trennen. Mit dem *INPUT*-Befehl können keine Anführungszeichen und Kommata eingelesen werden.

LINE INPUT	Zeichen lesen
Syntax	`LINE INPUT [;]["Kommentar",|;]<Variablenname>`

Der Befehl dient dem Einlesen von Daten über die Tastatur. Wenn hinter LINE INPUT direkt ein Semikolon folgt, wird nach Abschluß der Eingabe mit `Return` oder `Enter` kein Zeilenvorschub ausgelöst. Mit Kommentar kann zusätzlich ein Text ausgegeben werden. Das folgende Komma *[,]* oder Semikolon *[;]* dient zur Trennung der Variablen.

Der Kommentar kann nicht mittels einer Variablen angegeben werden.

Bei Verwendung eines Kommas wird das Fragezeichen unterdrückt.

Im Gegensatz zum *INPUT*-Befehl werden auch Anführungszeichen und Kommata eingelesen.

Es kann jeweils nur eine Variable eingelesen werden.

INPUT$	Zeichen einlesen
Syntax	`<Stringvariable> = INPUT$(<Anzahl>)`

Diese Funktion dient zum Einlesen von <Anzahl>-Zeichen von der Tastatur.

INKEY$	Zeichen einlesen
Syntax	`<Stringvariable> = INKEY$`

Diese Funktion liefert das Zeichen der zuletzt betätigten Taste zurück. Bei Sondertasten, die keinen ASCII-Wert haben (z.B. Cursor- oder Funktionstasten), wird ein zwei Zeichen großer String zurückgeliefert. Das erste Byte ist dann 0, das zweite Byte enthält den Wert des erweiterten Tastaturcodes.

READ und DATA	Variablenwerte zuweisen
Syntax	`READ <Variable>[,...]` `DATA "Textkonstante"|Konstante`

Einlesen von konstanten Daten

Der Befehl dient dem Einlesen von Daten aus *DATA*-Zeilen und Zuweisen an Variablen.

Mit diesem Befehl können im Programm Tabellen angelegt werden, deren einzelne Werte bestimmten Variablen zugewiesen werden.

Das Schlüsselwort *DATA* dient zur Definition der Tabelle. Dabei können eine oder mehrere *Konstanten* angegeben werden. Werden mehrere *Konstanten* angegeben, werden diese durch Kommata getrennt.

Der *READ*-Befehl weist die erste *Konstante* der ersten DATA-Zeile der angegebenen <Variablen> zu. Es ist zu beachten, daß die Datentypen übereinstimmen. Mit jedem weiteren READ-Befehl wird die nächste Konstante zugewiesen.

Die nächste *DATA*-Zeile kann mit einem *RESTORE*-Befehl vorgegeben werden.

Datenausgabe

Ausgaben auf den Bildschirm können mit dem *PRINT*- oder dem *WRITE*-Befehl erfolgen, wobei *WRITE* alles in Anführungszeichen setzt und mit Kommata voneinander trennt.

Ausgaben

PRINT	Zeichen ausgeben
Syntax	`PRINT [<Ausdruck>][,|;[...]]`

Dieser Befehl dient zur Ausgabe von beliebigen Daten auf dem Bildschirm. Als Kurzform kann auch ? angegeben werden.

PRINT

Für <Ausdruck> können beliebige Konstanten, Variablen oder Berechnungen angegeben werden. Ohne weitere Zeichen (Komma [,] oder Semikolon [;]) wird der Cursor nach der Ausgabe automatisch an den Anfang der nächsten Zeile gesetzt.

Ein abschließendes Komma [,] oder Semikolon [;] verhindert einen Zeilenvorschub. Eine weitere Ausgabe mit PRINT wird bei einem Semikolon [;] direkt hinter der letzten Ausgabe ausgegeben, bei einem Komma [,] am nächsten Tabulatorstopp (alle 8 Zeichen).

WRITE	Zeichenausgabe
Syntax	`WRITE [SPC(<Anzahl>] [<Ausdruck>][,|;]`

WRITE

Der Befehl *WRITE* dient ebenso wie der *PRINT*-Befehl zur Ausgabe von Daten auf dem Monitor. Mit <Anzahl> wird die Anzahl von Leerzeichen festgelegt, die vor der eigentlichen Datenausgabe auf dem Monitor ausgegeben werden. Das Steuerzeichen Komma [,] kann zur Trennug verwendet werden.

Bei der Ausgabe werden alle Stringausdrücke in Anführungszeichen ausgegeben.

Das Komma und das Semikolon am Ende des Befehls zur Vermeidung eines Zeilenvorschubs können nicht verwendet werden.

COLOR	Bildschirmfarben

Syntax	`COLOR`
	`[<Textfarbe>][,<Hintergrundfarbe>]`
	`[,<Rahmen-farbe>]`

COLOR

Mit diesem Befehl können die Farben für Text, Hintergrund und Rahmen angegeben werden.

Je nach verwendeter Bildschirmkarte sind die Übergabeparameter verschieden. Wenn bei <Textfarbe> zum Farbwert die 16 addiert wird, erhält man eine blinkende Darstellung. Für <Textfarbe> sind daher Werte von 0 bis 31 möglich.

Für <Hintergrundfarbe> und <Rahmenfarbe> sind je nach Grafikkarte jeweils Werte von 0 bis 15 möglich. Die <Rahmenfarbe> kann nicht bei jeder Grafikkarte verändert werden.

Farbnummer	Farbe
0	Schwarz
1	Blau
2	Grün
3	Türkis/Cyan
4	Rot
5	Purpur/Magenta
6	Braun
7	Hellgrau
8	Dunkelgrau
9	Hellblau
10	Hellgrün
11	Helltürkis/Hellcyan
12	Hellrot
13	Hellpurpur/Hellmagenta
14	Gelb
15	Weiß

Farbtabelle

Die aktuelle Cursorposition kann mit den Funktionen *POS(0)* (Spalte) und *CSRLIN* (Zeile) ermittelt werden.

POS(0) und CSRLIN

VIEW PRINT

Mit *VIEW PRINT* kann ein Zeilenbereich für die Ausgabe definiert werden. Alle anderen Zeilen bleiben dann unberührt.

VIEW PRINT

LPRINT

Mit *LPRINT* können Ausgaben auf den Drucker vorgenommen werden. Alle Anwendungsregeln für *PRINT* gelten hier auch. Die aktuelle Druckspalte wird mit der Funktion *LPOS(n)* ermittelt, wobei *n* für die Nummer des Druckers steht.

LPRINT

6. Entscheidungen und Schleifen

In so gut wie allen Programmen werden Entscheidungen getroffen und Rechen- oder Programmschritte wiederholt ausgeführt. In den folgenden Kapiteln werden die verschiedenen Varianten solcher Vorgänge der Entscheidungen und der Wiederholungen (Schleifen) betrachtet.

6.1 Entscheidungen unter bestimmten Bedingungen

Stehen für Entscheidungen eine oder mehrere Alternativen zur Auswahl, wird je nach Entscheidungsfall die IF-Struktur oder SELECT CASE-Struktur eingesetzt.

6.1.1 Wenn-Dann-Entscheidungen mit IF

Eine Entscheidung, bei der in Abhängigkeit von bestimmten Umständen etwas durchgeführt werden soll und sonst etwas anderes, würde gesprochen:

```
WENN <dasunddas zutrifft> DANN <mache dieses> SONST <mache jenes>
```

Oder, präziser ausgedrückt:

```
WENN <Bedingung> DANN <Anweisung> SONST <Anweisung>
```

In QBasic gibt es das auch, allerdings in englisch. Hier lautet der Satz:

```
IF <Condition> THEN <Command> ELSE <Command>
```

Wenn die Variable X% = 1 ist, soll "Eins" ausgegeben werden, andernfalls "Nicht Eins". Die entsprechende Programmzeile lautet dann:

```
IF X% = 1 THEN PRINT "Eins" ELSE PRINT "Nicht Eins"
```

Kleine Änderung: Wenn X% nicht 1 ist, soll gar nichts passieren:

```
IF X% = 1 THEN PRINT "Eins"
```

Nun kann es aber auch vorkommen, daß unter der Bedingung viele Anweisungen auszuführen sind. Hierbei kann nicht mehr alles in eine Zeile gesetzt werden (Kann zwar schon, wenn die einzelnen Anweisungen mit Doppelpunkten getrennt werden, führt aber zu zu langen Programmzeilen).

Blockbildung   Die *IF*-Zeile kann dann auch in mehrere Zeilen unterteilt werden. Begonnen wird der dadurch gebildete sogenannte *IF*-Block mit der Abfrage der Bedingung:

```
IF <Bedingung> THEN
```

In den nächsten Zeilen werden dann die Anweisungen geschrieben, die bei Zutreffen der Bedingung ausgeführt werden sollen. Damit QBasic weiß, wo der Block zu Ende ist und auf jeden Fall weitergearbeitet werden soll, kommt an das Ende des Blocks bzw. hinter die letzte Anweisungszeile der Befehl

```
END IF
```

Sollte auch eine SONST-Bedingung ausgewertet und mit Anweisungen gefüllt werden, kann dies einfach dazwischengesetzt werden.

Das eingangs gezeigte Beispiel kann somit auch folgendermaßen geschrieben werden:

```
IF X% = 1 THEN
  PRINT "Eins"
 ELSE
  PRINT "Nicht Eins"
END IF
```

Sie haben hier zum ersten mal (abgesehen von den Vorgriffen in den vorhergehenden Kapiteln) einen Programmblock vor sich. Bei der Programmierung in QBasic kommt so etwas sehr oft vor. Um die Struktur des Blocks leichter erkennbar zu machen, wird üblicherweise mit Einrückungen gearbeitet. Zusammengehörende Programmzeilen innerhalb eines Blockes werden dabei um ein bis zwei Leerzeichen nach rechts gerückt, wodurch Anfang und Ende eines Blocks sofort sichtbar werden. Es ist sehr empfehlenswert, dies grundsätzlich so auszuführen!

Auch zu der gezeigten Abfrage gibt es noch eine Erweiterung. Stellen Sie sich einmal vor, in obigem Beispiel sollte nicht nur der

Wert auf 1, sondern zusätzlich auf 0 überprüft werden. Hierfür könnten zwei *IF*-Abfragen kombiniert werden:

```
IF X% = 1 THEN
  PRINT "Eins"
ELSE
  IF X% = 0 THEN
   PRINT "Null"
  ELSE
   PRINT "Weder Eins noch Null"
  END IF
END IF
```

Der Programmblock ist zwar immer noch klar strukturiert und im Grunde auch leicht zu lesen, sieht aber so aus, als ob es auch einfacher ginge. Geht es auch!

In QBasic existiert eine Kombination zwischen *ELSE* und *IF*, geschrieben *ELSE IF*. Hierbei handelt es sich um eine Erweiterung der Abfrage, die lautet "Wenn die Bedingung nicht zutrifft, dann prüfe die folgende Bedingung" oder "wenn andernfalls".

ELSE IF

Für unser Beispiel bedeutet das, daß wir den Block auch folgendermaßen schreiben können:

```
IF X% = 1 THEN
  PRINT "Eins"
ELSE IF X% = 0 THEN
  PRINT "Null"
ELSE
  PRINT "Weder Eins noch Null"
END IF
```

Eine kleine Aufgabe:

Ergänzen Sie die obige Abfrage der Variablen X% bitte noch um die Möglichkeiten "Kleiner als 0", "Größer als 1" und "Größer als 100".

Aufgabe

Eine Abfrage wie die obige, bei der eine Variable auf verschiedene Zustände untersucht werden soll, kann auch wesentlich eleganter mit einer *SELECT...CASE*-Konstruktion realisiert werden. Siehe hierzu auch das folgende Kapitel.

6.1.2 Auswahl mit SELECT...CASE

Es kommt doch recht oft vor, daß abhängig vom Inhalt einer Variablen unterschiedliche Aktionen ausgeführt werden sollen. Hierzu ist vor allem die Menütechnik zu nennen, wobei etwa mit einem Kommando verschiedene Programmteile aufgerufen werden sollen.

Im vorigen Kapitel haben Sie gesehen, wie so etwas mit *IF* und *ELSE IF* programmiert werden könnte. Sollte aber die Anzahl der verschiedenen Möglichkeiten größer werden, ist diese Technik nicht mehr so elegant.

Um bei dem oben gezeigten Beispiel zu bleiben, erweitern wir die Aufgabe der Abfrage von *X%*. Es soll nun nicht nur 0 und 1, sondern alle Ziffern von 0 bis 9 überprüft und das entsprechende Zahlenwort ausgegeben werden. Mit *IF* und *ELSE IF* würde das folgendermaßen aussehen:

```
IF X% = 0 THEN
   PRINT "Null"
ELSE IF X% = 1 THEN
   PRINT "Eins"
ELSE IF X% = 2 THEN
   PRINT "Zwei"
ELSE IF X% = 3 THEN
   PRINT "Drei"
ELSE IF X% = 4 THEN
   PRINT "Vier"
ELSE IF X% = 5 THEN
   PRINT "Fünf"
ELSE IF X% = 6 THEN
   PRINT "Sechs"
ELSE IF X% = 7 THEN
   PRINT "Sieben"
ELSE IF X% = 8 THEN
   PRINT "Acht"
ELSE IF X% = 9 THEN
   PRINT "Neun"
ELSE
   PRINT "Falsche Zahl"
END IF
```

SELECT CASE   Wie angedeutet, ist das aber auch anders programmierbar. Hierzu kann eine Abfragetechnik eingesetzt werden, die mit *SELECT CASE* begonnen wird.

Eine solche Abfragekonstruktion sieht so aus, daß zu Beginn die zu prüfende Variable mit

```
SELECT CASE <Variable>
```

abgefragt wird. Die unterschiedlichen Zustände der Variablen und die dabei auszuführenden Aktionen werden dann in einer Liste untereinander geschrieben, wobei jeweils

```
CASE <Zustand>
```

eingesetzt wird. Ebenso wie bei *IF* gibt es auch hier noch ein *ELSE*, was dann zutrifft, wenn alle mit *CASE* vorgenommenen Prüfungen negativ ausfielen.

Beendet wird der *SELECT...CASE*-Block mit *END SELECT*. Unser Beispiel sieht damit folgendermaßen aus:

```
SELECT CASE X%
  CASE 0:    PRINT "Null"
  CASE 1:    PRINT "Eins"
  CASE 2:    PRINT "Zwei"
  CASE 3:    PRINT "Drei"
  CASE 4:    PRINT "Vier"
  CASE 5:    PRINT "Fünf"
  CASE 6:    PRINT "Sechs"
  CASE 7:    PRINT "Sieben"
  CASE 8:    PRINT "Acht"
  CASE 9:    PRINT "Neun"
  CASE ELSE: PRINT "Falsche Zahl"
END SELECT
```

Sie müssen zugeben, daß dies sehr aufgeräumt und übersichtlich ist!

Die *SELECT...CASE*-Konstruktion bietet aber auch noch mehr Möglichkeiten.

Es können nach jedem *CASE* mehrere Zustände angegeben wer- *Mehrfachauswahl* den, die die selbe Funktion auslösen sollen:

```
CASE "0", "1": PRINT "Die Zahl ist Null oder Eins"
```

Eine weitere Möglichkeit wäre, einen Wertebereich als Auslöser *Bereichstest* einzusetzen, beispielsweise den Bereich von 10 bis 20:

```
CASE 10 TO 20: PRINT "Die Zahl liegt zwischen 10 und 20"
```

Vergleiche

Schließlich kann auch eine Verknüpfung der getesteten Variablen in eine *CASE*-Abfrage eingebaut werden. Hierfür wird das *CASE*-Schlüsselwort um das Wort *IS* erweitert, damit QBasic weiß, daß hier eine zusätzliche Verknüpfung bzw. Berechnung stattfinden soll:

```
CASE IS < 0: PRINT "Zahl ist kleiner als Null"
```

6.2 Wiederholen mit Schleifen

Im vorangegangenen Kapitel wurde eine Programmtechnik verwendet, die eine mehrfache Wiederholung eines Programmteils bewirkt. Man nennt so etwas eine Schleife.

In QBasic gibt es eine ganze Reihe Möglichkeiten, solche Schleifen zu programmieren. All diese Varianten haben ihre Vor- und Nachteile. Welche Schleifenformen Sie in Ihren Programmen einsetzen, hängt daher von den Anforderungen ab.

6.2.1 Zählschleife FOR...NEXT...STEP

Die klassische Schleifenform, die es schon in den allerersten BASIC-Versionen gab, ist die *FOR...NEXT*-Schleife. Hier wird ein Programmblock zwischen *FOR* und *NEXT* eingesetzt und wiederholt.

Die Bestimmung, wie oft die Schleife durchlaufen werden soll, findet in der *FOR*-Anweisung statt. Hier wird eine Variable als Zähler eingesetzt, deren Start- und Endwert vorgegeben wird. Eine Schleife mit der Zählervariablen $i\%$, die von 1 bis 10 hochgezählt wird, und somit 10 mal durchlaufen werden soll, stellt sich folgendermaßen dar:

```
FOR i% = 1 TO 10
    ...
NEXT i%
```

Hier wird zu Beginn der Zählervariablen $i\%$ mit $i\% = 1$ der Startwert zugewiesen. Danach wird der Inhalt der Schleife, hier mit drei Punkten angedeutet, durchlaufen, bis die Anweisung *NEXT* $i\%$ auftritt.

QBasic macht nun folgendes: Es erhöht den Wert der Variablen *i%* um die Schrittweite 1 und prüft dann, ob der in der *FOR*-Anweisung vorgegebene Endwert von 10 überschritten wurde. Wenn nicht, dann wird das Programm bei der Anweisung hinter *FOR* fortgeführt, andernfalls geht es hinter dem *NEXT* weiter.

Sie können die Schleife leicht ausprobieren. Geben Sie hierzu das folgende Programm ein:

```
FOR i% = 10 TO 20
 PRINT i%
NEXT i%
```

Was geschieht hier? Ganz einfach: es wird die *PRINT*-Anweisung 11 mal ausgeführt, und zwar mit den Werten in *i%* von 10 bis 20. Es werden somit die Zahlen von 10 bis 20 auf dem Bildschirm ausgegeben.

Bei einer großen Schleife kann ein Programm entsprechend lange hängenbleiben. Sollte beispielsweise die Schleife in obigem Beispiel von 1 bis 32000 zählen, dauert das sehr lange. Sie können hier aber mit der Tastenkombination ⌕Strg⌕-⌕Break⌕ das Programm unterbrechen.

Wie wäre es nun, wenn die Schleife nicht von 10 bis 20, sondern von 20 bis 10 herunterzählen soll?

Schrittweite

Auch das ist möglich. Probieren Sie hierzu erst einmal, einfach Start- und Endwert der Schleife auszutauschen:

```
FOR i% = 20 TO 10
 PRINT i%
NEXT i%
```

Wenn Sie das Programm starten, passiert - nichts. Warum?

In älteren BASIC-Versionen wäre hier wenigstens noch die Zahl 20 ausgegeben worden. Das erscheint auch logisch, wenn man die erläuterte Arbeitsweise von BASIC bedenkt. Eigentlich müßte die Schleife mit dem Wert *i%* = 20 bis zum *NEXT* durchlaufen und dann erst festgestellt werden, daß der Wert in *i%* den Endwert überschritten hat.

QBasic ist aber etwas schlauer und prüft schon zu Beginn der Schleife, ob der Zähler den Endwert überschritten hat. Wenn ja, wird der Schleifeninhalt überhaupt nicht ausgeführt.

Wie kommen wir nun zu unserer rückwärts zählenden Schleife?

Das Problem besteht offensichtlich darin, daß immer von einer Schrittweite von +1 ausgegangen wird. Man müßte einfach die Schrittweite -1 einsetzen, und das Programm würde funktionieren.

Das Einstellen der Schrittweite ist auch mit dem Schlüsselwort *STEP* leicht möglich:

```
FOR i% = 20 TO 10 STEP -1
 PRINT i%
NEXT i%
```

Nun funktioniert das Programm wie gewünscht.

Das gezeigte Programm läuft auch, wenn Sie das *i%* hinter dem *NEXT* weglassen. QBasic weiß an dieser Stelle ja, daß die Schleife mit dem *i%* begonnen wurde. Die Angabe der Variablen ist daher optional, erhöht aber auch die Lesbarkeit des Programmes!

Schleife verlassen mit EXIT

Bei einigen Anwendungen von Schleifen ist es unter bestimmten Bedingungen notwendig, die Schleife vorzeitig zu verlassen. Hierzu gibt es den Befehl *EXIT*, dem noch die Schleifenart hinzugefügt wird.

EXIT

Um eine *FOR...NEXT*-Schleife zu verlassen, wird somit der Befehl *EXIT FOR* eingesetzt. Das folgende Beispiel bricht die Schleife ab, wenn eine Taste gedrückt wird:

```
FOR i% = 1 TO 10000
 PRINT i%
 IF LEN(INKEY$) THEN EXIT FOR
NEXT i%
```

6.2.2 Schleife mit Abbruchbedingung: DO...LOOP

Eine weitere Variante einer Schleifenprogrammierung bietet die *DO...LOOP*-Konstruktion. Ein Programmteil, das in eine solche Schleife eingesetzt ist, wiederholt sich endlos, wenn nichts Gegenteiliges vorgegeben wird.

Die folgende Schleife kann nur durch die Abbruch-Taste ⌊Strg⌋-⌊Break⌋ unterbrochen werden:

```
DO
 PRINT "DO...LOOP-Schleife!"
LOOP
```

Ohne zusätzliche Optionen ist eine solche Schleife selten sinnvoll. Es müssen also Möglichkeiten bestehen, die Ausführungsdauer zu begrenzen.

Im Gegensatz zur *FOR...NEXT*-Schleife gibt es hier keine Zähler-Variable, die einen Abbruch bewirken könnte. Die erste Möglichkeit eines vorzeitigen Abbruchs der *DO...LOOP*-Schleife besteht jedoch ebenso wie bei *FOR...NEXT* durch den *EXIT*-Befehl. In diesem Fall lautet er vollständig *EXIT DO*: *EXIT*

```
DO
 IF LEN(INKEY$) THEN EXIT DO
LOOP
```

Hierbei wird bei dem Betätigen einer Taste die Schleife abgebrochen und das Programm kann weiterlaufen. Eine solche sogenannte Warteschleife kann in der Praxis gut eingesetzt werden, wenn auf das Drücken einer beliebigen Taste gewartet werden soll:

```
PRINT "-- Bitte beliebige Taste drücken --"
DO
 IF LEN(INKEY$) THEN EXIT DO
LOOP
CLS
```

Hier wird auf eine Taste gewartet und danach der Bildschirm gelöscht.

Es gibt aber noch andere Möglichkeiten, eine *DO...LOOP*-Schleife zu begrenzen. Es kann nämlich das Fortführen der Schleife an bestimmte Bedingungen geknüpft werden, und zwar entweder am Anfang oder am Ende der Schleife.

Die Bedingung wird dabei direkt hinter das *DO*- oder das *LOOP*-Schlüsselwort gesetzt, je nachdem, an welcher Stelle die Schleife abgebrochen werden soll.

Für die Angabe der Bedingung gibt es zwei Schlüsselworte, aus denen eines ausgewählt werden muß. Das eine führt die Schleife weiter aus, WÄHREND bzw. SOLANGE die angegebene Bedingung wahr ist. Das Schlüsselwort lautet dementsprechend *WHILE*. *WHILE*

UNTIL   Das andere Schlüsselwort stellt genau das Gegenteil zu *WHILE* dar. Hierdurch läuft die Schleife BIS die Bedingung wahr wird, also solange sie unwahr ist. Das Schlüsselwort lautet *UNTIL*.

Wir wollen nun beide Bedingungen anhand des oben gezeigten Programmteils ausprobieren, wo auf eine Taste gewartet wird. Hier soll ja die Schleife solange laufen, SOLANGE die Länge von *INKEY$* 0 ist, also keine Taste gedrückt wurde. Anders ausgedrückt, soll die Schleife laufen, BIS die Länge von *INKEY$* größer als 0, also wahr ist.

Obwohl beide Beschreibungen den selben Sachverhalt darstellen, werden sie durch unterschiedliche Programme realisiert. Die erste mit SOLANGE über *WHILE*, die andere mit BIS über *UNTIL*:

WHILE-Variante:

```
DO
LOOP WHILE LEN(INKEY$) = 0
```

oder

```
DO WHILE LEN(INKEY$) = 0
LOOP
```

UNTIL-Variante:

```
DO
LOOP UNTIL LEN(INKEY$)
```

oder

```
DO UNTIL LEN(INKEY$)
LOOP
```

Sie sehen, daß für ein- und dieselbe Aufgabe nunmehr schon 5 Varianten existieren, in denen sie realisiert werden kann. In der hier gestellten Aufgabe spielt es auch keine Rolle, welche der Varianten gewählt wird. Aufgrund der Einfachheit würde dabei wohl die *UNTIL*-Variante eingesetzt.

Es gibt aber auch Aufgabenstellungen, bei denen die Varianten nicht mehr den selben Effekt haben. Betrachten wir dazu die folgenden beiden Programme:

```
i% = 1
DO
  PRINT i%
  i% = i% + 1
LOOP UNTIL i% > 10
i% = 1
DO UNTIL i% > 10
  PRINT i%
  i% = i% + 1
LOOP
```

Die Idee war hier, die Zahlen von 1 bis 10 auf dem Bildschirm auszugeben (Zugegeben - mit einer *FOR...NEXT*-Schleife wäre es einfacher).

Können Sie sich schon vorstellen, wo der Unterschied zwischen beiden Programmen liegt? Wenn nicht, dann probieren Sie beide einfach aus und vergleichen die Ergebnisse. Die Ergebnisse stimmen überein. Wenn Sie nun aber die erste Zeile des Programmes in

```
i% = 11
```

ändern, sehen Sie den Unterschied.

Sie werden feststellen, daß bei der ersten Variante die 11 ausgegeben wird, in der zweiten nicht. Warum?

In dem Moment, wo die Bedingung für die Schleife deren Abbruch erfordert, wird sie auch abgebrochen. Hierbei spielt es keine Rolle, wo die Bedingung steht. Für das Programm selbst spielt es dafür eine um so größere Rolle: Hier wird die Schleife abgebrochen oder besser gesagt gar nicht erst ausgeführt, bevor der Wert 11 aus *i%* ausgegeben werden kann.

So dezent dieser Unterschied aussieht, so unangenehm kann er sich in der Praxis auswirken. Sie müssen daher immer genau prüfen, an welcher Stelle die Bedingung eingesetzt werden muß.

Eine Bedingung mit *WHILE* oder *UNTIL* kann nur am Anfang oder am Ende der Schleife stehen, nicht aber an beiden Enden. Es ist also nur eine Bedingung erlaubt. Werden dennoch mehr Möglichkeiten benötigt, kann das mit *EXIT DO* nachgebildet werden.

6.2.3 Die Variante WHILE...WEND

Sehr ähnlich zur *DO...LOOP*-Schleife ist die Variante mit *WHILE* und *WEND*. In erster Linie gibt es diese Schleifenform nur aus dem Grund, daß alte BASIC-Programme (z.B. GW-BASIC) unverändert laufen können. In GW-BASIC gab es nämlich noch keine *DO...LOOP*-Schleifen.

Wie Sie sicher aus obigen Bemerkungen herausgehört haben, ist die *WHILE...WEND*-Schleife in der Praxis nicht notwendig. Sie bietet wesentlich weniger Flexibilität als *DO...LOOP* und kann nichts, was *DO...LOOP* nicht kann. Im Grunde sind die beiden folgenden Schleifen identisch:

```
WHILE LEN(INKEY$) = 0
WEND
```

und

```
DO WHILE LEN(INKEY$) = 0
LOOP
```

Selbstverständlich bleibt es Ihnen überlassen, ob Sie die eine oder andere Form wählen. Dennoch ist es vielleicht besser, den Umgang mit der *DO...LOOP*-Schleife zu üben und diese einzusetzen.

6.3 Verschachtelter Programmablauf

Es ist nun auch möglich, zwei oder mehrere Schleifen ineinander zu verschachteln. Gemeint ist hiermit, daß eine Schleife innerhalb einer anderen, übergeordneten Schleife ausgeführt wird.

```
FOR i% = 1 TO 10
  PRINT i%,
  FOR j% = 1 TO 10
   PRINT j%;
  NEXT j%
  PRINT
NEXT i%
```

Bevor Sie das Beispiel in QBasic eingeben und ausprobieren, versuchen Sie bitte, das Ergebnis zu erahnen.

Bei verschachtelten *FOR...NEXT*-Schleifen müssen unterschiedliche Schleifenzähler-Variablen verwendet werden. Sollte das nicht der Fall sein, startet QBasic das Programm gar nicht erst, sondern weist auf den Fehler hin.

Aufgabe

1. Entscheidungsprogrammierung

Die Aufgabe des Programmes soll es sein, eine eingegebene Zahl Ziffer für Ziffer im Klartext anzuzeigen. Bei einer Zahl von -12.6 ergäbe das:

```
Minus Eins Zwei Komma Sechs
```

Das Gerüst für das Programm besteht aus der Eingabe der Zahl und der Zerlegung in die einzelnen Zeichen. Hierbei werden einige Programmelemente eingesetzt, die bisher noch nicht besprochen wurden. Aus diesem Grund ist das Gerüst unten vorgegeben.

Darin kann dann die Abfrage der Zeichen sowie die Ausgabe des jeweiligen Klartextes eingesetzt werden.

```
INPUT "Bitte Zahl eingeben: ", Zahl$
FOR i% = 1 TO LEN(Zahl$)
 Zeichen$ = MID$(Zahl$, i%, 1)
 '** in Zeichen$ steht nun das auszuwertende Zeichen
 SELECT CASE Zeichen$
 ...
 END SELECT
NEXT i%
```

Versuchen Sie bitte selbst, den Inhalt der *SELECT...CASE*-Konstruktion zu schreiben.

2. Schleifenprogrammierung

Schreiben Sie bitte ein Programm, das eine Farbtabelle auf den Bildschirm bringt. Hierbei sollen 16 Zeilen mit 16 Spalten entstehen, wobei jeder Kreuzungspunkt ein Sternchen in einer anderen Vorder- und Hintergrundfarbe darstellen soll.

Hinweise: Die Farbeinstellung geschieht mit dem Befehl *COLOR* <Vordergrundfarbe>,<Hintergrundfarbe>, das Setzen des Cursors mit *LOCATE* <Zeile>,<Spalte>.

Entscheidungen

Eine Entscheidung wird in QBasic über den *IF*-Befehl getroffen. Hierbei werden eine oder mehrere, mit *AND* oder *OR* getrennte, Bedingungen geprüft und über das Ergebnis die eine oder andere Aktion ausgeführt.

IF...THEN...ELSE	Bedingte Verzweigung

Syntax	IF <Bedingung> THEN <Anweisung1> [ELSE
	     <Anweisung2>]
	
	 oder als Block
	
	 IF <Bedingung> THEN
	     [<Anweisung1>[...]]
	     [ELSEIF <Bedingung> THEN
	     [<Anweisung2>[...]][...]]]
	 [ELSE
	     [<Anweisung3>[...]]]
	 ENDIF

IF...THEN...
ELSE

Die *IF*-Abfrage dient zum Ausführen von Anweisungen aufgrund von <Bedingungen>. Die <Anweisung1> hinter *THEN* wird nur ausgeführt, wenn die <Bedingung> logisch wahr ist. Ist diese falsch, werden nacheinander die *ELSEIF*-Bedingungen getestet, bis eine <Bedingung> erfüllt ist. Dann werden die <Anweisungen> dieses Zweiges ausgeführt.

Der *ELSE*-Zweig sowie die *ELSEIF*-Zweige sind optional und können weggelassen werden. Sind alle *ELSEIF*-Bedingungen logisch falsch, werden die <Anweisungen3> hinter *ELSE* ausgeführt. Die gesamte Abfrage wird mit *ENDIF* abgeschlossen.

Der *ELSE*-Zweig ist optional und kann weggelassen werden. Wird er weggelassen, dann wird bei Nichtzutreffen der <Bedingung> mit dem nächsten Befehl fortgefahren.

Der Befehl kann in einer Zeile eingegeben werden; reicht der Platz nicht aus, muß die Blockform verwendet werden.

Schleifen

Schleifen

Für die Bildung von Schleifen, als die Mehrfachausführung von Programmteilen, können drei Schleifenkonstruktionen eingesetzt werden:

FOR...NEXT	Programmschleife
Syntax	```FOR <Laufvariable> = <Start> TO <Ende> [STEP<Schrittweite>] [<Anweisung>[...]] [EXIT FOR] NEXT [<Laufvariable>]```

Dieser Befehl dient zur wiederholten Abarbeitung von Anwei- *FOR...NEXT*
sungen. Die Grenzen werden vor der Abarbeitung der Schleife
festgelegt. Zur Zählung der Durchläufe wird die <Laufvariable>
verwendet. Mit <Start> wird der Startwert bestimmt, mit dem die
<Laufvariable> initialisiert werden soll. Nach jedem Durchlauf
(Erreichen des Schlüsselwortes *NEXT*) wird die <Laufvariable>
um die <Schrittweite> erhöht (bzw. bei negativen Schrittweiten
verringert). Die Schleife wird anschließend so oft durchlaufen, bis
der Wert <Ende> erreicht ist. Die Schleife kann vorzeitig, also vor
Erreichen von <Ende>, durch das Schlüsselwort *EXIT FOR* verlassen werden.

Fehlt das Schlüsselwort *STEP*, wird die <Schrittweite> 1 angenommen.

DO...LOOP	Programmschleife
Syntax	```DO [<Anweisungen>[...]] [EXIT DO] LOOP [WHILE|UNTIL <Bedingung>]``` **oder** ```DO [WHILE|UNTIL <Bedingung>] [<Anweisungen>[...]] [Exit DO] LOOP```

Die <Anweisungen> werden wiederholt, bis die <Bedingung> er- *DO...LOOP*
füllt (bei *UNTIL*) oder nicht mehr erfüllt ist (bei *WHILE*) oder die
Schleife mit *EXIT DO* verlassen wird.

Die Schlüsselworte *UNTIL* und *WHILE* können entweder direkt
nach *DO* oder *LOOP* folgen oder ganz entfallen. Im zweiten Fall
wird die Schleife mindestens einmal durchlaufen, im dritten Fall
muß die Schleife mit *EXIT DO* verlassen werden.

WHILE...WEND	Bedingte Befehlsausführung
Syntax	WHILE <Bedingung> [<Anweisung>[...]] WEND

WHILE...WEND   Die <Anweisungen> werden ausgeführt, solange die <Bedingung> erfüllt wird.

Da die Abfrage am Beginn der Schleife erfolgt, muß der Anweisungsblock nicht unbedingt durchlaufen werden.

7. Unterprogramme und Funktionen

Wie schon zu Beginn des Buches angedeutet, kann ein Programm in QBasic in einzelne Programmteile untergliedert werden. Hierdurch wird erst eine richtig strukturierte und leicht nachvollziehbare Programmierung möglich.

Der Begriff der Programmteile ist leicht zu erläutern. In jedem Programm gibt es zusammengehörende Abschnitte, die oft auch häufiger verwendet werden sollen. Dies könnte beispielweise die in den vorangegangenen Kapiteln genannte Warteschleife sein, die auf das Betätigen einer beliebigen Taste wartet.

Ein anderer Fall wäre, wenn ein ganzer Programmteil unter bestimmten Bedingungen übersprungen werden oder ein Prozeß von vorne beginnen soll. Hier wird also die Möglichkeit gebraucht, durch einen Befehl die nächste auszuführende Programmzeile bestimmen zu können.

7.1 Springen mit GOTO

Der Befehl *GOTO*, der QBasic an eine anzugebende Programmstelle springen und dort weiterarbeiten läßt, ist so alt wie BASIC selbst. In den allerersten BASIC-Varianten war er der einzige oder zumindest der wichtigste Befehl für die Ablaufsteuerung eines Programmes.

Die Anwendung des Befehls ist denkbar einfach. Sie brauchen nur eine Zeilennummer oder -Marke im Programm einsetzen und an einer beliebigen Stelle mit *GOTO* <Marke> dorthin verzweigen:

```
Beginn:
 PRINT "Hier beginnt das Programm"
 ...
 GOTO Beginn
```

Auch die Funktion einer Schleife kann mit dem *GOTO*-Befehl nachgebildet werden. Hierzu braucht nur ein Zähler selbst hochgezählt und in Abhängigkeit seines Wertes zum Beginn der "Schleife" gesprungen zu werden. Das folgende Beispiel arbeitet genauso wie die Schleife

```
FOR i% = 1 TO 10
  ...
NEXT i%
Hier die umständlichere Variante mit GOTO:
i% = 1
SchleifenBeginn:
  ...
  i% = i% + 1
  IF i% < 11 THEN GOTO SchleifenBeginn
```

Sie können deutlich erkennen, daß diese Version nicht nur auf-
wendiger, sondern auch nicht so gut nachvollziehbar ist. An diesem kleinen Beispiel wird jedenfalls der Vorteil einer echten
Schleife sichtbar.

Modernere BASIC-Versionen wie auch QBasic verfügen inzwischen über eine Vielzahl an Steuerungsmechanismen, etwa verschiedene Schleifen oder *IF*-Blöcke. Der *GOTO*-Befehl ist natürlich
auch hier enthalten, wird aber längst nicht mehr so häufig benötigt wie in den Pioniertagen der BASIC-Programmierung.

Warnung   Lassen Sie mich das anders ausdrücken: Verzichten Sie bitte in Ihren Programmen auf diesen Befehl, wenn es auch ohne allzu-
großen Aufwand anders geht. Programme mit vielen *GOTO*-Be-
fehlen sind nämlich derartig schwer nachzuvollziehen und von
Fehlern zu bereinigen, daß sich der einfache Weg mit *GOTO* spätestens bei der ersten Überarbeitung des Programmes als Bume-
rang erweisen kann. Nicht umsonst spricht man bei solchen Programmen von Spagetti-Programmen. Sie glauben gar nicht, wie
schnell man sich dabei in seinem eigenen Programm nicht mehr
auskennt!

Mit *GOTO* ist es wie mit Medizin: Man braucht es selten oder gar
nicht, aber wenn man es braucht, dann sollte man es wohldosiert
und selten einsetzen.

In Kapitel 23.2 finden Sie Hinweise für die Übertragung alter BA-
SIC-Programme in QBasic. Da in solchen alten Programmen auch
oft zu viele *GOTO*-Befehle enthalten sind, die QBasic machmal
sogar selbst übel nimmt, sollten Sie dort nachschlagen, wenn Sie
ein GW-BASIC-Programm übernehmen möchten.

7.2 Unterprogramme erstellen

Es gibt aber nun auch andere Arten von Programmteilen, und zwar solche, die mehrmals eingesetzt werden sollen. Das Beispiel mit der Warteschleife, wo auf das Betätigen einer Taste gewartet wird, ist ja schon aufgetaucht.

Doch wie kann man ein Programmteil von verschiedenen Stellen eines Programmes heraus aufrufen? Mit *GOTO* zu dem Teil zu springen, kann keine Lösung sein - schließlich soll das aufrufende Programmteil nachher weiterlaufen können.

7.2.1 Unterprogrammaufruf mit GOSUB...RETURN

Die Lösung bringt der Begriff des Unterprogrammes. Ein solches Unterprogramm stellt ein für sich abgeschlossenes Programmteil dar, welches mit dem Befehl *RETURN* beendet wird. *RETURN* bedeutet soviel wie "kehre zurück", und zwar dorthin, woher der Aufruf des Unterprogrammes kam.

Da das Wort Unterprogramm im englischen Subroutine heißt, lautet auch der Befehl für das Aufrufen der Subroutine *GOSUB*, eine Kurzform für Goto Subroutine.

Subroutine

Nehmen wir als Beispiel hierzu die Tastendruck-Warteschleife als Unterprogramm:

```
WarteAufTaste:
 DO
 LOOP UNTIL LEN(INKEY$)
RETURN
```

Wir haben hier ein vollständiges Unterprogramm vor uns, welches von jeder beliebigen Stelle des Hauptprogrammes aus aufgerufen werden kann:

```
GOSUB WarteAufTaste
```

Zum Ausprobieren können Sie ja einmal folgendes Programm eingeben:

WARTE-T.BAS

```
PRINT "Hier ist die erste Ausgabe"
GOSUB WarteAufTaste
PRINT "Hier ist die zweite Ausgabe"
GOSUB WarteAufTaste
PRINT "Ende des Programmes"
END
WarteAufTaste:
 PRINT "-- Bitte eine Taste drücken --"
 DO
 LOOP UNTIL LEN(INKEY$)
RETURN
```

Nach dem ersten *PRINT*-Befehl wird das Unterprogramm *Warte-AufTaste* aufgerufen, wo diesmal auch die Aufforderung zum Drücken einer Taste ausgegeben wird. Drücken Sie dann eine Taste, wird über den *RETURN*-Befehl dorthin zurückgekehrt, woher der Aufruf kam. Das Programm wird also mit der Anweisung fortgeführt, die unmittelbar hinter dem *GOSUB*-Befehl steht. Das ganze wiederholt sich dann, bis schließlich mit dem *END*-Befehl das Programm beendet wird. Der *END*-Befehl ist an dieser Stelle unbedingt notwendig. Sie können leicht erkennen, warum, wenn Sie ihn einfach einmal löschen und das Programm erneut starten. Zunächst läuft es genauso wie vorher. Nach der Ausgabe von "Programmende" wird jedoch wiederum auf eine Taste gewartet, weil das Programm nun auf normalem Weg in das Unterprogramm geraten ist. Das ist zwar noch nicht so schlimm, aber drücken Sie dann die gewünschte Taste und beobachten, was passiert.

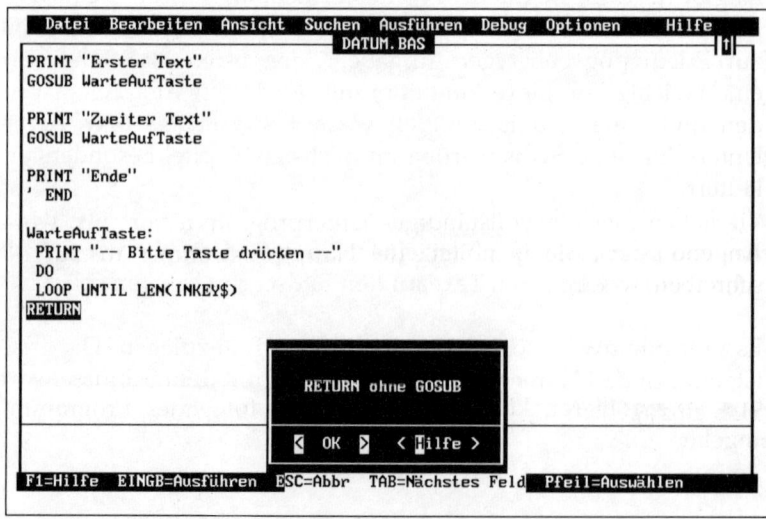

Abb. 25: Fehlerhafter Einstieg in ein Unterprogramm

Es wird die Fehlermeldung "RETURN ohne GOSUB" angezeigt und das Programm gestoppt. Das ist ja auch verständlich, denn wohin soll das Programm denn zurückkehren (Return)? Schließlich ist das Unterprogramm nicht von irgendwoher aufgerufen, sondern direkt ausgeführt worden.

7.2.2 Die Möglichkeit SUB...END SUB

Um ein langes Programm, welches aus einigen tausend Zeilen bestehen kann, übersichtlich und systematisch gestalten zu können, bietet QBasic in seinem Editor eine wegweisende Möglichkeit. Hier können nämlich einzelne Programmteile, die eigenständige Aufgaben erfüllen sollen, zu Gruppen zusammengefaßt werden.

Diese Gruppen bekommen dann ein eigenes Editorfenster und sind somit nicht mehr im eigentlichen Hauptprogramm sichtbar. Auf diese Weise ist es leicht möglich, ein Programm aus mehreren solcher Einzelteile zusammenzusetzen und das Hauptprogramm kurz und übersichtlich zu gestalten.

Dazu kommt, daß diese Programmteile meistens auf die gleiche Art im Programm eingesetzt werden können wie die Standard-QBasic-Befehle bzw. -Funktionen. Somit kann sich der Programmierer seine eigenen BASIC-Befehle und -Funktionen schreiben und in seinen Programmen verwenden!

Es gibt für diese Segmente zwei verschiedene Klassen: SUBs und FUNCTIONs. SUB steht dabei für Subroutine, ein Programmteil zur Erledigung beliebiger Aufgaben. Eine FUNCTION definiert eine beliebig komplexe Funktion, mit der Daten verarbeitet werden und ein Ergebnis ermittelt wird. FUNCTIONs bzw. deren Unterschiede zu SUBs werden im nächsten Kapitel besonders erläutert.

SUBs und FUNCTIONs

Angenommen, Sie möchten eine SUB mit dem Namen *UPrint* schreiben, welche einen Text auf den Bildschrim bringen soll.

Es gibt nun zwei Möglichkeiten, diese SUB anzulegen. Die erste ist, einfach den Namen der SUB angeführt mit dem Schlüsselwort SUB einzugeben:

Anlegen einer SUB

```
SUB UPrint
```

Der Bildschirm verändert sich, und das restliche Programm ver-
schwindet. Stattdessen sehen Sie die eingegebene Zeile mit dem
SUB-Schlüsselwort am oberen Editorrand und die zusätzliche
Zeile

```
END SUB
```

Außerdem sehen Sie, daß im Fenstertitel des Editors der Name
der neuen SUB, eben *UPrint*, aufgetaucht ist.

Die andere Möglichkeit ist die, aus dem *Bearbeiten*-Menü den Eintrag *Neue SUB...* auszuwählen und in dem dann erscheinenden
Eingabefeld den Namen der zu erstellenden SUB UPrint einzugeben.

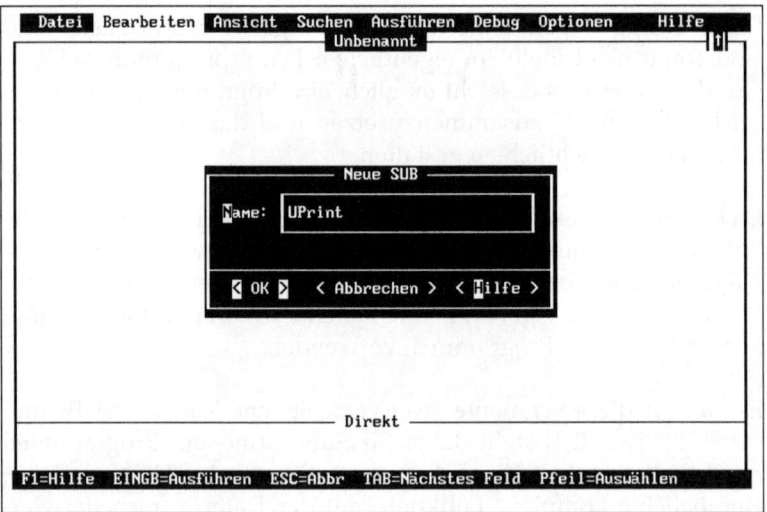

Abb. 26: Erstellen einer neuen SUB

Nach dem Bestätigen der Box ist ebenfalls der Rest des Programmes verschwunden und der Bildschirm zeigt nur noch die beiden
Zeilen

```
SUB UPrint
END SUB
```

Keine Sorge, der Rest Ihres Programmes ist nicht etwa gelöscht
worden. Hier zeigt sich nur die besondere Fähigkeit des QBasic-
Editors, verschiedene Programmteile getrennt voneinander bearbeiten zu können. Der neue Programmteil, nämlich die SUB
selbst, stellt nun einen eigenen Programmteil dar, der allerdings

noch leer ist. Die Zeile *END* SUB steht dabei für das Ende der SUB
- hinter diese Zeile kann keine weitere Programmzeile für die SUB
geschrieben werden.

Damit die SUB auch eine Funktion bekommt, müssen wir nun
noch zwei Dinge erledigen. Die Aufgabe der SUB soll sein, ebenso
wie der *PRINT*-Befehl einen Text auf den Bildschirm zu bringen.
Das gibt zwar im Moment noch keinen Sinn, dient aber zur
Übung.

Als erstes muß nun überlegt werden, ob an die SUB Parameter
übergeben werden sollen. Dies ist nämlich eine besondere Sache
bei SUBs im Gegensatz zu Unterprogrammen mit GOSUB...RE-
TURN. Es können verschiedene Parameter übergeben werden, die
dann von der SUB bearbeitet werden können.

*Parameter-
übergabe*

Die neue SUB soll einen Text auf den Bildschirm bringen. Es muß
also ein Parameter, genauer gesagt ein String-Parameter übergeben werden können. Hierzu setzen Sie bitte hinter den Namen der
SUB in runde Klammern eine Stringvariable ein, beispielsweise
Text$:

```
SUB UPrint (Text$)
```

Innerhalb der SUB enthält dann die Variable *Text$* den an die
SUB übergebenen Text. Wenn Sie nun zwischen die beiden vorbereiteten Zeilen noch eine Programmzeile schreiben, ist die SUB
funktionsfertig. Sie sieht dann folgendermaßen aus:

```
SUB UPrint (Text$)
 PRINT Text$
END SUB
```

Wenn Sie nun den Rest des Programmes, also Ihr eigentliches
Hauptprogramm wiedersehen wollen, können Sie zwischen zwei
Methoden wählen. Die erste ist das Drücken der Tastenkombina-
tion Shift-F2 , die andere nur die F2 -Taste.

Während die erste Tastenkombination das Hauptprogramm sofort
erscheinen läßt (und nach erneutem Betätigen wieder die SUB),
blendet die F2 -Taste eine Auswahlbox ein:

Hier werden alle SUBs und FUNCTIONs sowie das Hauptprogramm angezeigt, also alle eigenständigen Programmteile. In unserem Fall sind das nur das Hauptprogramm, welches noch keinen Namen hat, und die SUB *UPrint*. Mit den Pfeiltasten oder der

*Auswahl des
Programmteils*

Maus können Sie aus der Liste den gewünschten Eintrag anwählen und der Editor zeigt diesen Programmteil an.

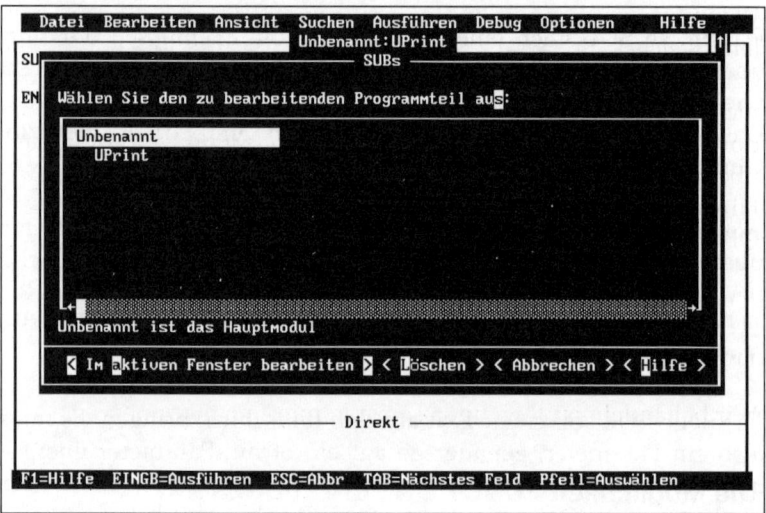

Abb. 27: SUB- und FUNCTION-Auswahl

Aufruf der SUB   Ist die SUB angelegt, kann dieser SUB-Name wie ein QBasic-Befehl eingegeben werden, z.B.

```
UPrint "Dies ist ein Test"
```

Dies entspricht genau der Schreibweise des QBasic-Befehls PRINT, mit dem obige Anweisung so lauten würde:

```
PRINT "Dies ist ein Test"
```

CALL   Obwohl es offensichtlich nicht notwendig ist, existiert in QBasic ein Extra-Schlüsselwort für den Aufruf von SUBs: *CALL*. Das obige Beispiel für den Aufruf der SUB *UPrint* kann damit auch folgendermaßen geschrieben werden:

```
CALL UPrint("Dies ist ein Test")
```

Im Gegensatz zu dem Aufruf ohne *CALL* müssen hierbei hinter dem Namen der SUB alle Parameter in eine Klammer gesetzt werden.

Der *CALL*-Befehl ist nur aus dem Grund in QBasic enthalten, weil einige alte QuickBASIC-Versionen ihn vorschreiben. Sie können ihn einsetzen oder nicht, ganz wie Sie wollen. Einen Unterschied in der Funktion des Aufrufs gibt es nicht.

Wenn Sie ein altes BASIC-Programm in QBasic übernehmen wollen, welches in GW-BASIC geschrieben war, müssen Sie den *CALL*-Befehl gesondert behandeln. In GW-BASIC dient er nämlich nicht für den Aufruf von BASIC-Unterprogrammen (SUBs gab es dort auch nicht!), sondern für Maschinenprogramme. Einzelheiten über den Einsatz von Maschinenprogrammen in QBasic sowie Hinweise auf die Umsetzung von GW-BASIC-Programmen in QBasic finden Sie in Kapitel 13 bzw. 23.2.

7.3 Funktionen aufrufen

Wir behandeln im folgenden selbstdefinierte Funktionen.

Die Möglichkeit FUNCTION...END FUNCTION

Wenn Sie aus dem *Bearbeiten*-Menü heraus die SUB angelegt haben, haben Sie vielleicht den direkt unter dem Eintrag *Neue* SUB... den Eintrag *Neue* FUNCTION... gesehen. Dieser Menüpunkt arbeitet genauso wie der andere, mit einem Unterschied: anstelle des Schlüsselwortes SUB wird in dem neuen Programmteil jeweils FUNCTION eingesetzt.

Der Unterschied zwischen einer SUB und einer FUNCTION ist der gleiche wie zwischen QBasic-Befehlen und -Funktionen. Während die einen für sich stehen können, können die anderen nur in Verbindung mit beispielsweise einer Zuweisung existieren und liefern ein Ergebnis.

Unterschied von SUB und FUNCTION

Wir wollen eine FUNCTION erstellen, die den Sinus eines an sie übergebenen Winkels berechnet und zurückliefert.

Auf den ersten Blick scheint die Aufgabe witzlos, weil es doch die Sinus-Funktion *SIN()* in QBasic gibt. Richtig, aber die Funktion *SIN()* arbeitet nur mit Winkeln im Bogenmaß (Radian), wo ein Kreis über einen Winkel von 2 Pi beschrieben wird. Wollen Sie dagegen den Winkel von 90° ermitteln, müssen Sie den Winkel erst in Radian umrechnen.

Die Umrechnung ist im Grund einfach: 360° entspricht 2*Pi, also 6.2831853, ein Grad somit 2*Pi/360, etwa 0.01745329. Somit muß also der Winkel (in Grad) mal 0.01745329 multipliziert und in die

Grad in Radian

SIN-Funktion eingesetzt werden. Legen Sie also nun eine neue FUNCTION mit dem Namen *GSin* an. Wählen Sie hierzu den Menüeintrag *Neue* FUNCTION... aus dem *Bearbeiten*-Menü und geben den Namen in die erscheinende Box ein. Danach muß noch, ebenso wie bei der SUB, der zu übergebende Parameter eingesetzt und schließlich die Funktion selbst geschrieben werden:

```
FUNCTION GSin(Winkel)
 GSin = SIN(Winkel * .01745329)
END FUNCTION
```

Ergebnis zuordnen

Sie sehen hier, daß die Zuordnung des Ergebnisses an eine Variable vorgenommen wurde, die den selben Namen wie die FUNCTION trägt. In Wirklichkeit handelt es sich hierbei um die FUNCTION selbst, die durch die Variable repräsentiert wird. Durch das Belegen dieser Variable mit einem Wert wird das Ergebnis der FUNCTION selbst eingesetzt.

Einsatz der FUNCTION

Wir wollen nun den Aufruf bzw. den Einsatz einer FUNCTION probieren. Für den Fall unserer eigenen FUNCTION mit dem Namen GSin, die den Sinus eines Winkels in Grad berechnet, wäre die Schreibweise

```
Ergebnis = GSin(Winkel)
```

Als ganzes Programm, mit dem Sie auch gleich die korrekte Funktion Ihrer neuen BASIC-Funktion testen können, könnte es folgendermaßen aussehen:

```
INPUT "Winkel in Grad: "; Winkel
Ergebnis = GSin(Winkel)
PRINT "Der Sinus von"; Winkel; "Grad ist"; Ergebnis
```

Diese Anweisung würde den Sinus der Variablen *Winkel* als Ergebnis an die Variable *Ergebnis* liefern. Vergleichbar dazu lautet die normale Berechnung des Sinus:

```
Ergebnis = SIN(Winkel)
```

Unterscheidungen zwischen den Anweisungen

Es ist deutlich zu sehen, wie gering der Unterschied zwischen den vorgegebenen QBasic-Befehlen bzw. -Funktionen und den eigenen ist. Für die eindeutige Unterscheidung zwischen den festen und den neuen Anweisungen bietet sich dabei die Möglichkeit der freien Graphie an, d.h. es sollten bei selbstdefinierten Anweisungen Groß- und Kleinbuchstaben verwendet werden. Die eigenen Schlüsselwörter setzt der QBasic-Editor immer vollständig versal, also in Großbuchstaben.

Eigene Funktionen mit DEF FN

Der Einsatz von FUNCTIONS für die Definition eigener Funktionen ist sehr empfehlenswert und sehr strukturiert. Es gibt aber auch eine andere Möglichkeit für die Erstellung einer eigenen Funktion. Auch hierbei handelt es sich um eine Möglichkeit, die in erster Linie für die Möglichkeit eingebaut wurde, alte Programme in QBasic laufen zu lassen. Denn - FUNCTIONs bieten mehr Möglichkeiten und Flexibilität!

Die Rede ist von der Funktionsdefinition über *DEF FN*. Eine Funktion, die eine Zahl auf 2 Stellen hinter dem Komma rundet, könnte folgendermaßen zu Beginn des Programmes definiert werden:

```
DEF FNRunden(Zahl) = CINT(Zahl * 100) / 100
```

Hiermit wird die Funktion namens *FNRunden* definiert. Alle so definierten Funktionen müssen mit den Buchstaben FN im Namen beginnen. Die Funktion bekommt einen Parameter übergeben, der dann verrechnet wird. Das Ergebnis dieser Berechnung ist auch das Ergebnis der Funktion selbst.

Nach obiger Definition kann nun im Programm die Funktion *FNRunden* eingesetzt werden, beispielsweise so:

```
Zahl = 123.4567
PRINT FNRunden(Zahl)
```

Es wird hier der Wert 123.46 ausgegeben, weil die Funktion auch rundet.

7.4 Variablen und ihr Gültigkeitsbereich

Zusammenfassend besteht ein QBasic-Programm aus einem Hauptprogramm und eventuell weiteren Programmteilen, also SUBs und FUNCTIONs. All diese Programmteile sind normalerweise vollkommen autark und verwenden eigene Variablen, sogenannte lokale Variablen.

Lokale Variablen

In vielen Programmen ist es jedoch notwendig, einige Variablen mit diversen anderen Programmteilen auszutauschen. Um dies zu ermöglichen, bietet QBasic einige sehr flexible Möglichkeiten an.

Übergabe

Die erste Methode ist auch die direkteste. Hierbei werden Werte bzw. Variablen z.B. an eine SUB übergeben, indem sie einfach hinter deren Aufruf aufgeführt werden. Eine solchermaßen übergebene Variable ist dann nicht nur der SUB zugänglich, sondern kann auch von ihr verändert werden.

Es soll ein Unterprogramm erstellt werden, welches einen in einer String-Variablen enthaltenen Text umdreht, also aus "Hallo" "ollaH" macht. Dies kann sowohl mit einer SUB als auch einer FUNCTION realisiert werden.

Soll eine SUB eingesetzt werden, kann dies durch folgendes Programm geschehen:

TEXTDREH. BAS

```
SUB TextDreh(Text$)
 '*** Subroutine zum Drehen eines Textes ***
 Text1$ = ""     '** Hilfsvariable
 FOR i% = LEN(Text$) to 1 STEP -1 '** von hinten nach vorne
  Text1$ = Text1$ + MID$(Text$, i%, 1)    '** die Zeichen übertragen
 NEXT i%
 Text$ = Text1$ '** Ergebnis zurückschreiben
END SUB
```

Funktionsweise des Programms

Die Funktionsweise dieses Programms ist recht einfach. Es werden von hinten nach vorne alle Zeichen aus der übergebenen Variablen Text$ in eine Hilfsvariable geschrieben. Interessant ist hier die letzte Anweisung, in der das in Text1$ enthaltene Ergebnis wieder in die ursprünglich übergebene Variable Text$ zurückgeschrieben wird. Da diese Variable vom aufrufenden Programm weiterverwendet werden kann, steht das Ergebnis hier auch wieder zur Verfügung. Diese SUB kann beispielsweise folgendermaßen aufgerufen werden:

```
T$ = "Hallo"
PRINT "Vorher: "; T$
TextDreh T$
PRINT "Nachher: "; T$
```

Diese Zeilen geben als Ergebnis "Hallo" und "ollaH" aus, wodurch deutlich wird, daß der Aufruf von *TextDreh* den Inhalt der Variablen T$ verändert hat. Hierbei gibt es einen Effekt, der sehr leicht zu Fehlern führen kann. Probieren Sie hierfür einmal aus, was bei der Übergabe der Variablen T$ in Klammern geschieht:

```
TextDreh (T$)
```

Nach dem Aufruf dieser Zeile ist die Variable T\$ unverändert. Was ist passiert?

QBasic kann Werte an Unterprogramme auf zwei verschiedene Arten übergeben:

1. Zum einen wird die Variable selbst der Unterroutine in Form eines Zeigers übergeben. In diesem Fall wird von dem Unterprogramm direkt auf die Variable zugegriffen und diese ggf. verändert.

2. Zum anderen wird nur der Inhalt der Variablen übergeben, wodurch natürlich kein Zugriff auf die Variable selbst möglich ist. Dies findet immer dann statt, wenn die Variable in der Anweisung verrechnet oder einfach in Klammern gesetzt wird. Der gleiche Effekt wie in obigem Beispiel kann somit auch mit der Zeile

```
TextDreh T$ + ""
```

erzielt werden, in der ja das Ergebnis einer Operation an die SUB übergeben wird und nicht die Variable T\$ selbst.

Diese Möglichkeit, Variablen sowohl direkt als auch nur deren Inhalt an eine SUB zu übergeben, kann natürlich recht sinnvoll eingesetzt werden. Leider können dadurch aber auch die sogenannten Seiteneffekte auftreten, falls die Veränderung der übergebenen Variablen gar nicht erwünscht ist. *Sinnvoller Einsatz und sog. Seiteneffekt*

Solche Fehler sind meist sehr schwer zu finden. Aus diesem Grund sollten im Zweifelsfall entweder die Parameter einzeln in Klammern gesetzt oder in der SUB selbst zuerst in Hilfsvariablen kopiert werden.

Als nächstes soll die Aufgabe des Textdrehens von einer FUNCTION übernommen werden. Diese könnte folgendermaßen aussehen:

```
FUNCTION TextDreh1$ (Text$)
 '*** FUNCTION zum Drehen eines Textes ***
 Text1$ = ""    '** Hilfsvariable
 FOR i% = LEN(Text$) to 1 STEP -1 '** von hinten nach vorne
  Text1$ = Text1$ + MID$(Text$, i%, 1)    '** die Zeichen übertragen
 NEXT i%
 TextDreh1$ = Text1$    '** Ergebnis zurückschreiben
END FUNCTION
```

Die neue Funktion kann wie jede andere BASIC-Funktion aufgerufen werden. Hierbei wird im Unterschied zu der Verwendung einer SUB der zu drehende Text immer als Text und nicht als Variable übergeben. Somit kann die FUNCTION nicht den Inhalt einer Variablen des aufrufenden Programmes verändern.

Um dennoch die gleiche Funktion wie im vorhergehenden Beispiel zu erreichen, kann eingegeben werden

```
T$ = TextDreh1$ (T$)
PRINT "Nachher: "; T$
```

Einfacher ist natürlich an das Ergebnis zu kommen mit

```
PRINT TextDreh1$ ("Hallo")
```

SHARED   Über die direkte Übergabe von Variablen hinaus besteht eine weitere Möglichkeit, Variablen mit Unterprogrammen zu teilen. Dies kann durch eine explizite Anweisung geschehen, welche Variablen als geteilt, auf englisch *SHARED*, deklariert.

Diese Anweisung kann nun auf verschiedene Arten eingesetzt werden. Dafür ist zuerst genau festzustellen, von welchen Programmteilen die Variablen geteilt werden sollen. Hier eine Auflistung der Möglichkeiten, wobei jeweils die geteilte Variable als *Var* geschrieben ist:

1. Das Hauptprogramm soll mit einer SUB eine Variable teilen. Hierfür wird in der ersten Zeile der SUB die Anweisung SHARED Var eingesetzt.

2. Zwei SUBs sollen Zugriff auf die Variable erhalten. Zu diesem Zweck muß in beiden SUBs am Anfang SHARED Var eingetragen werden.

Globale Variablen   3. Mehrere SUBs und ggf. das Hauptprogramm brauchen die Variable. Hier könnte natürlich die unter 2) beschriebene Methode eingesetzt werden. Da dies jedoch eigentlich lästig ist, kann die Variable auch dem gesamten Programm zugänglich gemacht werden. Dies geschieht durch die Anweisung DIM SHARED Var im Hauptprogramm. In den SUBs braucht hiernach nichts eingetragen werden, weil alle die Variable jederzeit im Zugriff haben.

7.5 Wie Profis mit solchen Prozeduren umgehen

In diesem Kapitel möchte ich Ihnen einige Tips aus der Praxis geben, die den Umgang mit Unterprogrammen (GOSUB...RETURN), SUBs und FUNCTIONs erleichtern und vielseitiger machen sollen.

1. Vermeiden Sie *GOTO*-Befehle. Versuchen Sie lieber mit IF..THEN-Blöcken oder Schleifen die Notwendigkeit dazu zu umgehen.

   Keine GOTOs

2. Setzen Sie Unterprogramme mit GOSUB...RETURN nur dann ein, wenn es sich um eine lokale Angelegenheit der jeweiligen SUB bzw. FUNCTION oder des Hauptprogrammes handelt. Wenn nicht, verwenden Sie eine SUB.

   Unterprogramme

3. Ersetzen Sie mehrmals wiederkehrende Programmteile als SUBs. Sollten kleinere Unterschiede in den Anwendungen bestehen, etwa andere Prompt-Texte, übergeben Sie diese als Parameter an die SUB.

   SUBs

4. Wählen Sie aussagefähige Namen für Ihre SUBs und FUNCTIONs aus.

   Namen

5. Setzen Sie immer an den Anfang jedes Programmteils einen Kommentar ein, der die Funktion und Parameter der Routine beschreibt. Sparen Sie auch sonst nicht mit Kommentaren - es zahlt sich spätestens bei der Fehlersuche aus!

   Kommentare

6. Verwenden Sie globale Variablen nur sparsam und geben Sie ihnen deutliche Namen, um zu verhindern, daß Sie eine solche Variable versehentlich zu anderen Zwecken einsetzen.

   Globale Variablen

7. Verwenden Sie Konstanten, um Programmgrenzen zu definieren. Auf diese Weise können Sie leichter Änderungen und Erweiterungen im Programm vornehmen.

   Konstanten

7.6 Programme verknüpfen

Bei der Arbeit mit SUBs und FUNCTIONs kommen Sie sicher bald dazu, sich eine Sammlung bewährter und wiederverwendbarer SUBs bzw. FUNCTIONs anzulegen, was auch im Laufe dieses Buches geschehen wird. Leider verfügt der QBasic-Editor nicht über die Möglichkeit, einzelne Programmdateien mit solchen Elementen zusammenzuladen. Da dies jedoch grundsätz-

Dateien zusammenfügen

lich sehr zu empfehlen ist, müssen Sie hierzu leider einen anderen Editor verwenden, sofern Sie über einen solchen verfügen. Wenn Sie keinen anderen Editor als QBasic haben, brauchen Sie jedoch nicht zu verzweifeln oder gar alle SUBs und FUNCTIONs immer wieder neu zu schreiben. Es gibt hierzu einen recht einfachen Weg, welcher in DOS möglich ist. Sie können durch ein einfaches DOS-Kommando eine Datei an eine andere anhängen.

Dateien
verknüpfen

Angenommen, Sie haben eine Datei namens PROGRAMM.BAS mit Ihrem Hauptprogramm und eine weitere Datei namens TOOLS.BAS, in der zusätzliche SUBs und FUNCTIONs enthalten sind. Um nun an das Hauptprogramm diese TOOLS-Datei anzuhängen, können Sie folgenden DOS-Befehl eingeben:

```
TYPE TOOLS.BAS >>PROGRAMM.BAS
```

Diese Schreibweise ist erstaunlich vielen routinierten DOS-Anwendern nicht bekannt, obwohl sie doch eine interessante Möglichkeit bietet. Die Funktion dieses Kommandos ist dabei recht einfach zu erklären:

Der TYPE-Befehl gibt den Inhalt der angegebenen Datei TOOLS. BAS auf dem Standard-Ausgabegerät aus. Normalerweise ist dies der Bildschirm, was aber durch das >-Zeichen umgeleitet werden kann. Wenn Sie also schreiben würden

```
TYPE TOOLS.BAS >PROGRAMM.BAS
```

so würde die Ausgabe des TYPE-Befehls in eine Datei namens PROGRAMM.BAS geleitet, welche aber dadurch vollständig überschrieben würde. Obiges Kommando entspricht also dem COPY-Befehl, was aber sicher nicht in Ihrem Sinne ist.

Durch die Angabe von zwei >-Zeichen jedoch wird die Ausgabedatei nicht einfach nur zum Schreiben geöffnet und damit der alte Inhalt gelöscht, sondern die Ausgaben werden hinten an diese Datei angehängt. Und dies ist schließlich genau das, was Sie haben wollen!

Durch die bei einem Tippfehler leicht mögliche Fehlfunktion des Kommandos sei vorsichtshalber unbedingt anzuraten, die Ausgabedatei bzw. zu ergänzende Datei vorher zu kopieren, damit auch bei einem Fehler nichts verlorengeht!

Anhand eines kleinen Beispiels soll Ihnen dies demonstriert werden. Hierbei soll ein kleines Hauptprogramm erstellt werden, welches die Summe aller Zahlen von 1 bis zu einer eingegebenen Grenze ausgeben soll:

```
'*** Testprogramm für das Zusammenführen von Modulen ***
CLS
PRINT "*** Berechnung der Summe aller Zahlen von 1 bis n ***"
INPUT "Bitte Basiszahl eingeben: "; Zahl%
Summe& = AufSummier&(Zahl%)
PRINT "Die Summe aller Zahlen von 1 bis"; Zahl%; "lautet:";
     Summe&
```

Geben Sie bitte dieses kleine Programm ein und speichern es unter dem Namen AUFSUM1.BAS ab.

Die eigentliche Summierung soll in einer FUNCTION stattfinden, welche sich in einer bereits geschriebenen und gespeicherten Datei befindet. Wird diese FUNCTION nicht hier eingebunden, wird das obige Programm an der Zeile

```
Summe& = AufSummier&(Zahl%)
```

mit der Fehlermeldung abbrechen, daß das Variablenfeld *AufSummier&()* nicht definiert ist. Und das ist richtig, weil die hierzu vorgesehene FUNCTION nicht vorhanden ist und QBasic daher von einem Feld ausgeht.

Die hier benötigte FUNCTION liegt also in einer anderen Datei. Löschen Sie hierfür bitte das Programm aus dem Speicher durch Anwahl des Menüpunktes *Neu* aus dem *Datei*-Menü und geben dann folgende Zeilen ein:

```
FUNCTION AufSummier& (Zahl%)
 IF Zahl% = 0 THEN EXIT FUNCTION
 AufSummier& = Zahl% + AufSummier&(Zahl% - 1)
END FUNCTION
```

Wenn Sie dieses kleine Programm starten, geschieht erwartungsgemäß überhaupt nichts, weil kein Hauptprogramm vorhanden ist. Speichern Sie das Programm nun bitte unter dem Namen AUFSUM2.BAS ab. Nach dem Abspeichern finden Sie in der ersten Zeile des Hauptprogrammes die folgende Zeile vor:

```
DECLARE FUNCTION AufSummier& (Zahl%)
```

Diese Deklaration hat QBasic vor dem eigentlichen Abspeichern selbständig dort eingefügt und mit abgespeichert. Dies ist zwar korrekt und kann auch nicht verhindert werden, bewirkt aber einen kleinen Nebeneffekt, den Sie gleich bemerken werden.

Sie können nun QBasic verlassen und in die DOS-Ebene zurückkehren. Hier finden Sie erwartungsgemäß die beiden Dateien AUFSUM1.BAS und AUFSUM2.BAS vor, welche nun zusammengefügt werden sollen.

Für das Zusammenfügen haben Sie nun zwei Möglichkeiten: Anhängen von AUFSUM1 an AUFSUM2 oder umgekehrt. Die auf den ersten Blick richtigere Methode ist das Anhängen von AUFSUM2 an AUFSUM1, also die Datei mit der FUNCTION an diejenige mit dem Hauptprogramm. Zur Veranschaulichung der beiden Varianten und deren Wirkung probieren Sie nun bitte beides aus, und zwar mit folgenden DOS-Befehlen:

```
COPY AUFSUM1.BAS AUS1.BAS
TYPE AUFSUM2.BAS >> AUS1.BAS
COPY AUFSUM2.BAS AUS2.BAS
TYPE AUFSUM1.BAS >> AUS2.BAS
```

Hier wurde von beiden Quelldateien je eine Kopie angelegt und an diese Kopie der Inhalt der anderen Datei angehängt. In AUS1.BAS ist somit die FUNCTION an das Hauptprogramm angehängt und in AUS2.BAS genau andersherum.

Starten Sie nun bitte QBasic und laden das Programm AUS1.BAS. Wenn Sie dieses betrachten, werden Sie feststellen, daß die *DECLARE*-Zeile am Ende des Hauptprogrammes liegt, was QBasic allerdings bei einem Startversuch des Programmes mit einer Fehlermeldung ahndet. Alle *DECLARE*-Anweisungen müssen nämlich vor dem ersten ausführbaren Befehl stehen, damit es keine Verwechslungen zwischen Variablennamen und gleichnamigen SUBs oder FUNCTIONs geben kann. Um also das Programm AUS1.BAS zum Laufen zu bringen, müssen Sie zuerst die *DECLARE*-Zeile löschen. Danach läuft das Programm, allerdings sollten Sie bei der Eingabe nicht zu große Zahlen eingeben.

Zum Vergleich können Sie nun auch einmal das andere kombinierte Programm AUS2.BAS laden. Dieses Programm können Sie ohne irgendeine Änderung starten, weil hier die *DECLARE*-Anweisung am Anfang des Programmes steht. Für einen Fall wie in diesem Beispiel ist es also besser, das Hauptprogramm an die Datei mit den SUBs und FUNCTIONs anzuhängen. Wie auch immer, diese Methode funktioniert jedenfalls und erhöht die Flexibilität Ihrer QBasic-Praxis ungemein!

Noch ein Wort zu der hier verwendeten FUNCTION. Auf den ersten Blick müßte die Aufgabe, eine zusammenhängende Zahlenfolge zu addieren, mit einer Schleife gelöst werden, was ja auch funktioniert:

```
Summe& = 0
FOR i% = 1 TO Zahl%
 Summe& = Summe& + i%
NEXT i%
```

Hier wird einfach eine *FOR...NEXT*-Schleife eingesetzt, deren Zähler *i%* von 1 bis zu der eingegebenen Zahl hochgezählt und zu der vorher auf 0 gesetzten Summe addiert wird. Diese Methode ist recht leicht zu verstehen.

In der oben vorgestellten FUNCTION ist jedoch keine Schleife enthalten, und sie funktioniert auch. Was läuft dabei ab?

Der hier eingesetzte Trick ist der, daß innerhalb der FUNCTION ein Aufruf derselben FUNCTION erfolgt. Diese Technik nennt man Rekursion. Durch das Sich-Selbst-Aufrufen findet die Funktion hier in mehreren Ebenen statt. Die Beschreibung dieser FUNCTION könnte etwa so erfolgen: *Rekursion*

> *Addiere zu der übergebenen Zahl die Summe aller Zahlen von 1 bis zu der übergebenen Zahl - 1; sollte die Zahl 0 sein, tue nichts.*

Angenommen, die eingangs eingegebene und übergebene Zahl lautet 3, läuft folgendes ab:

1. Ebene: `AufSummier& = 3 + AufSummier&(2)`
2. Ebene: `AufSummier& = 2 + AufSummier&(1)`
3. Ebene: `AufSummier& = 1 + AufSummier&(0)`
4. Ebene: `Zahl = 0, also zurück`

Kehrt das Programm aus der 4. Ebene zurück, ist die 3. Ebene mit dem Ergebnis 1+0, also 1, beendet und gibt diese 1 an die 2. Ebene weiter. Diese ermittelt somit das Ergebnis 2+1=3 und liefert dies an die erste Ebene, die wiederum mit dem Endergebnis 3+3=6 zum Hauptprogramm zurückkehrt.

Das hier verwendete Beispiel einer Rekursion ist so ziemlich das einfachste, was man sich in diesem Zusammenhang vorstellen kann. In späteren Kapiteln wird noch einmal die Rekursion eingesetzt, und zwar zum Sortieren oder für das Berechnen einer mathematischen Formel. Dort werden Sie leicht sehen, daß rekursive Programmierung ihre Tücken hat!

Der CHAIN-Befehl

Programme verknüpfen mit CHAIN

Eine andere Methode, Programme zu verknüpfen, bietet der *CHAIN*-Befehl. Die Funktion des Befehls ist, ein anderes Programm von der Festplatte oder Diskette in den QBasic-Speicher zu laden und zu starten. Dabei wird das Programm, in dem der *CHAIN*-Befehl steht, natürlich aus dem Speicher gelöscht.

Wenn Sie beispielsweise zwei Programme namens TEST1.BAS und TEST2.BAS geschrieben haben, die sich gegenseitig starten können sollen, geben Sie jeweils am Ende der Programme ein

```
CHAIN "TEST2.BAS"
```

bzw.

```
CHAIN "TEST1.BAS"
```

Auf diese Weise können Sie Programmprojekte erstellen, die weitaus größer als die maximale Programmgröße in QBasic (64 KByte) sein können!

Variablen übergeben

In den meisten Fällen, in denen das Nachladen anderer Programme eingesetzt werden soll, müssen auch Daten an das andere Programm übergeben werden. Hierzu gibt es wiederum zwei Möglichkeiten.

Die erste Möglichkeit ist, die zu übergebenden Daten in eine Datei zu speichern und im anderen Programm aus dieser Datei wieder herauszulesen. Die Verfahrensweise dafür wird in Kapitel 11 eingehend erläutert.

Die andere Möglichkeit ist für kleinere Mengen von zu übergebenden Daten sinnvoller. Es ist nämlich auch möglich, Variablen direkt an mit *CHAIN* nachgeladene Programme zu übergeben!

COMMON

Der Trick dabei ist es, die zu übergebenden Variablen im Hauptprogramm beider Programme mit dem Schlüsselwort *COMMON* als gemeinsam zu deklarieren. Wichtig ist dabei, daß in beiden

Programmen genau die gleichen *COMMON*-Anweisungen stehen, weil es sonst zu Verwechslungen kommen kann.

So definierte Variablen bleiben beim Nachladen des anderen Programmes im Speicher liegen und stehen nach dem Start des anderen Programmes direkt wieder zur Verfügung.

In einem Programm namens EINGABE.BAS werden zwei Zahlen eingegeben und in die Variablen *Wert1* und *Wert2* abgelegt. Diese beiden Variablen sollen dann in einem anderen Programm namens BERECHNE.BAS addiert werden. Zugegeben, dies ist eigentlich nicht gerade eine Aufgabe, wozu unbedingt zwei Dateien notwendig sind, aber es demonstriert das Verfahren ganz gut.

Das erste Programm, EINGABE.BAS, hat nun folgenden Aufbau:

```
'*** Beispielprogramm für den Einsatz von CHAIN und COMMON
'** erstes Programm: Eingabe der Werte und Aufruf des zweiten
COMMON Wert1, Wert2
INPUT "Bitte erste  Zahl eingeben "; Wert1
INPUT "Bitte zweite Zahl eingeben "; Wert2
PRINT "Die beiden Zahlen werden nun im Programm BERECHNE addiert..."
CHAIN "BERECHNE.BAS"
```

EINGABE.BAS

Die erste Programmzeile definiert mit dem *COMMON*-Befehl die beiden Variablen *Wert1* und *Wert2* als gemeinsam. Danach werden die beiden Zahlen eingegeben und in die Variablen eingesetzt.

Nun wird mit dem *CHAIN*-Befehl das andere Programm geladen, welches sehr einfach zu erstellen ist:

```
'*** Beispielprogramm für den Einsatz von CHAIN und COMMON
'** zweites Programm: Addition der übergebenen Werte
COMMON Wert1, Wert2
PRINT "Die Summe aus", Wert1; "und"; Wert2; "ist"; Wert1 + Wert2
```

*BERECHNE.
BAS*

Obwohl das Programm normalerweise beim Start noch keine Variablen belegt hat, beinhalten die mit *COMMON* übergebenen Variablen immer noch die Werte aus dem anderen Programm!

Aufgabe

Erstellen Sie bitte eine SUB, die den kleinsten und den größten Wert aus einem INTEGER-Feld ermittelt und zurückliefert. Die Anwendung der SUB sollte dann mit folgendem Hauptprogramm möglich sein:

```
DIM Feld%(100)
FOR i% = 1 TO 100                '** Feld mit Zufallszahlen füllen
 Feld%(i%) = RND * 1000
NEXT i%
FindMinMax Feld%(), Min%, Max%
PRINT "Im Feld ist die kleinste Zahl"; Min%; " und die größte"; Max%
```

Hier wird ein Feld mit 100 Einträgen dimensioniert und mit Zufallszahlen gefüllt. Bei dem Aufruf der zu schreibenden SUB *FindMinMax* wird das Feld sowie zwei Variablen übergeben, in denen die Ergebnisse zurückgeliefert werden sollen.

Die Dimensionen des Feldes sollten in der SUB variabel gehandhabt werden, also sollte nicht davon ausgegangen werden, daß das Feld von 1 bis 100 reicht!

Zusammenfassung

- Neben der Möglichkeit, mit dem Befehl *GOTO* <Marke> an eine beliebige Position innerhalb des aktuellen Programmteils zu springen und dort weiterzuarbeiten, verfügen QBasic-Programme noch über die Fähigkeit der Unterprogramme.

- Unterprogramme können innerhalb eines Programmteils mit *GOSUB* <Marke> aufgerufen werden. Hinter der angegebenen Marke im Programm stehen dann die Programmzeilen, die als Unterprogramm ausgeführt werden sollen, abgeschlossen mit *RETURN* für den Rücksprung.

- QBasic kann auch in sich abgeschlossene Unterprogramme als sogenannte SUBs verwalten. SUBs werden durch Eingabe des Schlüsselwortes SUB und den Namen des Unterprogrammes oder auch durch den Menüeintrag *Neue* SUB... im *Bearbeiten*-Menü angelegt. Bearbeitet werden sie in einem eigenen Editor-Fenster, was mit der F2 -Taste umgeschaltet werden kann.

- Eine SUB kann ohne oder mit verschiedenen Parametern versehen werden, die in der SUB-Definitionszeile in Klammern angefügt werden.

- Als Parameter bezeichnet man die Werte, Texte oder Variablen, die an eine Funktion oder auch an eine SUB bzw. FUNCTION übergeben werden. Innerhalb der Funktion werden diese als sogenannte Argumente verwaltet, also als die zu verarbeitenden Angaben.

  Wird ein Parameter in Form einer einfachen Variable angegeben, wird die Variable selbst übergeben (intern als Adreß-

Übergabe). Dies bedeutet, daß die Veränderung der Variablen innerhalb der SUB oder FUNCTION sich auch auf das aufrufende Programm auswirkt. Wird die Variable dagegen im Funktionsaufruf in Klammern gesetzt oder tritt sie in einer Berechnung auf, wirkt sich eine Manipulation in der Funktion nicht auf ihren Inhalt im aufrufenden Programm aus.

- FUNCTIONs werden ähnlich wie SUBs angelegt und mit Parametern versehen. Innerhalb einer FUNCTION kann das Ergebnis der Funktion einer Variablen mit dem Namen der FUNCTION zugewiesen werden, wodurch das Ergebnis der FUNCTION festgelegt wird.

- Mit *DEF FN* kann ebenfalls eine eigene Funktion definiert werden.

2

QBasic-Programmierung für Fortgeschrittene

Wir kommen nun zum zweiten Teil des Buches. Nachdem der erste Teil das Handwerkszeug geliefert hat, kann der Schritt in die Praxis erfolgen. Hierbei wird untersucht und beschrieben, wie mit den diversen Fähigkeiten Ihres Computers umgegangen werden kann.

Das Ziel dieses Teils ist es, die verschiedenen Möglichkeiten des Rechners zu nutzen. Hierzu gehören der Speicher, Grafik, Sound, Dateien, die Schnittstellen und die Unterstützung durch Maschinensprache.

In Kapitel 8 erfahren Sie einiges über die Nutzung von Speicherplatz, und zwar, wie QBasic damit umgeht und wie Sie ihn selbst berechnen und handhaben können.

Kapitel 9 gibt Ihnen einen Einblick in die Grafik-Programmierung. Hier lernen Sie den Einsatz und die Unterschiede der Grafik-Karten eines PC kennen. Nach der grundlegenden Besprechung der Grafik-Fähigkeiten von QBasic werden 3D-Zeichnungen, skalierbare Beschriftungen und bewegte Bilder vorgestellt.

Das Kapitel 10 vermittelt Ihnen die Grundlagen und praktischen Vorgänge in der Sound-Programmierung. Neben dem Einsatz der QBasic-Befehle dazu wird auch ein kleines Programm vorgestellt, mit dem Sie sich eine Melodie zusammenstellen können.

Mit Daten und Dateien beschäftigt sich das Kapitel 11. Die verschiedenen Dateiarten werden dort ebenso vorgestellt wie die jeweils nötigen Programmschritte. In die Praxis geht dann das Einlesen von dBase-Dateien, wofür ein kleines QBasic-Programm entwickelt wird.

Die Schnittstellen Ihres Computers sind das Thema von Kapitel 12. Hier erfahren Sie, wie die Drucker- und die seriellen Schnittstellen funktionieren und wie man sie programmieren kann. Verfügen Sie über ein Modem, finden Sie dort auch eine Einführung in dessen Programmierung in QBasic.

Ein interessantes Thema stellt die in Kapitel 13 vorgestellte Einbindung von Maschinensprache dar. Mit wenig Aufwand können Sie hierdurch auch das DOS Ihres Rechners programmieren, was die Möglichkeiten von QBasic-Programmen enorm ausweitet. Ein wichtiges Beispiel wird dabei ausführlich behandelt: die Programmierung der Maus.

8. Vom Umgang mit Speicher

QBasic läuft auf allen MS-DOS-Rechnern mit mindestens 384 KByte und einer Diskettenkapazität von 360 KByte. Um optimal arbeiten zu können, sind allerdings 640 KByte oder mehr und eine Festplatte sehr zu empfehlen.

8.1 Nutzung des Rechnerspeichers durch QBasic

Verfügt Ihr Rechner über mehr Speicher als 640 KByte, also erweiterten Speicher als XMS oder EMS, kann dieser leider nicht von QBasic direkt genutzt werden (erst ab PDS 7.0). Dennoch empfiehlt sich die Verwendung dieses Zusatzspeichers als Festplattenpuffer (durch Einsatz von z.B. SMARTDRV.SYS, siehe DOS-Handbuch) zur Beschleunigung der Ladezeiten für Daten und Programme.

Speicher

QBasic nutzt somit lediglich die 640 KByte oder besser gesagt das, was davon nach dem Laden von DOS und QBasic in diesen Speicher noch übrig ist. Der so verbleibende Speicher wird von QBasic wiederum in verschiedene Bereiche unterteilt, die auch verschieden behandelt werden.

Unmittelbar nach dem Starten von QBasic ist der größte Speicher verfügbar, weil noch kein Programm geladen ist und keine Daten gespeichert sind. Wird ein Programm eingegeben oder geladen, wird damit natürlich der verbleibende Restspeicher kleiner.

Ein Programm kann somit nur so groß werden, wie ihm insgesamt an Speicher zur Verfügung steht, abzüglich dem Speicher für seine Variablen.

Übrigens ist es an dieser Stelle nicht ganz richtig, den von DOS zur Verfügung gestellten Speicher minus der QBasic-Programmlänge zu berechnen. Einerseits braucht QBasic selbst auch Speicher für seine internen Vorgänge, andererseits verwendet es nur den größten zusammenhängenden Speicherbereich, den es findet. Sollte also aus irgendeinem Grund der Gesamtspeicher beim Start von QBasic bereits fragmentiert sein, kann es vorkommen, daß QBasic nur sehr wenig freien Speicher meldet.

Freien Speicher
ermitteln

Der verbleibende Speicher wird in drei Bereiche unterteilt: Stapel-
(Stack), Variablen- und Stringspeicher. Der freie Speicher dieser
Teile kann jeweils mit der *FRE()*-Funktion ermittelt werden:

FRE("")   oder

FRE(0)   freier Stringspeicher

FRE(-1)   Variablenspeicher

FRE(-2)   Stackspeicher

Der größte Bereich ist hierbei normalerweise der Variablenspeicher. Der Stackspeicher hingegen ist standardmäßig recht klein,
kann aber mit dem Befehl *STACK <Größe>* oder auch mit *CLEAR
<Größe>* verändert werden. Dies ist vor allem bei stark verschach-
telten Programmen nötig, weil diese Verschachtelung viel Stackspeicher braucht. Auf diesem Stapel werden nämlich bei jedem
Unterprogrammaufruf einige aktuelle Daten gerettet und nach der
Rückkehr aus dieser Routine wieder heruntergeholt.

Werden in einem Programm häufig große Datenmengen (z.B.
Strings) manipuliert, wird auf Dauer der Speicher immer mehr
fragmentiert. Um QBasic zum "Aufräumen" des Speichers zu veranlassen, kann die Funktion *FRE("")* eingesetzt werden, die einerseits den freien Speicher zurückliefert und andererseits dieses
Aufräumen, die *Garbage Collection*, vornimmt. Selbst wenn Sie das
Ergebnis dieser Funktion nicht benötigen, sollten Sie dies an Stellen im Programm einsetzen, die regelmäßig abgearbeitet werden:

Dummy = FRE("")

8.2 Speicherbedarf numerischer
Variablenfelder

Jede Variable benötigt Speicherplatz. Bei einfachen numerischen
Variablen ist dies leicht zu berechnen: INTEGER-Variablen brau-
chen 2, REAL-und LONG-Variablen 4 und DOUBLE-Variablen 8
Bytes.

Arrays

Wie Sie schon aus einem früheren Kapitel erfahren haben, gibt es
in QBasic auch Daten- bzw. Variablenfelder, sogenannte Arrays.
Sie werden vor der Benutzung mit einem *DIM*-Befehl dimensioniert und können dann vom Programm genutzt werden.

Wieviel Speicher kosten Arrays?

Wenn Sie berechnen möchten, wieviel Speicher ein Array ver-   *Speicherbedarf*
braucht, können Sie recht einfach zu dem Ergebnis kommen. Der
Speicherbedarf hängt in erster Linie vom Variablentyp des Arrays
und von dessen Größe ab. Die benötigten Bytes pro Eintrag mal
der Anzahl der dimensionierten Einträge ist das Ergebnis, aufgerundet auf ein Vielfaches von 16.

```
PRINT FRE(-1)
DIM Test%(1)
PRINT FRE(-1)
```

Wenn Sie dieses Programm starten, werden Sie enttäuscht sein.
Zwischen der ersten und der zweiten Angabe des freien Speichers
ist hier nämlich kein Unterschied zu bemerken! Dennoch verbraucht das Array garantiert Speicher!

Um diesen Effekt zu verstehen, muß ein Blick auf die Art und
Weise geworfen werden, wie QBasic den Speicher für Arrays
verwaltet. Es gibt dabei nämlich einige Unterschiede, wie Sie
leicht feststellen können: Legen Sie doch bitte einmal obige Zeilen
in eine SUB und probieren es erneut:

```
SpeicherTest

SUB SpeicherTest
 PRINT FRE(-1)
 DIM Test%(1)
 PRINT FRE(-1)
END SUB
```

Der Aufruf der SUB *SpeicherTest* bewirkt im Grunde zwar exakt
den selben Programmablauf wie zuvor, jedoch sehen Sie hier
einen Unterschied zwischen den beiden Zahlen. Die zweite Zahl
ist hier nämlich um 16 Bytes kleiner. Hierin enthalten sind zwei
INTEGER-Einträge à 2 Bytes. Sie erinnern sich: Das Feld Test%()
beginnt mit dem Eintrag 0!. Die übrigen 12 Bytes entstehen dadurch, daß QBasic den zu reservierenden Speicher immer auf ein
Vielfaches von 16 aufrundet.

Die folgenden Ausführungen beziehen sich nur auf numerische
Arrays. String-Arrays werden etwas anders verwaltet und werden
im Anschluß besprochen!

Verwaltung
numerischer
Arrays

Statisches Array

Wie werden solche numerischen Felder im Speicher verwaltet?

Wird ein Feld im Hauptprogramm dimensioniert, wird normalerweise der davon benötigte Speicher beim Programmstart reserviert und dabei bleibt es auch. Ein solches Array, welches nicht in
der Größe veränderbar ist, wird statisch genannt.

Dynamischer
Array

Innerhalb einer SUB oder FUNCTION sieht das anders aus. Hier
wird eine Variable ja nur so lange im Speicher gehalten, bis die
Routine beendet ist. Somit wird der Speicher für ein Array dann
nur bei Bedarf reserviert, also dynamisch verwaltet.

Was auf den ersten Blick kompliziert und unwichtig anmutet,
entpuppt sich in der Praxis oft als durchaus interessant. Durch
einen Programmiertrick kann nämlich die Verwaltung aller Arrays bzw. deren Speicher dynamisch erfolgen. Der große Vorteil
dabei ist, daß die Größe des Arrays verändert werden kann. Hierdurch kann wiederum ein Feld so dimensioniert werden, daß es
dem momentanen Bedarf entspricht. Bei einer Veränderung des
Bedarfs kann es dann umdimensioniert werden.

Metakommandos

Voraussetzung dafür ist, daß das betroffene Array dynamisch
verwaltet wird. Um QBasic dies mitzuteilen, wird eine neue Art
Befehl eingesetzt. Hierbei handelt es sich um ein Zwischending
von Befehl und Kommentar, ein sogenanntes Metakommando.

$DYNAMIC:

Das Metakommando, welches die dynamische Verwaltung eines
Arrays bewirkt, lautet *DYNAMIC*. Zur Kennzeichnung dieses
Schlüsselwortes als Metakommando wird es in eine Kommentar-
zeile eingesetzt. Außerdem wird ein Dollarzeichen davor und optional ein Doppelpunkt dahinter gesetzt. Die Zeile sieht dann folgendermaßen aus:

```
REM $DYNAMIC:
```

oder

```
'$DYNAMIC:
```

Was bringt das?

Wird obiges Kommando vor einen *DIM*-Befehl gesetzt, verwaltet
QBasic das dort dimensionierte Array dynamisch. Der Speicher
dafür wird erst im Moment der Dimensionierung reserviert.

Soll das Array nachträglich eine andere Größe bekommen, kann der *REDIM*-Befehl eingesetzt werden. Der gesamte Inhalt des Arrays wird dabei gelöscht, der Speicher freigegeben und dann wieder neu reserviert, und zwar mit der neuen Größe. Schauen Sie sich doch einfach einmal den Effekt des folgenden Programmes an:

```
PRINT "Freier Speicher gesamt: "; FRE(-1)
' $DYNAMIC:
DIM Test%(10000)
PRINT "Freier Speicher nach DIM: "; FRE(-1)
REDIM Test%(100)
PRINT "Freier Speicher nach REDIM: "; FRE(-1)
```

Falls Sie sich bei der Eingabe des Metakommandos *$DYNAMIC:* vertippen, erfolgt schon beim Start des Programmes eine Fehlermeldung. Da ein falsch geschriebenes Metakommando als normaler Kommentar angesehen wird, wird dort auch kein Fehler erkannt. Vielmehr der *REDIM*-Befehl mißfällt QBasic, wenn es ein statisches Array neu dimensionieren soll.

Berechnung des Speicherbedarfs

Die Differenzen zwischen den hier ausgegebenen Zahlen lassen sich leicht nachrechnen. Das zuerst dimensionierte Feld Test%() verbraucht pro Eintrag 2 Bytes, weil es sich um ein INTEGER-Feld handelt. Durch die Dimensionierung auf 10000 werden 10001 Einträge reserviert, und zwar Test%(0) bis Test%(10000). Es ergibt sich eine Gesamtzahl Bytes von 10001*2=20002 Bytes. Die nächste Zahl darüber, die glatt durch 16 teilbar ist, ist 20016, was auch genau die Differenz zwischen den beiden ersten Zahlen ist!

Der *REDIM*-Befehl verändert nun die Größe des Arrays und damit den Speicherbedarf. Hiernach beträgt er nur noch 101*2=202 Bytes, was aufgerundet 208 ergibt.

$STATIC:

Sollen nach der Dimensionierung einiger dynamischer Felder weitere Arrays statisch dimensioniert werden, kann die Umkehrung des *$DYNAMIC:*-Metakommandos eingesetzt werden. Das entsprechende Kommando, das die statische Verwaltung wieder einschaltet, lautet *$STATIC:*. Meistens ist dieses Kommando jedoch nicht nötig, weil ja alle statischen Arrays vor dem *$DYNAMIC:*-Schlüsselwort dimensioniert und damit automatisch statisch verwaltet werden können.

8.3 Speicherbedarf von String-Feldern

Wie auch bei numerischen Arrays werden String-Arrays entweder dynamisch oder statisch verwaltet. Dies bezieht sich ebenso auf die Art der Verwaltung. Bedingt durch die Besonderheit von Strings, daß deren Größe unterschiedlich sein kann (zwischen 0 und 32767 Bytes), ist auch die Berechnung des Speicherbedarfs etwas anders. Hier wird folgendermaßen gerechnet:

```
Anzahl der Einträge mal 4 plus konstant 8 plus ggf. Inhalt der Strings
```

In der Praxis bedeutet dies, daß die Dimensionierung

```
DIM Text$(10)
```

einen Speicher von 11*4+8=52 Bytes reserviert. Werden die Strings gefüllt, wird die Anzahl der Zeichen natürlich ebenfalls vom Speicher abgezogen. Hierbei wird wieder aufgerundet, allerdings nur auf die nächste gerade Zahl. Dazu kommt noch, daß jeder belegte String, dessen Länge also größer als 0 ist, noch einmal 2 Bytes für die Verwaltung benötigt.

```
PRINT FRE(-1)
DIM Text$(10)
PRINT FRE(-1)
Text$(1) = "123456789"
PRINT FRE(-1)
```

Hier wird die zweite Zahl um 11*4+8=52 Bytes kleiner sein als die erste. Die dritte Zahl wird dann wiederum kleiner sein, und zwar um 2 (Konstant) + 9 (Zeichen im String) = 11, aufgerundet auf 12 Bytes.

Aufgabe

1. Berechnen Sie bitte einmal den Speicherbedarf, den die folgenden Dimensionierungen ergeben:

```
DIM Real(200)
DIM Long&(-100 TO 100)
```

Probieren Sie die Programmzeilen bitte erst nach der Berechnung aus und vergleichen Sie die Ergebnisse. Wenn Sie richtig gerechnet haben, können Sie nun jederzeit den Speicherbedarf von Arrays berechnen!

2. Berechnen Sie bitte einmal den Speicherbedarf, den die folgenden Programmzeilen ergeben:

```
DIM Text$(10 TO 100)
Text$(10) = SPACE$(100)
Text$(11) = "Hallo!"
```

Zusammenfassung

- QBasic verwaltet nur den Hauptspeicher, also maximal 640 KByte. Hiervon entfällt ein großer Teil auf das Betriebssystem und das QBasic-Programm selbst, wodurch nur ein begrenzter Teil des Speichers für Programm und Variablen verbleibt. Zusätzlicher Speicher über 640 KByte wird nicht berücksichtigt. Der verbleibende Speicher kann mit der QBasic-Funktion *FRE()* ermittelt werden:

FRE("")	oder
FRE(0)	freier Stringspeicher
FRE(-1)	Variablenspeicher
FRE(-2)	Stackspeicher

- Numerische Arrays verbrauchen einen Speicher von (Bytes pro Eintrag) mal (Anzahl Einträge incl. Eintrag 0), aufgerundet auf die nächste durch 16 teilbare Zahl.

- String-Arrays benötigen pro Eintrag 4 Bytes plus eine Konstante von 8 Bytes. Dazu kommt bei Belegung eines Strings 2 Bytes für die Verwaltung plus die Anzahl Zeichen in dem String, aufgerundet auf die nächste gerade Zahl.

- Die Speicherverwaltung von Arrays kann statisch oder dynamisch erfolgen. Der Speicher für statische Arrays (Standard, kann auch per *$STATIC:* deklariert werden) wird bereits bei Programmstart reserviert und bleibt über die gesamte Laufzeit des Programmes konstant. Bei dynamischen Arrays (per Metakommando *$DYNAMIC:* eingeschaltet) wird erst bei der Dimensionierung der Speicher reserviert - sie können auch umdimensioniert und gelöscht werden.

9. Grafik

Der PC ist ja schon lange aus dem Schattendasein gegenüber vielen anderen Home- und Personal-Computertypen herausgetreten, was die Grafikfähigkeit betrifft. In den Anfängen dieses Rechners hatten die Geräte keine Grafikfähigkeit, was erst nach und nach geändert wurde. Grafikkarten wie CGA (Color Graphics Adapter) oder Herkules wurden zum Standard, der seit geraumer Zeit bereits durch VGA ersetzt wurde.

Die Programmierung von Grafiken ist unter QBasic recht einfach möglich. Da aber die verschiedenenen Grafikkarten, besonders die Herkules-Karte, spezielle Eigenarten und Fähigkeiten besitzen, kommt man als Programmierer nicht darum herum, die Programme nach den verschiedenenen Karten auszurichten.

9.1 Grundlagen der Grafik-Programmierung

Die QBasic-Befehle für Grafik sind für alle gängigen Karten geeignet. In den folgenden Beispielen wird jeweils von dem Einsatz einer CGA-, EGA- oder VGA-Farbgrafikkarte ausgegangen, wobei jedoch auch stets die Hinweise für den Einsatz von Herkules-Karten gegeben werden.

Im Normalzustand erscheint der PC-Bildschirm im Textmodus, das heißt in einem Darstellungsmodus, der ausschließlich Zeichen erlaubt. Dieser Modus wird auch als Textmodus oder Grafikmodus 0 bezeichnet. Um nun eine Grafik darstellen zu können, muß ein anderer Grafikmodus eingeschaltet werden, der die Ansteuerung einzelner Bildpunkte erlaubt.

Textmodus

Auf einem Rechner mit einer VGA-Karte gibt es hierfür die meisten Variationen. Für das Aktivieren eines Grafikmodus dient der *SCREEN*-Befehl, welcher allerdings von der verwendeten Grafikkarte abhängt. Die Grafikmodi sind von 0 bis 13 definiert, wobei jeder Modus andere Eigenarten hat. Im folgenden nun eine Liste der möglichen Grafikmodi für *SCREEN <Modus>*, wobei die Auflösung, die Textdarstellungswerte und natürlich die Karte angegeben werden, für die dieser Modus gültig ist. Sollten Sie versuchen, einen für Ihre Karte ungültigen Modus einzuschalten, gibt QBasic eine Fehlermeldung aus.

SCREEN

Übersicht über die verschiedenen SCREEN-Modi

SCREEN 0	**Textmodus, alle Karten** Je nach Karte kann mit der *WIDTH*-Anweisung die Anzahl der Spalten und Zeilen eingestellt werden. Außerdem kann der Text in bis zu 16 Farben dargestellt werden.
SCREEN 1	**320 * 200 Grafik, CGA/EGA/VGA** Text mit 40 * 25 Zeichen, Grafik mit 2 (CGA) oder 4 (EGA/VGA) Farben
SCREEN 2	**640 * 200 Grafik, CGA/EGA/VGA** Text mit 80 * 25 Zeichen, Grafik monochrom
SCREEN 3	**720 * 348 Grafik, Herkules-Karte monochrom** Text mit 80 * 25 Zeichen, Grafik schwarz/weiß ACHTUNG: MSHERC muß vor QBASIC gestartet werden!
SCREEN 4	**640 * 400 Grafik, spezielle Karten (z.B. Olivetti)** Text mit 80 * 25 Zeichen, Grafik Farbe auf schwarz
SCREEN 7	**320 * 200 Grafik, EGA/VGA** Text mit 40 * 25 Zeichen, Grafik mit 16 Farben
SCREEN 8	**640 * 200 Grafik, EGA/VGA** Text mit 80 * 25 Zeichen, Grafik mit 16 Farben
SCREEN 9	**640 * 350 Grafik, EGA/VGA** Text mit (Kartenspeicherabhängig) 80 * 25 oder 80 * 43 Zeichen, Grafik mit 4 oder 16 Farben
SCREEN 10	**640 * 350 Grafik, EGA/VGA nur monochromer** Monitor! Text mit (Kartenspeicherabhängig) 80 * 25 oder 80 * 43 Zeichen, Grafik mit 4 Farben
SCREEN 11	**640 * 480 Grafik, VGA** Text mit 80 * 30 oder 80 * 60 Zeichen, Grafik monochrom
SCREEN 12	**640 * 480 Grafik, VGA** Text mit 80 * 30 oder 80 * 60 Zeichen, Grafik mit 16 Farben
SCREEN 13	**320 * 200 Grafik, VGA** Text mit 40 * 25, Grafik mit 256 Farben

Sieht man von der Unterstützung der Herkules-Karte einmal ab, können die Modi 1 und 2 auf jeder Grafikkarte eingesetzt werden. Aus diesem Grund werden einige der folgenden Beispielprogramme für den Modus 2 ausgelegt sein, was jedoch meist sehr leicht auch auf die hochauflösenden Modi wie 8 oder 9 umzusetzen ist. Doch dazu später mehr.

Hinweis für die Herkules-Karte

MSHERC

Bei Einsatz einer Herkules-Karte wird ein Hilfsprogramm benötigt, welches das spezielle Verhalten dieser Karte unterstützt. Es handelt sich dabei um das Programm MSHERC.COM aus dem MS-DOS-Paket, daß VOR dem Aufruf von QBASIC gestartet werden! Dieses Programm liegt im DOS-Verzeichnis und ermöglicht es erst, den für die Herkules-Karte gültigen Grafikmodus (SCREEN 3) einzuschalten. Andernfalls erfolgt eine Fehlermeldung.

Ist der Grafikmodus aktiviert, kann in diesen Bildschirm hinein gezeichnet werden. Hierfür stehen die grundlegenden Zeichenfunktionen wie Punkte setzen, Linien ziehen oder Rechtecke oder Ellipsen zeichnen zur Verfügung.

Zeichnen im Grafikmodus

Die folgende Tabelle gibt eine kurze Übersicht über die hierzu existierenden Befehle. Hierbei bezeichnen die Koordinatenpaare (X,Y) eine Position in dem Grafikbereich, dessen wirkliche Position auf dem Bildschirm von dem verwendeten Modus und dem mit dem *WINDOW*-Befehl eingestellten Koordinatensystem abhängt. Die Koordinaten (0,0) bedeuten dabei normalerweise die obere linke Ecke des Bildes. Die letzten Koordinaten, an denen ein Punkt gesetzt wurde, werden von QBasic gespeichert. Hierdurch ist es möglich, mit dem nächsten Befehl dort weiterzuzeichnen, ohne die Position explizit noch einmal angeben zu müssen. Soll in einem bestimmten Abstand von diesem Punkt weitergezeichnet werden, kann dies durch relative Koordinaten, gekennzeichnet durch das *STEP*-Schlüsselwort, geschehen.

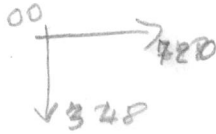

Grafik-Befehle in QBasic

CIRCLE [STEP] (X,Y), <Radius> [, <Farbe>] [, <Startwinkel>, <Endwinkel> [, <Verhältnis>]]
   Zeichnet eine Ellipse um die Position (X,Y) mit dem Radius <Radius> in der Farbe <Farbe> von <Startwinkel> bis <Endwinkel> Grad im Achsenverhältnis <Verhältnis> (1 = Kreis).

DRAW <String>
   Zeichnet die im <String> definierte Figur (siehe auch CUBE.BAS)

LINE [STEP] [(X1,Y1)] - [STEP] (X2,Y2) [, <Farbe>] [, B [F]] [, <Raster>]
   Zieht eine Linie zwischen (X1,Y1) und (X2,Y2) in der Farbe <Farbe>. Ist B angegeben, wird ein Rechteck zwischen den Punkten gezogen, wird noch F gesetzt, wird das Rechteck gefüllt. Mit <Raster> kann das Linienmuster festgelegt werden.

PAINT [STEP] (X,Y) [, <Farbe> I <Raster>] [, <Randfarbe>] [, <Hintergrundmuster>]
   Füllt die den Punkt (X,Y) umgebende Fläche mit der aktuellen oder der angegebenen Farbe bzw. dem Raster. Die Farbe der Umrandung kann durch die <Randfarbe> sowie ein vorhandenes, zu füllendes Muster in <Hintergrundmuster> festgelegt werden.

Farbe = POINT (x,y)
  Diese Funktion ermittelt die Farbe des Punktes (X,Y).

PSET [STEP] (X,Y) [, Farbe]
  An der Position (X,Y) wird ein Punkt der aktuellen Vordergrundfarbe oder
  der angegebenen Farbe gesetzt.

PRESET [STEP] (X,Y) [, Farbe]
  An der Position (X,Y) wird ein Punkt der aktuellen Hintergrundfarbe oder
  der angegebenen Farbe gesetzt.

PALETTE <Attribut>, <Farbe>
  Weist der Farbnummer <Attribut> die Farbe <Farbe> zu (nur bei EGA
  und VGA!).

PALETTE USING Feldname [(<Feldindex>)]
  Weist allen möglichen Farbnummern die im Feld (wahlweise ab Feldeintrag <Index>) enthaltenen Farben zu (nur bei EGA und VGA!).

X = PMAP (<Koordinate>), <Modus>
  Der in <Koordinate> angegebene Wert wird je nach <Modus> von der
  physischen in die logische X- bzw. Y-Position und umgekehrt umgerechnet:
  <Modus> = 0   X von logisch in physisch
           1   Y von logisch in physisch
           2   X von physisch in logisch
           3   Y von physisch in logisch

VIEW [SCREEN] (X1,Y1) - (X2,Y2) [, <Hintergrundfarbe>]
  [, <Rahmenfarbe>]
  Einrichten eines Ausgabefensters zwischen den Koordinaten (X1,Y1)
  und (X2,Y2), Füllen des Fensters mit <Hintergrundfarbe> und Umranden
  mit <Rahmenfarbe>.

WINDOW [SCREEN] (X1,Y1) - (X2,Y2)
  Definiert ein eigenes Koordinatensystem von den virtuellen Koordinaten
  (X1,Y1) bis (X2,Y2). (X1,Y1) liegt normalerweise unten links, bei Ver-
  wendung von *SCREEN* liegt dies oben links.

9.2 Grafikkarten-Programmierung

Die verwirrende Vielfalt der Grafikmodi erschwert zwar auf den
ersten Blick die Programmierung, weil man sich ja für einen entscheiden muß, andererseits bietet diese Auswahl jedoch die Möglichkeit, die Grafikauflösung optimal an die Anforderungen eines
Programmes anzupassen. Sicherlich wollen Sie nun einmal sehen,
wie diese Grafikmodi in der Praxis aussehen. Für diesen Zweck
habe ich Ihnen ein kleines Programm zusammengestellt, welches
alle Grafikmodi durchprobiert und, falls möglich, diesen Modus
einschaltet und dessen Eigenheiten anzeigt.

```
'*** Test der Grafikkarte in QBasic ***
ON ERROR GOTO GehtNicht
GOSUB NormScreen
DO
  READ Sc%, cx%, cy%, Col%, gx%, gy%, Name$   '** SCREEN-Parameter
                                              '** lesen
  IF Sc% = -1 THEN EXIT DO                    '** Ende!
  Legal% = 1
  SCREEN Sc%                                  '** SCREEN einschalten (?)
  IF Legal% THEN                              '** hat geklappt!
   GOSUB ZeigeModus                           '** Modusparameter anzeigen
  END IF
  SLEEP                                       '** auf Taste warten
  IF INKEY$ = CHR$(27) THEN EXIT DO           '** Abbruch durch <Escape>
LOOP
GOSUB NormScreen                              '** Normalbild wieder-
                                             '** herstellen

END
ZeigeModus:
  WIDTH cx%, cy%                              '** Zeilenanzahl setzen
  LOCATE 2, 3: PRINT "SCREEN"; Sc%; ", "; Name$
  LOCATE 3, 3: PRINT USING " ## *  ## Zeichen Text"; cx%; cy%
  FOR i% = 5 TO cy%
   LOCATE i%, 2: PRINT i%;                    '** Zeilen-Zähler
  NEXT i%
  IF gx% THEN LINE (0, 0)-(gx% - 1, gy% - 1), , B '** Rahmen
  LOCATE 4, 3
  IF gx% THEN
   PRINT USING " ### * ### Punkte Grafik, ### Farben"; gx%;
                gy%; Col%
   LINE (80, 65)-STEP(30, 30), , B            '** Beispiel-Quadrat
   CIRCLE (190, 80), 18                       '** Beispiel-Kreis
   dg% = (gx% - 60) / (Col% + 2)
   FOR i% = 1 TO Col% - 1                     '** Farb-Tabelle
    LINE (50 + i% * dg%, 100)-(50 + (i% + 1) * dg%, gy% - 3),
        i%, BF
   NEXT i%
  ELSE
   PRINT "  Keine Grafik!"
  END IF
RETURN
NormScreen:                                   '** Standard-Bildschirm
  SCREEN 0
  WIDTH 80, 25
  CLS
RETURN
GehtNicht:                                    '** SCREEN ungültig!
  GOSUB NormScreen
  PRINT "SCREEN"; Sc%; ", "; Name$; ", nicht möglich!"
  Legal% = 0
RESUME NEXT
'** DATAs für Text- und Grafikmodi:
'**   SCREEN, Zeichen/Zeile, Zeilen, Farben, Auflösung X/Y, Name
DATA 0, 80,25, 16, 0,0,    Textmodus
```

```
DATA 0, 80,43, 16, 0,0,      Textmodus EGA
DATA 0, 80,50, 16, 0,0,      Textmodus VGA
DATA 1, 40,25, 2, 320,200,  CGA-Grafik
DATA 1, 40,25, 4, 320,200,  CGA/EGA-Grafik
DATA 2, 80,25, 2, 640,200,  CGA-Grafik
DATA 3, 80,25, 2, 720,348,  Hercules-Grafik
DATA 4, 80,25, 2, 640,400,  Spezialmodus
DATA 7, 40,25, 16, 320,200,  EGA-Grafik
DATA 8, 80,25, 16, 640,200,  EGA-Grafik
DATA 9, 80,25, 16, 640,350,  EGA-Grafik
DATA 9, 80,43, 16, 640,350,  EGA-Grafik/2
DATA 10, 80,25, 4, 640,350,  EGA-Grafik monochrom
DATA 10, 80,43, 4, 640,350,  EGA-Grafik monochrom/2
DATA 11, 80,30, 2, 640,480,  VGA-Grafik monochrom
DATA 11, 80,60, 2, 640,480,  VGA-Grafik monochrom/2
DATA 12, 80,30, 16, 640,480,  VGA-Grafik
DATA 12, 80,60, 16, 640,480,  VGA-Grafik/2
DATA 13, 40,25,256, 320,200,  VGA-Grafik
DATA -1,0,0,0,0,0, ENDE!
```

Wenn Sie dieses Programm starten, wird es jeden möglichen SCREEN-Modus zu aktivieren versuchen. Ist dieser Modus ungültig, wird die dadurch auftretende Fehlermeldung in die Fehlerroutine *GehtNicht* umgeleitet, wo eine entsprechende Meldung angezeigt wird. Andernfalls werden alle Angaben zu diesem Modus angezeigt sowie die Zeilen durchnummeriert, ein Quadrat und ein Kreis gezeichnet und eine Farbpalette ausgegeben. Nach einem Tastendruck wird dann der nächste Modus bearbeitet und so weiter, bis entweder die Moduliste der DATA-Zeilen zu Ende ist oder ‎Esc‎ gedrückt wird.

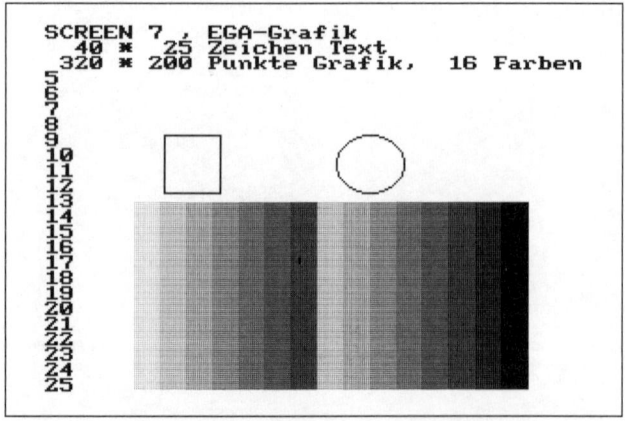

Abb. 28: Grafikkarten-Test

An den beiden Grundelementen Quadrat und Kreis können Sie sehr gut die Genauigkeit dieses Grafikmodus bzw. Ihres Monitors erkennen. Einige Modi verzerren auch diese Elemente, wodurch aus dem Quadrat ein Rechteck oder aus dem Kreis eine Ellipse wird. Dies ist besonders im Modus 2 deutlich, wo auch ersichtlich wird, daß die Verzerrungen bei Rechtecken und Kreisen sehr unterschiedlich ausfallen!

Zur Einstimmung in die Grafikprogrammierung folgt nun erst einmal ein kleines Programm, welches ein buntes Feuerwerk auf dem Bildschirm darstellt. Dieses Programm ist für eine EGA- oder VGA-Karte ausgelegt und arbeitet daher im Grafikmodus 7. Das Programm ist zugegebenermaßen recht simpel, zeigt aber schon einen dem Aufwand gegenüber sehr schönen Effekt.

Feuerwerk

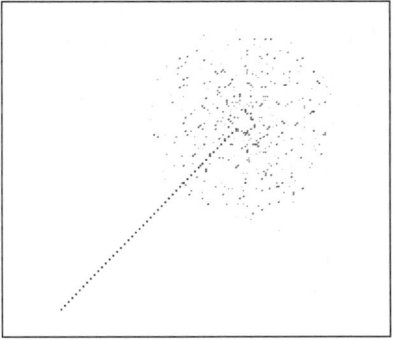

Abb. 29: Feuerwerk

*FEUERWRK.
BAS*

```
'*** Feuerwerk in QBasic ***
SCREEN 7                     '** SCREEN 7 (EGA/VGA) einschalten
FOR i% = 199 TO 100 STEP -2        '** Raketen-Steigflug
 PSET (250 - i%, i%)
 t = TIMER: DO: LOOP UNTIL TIMER > t
 PRESET (250 - i%, i%)
NEXT i%
FOR R% = 1 TO 50                   '** Ausdehnungs-Radius 1-50
 FOR i% = 1 TO 10                  '** 10 Punkte pro Radius
  W = RND * 7                      '** Zufalls-Winkel
  PSET (150 + R% * SIN(W), 100 + R% * COS(W)), R% AND 7
  SOUND 6000 + 500 * W, .1         '** Geräusch...
 NEXT i%
NEXT R%
FOR R% = 0 TO 60                   '** Wolke von innen nach
                                   '** außen löschen
 CIRCLE (150, 100), R%, 0
 CIRCLE (151, 100), R%, 0
 t = TIMER: DO: LOOP UNTIL TIMER > t
NEXT R%
```

Ein Wort noch zu diesem Beispielprogramm: Das Löschen der Punkte-Wolke erfolgt durch das Zeichnen eines sich ausdehnenden Kreises in der Hintergrundfarbe. Da aber beim Zeichnen eines Kreises nicht alle denkbaren Punkte um den Mittelpunkt herum angesteuert werden, sind hier zwei *CIRCLE*-Anweisungen mit einem um einen Punkt versetzten Mittelpunkt eingesetzt. Wenn Sie probehalber eine dieser Anweisungen entfernen, werden Sie feststellen, daß dann einige Punkte gesetzt bleiben.

9.3 Bilder und Diagramme

Mit den eingangs aufgeze igten Grafikbefehlen können alle möglichen Zeichnungen erstellt werden, wenn diese aus den geometrischen Grundfiguren wie Linie oder Ellipse bestehen. Freihandlinien dagegen sind nicht so leicht herzustellen, weil für sie jeder Punkt gespeichert werden muß. Wie dennoch eine Linie bzw. eine Kurve gezeichnet werden kann, die nicht aus den Grundelementen besteht, ist eine Frage der Mathematik. Die wohl einfachste und bekannteste Linie dieser Art ist die Sinus-Kurve. Diese ist recht leicht herzustellen, weil QBasic ja über die Funktionen *SIN()* und *COS()* verfügt. Eine einfache Sinus-Kurve kann durch das folgende Programm gezeichnet werden, wobei zuvor ein beliebiger Grafikmodus aktiviert werden muß:

SINUS.BAS

```
'***** Sinus-Kurve zeichnen  *****
LINE (1, 100)-(315, 100)
FOR Winkel = 0 TO 6.28 STEP .01         '** von 0 bis Pi/2
  PSET (Winkel * 50, 100 + 50 * SIN(Winkel))
NEXT Winkel
```

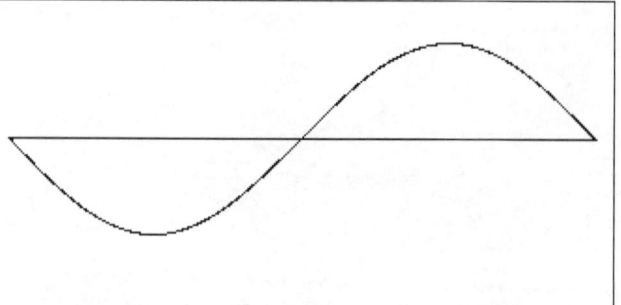

Abb. 30: Sinuskurve

In diesem Beispiel ist deutlich zu sehen, daß die Winkelangabe der trigonometrischen QBasic-Funktionen (*SIN()*, *COS()* oder *TAN()*) nicht in Winkelgrad, sondern in Bogengrad angegeben werden muß. Hierbei ist ein Kreis nicht von 0° bis 360°, sondern von 0 bis 2*Pi definiert. Die Umrechnung der beiden Systeme ist über einen Dreisatz leicht zu machen: 360° zu X° ist gleich 2*Pi zu Y, also

```
Y = X° * 2*Pi / 360°
bzw.
Y = X * 3.1415926 / 180
```

Aus einem Winkel von 90° ergibt sich somit

```
Y = 90 * 3.1415926 / 180
Y = 1.5707963
```

Dies entspricht Pi/2, was auch das richtige Ergebnis ist.

Kreise

Auf der Basis der beiden Funktionen Sinus und Cosinus kann auch ein Kreis gezeichnet werden, was zwar durch die Existenz des *CIRCLE*-Befehls nicht notwendig, aber doch interessant ist. Hierbei wird ein kleiner Trick eingesetzt, um die Rechenzeit auf ein Viertel zu reduzieren, und zwar werden in Wirklichkeit vier Viertelkreise gezeichnet:

```
'***** Kreis zeichnen *****
FOR Winkel = 0 TO 1.57 STEP .01          '** von 0 bis Pi/2
  CS% = 50 * COS(Winkel)
  SN% = 50 * SIN(Winkel)
  PSET (100 + CS%, 100 + SN%)
  PSET (100 - CS%, 100 + SN%)
  PSET (100 + CS%, 100 - SN%)
  PSET (100 - CS%, 100 - SN%)
NEXT Winkel
```

KREIS.BAS

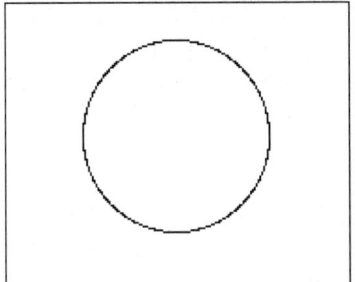

Abb. 31: Kreis

Sie sehen hier übrigens, wie auch QBasic einen Kreis zeichnet. Der QBasic-Befehl, der die gleiche Wirkung wie obiges Programm hat, lautet

```
CIRCLE (100, 100), 50
```

Der Vorgang des Kreis-zeichnens läuft dabei natürlich viel schneller ab; dennoch zeichnet auch QBasic in Wirklichkeit 4 Viertelkreise, um die Rechenzeit zu minimieren.

Auch andere Kurven können gezeichnet werden, wie etwa die Logarithmus-Kurve:

LOGARITH.BAS

```
'***** Logarithmus-Kurve zeichnen *****
FOR i% = 1 TO 300
  PSET (i%, 200 - LOG(i%) * 10)
NEXT i%
```

Hier dient die in der Berechnung der vertikalen Y-Position des zu setzenden Punktes enthaltene Subtraktion 200-x zur Darstellung von unten nach oben, was ja in einem Koordinatensystem üblich ist. In QBasic ist aber die Koordinate (0,0) oben links, weshalb diese Umrechnung notwendig war.

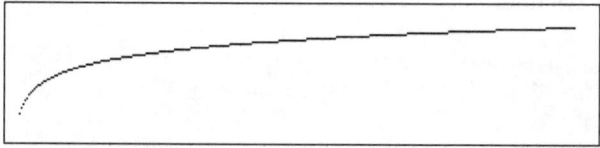

Abb. 32: Logarithmus-Kurve

WINDOW
SCREEN

Es gibt in QBasic einen Befehl, mit dem dies direkt umgeschaltet werden kann: den *WINDOW*-Befehl. Dieser Befehl kann das Koordinatensystem in ein virtuelles System umsetzen, in dem die danach angegebenen Koordinaten bei den Zeichenbefehlen in die physikalischen Koordinaten umgerechnet werden, wobei (0,0) standardmäßig unten links liegt. Wird hier noch das *SCREEN*-Schlüsselwort mit angegeben, ist diese Umkehrung von oben und unten wieder wie sonst, also ist die kleinere Y-Ordinate weiter oben.

Diagramme

Eine häufige Methode, Zahlenkolonnen aufzubereiten, stellt die Darstellung als Diagramm dar. Hierbei werden die Zahlenwerte grafisch gegenübergestellt, wodurch auf einen Blick etwa eine Trendentwicklung erkennbar wird.

Abgesehen von Tortendiagrammen bestehen die meisten grafischen Darstellungen von Zahlenkolonnen aus Balken, was aus diesem Grund auch Balkendiagramm genannt wird. Dies kann leicht mit dem *LINE*-Befehl dargestellt werden.

Das folgende Beispiel soll eine Reihe von Zahlenwerten in Form eines Diagramms darstellen. Diese Werte werden aus einer Reihe *DATA*-Zeilen ausgelesen und nachher im Grafikmodus 2 mit einem durch den *WINDOW SCREEN*-Befehl festgelegten, angepaßten Koordinatensystem gezeichnet.

Balken-
Diagramm

Verwenden Sie eine Herkules-Karte, müssen Sie als Grafikmodus eine 3 einsetzen (Voraussetzung: MSHERC.COM ist geladen!). Ebenso können Sie auch einen höheren Modus verwenden, etwa 9 bei Einsatz einer EGA- oder VGA-Karte. Obwohl die darstellbare Breite und Höhe bei diesen Modi stark differiert, soll dennoch das Diagramm den gesamten Bildschirm ausfüllen.

```
'*** Beispielprogramm für Diagramm-Darstellung ***
'*** aus DATA BECKERs großem QBasic-Buch
DECLARE SUB Diagramm (Feld%())
DIM Werte%(10)                '** Feld für darzustellende Werte
FOR i% = 1 TO 10
 READ Werte%(i%)              '** Werte einlesen
NEXT i%
SCREEN 2                      '** Grafikmodus setzen
WINDOW SCREEN (0, 0)-(640, 400) '** Koordinatensystem anpassen
Diagramm Werte%()             '** Balkendiagramm zeichnen
DATA 10,30,35,20,7
DATA 26,13,32,28,4
```

DIAGRAMM.
BAS

Dies ist das Hauptprogramm für die Diagrammerstellung, wahrend das Diagramm selbst in der folgenden SUB *Diagramm* gezeichnet wird. Hier wird zunächst das Feld dimensioniert, in dem die darzustellenden Werte enthalten sein sollen und danach werden die Werte aus *DATA*-Zeilen eingelesen. Die SUB *Diagramm* orientiert sich an der Größe dieser Dimensionierung, weshalb diese genau der Anzahl der darzustellenden Werte entsprechen muß.

Die nach dem Einschalten des Grafikmodus und dem Festlegen des Koordinatensystems aufgerufene SUB *Diagramm* zeichnet auf dem virtuellen Bildschirm der Größe (0,0)-(640,400) ein zweidimensionales Balkendiagramm, in dem alle Werte aus dem übergebenen INTEGER-Feld dargestellt werden. Hierfür wird zunächst das größte Element des Feldes ermittelt und anhand

dessen der Umrechnungsfaktor ermittelt. Negative Werte sind
hierbei allerdings nicht berücksichtigt!

Diagramm()

```
SUB Diagramm (Feld%())
 '*** Balkendiagramm aus den Werten in Feld%() bilden
 Anz% = UBOUND(Feld%)                    '** Anzahl Feldelemente
 FOR i% = 1 TO Anz%                      '** Maximum ermitteln
  IF Feld%(i%) > Max% THEN Max% = Feld%(i%)
 NEXT i%
 Faktor = 300 / Max%                     '** Darstellungsfaktor
 LINE (10, 10)-(10, 350)                 '** Koordinatensystem
 LINE -(630, 350)
 Breite% = 610 / Anz%                    '** Balkenbreite
 FOR i% = 1 TO Anz%                      '** Balken zeichnen
  LINE (14 + (i% - 1) * Breite%, 350)-STEP(Breite% - 4,
       -Feld%(i%) * Faktor), , B
((Leerzeile))  PAINT STEP(-2, 2), CHR$(i%) + CHR$(256 - i%)  '** Balken
mit
                                         '** Muster füllen

 NEXT i%
END SUB
```

Balken füllen

Das Füllen der Balken wird hier nicht mit der *F*-Option des *LINE*-
Befehls, sondern mit dem Füllbefehl *PAINT* realisiert. Dies hat
einen sehr einfachen Grund. Wird die *F*-Option in *LINE* eingesetzt, wird das Rechteck immer vollständig in einer Farbe ausgefüllt. Da aber die Darstellung des Diagrammes unabhängig von
der verwendeten Grafikkarte sein soll und die Anzahl der darstellbaren Farben absolut abhängig davon ist, wird auf die Verwendung von Farben vollständig verzichtet. Dies hat auch den
zusätzlichen Vorteil, daß ein Schwarzweißbild auf einem Drucker
ohne Farboption ausgegeben werden kann, vorausgesetzt, der
DOS-Befehl GRAPHICS wurde vorher gestartet.

Füllmuster

Um die Balken dennoch voneinander abzuheben, kann mit dem
PAINT-Befehl das Füllen auch mit einem Füllmuster geschehen.
Hierfür wird diesem Befehl anstelle einer Farbnummer ein String
mitgegeben, dessen Bitmuster das Füllmuster definiert. Im hier
eingesetzten einfachsten Fall wird diese Definition aus dem Zähler
der Balken ermittelt. Die hierdurch entstehenden Muster sind
zwar nicht unbedingt sehr schön, geben dem Diagramm aber ein
wenig das Aussehen einer Städte-Skyline...

Um hierfür richtige Füllmuster einzusetzen, mit denen etwa in
verschiedenen Winkeln schraffiert oder verschieden dicht ge-
punktet bzw. gerastert wird, müssen diese Füllmuster zuvor definiert werden, weil QBasic von sich aus keine Füllmuster vorgibt.
Die folgende Definition von 10 verschiedenen Mustern ist so aus-

gelegt, daß sie zu Beginn des Programmes ein Stringfeld namens *Muster$()* mit den verschiedenartigen Definitionen belegt. Ist dies geschehen, kann in den folgenden *PAINT*-Befehlen als Füllmuster-Definition einer dieser Feldeinträge angegeben werden. Im obigen Beispiel würde dann die *PAINT*-Anweisung folgendermaßen aussehen:

```
PAINT STEP(-2, 2), Muster$(i%)  '** Balken mit Muster füllen
```

Dies setzt natürlich voraus, daß nicht mehr Balken dargestellt werden, als Füllmuster in *Muster$()* definiert sind. Ist dies dennoch der Fall, kann die zwangsläufig auftretende Fehlermeldung beim 10. Balken verhindert werden, indem geschrieben wird

```
PAINT STEP(-2, 2), Muster$(i% MOD 10)  '** Balken mit Muster füllen
```

Hier wird durch den Einsatz der Modulo-Funktion nur der Rest der Division i% / 10 verwendet, welcher ja nur zwischen 0 und 9 liegen kann. Hier nun die Definition der Füllmuster in *Muster$(0)* bis *Muster$(9)*, deren Design natürlich je nach Geschmack verändert werden kann:

```
'*** Füllmuster ***
DIM SHARED Muster$(9)
Muster$(0) = CHR$(&HFF)
Muster$(1) = CHR$(&H44)
Muster$(2) = CHR$(&HAA)
Muster$(3) = CHR$(&HFF) + CHR$(0)
Muster$(4) = CHR$(&HAA) + CHR$(&H55)
Muster$(5) = CHR$(&HAA) + CHR$(0)
Muster$(6) = CHR$(&H88) + CHR$(&H44) + CHR$(&H22) + CHR$(&H11)
Muster$(7) = CHR$(&H11) + CHR$(&H22) + CHR$(&H44) + CHR$(&H88)
Muster$(8) = CHR$(&H88) + CHR$(&H44) + CHR$(&H22) + CHR$(&H11) +
             CHR$(&H22) + CHR$(&H44)
Muster$(9) = CHR$(0) + CHR$(&H81) + CHR$(&H42) + CHR$(&H24) + CHR$(&H18)
```

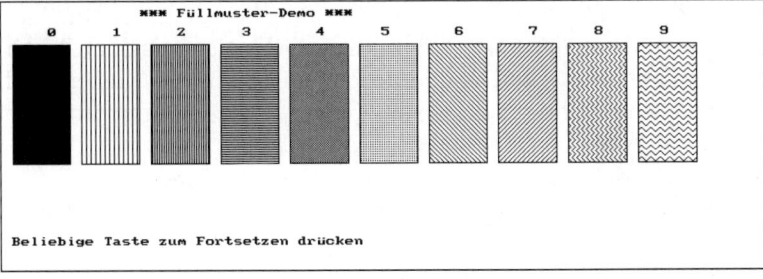

Abb. 33: Die eigenen Füllmuster

9.4 3D-Funktionen darstellen

Die Darstellung geometrischer Figuren findet normalerweise nur zweidimensional statt, also abgebildet auf die Ebene mit zwei Ausdehnungen: X (Breite) und Y (Höhe). Dennoch kann auch auf dem zweidimensionalen Bildschirm ein 3D-Effekt hergestellt werden, was zu sehenswerten Ergebnissen führt. Hierzu sei allerdings schon im Vorfeld gesagt, daß für eine gute 3D-Darstellung eine entsprechend gute Bildschirmauflösung notwendig ist. Besitzer einer CGA-Karte können zwar auch dreidimensionale Zeichnungen sichtbar machen, der Effekt leidet dabei jedoch stark durch die entstehenden "Treppen". Grundsätzlich wird für die Einrichtung einer dritten Dimension, der Tiefe, auch eine dritte Koordinate eingesetzt: Z. Um hiermit wieder auf die berechneten Kurven zurückzukommen, wird eine 3D-Kurve immer dann sehr sinnvoll, wenn eine darzustellende Funktion mit zwei Unbekannten vorliegt.

Die dritte Dimension Z

Für die grundsätzliche Darstellung einer solchen dreidimensionalen Funktion auf dem Bildschirm in Form einer auf den Schirm projizierten Funktionsebene folgt nun ein kleines Programm. Mit diesem Programm ist es möglich, die in der FUNCTION *YFunc()* eingegebene Funktion mit den Parametern X und Z als Graph darzustellen, wobei gilt:

```
Y = f(X, Z)
```

Zur Verstärkung des 3D-Effektes wird dieser Graph schräg dargestellt, wodurch man quasi von links oben in die Funktionsebene blickt. Auf diese Weise entstehen je nach Funktion Bilder wie etwa eine wellige Wasseroberfläche.

3D-Diagramm

Das Programm ist bewußt kurz gehalten, was natürlich den Nachteil mit sich bringt, daß mehr Aufwand für die perfekte Darstellung der Funktion getrieben werden muß. Um eine bestimmte Funktion darstellen zu können, müssen folgende Schritte ausgeführt werden:

- Einsetzen der Funktion YFunc = f(X,Z) in *YFunc*
- Starten des Programmes zur ersten Überprüfung
- ggf. Ändern des Darstellungsfaktors in *Faktor*
- ggf. Ändern der Schrittweiten von X und Z
- erneutes Starten und Betrachten des 3D-Funktionsgraphs

Hier nun das Listing des im Vergleich zum Effekt überraschend kurzen Programmes. Es ist zwar auf den ersten Blick etwas schwierig zu verstehen, arbeitet aber nach einem recht einfachen Prinzip. Innerhalb zweier verschachtelter Schleifen, von denen die erste die Tiefe (Z-Position) und die zweite die horizontale (X-Position) bestimmt, werden die zugehörigen Höhenwerte (Y-Position) in der FUNCTION *YFunc()* berechnet.

Für die Anpassung der Kurve an den Bildschirm wird der Wert mit dem vorgegebenen Faktor multipliziert. Je nachdem, welchen Grafikmodus Sie hier einsetzen, können Sie den Faktor verschieden einstellen.

Aus dem berechneten Y-Wert wird dann die Bildposition in XP% und YP% berechnet, die den Punkt repräsentiert. Der Punkt wird dann mit dem Vorläufer durch eine Linie verbunden und der darunterliegende Teil gelöscht, wodurch eine Undurchsichtigkeit der Ebene erreicht wird.

3D-PLOT.BAS

```
'*** 3D-Plotter in QBasic ***
'** Die Funktion Y = f(X,Z) muß in der FUNCTION YFunc stehen!
DECLARE FUNCTION YFunc! (X!, Z!)
Faktor = 18                        '** Darstellungsgröße **
SCREEN 8                           '** EGA/VGA !
'SCREEN 3                          '** bei Herkules !
PRINT , "*** 3D-Funktionsplotter ***"
YMax% = 0
FOR Z = 1 TO 120
 FOR X = 1 TO 400 STEP 5
   Y = YFunc(X, Z) * Faktor        '** Y ermitteln
   YP% = 50 + Z - Y                '** Bildpositionen errechnen
   XP% = X + Z * 2
   IF YP% > YMax% THEN YMax% = YP% '** tiefster Pkt zum Löschen
   IF X > 1 THEN LINE -(XP%, YP%), 7    '** Linie ziehen (1)
   LINE (XP%, YMax%)-(XP%, YP%), 0      '** nach unten löschen
 ' IF X > 1 THEN PSET (XP%, YP%), 7     '** Punkt setzen (2)
 NEXT X
NEXT Z
```

Wie Sie sehen, sind hier zwei Varianten der Darstellung möglich, jeweils mit (1) und (2) gekennzeichnet. Während die Variante (1) von jedem berechneten Punkt einer Z-Ebene eine Linie zum nächsten Punkt zieht, setzt (2) nur den Punkt selbst. Variante (1) hat zwei Vorteile: Die Kurven werden richtig durchgezogen und können dadurch mit größerer Schrittweite für die X-Schleife gezeichnet werden, was die Rechenzeit natürlich drastisch verkürzt. Der Nachteil dabei ist aber, daß das Löschen der verdeckten Linien nicht vollständig funktioniert, was aber auch als leicht durchsich-

Varianten

tige Darstellung gewünscht sein kann. Am besten probieren Sie
beide Varianten einmal aus, jeweils mit verschiedenen Schrittweiten für X, und beurteilen selbst das Ergebnis!

Hier nun die FUNCTION *YFunc()*, in der die darzustellende
Funktion Y = f(X,Z) eingetragen wird. Hier sind zwei Funktionen
vorgegeben, die Sie sich einmal ansehen sollten!

```
FUNCTION YFunc (X, Z)
 YFunc = SIN(X / 30) + COS(Z / 10) * COS(X / 100)
' YFunc = SIN(X / 30 + Z / 5)
END FUNCTION
```

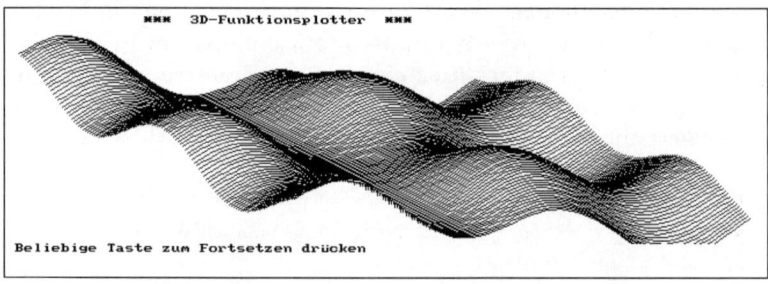

Abb. 34: 3D-Funktionen darstellen

Wenn Sie mit diesem Programm ein wenig experimentieren, werden Sie feststellen, daß sich damit sehr interessante Grafiken darstellen lassen, wenn auch jeweils die Rechenzeit groß ist...

9.5 Zeichnen mit dem DRAW-Befehl

Makro

Ein sehr interessanter Grafik-Befehl ist *DRAW*. Hiermit kann eine
in einem String enthaltene Anweisungsfolge abgearbeitet werden,
wobei in diesem String diverse Befehle zum Zeichnen, Füllen oder
Verändern des Koordinatensystems möglich sind. Diese Strings
werden auch als Makros bezeichnet. Das Zeichnen findet dabei
wie mit einem Stift statt, der in die angegebenen Richtungen über
das Zeichenbrett, sprich den Bildschirm, bewegt wird.

Die meisten dieser Befehle bestehen aus einem Buchstaben, gefolgt von einer dezimalen Zahl. Wird die Zahl nicht angegeben,
wird jeweils 1 angenommen.

DRAW-Kommandos

U[an zahl]	Zeichnen nach oben
d[Anzahl]	Zeichnen nach unten
L[Anzahl]	Zeichnen nach links
R[Anzahl]	Zeichnen nach rechts
E[Anzahl]	Zeichnen nach rechts oben
H[Anzahl]	Zeichnen nach links oben
f[Anzahl]	Zeichnen nach rechts unten
G[Anzahl]	Zeichnen nach links unten
B	Der nachfolgende Befehl bewegt nur den Stift, zeichnet jedoch nicht.
N	Nach der Ausführung des nächsten Befehls wird der Stift wieder an die Anfangsposition geführt.
M<X,Y>	Zeichnet zu der in X,Y angegebenen Position. X und Y sind dabei absolute Koordinaten, es sei denn, sie werden mit einem Vorzeichen versehen.
C<Farbe>	Setzt die Farbe für die folgenden Befehle fest, wobei <Farbe> eine Zahl von 0 bis 3 sein kann.
P<Füllfarbe>, **<Randfarbe>**	Füllt die durch <Randfarbe> umschlossene Figur mit der <Füllfarbe> aus. Der Stift muß innerhalb dieser Figur liegen.
A<Winkel>	Bestimmt den Winkel, um den alle folgenden Anweisungen gedreht werden sollen. Mögliche Werte für <Winkel> sind 0 bis 3, wobei der verwendete Winkel * 90 errechnet wird (0=0˚, 1=90˚, 2=180˚, 3=270˚).
TA<Winkel>	Wie A, jedoch kann hier der Winkel frei von -360˚ bis 360˚ direkt angegeben werden.
S<Faktor>	Legt den Vergrößerungsfaktor für die nachfolgenden Anweisungen fest. Hierbei werden alle relativen Bewegungen um den Faktor <Faktor>/4 vergrößert (also <Faktor>=4: Normalgröße).

Auf der Basis dieses Befehls können einige Probleme gelöst werden, deren Realisierung mit den normalen Grafikbefehlen wie *LINE* außerordentlich aufwendig und kompliziert würden. Dies gilt besonders für die Möglichkeit bei *DRAW*, den Winkel und den Maßstab der Zeichenaktionen zu verändern.

Genau dieses Problem tritt sehr schnell dann auf, wenn eine Grafik beschriftet werden soll. Hierbei werden nicht nur sehr kleine Ziffern benötigt, um die ganze Grafik nicht mit der Beschriftung zu überschreiben, sondern auch gedrehte Zeichen, etwa für die Beschriftung von vertikalen Linien.

Zeichen ausgeben mit DRAW

Leider fehlt in der Befehlsliste von *DRAW* die Möglichkeit, Zeichen auszugeben. Dennoch möchte ich Ihnen einen Weg zeigen, wie Sie zumindest Zahlen in einem beliebigen Maßstab und um 90, 180 oder 270 Grad gedreht darstellen können. Die dabei angewandte Methode mag auf den ersten Blick aufwendig erscheinen, bietet jedoch durch die so erreichte Flexibilität eine sehr sinnvolle Ergänzung der Grafikfähigkeit von QBasic!

Die Grundidee dieser Methode ist es, *DRAW*-Makros für jedes vorkommende Zeichen für das Zeichnen dieser Zeichen einzusetzen. Ist dies vorbereitet, können die Zeichen mit den *DRAW*-Befehlen *Sn* und *An* skaliert und gedreht werden.

Skalierbare Zeichen

Die Definition der Zeichen als *DRAW*-Makros ist eine etwas "fummelige" Arbeit, weshalb ich hier auch auf die Definition des gesamten Zeichensatzes verzichtet habe. Die einzelnen Zeichen werden hierbei stets bei der aktuellen Zeichenposition beginnend gezeichnet, wobei diese aktuelle Position die obere linke Ecke des Zeichens bestimmt. Nach dem Zeichnen jedes Zeichens muß daher die aktuelle Zeichenposition rechts oben neben die gezeichnete Ziffer gesetzt werden. Hierzu wird der Stift mit vorangesetztem *b* dorthin bewegt, ohne zu zeichnen.

ZEICHEN.BAS

```
'*** Skalier- und drehbare Zeichen in QBasic ***

'*** Zeichensatz für DrawChar ***
DIM SHARED c$(11)
c$(0) = "r2d4l2u4r2br2"
c$(1) = "brr1d4u4br2"
c$(2) = "r2d1g2d1r2bu4br2"
c$(3) = "r2d4l2bu2r2u2br2"
c$(4) = "d2r2d2u4br2"
c$(5) = "r2l2d2r2d2l2r2u2bu2br2"
c$(6) = "r2l2d4r2u2l2r2bu2br2"
c$(7) = "r2d1g2d1bu4br4"
c$(8) = "r2d4l2u4d2r2u2br2"
c$(9) = "r2d2l2u2r2d4l2r2u4br2"
c$(10) = "bd2r2bu2br2"              '** Minus
c$(11) = "bd4r1brbu4br"            '** Punkt
```

Wie funktioniert das? Nehmen wir als Beispiel das Zeichen 7, welches in dem *DRAW*-Makro *c$(7)* enthalten ist. Dieses Makro arbeitet folgendermaßen:

```
DRAW "r2d1g2d1bu4br4"
```

r2	*2 Punkte nach rechts*
d1	*1 Punkt nach unten*
g2	*2 Punkte nach links unten*
d1	*1 Punkt nach unten*
bu4	*4 Punkte nach oben, ohne zu zeichnen*
br4	*4 Punkte nach rechts, ohne zu zeichnen*

Das Ergebnis ist ein Zeichen, welches wie eine 7 aussieht. Das Zeichnen erledigt eine SUB namens *DrawChar*, der drei Parameter übergeben werden: den zu schreibenden Zahlenwert und die X- und Y-Koordinaten.

```
SUB DrawChars (V#, xp, yp)
 PSET (xp, yp), 0: DRAW "c7"
 IF V# = 0 THEN
  DRAW c$(0)
 ELSE
  IF V# < 0 THEN DRAW c$(10)      '** Minus-Zeichen
  c$ = STR$(V#)
  FOR i% = 2 TO LEN(c$)
   w$ = MID$(c$, i%, 1)
   IF w$ = "." THEN w$ = "11"     '** Punkt
   DRAW c$(VAL(w$))
  NEXT i%
 END IF
END SUB
```

Der Ablauf dieses Vorganges ist folgender:

Zuerst wird an der übergebenen Position ein Punkt in der Hintergrundfarbe gesetzt, wodurch die aktuelle Zeichenposition festgelegt wird. Danach wird mit *DRAW "c7"* die Zeichenfarbe auf weiß gesetzt. Danach folgt eine Abfrage, ob der übergebene Zahlenwert 0 ist. Wenn das so ist, wird nur die 0 gezeichnet und man ist fertig, wodurch diese Routine bei häufigem Einsatz mit Nullen schneller wird.

Ablauf

Ist ein Wert übergeben worden, wird zunächst überprüft, ob dieser negativ ist. Wenn das der Fall ist, wird das in *c$(10)* definierte Minus-Zeichen ausgegeben. Danach wird der Wert in einen String umgewandelt und dieser Zeichen für Zeichen dargestellt. Der Dezimalpunkt wird hierbei durch das Makro *c$(11)* gezeichnet.

Mit dieser SUB und den definierten Ziffer-Makros kann nun eine beliebige Beschriftung einer Grafik erfolgen. In dem folgenden

Beispiel werden einige Effekte gezeigt, wobei zuvor ein beliebiger Grafikmodus eingestellt werden muß.

```
SCREEN 2                       '** CGA-Modus
FOR i% = 1 TO 30
  DrawChars (i%), 10, i% * 6
NEXT i%
Wert# = -12345.6789#
DRAW "S12"
DrawChars Wert#, 100, 20       '** große Zeichen
DRAW "A2"
DrawChars Wert#, 220, 50       '** auf dem Kopf
DRAW "A0S40"
DrawChars Wert#, 60, 80        '** Riesenzeichen
DRAW "A1S30"
DrawChars Wert#, 480, 180      '** auf der Seite
END
```

Abb. 35: Flexible Zahlenausgabe

Sicher können Sie sich vorstellen, daß es mit Hilfe dieser Funktion recht bequem ist, Grafiken zu beschriften. Wenn Sie diese Grafiken und damit auch die Beschriftung in einem hochauflösenden Grafikmodus wie 11 oder 12 zeichnen, werden Sie feststellen, daß die Zeichen sehr sehr klein werden können. Andernfalls werden Sie in einem Modus wie 2 feststellen, daß die Zeichen erwartungsgemäß verzerrt sind, wodurch auch die in der kleinsten Größe und mit 90 bzw. 270 Grad auf die Seite gelegten Zeichen ineinander verschoben werden können. In diesem Fall müßten Sie entweder auf die vertikale Darstellung verzichten oder den Maßstab vergrößern.

9.6 Bilder bewegen: Animation

Neben der statischen Darstellung von Bildern ist auch die Anforderung bewegter Grafiken recht häufig, und das nicht nur in

Spielen. Eine Bewegung im eigentlichen Sinne kann aber auf einem Computerbild nicht stattfinden, also wird dies durch wiederholtes Löschen und Neuzeichnen des Bildes an der neuen Position realisiert.

Ein sehr einfaches Beispiel hierzu ist das Fliegen und Abprallen eines Balles auf dem Bildschirm. In dem folgenden kleinen Programm wird dies mit recht wenigen Zeilen realisiert:

Fliegender Ball

BALL.BAS

```
'*** fliegender Ball in QBasic: Textmodus! ***
BallX% = 5      '** Startposition X
BallY% = 5      '** und Y
BallDX% = 1     '** Schrittweiten X
BallDY% = 1     '** und Y

DO                          '** Schleife...
  LOCATE BallY%, BallX%
  PRINT "*";                '** Ball zeichnen
  FOR i% = 1 TO 3000: NEXT i%  '** kurze Pause (je nach Rechner
                                 einzustellen!)
  LOCATE BallY%, BallX%
  PRINT " ";                '** Ball löschen
  BallX% = BallX% + BallDX% '** neue Position
  BallY% = BallY% + BallDY%
  IF BallX% < 2 OR BallX% > 78 THEN '** Aufprall links/rechts
    BallDX% = -BallDX%              '** X-Richtung umkehren
    SOUND 800, .1                   '** kurzer Ton
  END IF
  IF BallY% < 2 OR BallY% > 23 THEN '** Aufprall unten/oben
    BallDY% = -BallDY%              '** Y-Richtung umkehren
    SOUND 800, .1                   '** kurzer Ton
  END IF
LOOP UNTIL LEN(INKEY$)      '** wiederholen, bis Taste gedrückt
                              wird
```

Der Ablauf des Programmes ist sehr einfach. Zuerst werden die Startposition und die Schrittweiten des Balles vorgegeben. In der darauf folgenden *DO...LOOP*-Schleife wird der Ball jeweils kurz dargestellt und wieder gelöscht. Danach wird die nächste Position des Balles berechnet und, falls er aus dem Bildschirm hinausfliegen will, die jeweilige Richtung umgedreht. Als kleinen Zusatzeffekt wird dabei mit dem *SOUND*-Befehl ein Aufprall-Ton ausgelöst.

Wenn Sie die Zeile löschen, in der das Leerzeichen zum Löschen des Balles ausgegeben wird, zieht der Ball eine Spur hinter sich her. Sie können dabei gut erkennen, welche Flugbahn der Ball hat.

GET und PUT Das Löschen und Neuzeichnen des zu bewegenden Objektes kann aber bei komplexeren Bildausschnitten recht lange dauern und somit als Methode ungeeignet sein. Doch auch für diesen Fall hält QBasic zwei Befehle bereit, mit denen ein Bildausschnitt in ein Variablenfeld kopiert und daraus wieder an einer beliebigen Position ins Bild gebracht werden kann: *GET* und *PUT*. Da hier nicht im eigentlichen Sinne gezeichnet wird, sondern nur einige Byte kopiert werden, ist diese Methode recht schnell und eignet sich sehr gut für die Darstellung von Bewegungen.

Bildausschnitte Es sei hier auch gleich auf einen Nachteil dieser Methode hingewiesen: Ist der Bildschirm mit dem *WINDOW*-Befehl in ein virtuelles Koordinatensystem umgesetzt worden, interessieren sich diese beiden Befehle nicht für die neuen Koordinaten, sondern verwenden grundsätzlich die physikalischen Punkte. Hierdurch ist für das Ausschneiden einer Grafik aus einem im virtuellen Koordinatensystem gezeichneten Bild eine Umrechnung notwendig, was aber mit Hilfe der *PMAP()*-Funktion sehr einfach ist.

Für den *GET*-Befehl muß für das Speichern der Bilddaten zuerst ein genügend großes Variablenfeld definiert werden, in dem diese Daten dann der Reihe nach abgelegt werden. Ist dieses Feld zu klein dimensioniert, meldet QBasic dies in einer Fehlermeldung.

Zum Speichern des Bildausschnittes müssen dann nur noch der zu sichernde Bildausschnitt in Form von Koordinaten und das zuvor dimensionierte Variablenfeld angegeben werden.

Um dies einmal zu demonstrieren, folgt nun ein kleines Programm, in dem eine Sonne gezeichnet und mit *GET* in ein Variablenfeld kopiert wird. Danach wird in einem Kreisbogen diese Sonne mit *PUT* angezeigt, nach einer kurzen Pause wieder gelöscht und an der nächsten Position des Bogens ausgegeben. Das Ergebnis scheint so, als ob sich diese Sonne bewegt, ähnlich wie ein Sonnenauf- und Untergang:

SONNE.BAS

```
'*** Sonnenauf- / Untergang ***
SCREEN 7                          '** nur EGA/VGA !
'SCREEN 3                         '** nur Herkules !
SunCol% = 14
DIM Sun%(493)
CIRCLE (100, 100), 10, SunCol%            '*** Sonne zeichnen ***
PAINT (100, 100), SunCol%                 '** Kreis füllen
FOR w = 0 TO 6.28 STEP .628               '** Strahlen zeichnen
  LINE (100, 100)-STEP(20 * SIN(w), 20 * COS(w)), SunCol%
NEXT w
```

```
GET (80, 80)-STEP(40, 40), Sun%        '** Bild in Feld Sun%()
                                       '** einlesen
CLS                                    '** Bild löschen
LINE (1, 180)-(320, 200), 1, BF        '** Horizont
FOR w = -1.65 TO 1.65 STEP .05
  PUT (150 + 120 * SIN(w), 150 - 100 * COS(w)), Sun%, XOR
                                       '** Sonne zeichnen
  t = TIMER: DO: LOOP WHILE t = TIMER  '** kurze Pause...
  PUT (150 + 120 * SIN(w), 150 - 100 * COS(w)), Sun%, XOR
                                       '** Sonne löschen
NEXT w
```

Zu Beginn dieses Programmes wird zuerst einmal der Grafik-modus eingeschaltet. Verfügen Sie über eine Herkules-Karte, müssen Sie hier die Zeile *SCREEN 3* durch Entfernen des Kommentarhäkchens und des anderen *SCREEN*-Befehls aktivieren und vorher das MSHERC-Programm gestartet haben. Außerdem können Sie dann die Farbe der Sonne in der Variablen *SunCol%* anpassen.

Danach wird das Variablenfeld definiert, welches die Bilddaten der Sonne aufnehmen soll. Die notwendige Größe dieses Feldes hängt von verschiedenen Faktoren ab, und zwar von dem verwendeten Grafikmodus und der Größe des Bildausschnittes. Hierbei ist die insgesamt ausgeschnittene Anzahl von Bildpunkten horizontal durch die Anzahl der Bits pro Feldeintrag zu teilen und aufzurunden. Im Beispiel des INTEGER-Feldes, in dem jeder Eintrag 16 Bit breit ist, und einer auszuschneidenden Bildbreite von 41 Punkten ergibt sich so die pro Bildzeile benötigte Anzahl von 41/16=2.5625, also 3 INTEGER-Einträgen.

Ablauf

Dies ist wiederum mit der Anzahl der Bildzeilen, in diesem Fall ebenfalls 41, zu multiplizieren, und ergibt 123. Diese Zahl muß dann noch mit der Anzahl der Bits pro Bildpunkt multipliziert werden. Im Grafikmodus 7 sind 16 Farben möglich, also werden 4 Bits pro Bildpunkt benötigt. Hierdurch ergibt sich eine Anzahl von 123*4=492 INTEGER-Einträgen, wozu dann noch 4 Byte gleich 2 Einträge zur Verwaltung der Daten addiert werden. Die resultierende Dimensionierung des Feldes, in dem ja auch das Element 0 vorhanden ist, lautet also 493.

Danach wird die Sonne erst einmal gezeichnet und mit dem *GET*-Befehl in das so vorbereitete Feld eingelesen. Danach wird der Bildschirm wieder gelöscht, ein Horizont gezeichnet und die Darstellungsschleife begonnen.

Diese Schleife läuft zwischen den Winkeln -Pi/2 bis +Pi/2, also in einem Kreisbogen von links nach oben und rechts. An der aus diesem Winkel mit Hilfe der Sinus- und Cosinus-Funktionen berechneten Position wird nun mit dem *PUT*-Befehl die Sonne dargestellt. Diesem Befehl wird nur die Position angegeben, an dem der Bildausschnitt erscheinen soll, weil Höhe und Breite in dem INTEGER-Feld vermerkt sind. Außerdem wird noch das Feld angegeben, in dem sich die Daten befinden. Als zusätzliche Parameter können dann noch die Farbe und der Darstellungsmodus angegeben werden. Die Farbe ist in diesem Fall in der Variablen *Sun%* enthalten.

Der Darstellungsmodus des *PUT*-Befehls bestimmt, wie die Daten des gesicherten Bildausschnittes mit denen des vorhandenen Bildschirminhaltes verknüpft werden. Hier kann eingesetzt werden:

PUT-Modi

PSET	Die neue Grafik überlagert den bestehenden Ausschnitt völlig.
PRESET	Die neue Grafik überlagert den bestehenden Ausschnitt völlig, wobei alle Punkte invertiert angezeigt werden.
XOR	Die Bildpunkte beider Ebenen werden XOR-verknüpft, das heißt, es wird immer dann ein Bildpunkt gesetzt, wenn die beiden Punkte unterschiedliche Inhalte haben.
OR	Die Bildpunkte beider Ebenen werden OR-verknüpft, das heißt, es wird immer dann ein Bildpunkt gesetzt, wenn einer der beiden oder beide Punkte gesetzt ist/sind.
AND	Die Bildpunkte beider Ebenen werden AND-verknüpft, das heißt, es wird immer dann ein Bildpunkt gesetzt, wenn die beiden Punkte gesetzt sind.

Der Vorteil der in obigem Beispiel verwendeten Art XOR liegt darin, daß ein nochmaliges Einbringen desselben Bildausschnittes an dieselbe Stelle das Bild wieder in den ursprünglichen Zustand versetzt, was auch nach einer kurzen Pause durch einen wiederholten *PUT*-Befehl stattfindet.

Alternativen

Es gibt noch zwei weitere Möglichkeiten, eine einigermaßen flimmer- und ruckfreie Animation zu programmieren. Diese Alternativen nutzen die Fähigkeit von Grafikkarten, mehrere Bilder gleichzeitig zu speichern. Die folgenden Erläuterungen gelten übrigens auch für den normalen Textmodus, allerdings nicht bei Herkules-Karten!

Grafikkarten-Speicher

Eine Grafikkarte verfügt für die Speicherung des dargestellten Bildes über einen eigenen Speicher. Meistens ist der Speicher jedoch ein Vielfaches dessen, was für ein Bild gebraucht wird.

Hierdurch bietet sich die Möglichkeit, neben dem dargestellten Bild ein oder mehrere weitere Bilder, Seiten genannt, im Speicher der Karte zu halten. In diesen unsichtbaren Bildern kann dann eine Manipulation vorgenommen werden.

Wurde auf diese Weise ein neues Bild im Speicher der Karte erstellt, kann nun mit einem Befehl das neue Bild schlagartig dargestellt werden. Der Befehl dazu lautet *PCOPY*.

Bildinhalt retten

QBasic bietet mit dem Befehl *PCOPY* die Möglichkeit, die logischen Bildschirmseiten, die die Grafikkarte bieten, hin- und her zu kopieren. Hierbei kann eine beliebige Seite in eine andere kopiert werden mit dem Befehl

PCOPY

```
PCOPY Quellseite, Zielseite
```

Ist eine CGA-Karte oder höher (EGA oder VGA) in den Rechner eingebaut, stehen hierfür bis zu 4 Seiten (0-3) zur Verfügung. Leider jedoch bietet eine Herkuleskarte diese Möglichkeit nur im Grafikmodus, für den Textmodus steht nur eine einzige Seite zur Verfügung.

Dem Befehl werden zwei Parameter mitgegeben; die Quell- und die Zielseite. Die Seite 0 ist normalerweise diejenige, die auch auf dem Bildschirm dargestellt wird.

Wenn Sie eine Zeichnung auf den Bildschirm gezaubert haben und dann den Befehl *PCOPY 0,1* ausführen lassen, geschieht nichts Sichtbares. Es wurde aber dabei der Bildinhalt in die interne Seite 1 kopiert. Wenn Sie nun das Bild verändern, also weiterzeichnen oder auch das ganze Bild löschen, und danach den Befehl *PCOPY 1,0* einsetzen, erscheint direkt wieder das zuvor gerettete Bild.

Das Umkopieren von Bildschirmseiten kann sehr effektvoll eingesetzt werden, um etwa mit *cMessage* eingeblendete Mitteilungen wieder vom Bildschirm zu entfernen, ohne das Bild neu aufbauen zu müssen. Hierzu kann folgendermaßen verfahren werden:

```
'** Meldung einblenden und wieder verschwinden lassen **
PCOPY 0, 2      '** Bild in Seite 1 kopieren
PRINT "Dies ist ein Hinweis..."
SLEEP
PCOPY 2, 0      '** altes Bild wieder zurückholen
```

In diesem Beispiel wird vor der Ausgabe der Meldung und damit Zerstörung des Bildes dieses in der logischen Seite 1 gerettet. Nachdem die Meldung auf den Bildschirm gebracht und bestätigt wurde, wird der ursprüngliche Bildinhalt durch den zweiten *PCOPY*-Befehl wieder in die angezeigte Seite 0 zurückkopiert und die Meldung verschwindet.

Obige Funktion ist nicht möglich in Verbindung mit einer Herkuleskarte im Textmodus, weil dort nur eine Bildseite unterstützt wird!

SCREEN

Eine Alternative zum *PCOPY*-Befehl stellt der bereits bekannte *SCREEN*-Befehl zur Verfügung. Hier kann nämlich neben dem einzustellenden Grafikmodus auch die anzuzeigende und die zu bearbeitende Seite eingestellt werden. Hierdurch bietet sich erst die Möglichkeit, innerhalb einer nicht sichtbaren Seite Manipulationen vorzunehmen.

Die komplette Schreibweise des *SCREEN*-Befehls lautet

```
SCREEN [Grafikmodus][, [Farbschalter]][,[aktive Seite][, sichtbare Seite]]
```

Die im dritten Parameter einstellbare Seite ist diejenige, in der sich die Ausgabe- und Grafikbefehle auswirken, während die zuletzt eingestellte Seite angezeigt wird.

Ausprobieren können Sie dies recht einfach, und zwar auch im Textmodus (nicht bei Herkules!). In folgendem Programm werden die Seiten 0 bis 3 mit einem Text gefüllt, indem vor der Textausgabe mit dem *SCREEN*-Befehl die jeweilige Seite als zu bearbeitende Seite eingestellt wird.

SEITEN.BAS

```
'*** Beispiel für Seitenumschaltung mit dem SCREEN-Befehl ***
'** Ausgegangen wird von einer CGA-/EGA-/VGA-Karte, die 4 Seiten hat

FOR Seite% = 0 TO 3              '** die Seiten 0 bis 3
 SCREEN , , Seite%              '** bearbeiten
 CLS
 FOR i% = 1 TO 100              '** Seite füllen
  PRINT "Seite"; Seite%,
 NEXT i%
NEXT Seite%                      '** nächste Seite
SCREEN , , 0                     '** in Seite 0
PRINT "Seitennummer eingeben: "; '** Eingabe anfordern
DO
 DO
  Key$ = INKEY$
 LOOP UNTIL LEN(Key$)           '** auf Taste warten
```

```
IF Key$ = CHR$(27) THEN EXIT DO   '** Abbruch durch <Escape>
  SCREEN , , , VAL(Key$)          '** Seite anzeigen
LOOP
SCREEN , , 0, 0                   '** Seite 0 wieder aktivieren
```

Obiges Programm enthält keinerlei Sicherheitsbeschränkungen.
Dies bedeutet, daß auch die Seitennummern 4 bis 9 eingegeben
werden können. Bei den meisten Karten können auch die Seiten 4
bis 7 aktiviert werden, die dann im Programmverlauf als leere
Bildschirme eingeblendet werden. Die Eingabe der Seitennummer
8 oder 9 führt dagegen garantiert zu einer Fehlermeldung, weil
solche Seiten nicht existieren!

9.7 Bezier-Kurven

Über die normalen geometrischen Figuren hinaus, aus denen die
meisten Bilder und Grafiken zusammengesetzt werden, gibt es
auch Kurvenformen, die aus mathematischen Berechnungen re-
sultieren. Dies wurde bereits in einem früheren Kapitel anhand
einer Sinuskurve demonstriert.

Eine wesentlich kompliziertere, aber für verschiedene Anwendungen sehr wichtige Möglichkeit ist die Berechnung einer Kurve
aus bestehenden Stützpunkten, etwa die Glättung einer aus Meß-
werten resultierenden, eckigen Kennlinie oder die Rundung einer
Figur. Hierfür existiert eine Reihe mathematischer Algorithmen,
deren Hintergrund meist recht kompliziert ist. Ohne in die mathematischen Tiefen vorzudringen, möchte ich Ihnen hier ein Beispiel für eine solche berechnete Kurve vorstellen: die Bezier-
Kurve.

Die Grundidee dieser Kurven- bzw. Berechnungsart war die   *Die Grundidee*
Schaffung einer Möglichkeit, beliebige Kurven ohne exakte ma-   *der Bezier-Kurve*
thematische Funktionen darzustellen, indem die Kurve aus Stütz-
punkten selbst errechnet wird. Dies wurde ursprünglich von P.
Bezier für die Firma Renault entwickelt, um gerundete und ge-
krümmte Autoteile damit auf einem Computer darstellen und
verändern zu können.

Eine so entstehende Kurve spannt sich wie ein elastisches Seil um
die Stützpunkte, wobei die elastischen Verformungen die Ge-
samtkurve auszeichnen. In dem folgenden Programmbeispiel,
welches hier im EGA/VGA-Grafikmodus 9 arbeitet, werden einige Stützpunkte in Form von DATA-Zeilen vorgegeben, für die

pro Punkt noch deren Gewichtigkeit angegeben kann. Mit einem höheren Wert wird dabei die Ablenkung dieses Stützpunktes vergrößert.

Die so eingelesene Figur wird dann erst normal als Polygon dargestellt, und danach wird mit dem Berechnen und Zeichnen der Bezier-Kurve begonnen. Die Anzahl der hierfür zu berechnenden Bildpunkte, die beim Zeichnen der Kurve miteinander verbunden werden, kann in der Zeile

```
S% = Anz% * 3                      '** zu berechnende Einzelpunkte
```

bestimmt werden. Vorgegeben wird hier eine Anzahl von 3 mal der Anzahl der Stützpunkte. Wenn Sie hier einen höheren Wert einsetzen, wird die Kurve zwar genauer und damit runder, die Rechenzeit steigt jedoch stark an!

BEZIER.BAS

```
'*** Bezier-Kurven in QBasic ***
DIM Xk%(50), Yk%(50), G%
SCREEN 9                  '** Grafik aktivieren
CLS
PRINT , "*** Bezier-Kurve ***"
FOR i% = 1 TO 50
 READ Xk%(i%), Yk%(i%), G%            '** Stützpunkte einlesen
 IF Xk%(i%) = -1 THEN EXIT FOR
 FOR j% = 1 TO G% - 1                 '** ggf. G% mal Stützpunkt
  i% = i% + 1
  Xk%(i%) = Xk%(i% - 1)
  Yk%(i%) = Yk%(i% - 1)
 NEXT j%
NEXT i%
Anz% = i% - 1                        '** Anzahl Stützpunkte
DATA 50, 50, 1
DATA 400, 50, 1
DATA 550, 10, 5
DATA 600, 50, 1
DATA 550, 80, 1
DATA 400, 150, 1
DATA 200, 150, 2
DATA 50, 50, 2
DATA -1,-1, -1
PSET (Xk%(1), Yk%(1)), 1
FOR i% = 2 TO Anz%
 LINE -(Xk%(i%), Yk%(i%)), 1    '** Rahmen zeichnen
NEXT i%
PSET (Xk%(1), Yk%(1)), 2         '** erster Punkt
S% = Anz% * 3                    '** zu berechnende Einzelpunkte
FOR T% = 1 TO S% - 1
 U = T% / S%
 P1% = Xk%(1)                    '** Startpunkt
 P2% = Yk%(1)
```

```
FOR i% = 0 TO Anz%
  V = 1
  FOR j% = i% + 1 TO Anz%        '** Ablenkung berechnen
   V = V * j%
  NEXT j%
  FOR j% = 1 TO Anz% - i%
   V = V / j%
  NEXT j%
  V = V * U ^ i%
  V = V * (1 - U) ^ (Anz% - i%)
  P1% = P1% + Xk%(i%) * V         '** Ablenkung addieren
  P2% = P2% + Yk%(i%) * V
 NEXT i%
 LINE -(P1%, P2%)                 '** Kurvenstück zeichnen
NEXT T%
```

Bei einem Beispiel wie diesem (siehe Abbildung) zeigt sich, daß die fehlende Unterstützung eines im Rechner eingebauten Mathematik-Coprozessors in QBasic sich stark auswirkt. Ich habe dieses Beispiel einmal im Vergleich unverändert in QuickBASIC 4.5 laufen lassen, was durch den dort möglichen Einsatz des Coprozessors eine bedeutende Steigerung der Rechengeschwindigkeit auf einem 80486 bedeutete!

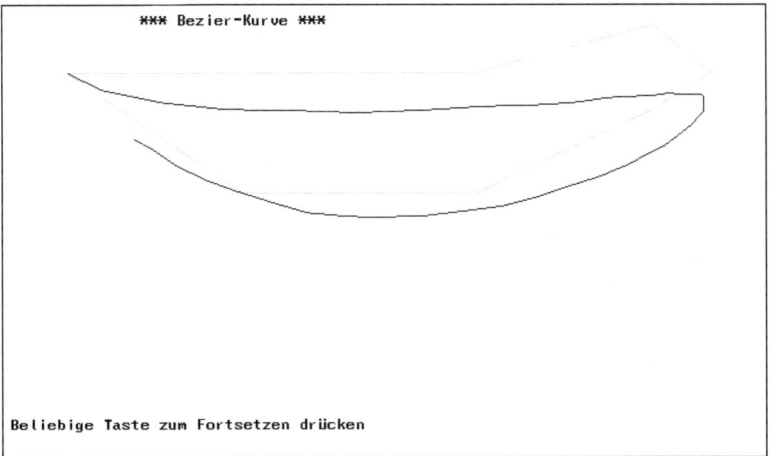

Abb. 36: Eine Bezier-Kurve

Aufgabe

Versuchen Sie bitte, eine Ampel zu programmieren. Hierbei sollen in einer aus drei Kreisen bestehenden Ampel zyklisch die entsprechenden Kreise gefüllt werden.

Abb. 37: Ampel

Zusammenfassung

- Die Programmierung von Grafiken in QBasic läuft stets in den folgenden Schritten ab:

- Feststellen oder einfach Festlegen des Grafikmodus

- Einschalten des Grafikmodus mit dem Befehl SCREEN

- Zeichnen der Grafik mit den Grafikbefehlen wie LINE oder CIRCLE

Herkules-Grafikkarte
- Bei der Verwendung einer Herkules-Karte muß vor dem Start von QBasic das Programm MSHERC.COM gestartet werden, welches mit DOS ausgeliefert und im DOS-Verzeichnis installiert wird. Erst danach kann der spezielle Herkules-Grafikmodus 3 aktiviert werden.

Koordinaten-system
- Soll ein einheitliches Koordinatensystem geschaffen werden, welches unabhängig von der verwendeten Grafikauflösung ist, kann der *WINDOW*-Befehl verwendet werden. Dieser setzt den Koordinatenursprung sowie die virtuellen Ausdehnungen des Bildschirms fest. In Zusammenhang mit dem *SCREEN*-Schlüsselwort wird der Koordinatenursprung links oben gelassen.

- Mit Hilfe des *SCREEN*-Befehls können mehrere Bildschirm- *Bildschirmseiten*
  seiten unabhängig voneinander bearbeitet werden. Hierbei
  kann eine der Seiten angezeigt und eine andere bearbeitet
  werden.

- Mit dem *PCOPY*-Befehl können auch Seiten ineinander kopiert werden, um beispielsweise ein Bild zu retten.

- Das Bewegen von Objekten kann entweder durch Löschen *Animation*
  und Neuzeichnen des Objektes oder durch Aufbauen des Fol-
  gebildes in einer unsichtbaren Bildschirmseite mit folgendem
  Umschalten geschehen.

10. Sound und Musik

Der in jedem PC eingebaute Lautsprecher ist ursprünglich nur dafür vorgesehen, akustische Meldungen zu ermöglichen. Die Qualität dieser Meldungen war für die Konstrukteure nicht wichtig, weshalb die Fähigkeiten des Rechners zur Ansteuerungen in Grenzen blieben.

QBasic bietet jedoch einige Befehle, die diesem Lautsprecher beachtliche Töne entlocken können, ja sogar Melodien. Diese Möglichkeiten werden in den nun folgenden Kapiteln betrachtet.

10.1 BEEP und SOUND

Für die Erzeugung von Tönen stellt QBasic drei Befehle zur Verfügung: *BEEP, SOUND* und *PLAY.* Die ersten beiden Befehle dienen dazu, einen Ton zu erzeugen, während der *PLAY*-Befehl schon ganze Melodien abspielen kann. Doch dazu später.

Der erste Befehl, *BEEP*, stellt genau das dar, wofür von Anfang an der eingebaute Lautsprecher gedacht war. Er erzeugt einen kurzen Ton, dessen Tonhöhe und -dauer von dem Rechner selbst bzw. dessen Arbeitsgeschwindigkeit abhängen. Daß mit diesem Befehl keine Musik zu realisieren ist, dürfte wohl einleuchten. Dennoch ist es recht einfach, in einem Programm bei einer Meldung auf dem Bildschirm durch Hinzufügen eines *BEEP*-Befehls auch die akustische Meldung ertönen zu lassen. *BEEP*

Eine wesentlich flexiblere Möglichkeit der Tonerzeugung bietet dagegen der *SOUND*-Befehl. Dieser kann zwar auch nur einen Ton abspielen, dessen Frequenz und Dauer können hier jedoch genau bestimmt werden. Wenn Sie also einen Ton mit 1.000 Hertz eine Sekunde lang spielen wollen, genügt der Befehl *SOUND*

```
SOUND 1000, 18
```

Wenn Sie in Ihrem Programm alle *BEEP*-Befehle durch solche Anweisungen ersetzen, können Sie der Art der Meldungen zusätzliche Qualitäten geben, indem Sie etwa bei wichtigen Meldungen einen höheren und/oder längeren Ton ausgeben lassen als bei weniger wichtigen. Dadurch ist außerdem gewährleistet, daß die Töne auf jedem Rechner gleich klingen.

Um mit diesem Befehl eine Melodie abzuspielen, ist für jeden einzelnen Ton ein eigener *SOUND*-Befehl nötig. Hier kann auch so verfahren werden, daß die Parameter des *SOUND*-Befehls in einer Schleife berechnet oder aus *DATA*-Zeilen bzw. einem entsprechend vorbereiteten Variablenfeld ausgelesen werden. Für die Berechnung des Tons kann etwa ein sinusförmiger Sirenenton folgendermaßen programmiert werden:

SIRENE.BAS

```
'*** US-Sirene mit dem SOUND-Befehl ***
FOR W = 0 TO 30 STEP .1
  SOUND (2 + SIN(W)) * 500, .1
NEXT W
FOR W = 0 TO 6 STEP .01
  SOUND (2 + SIN(W)) * 500, .1
NEXT W
```

Hier wird zuerst durch den größeren *STEP*-Wert ein schnell ablaufender Sirenenton erzeugt, gefolgt von einem langgezogenen Heulen, etwa so, wie sich die amerikanischen Sirenen anhören.

PLAY

Die andere Variante, nämlich das Abspielen einer Melodie durch Definition der einzelnen Töne in *DATA*-Zeilen, ist zwar auch möglich, wird jedoch durch den im folgenden Kapitel beschriebenen *PLAY*-Befehl unnötig.

10.2 Musik mit dem PLAY-Befehl

Speziell für das Abspielen einer Melodie gibt es neben dem *BEEP*- und dem *SOUND*-Befehl noch einen weiteren, der besonders vielseitig ist. Dieser Befehl heißt *PLAY* und tut genau das: er spielt eine Melodie ab. Die Beschreibung dieser Melodie wird in Form eines Strings mit angegeben, in dem Tonhöhe, Oktave, Tonlänge und Pausen sowie der Abspielmodus eingestellt werden können. Diese Angaben werden einfach hintereinandergesetzt, wobei auch Leerzeichen vorkommen dürfen, die ignoriert werden:

Oktave

PLAY-Befehle

On	(n = 0-6) Bestimmt die aktuelle Oktave
< oder >	Eine Oktave nach oben oder unten

Note

A *bis* **G**	Spielt die angegebene Note in der aktuellen Oktave. Hinter der Note kann ein + bzw. # oder ein - angegeben werden, + oder # für Erhöhung um einen Halbtonschritt und - für die Erniedrigung um einen Halbtonschritt.
Nn	Spielt Note n. Für n kann ein Wert von 0 bis 84 angegeben werden: 0 für eine Pause, 1 für die erste Note (C) in Oktave 0, 2 für Note Cis, 3 für Note D, 4 für Note Dis usw.

Länge

Ln	Setzt die Tonlänge einer Note fest (L1 für eine ganze Note, L2 für eine halbe Note usw. mit n = 1 bis 64.
MS	Jede Note spielt 3/4 der Länge (Staccato).
MN	Jede Note spielt 7/8 der Länge (normal).
ML	Jede Note spielt die volle Länge (Legato).
Tn	Setzt den Takt fest mit n für die Anzahl von Viertel-Noten pro Minute (32 bis 255, normal ist 120).
Pn	Legt eine Pause mit einer Länge von n Viertel-Noten ein (n = 1-64).
.	Spielt die vorherige Note 1,5 Mal so lang wie angegeben.

Modus

MF	Spielt die Musik im Vordergrund (Das Programm läuft erst nach Abspielen der letzten Note weiter).
MB	Spielt die Musik im Hintergrund (Das Programm läuft weiter).

10.3 Ein Melodien-Editor

Melodien

Um eine Melodie mit *PLAY* zu erstellen, sind einige Versuche nötig, es sei denn, es wird eine Melodie vom Notenblatt übernommen. Hier kommt der große Vorteil von *PLAY* gegenüber *SOUND* zum Tragen, daß direkt die Noten und Oktaven angegeben werden können. Und jetzt noch ein kleines Beispiel zum Abspielen des Trauermarsch-Themas, was oft bei Spielen zum Signalisieren von "Verloren!" eingesetzt wird:

```
PLAY "o1 f. f. f f. a- g g f f e f."
```

Melodien-Editor

Um eine solche Melodie auf einfache Art entwickeln zu können, habe ich ein kleines Programm erstellt, welches auf der Basis der

Eingaberoutine *EdLine* arbeitet. Mit diesem Programm können Sie
die Melodiezeile beliebig editieren und immer wieder abspielen
lassen, bis die Melodie Ihren Vorstellungen entspricht.

PLAYED.BAS

```
'*** Sequenz-Editor für PLAY ***
DECLARE SUB EdLine (EdStr$, le%, X%, Y%)
DIM SHARED Key$
PLAY "mb"         '** Modus: Hintergrund
'** Vorgabe: Anspiel Happy Birthday
Play$ = "113o2 c.c.14dcfe.. p18 113c.c.14dcgf.. p18 113c.c.
      14>c<afed 110 a+a+ 14afgf"
ON ERROR GOTO IllegalNote        '** Fehler abfangen!
CLS
PRINT "*** Melodie-Editor für den PLAY-Befehl, 4/91
      S.A.Dittrich ***"
PRINT " -- Bitte String für PLAY eingeben (<Return> spielt
      ab) --"
DO
  EdLine Play$, 78, 2, 4          '** Sequenz editieren
  IF Key$ = CHR$(13) THEN         '** bei <Return>: Abspielen
    SOUND 0, 0                    '** erst ggf. laufende Melodie
                                  '** stoppen
    PLAY Play$                    '** und spielen!
  END IF
LOOP UNTIL Key$ = CHR$(27)        '** Ende bei <Escape>
END
IllegalNote:                              '** Fehlerroutine **
  In% = PLAY(0)                       '** lfd. Nummer der Note
  SOUND 0, 0                          '** Melodie abschalten
  PLAY "116cg"                        '** und Fehlerton ausgeben
  In1% = 0
  FOR i% = 1 TO LEN(Play$)             '** Noten zählen
    n$ = UCASE$(MID$(Play$, i%, 1))
    IF INSTR("CDEFGABP", n$) THEN In1% = In1% + 1
    IF In1% = In% THEN EXIT FOR
    IF n$ = "M" THEN i% = i% + 1       '** Modus überspringen
  NEXT i%
  LOCATE 5, 1 + i%                 '** (ungefähre) Fehlerposition
                                   '** anzeigen
  PRINT "↑"
  PRINT "*** Fehler nach Note"; In%; " ! ***"
  DO: LOOP UNTIL LEN(INKEY$)            '** Warten auf Taste
  LOCATE 4, 2
  PRINT SPACE$(160)                   '** Fehlermeldung löschen
RESUME NEXT                          '** und weiter...
```

Hier das Listing dieser flexiblen Editierroutine SUB *EdLine*:

```
SUB EdLine (Edl$, le%, X%, Y%)
  ' Form_Input:
  ' edl$  : übergabestring
  ' le%   : max. Länge
  ' x%/y% : Position (0=aktuelle Pos.)
  ' Ende durch Return,ESC oder Cursor hoch/runter
  IF Y% = 0 THEN Y% = CSRLIN     '** aktuelle Zeile
```

bar rechts von dieser Markierung nach dem fehlerhaften Zeichen suchen, es korrigieren und erneut mit ⎡Return⎤ die Melodie abspielen lassen.

Aufgabe

Versuchen Sie bitte einmal, ein kleines Orgelprogramm zu schreiben. Hierbei soll sowohl eine Variante mit dem *SOUND*- als auch mit dem *PLAY*-Befehl möglich sein. Die Orgeltasten sollen die Tasten Y bis M sein, also die unterste Reihe auf der Tastatur.

Zusammenfassung

- Der *BEEP*-Befehl gibt einen kurzen Ton aus, dessen Tonhöhe und -dauer jedoch nicht einstellbar sind.

- Mit dem *SOUND*-Befehl kann ein Ton einer vorgebbaren Frequenz für eine bestimmbare Dauer gespielt werden.

- Der *PLAY*-Befehl spielt eine Melodie ab, die in Form eines Strings angegeben wird. In dem String können die Note, die Oktave, die Ton- und Pausendauer sowie der Abspielmodus eingestellt werden.

11. Dateienverwaltung mit QBasic

Das Betriebssystem Ihres Rechners nennt sich DOS, *Disc Operating System*. Dies deutet bereits darauf hin, wie wichtig das Verwalten der Diskette und damit von Dateien für diesen Rechner ist. Den ersten Kontakt mit Dateien haben Sie bereits beim Starten von QBasic gehabt, weil dieses Programm ja auch eine Datei ist, die beim Aufruf geladen wird.

Über die Programmdateien .EXE oder .COM hinaus gibt es noch eine ganze Reihe andere Dateiarten, deren Typ meist an der Erweiterung des Dateinamens erkennbar ist. Dateien mit der Erweiterung .BAS beispielsweise sind stets BASIC-Dateien bzw. - Programme. Andere Dateien wiederum haben Erweiterungen wie .DAT oder .TXT und beinhalten Daten oder Texte.

Die Möglichkeit, solche Dateien anzulegen und zu bearbeiten, ist auch in QBasic gegeben. Hierfür gibt es einige Befehle, die solche Dateien für den Zugriff öffnen oder wieder schließen. Beim Öffnen der Datei für den Zugriff muß auch gleich bestimmt werden, in welcher Art auf die Daten zugegriffen werden sollen. Abgesehen von der Möglichkeit, eine Datei nur zum Lesen oder nur zum Schreiben zu öffnen, gibt es noch verschiedene grundlegende Methoden, um Dateien zu verwalten. Hierzu gibt es drei Hauptgruppen: Sequentielle, RANDOM- und Binär-Dateien.

*Sequentiell,
RANDOM,
Binär*

11.1 Grundlagen der Dateibearbeitung

Unabhängig vom Dateityp muß eine Datei nach einem bestimmten Schema dem Programm zugänglich gemacht werden. Man nennt diesen Vorgang das Öffnen einer Datei. Danach steht die Datei für den Zugriff offen.

Grundsätzlich läuft die Programmierung eines Dateizugriffes folgendermaßen ab:

1. Öffnen der Datei

2. Lesen von Daten aus der Datei oder Schreiben von Daten in die Datei

3. Schließen der Datei

Diese Schritte im einzelnen:

Datei öffnen   Bevor auf eine Datei zugegriffen werden kann, muß dieser Zugriff erst einmal angemeldet werden. Dieses Anmelden wird als Öffnen der Datei bezeichnet und findet dementsprechend mit dem Befehl *OPEN* statt. Mit diesem Befehl werden einige Angaben gemacht: Der Name und ggf. der Pfad der Datei, die Art des gewünschten Zugriffs (Lesen, Schreiben oder beides) und eine Kennummer.

Die Schreibweise des *OPEN*-Befehls wird folgendermaßen beschrieben:

```
OPEN <Dateiname> FOR <Modus> [ACCESS <Zugriffsart>][Sperrtyp] AS [#]
     <Dateinummer> [LEN = Satzlänge]
```

Die recht umfangreiche Definition wirkt zwar etwas erschreckend, ist aber nicht so aufwendig, wie sie aussieht:

• Die Angaben für ACCESS <Zugriffsart> und <Sperrtyp> sind nur in Verbindung mit Netzwerken nötig

• Die Angabe der Satzlänge braucht nur bei RANDOM-Dateien eingesetzt zu werden.

• Das #-Zeichen sollte angegeben werden, auch wenn es nicht unbedingt nötig ist. Es verdeutlicht aber, daß es sich hier um einen Ein-/Ausgabebefehl handelt, weil bei allen anderen Befehlen in diesem Zusammenhang ebenfalls ein # auftaucht.

Bei normalen Dateien, die einfach nur zum Lesen oder Schreiben geöffnet werden, braucht nur folgende Schreibweise beachtet zu werden:

```
OPEN <Dateiname> FOR <Modus> AS #<Dateinummer>
```

 Aus dem einfachen Grund, daß frühere BASIC-Varianten eine andere Schreibweise für den *OPEN*-Befehl hatten und diese Programme weiterhin laufen sollen, ist in QBasic eine alternative Form des *OPEN*-Befehls erlaubt. Diese sollte nicht unbedingt verwendet werden, weil sie nicht so gut lesbar ist. Sie lautet folgendermaßen:

```
OPEN <Modus>, [#]<Dateinummer>, <Dateiname>[, <Satzlänge>]
```

Alle weiteren Zugriffe auf eine so geöffnete Datei finden danach nur noch über die jeweils angegebene Dateinummer statt, und zwar in Verbindung mit dem #-Zeichen.

```
OPEN "TEST.DAT" FOR OUTPUT AS #1
```

Hier wird die Datei TEST.DAT im aktuellen Verzeichnis zum Schreiben (*FOR OUTPUT*) mit der Kennnummer 1 (*AS #1*) geöffnet. Sollte diese Datei bereits existieren, wird sie vorher gelöscht.

Die Dateinummer repräsentiert bei allen weiteren Zugriffen die geöffnete Datei. Während eine Datei offen ist, können Sie durchaus noch weitere Dateien öffnen, wenn Sie nur jeweils eine andere Nummer angeben. Wenn Sie aber nun versuchen, einen weiteren *OPEN*-Befehl mit derselben Nummer ausführen zu lassen, erfolgt eine Fehlermeldung, wenn die Nummer vergeben ist.

Mehrere Dateien öffnen

In einigen seltenen Fällen kann es vorkommen, daß Sie Dateien öffnen müssen, ohne die nächste freie Dateinummer zu kennen. Als Abhilfe können Sie dann natürlich einfach eine recht hohe Nummer wählen, etwa die 9. Aber auch dieser Trick hilft nicht unbedingt, falls der Fall mehrmals auftreten sollte und auch die 9 schon vergeben sein könnte.

QBasic bietet hierzu eine Lösung an. Die Funktion *FREEFILE* liefert nämlich die nächste Nummer zurück, die noch nicht durch eine offene Datei belegt ist. Das Öffnen der Datei kann dadurch folgendermaßen programmiert werden:

FREEFILE

```
DateiNummer% = FREEFILE
OPEN "TEST.DAT" FOR OUTPUT AS #DateiNummer%
```

Die Funktion *FREEFILE* direkt in den *OPEN*-Befehl einzubauen, funktioniert im Grunde auch. Da aber für alle Zugriffe auf die hier geöffnete Datei die Nummer weiter gebraucht wird, muß der Umweg über eine Variable dennoch gegangen werden.

Soll eine Datei zum Lesen geöffnet werden, also zum Auslesen von Daten, wird anstelle des Modus-Schlüsselwortes *OUTPUT* das Gegenstück eingesetzt: *INPUT*. Ein weiteres Schlüsselwort, *APPEND*, bewirkt ebenfalls das Öffnen der Datei zum Schreiben, allerdings werden dann die neuen Daten an eine bestehende Datei angehängt.

Dateimodi

Es gibt aber auch die Möglichkeit, eine Datei sowohl für das Lesen als auch für das Schreiben von Daten zu öffnen. Dies kann allerdings nur in einer RANDOM- oder Binärdatei erfolgen; sequentielle Dateien können nur entweder gelesen oder beschrieben werden.

Dateizugriff   Alle folgenden Zugriffe hängen davon ab, für welche Zugriffsart (Modus) die Datei geöffnet wurde. Wird sie zum Lesen geöffnet, können mit *INPUT* # oder *LINE INPUT* # Daten dort herausgelesen werden. Der Versuch, in eine so geöffnete Datei mit *PRINT* # zu schreiben, führt zu einer Fehlermeldung. Mit einer zum Schreiben geöffneten Datei verhält es sich genau umgekehrt, hier führt ein Leseversuch zu einer Fehlermeldung. Der Zugriff selbst kann auch fast genauso programmiert werden wie Druckausgaben oder Tastatureingaben. Das Schreiben von Daten in eine Datei kann nämlich unter anderem mit dem bekannten *PRINT*-Befehl erfolgen, wobei diesem Befehl lediglich eine zusätzliche Angabe mitgegeben wird: die Dateinummer, die beim Öffnen der Datei definiert wird.

11.2 Sequentielle Dateien

Eine sequentielle Datei ist eine Datei, in die der Reihe nach (sequentiell) Daten hineingeschrieben werden, die auch wieder der Reihe nach herausgelesen werden können. Ein solcher Ein- und Ausgabetyp liegt auch bei Tastatur oder Drucker vor, wo ebenfalls die Daten sequentiell übertragen werden.

In Datei schreiben   Das folgende Programm öffnet eine Datei, schreibt einen Text hinein und schließt sie wieder.

```
OPEN "TEST.DAT" FOR OUTPUT AS #1
PRINT #1, "Dies ist ein Test!"
CLOSE #1
```

Als Alternative zum *PRINT*-Befehl existiert auch noch der Befehl *WRITE*. Seine Schreibweise ist ansonsten identisch mit dem *PRINT*-Befehl, nur daß hier alle geschriebenen Daten in Anführungszeichen gesetzt werden.

Wenn Sie nach Ausführung dieses Programmes auf Ihrer Diskette bzw. Festplatte nachsehen, werden Sie die Datei TEST. DAT im aktuellen Verzeichnis finden. Obwohl der dort hineingeschriebene Text nur 18 Zeichen lang ist, hat die Datei eine Länge von 20 Zeichen. Der Grund hierfür ist der Zeilenvorschub, welcher nach jeder *PRINT*-Anweisung auch auf dem Bildschirm ausgeführt wird. Auf dem Bildschirm bewirkt dies das Setzen des Cursors an den Anfang der nächsten Zeile, in der Datei werden zwei Zeichen an den Text angehängt: Wagenrücklauf (CR, Carriage Return) und Zeilenvorschub (LF, LineFeed).

Um diese Datei nun wieder einzulesen, können Sie folgendes Pro-   *Aus Datei lesen*
gramm einsetzen:

```
OPEN "TEST.DAT" FOR INPUT AS #1
INPUT #1, Text$
CLOSE #1
PRINT Text$
```

Dieses Programm öffnet die zuvor erstellte Datei zum Lesen (*FOR
INPUT*) und liest mit dem *INPUT* #-Befehl die dort enthaltene
Textzeile in die Variable Text$ ein. Danach wird die Datei mit
CLOSE wieder geschlossen und zur Kontrolle der eben eingelesene Text auf dem Bildschirm angezeigt. Sie sehen: Das Speichern
von Texten in einer Datei sowie das Wiedereinlesen dieser Texte
ist sehr einfach!

Sicherlich ist der Einsatz von Datendateien für das Speichern einer
einfachen Textzeile nicht besonders sinnvoll. Aufbauend auf der
hier beschriebenen Grundlage kann mit Dateien auch noch wesentlich mehr angefangen werden, wenn viele Daten gesichert
und wahlfrei wieder eingelesen werden sollen.

Aufbau von Datendateien

Das Sichern von Daten in Dateien kann auf sehr viele verschiedene Arten stattfinden, abhängig davon, welche Art Daten gesichert werden soll und wie der Zugriff stattfinden soll. Diese
Bandbreite reicht von der oben gezeigten, einfachsten Methode bis
hin zur relationalen Datenbank.

Grundsätzlich unterscheidet man zwischen zwei Dateiarten: den   *Sequentielle und*
sequentiellen und den wahlfreien Dateien. Eine sequentielle Datei   *wahlfreie Dateien*
haben Sie im vorherigen Kapitel bereits angelegt. Hierbei werden
die Daten einfach der Reihe nach (sequentiell) in die Datei ge
schrieben. Um diese Daten wieder einzulesen, müssen ebenfalls
alle Daten der Reihe nach eingelesen werden. Diese Methode ist
zwar sichtbar die einfachste, sie hat allerdings eine Reihe Nachteile.

Der wohl gravierendste Nachteil tritt besonders dann auf, wenn in   *Nachteile*
der Datei größere Datenmengen enthalten sind, von denen aber   *sequentieller*
immer nur einige wirklich benötigt werden. Angenommen, Sie   *Dateien*
haben eine Datei angelegt, in der 1.000 Worte und ihre englischen
Übersetzungen enthalten sind. Aus dieser Datei möchten Sie nun
die Übersetzung des Wortes "Zufall" herauslesen.

Ist die Datei sortiert, müssen Sie nun fast die gesamte Datei durch-lesen, um das gewünschte Wort zu finden. Daß dies einen großen Zeitaufwand erfordert, ist offensichtlich. In einem solchen Fall wäre es noch möglich und damit auch sinnvoll, die gesamte Datei zunächst in den Speicher zu laden und dort die Suche durch-zuführen. Bei einem vollständigen Deutsch/Englisch-Lexikon wäre aber auch dieser Weg nicht mehr möglich, weil hierfür wohl kaum der Speicherplatz ausreichen würde!

Vokabel-Trainer

Die Programmierung der oben beschriebenen Methode der Vo-kabelabfrage ist dagegen recht einfach. Hier ein bewußt einfach gehaltenes Programm, mit dem dies realisiert ist:

VOKABEL.BAS

```
'*** Einfacher Vokabeltrainer in QBasic ***
'*** zur Demonstration einer sequentiellen Datei
DECLARE SUB Liste ()
DECLARE SUB Eingabe ()
DECLARE SUB Abfrage ()
CLS
DO
 PRINT
 INPUT "Möchten Sie: Vokabeln (e)ingeben, (a)bfragen, (L)iste
        oder (P)rogrammende ?", f$
 SELECT CASE UCASE$(f$)
  CASE "P": END                 '** Programmende
  CASE "E": Eingabe             '** Vokabel-Eingabe
  CASE "A": Abfrage             '** Vokabel-Abfrage
  CASE "L": Liste               '** Vokabel-Liste
  CASE ELSE
 END SELECT
LOOP
```

Dieses Hauptprogramm stellt die einfache Benutzeroberfläche dar, mit der Sie die Programmfunktion wählen können. Abhängig von dem bei *INPUT* eingegebenen Buchstaben wird dann die SUB mit der gewünschten Funktion aufgerufen bzw. das Programm beendet.

Die erste SUB *Eingabe* muß zuerst aufgerufen werden, um eine Vokabel-Datei anzulegen. Hier wird zunächst die Datei VOKA-BEL.DAT mit dem Dateityp *APPEND* geöffnet. Dies bedeutet, daß die Datei angelegt wird, wenn sie noch nicht existiert, oder an-dernfalls so zum Schreiben geöffnet wird, daß alle Daten hinten an die bestehende Datei angehängt werden. Durch diese Möglich-keit können jederzeit weitere Vokabeln an die bestehende Datei angehängt werden. Der Rest der SUB ist recht einfach. Sie werden hier aufgefordert, jeweils das deutsche Wort und dessen englische Übersetzung einzugeben. Diese beiden Worte werden dann mit

WRITE abgespeichert. Wenn Sie als deutsches Wort nur ein X eingeben, wird die Eingabe beendet, die Datei geschlossen und die SUB beendet.

Vokabeln erfassen

```
SUB Eingabe
  OPEN "VOKABEL.DAT" FOR APPEND AS #1    '** Vokabel-Datei öffnen
  DO
    LINE INPUT "Deutsches Wort (X=Ende) "; Deutsch$
    IF UCASE$(Deutsch$) = "X" THEN EXIT DO
    LINE INPUT "Englisches Wort         "; Englisch$
    WRITE #1, Deutsch$, Englisch$        '** Wortpaar speichern
  LOOP
  CLOSE #1                               '** Datei wieder schließen
END SUB
```

Der hierbei zum Schreiben der Worte verwendete Befehl *WRITE* arbeitet sehr ähnlich wie der *PRINT*-Befehl. Der Unterschied dabei ist aber der, daß *WRITE* die zu schreibenden Argumente in Anführungszeichen setzt und mit Kommata trennt. Sind beispielsweise die beiden Eingaben Auto und car, wird mit dem *WRITE*-Befehl folgendes in die Datei geschrieben:

WRITE

```
"Auto","car"
```

Wenn Sie dagegen in dieser Zeile *WRITE* gegen *PRINT* austauschen, wird in die Datei eingetragen:

```
Auto    car
```

Der Unterschied ist offensichtlich, weil diese beiden Worte später bei der Abfrage der Vokabeln mit *INPUT #* eingelesen werden sollen. In der ersten Variante ergibt dies die richtigen beiden Worte, weil der *INPUT #*-Befehl die Anführungszeichen nicht mit einliest. Im zweiten Fall würde in die erste, mit *INPUT #* eingelesene Stringvariable der gesamte Ausdruck eingelesen, was natürlich falsch wäre. Ein weiterer Vorteil von *WRITE* gegenüber *PRINT* ist die zusätzliche Möglichkeit, innerhalb der einzelnenen Worte bzw. Begriffe auch Kommata zu verwenden. Da diese dann ebenfalls innerhalb der Anführungszeichen liegen, werden sie durch den *INPUT #*-Befehl mit eingelesen. Beide hier erwähnten Vorteile des *WRITE*-Befehls können allerdings auch mit *PRINT* realisiert werden, wenn anstelle des einen kombinierten *WRITE*-Befehls zwei *PRINT*-Zeilen und für das Einlesen dieser Wortpaare *LINE INPUT*-Befehle eingesetzt werden. *LINE INPUT* liest nämlich immer den gesamten Ausdruck bis zum Zeilenendezeichen ein, also auch ein eventuelles Komma. Dennoch ist dies mit dem *WRITE*-Befehl ein wenig eleganter. Die nächste SUB dient dazu,

Unterschied WRITE von PRINT

aus der zuvor angelegten Vokabel-Datei alle Wortpaare einzulesen und auf dem Bildschirm anzuzeigen. Hierbei muß ein Problem gelöst werden, welches bisher noch nicht betrachtet wurde.

Datei-Ende
erkennen

Das Einlesen der zuvor geschriebenen Daten über den *INPUT #*-
Befehl ist recht problemlos, solange Daten in der Datei vorliegen.
Wenn aber alle Daten ausgelesen wurden und ein weiterer *IN-
PUT #*-Befehl ausgeführt wird, erfolgt eine Fehlermeldung. Das
Problem ist also, wie das Ende einer Datei erkannt werden kann.

Hierzu gibt es eigentlich zwei Möglichkeiten:

LOF()

1. Die eine ist, die Länge der Datei zu ermitteln und nach jedem
    Lesen von Daten mit der aktuellen Position innerhalb der Da-
    tei zu vergleichen. Die Dateilänge läßt sich leicht mit der
    Funktion *LOF(#<Dateinummer>)* ermitteln (LOF = Length Of
    File). Sicherlich ist dieser Weg des ständigen Vergleichens
    aber nicht der eleganteste.

    ```
    IF LOF(1) = SEEK(1) THEN PRINT "Ende der Datei erreicht!"
    ```

EOF()

2. Die Alternative bietet sich durch die *EOF(#<Dateinummer>)*-
    Funktion (EOF = End Of File). Diese liefert dann einen Wert
    ungleich 0, wenn das Datei-Ende erreicht wird:

    ```
    IF EOF(1) THEN PRINT "Ende der Datei erreicht!"
    ```

In der nun folgenden SUB werden die einzelnen Wortpaare der
Vokabeldatei solange ausgelesen und angezeigt, bis die *EOF(1)*-
Funktion einen Wert ergibt. Durch die Konstruktion

```
DO
  ...
LOOP UNTIL EOF(1)
```

ist so eine Aufgabe leicht zu lösen, was auch in der Praxis häufig
eingesetzt wird.

Wie Sie in den Beschreibungen und Anwendungen der Funktionen *EOF()* und *LOF()* sehen konnten, kann das #-Zeichen beliebig
verwendet oder nicht verwendet werden. Diese Funktionen beziehen sich immer auf einen geöffneten Kanal bzw. Datei, weshalb
es auch keine Verwechselungen geben kann.

Liste ausgeben

```
SUB Liste
  OPEN "VOKABEL.DAT" FOR INPUT AS #1    '** Vokabel-Datei öffnen
  PRINT "*** Vokabel-Liste ***"
```

```
PRINT
DO
  INPUT #1, Deutsch$, Englisch$        '** Wortpaar einlesen
  PRINT "Deutsch: "; Deutsch$; " => Englisch: "; Englisch$
LOOP UNTIL EOF(1)                      '** bis Dateiende...
  CLOSE #1                             '** Datei wieder schließen
END SUB
```

Die Funktion dieser SUB ist mit wenigen Worten erklärt: erst wird
die Datei VOKABEL.DAT zum Lesen geöffnet, danach werden in
einer Schleife die Wortpaare eingelesen und angezeigt, bis das
Ende der Datei erreicht ist.

Die aufwendigste SUB ist die nun folgende. Hier wird die Abfrage   *Vokabeln*
der Variablen realisiert, welche zusätzlich noch wahlweise das   *abfragen*
deutsche oder das englische Wort aus der Datei sucht und das
Wortpaar anzeigt. Für die Vereinfachung der Auswertung wird
das Wortepaar in ein Stringfeld eingelesen. Für den Vergleich des
richtigen Wortes mit dem eingegebenen Wort wird dann in Abhängigkeit von der Variablen *Richtung%* auf den entsprechenden
Eintrag dieses Feldes zugegriffen.

```
SUB Abfrage
  DIM Worte$(2)
  OPEN "VOKABEL.DAT" FOR INPUT AS #1     '** Vokabel-Datei öffnen
  PRINT "*** Vokabel-Abfrage ***"
  PRINT " (D=Deutsch, E=Englisch, X=Ende)"
  PRINT
  Richtung% = 1                          '** 1=Deutsch-Englisch,
                                         '** 2=Englisch-Deutsch
DO
  IF Richtung% = 1 THEN                   '** Wort eingeben
   INPUT "Deutsches Wort  :"; Wort$
  ELSE
   INPUT "Englisches Wort :"; Wort$
  END IF
  Wort$ = UCASE$(Wort$)
  SELECT CASE Wort$                       '** Eingabe auswerten
   CASE "X": EXIT DO                      '** Ende
   CASE "D": Richtung% = 1                '** Deutsch-Englisch
   CASE "E": Richtung% = 2                '** Englisch-Deutsch
   CASE ELSE
    OK% = 0
    SEEK #1, 1                            '** zum Dateianfang
    DO
      INPUT #1, Worte$(1), Worte$(2)      '** Wortpaar einlesen
      IF UCASE$(Worte$(Richtung%)) = Wort$ THEN
       OK% = 1                            '** gefunden!
       EXIT DO
      END IF
```

```
   LOOP UNTIL EOF(1)                    '** suchen bis Dateiende
   IF OK% THEN
    PRINT "Deutsch: "; Worte$(1); " => Englisch: "; Worte$(2)
   ELSE
    PRINT "*** Nicht gefunden ! ***"
   END IF
  END SELECT
 LOOP
 CLOSE #1                              '** Datei wieder schließen
END SUB
```

Der SEEK-Befehl   Die Suche nach dem eingegebenen Begriff, die hinter *CASE ELSE* beginnt, muß stets die Vokabel-Datei von Anfang an durchsuchen. Um die Stelle in der Datei zu bestimmen, ab der die nächsten Daten eingelesen werden, kann der *SEEK*-Befehl eingesetzt werden. Mit diesem Befehl kann der Zeiger, der auf die aktuelle Position in der Datei weist, beliebig verstellt werden. In diesem Fall wird der Zeiger durch *SEEK #1, 1* auf das erste Zeichen in der Datei mit der Nummer #1 gesetzt. Danach werden wieder die Wortpaare eingelesen und das eingegebene Wort, mit dem ersten oder zweiten Wort dieses Paares verglichen, abhängig von der Übersetzungsrichtung. Der Vergleich findet dabei stets in Großbuchstaben statt, wodurch die Schreibweise des eingegebenen Suchwortes keine Rolle spielt.

```
Möchten Sie: Vokabeln (e)ingeben, (a)bfragen, (L)iste oder (P)rogrammende ?a
*** Vokabel-Abfrage ***
 (D=Deutsch, E=Englisch, X=Ende)

Deutsches Wort  :? auto
Deutsch: Auto => Englisch: car
Deutsches Wort  :? e
Englisches Wort :? house
Deutsch: Haus => Englisch: house
Englisches Wort :? x

Möchten Sie: Vokabeln (e)ingeben, (a)bfragen, (L)iste oder (P)rogrammende ?p




Beliebige Taste zum Fortsetzen drücken
```

Abb. 39: Vokabel-Trainer

Der oben eingesetzte *SEEK*-Befehl kann also durch die Position des Datenzeigers innerhalb der Datei verstellt werden. Im Gegensatz hierzu gibt es natürlich auch die Möglichkeit, die aktuelle Position dieses Zeigers zu ermitteln. Hierfür gibt es die *SEEK()*-Funktion, die durch

```
Zeiger = SEEK(1)
```

Die SEEK-Funktion

die Position in Byte oder, bei RANDOM-Dateien, die aktuelle Datensatznummer angibt.

Obwohl diese Methode bzw. dieses Programm schon recht gut funktioniert, werden Sie mir sicher zustimmen, daß dies nicht gerade optimal ist. Werden aus der Datei nur gelegentlich Daten benötigt, kann dies zwar so programmiert werden; bei häufigen gezielten Zugriffen stellt sich diese Methode jedoch bald als ungeeignet heraus.

Nehmen wir ein anderes Beispiel hierzu. Angenommen, Sie schreiben ein Kassenprogramm, mit dem eine bestimmte Anzahl Artikel verwaltet werden soll. Jeder Artikel hat dabei eine Nummer, einen Namen und natürlich einen Preis. Wenn Sie sich nun den praktischen Fall vorstellen, etwa im Supermarkt an der Kasse, erkennen Sie die Notwendigkeit eines anderen Dateizugriffs, mit dem anhand der Artikelnummer schnell auf die anderen Daten des Artikels zugegriffen werden muß.

Es gibt auch noch eine andere Funktion zur Ermittlung des aktuellen Dateizeigers: *LOC*. Diese Funktion arbeitet allerdings bei Nicht-Binär-Dateien etwas anders als *SEEK*. Bei sequentiellen Dateien gibt sie die Position durch 128 geteilt zurück, bei RANDOM-Dateien die Satznummer des zuletzt zugegriffenen Datensatzes. Ab und zu braucht man dies zwar genau so, doch ist in den weitaus meisten Fällen die *SEEK*-Funktion praktikabler.

Die LOC-Funktion

11.3 RANDOM-Dateien

Für einen Fall wie dem oben beschriebenen stellt QBasic auch eine Dateiart zur Verfügung, die einen solchen Direktzugriff ermöglicht. Es handelt sich hierbei um sogenannte RANDOM-Dateien, die im *OPEN*-Befehl durch das Schlüsselwort *FOR RANDOM* definiert werden.

Direktzugriff

In einer solchen Datei müssen alle Einträge dieselbe Länge besitzen, wodurch die Position eines bestimmten Datensatzes innerhalb der Datei durch eine einfache Berechnung bestimmbar ist.

Hat beispielsweise jeder Eintrag die Gesamtlänge 20, kann der X-te Eintrag an der Position X*20+1 (X einschließlich 0) gefunden werden. Doch auch diese Berechnung nimmt Ihnen QBasic ab.

Unterschied zu sequentiell

Um den Unterschied zwischen einer sequentiellen und einer RANDOM-Datei zu verdeutlichen, stellen wir uns eine Datei beider Typen vor, in der eine Adresse enthalten ist.

Adresse:	Vorname Bernd, Nachname Meier, Wohnort Düsseldorf
Sequentielle Datei:	Bernd<CR>Meier<CR>Düsseldorf<CR>
RANDOM-Datei:	Bernd Meier Düsseldorf

Die sequentielle Datei enthält einfach die Daten so und in der Länge, wie sie kommen. Getrennt werden die einzelnen Einträge durch ein Trennzeichen, in diesem Beispiel <CR>. Die Datei ist somit minimal groß.

Die RANDOM-Datei dagegen enthält die Daten in festen Längen, die hier mit Leerzeichen aufgefüllt werden. Die feste Länge der Datensätze ist somit gewährleistet, die Datei aber auch länger. Ein Nachteil ergibt sich außerdem hier: Wenn nämlich einer der Einträge länger als das dafür vorgesehene Feld sein sollte, wird der Rest gekappt.

GET und PUT

Innerhalb von RANDOM-Dateien werden die einzelnen Einträge nicht mit *PRINT* und *INPUT* verwaltet, sondern mit den Befehlen *GET* und *PUT*. Jeder dieser beiden Befehle betrifft einen ganzen Datensatz. Sind diese Datensätze definiert, kann mit *GET* direkt der gewünschte Datensatz eingelesen werden.

FIELD

Diese Definition der Datensätze kann auf zweierlei Arten stattfinden. Hierbei kann ein Datensatz aus mehreren einzelnen Variablen zusammengestellt werden, welche dann mit dem *FIELD*-Befehl zusammengefaßt werden. Für das Beispiel mit den Artikeln kann dies etwa so aussehen:

```
OPEN "ARTIKEL.DAT" FOR RANDOM AS #1 LEN = 20
```

Der *OPEN*-Befehl öffnet die Datei ARTIKEL.DAT für den Zugriff auf die mit *FIELD* definierten Datensätze. Der Parameter *LEN = 20* bedeutet bei QBasic, daß die gesamte Datensatzlänge 20 Byte betragen wird.

```
FIELD #1, 16 AS ArtikelName$, 4 AS Preis$
```

Mit diesem *FIELD*-Befehl werden die beiden Variablen *Artikel-Name$* und *Preis$* in der Länge festgelegt und als Datensatzvariablen definiert. Alle Operationen mit *GET* und *PUT* beziehen sich ab sofort auf diese Variablen.

Hier zeigt sich aber auch der erste Nachteil des *FIELD*-Befehls: er kann nur Stringvariablen verarbeiten. Um den Datensatz Nummer 1 in diese Datei zu schreiben, wobei die Datensatznummer der Artikelnummer entspricht, muß also der als SINGLE-Wert vorliegende Preis in einen String umgewandelt werden, wobei die *STR$()*-Funktion nicht geeignet ist. Für diese Umwandlung dienen die *MKx$()*-Funktionen, bei denen für x der umzuwandelnde Datentyp eingesetzt wird. Diese Funktion wandelt den angegebenen Wert in einen gepackten String um, welcher in der Regel weniger Speicher benötigt, als der ausgeschriebene Wert (STR$). Im Fall der SINGLE-Variable für den Artikelpreis wird *MKS$()* verwendet.

Nachteil des FIELD-Befehls

```
ArtNum% = 1                    '** Artikelnummer = Datensatznummer
ArtikelName$ = "Erbsensuppe"   '** Name definieren
Preis$ = MKS$(9.8)             '** Preis in String umwandeln
PUT #1, ArtNum%                '** Datensatz schreiben
```

Der *PUT*-Befehl schreibt in die Datei Nummer #1 den mit *FIELD* definierten Datensatz Nummer 1. Das ist schon alles. Ebenso können nun noch beliebig weitere Datensätze bestimmt und gespeichert werden, wodurch ein richtiger Artikelstamm angelegt werden kann.

Das Auslesen der Datensätze gestaltet sich ebenso leicht, nur mit umgekehrter Reihenfolge. Während *PUT* den Datensatz schreibt, list *GET* ihn wieder ein:

```
GET #1, 1                      '** Datensatz 1 holen
PRINT ArtikelName$             '** Name zeigen
PRINT CVS(Preis$); "DM"        '** Preis zeigen
CLOSE
```

Die QBasic-Funktion *CVS()* stellt das Gegenstück zu *MKS$()* dar und wandelt den String wieder in einen SINGLE-Wert um.

Die Notwendigkeit der Umwandlung von Zahlenwerten in Strings fester Länge ist in diesem Fall recht lästig. In QBasic gibt es aber eine andere Möglichkeit, um Datensätze zu definieren, bei der die gesamte Handhabung wesentlich bequemer ist: Die Verwendung eigener Datentypen.

Selbstdefinierte Datentypen

Die Grundlage der RANDOM-Dateien ist ja, daß alle Datensätze gleich lang sind. Wie sich diese Datensätze zusammensetzen, spielt für QBasic keine Rolle. Aus diesem Grund kann ein selbst-definierter Datentyp, der ja garantiert eine feste Länge besitzt, ebenso als Datensatz definiert werden, was den Voraussetzungen für die Zugriffe mit *GET* und *PUT* genügt.

Datensatz-Typ definieren

Für das Beispiel mit den Artikeln kann daher ein Datentyp definiert werden, welcher etwa folgende Zusammensetzung hat:

```
TYPE ArtikelTyp
 ArtikelName  AS STRING * 16
 Preis        AS SINGLE
END TYPE
```

Danach wird eine Variable mit diesem Typ definiert:

```
DIM Artikel AS ArtikelTyp
```

RANDOM-Datei ohne FIELD-Befehl

Mit dieser Variablen kann nun auch ohne den *FIELD*-Befehl eine RANDOM-Datei verwaltet werden. Hierbei wird den Befehlen *GET* und *PUT* direkt der Variablenname mitgegeben, der den gesamten Datensatz beinhaltet. Obiges Beispiel der (ziemlich teuren) Erbsensuppe kann dann so programmiert werden:

```
OPEN "ARTIKEL.DAT" FOR RANDOM AS #1
ArtNum% = 1                          '** Artikelnummer = Datensatznummer
Artikel.ArtikelName = "Erbsensuppe"  '** Name definieren
Artikel.Preis = 9.8                  '** Preis setzen
PUT #1, ArtNum%, Artikel             '** Datensatz schreiben
```

Mit dem einfachen Befehl

```
GET #1, ArtNum%, Artikel
```

kann danach der zuvor abgespeicherte Artikel Nummer 1 wieder in die Artikel-Variable eingelesen werden, wobei für das Auswerten des Preises hier keine Umwandlung nötig ist!

Durch den Umstand, daß der *GET*-Befehl bei Auslassen der Datensatznummer den nächsten Datensatz einliest, zeigen sich auch Gemeinsamkeiten zwischen der sequentiellen und der RANDOM-Datei.

Zusammenfassend kann man sagen, daß für das Abspeichern einer kleineren, bekannten Datenmenge, deren Elemente verschiedene Länge haben, der Einsatz der sequentiellen Datei sinnvoller ist, vor allem dann, wenn der gesamte Dateiinhalt sowieso in den Speicher geladen werden soll. RANDOM-Dateien eignen sich dagegen besonders dann, wenn die Datensätze anhand der Datensatznummer schnell gefunden werden sollen, also für einen Einsatz wie die erwähnte Artikelverwaltung.

11.4 Varianten der Dateiorganisation

Wie Sie an obigen Erläuterungen feststellen können, ist der Dateityp RANDOM für die Verwaltung vieler gleicher Datensätze ideal geeignet. Hat man eine solche Datei angelegt und mit vielen Einträgen gefüllt, stellt sich sehr bald die Frage, wie diese weiter verwaltet werden können. Schließlich ist es mit dem reinen Abspeichern der Daten nicht getan!

Die Problemstellungen bei der Dateiverwaltung sind in erster Linie das Hinzufügen und Löschen einzelner Datensätze, das Sortieren der Sätze sowie das Suchen eines Datensatzes. Das Hinzufügen ist sicherlich der einfachste Teil dieser Problemstellung, kann man doch einfach einen Datensatz hinten an die Datei anhängen! Doch was passiert, wenn ein Datensatz gelöscht werden soll?

So einfach es klingt, Daten zu löschen, so schwierig kann sich dies in der Praxis gestalten. Für die weiteren Erläuterungen soll die folgende Beispieldatenbank dienen, deren ursprünglicher Aufbau so aussieht (pro Name ein Datensatz):

```
Xaver.....
Dieter....
Alfons...,
Fred......
Christiane
```

Diese Datei enthält also fünf Datensätze gleicher Länge, die unsortiert unmittelbar hintereinander liegen.

Aus dieser Datei soll der Datensatz Alfons gelöscht werden. Hierfür gibt es mehrere Wege:

Datensatz löschen

1. als Gelöscht markieren

2. Nachfolgende aufrücken

3. den letzten Datensatz dorthin kopieren und die Datei hinten verkürzen

Alle drei Methoden kommen in der Praxis vor, wobei der zweite bei größeren Datenbeständen einen untragbar großen Aufwand erfordert und somit vernachlässigt werden kann. Welche der anderen Methoden eingesetzt werden soll, hängt von der Organisation der Daten ab, also von der Methode, wie die Datensätze im Programm verwaltet werden.

Sortierte Dateien   Wenden wir uns daher nun der Verwaltung der Datenbestände zu. In den wohl meisten Fällen müssen die Datensätze sortiert vorliegen. Hierfür können natürlich die Datensätze bereits in der Datei sortiert abgespeichert werden, was aber beim Einfügen eines neuen Datensatzes einen großen Aufwand erfordert.

Index-Datei   Aus diesem Grund wird häufig eine Methode eingesetzt, die mit einer zweiten Datei arbeitet, der Indexdatei. In dieser zweiten Datei liegen die Sortierschlüssel und die zugehörigen Indices auf die Datensätze der ersten Datei. Dieses Verfahren heißt auch Index-Sequentiell.

Index-Sequentielles Verfahren

Was hier so kompliziert klingt, ist in der Praxis recht einfach. Während die Datensätze recht lang sein können, ist der Sortierschlüssel meist wesentlich kürzer. Dieser Schlüssel kann in einer Adreßdatei z.B. der Familienname oder auch nur der erste Buchstabe davon sein. In letzterem Fall muß also für jeden Datensatz der Datenbank in der Indexdatei nur ein Buchstabe und eine Zahl vorliegen, wobei der Buchstabe der jeweils erste Buchstabe des Namens und die Zahl den Index des dazugehörenden Datensatzes darstellt. Auf diese Weise wird z.B. für eine Adreßdatei mit 1.000 Datensätzen der Länge 200, also mit der Gesamtlänge von 200.000 Bytes, eine Indexdatei von 1.000 Schlüsselbuchstaben und 1.000 Indices, meist INTEGER-Zahlen mit 2 Bytes angelegt. Die gesamte Indexdatei hat somit eine Länge von 3.000 Bytes, was problemlos im Speicher gehalten und verarbeitet werden kann.

Für die oben bestimmte Beispiel-Datei sähe die sortierte Indexdatei folgendermaßen aus:

```
A 3
C 5
D 2
F 4
X 1
```

Hier liegen die Schlüssel sortiert vor, während die Zahl die Nummer des dazugehörenden Datensatzes der Adreßdatei beinhaltet. Um also den alphabetisch ersten Datensatz einzuladen, muß nur der Index des ersten Eintrages dieser Liste in den *GET*-Befehl eingetragen werden.

Wird nun ein neuer Datensatz in die Datei eingefügt, kann dieser hinten angehängt werden. Der dazugehörige Schlüssel mit dem entsprechenden Index muß dann in die Indexliste einsortiert werden, was durch einen geeigneten Sortieralgorithmus (z.B. Quick-Sort, siehe Kapitel 17.7) im Speicher schnell geschehen kann.

Für das Löschen eines Datensatzes können nun auch beide oben beschriebenen Methoden eingesetzt werden. Der Nachteil der Variante, in der der letzte Datensatz an die Stelle des zu löschenden Datensatzes kopiert wird, ist zwar technisch kein Problem, weil in der Indexdatei auch nur der entsprechende Index gesetzt werden braucht, hat jedoch den Nachteil, daß in QBASIC kein Befehl zum Verkürzen einer Datei existiert. Der hinten nach wie vor in der Adreßdatei liegende Eintrag kann somit nur logisch, nicht aber physisch gelöscht werden.

Sinnvoller ist es hier also, den zu löschenden Eintrag lediglich in der Indexliste und in der Datei als gelöscht zu markieren. Die Markierung in der Datei kann durch Überschreiben des Datensatzes mit einem leeren Datensatz geschehen. Dies ist zwar eigentlich nicht nötig, weil der Löschvermerk auch in der Indexliste vorgenommen wird, jedoch kann es ja einmal geschehen, daß die Indexdatei versehentlich gelöscht wird. In einem solchen Fall könnte die Indexdatei zwar neu erstellt werden, alle gelöschten Datensätze wären jedoch wieder da!

Löschvermerk

In der Indexliste kann dies beispielsweise dadurch geschehen, daß der Schlüssel in der Indexliste auf CHR$(255) gesetzt wird, was wohl kaum in einem normalen Adreßeintrag vorkommen kann. Wird danach die Indexliste wieder sortiert, ist der zu löschende Eintrag aus der Reihenfolge entfernt und hängt hinten an der Liste.

Diese hinten anhängenden Verweise auf gelöschte Datensätze kann nun immer dann wiederverwendet werden, wenn ein neuer Datensatz in die Datei aufgenommen werden soll. In einem solchen Fall wird zunächst überprüft, ob gelöschte Einträge existieren. Wenn nein, kann der neue Datensatz wie gehabt hinten angehängt werden. Andernfalls wird der neue Datensatz an die Stelle in die Adreßdatei geschrieben, wo zuvor der gelöschte Datensatz lag. Auf diese Weise wird sozusagen Speicherplatz 'recycled'.

In einem späteren Kapitel des Buches (Kapitel 18.3) finden Sie eine komplette Dateiverwaltung, die nach dem Index-Sequentiellen Prinzip funktioniert.

11.5 Binärdateien

Neben den Sequentiellen und den RANDOM-Dateien gibt es noch eine dritte Gruppe: die Binärdateien. Diese werden mit dem Schlüsselwort *BINARY* in der *OPEN*-Anweisung geöffnet und weisen sehr große Ähnlichkeiten mit RANDOM-Dateien auf.

Unterschied zu
RANDOM-
Dateien

Die Unterschiede zu RANDOM-Dateien liegen in erster Linie darin, daß hier keinerlei Beschränkung auf die Art der zu lesenden oder schreibenden Daten existiert. Es können somit beliebige Datentypen in eine Binärdatei an beliebiger Stelle geschrieben und wieder herausgelesen werden. Die Satzlänge, die in RANDOM-Dateien noch eine Rolle spielt, ist hier mit 1 anzunehmen und wird ignoriert.

In dem folgenden Kapitel, in dem das Einlesen und Analysieren von dBase-Dateien gezeigt wird, wird ebenfalls eine Binärdatei eingesetzt. Der Grund hierfür ist einfach der, daß dBase-Dateien nicht in einem für RANDOM-Dateien unmittelbar geeigneten Format vorliegen.

11.6 Zugriff auf dBase-Dateien

Das Datenbankprogramm dBase III+ ist eines der erfolgreichsten Programme für PCs überhaupt. Hiermit können nahezu beliebige Datenmengen verwaltet werden.

Aus dem Grund, daß dBase so verbreitet ist, haben auch viele Programmhersteller ihre Dateiformate an das dBase-Format angepaßt. Da jedoch das dort verwendete Format durchaus seine Nachteile hat, wird dies meist nur in Form eines Im- oder Exportes unterstützt.

Der Vorteil dessen ist schnell erklärt. Jedes Programm, welches dBase-Dateien lesen oder auch schreiben kann, ist in der Lage, mit

allen anderen Programmen dieser Art Daten auszutauschen. Sollten Sie also in einem Programm Daten eingegeben haben, die Sie
in einem QBasic-Programm weiterbearbeiten wollen, können Sie
ggf. den Umweg über dBase beschreiten.

Langer Rede kurzer Sinn: Wir wollen uns in diesem Kapitel mit   *dBase-Dateien*
der Möglichkeit befassen, dBase-Dateien einzulesen. Mit dem da-   *einlesen*
bei vermittelten Know-How und den entsprechenden Routinen
gerüstet, können Sie jegliche Daten weiterverarbeiten, die im
dBase-Format vorliegen.

Das Ziel des Kapitel ist es, ein Programm zum Einlesen und An-   *dBase-Format*
zeigen der dBase-Dateien zu erstellen. Solche Dateien tragen meist
die Erweiterung .DBF und bestehen aus einem Dateikopf, der Definition des verwendeten Dateiformates sowie den Datensätzen
selbst. Der Dateikopf hat eine Länge von 32 Bytes und enthält Angaben über die Dateiversion, das Datum der letzten Änderung,
die Anzahl und Größe der Datensätze und einige weitere interne
Daten.

Pro Datenfeld innerhalb der Datei folgt dann eine Feldbeschrei-
bung, die den Namen, den Typ, die Länge und ggf. die Aufteilung
des Feldes in Vor- und Nachkommastellen beschreibt. Jede Feld-
beschreibung ist ebenfalls 32 Bytes groß.

Danach folgen die Datensätze selbst, deren Länge und Aufteilung
aus den bisher ermittelten Angaben bekannt ist. Hierbei gibt es
die folgenden verschiedenen Datentypen, die von dem QBasic-
Programm berücksichtigt werden müssen:

Zeichen	(Character, beliebige ASCII-Zeichen)
Numerisch	(0 bis 9, "." und "-")
Logisch	(je ein Zeichen für eine Entscheidung Ja oder Nein)
Datum	(8-stellig im Format JJJJMMTT, also Jahr, Monat und Tag)

Jedem Datensatz geht noch ein Zeichen voraus, in dem ein even-
tueller Löschvermerk enthalten ist. Ist der Eintrag gelöscht, ist dies
das Zeichen "*", andernfalls ein Leerzeichen.

Das Programm, welches eine dBase-Datei einlesen und analysie-   *Anforderung an*
ren soll, muß also folgende Schritte durchführen: *das Programm*

1. Öffnen der Datei im BINARY-Modus, um beliebige Datenty-
    pen einlesen zu können

2. Einlesen des Dateikopfes zum Ermitteln der Anzahl Datenfelder und Datensätze in der Datei

3. Einlesen und Speichern der Feldbeschreibungen, um den Aufbau eines Datensatzes zu ermitteln

4. Einlesen der Datensätze in dem ermittelten Format

Das Programm   Bevor wir uns an dieser Stelle in graue Theorie verlieren, schlage ich vor, einen Blick auf das Programm zu werfen. Es besteht aus dem Hauptprogramm und drei Unterprogrammen.

Hauptprogramm   Das Hauptprogramm besteht aus dem Deklarationsteil, in dem die Unterprogramme deklariert und auch die Variablen vordimensioniert werden. Hier wird ein Datentyp definiert, der zum Speichern der Datenfelddeklarationen dient. Es wird dann ein Array dieses Typs vorbereitet, in das später die Deklarationen der Datenfelder eingelesen werden.

Als nächstes werden mit dem *FILES*-Befehl alle im aktuellen Verzeichnis liegenden dBase-Dateien angezeigt und die Eingabe des gewünschten Namens gefordert. Mit diesem Namen wird dann die SUB *ReaddBStruct* aufgerufen, in der das Öffnen und die Analyse der dBase-Datei stattfindet. Als Ergebnis wird die Länge und Anzahl der Datensätze, die Länge des gesamten Dateikopfes sowie die Feldbeschreibungen in dem vordimensionierten Feld des Typs *dBStruktur* zurückgeliefert.

Die so ermittelte Dateistruktur wird dann auf dem Bildschirm angezeigt. Nach dem Betätigen einer Taste werden dann die einzelnen Datensätze selbst eingelesen und aufgeschlüsselt angezeigt.

GET-DB.BAS

```
'********** Einlesen und Anzeigen einer dBase-Datei **********
'** aus DATA BECKERs großem QBasic-Buch
'** Autor: Stefan A. Dittrich

DECLARE SUB ReaddBStruct (dBName$, dBStruct() AS ANY, DSLen%, Anz&,
Felder%, HeaderLen%)
DECLARE SUB ReadDBEntry (Num%, Datensatz$(), dBStruct() AS ANY, Felder%,
DSLen%, HeaderLen%)
DECLARE FUNCTION GetDate$ (DBDate$)

TYPE dBStruktur
  FName        AS STRING * 11        '** Feldname
  FTyp         AS STRING * 1         '** Feldtyp (C, N, L, D)
  Laenge       AS INTEGER            '** Feldlänge
  Nachkomma    AS INTEGER            '** Nachkommastellen bei Typ N
END TYPE
'$DYNAMIC:
```

```
DIM dBStruct(0) AS dBStruktur        '** Feld für Struktur
                                        vorbereiten


FILES "*.DBF"                        '** vorhandene dBase-Dateien
                                        zeigen
INPUT "dBase-Dateiname ", F$         '** Namen eingeben
IF F$ = "" THEN END                  '** kein Name: Ende!


'********** Dateistruktur einlesen **********
ReaddBStruct F$, dBStruct(), DSLen%, Anz&, Felder%, HeaderLen%


'********** Dateistruktur anzeigen **********
PRINT
PRINT "*** Datei "; F$; ","; Anz&; "Einträge ***"
PRINT "Feldname", "Typ", "Länge", "Nachkommastellen"
FOR Feld% = 1 TO Felder%
 PRINT dBStruct(Feld%).FName, dBStruct(Feld%).FTyp,
dBStruct(Feld%).Laenge, dBStruct(Feld%).Nachkomma
NEXT Feld%


PRINT
PRINT "*** Taste drücken für Anzeige der Datensätze ***"
SLEEP

DIM Datensatz$(Felder%)              '** Stringfeld für Datenfelder
FOR i% = 1 TO Anz&                   '** alle Datensätze lesen und
                                        anzeigen
 ReadDBEntry i%, Datensatz$(), dBStruct(), Felder%, DSLen%, HeaderLen%
 PRINT STR$(i%); ") ";               '** lfd. Nummer zeigen
 FOR Feld% = 1 TO Felder%
  PRINT Datensatz$(Feld%),           '** Datenfelder anzeigen
 NEXT Feld%
 PRINT
NEXT i%
CLOSE #1                             '** dBase-Datei schließen
```

Die SUB *ReaddBStruct* öffnet die dBase-Datei und liest in die vorbereiteten Variablen und das Feld die Struktur der Datei ein. Hierbei werden in dem Feld *dBStruct()* die Informationen über die einzelnen Datenfelder der Datei eingetragen, etwa den jeweiligen Feldtyp, dessen Name und Länge sowie ggf. seine Aufteilung in Vor- und Nachkommastellen.

Der Name der dBase-Datei wird in *dBName$* übergeben. Neben dem Feld für die Struktur werden noch folgende Ergebnisse geliefert:

DSLen%	Länge eines gesamten Datensatzes
Anz&	Anzahl der Datensätze in der Datei
Felder%	Anzahl der Datenfelder eines Datensatzes
Header%	Länge des Dateiheaders (für ReaddBEntry())

```
SUB ReaddBStruct (dBName$, dBStruct() AS dBStruktur, DSLen%, Anz&,
    Felder%, Header%)
'*** Datenstruktur aus DBase-Datei in dBStruct() einlesen
'** Eingabe:  DBname$=FileName ohne Ext.
'** Ausgaben: dBStruct() = Datenstruktur der Datei
'               Anz&      = Anzahl Datensätze in Datei
'               Felder%   = Anzahl Felder pro Datensatz
'               Header%   = Länge des Dateiheaders
 OPEN dBName$ + ".DBF" FOR BINARY AS #1
 SEEK #1, 5
 GET #1, , Anz&                      '** Anzahl Datensätze einlesen
 GET #1, , Header%                   '** Header-/Def-Länge
 GET #1, , DSLen%                    '** DS-Länge
 Felder% = (Header% - 33) / 32  '** Anzahl Datenfelder
 REDIM dBStruct(Felder%) AS dBStruktur
 SEEK #1, 33                         '** zur ersten Feldbeschreibung
 Def$ = SPACE$(32)
 FOR i% = 1 TO Felder%               '** Feldbeschreibungen einlesen
  GET #1, , Def$
  dBStruct(i%).FName = LEFT$(Def$, 11)              '** Feldname
  dBStruct(i%).FTyp = MID$(Def$, 12, 1)            '** Datentyp
D,N,C,L,M
  dBStruct(i%).Laenge = ASC(MID$(Def$, 17, 1))     '** Feldlänge
  dBStruct(i%).Nachkomma = ASC(MID$(Def$, 18, 1))  '** Nachkommastellen
 NEXT i%
END SUB
```

Ist die dBase-Datei so geöffnet und ihre Struktur eingelesen, kann
mit der SUB *ReaddBEntry* ein Datensatz eingelesen werden. In
Num% wird die laufende Nummer des zu lesenden Datensatzes
angegeben, dessen Inhalt dann in dem Stringfeld *Datensatz$()* zu-
rückgeliefert wird. Die anderen zu übergebenden Parameter sind
die in *ReaddBStruct* ermittelten Angaben über die dBase-Datei.

```
SUB ReadDBEntry (Num%, Datensatz$(), dBStruct() AS dBStruktur, Felder%,
    DSLen%, Header%)
'*** Datensatz Num% aus DBase-Datei in Datensatz$() einlesen
'** Eingabe: Num%      = Datensatznummer
'**          dBStruct() = Datenstruktur der Datei
'**          Felder%   = Anzahl Felder pro Datensatz
'**          DSLen%    = Länge der Datensätze
'**          Header%   = Länge des Dateiheaders
'** Ausgabe: Datensatz in Datensatz$()
 SEEK #1, Header% + 2 + (Num% - 1) * DSLen%  '** Datensatz suchen
 FOR j% = 1 TO Felder%                        '** pro Feld:
  Entry$ = SPACE$(dBStruct(j%).Laenge)
  GET #1, , Entry$                            '** Datenfeld einlesen
  IF dBStruct(j%).FTyp = "D" THEN             '** Datum:
   Datensatz$(j%) = GetDate$(Entry$)          '** umwandeln!
  ELSE                                        '** sonstiges Format
   Datensatz$(j%) = RTRIM$(Entry$)            '** ohne Leerzeichen
                                              '** übernehmen
```

```
    END IF
  NEXT j%
END SUB
```

dBase speichert ein Datum in der Form jjjjmmtt, also erst das Jahr, dann der Monat und der Tag. Die FUNCTION *GetDate$()* wandelt ein solches Datum in die in Deutschland übliche Form tt.mm.JJ um. Aus dem dBase-Datum 19600325 wird so 25.03.1960.

```
FUNCTION GetDate$ (DBDate$)
'** DBase-Datum DBDate$ in Datum tt.mm.jjjj umwandeln
 GetDate$ = RIGHT$(DBDate$, 2) + "." + MID$(DBDate$, 5, 2) + "." +
        LEFT$(DBDate$, 4)
END FUNCTION
```

11.7 Zugriff auf Disketten

Neben der Arbeit mit Dateien selbst gibt es in QBasic noch einige Befehle, die den Zugriff auf Disketten ermöglichen.

Mit der Anweisung *CHDIR* <Pfadangabe> kann das aktuelle Verzeichnis eingestellt werden.

CHDIR

Der Befehl *FILES* [<Maske>] listet die Dateien auf, die durch die angegebene Maske definiert sind. Der Aufbau der Maske ist analog zum DOS-Befehl DIR, also kann beispielsweise mit dem Befehl

FILES

```
FILES "C:\*.SYS"
```

die CONFIG.SYS-Datei gefunden werden.

Der Befehl *KILL* <Dateiname> löscht die angegebene Datei von der Diskette bzw. Festplatte.

KILL

Das Umnennen einer Datei kann mit dem Befehl *NAME* vorgenommen werden. Hier wird der alte und der neue Dateiname angegeben, getrennt durch das Schlüsselwort *AS*. Um eine Datei namens TEST.ASC in BEISPIEL.TXT umzunennen, würde dann geschrieben:

NAME

```
NAME "TEST.ASC" AS "BEISPIEL.TXT"
```

Aufgabe

Schreiben Sie bitte ein Programm, welches nach der Eingabe des BASIC-Dateinamens durch *INPUT* das Programm einliest und auf dem Bildschirm anzeigt.

Zusammenfassung

* Dateien können auf Disketten, Festplatten oder ähnlichen Festspeichern angelegt werden. Eine Datei kann aus QBasic zum Lesen, zum Schreiben oder auch für beliebigen Zugriff durch den *OPEN*-Befehl geöffnet werden.

* Man kann Dateien grundsätzlich in drei Kategorien unterteilen, was auch durch entsprechende Dateimodi beim QBasic-Befehl *OPEN* ausgedrückt wird:

```
OPEN <Dateiname> FOR <Modus> [ACCESS <Zugriffsart>][Sperrtyp] AS [#]
<Dateinummer> [LEN = Satzlänge]
```

Das Öffnen einer Datei namens TEST.DAT zum Lesen mit der Dateinummer 1 würde somit folgendermaßen aussehen:

```
OPEN "TEST.DAT" FOR INPUT AS #1
```

Wird die Datei mit dem Modus *INPUT* oder *OUTPUT* geöffnet, wird sie als sequentielle Datei behandelt. Hier werden Daten mit dem Befehl *PRINT #1, <Ausdruck>* oder *WRITE #1, <Ausdruck>* hineingeschrieben bzw. mit dem Befehl *INPUT #1, <Variable>* herausgelesen.

Dateien mit dem Modus *RANDOM* sind für das Lesen und Schreiben gleichzeitig geöffnet. Hier kann mit dem *FIELD*-Befehl ein Datensatz mit definierten Variablen fest zugeordnet werden, was auch durch die Angabe *LEN = <Satzlänge>* beim *OPEN*-Befehl angegeben werden muß.

Der Modus *BINARY* öffnet eine Binärdatei. Diese ist ähnlich wie RANDOM-Dateien, nur daß hier eine Datensatzlänge von 1 angenommen wird. Es können beliebige Variablentypen gelesen oder geschrieben werden.

* Wird eine Datei nicht mehr für den Zugriff benötigt, wird sie durch den Befehl *CLOSE #<Dateinummer>* geschlossen. Für einen weiteren Zugriff muß sie danach erst wieder mit *OPEN* geöffnet werden. Bei Programmende werden automatisch alle offenen Dateien geschlossen.

* Die Länge einer geöffneten Datei kann mit der Funktion *LOF(#<Dateinummer>)* ermittelt werden. Die aktuelle Position innerhalb der Datei, wo als nächstes gelesen oder ge-

schrieben werden wird, kann mit dem Befehl *SEEK* #<Datei-nummer>, <Position> gesetzt und mit der Funktion *SEEK* *(#<Dateinummer>)* ermittelt werden.

- Beim Einlesen einer sequentiellen Datei kann mit der Funktion *EOF(#<Dateinummer>)* festgestellt werden, ob das Datei-Ende erreicht wurde (*EOF()* wird dann wahr, liefert also einen Wert ungleich 0).

- Die Funktion *LOC(#<Dateinummer>)* gibt die aktuelle Position des Zugriffs auf eine Datei zurück.

- Eine Datei kann mit *KILL* <Dateiname> gelöscht oder mit *NAME* <alter Name> *AS* <neuer Name> umbenannt werden.

12. Kontakt zur Außenwelt: Die Schnittstellen

Der Kontakt eines Programmes mit der Außenwelt findet in erster Linie über Tastatur und Bildschirm statt, was für viele Fälle auch schon ausreicht. Für weitergehende Ein- und Ausgabemöglichkeiten sorgen die in jedem PC eingebauten Schnittstellen, die meist als Stecker oder Buchsen an der Geräterückwand eingebaut sind.

12.1 Die Drucker-Schnittstelle

Hier ist zunächst die Druckerschnittstelle zu nennen, die Sie wahrscheinlich bereits mit einem Kabel zum Drucker belegt haben. Das Ansprechen des Druckers ist in QBasic sehr einfach, weil einfach anstelle des *PRINT*-Befehls *LPRINT* eingesetzt wird.

LPRINT

Dieser Befehl bringt die Ausgaben nicht auf den Bildschirm, sondern sendet sie über die Druckerschnittstelle an den Drucker.

Wird mit *LPRINT* ein Text zum Drucker geschickt, der länger als eine Zeile ist, bricht QBasic die Zeile automatisch nach 80 Zeichen um und beginnt eine neue Zeile. In einigen Fällen ist dies aber nicht erwünscht, sondern es sollen mehr Zeichen pro Zeile akzeptiert werden. In solchen Fällen kann mit dem Befehl

WIDTH LPRINT

```
WIDTH LPRINT <Breite>
```

die neue Breite (1 bis 255) eingestellt werden.

Es ist aber auch möglich, andere Geräte an diese Schnittstelle anzuschließen, was jedoch selten ist und daher keiner besonderen Erläuterung bedarf. Dennoch kann auch der angeschlossene Drucker auf eine andere Weise als mit *LPRINT* angesprochen werden.

Ebenso wie eine Datei auf Diskette kann auch der Drucker als Ausgabekanal geöffnet werden. Hierzu dient als Dateiname für den *OPEN*-Befehl das Schlüsselwort PRN:, was für Printer steht. Wird ein Kanal mit diesem Schlüsselwort geöffnet, werden alle in diesen Kanal geleiteten Ausgaben auf den aktuellen Drucker geleitet. Der aktuelle Drucker ist üblicherweise der, der an dem er-

PRN:

sten Druckeranschluß des Rechners angeschlossen ist. Dies kann allerdings auch mit dem DOS-Befehl *MODE* auf einen anderen Anschluß gelegt werden, etwa die serielle Schnittstelle.

LPTx: Als Alternative zu PRN: kann auch die Ausgabe unmittelbar auf einen Druckeranschluß geleitet werden. Hierzu wird das Schlüsselwort LPTx: verwendet, wobei für "x" die Nummer des Anschlußsteckers angegeben wird. Der erste Anschluß ist somit durch LPT1: adressiert, der zweite durch LPT2: und so weiter. Die Ausgaben auf den Druckerkanal können nach dem Öffnen wie mit *LPRINT* vorgenommen werden. Als Beispiel haben folgende beiden Programmteile die gleiche Wirkung, wenn der Drucker an LPT1: angeschlossen ist:

```
OPEN "LPT1:" FOR OUTPUT AS #1
PRINT #1, "Test"
```

und

```
LPRINT "Test"
```

Der Vorteil in der Verwendung der ersten Variante liegt darin, daß die Ausgaben, die auf den Kanal geleitet werden, ebenso durch einen anderen *OPEN*-Befehl auf den Bildschirm oder in eine Datei geleitet werden können, ohne sonst irgendwelche Änderungen im Programm vornehmen zu müssen. Dies ist in vielen Fällen sehr nützlich.

Außerdem kann auch ein zweiter Drucker angesprochen werden, der gleichzeitig zum Standarddrucker (PRN:) an einer anderen parallelen Schnittstelle angeschlossen ist.

WIDTH   Auch bei dieser Methode, den Drucker zu programmieren, kann die Länge einer zu akzeptierenden Zeile mit dem *WIDTH*-Befehl eingestellt werden. Hier wird lediglich angegeben:

```
WIDTH #<Dateinummer>, <Breite>
```

Ein weiterer Vorteil der Druckerprogrammierung über die Dateibefehle ist die Möglichkeit, die oben erwähnte automatische Umsetzung des "Return"-Befehls an den Drucker in Zeilenvorschub und Wagenrücklauf (LF und CR) zu verhindern. Hierfür kann mit dem Schlüsselwort LPTx: noch der Zusatz *BIN* angegeben werden, und zwar so:

BIN   ```
OPEN "LPT1:BIN" FOR OUTPUT AS #1
```
```

12.2 Die seriellen Schnittstellen

Eine weitere und für die Programmierung sehr interessante Schnittstelle ist die serielle Schnittstelle, welche unter der Bezeichnung COM bekannt ist. Viele Rechner verfügen über zwei oder auch mehr dieser Schnittstellen, die dann meist mit COM1, COM2 usw. bezeichnet sind. An diese Schnittstellen können verschiedenartige Geräte angehängt werden, etwa eine Maus, ein Verbindungskabel zu einem zweiten Rechner (Nullmodem) oder auch ein Telefonmodem oder Akustikkoppler, um über die Telefonleitung mit dem Rest der Welt Daten auszutauschen.

COM

Die Programmierung dieser Schnittstelle gestaltet sich verhältnismäßig einfach, obwohl QBasic über keine direkten Befehle hierfür verfügt. Die Schnittstelle wird dagegen wie eine Datei behandelt, also mit *OPEN* geöffnet, die Daten werden mit *PRINT* # und *INPUT* # geschrieben und gelesen, und die Datei wird wieder mit *CLOSE* geschlossen.

Grundsätzlich wäre das schon alles, was zwingend über diese Schnittstelle und deren Programmierung zu wissen ist, wenn es nicht so wichtig wäre, die Einstellungen der Geräte an beiden Enden des hier angeschlossenen Kabels abzustimmen. Es gibt nämlich für den Betrieb dieser Schnittstelle, welche nach der Norm *RS232* oder *V.24* definiert ist, eine Reihe von Parametern, die den Betrieb bestimmen.

Die wichtigsten Parameter für den Betrieb der Schnittstelle sind im folgenden aufgelistet. Die genaue Syntax entnehmen Sie bitte der Referenz.

Baudrate   Geschwindigkeit der Datenübertragung, gibt etwa die Anzahl der übertragenen Bits pro Sekunde an. Gültige Geschwindigkeiten sind hier 75, 110, 150, 300, 600, 1.200, 1.800, 2.400, 4.800, 9.600 und entgegen dem Handbuch 19.200 Baud.

Schnittstellen-Parameter

Parität   Wird das Paritätsbit eingeschaltet, wird nach 7 Datenbits (s.u.) immer noch ein Prüfbit gesendet.

Datenbits   Es können pro Byte entweder 7 oder 8 Bits gesendet werden, wobei 8 Bits für den kompletten Zeichensatz benötigt werden.

Stoppbits   Nach jedem übertragenen Byte wird eine kurze Pause eingelegt, die sogenannten Stoppbits. Üblich ist hier 1 bei der Verwendung höherer Baudraten.

Diese Einstellungen können in QBasic in einer Sonderform des *OPEN*-Befehls direkt vorgenommen werden. Ein solcher *OPEN*-Befehl, der beispielsweise die erste Schnittstelle COM1 als Kanal #1 öffnet, mit 2.400 Baud, keiner Parität, 8 Datenbits und 1 Stoppbit, lautet:

```
OPEN "COM1: 2400,N,8,1" FOR RANDOM AS #1
```

Als Dateiart wurde hier RANDOM eingesetzt, wodurch die Schnittstelle beliebig gelesen und geschrieben werden kann.

Es gibt noch eine Reihe weiterer optionaler Parameter, die mit diesem Befehl angegeben werden können. Mit diesen Parametern können Sie etwa die Größe des Sende- und Empfangspuffers oder das Verhalten bei Verbindungsfehlern einstellen. Sie finden diese Parameter im Referenzteil dieses Buches oder auch in dem QBasic-Hilfesystem. Für die hier beschriebenen Vorgänge sind diese Einstellungen jedoch nicht notwendig, weil schon die voreingestellten Standardwerte den Anforderungen entsprechen.

Terminal-Programm   Mit diesem *OPEN*-Befehl bzw. der so geöffneten Schnittstelle kann nun als Beispiel ein Programm erstellt werden, mit dem zwei Rechner miteinander gekoppelt werden können. Sollten Sie selbst über einen zweiten PC verfügen, verbinden Sie die beiden Rechner bitte mit einem sogenannten Nullmodem-Kabel, erhältlich bei jedem Fachhändler, und laden bzw. geben in beiden Seiten das folgende Programm ein. Ist der zweite Rechner ein Gerät anderen Typs, starten Sie dort ein beliebiges Terminal-Programm und stellen es auf die oben erwähnten Schnittstellen-Parameter und Halb-Duplex ein.

Das folgende Listing stellt ein minimales Terminal-Programm dar. Die Arbeitsweise ist einfach: Wird über die Tastatur ein Zeichen eingegeben, wird dies sowohl auf dem Bildschirm (in grau) dargestellt als auch über die serielle Schnittstelle gesandt. Kommt im Gegenfall ein Zeichen über diese Schnittstelle an, wird dieses in hell auf dem Bildschirm angezeigt. Auf diese Weise ist eine Unterhaltung oder auch das Bedienen eines Mailbox-Programmes per Modem möglich.

```
'*** Mini-Terminal in QBasic ***
CLS
PRINT "******* Terminal-Programm (Ende mit <Strg>-<C>)  *******"
LOCATE , , 1                        '** Cursor einschalten
'*** COM1: öffnen mit 2400 Baud
OPEN "COM1: 2400,N,8,1" FOR RANDOM AS #1
DO
 Key$ = INKEY$                      '** ggf. Taste holen
 IF Key$ = CHR$(3) THEN EXIT DO     '** Ende bei <Strg>-<C>
 IF LEN(Key$) = 1 THEN              '** Zeichen gedrückt:
  COLOR 7                           '** Farbe grau
  IF Key$ = CHR$(8) THEN            '** <Backspace>:
   IF POS(0) > 1 THEN
    LOCATE , POS(0) - 1             '** ein Schritt zurück
    PRINT " ";                      '** Zeichen löschen
    LOCATE , POS(0) - 1             '** wieder zurück
   END IF
  ELSE
   PRINT Key$;                      '** sonst Zeichen anzeigen
  END IF
  PRINT #1, Key$;                   '** Zeichen senden
 END IF
 IF LOC(1) THEN                     '** Zeichen empfangen:
  Empfang$ = INPUT$(1, #1)          '** Zeichen holen
  COLOR 7 + 8                       '** Farbe weiß
  PRINT Empfang$;                   '** Zeichen anzeigen
 END IF
LOOP
CLOSE
```

TERMINAL.
BAS

Die Funktionen dieses Programmes im einzelnen:

Zuerst wird die erste serielle Schnittstelle als Kanal #1 geöffnet. *Ablauf*
Sollten Sie an dieser Schnittstelle eine Maus angeschlossen haben,
können Sie hier auch den zweiten Anschluß mit *COM2:* in der
OPEN-Anweisung einsetzen.

Die dann folgende Schleife läuft endlos und wird erst abgebrochen, wenn Sie die Tastenkombination ⌊Strg⌋+⌊C⌋ drücken
(CHR$(3)). Innerhalb der Schleife werden sowohl die Tastatur als
auch die serielle Schnittstelle auf den Empfang eines Zeichens hin
überprüft.

Wurde ein Zeichen auf der Tastatur eingegeben, wird dieses Zeichen mit *INKEY$* in die Variable *Key$* gelesen und ausgewertet.
Hierbei wird zunächt geprüft, ob es sich dabei um das Backspace-
Zeichen (CHR$(8)) handelt. Wenn das so ist, wird der Cursor um
eine Stelle zurückbewegt, ein Leerzeichen wird ausgegeben und
der Cursor wiederum zurückgestellt. Bei einem anderen Zeichen
wird dieses unmittelbar in der Farbe 7 (grau) angezeigt. Danach

wird das Zeichen über den Kanal #1 bzw. die serielle Schnittstelle an den anderen Rechner gesendet. Wird ein Zeichen an der seriellen Schnittstelle empfangen, wird dies durch die Funktion *LOC(1)* erkannt, welche die Anzahl der empfangenen und noch nicht vom Programm ausgelesenen Bytes liefert. In diesem Fall wird das Zeichen mit *INPUT$(1, #1)* eingelesen und in der Farbe 7+8 (weiß) auf dem Bildschirm dargestellt.

Mit diesem recht einfachen Programm sind Sie also schon in der Lage, über die serielle Schnittstelle zu kommunizieren. Wie Sie sehen, ist dies recht einfach und eröffnet eine Menge Möglichkeiten.

12.3 Modem-Programmierung

Neben der direkten Verbindung zweier Rechner über ein sogenanntes Nullmodem-Kabel werden immer häufiger Modems eingesetzt. Solche Geräte werden zwischen den Computer und die Telefonleitung geschaltet und ermöglichen einen weltweiten Datenaustausch.

Die am häufigsten eingesetzten Modems sind nicht nur reine elektrische Koppelungen, sondern beinhalten noch einen kompletten kleinen Computer. Auf diese Weise können solche Modems auch programmiert werden, was eine sehr große Flexibilität mit sich bringt. Der Standard, an den sich diese intelligenten Modems üblicherweise halten, wird Hayes-Standard genannt.

Hayes-Modems   Ein Hayes-kompatibles Modem beherrscht zwei Betriebsarten: den Übertragungs- und den Kommandomodus. Im Kommandomodus können unterschiedliche Befehle an das Modem übermittelt werden, nach der Umschaltung in den Übertragungsmodus werden die eigentlichen Daten über die Telefonleitung übertragen.

AT-Kommandos   Nach dem Einschalten eines Hayes-Modems befindet es sich im Kommandomodus. Alle Kommandos, die nun gegeben werden können, werden mit der Buchstabenkombination AT (Attention=Achtung) angeführt, wobei auch mehrere Kommandos in eine Zeile gesetzt werden können.

Echo   Bevor wir jedoch auf die Anwendung und Programmierung von Hayes-kompatiblen Modems eingehen, möchte ich Sie auf ein kleines Problem hinweisen. Das oben vorgestellte Mini-Kommunikationsprogramm weist in Verbindung mit solchen Modems eine kleine Unschönheit auf. Jedes Zeichen, das an das Modem im Befehlsmodus gesendet wird, kommt normalerweise unmittelbar wieder zurück. Man nennt diesen Vorgang Echo, an dem beispielsweise die korrekte Übertragung eines Befehls kontrolliert werden kann.

Wird somit ein Hayes-Modem an den Rechner angeschlossen und mit dem Mini-Terminalprogramm gearbeitet, erscheint jedes eingegebene Zeichen zweimal: Einmal normal und einmal hell.

Abhilfe kann hier ein Befehl schaffen, der das Echo des Modems unterdrückt. Das Kommando lautet E0 und kann durch die Befehlszeile

```
AT E0
```

ausgeschaltet werden.

Ein viel eleganterer Weg hierbei ist ein anderes Programm, in dem die selbst eingegebenen und die empfangenen Zeichen in zwei unterschiedlichen Fenster gezeigt werden. Es wird dann zwar immer noch jedes Zeichen zweimal auf dem Bildschirm erscheinen, jedoch in klar unterschiedenen Bereichen.

Fenster

Das Programm dazu bedient sich einer besonderen Möglichkeit von QBasic: der Einteilung des Bildschirms mit dem *VIEW PRINT*-Befehl. Dieser Befehl begrenzt nicht nur die Ausgaben auf einen bestimmten Bildschirmausschnitt (Fenster), sondern sorgt auch für ein Scrollen des Fensterinhaltes bei Erreichen der letzten Zeile.

Das Programm ist nicht besonders lang, überascht aber durch die recht elegante Funktion. Hier das Listing des Programmes, das Sie auch auf der Diskette im Buch unter dem Namen COMTALK.BAS finden können:

Modem-Kommunikations-programm

```
'*** Modem-Kommunikationsprogramm ***
'*** aus DATA BECKERs großem QBasic-Buch
'*** Autor: Stefan A. Dittrich
CLS                           '*** Bildschirm aufbauen
COLOR 0, 7
PRINT STRING$(80, "-")
LOCATE 1, 30: PRINT " Text vom Sender "
LOCATE 13, 1: PRINT STRING$(80, "=")
LOCATE 14, 1: PRINT STRING$(80, "-")
LOCATE 14, 25: PRINT " Text von hier (<Esc> = Ende) "
```

COMTALK.BAS

```
COLOR 7, 0
PRINT "_"                             '** eigenen Cursor zeigen
LOCATE 2, 1: PRINT "_"                '** anderen Cursor zeigen
DIM X%(1), Y%(1)
X%(0) = 1: Y%(0) = 2                   '** Cursorpositionen
X%(1) = 1: Y%(1) = 15                  '** festlegen
OPEN "COM1: 2400,n,8,1" FOR RANDOM AS #1 '** Kanal #1 öffnen
DO
 k$ = INKEY$                          '** Taste einlesen
 IF LEN(k$) THEN                      '** Taste: unten
  IF k$ = CHR$(27) THEN END           '** <Escape>: Abbruch!
  PRINT #1, k$;                       '** Zeichen senden
  S% = 1: GOSUB PrintIt               '** unten ausgeben
 ELSEIF LOC(1) THEN                   '** Empfang: oben
  k$ = INPUT$(1, #1)                  '** Zeichen empfangen
  S% = 0: GOSUB PrintIt               '** oben ausgeben
 END IF
LOOP
CLOSE #1
END                                   '** Ende!

PrintIt:                              '** Zeichen oben oder unten anzeigen
 VIEW PRINT 2 + S% * 13 TO 12 + S% * 13
 LOCATE Y%(S%), X%(S%)                '** Cursor setzen
 IF k$ = CHR$(13) OR k$ = CHR$(10) THEN PRINT " "; '** Cursor
ausblenden
 PRINT k$;                            '** Zeichen ausgeben
 X%(S%) = POS(0)                      '** neue Cursorposition speichern
 Y%(S%) = CSRLIN
 PRINT "_";                           '** Cursor zeigen
RETURN
```

```
=================== Text vom Sender ===================
AT DP 0211 9331 9


OK

AT H0


OK

_
=======================================================
=======================================================
============ Text von hier (<Esc> = Ende) =============
AT DP 0211 9331 9

AT H0

_



```

Abb. 40: Modem-Kommunikationsprogramm

Doch nun zurück zur Programmierung der Hayes-kompatiblen Modems. Wie bereits erwähnt, wird jede Kommandozeile mit den Buchstaben AT begonnen, gefolgt von den Befehlen selbst und abgeschlossen durch ein Return.

Um dem Modem den Befehl zu geben, die Telefonnummer 654321 zu wählen, wird einfach folgende Befehlszeile gesendet:

Nummer wählen

```
AT DP 654321
```

Der Befehl wird mit einem Return-Zeichen abgeschlossen. Die ersten beiden Zeichen, AT, führen den Hayes-Befehl an. Danach wird durch den Befehl DP (Dial Pulse) eine Anwahl ausgelöst, die im in Deutschland üblichen Pulswahlverfahren erfolgen soll. Nun braucht nur noch die Nummer angehängt zu werden, und schon beginnt der Wählvorgang. Alle Leerzeichen innerhalb der Befehlszeile werden ignoriert. Das folgende Programm führt den Vorgang auf einfache Art vor. Hier wird zunächst der Kanal #1 für die serielle Schnittstelle mit 2400 Baud geöffnet. Danach erfolgt die Abfrage der Telefonnummer. Ist sie eingegeben, wird das Wählkommando über die serielle Schnittstelle an das Modem geschickt:

```
'*** COM1: öffnen mit 2400 Baud
OPEN "COM1: 2400,N,8,1" FOR RANDOM AS #1
INPUT "Bitte Telefonnummer eingeben: ", TelNr$
PRINT #1, "AT DP" + TelNr$
```

Sie können diese Zeilen beispielsweise in das oben gezeigte Modem-Kommunikationsprogramm einsetzen, um es zu ergänzen. Mit dem Terminalprogramm können Sie aber auch selbst wählen, indem Sie einfach die beschriebene Kommandozeile dort eingeben und mit der Return-Taste bestätigen.

Obiges Programm ist natürlich noch nicht vollständig, weil die Möglichkeit fehlt, die Verbindung aufzuheben. Hierzu gibt es aber natürlich ein weiteres Hayes-Kommando: H0. Für die Aufhebung der Verbindung muß also nur folgende Zeile an das Modem gesandt werden:

Auflegen

```
AT H0
```

Hier gibt es allerdings ein kleines Problem: Woher soll das Modem während der Datenübertragung wissen, daß diese Zeile nicht an die Gegenstelle geschickt werden soll, sondern ein Befehl ist?

Die Lösung des Problems liegt in der Umschaltung vom Übertragungs- in den Kommandomodus. Dies erfolgt in drei Schritten:

Umschalten in den Befehlsmodus

1. mindestens eine Sekunde lang keine Daten übertragen

2. Senden der Umschaltsequenz +++

3. wieder mindestens eine Sekunde lang warten

Das Modem befindet sich danach wieder im Befehlsmodus und kann den Befehl zum Auflegen verarbeiten. Um sicherzustellen, daß der Befehl nach obigen Vorgaben auch korrekt ankommt, kann somit folgendes programmiert werden:

```
SLEEP 1
PRINT #1, "+++";
SLEEP 1
PRINT #1, "AT H0"
```

Hier wird zunächst über den *SLEEP*-Befehl eine Sekunde gewartet, dann die Sequenz +++ gesendet, wieder gewartet und dann erst der Befehl gesendet.

Abbrechen

Das oben beschriebene Verfahren für das Auflösen einer Verbindung ist nur dann nötig, wenn die Datenübertragung bereits begonnen hat. Das Modem ist nach dem Wählen einer Nummer zwar bereit, eine solche Datenverbindung herzustellen, aber erst muß sich auf der anderen Seite ein Modem melden. Bis dahin befindet sich das Modem noch in einer Art Lauerstellung. Wird während dieser Zeit ein Zeichen an das Modem gesendet, unterbricht es aber wieder die Verbindung, legt auf und erwartet neue Befehle.

Telefonbuch

Eine andere sinnvolle Einsatzmöglichkeit für die automatische Anwahl einer Nummer wäre auch, ein kleines Telefonbuchprogramm zu schreiben. Hierbei wird davon ausgegangen, daß hinter das Modem ein weiterer Telefonapparat geschaltet ist. Hierzu bieten die Hayes-kompatiblen Modems üblicherweise einen Extra-Anschluß. Im Normalzustand ist dieser Telefonapparat ganz normal an die Telefonleitung angeschlossen. Wird jedoch durch ein Modem-Kommando die Leitung vom Modem besetzt, wird der Apparat abgeschaltet. Das folgende Programm macht sich diesen Umstand zunutze. Außerdem wird eine Sonderform des Wählkommandos eingesetzt. Mit diesem Befehl kann die Nummer gewählt werden, ohne daß das Modem in den Datenübertragungsmodus umschaltet. Der Befehl unterscheidet sich von der normalen Variante lediglich dadurch, daß hinter die zu wählende Nummer ein Semikolon (;) gesetzt wird. Um das Modem nach dem Wählen aus der Leitung zu schalten, kann daher direkt das AT H0-Kommando gesendet werden.

Die Idee hinter dem Programm ist die, eine vorgegebene Liste mit Teilnehmern und Telefonnummern auf dem Bildschirm anzubieten. Hieraus können Sie sich eine Nummer auswählen. Das Modem wird dann veranlaßt, die betreffende Nummer anzuwählen. Der Vorgang kann dank dem eingebauten Lautsprecher des Modems leicht verfolgt werden, weil das Wählen hörbar wird. Ist die Nummer gewählt und das Freizeichen (oder auch Besetztzeichen) wird hörbar, können Sie den Hörer des Telefonapparates abheben und das Modem durch einen Tastendruck abkoppeln. In dem Moment, wo das Modem die Leitung wieder freigibt, wird ohne eine Unterbrechung der Telefonapparat an die Leitung gehängt und Sie können mit dem Teilnehmer sprechen. Ist die Leitung dagegen besetzt, brauchen Sie gar nicht erst den Hörer abheben.

Die Idee des Programms

TELEFON.BAS

```
'*** Mini-Telefonbuch mit automatischer Wahl ***
'** nur für Hayes-kompatible Modems!
DIM Teilnehmer$(20), Nummer$(20)          '** Felder für Namen und
                                               Nummern
FOR i% = 1 TO 20                          '** Teilnehmer einlesen
 READ Teilnehmer$(i%)
 READ Nummer$(i%)
 IF Teilnehmer$(i%) = "#" THEN Anz% = i% - 1: EXIT FOR '** Ende der
                                                          Liste
NEXT i%
CLS
PRINT "Teilnehmer:"
PRINT
FOR i% = 1 TO Anz%                        '** Teilnehmer auflisten
 PRINT i%; ") "; Teilnehmer$(i%), Nummer$(i%)
NEXT i%
'*** Teilnehmerdaten: Name, Telefonnummer
DATA Hans, 654321
DATA Sabine, 765432
DATA Stefan, 876543
'*** Ende-Markierung für Teilnehmerdaten
DATA #,#

INPUT "Welchen Teilnehmer anwählen "; Num%    '** Teilnehmer auswählen
IF Num% = 0 OR Num% > Anz% THEN END           '** Abbruch!

OPEN "COM1: 2400,n,8,1" FOR RANDOM AS #1       '** Kanal #1 öffnen
PRINT "Nummer "; Nummer$(Num%); " wird angewählt..."
PRINT #1, "AT DP" + Nummer$(Num%) + ";"       '** Nummer wählen

PRINT "*** Bitte Hörer abnehmen und Taste drücken, wenn Freiton hörbar
ist! ***"
DO
LOOP UNTIL LEN(INKEY$)                         '** auf Taste warten
PRINT #1, "AT H0"                              '** Modem abkoppeln!
CLOSE #1
PRINT "Das Gespräch kann nun geführt werden!"
```

```
Teilnehmer:

 1 > Hans      654321
 2 > Sabine    765432
 3 > Stefan    876543
Welchen Teilnehmer anwählen ? 3
Nummer 876543 wird angewählt...
*** Bitte Hörer abnehmen und Taste drücken, wenn Freiton hörbar ist! ***
Das Gespräch kann nun geführt werden!




Eine beliebige Taste drücken, um fortzusetzen
```

Abb. 41: Mini-Telefonbuch

Gespräch annehmen

Bisher haben wir nur betrachtet, wie ein Anruf initiiert werden kann. In der Fachsprache englisch wird dies "to originate" genannt. Was geschieht aber, wenn Sie angerufen werden?

Hierzu gibt es zwei Möglichkeiten. Die eine ist, das Modem automatisch ans Telefon gehen zu lassen, wenn ein Anruf kommt. Die andere Möglichkeit ist, zuerst selbst das Telefon abzuheben und mit dem Anrufer zu sprechen. Sollte der Anruf von einem Modem stammen, etwa durch obiges Programm, hören Sie nichts. Das anrufende Modem wartet nämlich darauf, daß Ihr Modem sich meldet.

Auto Answer

Für die Realisation der ersten Methode muß das Modem in die sogenannte Auto Answer-Betriebsart (Automatische Antwort) geschaltet werden. Ein externes Modem hat üblicherweise ein Lämpchen, welches mit AA beschriftet ist. Leuchtet es, wartet das Modem auf einen Anruf. Die Umschaltung in den Auto Answer-Modus geschieht mit einem S-Kommando. Hiervon gibt es eine ganze Reihe, weil es sich dabei um Einstellungs-Kommandos handelt. Es können dabei verschiedene Einstellungen innerhalb des Modems vorgenommen werden, die dort in sogenannten Registern gespeichert werden.

Ein S-Kommando wird daher in der Form geschrieben, daß nach dem S die Nummer des Registers folgt. Danach wird eine Zuweisung gesetzt, die an das Setzen einer Variablen in BASIC erinnert. Für den Auto Answer Modus des Modems ist das Register 0 verantwortlich. Steht dort eine 0, ist der Modus nicht aktiv. Die AA-Lampe ist dann aus und ein ankommender Anruf wird nicht vom Modem angenommen. Setzt man dagegen in das Register 0 einen Wert ein, stellt dieser den Auto Answer-Modus ein. Der Wert bedeutet dabei, wie oft es klingeln soll, bevor das Modem sich in die Leitung schaltet.

Soll das Modem so eingestellt werden, daß es nach zweimaligem Klingeln in die Leitung geht und versucht, eine Datenverbindung aufzubauen, kann folgendes Hayes-Kommando abgeschickt werden:

```
AT S0=2
```

In der Praxis könnten Sie mit dem eingangs gezeigten Mini-Terminalprogramm dieses Kommando eingeben und mit `Return` abschließen. Die AA-Lampe des Modems leuchtet dann auf und zeigt an, daß sich das Modem im Auto Answer-Modus befindet. Ruft dann ein Freund mit seinem Modem bei Ihnen an, klingelt der am Modem angeschlossene Apparat zwei mal und das Modem wird aktiv. Bereits in dem Moment, wenn das Telefon das erste mal klingelt, erscheint auf dem Bildschirm das Wort RING. Bei jedem Klingeln wiederholt sich das. Woher kommt das?

Anruf erwarten

Vielleicht ist Ihnen schon aufgefallen, daß auf dem Bildschirm des Terminalprogrammes nach jedem Kommando an das Modem der Text OK erscheint. Ebenso wie bei der Meldung RING handelt es sich hier um Rückmeldungen vom Modem, mit denen es seinen Zustand signalisiert. Die Meldung RING erscheint nach der vorgenommenen Einstellung nur zweimal, danach beantwortet das Modem den Anruf. Sie hören dann den Vorgang des Verbindungsaufbaus im Lautsprecher des Modems in Form verschieden hoher Töne bzw. eines fürchterlichen Kreischens.

Modem-Meldungen

Ist die Verbindung zustandegekommen, erscheint wieder eine Meldung auf dem Bildschirm: CONNECT. Dahinter ist noch die Baudrate der Verbindung angezeigt, beispielsweise 1200 oder 2400.

CONNECT

Die Verbindung (CONNECT kommt von Connection, englisch für Verbindung) steht nun. Sollte der Anrufer ebenso ein Terminalprogramm im Einsatz haben, steht die gleiche CONNECT-Meldung auf seinem Bildschirm. Alles, was Sie oder er nun eintippen, erscheint dann auch auf dem Bildschirm des anderen.

Manuelles
Beantworten

Wie bereits erwähnt, kann ein Anruf auch von Ihnen selbst beantwortet und erst dann dem Modem übertragen werden. Hierzu
braucht lediglich der Befehl A übermittelt zu werden und das
Modem greift ein:

```
AT A
```

Sollte der Anrufer zwar ein Modem und ein Terminalprogramm
besitzen, den Anruf jedoch selbst vorgenommen haben, können
Sie zunächst normal über die geplante Verbindung sprechen. Um
die Modems dann beide in die Leitung zu schalten und eine Datenübertragung zu beginnen, muß der Anrufer das Kommando

```
AT D
```

und der Angerufene

```
AT A
```

eingeben, wie immer gefolgt durch die ⌞Return⌟-Taste. Die Modems beginnen dann mit dem Verbindungsaufbau. Ist dies geschehen, also auf beiden Bildschirmen die Meldung CONNECT
zu lesen, können Sie die Telefonhörer auflegen.

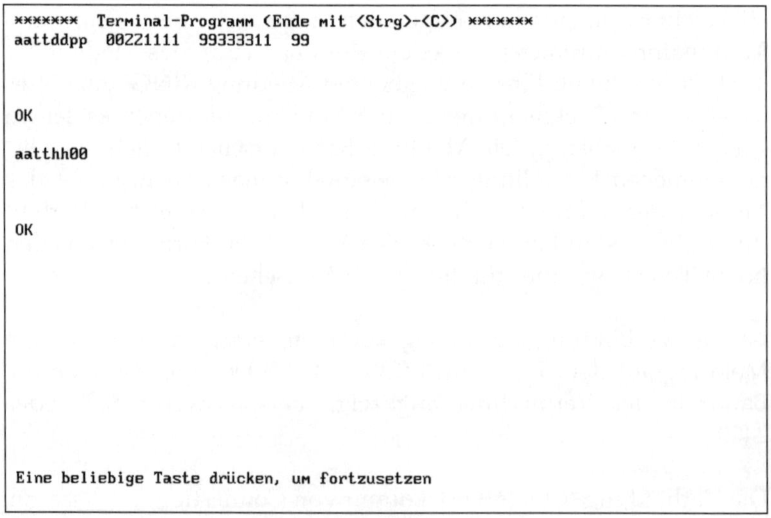

```
******* Terminal-Programm (Ende mit <Strg>-<C>) *******
aattddpp  00221111  99333311  99


OK

aatthh00


OK









Eine beliebige Taste drücken, um fortzusetzen
```

Abb. 42: Kommunikation mit Hayes-Modem

Neben den gezeigten Kommandos gibt es noch eine ganze Reihe
weiterer Hayes-Befehle. Diese sind in dem Handbuch aufgeführt,
das Ihrem Modem beiliegt.

Aufgabe

Erweitern Sie das Mini-Telefonbuch um den Eintrag "Eigene Anwahl", der unabhängig von den vorliegenden DATAs erscheint. Bei Auswahl dieses Eintrages soll dann die Eingabe einer Telefonnummer möglich sein, die nach Abschluß mit ⌐Return⌐ automatisch gewählt wird.

Zusammenfassung

- Die Druckerschnittstelle kann mit dem *LPRINT*-Befehl angesprochen werden, der wie *PRINT* Ausgaben auf den Drucker vornimmt.

- Zusätzlich kann jede der parallelen Schnittstellen als Kanal geöffnet werden. Hierzu wird der *OPEN*-Befehl eingesetzt, dem als Dateiname die Bezeichnung *LPTx:* angegeben wird. Für *x* wird hierbei die Nummer der Schnittstelle eingesetzt. Beispiel:

```
OPEN "LPT1:" FOR OUTPUT AS #1
```

- Auch die seriellen Schnittstellen können als Kanal mit *OPEN* geöffnet werden. Hierbei wird als Dateiname *COMx:* angegeben mit der Schnittstellennummer 1 oder 2 als *x*. Beispiel:

```
OPEN "COM1:" FOR OUTPUT AS #1
```

- Zusätzlich zu der eigentlichen Schnittstellenbezeichnung *COMx:* kann auch die Einstellung der Schnittstelle mit angegeben werden. Hierbei können die Übertragungsgeschwindigkeit (Baudrate) und das Hardware-Protokoll eingestellt werden. Als weitere Optionen können auch die Systemeinstellungen zu der Schnittstelle vorgegeben werden. Die optionalen Angaben werden hinter der Schnittstellenbezeichnung angegeben, jeweils mit einem Leerzeichen getrennt.

```
OPEN "COMx: Optionen1 Optionen2" FOR <Modus> AS #<Dateinummer>
```

Hierbei bezeichnet:

x	Die zu öffnende Schnittstelle: 1 = COM1, 2 = COM2
Optionen1	Hardware-Protokoll (Übliche Einstellungen sind fett dargestellt):
	[Baud] [,[Parität] [,[Datenbits] [,[Stopbits]]]]
Baud	Baud-Rate der zu öffnenden Schnittstelle: 75, 110, 150, 300, 600, 1200, 2400, 4800, 9600, 19200
Parität	Paritätsprüfung: N=keine Überprüfung, E=gerade, O=ungerade
Datenbits	Anzahl der Datenbits pro Byte: 5, 6, 7, 8

Stopbits	Stopbits: 1, 1.5, 2
Optionen2	Eine Liste der Systemeinstellungen, durch Kommata:
Option	Beschreibung
ASC	Öffnet das Gerät im ASCII-Modus.
BIN	Öffnet das Gerät im Binär-Modus.
CD[m]	Legt die Fehlerwartezeit für die Data-Carrier-Detect-Leitung (DCD) fest (in Millisekunden).
CS[m]	Legt die Fehlerwartezeit für die Clear-To-Send-Leitung (CTS) fest (in Millisekunden).
DS[m]	Legt die Fehlerwartezeit für die Data-Set-Ready-Leitung (DS) fest (in Millisekunden).
LF	Sendet ein Zeilenvorschubzeichen nach einem Wagenrück-laufzeichen.
OP[m]	Legt fest, wie lange OPEN COM warten soll, bis die Verbindung steht (in Millisekunden).
RB[n]	Legt die Größe des Empfangspuffers fest (in Byte).
RS	Unterdrückt das Erkennen einer Sendeanforderung.
TB[n]	Legt die Größe des Übertragungspuffers fest (in Byte).

```
OPEN "COM1: 2400,N,8,1, CD0,CS0,DS0,OP0,RS,TB2048,RB2048" FOR RANDOM AS
#1
```

Öffnet die serielle Schnittstelle 1 (COM1:) mit 2400 Baud, ohne Parity, 8 Datenbits, 1 Stopbit, keine Wartezeiten und Ein- und Ausgabepuffern von je 2 KByte (2048 Bytes)

- Die Anzahl empfangener Zeichen kann mit *LOC(#x)* ermittelt werden mit *x* als Kanalnummer.

13. Unterstützung von innen: Maschinensprache- Einbindung

Es wird wohl niemand bezweifeln, daß QBasic-Programme recht schnell laufen und sehr viele Fähigkeiten des Rechners nutzen können. Dennoch stößt man hier und da mal an die Grenzen, sei es in Punkto Geschwindigkeit oder Systemnutzung. Um diese Grenzen zu sprengen, können in ein QBasic-Programm Unterprogramme eingebaut werden, welche in einer anderen Programmiersprache geschrieben sind, und zwar in Maschinensprache.

13.1 Grundlagen und Realisation

Diese Sprache besteht eigentlich nur aus Zahlen mit einer bestimmten Bedeutung. Mit speziellen Programmen, sogenannten Assemblern, können solche Maschinenprogramme auch aus Befehlsworten und Parametern entwickelt werden, entfernt ähnlich einem BASIC-Programm. Der Assembler setzt dann die als Text geschriebenen Befehle in die entsprechenden Schlüsselzahlen um, welche der Prozessor Ihres Rechners unmittelbar verstehen und ausführen kann. Der daraus resultierende Vorteil ist, daß durch die Programmierung des Prozessors ohne Umwege eine optimale Geschwindigkeit in der Ausführung erreichbar ist.

Neben der Frage, wie ein Maschinenprogramm erstellt wird, tritt gerade im Zusammenhang mit QBasic die Frage auf, wie ein solches Programm aufgerufen werden kann. Im Gegensatz zu den großen Brüdern QuickBASIC und PDS ist hier nämlich keine direkte Möglichkeit vorhanden, ein Maschinenprogramm einfach einzubinden.

Maschinen-programme aufrufen

Als einzigen Weg bietet QBasic die *ABSOLUTE*-Funktion an. Hierbei handelt es sich um einen Befehl, der ein Maschinenprogramm aufrufen und verschiedene Parameter an es übergeben kann.

ABSOLUTE

Angenommen, ein Maschinenprogramm liegt an einer bekannten Stelle im Speicher und benötigt einen Parameter, kann der *ABSOLUTE*-Befehl folgendermaßen eingesetzt werden:

```
CALL ABSOLUTE (<Parameter>, <Adresse>)
```

Hierbei bedeutet <Adresse> die Speicheradresse, an der das Programm beginnt, und <Parameter> den zu übergebenden Wert. Hierbei können übrigens abhängig vom Aufbau des Maschinenprogrammes auch mehrere oder kein Parameter angegeben werden.

Segment und Offset

Aufgrund der besonderen Speicherstruktur, die in PCs eingesetzt ist, besteht eine Adresse normalerweise aus zwei Komponenten: dem sogenannten Segment und dem Offset innerhalb des Segmentes.

Ein Segment ist ein 64 KByte großer Speicherbereich. Der gesamte Speicher eines PCs ist in solche Segmente untergliedert, wodurch sich auch die Begrenzung der QBasic-Variablen auf 64 KByte erklärt. Eine Stringvariable kann beispielsweise nur innerhalb eines Segmentes abgelegt werden, also maximal 64 KByte groß werden.

Die Speicheradresse, in der das Maschinenprogramm liegt, ist somit durch die Nummer des Segmentes sowie die Nummer des ersten Bytes innerhalb des Segmentes (Offset) zu beschreiben. Die Adressenangabe beim *ABSOLUTE*-Befehl wird aber nur als Offset angegeben. Woher kennt QBasic dann das Segment?

Um diese Frage zu beantworten, muß ein weiterer Hinweis auf die Arbeitsweise des Prozessors gegeben werden. Dieser verarbeitet eine Adresse ebenfalls zweigeteilt, also als Segment und als Offset. Ist das Segment einmal eingestellt, werden alle weiteren Befehle und Speicherzugriffe innerhalb dieses Segmentes ausgeführt.

DEF SEG

Das erwähnte Einstellen des aktuellen Segmentes kann auch in QBasic mit einem besonderen Befehl vorgenommen werden. Der Befehl lautet folgendermaßen:

```
DEF SEG = <Segment>
```

Das Zusammenspiel zwischen dem *DEF SEG*- und dem *ABSOLUTE*-Befehl ist somit folgendes:

```
DEF SEG = <Segment>
CALL ABSOLUTE (<Parameter>, <Offset>)
```

Hier wird zuerst das aktuelle Segment bestimmt und dann über den *ABSOLUTE*-Befehl das Maschinenprogramm innerhalb dieses Segmentes an der Speicheradresse <Offset> aufgerufen.

All das klingt komplizierter als es in der Praxis ist. Hierzu ist vor allem zu bemerken, daß Sie die Adressen nicht auf irgendeine komplizierte Weise berechnen und in die Befehle einsetzen müssen, sondern die Ermittlung der Adressen QBasic überlassen können.

Hierzu bedient man sich oft eines einfachen Tricks. Ein Maschinenprogramm ist ja nichts anderes als eine Folge von Bytes, die beispielsweise in ein INTEGER-Array gelegt werden können. Ist das geschehen, kann die Adresse der ersten Feldvariablen als Segment und Offset von QBasic ermittelt und für die Befehle *DEF SEG* und *ABSOLUTE* verwendet werden.

Programme in Variablen

Die Ermittlung der Adresse einer Variablen erfolgt durch zwei QBasic-Funktionen:

Variablenadresse

```
VARSEG(<Variable>)    Segmentnummer der Variablen
VARPTR(<Variable>)    Offset der Variablen
```

Wenn Sie also beispielsweise ein Maschinenprogramm in ein INTEGER-Feld namens MS%() ablegen, und zwar beginnend mit dem Eintrag MS%(0), so können Sie Segment und Offset folgendermaßen ermitteln:

```
Segment = VARSEG(MS%(0))
Offset  = VARPTR(MS%(0))
```

Da Sie die beiden Ergebnisse wahrscheinlich nur für die Befehle *DEF SEG* und *ABSOLUTE* benötigen, können Sie dies auch folgendermaßen kombinieren:

```
DEF SEG = VARSEG(MS%(0))
CALL ABSOLUTE (<Parameter>, VARPTR(MS%(0))
```

In den folgenden Kapiteln werden Sie solche Programmteile öfters finden, weil die beschriebene Methode dort jeweils eingesetzt wird.

Bevor wir jedoch in die Praxis der Einbindung von Maschinenprogrammen einsteigen, sollten wir zunächst die Vorteile und Einsatzmöglichkeiten dessen betrachten.

DOS und BIOS   Die wohl interessanteste Möglichkeit, die sich im Zusammenhang mit der Einbindung von Nicht-BASIC-Routinen bietet, ist die direkte Programmierung des Betriebssystems. Dessen Komponenten DOS (Disk Operating System) und BIOS (Basic Input/Output System) bieten schließlich fast alles, was der Rechner an Fähigkeiten hat. Hierzu gehören neben den grundlegenden Ein- und Ausgabefunktionen (z.B. Diskette oder Drucker), die QBasic selbst beherrscht, noch spezielle Funktionen, mit denen ein QBasic-Programm wesentlich vielseitiger werden kann.

Der Aufruf von DOS- und BIOS-Funktionen geschieht jedoch nicht über einen direkten Aufruf, der über den *ABSOLUTE*-Befehl realisiert werden könnte. Hierzu wird eine besondere Fähigkeit des Prozessors 80x86 genutzt, und zwar die sogenannten Interrupts.

13.2 Was ist ein Interrupt?

Ein Interrupt ist eine Unterbrechung eines laufenden Programmes, bei der ein bestimmtes Programm aufgerufen wird. Neben den sogenannten Hardware-Interrupts, die von der Elektronik des PCs selbst aufgerufen werden, gibt es auch die Software-Interrupts. Ein solcher Interrupt wird durch einen eigenen Maschinensprache-Befehl ausgelöst: den *INT*-Befehl.

INT-Befehl   Der *INT*-Befehl wird in Verbindung mit einer Nummer eingesetzt, die die Art des auszuführenden Interrupts bestimmt. Für jede mögliche Nummer (0 bis 255) gibt es im Speicher des Computers ein Programm, das dann aufgerufen wird. Dort wird dann die vorgegebene Aufgabe erfüllt und das laufende Programm hinter dem *INT*-Befehl weitergeführt. Man kann sich daher den *INT*-Befehl ähnlich vorstellen wie den BASIC-Befehl *GOSUB*, nur daß hier nicht eine Sprungadresse, sondern eine Nummer angegeben wird.

Wie bereits erwähnt, werden das DOS und das BIOS des PCs über je einen eigenen Interrupt ausgelöst. Hierbei wird für DOS die Interrupt-Nummer &H21 (dezimal 33) und für das BIOS eine Nummer zwischen &10 und &1A (16 bis 26) eingesetzt.

Funktions-
nummern   Da aber das DOS und das BIOS viele verschiedene Funktionen ausführen können, wird beim Aufruf des Interrupts ein weiterer Parameter übergeben. Dort wird   die Nummer der auszuführenden Funktion eingesetzt, damit DOS oder BIOS weiß, was zu tun

ist. Die Übergabe von Parametern wird in Prozessor-internen Variablen vorgenommen, den sogenannten Registern. In dem folgenden Kapitel wird die Programmierung eines BIOS-Aufrufes vorgeführt und erläutert. Hierbei werden die bisher beschriebenen Grundlagen in der Praxis eingesetzt.

13.3 Bildschirm verschieben mit dem BIOS

In dem mit QBasic ausgelieferten Beispielprogramm MONEY. *MONEY.BAS* BAS sind schon eine bzw. zwei Maschinenroutinen enthalten, die das Verschieben eines Bildschirmausschnittes nach oben bzw. unten auslösen. Die eigentliche Funktion des Bildverschiebens wird vom BIOS, also vom Betriebssystem, erledigt, wodurch die im Programm enthaltene Routine lediglich die entsprechenden Befehlsparameter setzen und das BIOS aufrufen muß.

Die beiden Routinen sind in den Beispielprogrammen in Form von *DATA*-Zeilen enthalten, welche sich auch nur um ein Byte unterscheiden. Diese *DATA*-Zeilen bestehen aus je 14 Bytes, welche in ein Variablenfeld eingelesen und dort gestartet werden. Diese Bytes und deren Maschinenbefehle sind folgende, wobei alle Zahlen als Hexadezimalzahlen geschrieben sind:

Maschinenroutine zum Verschieben eines Bildausschnittes nach unten

```
B8 01 07      MOV  AX, 0701
B9 01 04      MOV  CX, 0401
BA 4E 16      MOV  DX, 164E
B7 00         MOV  BH,0
CD 10         INT  10
CB            RETF
```

Das Gegenstück hierzu, das Verschieben nach oben, unterscheidet sich lediglich darin, daß in der ersten Zeile anstelle der 07 eine 06 eingesetzt wird.

Wie arbeitet dieses Programm?

Für ein tiefergehendes Verständnis dieses Maschinenprogrammes ist die Kenntnis der Assembler-Sprache des 80x86-Prozessors notwendig. Dennoch ist das hier enthaltene Programm kurz genug für eine Erläuterung. Wie Sie ja aus dem vorhergehenden Kapitel wissen, wird das Betriebssystem MS-DOS zusammen mit dem BIOS über sogenannte Interrupts programmiert. Dies sind durch entsprechende Befehle (*INT*) ausgelöste Ereignisse, die eine entsprechende Funktion im Betriebssystem auslösen. Die auszuführende Funktion wird dabei sowohl durch die Interrupt-Nummer als auch durch verschiedene Variablen, Register genannt, bestimmt. In obigem Programm werden die 16-Bit-Register AX, CX und DX sowie BH verwendet, wobei BH nichts anderes ist, als der höherwertige Teil des BX-Registers.

Das Maschinen-programm

In AX wird mit dem *MOV*-Befehl (Move) der hexadezimale Wert 0701 geladen. Dies bedeutet, daß im höherwertigen Byte von AX (AH) der Wert 07, im niedrigeren Byte (AL) die 01 steht. In AH erwartet der Interrupt stets die Funktionsnummer, in diesem Fall also die 7. Abhängig von dieser Funktionsnummer wird die gewünschte Betriebssystems-Funktion aufgerufen, von der wiederum die Bedeutung der weiteren Register abhängt.

Die Funktionen 06 und 07 des aufzurufenden BIOS bewirken das Hoch- bzw. Herunterscrollen eines Bildschirmausschnittes. Hierfür wird in AL die Anzahl der zu scrollenden Zeilen übergeben, in CX die linke, obere und in DX die rechte, untere Ecke des Bildausschnittes. BH enthält zudem noch die Farbe bzw. das Farbattribut, mit dem die beim Scrollen freiwerdende(n) Zeile(n) gefüllt werden soll(en).

Das obige Programm kann folglich so aufgeschlüsselt werden:

```
B8 01 07    MOV AX, 0701
```

Wahl der Funktionsnummer *07, 01* Zeile nach unten scrollen

```
B9 01 04    MOV CX, 0401
```

Zu scrollendes Fenster liegt zwischen Zeile *04*, Spalte *01* ...

```
BA 4E 16    MOV DX, 164E
```

... und Zeile *16* (dezimal 22) und Spalte *4E* (dezimal 78)

```
B7 00    MOV BH,0
```

Die oben freiwerdende Zeile soll mit dem Farbattribut *0* gefüllt werden (schwarz)

```
CD 10    INT 10
```

Aufruf des BIOS über Interrupt *10*

```
CB       RETF
```

Rückkehr (*RET*urn) an das ggf. in einem anderen Segment liegende Aufruferprogramm (*Far*)

Wie Sie sehen, sind die Bedeutungen der einzelnen Parameterbytes recht einfach einzusehen. Sie können daher leicht in dem Beispielprogramm durch Verändern der Werte den Effekt verändern, indem Sie etwa einen anderen Bildausschnitt verschieben lassen oder die Anzahl der Zeilen verändern.

Die Funktionsnummer in AH und die Interruptnummer sollten Sie jedoch unbedingt unverändert lassen, wenn Sie nicht genau über die so aufgerufene Funktion informiert sind. In diesem Fall können Sie allerdings die Funktionsnummer in 06 ändern, wodurch der definierte Bildausschnitt nach oben verschoben wird.

Sind nun aus den *DATA*-Zeilen die Bytes des Maschinenprogrammes in den Speicher abgelegt, kann das Programm gestartet werden. Dies geschieht mit dem QBasic-Befehl *ABSOLUTE*, der wie eine SUB behandelt wird. Eingesetzt wird *ABSOLUTE* mit einem *CALL*-Befehl, wobei entsprechend die Parameter in Klammern gefaßt hinter dem *ABSOLUTE*-Schlüsselwort angegeben werden müssen. Diese Parameter sind im Gegensatz zu einer vordefinierten SUB nicht fest definiert, sondern es können je nach dem aufzurufenden Maschinenprogramm verschieden viele Parameter angegeben werden. Ein Parameter muß allerdings immer mit angegeben werden, und zwar die Adresse des aufzurufenden Programmes selbst. Da das Maschinenprogramm in einer Variablen abgelegt ist, wird einfach deren Adresse übergeben. Für Insider sei gesagt, daß es sich hierbei um Short-Pointer innerhalb des aktuellen Segmentes handelt. Dieses Segment bezeichnet den 64 KByte-Speicherblock, in dem die Variable und damit das Maschinenprogramm gespeichert ist. Damit dieses auch richtig eingestellt wird, muß vor dem Aufruf von *ABSOLUTE* das Segment mit *DEF SEG* angewählt werden. Die Details dieses Vorganges finden Sie im nächsten Kapitel vorgeführt.

Aufruf

In dem folgenden Kapitel werden Sie erfahren, wie diese Methode der Betriebssystem-Programmierung flexibler und somit einfacher gestaltet werden kann, als es in dem Beispielprogramm MONEY.BAS der Fall ist.

13.4 Programmierung von DOS-Funktionen

Wie schon im vorhergehenden Kapitel gezeigt, kann über einen kleinen Umweg das Betriebssystem des PCs direkt programmiert werden. Die dort gezeigte Anwendung ist zwar sicher schon interessant, aber nicht besonders flexibel gelöst. Im großen Bruder von QBasic, in QuickBASIC, gibt es die Möglichkeit, eine Interrupt-Funktion einzubinden, die die direkte Programmierung der Interrupts ermöglicht. Diese Möglichkeit besteht zwar in QBasic nicht, kann jedoch mit einem entsprechenden kleinen Programm gelöst werden.

Interrupts programmieren

Dieses Programm arbeitet grundsätzlich ähnlich dem oben gezeigten Beispiel für das Verschieben des Bildschirmes, ist jedoch frei parametrisierbar. Es besteht aus drei Teilen: Einer Reihe *DATA*-Anweisungen mit dem grundlegenden Maschinenprogramm, einer SUB zum Einlesen und Initialisieren dieses Programmes und einer FUNCTION namens *Interr%()*, deren Rückgabewert das Ergebnis der aufgerufenen Funktion darstellt.

Ein Programm, welches diese Technik einsetzt, muß also die *DATA*-Zeilen im Hauptprogramm enthalten. Zudem muß das INTEGER-Feld *MS%()*, in welches das Maschinenprogramm eingelesen werden soll, als *SHARED* dimensioniert werden. Danach wird durch Aufruf der SUB *ReadData* dieses Feld eingelesen und für den Interrupt vorbereitet.

INTERUPT.BAS

```
'*****  Interrupt-Aufruf über ABSOLUTE-Funktion  *****
DECLARE FUNCTION Interr% (Num%, AX%, BX%, CX%, DX%)
DECLARE SUB ReadData ()
DIM SHARED MS%(45)
ReadData
MS.Data:        '***** DATAs des Maschinenprogrammes für Interr%()
'                           Register retten
 DATA 55,8b,ec,56,57
'                           DX holen
 DATA 8b,76,06,8b,14
'                           CX holen
 DATA 8b,76,08,8b,0c
'                           BX holen
 DATA 8b,76,0a,8b,1c
'                           AX holen
 DATA 8b,76,0c,8b,04
'                           INT 21 (Nummer wird verändert!)
 DATA cd,21
'                           AX zurückschreiben
 DATA 8b,76,0c,89,04
'                           BX zurückschreiben
```

```
DATA 8b,76,0a,89,1c
'                              CX zurückschreiben
DATA 8b,76,08,89,0c
'                              DX zurückschreiben
DATA 8b,76,06,89,14
'                              Register holen
DATA 5f,5e,5d
'                              RETF 8 => Ende
DATA ca,08,00
DATA #
SUB ReadData
  RESTORE MS.Data
  DEF SEG = VARSEG(MS%(0))
  FOR i% = 0 TO 99
    READ Byte$
    IF Byte$ = "#" THEN EXIT FOR
    POKE VARPTR(MS%(0)) + i%, VAL("&H" + Byte$)
  NEXT i%
END SUB
```

Die so vorbereitete Interrupt-Funktion *Interr%()* hat einen sehr einfachen Aufbau. Zunächst wird hier überprüft, ob das Maschinenprogramm auch in *MS%()* enthalten ist, damit durch einen ungezielten *ABSOLUTE*-Befehl nicht der Rechner abstürzt. Ist das Feld korrekt initialisiert, wird die Interruptnummer in das Programm eingesetzt und das Maschinenprogramm mit allen Parametern aufgerufen. Da die meisten DOS- und BIOS-Funktionen ein Ergebnis in AX liefern, wird der Inhalt dieses Registers von dem Maschinenprogramm und als Funktionswert der *Interr%()*-FUNCTION zurückgeliefert. Außerdem wird AX sowie die anderen Register BX, CX und DX nach dem Interrupt wieder dorthin geschrieben, wo sie hergekommen waren. Hierdurch eröffnet sich eine weitere besondere Möglichkeit, die sich gleich zeigen wird.

Falls Sie sich für die Erstellung eines solchen Maschinenprogrammes interessieren und mit der Maschinensprache etwas vertraut sind, können Sie sich nun dessen Quellcode-Listing ansehen. Es ist für den Microsoft-Assembler MASM geschrieben und hat folgenden Aufbau:

Das Maschinenprogramm

```
page 66,130
title INT.ASM: Interrupt ausführen
DOSSEG
.MODEL MEDIUM
PUBLIC Interrupt
.CODE
;Aufruf: CALL ABSOLUTE (Adresse%, AX%,BX%,CX%,DX%)
; Rückgabe in AX%
Interrupt        proc
```

*INTERRPT.
ASM*

```
            push    bp        ; Parameter auf Stack
            mov     bp,sp     ; Stackpointer in bp retten
            push    si
            push    di
            mov     si,[bp+6]          ; Register holen
            mov     dx,[si]
            mov     si,[bp+8]
            mov     cx,[si]
            mov     si,[bp+10]
            mov     bx,[si]
            mov     si,[bp+12]
            mov     ax,[si]
            int     21h       ; Vorgabe: Interrupt 21H: DOS
            mov     si,[bp+12]
            mov     [si],ax   ; Register zurückschreiben
            mov     si,[bp+10]
            mov     [si],bx
            mov     si,[bp+8]
            mov     [si],ax
            mov     si,[bp+6]
            mov     [si],ax
            pop     di
            pop     si
            pop     bp
            retf    8         ; 4 INTs vom Stack und Ende (Wert=AX)
Interrupt       endp
        end
```

Es gibt zwar auch andere Möglichkeiten, die Funktion zu realisieren, jedoch zeichnet sich diese Variante durch einen recht einfachen Aufbau aus.

Die Interr%()-FUNCTION

Es folgt nun das QBasic-Programm, welches den Aufruf des vorbereiteten Maschinenprogrammes vornimmt:

```
FUNCTION Interr% (Num%, AX%, BX%, CX%, DX%)
 IF MS%(0) = 0 THEN
  PRINT "FEHLER: Maschinenprogramm nicht eingelesen! Abbruch!"
  END
 END IF
 DEF SEG = VARSEG(MS%(0))
 POKE VARPTR(MS%(0)) + 26, Num%          '** Interrupt-Nummer
 CALL ABSOLUTE(AX%, BX%, CX%, DX%, VARPTR(MS%(0)))
 Interr% = AX%
END FUNCTION
```

In dieser FUNCTION wird zuerst das INTEGER-Feld dahingehend überprüft, ob das Maschinenprogramm dort überhaupt eingelesen wurde. Ist hier der erste Eintrag eine 0, liegt das Maschinenprogramm nicht vor, was höchstwahrscheinlich einen Absturz des Rechners bei dem *ABSOLUTE*-Aufruf zur Folge hätte. In diesem Fall wird auch eine Fehlermeldung ausgegeben und das Programm abgebrochen.

Ist das Programm im Feld *MS%()* enthalten, wird mit der *DEF SEG*-Anweisung das Datensegment aktiviert, in dem das Feld liegt. Danach wird das Maschinenprogramm selbst manipuliert, indem die als Parameter angegebene Interruptnummer mit einem *POKE*-Befehl direkt in den Maschinenbefehl *INT* eingetragen wird.

DEF SEG und ABSOLUTE

Nach diesen Vorbereitungen kann das Maschinenprogramm selbst gestartet werden. Hierzu wird mit *CALL ABSOLUTE* das im aktuellen Segment befindliche Programm zusammen mit den der SUB übergebenen Parametern aufgerufen, wobei der letzte Parameter in der Liste die Offset-Adresse des Feldeintrages *MS%(0)* und somit des Maschinenprogrammes ist.

Das Maschinenprogramm selbst liefert in der Variablen *AX%* den Zustand des Prozessorregisters AX zurück, weil in diesem Register meist ein Status vom Betriebssystem zurückgemeldet wird. Dieser Wert wird dann auch als Ergebnis der FUNCTION zurückgeliefert und kann ausgewertet werden.

Status-Meldung

Wie erwähnt, werden die vier Register nach dem eigentlichen Interrupt auch zurückgeschrieben. Dies hat zur Folge, daß die in den INTEGER-Variablen abgelegten Werte unter Umständen verändert werden.

Register-Rückgabe

Einige DOS- und BIOS-Funktionen geben in allen Registern Informationen zurück, nicht nur in AX. Diese Informationen liegen dann als Ergebnisse auch in den INTEGER-Variablen und sind daher auch für QBasic verfügbar.

Bei der Programmierung der Maus im nächsten Kapitel wird dies praktisch eingesetzt.

Nach diesen speziellen, aber geringen Vorbereitungen kann nun die DOS- und BIOS-Programmierung ausprobiert werden. An dieser Stelle alle DOS- und BIOS-Funktionen aufzuführen, würde sicherlich den Rahmen dieses Buches sprengen, weshalb hier nur einige Beispiele vorgestellt werden.

Für weitergehende Informationen verweise ich Sie auf entsprechende Literatur, wie z.B. den DATA BECKER Führer zur PC-Systemprogrammierung oder das PC-Intern vom gleichen Verlag.

DOS- und BIOS-Funktionen

Im folgenden Beispiel werden eine DOS- und eine BIOS-Funktion aufgerufen. Die BIOS-Funktion 9 dient zur mehrfachen Ausgabe eines Zeichens mitsamt einem angegebenen Attribut. In der üblichen Dokumentation finden Sie diese Funktion etwa so erläutert:

Interrupt 10h, Funktion 09h   (BIOS)
Bildschirm: Schreiben eines Zeichens / Farbe

Eingabe:
```
AH = 09
BH = Nummer der Bildschirmseite
CX = Anzahl der auszugebenden Zeichen
AL = ASCII-Code des Zeichens
BL = Attribut
```

Soll nun mit dieser Funktion das Zeichen *A* 50 Mal ausgegeben werden, kann dies über die *Interr%()*-FUNCTION folgendermaßen realisiert werden:

```
CLS
PRINT "***** Interrupt-Test *****"
PRINT
PRINT ">> BIOS-Interrupt &H10, Funktion 9: Ausgabe mehrerer
      Zeichen mit Attribut"
R% = Interr%(&H10, &H900 + ASC("A"), &H12, 50, 0)
PRINT
```

Die Parameter der FUNCTION sind der Reihe nach:

&H10	Interrupt-Nummer BIOS
&H900 + ASC("A")	Funktion 09 in AH, ASCII-Code von *A* in AL
&H12	Bildschirmseite 0 in BH, Attribut &H12 in BL
50	Wiederholungsanzahl in CX
0	Wert für DX, spielt hier keine Rolle

Als weiteres Beispiel eine verwandte Funktion, diesmal mit dem DOS-Interrupt &H21. In dieser Funktion 02 wird nur das in DL übergebene Zeichen an der aktuellen Cursorposition ausgegeben:

```
PRINT ">> DOS-Interrupt &H21, Funktion 2: Ausgabe eines Zeichens"
R% = Interr%(&H21, &H200, 0, 0, ASC("X"))
PRINT : PRINT "Rückgabewert = $"; HEX$(R%)
PRINT
```

Das letzte Beispiel dieser Reihe ist etwas komplexer, löst jedoch ein häufig auftretendes Problem von QBasic-Programmen. Mit Hilfe einer DOS-Funktion wird hierbei nämlich ermittelt, ob eine bestimmte Datei auf Diskette oder Festplatte existiert. Da dies häufiger benötigt wird, stelle ich Ihnen diese Funktion als QBasic-FUNCTION namens *Exists%()* vor. Die Handhabung dieser FUNCTION ist sehr einfach:

```
PRINT ">> Mal nachsehen, ob eine Datei existiert (mit Exists%())"
DO
 INPUT "Dateiname (auch mit * oder ?), <Return>=Ende "; F$
 IF F$ = "" THEN EXIT DO
 IF Exists%(F$) THEN PRINT F$; " existiert!" ELSE PRINT F$;
     " nicht da!"
LOOP
```

Datei suchen

Die FUNCTION *Exists%()* selbst ruft die DOS-Funktion FindFirst auf, mit der ein Disketten- bzw. Festplatten-Inhaltsverzeichnis nach einem bestimmten Dateinamen durchsucht werden kann.

```
FUNCTION Exists% (FileName$)
 '*** ermitteln, ob Datei/Verzeichnis FileName$ existiert
 FilN$ = FileName$ + CHR$(0)
 R% = Interr%(&H21, &H4E00, 0, 0, SADD(FilN$))   '*** Find First
 Exists% = (R% = 0)
END FUNCTION
```

Als Ergebnis liefert diese Funktion in AX eine 0 zurück, wenn die Datei gefunden wurde, oder einen Fehlercode, wenn nicht. Durch die Zeile

```
Exists% = (R% = 0)
```

wird dieser Rückgabewert überprüft. Ist er 0, ist das Ergebnis der Klammer -1, also WAHR, andernfalls liefert *Exists%()* eine 0 als Zeichen für "Nicht gefunden" zurück.

```
***** Interrupt-Test *****

>> BIOS-Interrupt &H10, Funktion 9: Ausgabe mehrerer Zeichen mit Attribut
AAAAAAAAAAAAAAAAAAAAAAAAAAAAAAAAAAAAAAAAAAAAAAAAAAAA
Rückgabewert = $941

>> DOS-Interrupt &H21, Funktion 2: Ausgabe eines Zeichens
X
Rückgabewert = $258

>> Mal nachsehen, ob eine Datei existiert (mit Exists%())
Dateiname (auch mit * oder ?), <Return>=Ende ? *.bas
*.bas existiert!
Dateiname (auch mit * oder ?), <Return>=Ende ? *.txt
*.txt nicht da!
Dateiname (auch mit * oder ?), <Return>=Ende ?




Eine beliebige Taste drücken, um fortzusetzen
```

Abb. 43: Beispiele für Interrupt-Einsatz

13.5 Programmierung der Maus

Ohne eine Tastatur ist ein Computer wohl nicht denkbar. Unmittelbar nach diesem Eingabegerät kommt allerdings ein weiteres, ohne das moderne Programme kaum noch auskommen: die Maus.

Für Anwender, die längere Zeit ohne eine Maus an einem Rechner gearbeitet haben, ist die Verwendung dieses kleinen Helfers recht ungewohnt. Dennoch gilt üblicherweise die Aussage: Einmal mit Maus, immer mit Maus. Innerhalb kürzester Zeit wird das intuitive Auswählen von Menüpunkten oder gar das Zeichnen auf dem Bildschirm ohne die Hilfe einer Maus undenkbar, besonders bei der Arbeit mit grafisch orientierten Programmen oder Betriebssystemen wie z.B. WINDOWS von Microsoft.

Leider jedoch ist die Erstellung eines BASIC-Programmes, welches sich der Umgebung eines solchen Betriebssystems bedient, sehr schwierig. Soll dennoch die Maus eingesetzt werden, müssen die entsprechenden Programmteile selbst geschrieben werden. In diesem Kapitel sollen die grundlegenden Schritte zur Programmierung und Anwendung der Maus beschrieben werden.

Installation einer Maus

Ausgehend von einem "nackten" Computer ohne bereits installierte Maus muß zunächst die Frage gestellt werden, welche Maus angeschafft werden soll. Dazu gibt es allerdings keine globale Antwort. Sicher ist nur, daß bei der Auswahl darauf geachtet werden sollte, daß die Maus auch kompatibel zum Microsoft-Standard ist. Nur dann kann garantiert werden, daß alle maus-unterstützten Programme auch mit dieser Maus funktionieren.

Ist dann eine Maus gewählt und gekauft, muß sie erst einmal installiert werden. Dies bedeutet sowohl den Anschluß des Steckers an den Rechner als auch die Installation des Programmes, welches die Funktionen der Maus auswertet und verwaltet. Dieses Programm nennt sich Maustreiber. Den genauen Vorgang dieser Installation entnehmen Sie bitte der Anleitung, die dem Mauspaket beiliegen sollte. In den meisten Fällen wird der Aufruf des Maustreibers in der CONFIG.SYS-Datei mit dem DEVICE-Schlüsselwort vorgenommen.

Maustreiber

Die erste und auch beste Kontrolle über die korrekte Funktion der Maus ist für den QBasic-Anwender die Entwicklungsumgebung des QBasic selbst. Innerhalb dieser Umgebung sind alle Menüs und Dialoge mit der Maus bedienbar, wodurch auch die erste Übung in deren Handhabung stattfinden kann.

Wenn dies funktioniert, dann ist der Entschluß zur Einbindung der Maus in eigene BASIC-Programme sicherlich schnell gefaßt. Wie dies möglich ist, soll nun erläutert werden.

Vorbereitung der Mausprogrammierung

Um die Schnittstelle zwischen einem Programm und den Bewegungen und Aktionen der Maus zu verstehen, muß ein kurzer Blick ins Innere des Systems und des Maustreibers geworfen werden. Hier eine kurze Beschreibung der Funktionsweise dieser Kombination:

Der Maustreiber wird nach dem Einschalten des Computers einmal gestartet. Dies bewirkt, daß das Programm in den Speicher geladen wird und dort bis zum Ausschalten des Rechners verbleibt.

Dieser Treiber läuft ständig im Hintergrund und hat die Aufgabe, die Aktionen der Maus zu beobachten, auszuwerten und bei Anfrage an ein anderes Programm zu melden. Außerdem sorgt es für die Anzeige des Mauszeigers, welcher in verschiedenen Erscheinungsformen auf dem Bildschirm sichtbar sein kann.

Möchte ein Anwenderprogramm nun eine Anfrage an den Maustreiber stellen, etwa nach der Position des Mauszeigers, kann es den Treiber direkt aufrufen.

Der Aufruf erfolgt ähnlich wie bei einem DOS- oder BIOS-Aufruf. Es wird hierzu ein Interrupt ausgelöst, der den Maustreiber aufruft. Die auszuführende Funktion des Treibers wird dabei ebenfalls über einen zusätzlichen Parameter angegeben. Hierzu wird die Funktionsnummer des Treibers in dem Register AX übergeben.

Interrupt einbinden

Um also in QBasic eine Information über die Maus zu erhalten bzw. ein Kommando an den Treiber zu übermitteln, muß zunächst die *Interr%()*-Funktion vorbereitet werden. Dies wurde in dem vorherigen Kapitel erläutert.

Aufruf des Maustreibers

Grundsätzlich sieht ein Aufruf des Maustreibers also folgendermaßen aus:

```
Ergebnis% = Interr%(&H33, AX%, BX%, CX%, DX%)
```

Das Register *AX%* enthält dabei stets die Nummer der Maustreiber-Funktion, die ausgeführt werden soll.

Das oder die Ergebnisse der ausgeführten Funktion werden in den angegebenen Variablen *AX%* bis *DX%* zurückgeliefert, wobei der Wert aus *AX* zusätzlich als Funktionswert der *Interr%()*-Funktion eingesetzt wird.

Maus initialisieren

Die erste Funktion des Maustreibers, die ich Ihnen nun vorstellen möchte, sollte auch stets als erstes aufgerufen werden. Es handelt sich dabei um die Initialisierung des Maustreibers. Es wird hier der Treiber in einen Grundzustand versetzt. Hierbei werden u.a. folgende Zustände eingestellt:

- Der Zeiger wird unsichtbar.

- Die Form des Zeigers wird eingestellt.

- Der Zeiger wird in die Bildschirmmitte gesetzt.

- Der Aktionsradius des Zeigers wird auf die volle Bildschirmseite eingestellt.

Die folgende SUB namens *MausInit* ruft den Maustreiber über den
Interrupt *&H33* und der Funktionsnummer 0 für die Initialisierung in *AX* auf. Danach wird der Treiber ein weiteres mal aufgerufen. Hierbei wird die Funktion Nummer 10 aufgerufen, die das
Erscheinungsbild des Mauszeigers einstellt. Die übergebenen Parameter stellen ihn als invertierten Block ein, dessen Hintergrund
blinkt.

```
SUB MausInit
'** Maustreiber initialisieren
 R% = Interr%(&H33, 0, BX%, CX%, DX%)      '** Maustreiber initialisieren
 R% = Interr%(&H33, 10, 0, &HFFFF, &HFF00) '** Maushintergrund: blinken
END SUB
```

Die Parameter, die mit dem Maustreiber ausgetauscht werden
müssen, sind abhängig von der aufgerufenen Treiberfunktion. Da
die Interrupt-Funktion immer alle vier Register *AX* bis *DX* über-
gibt, werden auch stets alle angegeben. Bei dem ersten Aufruf des
Treibers werden die Parameter nicht benötigt und brauchen daher
nicht besonders belegt zu werden.

Die erste aufgerufene Funktion 0, Initialisierung des Maustreibers,
liefert zwei Ergebnisse zurück. Diese werden zwar hier nicht ausgewertet, könnten jedoch vielleicht einmal für Ihre eigenen Programme benötigt werden. In *AX* bzw. als Ergebnis der Interrupt-
Funktion in *R%* wird -1 zurückgegeben, wenn ein Maustreiber
vorhanden ist oder 0, wenn keiner gefunden wurde.

In *BX%* ist nach der erfolgreichen Initialisierung des Treibers die   *Maustasten*
Anzahl der Maustasten enthalten, die von dem Treiber gefunden
und unterstützt werden.

Sollten Sie eine Maus mit drei Tasten besitzen und einen Micro-
soft-Maustreiber installiert haben, werden Sie feststellen, daß dennoch nur zwei Tasten gemeldet werden. Die dritte Taste wird
nämlich von Microsoft bzw. dessen Treibern ignoriert. Wollen Sie
aber die dritte Taste unbedingt einsetzen, müssen Sie den mit der
Maus gelieferten Treiber verwenden. Diese sogenannten Mouse-
System-Treiber berücksichtigen alle Maustasten, machen aber bei
manchen Programmen Probleme.

Auf die oben gezeigte Art werden alle Funktionen des Maus-treibers aufgerufen, wobei nur die Art und Bedeutung der Parameter variiert. Hier nun eine Übersicht über die wichtigsten Funktionen eines normalen Maustreibers, die noch später genauer beschrieben werden:

Funktionen des
Maustreibers

Nummer	Funktion
0	Initialisierung des Maustreibers
1	Mauszeiger einschalten
2	Mauszeiger ausschalten
3	Mausposition und -tasten auslesen
4	Mausposition setzen
7	horizontalen Aktionsradius festlegen
8	vertikalen Aktionsradius festlegen
10	Mauszeiger-Erscheinung definieren
15	Maustempo einstellen

Die bisher gezeigte Subroutine *MausInit* ist auch auf der Diskette im Buch zu finden. Hier ist ein Programm namens MAUS.BAS enthalten, in dem auch die anderen Maustreiber-Funktionen als SUB enthalten sind.

Die SUBs sind in einem Hauptprogramm enthalten, welches einige Voraussetzungen erfüllen muß. Dazu muß die benötigte *AB-SOLUTE*-Funktion deklariert und die Interrupt-Funktion vorbereitet werden. Zusätzlich wird in dem Programm MAUS.BAS auf der Diskette die Funktion der Maus getestet. Das Hauptprogramm sieht dazu folgendermaßen aus:

MAUS.BAS

```
'********** Mausroutinen über Interrupt in QBasic **********
'*** aus DATA BECKERs Großem QBasic-Buch
'*** Autor: Stefan A. Dittrich
DECLARE SUB Maus (OnOff%)
DECLARE SUB MausInit ()
DECLARE SUB GetMaus ()
DECLARE SUB WarteBewegung ()
DECLARE SUB ReadData ()
DECLARE FUNCTION Interr% (Num%, AX%, BX%, CX%, DX%)
DIM SHARED MS%(45)                  '** Feld für Maschinenprogramm
ReadData                            '** Maschinenprogramm einlesen
DIM SHARED MausX%, MausY%, MausK%   '** Mausparameter X/Y/Knopf

  MausInit                          '** Maustreiber initialisieren
  CLS
  Maus 1                            '** Mauszeiger zeigen
  DO
    WarteBewegung                   '** Warten auf Mausbewegung/Tastendruck
```

```
   LOCATE 1, 1                          '** Mauswerte anzeigen
   PRINT "Maus in"; MausX%; "/"; MausY%; ", Knopf"; MausK%,
   LOOP UNTIL MausK% = 2                '** bis rechte Maustaste
   Maus 0                               '** Mauszeiger ausblenden
   END

   MS.Data:          '***** DATAs des Maschinenprogrammes für Interr%()
   DATA 55,8b,ec,56,57         'Register retten
   DATA 8b,76,0c,8b,04         'AX bis DX holen
   DATA 8b,76,0a,8b,1c
   DATA 8b,76,08,8b,0c
   DATA 8b,76,06,8b,14
   DATA cd,21                  'INT 21 (Nummer wird verändert!)
   DATA 8b,76,0c,89,04         'AX bis DX zurückschreiben
   DATA 8b,76,0a,89,1c
   DATA 8b,76,08,89,0c
   DATA 8b,76,06,89,14
   DATA 5f,5e,5d               'Register holen
   DATA ca,08,00               'RETF 8  => Ende
   DATA #
```

Hier wird nach den Deklarationen zunächst das Maschinenprogramm eingelesen. Danach wird die Subroutine *MausInit* aufgerufen, die den Maustreiber initialisiert.

Ein-/Ausschalten des Mauszeigers

Nachdem die Maus nun installiert, initialisiert und vorbereitet wurde, ist sie leider immer noch nicht sichtbar. Dies kann leicht mit der Funktion 1 des Treibers geändert werden. Auch hierfür bietet sich eine Subroutine an:

```
SUB Maus (OnOff%)
'** Mauszeiger an/ausschalten (0=aus, 1=an)
   IF OnOff% = 0 THEN OnOff% = 2 ELSE OnOff% = 1
   R% = Interr%(&H33, OnOff%, BX%, CX%, DX%)
END SUB
```

Mauszeiger

In dieser Subroutine sind eigentlich zwei Funktionen des Maustreibers enthalten: Funktion 1, Zeiger einschalten, und Funktion 2, Zeiger ausschalten. Die Entscheidung, welche dieser beiden Funktionen aufgerufen werden soll, hängt von dem an die Subroutine übergebenen Parameter ab.

Die Verwendung dieser Subroutine ist denkbar einfach: *Maus 0* schaltet den Mauszeiger ab, *Maus 1* schaltet ihn ein.

Die Sache hat allerdings auch einen kleinen Haken! Der Maustreiber zählt nämlich mit, wie oft der Zeiger abgeschaltet wird. Um ihn dann wieder sichtbar zu machen, muß *Maus 1* so oft aufgerufen werden wie zuvor *Maus 0*. Andersherum ist es unwichtig, wie oft die Maus eingeschaltet wurde, weil das erste *Maus 0* den Zeiger garantiert ausschaltet.

Abfrage der Maus

Nach dem ersten Aufruf von *Maus 1* kann der dann sichtbare Mauszeiger auf dem Bildschirm bewegt werden. Um die Information über die Position des Zeigers sowie den Zustand der Maustasten zu erhalten, wird die Funktion 3 des Treibers verwendet. Sinnvollerweise wird auch diese Abfrage in einer Subroutine erledigt.

Maus abfragen

```
SUB GetMaus
'** Mausposition und -knopfstatus in MausX%, MausY% und MausK% holen
  R% = Interr%(&H33, 3, BX%, CX%, DX%)

  MausK% = BX%                    '** Maustaste (1=links, 2=rechts)
  MausX% = CX% / 8 + 1           '** X-Position (Textmodus)
  MausY% = DX% / 8 + 1           '** Y-Position (Textmodus)
END SUB
```

Globale Maus-Variablen

Diese Subroutine liest die Position und den Status der Tasten aus und speichert diese Informationen in den Variablen *MausX%*, *MausY%* und *MausK%*. Um diese Variablen im weiteren Verlauf des Programmes nutzen zu können, bietet sich deren Deklaration im Hauptprogramm mit *SHARED* an:

```
DIM SHARED MausX%, MausY%, MausK%  '*** Mausposition und -Knopf
```

Umrechnung der Koordinaten

Da der Maustreiber die Mauskoordinaten grundsätzlich in Bildschirmpunkten liefert, bekommt man die Position des Zeichencursors immer als Vielfaches der Zeichenbreite bzw. -höhe zurück. Dies ist jedoch im Textmodus nicht erwünscht, weil ja hierfür die Zeichenposition des Mauszeigers gebraucht wird. Aus diesem Grund werden die ermittelten Koordinaten auch durch 8 geteilt, um diese Zeichenposition zu ermitteln. Zusätzlich wird dabei eine 1 addiert, weil die Mauskoordinaten sonst bei 0:0 beginnen würden.

Auf Bewegung warten

In dem Hauptprogramm wird noch eine weitere SUB eingesetzt, deren Aufgabe es ist, auf eine Bewegung der Maus zu warten.

Dies wird eingesetzt, um ein Flackern der Positions-Anzeige zu verhindern. Die SUB ist sehr einfach aufgebaut:

```
SUB WarteBewegung
'** Warten, bis Maus bewegt oder Maustaste gedrückt/losgelassen
 GetMaus
 X% = MausX%: Y% = MausY%: k% = MausK%
 DO
  GetMaus
 LOOP UNTIL X% <> MausX% OR Y% <> MausY% OR k% <> MausK%
END SUB
```

Neben den in MAUS.BAS aufgerufenen Funktionen sind dort noch weitere SUBs enthalten. Hiermit können Einstellungen der Maus vorgenommen werden, etwa die Mausposition, deren Bewegungsradius oder Geschwindigkeit.

In der SUB *MausSet* wird die Position des Mauszeigers eingestellt. Analog zur SUB *GetMaus* wird dabei die Position von Text- in Pixelkoordinaten umgerechnet (mal 8). Übergeben werden lediglich die X- und Y-Position in Zeichen, also beispielsweise 1,1 für die linke obere Position.

Mausposition setzen

```
SUB MausSet (X%, Y%)
'** Position des Mauszeigers setzen ***
'** X% und Y% sind Zeichenkoordinaten im Textmodus
 R% = Interr%(&H33, 4, BX%, X% * 8 - 8, Y% * 8 - 8)
END SUB
```

Das Verhältnis zwischen der Bewegung der Maus über den Schreibtisch und der Bewegung des Mauszeigers am Bildschirm kann frei eingestellt werden. In der SUB *MausTempo* wird die übergebene Geschwindigkeit eingestellt, wobei bei einem Wert von 0 der Zeiger eine maximale Geschwindigkeit erhält. Die aufgerufene Funktion 15 des Maustreibers erwartet in CX die horizontale und in DX die vertikale Komponente. Hier wird für den horizontalen Wert das Doppelte des vertikalen Anteils genommen, um eine gleichmäßige Geschwindigkeit in allen Richtungen einzustellen.

Mausge-schwindigkeit

```
SUB MausTempo (Speed%)
'** Mausgeschwindigkeit einstellen (0=Schnell, 100=extrem langsam)
 R% = Interr%(&H33, 15, BX%, Speed%, Speed% * 2)
END SUB
```

Bewegungsradius   Nach der Initialisierung des Maustreibers kann der Zeiger über den gesamten Bildschirm bewegt werden. Es kann aber auch vorkommen, daß der Zeiger nur in einem bestimmten Bereich bewegt werden soll, etwa innerhalb eines Menüs.

Die beiden folgenden SUBs setzen den Bewegungsradius des Mauszeigers fest. Hierbei wird jeweils die erste und letzte Zeile bzw. Spalte des Bildschirmbereiches übergeben, innerhalb derer sich der Zeiger bewegen darf.

```
SUB MausXBereich (X1%, X2%)
'** Mausbewegungsbereich horizontal setzen von X1% bis X2%
'** X1% und X2% sind Zeichenkoordinaten im Textmodus
 R% = Interr%(&H33, 7, 0, X1% * 8 - 8, X2% * 8 - 8)
END SUB
SUB MausYBereich (Y1%, Y2%)
'** Mausbewegungsbereich vertikal setzen von Y1% bis Y2%
'** Y1% und Y2% sind Zeichenkoordinaten im Textmodus
 R% = Interr%(&H33, 8, BX%, Y1% * 8 - 8, Y2% * 8 - 8)
END SUB
```

Tip   Wenn Sie über eine EGA- oder VGA-Karte verfügen, können Sie ja mit dem *WIDTH*-Befehl eine Textdarstellung von 43 bzw. 50 Zeilen einstellen. Nach dieser Umschaltung kann der Mauszeiger jedoch normalerweise nicht über die Zeile 25 bewegt werden, also nur im oberen Teil bleiben. Abhilfe schafft hier der Aufruf der SUB *MausYBereich* mit den Parametern 1/43 bzw. 1/50.

Knopf loslassen   Wird in einem Programm eine Funktion durch das Drücken einer Maustaste ausgelöst, ist es oft nötig, das Loslassen der Taste abzuwarten. Die folgende SUB kann hierzu eingesetzt werden. Sie wartet so lange, bis der Maustastenstatus 0 ist (keine Taste gedrückt) und wird dann wieder beendet.

```
SUB WarteKnopfLos
'** Warten, bis Maustaste losgelassen
 WHILE MausK%
  GetMaus
 WEND
END SUB
```

 Alle beschriebenen Funktionen des Maustreibers, die auch in dem Programm MAUS.BAS enthalten sind, werden in einem anderen Programm praktisch eingesetzt. Das Programm ist ebenfalls auf der Diskette unter dem Namen MAUSMAL.BAS enthalten. Es handelt sich dabei um ein Malprogramm für den Text- oder Grafik-Modus. Eine Beschreibung des Programmes finden Sie im Kapitel 18.4.

Aufgabe

Die Aufgabe zu dem Interrupt-Kapitel ist, ein Programm zur Anzeige des Sondertasten-Status zu schreiben. Gemeint sind hiermit die Tasten Shift, Alt und Strg sowie Scroll Lock, Num Lock und Caps Lock.

Verwendet wird hierzu die Funktion 2 des BIOS-Interrupt &H16.

Interrupt 16h, Funktion 02h   (BIOS)
Tastatur: Status der Tastatur abfragen

Eingabe:
  AH = 02

Ausgabe:
  AL = Tastaturstatus

Sie liefert als Ergebnis einen Wert zurück, deren unteren 8 Bits die folgenden Bedeutungen besitzen:

Bit	Bedeutung, wenn gesetzt
0	rechte Shift-Taste
1	linke Shift-Taste
2	Strg-Taste
3	Alt-Taste
4	Scroll Lock eingeschaltet
5	Num Lock eingeschaltet
6	Caps Lock eingeschaltet
7	Einfügemodus eingeschaltet (Einfg-Taste)

Das Programm soll in einer Endlosschleife, die mit der Escape-Taste abgebrochen werden kann, den Status abfragen und anzeigen. Zusätzlich zu der numerischen Anzeige des Status-Wertes sollen die einzelnen Bits ausgewertet und im Klartext angezeigt werden.

```
5
Rechte <Shift>-Taste
<Strg>-Taste
```

Zusammenfassung

- Ein Maschinenprogramm kann in QBasic eingebunden werden, indem es zunächst in Form von *DATA*-Zeilen definiert wird und von dort in ein INTEGER-Feld eingeselen wird. Für den Aufruf werden die Befehle *DEF SEG* (Einstellen des aktuellen Speichersegmentes) und *ABSOLUTE* (Aufruf des Programmes unter Angabe des Offsets und optionaler Parameter) eingesetzt.

  Heißt das verwendete INTEGER-Feld MS%(), so kann das Programm folgendermaßen aufgerufen werden:

  ```
  DEF SEG = VARSEG(MS%(0))
  CALL ABSOLUTE (<Parameter>, VARPTR(MS%(0))
  ```

- Ein Interrupt ist eine durch einen Maschinenbefehl ausgelöste Programmunterbrechung, in der ein bestimmtes Interruptprogramm ausgeführt wird. Dies ist ähnlich wie ein Unterprogrammaufruf mit *GOSUB*, nur daß hier anstelle der Sprungmarke bzw. -Adresse eine Interruptnummer eingesetzt wird. Über einen solchen Interrupt können das Betriebssystem (DOS, BIOS) sowie verschiedene Treiberprogramme aufgerufen werden (z.B. Maustreiber). Hierbei wird üblicherweise die Nummer der auszuführenden Funktion im Register *AX* übergeben.

  QBasic verfügt nicht über eine eigene Funktion für das Ausführen eines Interrupt. Hierzu kann aber ein geeignetes Maschinenprogramm eingesetzt werden, was auch im vorangegangenen Kapitel beschrieben ist. So ist es dann möglich, auf dem Umweg über den *ABSOLUTE*-Befehl einen Interrupt zu programmieren.

- Ein Maustreiber (z.B. MOUSE.SYS oder MAUS.COM) wird vor dem Start eines Anwenderprogrammes gestartet (CONFIG.SYS oder AUTOEXEC.BAT). Es handelt sich dabei um ein Programm, das die Überwachung der Maus vornimmt. Der Treiber verfügt über diverse Funktionen zur Einstellung oder Abfrage der Maus und kann über den Interrupt &H33 aufgerufen werden. Die Nummer der auszuführenden Funktion wird dabei im Register *AX* übergeben.

3

Programmierpraxis mit QBasic

Wir kommen nun zum dritten Teil des Buches. Sie wissen bisher, wie Sie mit QBasic umgehen und die grundlegenden Dinge programmieren können. Der folgende Teil geht nun direkt in die Praxis.

In Kapitel 14 werden die Überlegungen angestellt, wie ein Programm geplant, strukturiert und aufgebaut werden sollte.

Kapitel 15 gibt Ihnen Hinweise und Ideen zur Fehlersuche in QBasic-Programmen. Hier wird auch anhand zweier Beispiele die Fehlersuche und -beseitigung geübt.

Das Kapitel 16 weiht Sie in die Geheimnisse der Textverarbeitung ein. Dort erfahren Sie, wie Texte analysiert, zerlegt und formatiert werden können.

Kapitel 17 stellt eine Sammlung von Aufgabenstellungen dar, die häufig in der Praxis der Programmierung auftreten. Hierbei werden Formeln ausgewertet, Ein- und Ausgaberoutinen entwickelt und ein Weg zur Menüprogrammierung gezeigt. Außerdem finden Sie dort Tips und Routinen zur Druckersteuerung, eine Dateiauswahl und die Sortierung von Arrays.

Als letztes Kapitel 18 folgt schließlich eine Sammlung fertiger Programme, die direkt gestartet werden können. Nach einem Blick in die von Microsoft mitgelieferten Programme finden Sie dort eine kleine Tabellenkalkulation, eine Adreßverwaltung, ein Malprogramm für die Maus im Text- und Grafikmodus sowie als Abschluß ein kleines, aber interessantes Spiel.

14. Planung und Gestaltung von QBasic-Programmen

Mit Hilfe der oben vorgestellten Bestandteile von QBasic-Programmen kann ein größeres Programm so aufgebaut werden, daß es leicht zu verstehen, zu erweitern und von Fehlern zu bereinigen ist. Voraussetzung hierfür ist die Planung eines Programmes VOR der Eingabe der Programmzeilen selbst.

Überlegung zur Struktur

Wichtigster Punkt bei der Planung ist die Überlegung, welche Struktur das gesamte Programm haben soll. Hierbei sind einzelne Funktionsgruppen der zu lösenden Aufgabe zu definieren. Diese Gruppen können dann im Programm auf verschiedene SUBs oder FUNCTIONs verteilt werden.

SUBs und FUNCTIONS

In den folgenden Kapiteln wird diese Überlegung und deren Realisierung anhand eines praktischen Beispiels vorgestellt. Da aber natürlich jedes Programm einen anderen Aufbau hat, sollen nun im Vorfeld die grundsätzlichen Überlegungen in der Planung eines QBasic-Projektes zusammengestellt werden.

1. Welche Aufgaben soll das Programm erfüllen?

Hier werden die erwähnten Funktionsgruppen aufgestellt. Dies sind z.B. die Ein- und Ausgabefunktionen oder die Benutzeroberfläche. Jeder dieser einzelnen Punkte sollte im Programm durch eigene SUBs bzw. FUNCTIONs realisiert werden.

Zu lösende Aufgaben

Das Ergebnis dieser Überlegung sollte eine Liste der Funktionsgruppen sein.

2. Welche Daten fallen an?

Hier sind die Arten und Mengen der Daten aufzuführen, mit denen das Programm umgehen wird. Bei einem Texteditor ist hier sicher der zu editierende Text zu nennen; dazu kommen Angaben wie Dateinamen, Datenfelder für Grundangaben oder Druckertreiber. Solche Daten werden in Variablen gespeichert, für die wiederum überlegt werden muß, welche SUBs oder FUNCTIONs diese Variablen untereinander austauschen können müssen.

Datenarten

Aus dieser Überlegung entsteht eine Liste der globalen Variablen, die mit *SHARED* definiert werden müssen. Außerdem können oft benötigte Daten in einer Datei gespeichert werden, deren Aufbau von vorneherein feststehen sollte.

3. Welche Funktionen werden zuerst gebraucht?

Funktionen

In vielen Fällen spielt die Benutzeroberfläche eine große Rolle, so daß diese zuerst realisiert werden sollte. Ist dies nämlich zumindestens grundsätzlich vorhanden, ist der Ausbau des Programms um die eigentlichen Funktionen schneller möglich. Hat das Projekt eine Vielzahl an Funktionen, ist die Gestaltung von Menüs anzuraten. Steht ein solches Menü, können nach und nach weitere Funktionen dort hinzugefügt werden.

Die hier zu nennenden Funktionen sollten nun zuerst programmiert werden, und zwar unter Berücksichtigung der zuvor angestellten Überlegungen.

Auch in den folgenden Programmprojekten wird diese Reihenfolge eingehalten, indem zuerst eine Reihe grundlegender Funktionen erstellt werden, bevor das eigentliche Projekt programmiert wird.

Setzen Sie bei Ihren eigenen Projekten auch oft SUBs und FUNCTIONs ein. Sie haben dadurch den Vorteil, daß die Struktur des Programms sich schon in den SUBs zeigt. Außerdem können Sie die einzelnen Funktionen des Programms nach und nach ergänzen und auftretende Fehler leichter finden.

Beispiel und Aufgabe

Obige Überlegungen und deren Umsetzung in Programme können und sollten geübt werden. In Kapitel 18 werden Sie einige komplette QBasic-Programme finden, die ebenfalls irgendwann einmal geplant wurden.

Eines dieser Programme ist eine Tabellen-Kalkulation, in der in einer Tabelle Zahlen, Texte und Formeln eingetragen werden können. Die Formeln verrechnen dabei Einträge der Tabelle, wodurch zwei Zahlen aus zwei Feldern der Tabelle zu einer dritten, etwa der Summe, zusammengerechnet und dargestellt werden können.

Die grundsätzliche Aufgabenstellung liegt somit vor. Schauen Sie sich auch ruhig das fertige Programm an, welches auf der Diskette im Buch unter dem Namen MINITAB.EXE in ausführbarer Form vorliegt. Bevor Sie sich jedoch den BASIC-Programmcode (Kapitel 18.2) anschauen, sollten Sie nun selbst versuchen, das Programm zu planen. Gehen Sie hierbei die oben aufgeführten Überlegungen durch und notieren sich die Ergebnisse. Danach können Sie Ihr Konzept für das Programm mit dem realisierten vergleichen.

Dazu noch eine Anmerkung: Es gibt für die Lösung einer Aufgabe in Form eines Programmes nicht nur einen richtigen Weg, sondern beliebig viele. Ich behaupte nicht, daß meine Realisierung optimal ist - es kann auch sein, daß Sie einen besseren Ansatz gefunden haben.

15. Fehlersuche und Debugging

Die Fehlersuche ist als Thema sehr wichtig. Während in kleinen Programmen ein Fehler meistens durch logisches Verfolgen des Listings gefunden werden kann, ist dies bei größeren Programmen meist nicht mehr möglich. Hier muß dann der Fehler zunächst eingegrenzt werden. Hierfür gibt es gerade in QBasic eine Vielzahl an Varianten, weil der Interpreter sehr gute und umfangreiche Werkzeuge zur Verfügung stellt.

Vielleicht ist Ihnen dieser Hinweis nicht neu, was mich nicht daran hindert, ihn zu wiederholen. Der mit Abstand beste Weg, einen Fehler auszuschalten, ist der, ihn gar nicht erst entstehen zu lassen. Dies ist zwar in der Praxis nicht hundertprozentig möglich, läßt sich durch sorgfältige und strukturierte Programmierung aber recht gut annähern. So können die berühmt-berüchtigten Seiteneffekte durch den Einsatz von SUBs und FUNCTIONs wirkungsvoll vermieden werden.

15.1 Fehlerverfolgung im Programm

Die eben erwähnten Seiteneffekte sind mit die häufigsten Fehlerquellen in einem Programm. Es handelt sich dabei um das Verändern einer Variablen an einer Stelle im Programm, wo dies eigentlich nicht passieren dürfte. Besonders häufig tritt ein solcher Effekt bei dem Aufruf einer SUB oder FUNCTION auf, wo die Variable als Parameter übergeben oder als *SHARED* definiert ist.

Seiteneffekte

Warum gerade dann? Ganz einfach: wenn in einer SUB eine Variable verwendet wird, die nicht als *SHARED* definiert oder als Argument übergeben wurde, wirkt sich eine Veränderung der Variable nicht auf das restliche Programm aus. Andernfalls wird eine in der SUB versehentlich veränderte Variable im aufrufenden Programmteil ebenso verändert weiterverwendet, was zu den erwähnten Seiteneffekten führt.

Wenn Sie den Verdacht haben, daß sich der Inhalt einer bestimmten Variablen in einem bekannten Programmteil ungewollt verändert oder eine Berechnung das falsche Ergebnis liefert, empfiehlt sich der Einbau einer Anzeige des Variableninhaltes mit *PRINT* an markanten Stellen des Programmes.

In einigen Fällen kann auch eine Bereichsüberschreitung einer Variablen überprüft werden. Darf beispielsweise die Variable *Test%* nur Werte unter 100 beinhalten, kann die Anzeige unter dieser Bedingung erfolgen.

```
IF Test% >= 100 THEN
   BEEP
   PRINT "Variableninhalt von Test%:" + STR$(Test%)
   STOP             '** Programmstop
ENDIF
```

In diesem Beispiel wird in dem Fall, daß *Test%* einen Wert von 100 oder größer hat, der Wert angezeigt und das Programm gestoppt. In diesem Fall können Sie entweder im Direktmodus (F6) den Inhalt von *Test%* ändern oder, wenn die *Rückverfolgen*-Option aus dem *Debug*-Menü eingeschaltet ist, die letzten Schritte des Programmes überprüfen. Danach kann mit F5 das Programm weitergeführt werden.

ON ERROR Eine weitere Methode der Fehlersuche verwendet die *ON ERROR*-Anweisung. Über die reine Fehlerbehandlung hinaus kann diese so eingesetzt werden, daß beim Auftreten eines Fehlers ebenfalls wahlweise mit *STOP* das Programm angehalten wird, danach aber durch *RESUME* die fehlerverursachende Anweisung wiederholt werden kann. Mit der folgenden Fehlerbehandlungsroutine ist dies möglich:

```
DebugError:
   BEEP
   PRINT "** Fehler Nummer" + STR$(ERR) + " aufgetreten! **"
   STOP
   RESUME
```

Nachdem diese Routine mit der Anweisung

```
ON ERROR GOTO DebugError
```

als Fehlerbehandlung definiert wurde, wird bei einem auftretenden Fehler die Meldung des Fehlers samt Fehlernummer angezeigt. Wird dann mit F8 der nächste Programmschritt ausgeführt, wird durch die *RESUME*-Anweisung die fehlerverursachende Zeile angezeigt.

Die Routine, auf die mit *ON ERROR* verwiesen wird, kann nur im Hauptprogramm liegen, nicht innerhalb einer SUB oder FUNC-TION!

In der oben gezeigten Fehlermeldung wird der Inhalt der Variablen *ERR* ausgegeben, obwohl die Variable nirgends auftrat. Der Grund hierfür ist, daß es sich bei *ERR* um eine Systemvariable von QBasic handelt. Hier ist immer der Fehlercode des zuletzt aufgetretenen Fehlers enthalten.

Es gibt auch noch weitere solcher Systemvariablen, in denen Informationen zu dem Fehler vorliegen. Sollten Sie in Ihrem Programm Zeilennummern verwenden, ist die zuletzt vor dem Fehler bearbeitete Zeilennummer in der Variablen *ERL* zu finden. Sollte der Fehler beim Zugriff auf ein Gerät aufgetreten sein, etwa des Druckers, steht die Bezeichnung des Gerätes in *ERDEV$* sowie eine interne Nummer des Gerätes in *ERDDEV*.

In der obigen Routine, in der ein aufgetretener Fehler gemeldet wird, kann also eine ausführlichere Meldung ausgegeben werden:

```
PRINT "** Fehler Nummer" + STR$(ERR) + " aufgetreten! **"
PRINT "Zeilennummer"; ERL; ", Gerät"; ERDEV$; " (Nummer"; ERDEV; ")"
```

Normalerweise werden in QBasic-Programmen zwar keine Zeilennummern eingesetzt, weil sie nicht notwendig sind. Wenn Sie aber eine solche Fehlerroutine einsetzen, ist es anzuraten, an einigen Stellen Zeilennummern einzutragen. Anhand der Fehlermeldung können Sie dann die Stelle im Programm leichter finden, wo der Fehler aufgetreten ist.

Am Ende einer Fehlerroutine steht immer der *RESUME*-Befehl, wenn nicht nach einem Fehler mit *END* das Programm abgebrochen werden soll. Mit *RESUME* wird das Programm nach einem Fehler weitergeführt. Sie können hierbei bestimmen, an welcher Stelle dies geschehen soll.

RESUME

Wenn Sie einfach nur *RESUME* schreiben, wird die Zeile mit dem Fehler erneut ausgeführt. Sie können aber auch einen Parameter hinter *RESUME* setzen, wenn dies nicht gewünscht ist:

Mit der Anweisung *RESUME NEXT* weisen Sie QBasic an, mit der fehlerhaften Funktion folgende Anweisung fortzufahren.

Durch *RESUME* <Zeilennummer bzw. Zeilenmarke> können Sie an einer definierten Stelle im Programm fortfahren lassen.

15.2 Fehlereingrenzung mit dem QBasic-Debugger

Über die bisher beschriebenen Wege der Fehlereingrenzung und - Verfolgung hinaus bietet der Interpreter von QBasic einige sehr hilfreiche Funktionen, die aus dem *Debug*-Menü heraus oder auch durch Funktionstasten aufgerufen werden können.

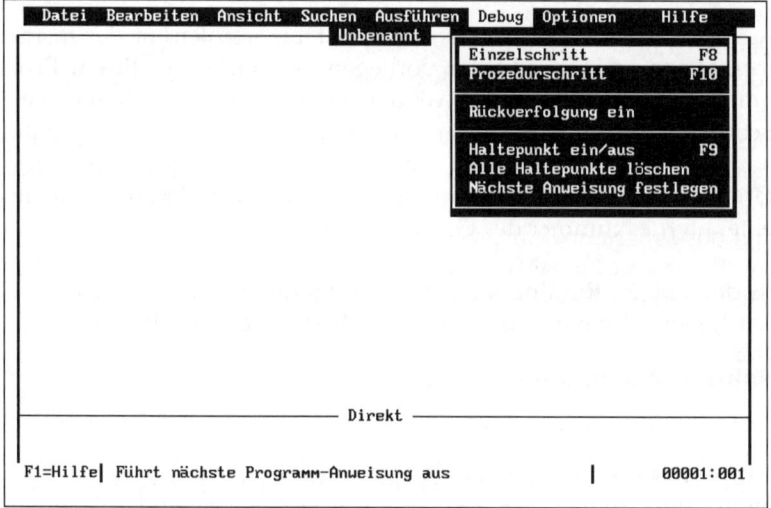

Abb. 44: Das Menü Debug

In diesem Menü sind bei QBasic folgende Einträge enthalten:

Einzelschritt (F8)

Das Debug-Menü   Wenn Sie das laufende Programm mit Strg + Pause oder einem *STOP*-Befehl angehalten haben, können Sie es Schritt für Schritt weiterlaufen lassen. Hierzu dienen dieser und der folgende Menüeintrag bzw. die Tasten F8 und F10 . Mit F8 wird die hervorgehoben dargestellte Zeile, die aktuelle Anweisung, ausgeführt und die nächste Anweisung als aktuelle Anweisung markiert.

Prozedurschritt (F10)

Diese Funktion arbeitet analog zur vorhergehenden. Der Unterschied ist jedoch, daß auch Aufrufe von SUBs oder FUNCTIONs als eine Anweisung angesehen und vollständig ausgeführt werden.

Rückverfolgung ein

Dieser Menüeintrag bewirkt das Ein- und Ausschalten der Funktion. Der Zustand wird durch einen Punkt vor dem Eintrag angezeigt; ist dieser sichtbar, ist die Funktion aktiviert.

Die Rückverfolgungs-Funktion (Trace) bewirkt ein schrittweises Abarbeiten des Programmes, wobei die gerade bearbeitete Zeile hervorgehoben dargestellt wird. Finden in der Zeile Ein- oder Ausgaben statt, z.B. durch einen *PRINT*-Befehl, wird zwischen dem Editor- und dem Ausgabebildschirm hin- und hergeschaltet. Der Ablauf des Programmes kann jederzeit mit `Strg`+`Pause` oder einem *STOP*-Befehl im Programm unterbrochen werden.

Trace

Die Abarbeitungsgeschwindigkeit wird durch Verwendung dieser Option sehr stark heruntersetzt. Aus diesem Grund bietet es sich an, vor den kritischen Programmteil einen *STOP*-Befehl zu setzen und das Programm ohne die Verfolgen-Funktion zu starten. Bricht das Programm an dieser Stelle ab, können Sie die Funktion einschalten und mit `F5` das Programm forführen.

Haltepunkte ein/aus (`F9`)

Diese Funktion wird allgemein am häufigsten bei der Fehlersuche eingesetzt. Durch sie wird die aktuelle Zeile, auf der der Cursor steht, als Haltepunkt (Breakpoint) definiert und hervorgehoben dargestellt. Sollte die Zeile bereits ein Haltepunkt sein, wird dieser wieder abgeschaltet. Es können auch mehrere Haltepunkte in einem Programm festgelegt werden.

Erreicht das Programm bei der Ausführung eine solche Zeile, wird es abgebrochen und die Zeile angezeigt. Danach kann das Programm entweder mit `F5` weitergeführt oder mit Einzelschritten (`F8` bzw. `F10`) schrittweise abgearbeitet und beobachtet werden.

Alle Haltepunkte löschen

Durch Anwahl dieser Funktion werden alle definierten Haltepunkte im Programm gelöscht.

Nächste Anweisung festlegen

Die Zeile, in der der Cursor steht, wird zur aktuellen Zeile der Programmausführung erklärt. Dies ist allerdings nur möglich, wenn das Programm in demselben Programmteil (SUB oder

FUNCTION) unterbrochen wurde. Wird danach [F5], [F8] oder [F10] gedrückt, wird das Programm in bzw. ab dieser Zeile fortgeführt.

Debugging-Training

Bisher war alles nur Theorie. Eigentlich ist aber gerade bei diesem Thema eine Menge Praxis nötig, um auch größere Programme zu "entwanzen". Wir wollen daher nun zwei Beispiele durchgehen, bei denen Fehler gesucht werden sollen. Beide Programmbeispiele sind natürlich auch auf der Diskette im Buch unter den Namen FEHLER1.BAS und FEHLER2.BAS enthalten.

Bei beiden Programmen handelt es sich um die Ermittlung und Auswertung von Sprit-Verbrauchswerten, die aus gefahrenen Kilometern und getankten Litern errechnet werden.

Beide Programme sind in der vorliegenden Form nicht lauffähig, sondern enthalten Fehler. Im folgenden werden beide Fälle Schritt für Schritt überprüft und die Fehler beseitigt.

Erstes Beispiel

Das erste Beispiel ist noch sehr kurz und übersichtlich. Wenn Sie es von der Diskette bzw. Festplatte einladen, sieht es folgendermaßen aus:

FEHLER1.BAS

```
'*** 1. fehlerhaftes Programm zur Übung des Debugging ***
'** aus DATA BECKERs Großem QBasic-Buch
 ** Autor: Stefan A. Dittrich
CLS
PRINT Spritverbrauchs - Berechnung
INPUT "Wieviele Kilometer sind gefahren ?" Kilometer
INPUT "Wieviele Liter Benzin getankt    ?", Liter
Verbrauch = Kilometer / Liter * 100
PRINT "Verbrauch:"; Verbrauch; "Liter pro 100 Kilometer"
```

Es ist sicher leicht zu sehen, wie das Programm eigentlich funktionieren soll. Erst wird der Bildschirm gelöscht und die Überschrift Spritverbrauchs-Berechnung ausgegeben. Danach werden über zwei *INPUT*-Anweisungen die Kilometer- und die Literzahl angefordert, woraus dann der Verbrauchswert berechnet und angezeigt wird. Ein Beispiel-Programmlauf sollte daher etwa so auf dem Bildschirm aussehen:

Spritverbrauchs-Berechnung

Wieviele Kilometer sind gefahren?	300
Wieviele Liter Benzin getankt?	30
Verbrauch:	10 Liter pro 100 Kilometer

Bevor Sie das Programm nun starten, überprüfen Sie bitte die Zeilen. Es sind hier insgesamt 4 Fehler eingebaut, von denen Sie ja vielleicht schon den einen oder anderen finden. Sollten Sie alle Fehler entdecken - Herzlichen Glückwunsch!

Sichtkontrolle

Sie können die entdeckten Fehler auch gleich beseitigen, indem Sie die betroffenen Stellen im Programm ändern. Wenn Sie dann überzeugt sind, daß es nun klappen müßte, starten Sie das Programm bitte mit der F5 -Taste.

Startet es direkt? Dann haben Sie die groben Fehler schon beseitigt, was einen guten Blick dafür beweist.

Andernfalls werden diejenigen Fehler, die das Programm schon am Starten hindern, von QBasic mit Fehlermeldungen geahndet. Dies ist eine sehr positive Eigenschaft von QBasic, daß es das gesamte Programm vor dem eigentlichen Start vollständig auf Korrektheit überprüft. Die alten BASIC-Varianten wie GW-BASIC erkannten solche groben Fehler erst dann, wenn die betroffene Zeile abgearbeitet werden sollte. Da aber einige Zeilen erst nach einer gewissen Zeit überhaupt bearbeitet werden, konnte daher die Fehlersuche wesentlich mehr Zeit in Anspruch nehmen als bei QBasic!

Grobe Fehler

Die meisten der im Beispiel enthaltenen Fehler können in der Praxis eigentlich nicht vorkommen, weil sie schon bei der Eingabe der Programmzeile von QBasic erkannt werden. Dies ist immer dann der Fall, wenn die eingegebene Zeile keine gültige BASIC-Zeile darstelle, also Tippfehler vorliegen. Solche Fehler werden auch Syntax-Fehler genannt.

Der erste Fehler tritt schon in der dritten Zeile auf. Hier wurde das Kommentarhäkchen vergessen. QBasic nimmt daher an, daß es sich um eine gültige Befehlszeile handelt und stellt fest, daß die Sternchen am Zeilenanfang keinen gültigen Befehl darstellen. Also setzen Sie bitte hier ein Kommentarhäkchen (') oder auch den *REM*-Befehl ein und starten erneut.

Nummer 1

Nummer 2   Nach dem erneuten Start bricht QBasic wieder ab, bevor das Programm überhaupt beginnt. Diesmal stolpert es über die erste *INPUT*-Anweisung. Hier ist zwischen der Eingabeaufforderung *"Wieviele Kilometer sind gefahren ?"* und der einzugebenden Variablen kein Trennzeichen eingegeben. Setzen Sie daher dort ein Komma ein (oder auch ein Semikolon, dann wird ein weiteres Fragezeichen angezeigt). Danach können Sie wieder mit der F5 -Taste starten.

Diesmal startet das Programm. Der Bildschirm wird gelöscht (*CLS*), eine 0 wird angezeigt und die erste Eingabe (*INPUT*) erscheint. Moment mal - wieso erscheint eine 0, und nicht die erwartete Überschrift?

Nummer 3   Hier handelt es sich wieder um einen klassischen Fehler. Der vermeintliche Text *Spritverbrauchs-Berechnung* ist nämlich nicht in Anführungsstriche gesetzt worden. QBasic interpretiert daher die Anweisung so, daß das Ergebnis der Subtraktion zweier Variablen angezeigt werden soll, und zwar *Spritverbrauchs* minus *Berechnung*. Und das ergibt wirklich 0.

Also wieder einmal ein Fehler, der zu beseitigen ist. Das Programm läuft aber bereits und wartet auf die Eingabe der Kilometerzahl. Es gibt nun zwei Möglichkeiten: Das Programm bis zum Ende durchlaufen und dann den Fehler beseitigen (wenn man sich dann noch daran erinnert...) oder abbrechen.

Bei größeren neugeschriebenen Programmen darf man ruhig annehmen, daß es einige Fehler enthält. Wenn Sie in einem solchen Fall einen Fehler sehen, sollten Sie sich diesen entweder direkt auf einen Zettel notieren oder wirklich abbrechen. Wenn nämlich beim weiteren Programmtest noch mehr Fehler auftreten, wird es sonst recht mühsam, alles zu behalten.

Programm-   abbruch   Im hier vorliegenden Fall empfehle ich das Abbrechen des Programmes und die sofortige Beseitigung des Fehlers. Drücken Sie hierzu bitte die Programmabbruch-Taste Strg - Break . Der Editor erscheint wieder, wobei die *INPUT*-Zeile hervorgehoben dargestellt wird. Das bedeutet, daß das Programm in dieser Zeile abgebrochen wurde.

Bewegen Sie nun den Cursor die paar Zeile höher und setzen den Text *Spritverbrauchs-Berechnung* in Anführungszeichen.

Hierbei genügt es übrigens, nur an den Anfang des Textes das "-Zeichen zu setzen und die Zeile mit dem Cursor zu verlassen. QBasic nimmt dann an, daß der gesamte Rest der Zeile ein Text ist und hängt selbständig das Zeichen auch ans Ende der Zeile.

Nach der Beseitigung dieses Fehlers Nummer 3 können Sie das Programm weiterlaufen lassen oder auch ganz neu starten. Letzteres empfiehlt sich, weil Sie ja sicher sehen wollen, ob der Fehler wirklich beseitigt ist. Drücken Sie daher nun bitte die Tastenkombination ⌈Shift⌉-⌈F5⌉.

Nun sieht alles schon wesentlich besser aus. Der Bildschirm erscheint genau so, wie es geplant war.

Spielen wir nun einen Beispielfall durch. Bei 30 getankten Litern und 300 gefahrenen Kilometern müßte das Programm uns einen Verbrauch von 10 Litern pro 100 Kilometern anzeigen. Wir geben also auf die erste Frage 300 und danach 30 ein und betrachten das Ergebnis.

Probelauf

Wie bitte? 1000 Liter verbraucht der Wagen? Das kann irgendwie nicht stimmen!

Nachdem wir bereits grobe Fehler, die das Programm am Starten hindern, und offensichtliche Fehler (Anführungszeichen vergessen) kennengelernt haben, kommen wir nun zu den unangenehmsten Fehlertypen. Hierbei handelt es sich um logische Fehler, die auch am schwersten zu finden sind. Nicht immer ist es so leicht zu erkennen, daß ein falsches Ergebnis vorliegt, wie hier.

Nummer 4

Der Fehler ist auch leicht zu finden. Die Berechnung des Spritverbrauchs ist schließlich

```
Liter / Kilometer * 100
```

und nicht andersherum!

Wenn Sie den Fehler im Programm korrigieren, müßte es nun folgendermaßen aussehen:

```
'*** 1. fehlerhaftes Programm zur übung des Debugging ***
'** aus DATA BECKERs Großem QBasic-Buch
'** Autor: Stefan A. Dittrich
CLS
PRINT "Spritverbrauchs - Berechnung"
INPUT "Wieviele Kilometer sind gefahren ?", Kilometer
```

Korrigierte Fassung

```
INPUT "Wieviele Liter Benzin getankt    ?", Liter
Verbrauch = Liter / Kilometer * 100
PRINT "Verbrauch:"; Verbrauch; "Liter pro 100 Kilometer"
```

Wenn Sie zu Beginn der vorgeführten Fehlersuche und vor dem Ausprobieren keinen oder nur ein bis zwei Fehler gefunden haben, sollten Sie sich das ursprüngliche Programm noch einmal ansehen. Na, sehen Sie die Fehler nun sofort? Wenn ja, lassen Sie uns nun einen etwas komplizierteren Fall ansehen.

Zweites Beispiel

Das zweite fehlerhafte Programm liegt unter dem Namen FEHLER2.BAS auf der Diskette vor. Laden Sie dieses bitte nun in QBasic ein und betrachten es erst.

Ebenso wie im ersten Beispiel werden hier Kilometer- und Literangaben in Verbrauchswerte umgerechnet. Im Gegensatz zur ersten Version werden die Werte hier als *DATA*-Zeilen im Programm vorgegeben und die Verbrauchswerte als Liniendiagramm gezeichnet. Hierzu wird eine eigene SUB eingesetzt, um das Diagramm herzustellen.

Das Programm ist so angelegt, daß es das folgende Diagramm auf dem Bildschirm anzeigen sollte:

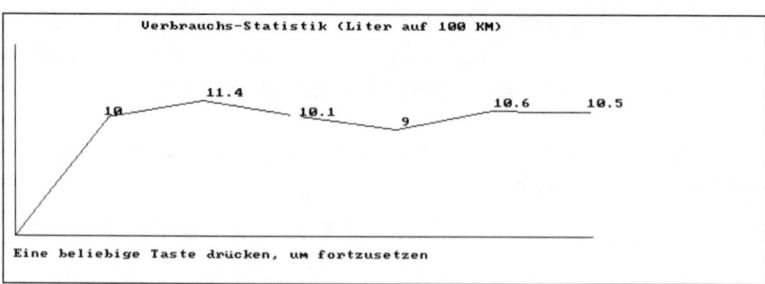

Abb. 45: Verbrauchs-Diagramm

Bevor Sie die einzelnen Schritte der Fehlersuche und -Beseitigung aus dem Buch entnehmen, versuchen Sie ruhig schon einmal, die Fehler selbst zu finden.

Sichtkontrolle

Auch hier sollten Sie vor dem Programmstart erst eine Sichtkontrolle vornehmen. Im Unterschied zu dem ersten Beispiel sind hier allerdings keine Fehler enthalten, die schon bei der Eingabe bemerkt würden (Syntax-Fehler). Dennoch: Ein grober Fehler ist drin, der QBasic am Starten des Programmes hindern wird.

FEHLER2.BAS

```
'*** 2. fehlerhaftes Programm zur übung des Debugging ***
'** aus DATA BECKERs Großem QBasic-Buch
'** Autor: Stefan A. Dittrich
DECLARE SUB ZeigeDiagramm (Anzahl%)
DIM Kilometer(10), Liter(10)          '** Feld dimensionieren
SCREEN 2                              '** Grafikmodus 2 (CGA)
                                         einschalten
PRINT , "Verbrauchs-Statistik (Liter auf 100 KM)"
FOR i% = 1 TO 10
  READ Kilometer(i%), Liter(i%)       '** Werte einlesen
  IF Kilometer(i%) = 0 THEN EXIT FOR  '** Ende der Liste!
NEXT i%
DATA 300,30                           '** Kilometer / Liter - Daten
DATA 280,32
DATA 355,36
DATA 400,36
DATA 330,35
DATA 285,30
'** Ende der Daten
DATA 0
ZeigeDiagramm i%                      '** Verbrauch als Linie zeigen
SUB ZeigeDiagramm (Anzahl%)
'** Verbrauchswerte als Linie anzeigen
SHARED Kilometer(), Liter()
  LINE (1, 20)-(1, 180)
  LINE (500, 180)-(1, 180)           '** Koordinatensystem zeichnen
  Breite% = 500 / Anzahl%            '** Breite der Einzelwerte
  FOR i% = 1 TO Anzahl%              '** Schleife für Verbrauchswerte

  Verbrauch = Liter(i%) / Kilometer(i%) * 100 '** Verbrauch berechnen

  X% = Breite% * i%                  '** Position errechnen
  Y% = 180 - Verbrauch * 10

  LINE -(X%, Y%)                     '** Linie ziehen
  LOCATE Y%, X%                      '** Cursor fur Zahlenausgabe setzen
  PRINT Verbrauch                    '** Verbrauchszahl anzeigen

 NEXT i%                            '** nächster Punkt
END SUB
```

Im Programm sind 5 Fehler und eine Unschönheit enthalten. Letztere besteht lediglich darin, daß die Verbrauchswerte mit etlichen Nachkommastellen angezeigt werden, was leicht zu ändern ist. Doch bis dahin kommt das Programm zunächst gar nicht erst.

Sollten Sie bereits einen oder mehrere Fehler gefunden haben, können Sie diese schon korrigieren. Andernfalls (oder danach) starten Sie es bitte nun mit F5 .

Nummer 1

Wie angekündigt, tritt zuerst der grobe Fehler zutage. QBasic beanstandet dabei, daß in der SUB Feldvariablen (*Kilometer()* und *Liter()*) verwendet werden, die der SUB nicht bekannt sind.

Sie können den Fehler auf zwei verschiedene Arten beseitigen. Hierzu können Sie im Hauptprogramm den *DIM*-Befehl um das Schlüsselwort *SHARED* ergänzen, damit alle SUBs des Programmes Zugriff auf die Felder bekommen. Die andere Möglichkeit besteht darin, an den Anfang der SUB die Zeile

```
SHARED Kilometer(), Liter()
```

zu setzen. Hierdurch bekommt die SUB auch den Zugriff auf die im Hauptprogramm dimensionierten Felder.

Setzen Sie nun bitte obige Zeile in die SUB ein und starten erneut. Diesmal startet das Programm, schaltet den Grafikmodus ein und bricht dann mit einer Fehlermeldung ab.

Nummer 2

Auf den ersten und zweiten Blick ist die erschienene Fehlermeldung "Syntax-Fehler" wenig einleuchtend. Eigentlich erkennt QBasic einen solchen Fehler doch vor dem Start und nicht erst zur Laufzeit! Außerdem sieht die Zeile, in der QBasic abbricht, doch ganz richtig aus!

Wenn Sie die Fehlermeldung quittieren und die Zeile eingehend betrachten, werden Sie auch wirklich keinen Fehler finden. Die Zeile selbst ist nämlich in Ordnung. Woher kommt denn der Fehler?

Ich habe Ihnen hier zugegebenermaßen einen wirklich schwierigen Fehler untergeschoben. Der Fehler liegt nämlich nicht in der Programmzeile, wie Sie sicher schon angenommen haben, sondern in den *DATA*-Zeilen.

Die QBasic-Fehlermeldung bedeutet, daß ein Schreibfehler in den Daten enthalten ist. Es wäre nun interessant zu wissen, in welchen Daten der Fehler steckt.

Wechseln Sie hierzu einmal mit der F6 -Taste in das Direktfenster und geben ein:

```
PRINT i%, Kilometer(i%), Liter(i%)
```

Es werden dann drei Zahlen auf dem Bildschirm erscheinen. Die
erste zeigt an, bei welchem Datenpaar der Fehler auftrat, weil hier
der Schleifenzähler ausgegeben wird. Die beiden anderen Angaben sind (oder sollten sein) die eingelesenen Werte.

Sie werden die drei Zahlen 1, 300 und 0 angezeigt bekommen. Sie
sehen also, daß der Fehler schon im ersten Datenpaar aufgetreten
ist, wobei der erste Wert korrekt eingelesen wurde. Daß die dritte
Zahl, also der Inhalt von *Liter(i%)*, noch 0 ist, deutet darauf hin,
daß irgendetwas mit der zweiten Zahl der ersten *DATA*-Zeile
nicht stimmt.

Die *DATA*-Zeile lautet:

```
DATA 300,30                    '** Kilometer / Liter - Daten
```

Das Problem ist hier, daß QBasic in *DATA*-Zeilen alle Arten von
Daten akzeptiert. Das Ergebnis dessen ist, daß auch der Kommentar zu den Daten zählt, obwohl hier das Kommentarhäkchen
eingesetzt ist! Es wurde demnach versucht, die Eingabe

```
30                      '** Kilometer / Liter - Daten
```

in die Variable *Liter(i%)* einzulesen. Klar, daß dies kein reiner
Zahlenwert ist! Schreiben Sie daher die Zeile folgendermaßen um,
indem Sie sie aufteilen:

```
'** Kilometer / Liter - Daten
DATA 300,30
```

Danach können Sie erneut starten - mal sehen, was als nächstes
schiefgeht!

Nach dem Start und dem Umschalten auf den Grafikmodus erfolgt erwartungsgemäß wieder eine Fehlermeldung. Die hervor-
gehobene Zeile ist wieder die gleiche wie beim vorherigen Fehler.
Die Fehlermeldung lautet allerdings nun *READ jenseits von DATA*.

Nummer 3

Es wurde also ein *READ*-Befehl ausgeführt, der keine weiteren
Daten in einer *DATA*-Zeile gefunden hat. Obwohl wir als Abbruchbedingung der Lese-Schleife nur die Variable *Kilometer(i%)*
testen und daher die erste 0 in den *DATA*-Zeilen reichte, werden
doch beide Daten des Datenpaares Kilometer/Liter eingelesen.

Auch hier gibt es wieder zwei Möglichkeiten, den Fehler zu beseitigen. Die erste wäre, innerhalb der Schleife zwei einzelne READ-Zeilen einzusetzen, eine für Kilometer() und eine für Liter(). Dazwischen könnte dann die Überprüfung des Abbruchkriteriums erfolgen, also der Test auf eine 0 für Kilometer(). Der zweite Leseversuch würde dann nicht mehr stattfinden, wenn der erste Wert des Datenpaares 0 ist.

Die zweite Möglichkeit ist etwas einfacher. Setzen Sie hierzu bitte eine zweite 0 in die DATA-Zeile, natürlich mit einem Komma von der ersten getrennt:

```
DATA 0, 0
```

Fehler Nummer 3 wäre somit behoben. Auf zum nächsten Versuch!

Nummer 4

Es geschieht nun schon einiges mehr. Die Daten werden alle eingelesen und das Zeichnen des Liniendiagrammes beginnt. Nachdem die Linien für das Koordinatensystems gezeichnet ist, erscheint auch schon die erste Linie vom Nullpunkt zum ersten Koordinatenpunkt, dem ersten Verbrauchswert. Die Fehlermeldung "Unzulässiger Funktionsaufruf" erfolgt in der Zeile:

```
LOCATE Y%, X%                '** Cursor für Zahlenausgabe setzen
```

Hier sollte der Cursor an die Stelle gesetzt werden, wo die Zahl des ermittelten Verbrauchswertes angezeigt werden soll. In den Variablen X% und Y% stehen die Bildschirmkoordinaten, wo die Linie endet und somit den Verbrauchswert repräsentiert.

Der Fehler liegt darin, daß die Cursorkoordinaten für Textausgaben anders gezählt werden als die Grafikkoordinaten. Während im Grafikmodus 640 mal 200 Punkte gesetzt werden können, sind dennoch nur 25 Zeilen á 80 Zeichen darstellbar.

Die Grafikkoordinaten müssen also in Textkoordinaten umgerechnet werden. Dies ist recht einfach, weil jedes Zeichen - wenn im Grafikmodus 2 gearbeitet wird - 8 mal 8 Bildpunkte groß ist. Sie können das leicht nachrechnen: 80 Zeichen über 640 Bildpunkte ergibt 640/80 = 8 Punkte pro Zeichen horizontal. Ebenso ergibt 200 Punkte vertikal durch 25 Zeilen 200/25 = 8 Punkte vertikal.

Um im Programm die Umrechnung vorzunehmen, brauchen daher nur die Koordinaten jeweils durch 8 geteilt zu werden:

```
LOCATE Y% / 8, X% / 8        '** Cursor für Zahlenausgabe setzen
```

Das war der Fehler Nummer 4. Ob es nun funktioniert?

Nach dem nächsten Programmstart mit $\boxed{\text{Shift}}$-$\boxed{\text{F5}}$ wird immerhin schon das ganze Diagramm gezeichnet - erst dann stolpert
QBasic wieder über einen Fehler.

Nummer 5

Die Zeile mit der Berechnung des Verbrauchs wird angezeigt und
die Fehlermeldung "Überlauf" erscheint.

Auch dieser Fehler ist auf den ersten Blick nicht zu verstehen. Ein
Überlauf tritt normalerweise immer dann ein, wenn das Ergebnis
einer Berechnung oder Zuweisung an eine Variable deren Wertebereich überschreitet. Sie können das beispielsweise mit der folgenden Zeile im Direktmodus ausprobieren:

```
A% = 1000 * 1000
```

Es ist kaum anzunehmen, daß der auszurechnende Verbrauch hier
den Wertebereich der Real-Variablen *Verbrauch* überschreitet (Ein
Verbrauch von 10 hoch 38 Liter auf 100 Kilometer wäre auch etwas überraschend!). Es muß sich hier also um eine ungünstige
Fehlermeldung handeln, die etwas anderes aussagt.

Lassen Sie sich hierzu einfach mal die beiden Werte *Kilometer(i%)*
und *Liter(i%)* anzeigen, indem Sie im Direktfenster wieder einen
PRINT-Befehl mit den Variablen eingeben. Sollte er noch vom
vorherigen Versuch dort stehen, können Sie auch den Cursor dar-
aufstellen und $\boxed{\text{Return}}$ drücken. Das Ergebnis: Beide Werte sind
0.

Woran mag das liegen? Ganz einfach: Die beiden Nullen waren ja
das Abbruchkriterium bei der Einleseschleife im Hauptprogramm. Sie wurden auch eingelesen und sollen nun dargestellt
werden. Eigentlich war das aber nicht unsere Absicht.

Abhilfe schafft hier eine kleine Änderung: Übergeben wir einfach
den um 1 erniedrigten Wert von *i%* an die SUB:

```
ZeigeDiagramm i% - 1          '** Verbrauch als Linie zeigen
```

Hierdurch wird die übergebene Anzahl um das überflüssige 0,0-
Datenpaar reduziert. Wenn Sie jetzt das Programm erneut starten,
erscheint das Diagramm und das Programm wird korrekt beendet.

Nummer 6:
Kosmetik

Das Programm ist nunmehr lauffähig. Wie aber schon erwähnt, ist noch ein Schönheitsfehler zu erkennen. Die berechneten Verbrauchswerte sind teilweise mit recht vielen Nachkommastellen angegeben. Da Sie aber kaum wissen wollen, daß der Verbrauch 11.42857 Liter auf 100 ist, könnten die Zahlen auch auf die erste Stelle hinterm Komma gerundet werden.

Rundung

Das Prinzip der Rundung von Zahlen ist einfach: Man schneidet mit der *INT*-Funktion die Nachkommastellen den n-fachen Wertes ab und dividiert das ganze wieder durch n. Für die Rundung auf 1 Stelle bedeutet dies hier folgende Programmzeile:

```
PRINT INT(Verbrauch * 10) / 10 '** Verbrauchszahl anzeigen
```

Wollen Sie die Ausgabe auf 2 Stellen runden, brauchen Sie nur jeweils die 10 in 100 zu ändern:

```
PRINT INT(Verbrauch * 100) / 100 '** Verbrauchszahl anzeigen
```

Es ist vollbracht! Das Programm in der vollständig korrigierten Fassung sollte nun folgendermaßen aussehen:

Korrigierte
Fassung

```
'*** 2. fehlerhaftes Programm zur übung des Debugging ***
'** aus DATA BECKERs Großem QBasic-Buch
'** Autor: Stefan A. Dittrich
DECLARE SUB ZeigeDiagramm (Anzahl%)
DIM Kilometer(10), Liter(10)            '** Feld dimensionieren
SCREEN 2                                '** Grafikmodus 2 (CGA)
                                            einschalten
PRINT , "Verbrauchs-Statistik (Liter auf 100 KM)"
FOR i% = 1 TO 10
  READ Kilometer(i%), Liter(i%)         '** Werte einlesen
  IF Kilometer(i%) = 0 THEN EXIT FOR    '** Ende der Liste!
NEXT i%
'** Kilometer / Liter - Daten
DATA 300,30
DATA 280,32
DATA 355,36
DATA 400,36
DATA 330,35
DATA 285,30
'** Ende der Daten
DATA 0,0
ZeigeDiagramm i% - 1                     '** Verbrauch als Linie zeigen
SUB ZeigeDiagramm (Anzahl%)
'** Verbrauchswerte als Linie anzeigen
SHARED Kilometer(), Liter()
  LINE (1, 20)-(1, 180)
  LINE (500, 180)-(1, 180)              '** Koordinatensystem zeichnen
  Breite% = 500 / Anzahl%               '** Breite der Einzelwerte
```

```
FOR i% = 1 TO Anzahl%          '** Schleife für Verbrauchswerte

  Verbrauch = Liter(i%) / Kilometer(i%) * 100 '** Verbrauch berechnen

  X% = Breite% * i%            '** Position errechnen
  Y% = 180 - Verbrauch * 10

  LINE -(X%, Y%)               '** Linie ziehen
  LOCATE Y% / 8, X% / 8        '** Cursor für Zahlenausgabe setzen
  PRINT INT(Verbrauch * 10) / 10 '** Verbrauchszahl anzeigen
NEXT i%                        '** nächster Punkt
END SUB
```

Aufgabe

Versuchen Sie bitte, das folgende Programm zu korrigieren. Es sind hier insgesamt 4 Fehler enthalten.

Das Programm soll eine Tabelle auf dem Bildschirm anzeigen, in der Kilometer und Liter dargestellt sind. In den Werten der Tabelle stehen dann in den Kreuzungspunkten die Verbrauchszahlen. Die Tabelle sollte folgendermaßen aussehen:

```
Verbrauchs-Tabelle (links Liter, oben Kilometer, Kreuzungen: Verbrauch)
     300    320    340    360    380    400    420    440    460    480    500
  --------------------------------------------------------------------------------
30  10.0    9.4    8.8    8.3    7.9    7.5    7.1    6.8    6.5    6.3    6.0

32  10.7   10.0    9.4    8.9    8.4    8.0    7.6    7.3    7.0    6.7    6.4

34  11.3   10.6   10.0    9.4    8.9    8.5    8.1    7.7    7.4    7.1    6.8

36  12.0   11.3   10.6   10.0    9.5    9.0    8.6    8.2    7.8    7.5    7.2

38  12.7   11.9   11.2   10.6   10.0    9.5    9.0    8.6    8.3    7.9    7.6

40  13.3   12.5   11.8   11.1   10.5   10.0    9.5    9.1    8.7    8.3    8.0

42  14.0   13.1   12.4   11.7   11.1   10.5   10.0    9.5    9.1    8.8    8.4

44  14.7   13.8   12.9   12.2   11.6   11.0   10.5   10.0    9.6    9.2    8.8

46  15.3   14.4   13.5   12.8   12.1   11.5   11.0   10.5   10.0    9.6    9.2

48  16.0   15.0   14.1   13.3   12.6   12.0   11.4   10.9   10.4   10.0    9.6

50  16.7   15.6   14.7   13.9   13.2   12.5   11.9   11.4   10.9   10.4   10.0
Eine beliebige Taste drücken, um fortzusetzen
```

Abb. 46: Verbrauchs-Tabelle

```
'*** 3. fehlerhaftes Programm als Aufgabe zum Debugging ***
'** aus DATA BECKERs Großem QBasic-Buch
'** Autor: Stefan A. Dittrich
CLS
PRINT "   Verbrauchs-Tabelle (links Liter, oben Kilometer, Kreuzungen:
Verbrauch)"
```

FEHLER3.BAS

```
PRINT
PRINT "    "; STRING$(77, "-")          '** KM unterstreichen
FOR i% = 0 TO 10                        '** 10 Spalten
 KM% = 300 + i% * 20
 COLOR 7 + 8                            '** hell darstellen
 LOCATE 2, i% * 7 + 6
 PRINT KM%;                             '** Kilometer-überschrift
 FOR l% = 1 TO 11                       '** 11 Zeilen
  Liter% = 28 + l% * 2

  COLOR 7 + 8                           '** hell darstellen
  LOCATE 2 + l% * 2
  PRINT Liter%;                         '** Liter anzeigen
  COLOR 7                               '** normal darstellen
  LOCATE 2 + l% * 2, i% * 7 + 6
  PRINT USING "##.#"; l% / KM% * 100    '** Verbrauch anzeigen
 NEXT l%
NEXT i%
```

Das Programm ist unter dem Namen FEHLER3.BAS auf der Diskette im Buch in der fehlerhaften Form enthalten. Die Lösung der Aufgabe finden Sie in Form des korrigierten Programmes im Anhang des Buches.

Zusammenfassung

- Die Vermeidung von Fehlern im Programm wird durch QBasic schon bei der Erstellung unterstützt:

- Erkennung von Schreibfehlern (Syntax-Fehler) schon bei der Eingabe

- Meldung grober Fehler beim Programmstart vor dem eigentlichen Ausführen des Programmes

- Läuft das Programm und treten Fehlfunktionen auf, kann der Fehler mit den Debugging-Fähigkeiten von QBasic eingekreist werden:

- Setzen von Haltepunkten (Breakpoints) vor verdächtige Programmzeilen mit der F9-Taste

- Schrittweise Abarbeitung der folgenden Zeilen mit F8 oder

- Abarbeitung der ganzen in der aktuellen Programmzeile aufgerufenen SUB oder FUNCTION mit F10

- Anzeigen des aktuellen Inhaltes von Variablen im Direktfenster mit PRINT <Variable>

16. Texte verarbeiten

Neben den reinen Zahlenwerten spielen die Textvariablen eine sehr große Rolle in jedem Programm. Was würde auch eine Adreßverwaltung nützen, in der nur die Hausnummer, die Postleitzahl und die Telefonnummer gespeichert sind?

Da ein Computer eigentlich nur Zahlen verarbeiten kann, wird für die Speicherung eines Buchstabens dieser in einen Zahlencode umgesetzt, den sogenannten ASCII-Code (ASCII = American Standard Code for Information Interchange). Dieser Code besteht aus einer Tabelle, in der allen verfügbaren Zeichen eine Nummer zugeordnet wird, etwa eine 65 für ein "A" oder die 49 für eine "1".

ASCII-Code

Damit der Computer weiß, ob es sich bei einer solchen Zahl um den Wert selbst oder einen Buchstaben handelt, wird in QBasic zwischen Werte- und Text-Variablen unterschieden. Solche Text-Variablen werden durch ein nachgestelltes Dollar-Zeichen markiert, etwa *Text$*. Eine solche Variable kann eine Länge von 0 (also einen leeren Texte) bis zu 32.767 haben, was sicher zum Speichern eines Vornamens reicht.

Textvariable

Die folgenden Programme, SUBs und FUNCTIONs sind auf der Diskette im Buch unter dem Dateinamem TEXTFORM.BAS zu finden.

TEXTFORM. BAS

Texte zusammenführen

Für die Verarbeitung solcher Text-Variablen stellt QBasic eine Reihe mächtiger Befehle zur Verfügung. Der einfachste ist die Addition von Texten, die ebenso geschrieben wird wie bei Zahlen. Die Zeile

"Text" + "Text"

```
Text$ = "Hallo, " + "Welt"
```

ergibt somit in der Variablen *Text$* den Inhalt "Hallo, Welt", allerdings ohne die Anführungszeichen, weil diese nur einen Text markieren.

Sollen diese Zeichen in einen Text eingebracht werden, muß man den Umweg über den ASCII-Code machen. Mit Hilfe der Funktion *CHR$()*, welche das zugehörige Zeichen zu der in Klammern angegebenen Zahl liefert, kann jedes beliebige Zeichen generiert

ASCII-Code

und verarbeitet werden, auch die Anführungszeichen. Sie erhalten also beispielsweise durch die Anweisung

```
PRINT CHR$(65)
```

ein *A* auf dem Bildschirm. Das Anführungszeichen hat die ASCII-Nummer 34, was Sie durch

```
PRINT CHR$(34)
```

nachprüfen können.

Im Anhang dieses Buches finden Sie eine vollständige Auflistung aller ASCII-Codes, die Sie aber auch aus der QBasic-Hilfe entnehmen können (⌈Shift⌉+⌈F1⌉, Querverweis <ASCII-Zeichen-Codes>).

Ebenso, wie das Zeichen auf den Bildschirm gebracht wird, kann es auch in eine Text-Variable gesetzt werden, etwa so:

```
Text$ = "Dies ist ein Anführungszeichen: " + CHR$(34)
PRINT Text$
```

Über die Addition hinaus gibt es - verständlicherweise - keine Operation mit Texten, die einer Werte-Operation entspricht. Schließlich ist es nicht ganz klar, was ein Programm wie

```
Text$ = "Hallo, Welt!" / 2
```

als Ergebnis liefern soll...

Alle weiteren Text- oder String-Funktionen sind somit durch bestimmte Schlüsselworte definiert. Mit diesen Schlüsselworten können Teile aus dem Text extrahiert oder verändert, Texte durchsucht oder analysiert werden. Mit diesen Funktionen kann eigentlich alles mit Texten gemacht werden, was Sie sich vorstellen können, was auch gleich bewiesen wird. Hier zunächst eine kurze Übersicht über die QBasic-String-Funktionen:

String-Funktionen

+	Strings können mit dem +-Zeichen aneinandergereiht werden (*A$ = B$ + C$*)
INSTR()	Zeichen in String suchen (*F% = INSTR(Ab%, Text$, Such$)*)
LEFT$()	Linken Teil eines Strings übernehmen (*A$ = LEFT$(B$, Laenge%)*)

LEN()	Länge eines Strings ermitteln (*Laenge% = LEN(A$)*)
MID$()	Teilstück aus String übernehmen (*A$ = MID$(B$, Ab%, Laenge%*)
MID$()	Teilstück eines Strings ändern (*MID$(B$, Ab%, Laenge%) = Ersatz$*)
RIGHT$()	Rechten Teil eines Strings übernehmen (*A$ = RIGHT$(B$, Laenge%)*)
LTRIM$()	Führende Leerzeichen entfernen (*A$=LTRIM(B$)*)
RTRIM$()	Leerzeichen am Ende entfernen (*A$=RTRIM(B$)*)
LCASE$()	String in Kleinbuchstaben umwandeln (*A$ = LCASE$(B$)*)
UCASE$()	String in Großbuchstaben umwandeln (*A$ = UCASE$(B$)*)
	HINWEIS: LCASE$() und UCASE$() ignorieren die Umlaute äöüÄÖÜ!
SPACE$()	Leerzeichen generieren (*A$ = SPACE$(Laenge%)*)
STRING$()	String beliebiger Länge aus vorgegebenem Zeichen generieren (*A$ = STRING$(Anzahl%, Zeichen$)*)

Zahlensysteme

Zwei ähnliche Funktionen wie die normalen String-Funktionen dienen zur Umrechnung von Werten in andere Zahlensysteme. Dies sind:

HEX$()	Umrechnung in Sedezimalzahl (auch Hexadezimalzahl genannt) mit Zahlenbasis 16 und Zeichenvorrat 0-9 und A-F (*A$=HEX$(B%)*)
OCT$()	Umrechnung in Oktalzahl (Basis 8) (*A$=OCT$(B%)*)

Mit diesen Funktionen werden wir nun einige Programmteile erstellen, die Texte manipulieren und analysieren. Solche Funktionen werden in den meisten Programmen benötigt, wodurch Sie diese in Ihre eigenen Programme leicht übernehmen können.

Wir beginnen damit, daß wir einen relativ langen Text in eine String-Variable schreiben. Dies kann natürlich in der Praxis auf verschiedene Arten geschehen, etwa durch Eingabe über die Tastatur oder durch Laden aus einer Text-Datei. Für dieses Beispiel genügt die Festlegung des Textes durch einfache Zuweisungen:

Text zuweisen

```
'---------------------- Text definieren ----------------------
Text$ = "Dies ist eine lange Textzeile, die eigentlich einen
        ganzen Absatz "
Text$ = Text$ + "darstellt. Dennoch ist sie in einem Stück in
            einer Variablen "
```

```
Text$ = Text$ + "gespeichert und soll in diesen Routinen zerlegt
                werden. "
Text$ = Text$ + "Dies wird linksbündig, zentriert sowie im
                Blocksatz geschehen."
```

Die folgenden Manipulationen mit diesem zusammengesetzten Text sollen gleich alle auf dem Bildschirm angezeigt werden. Hierzu wird dieser erst einmal mit *CLS* gelöscht und die Überschrift ausgegeben. Der Befehl *COLOR 7 + 8* bewirkt eine helle Darstellung dieses Textes:

```
'----------------------- überschrift ------------------------
CLS
COLOR 7 + 8
PRINT "*** Zerlegen und Formatieren eines Textes ***"
```

Bevor der Text selbst in Erscheinung tritt, wird er erst einmal analysiert. Welche Informationen zu diesem Text könnten interessant sein?

Wenn Sie einmal mit einer Textverarbeitung gearbeitet haben, haben Sie wahrscheinlich von dieser die Länge des gesamten Textes sowie eventuell die Anzahl der darin enthaltenen Worte angezeigt bekommen. Dies ist vor allem dann sehr interessant, wenn Sie einen Aufsatz oder einen Zeitschriften-Artikel schreiben, in dem die Textlänge und manchmal auch die Wortzahl vorgegeben ist. Also sollen als nächstes Länge und Wortanzahl des Beispieltextes angezeigt werden:

Wortanzahl und
Textlänge

```
'----------------------- Worte zählen ------------------------
WCount Text$, Worte%
PRINT
PRINT "Der Text in Text$ ist"; LEN(Text$); "Zeichen lang mit"; Worte%;
      "Worten."
```

Die Länge des Textes ist sehr einfach durch die QBasic-Funktion *LEN()* zu ermitteln. Der außerdem verwendete Befehl *WCount* ist jedoch in QBasic nicht enthalten, was allein schon durch die gemischte Schreibweise mit Groß- und Kleinbuchstaben erkennbar ist. Es handelt sich dabei also um eine selbstgeschriebene SUB, die aus dem übergebenen Text die Anzahl der Worte ermittelt. Es bleibt uns also nichts anderes übrig, als zunächst einmal diese SUB zu erstellen.

16.1 Worte und Zeichen zählen

Hierbei stellt sich die auf den ersten Blick so einfache Frage, wie die Anzahl der im Text enthaltenen Worte überhaupt gezählt werden kann. Sicherlich werden Sie auf einen Blick die Worte voneinander unterscheiden können, aber ein Computer zeichnet sich schließlich durch völlige Phantasielosigkeit aus. Aus diesem Grund geht ein Programm den Umweg über das Zählen von Leerzeichen, die ja zwischen den Worten stehen müssen. Der Nachteil hierbei ist, daß zusammengesetzte Worte wie BASIC-Interpreter als nur ein Wort gezählt werden. Außerdem werden auch Mehrfach-Leerzeichen entsprechend gezählt, was vor allem bei Tabellen zu Fehlern führt.

Die SUB *WCount* kann nun folgendermaßen aufgebaut werden:

```
SUB WCount (Text$, Worte%)
'** Worte in Text$ zählen
 Worte% = 1
 s% = 0
 DO
  s% = INSTR(s% + 1, Text$, " ")
  IF s% = 0 THEN EXIT DO
  Worte% = Worte% + 1
 LOOP
END SUB
```

Die Funktionsweise dieser SUB ist recht einfach. Zunächst wird der Wortezähler auf 1 gesetzt, weil vor dem ersten Leerzeichen im Text sicherlich schon ein Wort stand. Danach wird in einer Schleife mit der *INSTR()*-Funktion der Text nach dem nächsten Leerzeichen durchsucht. Diese Funktion liefert dann die Position des gefundenen Zeichens im Text zurück. Die Suchposition, ab der die Suche beginnen soll, wird dabei in der Variablen *s%* gespeichert, damit die *INSTR()*-Funktion nicht immer nur das erste Leerzeichen findet. Durch das *s% + 1* in der *INSTR()*-Funktion wird die Suche also immer hinter dem zuletzt gefundenen Leerzeichen begonnen.

Findet die *INSTR()*-Funktion kein weiteres Leerzeichen, liefert sie eine 0 zurück. Dies ist für das Programm das Signal, daß die Suche beendet ist, und durch den Befehl *EXIT DO* wird die Schleife verlassen. Andernfalls wird der Worte-Zähler *Worte%* um eins erhöht und weitergesucht.

Nachdem nun die Länge und die Anzahl der im Text enthaltenen Worte ermittelt und angezeigt wurden, wird der Text auf das Vorkommen von bestimmten Zeichen hin untersucht. Hierbei könnte beispielsweise die oben bereits ermittelte Anzahl der Leerzeichen oder auch der Umlaute interessant sein.

Zeichen zählen

```
'----------------------- Zeichen zählen -----------------------
CCount Text$, "äöüÄÖÜß", Zeichen%
PRINT "Er enthält"; Zeichen%; "Umlaute und";
CCount Text$, " ", Zeichen%
PRINT Zeichen%; "Leerzeichen."
```

Bestimmte Zeichen zählen

Der hier eingesetzte Befehl *CCount* ist wieder kein QBasic-Befehl und muß daher auch selbst erstellt werden.

```
SUB CCount (Text$, Char$, Zeichen%)
'** Anzahl der in Char$ vorgegebenen Zeichen in Text$ ermitteln
 Zeichen% = 0
 FOR i% = 1 TO LEN(Text$)
  IF INSTR(Char$, MID$(Text$, i%, 1)) THEN Zeichen% = Zeichen% +1
 NEXT i%
END SUB
```

Hier wird ebenfalls die *INSTR()*-Funktion eingesetzt, jedoch auf ganz andere Weise. In der übergebenen Suchbegriff-Variablen *Char$* können ja mehrere Zeichen gleichzeitig vorgegeben werden, die gezählt werden sollen. Also wird einfach der zu durchsuchende Text Zeichen für Zeichen untersucht, ob er in diesem Suchbegriff enthalten ist. Das Herausholen eines Zeichens wird durch die *MID$()*-Funktion möglich.

Nachdem diese Angaben über den Text ermittelt und angezeigt sind, soll nun auch der Text selbst ausgegeben werden.

Textausgabe

```
'----------------------- Ausgabe gesamt -----------------------
PRINT
PRINT "Am Stück ausgegeben ergibt sich folgendes Bild:"
COLOR 7
PRINT Text$
```

Durch den *COLOR 7*-Befehl wird die Zeichenfarbe wieder auf normales Weiß gesetzt und damit die helle Darstellung der Überschrift ausgeschaltet.

Wie Sie nun sehen, wird der Text am Bildschirmrand einfach um-
gebrochen, wodurch einige Worte regelrecht verstümmelt werden. Hier wird nun die Anforderung deutlich, einen Text zu for-
matieren, damit er mit ganzen Worten dargestellt werden kann.

16.2 Text-Formatierung

Bei einer Textverarbeitung werden meist für die Formatierung eines Textes vier verschiedene Möglichkeiten angeboten. Dies sind:

linksbündig   Normale Darstellung mit Umbruch zwischen den
Worten.

rechtsbündig   Darstellung der gleichen Zeilen wie oben, nur alle
an den rechten Rand des Darstellungsbereiches geschoben.

zentriert   Anzeige jeder der Zeilen mittig im Darstellungsbereich.

Blocksatz   Ausgabe der Zeilen mit beidseitigem Randausgleich, also stets gleichlangen Zeilen.

Für alle diese Darstellungsarten ist es notwendig, den Text
zunächst zu zerlegen, und zwar in Zeilen mit einer vorgegebenen
maximalen Länge, welche nur ganze Worte enthalten. Dies wird
durch eine SUB namens *Zerlege* realisiert.

```
'---------------------------- Text zerlegen --------------------
PRINT
COLOR 7 + 8
PRINT "Der Text wird nun zerlegt in Teilstücke mit max. 70 Zeichen Länge:"
DIM Zeile$(10)
Zerlege Text$, Zeile$(), 70, Zeilen%
```

Text zerlegen

Text zerlegen

Die nun zu erstellende SUB *Zerlege* hat die Aufgabe, den übergebenen Text (*Text$*) in maximal 70 Zeichen lange Zeilen zu zerle-
gen, welche dann in dem Text-Feld *Zeile$()* zurückgeliefert wer-
den soll. Außerdem soll sie die Anzahl der dadurch entstandenen
Einzelzeilen in *Zeilen%* zurückliefern.

```
SUB Zerlege (Text$, Zeile$(), MaxLen%, Zeilen%)
'*** Zerlegen des langen Textes aus Text$ in das Stringfeld
'*** Zeile$()
'*** Maximale Zeilenlänge MaxLen%
```

```
'*** Rückgabe: Anzahl der Zeilen in Zeilen%
Text1$ = Text$
Zeilen% = 1
DO WHILE LEN(Text1$) > MaxLen%
  FOR i% = MaxLen% TO 1 STEP -1
    IF MID$(Text1$, i%, 1) = " " THEN EXIT FOR
  NEXT i%
  Zeile$(Zeilen%) = LEFT$(Text1$, i% - 1)
  Text1$ = MID$(Text1$, i% + 1)
  Zeilen% = Zeilen% + 1
LOOP
Zeile$(Zeilen%) = Text1$
END SUB
```

Vorgang des Zerlegens

Der Vorgang des Zerlegens findet folgendermaßen statt:

Zuerst wird der übergebene Text in eine Hilfsvariable kopiert. Dies ist deshalb notwendig, weil im Verlauf der Zerlegung der Text selbst verändert wird. Damit diese Veränderung aber nicht auch den Originaltext verändert, wird die Manipulation nur an der Hilfsvariablen *Text1$* vorgenommen. Nach der Vorgabe der Zeilenanzahl mit 1 beginnt die Schleife, in der sich der Vorgang abspielt. Als Kriterium zum Weiterführen der Schleife wird festgelegt, daß der verbleibende Text immer noch länger als die angegebene Maximallänge sein muß.

Dieser zu lange Text wird nun von der Endposition abwärts nach einem Leerzeichen durchsucht, an dem der erste Zeilenumbruch stattfinden darf. Hierzu wird die *FOR...TO...STEP... NEXT*-Konstruktion eingesetzt. Diese Schleife wird bei der Entdeckung eines Leerzeichens durch *EXIT FOR* abgebrochen, wobei in der Variablen *i%* die Position des gesuchten Leerzeichens im Text steht.

Ist das Leerzeichen solcherart gefunden, wird die erste Zeile in die Feldvariable *Zeile$(Zeilen%)* geschrieben. Hierzu wird mit der *LEFT$()*-Funktion der linke Teil des Gesamttextes bis zu dem vor dem gefundenen Leerzeichen extrahiert und der Feldvariablen zugewiesen.

Danach wird dieser Teil auch aus dem Gesamttext entfernt. Hierzu wird ein Trick eingesetzt, welcher zur Basis hat, daß die *MID$()*-Funktion bei Auslassen des Längen-Parameters den gesamten Rest des Textes zurückliefert.

Der Zähler für die Einzelzeilen wird nun erhöht und die Schleife fortgeführt. Durch das Abschneiden des ersten Teils aus dem Gesamtstring bleibt die Aufgabe des nächsten Durchlaufs der

Schleife die gleiche. Dieser Vorgang wiederholt sich, bis der verbleibende Text in die vorgegebene Breite paßt. In diesem Fall wird die Schleife verlassen und die letzte Zeile mit dem Textrest gefüllt. Die Zerlegung ist nun fertig und die SUB wird beendet, wobei die einzelnen Zeilen in *Zeile$()* und der Zeilenzähler in *Zeilen%* dem Aufrufer automatisch verfügbar wird.

Nachdem der Text so in Teilstücke zerlegt ist, kann er zunächst einfach linksbündig ausgegeben werden:

```
'---------------------- linksbündige Formatierung -------------
COLOR 7
FOR i% = 1 TO Zeilen%
  PRINT Zeile$(i%)
NEXT i%
```

Linksbündige Ausgabe

Wie Sie sehen, kann der Text nun gut gelesen werden, weil er keine amputierten Worte mehr enthält.

Text zentrieren

Wenden wir uns nun einer anderen Variante der Formatierung zu, der Zentrierung. Da die Anforderung, einen Text zentriert auszugeben, häufig auftritt, wird hier ebenfalls eine SUB eingesetzt, die Sie in Ihre eigenen Programme übernehmen können.

```
'---------------------- Zentrieren --------------------------
PRINT
COLOR 7 + 8
PRINT "Diese Zeilen werden nun zentriert ausgegeben:"
COLOR 7
FOR i% = 1 TO Zeilen%
  ZPrint Zeile$(i%), 40
NEXT i%
```

Zentrierte Ausgabe

Die Ausgabeschleife entspricht in etwa der vorherigen, nur daß hier anstelle von *PRINT* die SUB *ZPrint* aufgerufen wird, und zwar mit einem zusätzlichen Parameter. Dieser Parameter gibt an, um welche horizontale Position der Text zentriert werden soll. In diesem Beispiel ist dies die Bildschirmmitte.

```
SUB ZPrint (Text$, Mitte%)
'*** Zentrierte Ausgabe des Textes in Text$
'*** um mittlere Position Mitte%
  LOCATE , Mitte% - LEN(Text$) / 2
  PRINT Text$
END SUB
```

Die Funktion dieser SUB ist denkbar einfach. Mit dem *LOCATE*-Befehl kann die aktuelle Cursorposition auf dem Bildschirm bestimmt werden, wobei als Parameter erst die Zeile und dann die Spalte angegeben werden können. Wird einer der Parameter weggelassen, bleibt die aktuelle Y- bzw. X-Position erhalten.

Dies wird auch hier eingesetzt, weil für die Zentrierung ja nur die horizontale Position gesetzt werden soll. Also wird hinter dem *LOCATE*-Befehl direkt ein Komma gesetzt, also der erste Parameter ausgelassen. Danach folgt die Berechnung der Anfangsposition des Textes, der mittig um die Position *Mitte%* liegen soll. Ist der Cursor so auf die richtige Position gesetzt, wird nur noch der Text ausgegeben und fertig.

Bis hierher sind schon einige Ausgaben auf dem Bildschirm erfolgt. Die nächste Ausgabe, die den Text im Blocksatz anzeigen soll, würde die ersten Zeilen des Bildes schon wieder oben verschwinden lassen. Aus diesem Grund wird nun zunächst eine Pause eingelegt und auf einen Tastendruck gewartet:

Warten auf
Tastenduck

```
'----------------------- Warten auf Taste ----------------------
PRINT
COLOR 7 + 8
PRINT "*** Bitte Taste drücken ***";
LOCATE , 1
SLEEP
```

Hier ist ein kleiner Trick eingesetzt, um die Meldung "Bitte Taste drücken" nachher wieder verschwinden zu lassen. Durch das Anhängen des Semikolons an den *PRINT*-Befehl bleibt nach der Ausgabe dieses Textes der Cursor am Ende des Textes stehen. Durch den nachfolgenden Befehl *LOCATE,1* wird er nun wieder an den Anfang des gerade ausgegebenen Textes gesetzt. Wird also nach der Pause die nächste Zeile ausgegeben, wird die Pausenmeldung einfach überschrieben und ist aus dem Weg!

SLEEP

Die Pause selbst bzw. das Warten auf einen Tastendruck geschieht durch den einfachen Befehl *SLEEP*. Wollen Sie diese Pause auf eine bestimmte Zeit begrenzen, können Sie diese Zeit in Sekunden hinter dem *SLEEP*-Befehl als Parameter angeben; nach Ablauf dieser Zeit wird das Programm dann selbständig fortgeführt.

Bis hierhin sieht das Ergebnis folgendermaßen aus:

```
*** Zerlegen und Formatieren eines Textes ***

Der Text in Text$ ist 245 Zeichen lang mit 36 Worten.
Er enthält 2 Umlaute und 35 Leerzeichen.

Am Stück ausgegeben ergibt sich folgendes Bild:
Dies ist eine lange Textzeile, die eigentlich einen ganzen Absatz darstellt. Den
noch ist sie in einem Stück in einer Variablen gespeichert und soll in diesen Ro
utinen zerlegt werden. Dies wird linksbündig, zentriert sowie im Blocksatz gesch
ehen.

Der Text wird nun zerlegt in Teilstücke mit max. 70 Zeichen Länge:
Dies ist eine lange Textzeile, die eigentlich einen ganzen Absatz
darstellt. Dennoch ist sie in einem Stück in einer Variablen
gespeichert und soll in diesen Routinen zerlegt werden. Dies wird
linksbündig, zentriert sowie im Blocksatz geschehen.

Diese Zeilen werden nun zentriert ausgegeben:
        Dies ist eine lange Textzeile, die eigentlich einen ganzen Absatz
            darstellt. Dennoch ist sie in einem Stück in einer Variablen
        gespeichert und soll in diesen Routinen zerlegt werden. Dies wird
            linksbündig, zentriert sowie im Blocksatz geschehen.

*** Bitte Taste drücken ***
```

Abb. 47: Bearbeiteter Text Teil 1

16.3 Ausgabe mit Randausgleich: Blocksatz

Nun soll der Text im Blocksatz ausgegeben werden, also mit rechtem Randausgleich, wie die Texte in diesem Buch:

```
'----------------------- Blocksatz ----------------------------
PRINT "Die Zeilen werden nun im Blocksatz angezeigt:"
COLOR 7
FOR i% = 1 TO Zeilen% - 1
 BPrint (Zeile$(i%)), 70
NEXT i%
PRINT Zeile$(i%)
```

Blocksatz-Ausgabe

Hier werden wieder die einzelnen Zeilen der Reihe nach einer SUB übergeben, die die spezielle Ausgabe erledigt. Im Unterschied zu den vorhergehenden Varianten werden hier allerdings nur die erste bis vorletzte Zeile über die SUB geschickt, die letzte Zeile wird direkt ausgegeben. Dies ist notwendig, damit das Ende des Absatzes nicht auch noch unnötig gedehnt wird, was unter Umständen recht unschön aussähe.

Den eigentlichen Job des Text-Justierens (in englischen Programmen heißt Blocksatz auch Justify) erledigt wieder einmal eine SUB. Diese gibt den übergebenen Text auf die angegebene Länge

Text-Justieren

gedehnt aus. Da der Text selbst dabei verändert wird, dies aber hier im Hauptprogramm nicht gewünscht ist, wird die Textvariable beim Aufruf der SUB *BPrint* in Klammern gesetzt. Auf diese Weise wird ja nur der Inhalt der Variablen an die SUB übergeben, nicht aber die Variable selbst.

In der SUB wird nun der Text auf die erforderliche Länge gedehnt. Dies geschieht durch Auffüllen des Textes mit einer entsprechenden Anzahl von Leerzeichen, die gleichmäßig in die Lücken zwischen den Worten verteilt werden.

```
SUB BPrint (Text$, GesLen%)
'*** Ausgabe des Textes in Text$ im Blocksatz mit
'*** Gesamtbreite GesLen%
 Fill% = GesLen% - LEN(Text$)
 Start% = 1
 DO WHILE Fill% > 0
  Start% = Start% + 1
  IF MID$(Text$, Start%, 1) = " " THEN
   Text$ = LEFT$(Text$, Start%) + MID$(Text$, Start%)
   Start% = Start% + 1
   Fill% = Fill% - 1
  END IF
  IF Start% >= LEN(Text$) THEN Start% = 1
 LOOP
 PRINT Text$
END SUB
```

Die Anzahl der aufzufüllenden Leerzeichen wird zunächst in die Variable *Fill%* geschrieben. Sollte die Zeile zufällig schon die richtige Länge haben, wird die nun folgende Schleife gar nicht erst durchlaufen. Andernfalls beginnt in der Schleife der Auffüllvorgang.

Die Variable *Start%* dient hierbei als Zeiger in den Text, mit dem dieser durchsucht werden soll. In der Schleife wird der Zeiger erst um 1 erhöht und dann überprüft, ob an der so ermittelten Position ein Leerzeichen steht. Ist dies nicht der Fall, wird das nächste Zeichen überprüft und so weiter. Der Grund, weshalb dies nicht mit einer *FOR...NEXT*-Schleife geschehen kann, ist einfach:

Es kann ja sein, daß die Anzahl der Leerstellen in der Zeile nicht ausreicht, um durch Hinzufügen je eines Leerzeichens die erforderliche Gesamtlänge des Textes zu erreichen. In einem solchen Fall muß der Vorgang wiederholt werden, also müssen die inzwischen aus zwei Leerstellen bestehenden Lücken um ein weiteres Leerzeichen ergänzt werden. Eine *FOR...NEXT*-Schleife wäre aber nach dem ersten Durchlauf beendet und somit die Aufgabe nicht erfüllt. Wird beim Durchlaufen der Schleife ein Leerzeichen gefunden, wird an dieser Position ein Leerzeichen hinzugefügt, der Zeiger noch einmal erhöht und der Zähler der noch einzufügenden Leerzeichen um 1 erniedrigt. Erreicht dieser den Wert 0, ist die Schleifenbedingung *WHILE Fill% > 0* nicht mehr erfüllt und die Schleife wird beendet. In der Variablen *Text$* liegt nun der Text in der vollen Breite vor und kann ausgegeben werden.

String trennen

Eine weitere häufige Aufgabe ist das Zerlegen von Strings nach bestimmten Kriterien. Dies tritt zum Beispiel dann auf, wenn ein übergebener String zwei Angaben enthält, die durch ein bestimmtes Zeichen getrennt sind, etwa

```
Name, Vorname
```

INST()

Um diesen String zu trennen, muß zunächst das Trennzeichen, in diesem Fall ein Komma, gefunden werden. Hierfür stellt QBasic die *INSTR()*-Funktion zur Verfügung, welche ab einer beliebigen Stelle einen String nach einem Suchstring durchsucht und dessen Position zurückliefert. Wird der Suchstring nicht gefunden, wird eine 0 zurückgegeben.

Mit Hilfe dieser Funktion kann nun ein String nach dem Trennzeichen durchsucht und an dieser Stelle getrennt werden. Dies kann im einfachsten Fall etwa so programmiert werden:

```
'** Text$ am Komma in Links$ und Rechts$ teilen **
t% = INSTR(Text$, ",")     '** Position des Trennzeichens
Links$ = RTRIM$(LEFT$(Text$, t%))
Rechts$ = LTRIM$(MID$(Text$, t% + 1))
```

Ist bei diesem Beispiel in dem zu trennenden Text kein Komma enthalten, ist als Ergebnis in *Links$* ein Leerstring und in *Rechts$* der gesamte Text enthalten.

Da eine solche Trennung häufig vorkommt, soll auch hierfür eine SUB angelegt werden. Diese soll aber noch etwas mehr können, als das obige Beispiel, und zwar soll sie in der Lage sein, mehrere Zeichen als Trennzeichen zu akzeptieren und den Text dort zu trennen, wo das erste Trennzeichen vorkommt. Dies kann gut eingesetzt werden bei der Ermittlung einzelner Worte aus einem Text, weil Worte ja durch Leerzeichen, Kommata oder auch Bindestriche getrennt werden können.

Die nun folgende SUB ist für diese Aufgabe geeignet. Ihr werden der zu trennende Text selbst übergeben, das oder die Trennzeichen sowie die beiden Ergebnisstrings, in denen die beiden Teile zurückgeliefert werden sollen, übergeben.

Text trennen

```
SUB Teile (Text$, Trenn$, Links$, Rechts$)
'** Zerlegen von Text$ in Teil links und rechts von Trenn$
 x% = LEN(Text$)
 FOR i% = 1 TO LEN(Trenn$)
  t% = INSTR(Text$, MID$(Trenn$, i%, 1))
  IF t% > 0 AND t% < x% THEN x% = t%
 NEXT i%
 Links$ = RTRIM$(LEFT$(Text$, x%))
 Rechts$ = LTRIM$(MID$(Text$, x% + 1))
END SUB
```

Hier einige Anwendungsbeispiele für die SUB *Teile*, die den oben definierten Text auf verschiedene Arten zerlegt:

```
'----------------------- Zerlegung -----------------------
PRINT
COLOR 7 + 8
PRINT "Es werden nun Teile herausgenommen:"
PRINT
COLOR 7 + 8
PRINT "Das erste Wort ist: "
Teile Text$, " ", Links$, Rechts$
COLOR 7: PRINT Links$
COLOR 7 + 8
PRINT "Der erste Satz ist: "
((Leerzeile))Teile Text$, ".!", Satz$, Rechts$
COLOR 7: PRINT Satz$
COLOR 7 + 8
PRINT "Der erste Teilsatz ist: "
Teile Satz$, ",", Links$, Rechts$
COLOR 7: PRINT Links$
COLOR 7 + 8
PRINT "Rest:"
COLOR 7: PRINT Rechts$
```

16.4 Laufschrift

Als letzte in der Reihe der Manipulations- und Darstellungsroutinen für Texte soll nun noch eine Aufgabe gelöst werden, die zwar nicht so wichtig für den praktischen Einsatz, aber dennoch interessant ist. Es soll nämlich ein Text als Laufschrift durch den Bildschirm wandern.

Als Text wurde hier der oben definierte Text verwendet, welcher im Bild zwischen zwei Linien von rechts nach links durch das Bild laufen soll. Als kleinen Zusatzeffekt wird dabei ein Tickern hörbar, welches an das Durchlaufen eines Telex erinnert.

```
'----------------------- Laufschrift -------------------------
PRINT
COLOR 7 + 8
PRINT "Der Text als (Telex-)Laufschrift:"
COLOR 7
PRINT STRING$(80, "=")
PRINT
PRINT STRING$(80, "=")
LOCATE CSRLIN - 2                   '** Cursor zwischen die Linien
Text1$ = SPACE$(80) + Text$ + SPACE$(80)   '** Vor- und Nachspann
FOR i% = 1 TO LEN(Text$) + 81
  LOCATE , 1
  PRINT MID$(Text1$, i%, 80);         '** Textteil anzeigen
  SOUND 800, .03                      '** Telex-Klick
  t = TIMER
  DO: LOOP UNTIL TIMER > t + .05      '** Verzögerung
  IF INKEY$ = CHR$(27) THEN EXIT FOR  '** Abbruch mit <Escape>
NEXT i%
```

Das Programm ist nun soweit fertig. Wenn Sie es nun (wieder?) mit der ⌊F5⌋-Taste starten, erhalten Sie zunächst den ersten Teil der Ausgaben. Nach der Betätigung irgendeiner Taste läuft das Bild durch und der zweite Teil wird sichtbar:

```
          linksbündig, zentriert sowie im Blocksatz geschehen.

Die Zeilen werden nun im Blocksatz angezeigt:
Dies  ist  eine  lange  Textzeile,  die  eigentlich  einen  ganzen  Absatz
darstellt.    Dennoch  ist  sie  in  einem  Stück  in  einer  Variablen
gespeichert  und  soll  in  diesen  Routinen  zerlegt  werden.  Dies  wird
linksbündig, zentriert sowie im Blocksatz geschehen.

Es werden nun Teile herausgenommen:

Das erste Wort ist:
Dies
Der erste Satz ist:
Dies ist eine lange Textzeile, die eigentlich einen ganzen Absatz darstellt.
Der erste Teilsatz ist:
Dies ist eine lange Textzeile,
Rest:
die eigentlich einen ganzen Absatz darstellt.

Der Text als (Telex-)Laufschrift:
================================================================
                         Dies ist eine lange Textzeile, die eigent
================================================================
```

Abb. 48: Bearbeiteter Text Teil 2

16.5 Strings fester Länge

FIXED LENGTH
STRINGS

Gelegentlich wird in einem Programm eine String-Variable benötigt, deren Länge fest definiert ist. Man spricht dabei von Strings fester Länge (Fixed Length Strings), die durch einen *DIM*-Befehl definiert werden können:

```
DIM Text20 AS STRING * 20
```

Solche Strings fester Länge sind auch in eigenen Datentypen enthalten. Da die Einträge in einen solchen String in der Regel nicht genauso lang sind, wie die definierte Länge des Feldes, werden die zugewiesenen Zeichen linksbündig in diesen String gesetzt und mit 0-Bytes (CHR$(0)) aufgefüllt. Wenn Sie daher schreiben:

```
Text20 = "Hilden"
PRINT LEN(Text20)
```

werden Sie feststellen, daß als Länge dieses Strings nicht etwa 6, sondern volle 20 Zeichen angegeben werden.

Fehlerquelle

Dies führt oft zu Fehlfunktionen in Programmen, die von Strings mit variabler Länge ausgehen. Eine der häufigsten Fehlerquellen dürfte dabei das Versagen normaler Vergleiche sein. Hier ein Beispiel:

```
DIM Text20 AS STRING * 20
Text20 = "Hilden"
IF Text20 = "Hilden" THEN
  PRINT "Stimmt !"
ELSE
  PRINT "Ungleich!"
ENDIF
```

Dieses Programm wird als Ergebnis "Ungleich!" melden, obwohl dies aller Wahrscheinlichkeit nach nicht erwünscht ist!

Um dieses Problem zu entschärfen, kann eine FUNCTION erstellt werden, die den eigentlichen Inhalt eines Strings fester Länge als Funktionsergebnis, also als String variabler Länge, zurückliefert. Eine solche FUNCTION kann mit dem Namen *ZTrim$()* folgendermaßen aufgebaut sein:

ZTrim$()

```
FUNCTION ZTrim$ (T$)
'** Nachfolgende Leerzeichen und CHR$(0) entfernen
IF INSTR(T$, CHR$(0)) THEN
```

```
  ZTrim$ = LEFT$(T$, INSTR(T$, CHR$(0)) - 1)
 ELSE
  ZTrim$ = RTRIM$(T$)
 END IF
END FUNCTION
```

Hier wird zunächst geprüft, ob sich in dem übergebenen String überhaupt Nullzeichen befinden. Wenn dies der Fall ist, geht die FUNCTION davon aus, daß hinter dem ersten Nullzeichen nichts relevantes mehr folgt, und ermittelt als Rückgabeargument den linken Teil des Strings vor diesem Zeichen. Andernfalls werden mit der BASIC-Funktion *RTRIM$()* eventuell vorhandene nachfolgende Leerzeichen entfernt, und dies wird als Ergebnis zurückgeliefert.

Um das eingangs gezeigte Beispiel mit Hilfe dieser FUNCTION korrekt ablaufen zu lassen, muß nun nur noch folgendes geschrieben werden:

```
DIM Text20 AS STRING * 20
Text20 = "Hilden"
IF ZTrim$(Text20) = "Hilden" THEN
  PRINT "Stimmt !"
ELSE
  PRINT "Ungleich!"
ENDIF
```

In dieser Version liefert das Programm das erwartete Ergebnis: "Stimmt!".

Aufgabe

Schreiben Sie bitte eine SUB, welches die Häufigkeit aller Zeichen von A bis Z ohne Berücksichtigung der Groß-/Kleinschreibung ermittelt und als Tabelle ausgibt. Die Anwendung der SUB sollte folgendermaßen möglich sein:

```
'** Lösung zur Aufgabe Textbearbeitung: Zeichenhäufigkeit ermitteln
'** Ermittlung der Häufigkeit der Zeichen A-Z
DECLARE SUB CharCount (Text$, Zeichen%())

Text$ = "Dies ist der Text, dessen Buchstabenverteilung ermittelt werden
soll."

DIM Zeichen%(ASC("Z") - ASC("A") + 1)

CharCount Text$, Zeichen%()
CLS
```

```
PRINT Text$
FOR i% = 1 TO ASC("Z") - ASC("A") + 1
 PRINT CHR$(i% + ASC("A") - 1); ":"; Zeichen%(i%),
NEXT i%
PRINT
SUB CharCount (Text$, Zeichen%())
'** Zeichen A-Z in Text$ zählen und in Zeichen%() zurückliefern
'???????????????????????
END SUB
```

In dem Feld *Zeichen%()* sollen die jeweiligen Anzahlen der Zeichen A bis Z aus der SUB *CharCount* zurückgeliefert werden.

Zusammenfassung

Für die Verarbeitung von Texten (Strings) stehen in QBasic viele Befehle und Funktionen zur Verfügung. Hiermit können Teile aus einem String herausgezogen (*LEFT$*, *MID$*, *RIGHT$*) und verändert (*MID$*), Texte zusammengesetzt (Text1 + Text2) oder auch in einen numerischen Wert umgewandelt (*VAL*) werden.

Alle darstellbaren Zeichen besitzen einen Zeichencode, der auch ASCII-Code genannt wird (ASCII = American Standard Code of Information Interchange). Mit den Funktionen *CHR$()* und *ASC()* können ASCII-Code und Zeichen jeweils umgewandelt werden.

Strings fester Länge werden mit einem *DIM*-Befehl oder innerhalb einer Typendefinition (*TYPE...END TYPE*) definiert. Ihre Länge bleibt unveränderlich fest. Wird ein kürzerer String in eine solche Variable eingesetzt, werden die restlichen Zeichen mit Leerzeichen aufgefüllt. Bei einer Zuweisung eines längeren Strings wird der nicht passende Teil abgeschnitten und verworfen. Um Strings fester Länge und normale Strings zu vergleichen, muß die *RTRIM$()*- oder die oben vorgestellte *ZTRIM$()*-Funktion eingesetzt werden.

17. Probleme und deren Lösung

In den folgenden Unterkapiteln werden wir uns mit in der Praxis
häufig auftretenden Problemen beschäftigen. Hierbei werden Sie
nicht nur einige Programme und Routinen finden, die Sie in eigene Programme übernehmen können, sondern auch exemplari-
sche Vorgänge zur Problemlösung kennenlernen.

Sicherlich sind einige der vorgestellten Routinen nicht exakt so,
wie Sie es später für Ihre speziellen Anforderungen benötigen.
Dennoch werden Sie in der Lage sein, die vorgegebenen Routinen
an Ihre Bedürfnisse anzupassen. Sie werden sehen, wie relativ einfach es sein kann, Programme mit professionellen Features auszu-
statten!

Die folgenden Programme befinden sich auch auf der Diskette im
Buch.

17.1 Auswertung von Formeln

In einem späteren Kapitel werden Sie eine komplett program-
mierte Mini-Tabellenkalkulation finden. Ein solches Programm
dient dazu, in einer Tabelle Zahlen, Texte und vor allem Formeln
einzugeben, die dann automatisch berechnet werden. Hierbei ist
jeder Eintrag eine sogenannte Zelle, die durch die Angabe von
Zeile und Spalte bestimmt ist.

Die wohl zentralste Funktion ist dabei die Auswertung und Berechnung der Formeln, die ja zunächst nur als Text vorliegen.
QBasic selbst kommt zwar spielend mit Ausdrücken wie

```
2 + 5 * 2
```

klar, was uns aber innerhalb eines Programmes wenig nutzt. Es ist
nämlich leider nicht möglich, einen solchen Ausdruck aus einem
String heraus QBasic zur Berechnung zu übergeben.

Die Auswertung des Formel-Strings, also die Zerlegung in Teil-   *Parser*
rechnungen und die jeweilige Berechnung, muß daher selbst programmiert werden. Ein Programm, welches dies erledigt, wird
auch Parser genannt.

Einsatzmög-
lichkeiten

Nicht nur in Anwendungen wie Tabellen-Kalkulationen ist so etwas sinnvoll. Auch ein "normales" Programm, in dem Werte eingegeben werden sollen, kann hierdurch aufgewertet werden. In einem Eingabefeld, in das eine Summe eingetragen werden soll, könnte nämlich hierdurch die Fähigkeit zum Rechnen erhalten. Um einen Wert zu ermitteln, der in das Feld eingesetzt werden soll, brauchen Sie dann keinen Extra-Taschenrechner mehr, sondern können einfach die Formel in das Eingabefeld eingeben und QBasic die Berechnung des Ergebnisses überlassen!

Funktions-Parser

In dem Beispiel der Tabellenkalkulation wird die Auswertung und Berechnung der Formeln in der FUNCTION *Rechne#()* ausgeführt. Neben dem eigentlichen Berechnen von Ausdrücken wie in obigem Beispiel muß dort natürlich auch die Möglichkeit bestehen, auf Einträge in anderen Zellen zuzugreifen.

Wir wollen diese Sonderanforderung jedoch erst einmal ignorieren und das Problem der Formelauswertung angehen.

Der grundsätzliche Ablauf der Formelauswertung ist einfach zu bestimmen. Es müssen die Zahlen und die Rechenoperatoren aus dem String herausgelesen und die einzelnen Rechenoperationen mit den Zahlen ausgeführt werden.

Ein Programm, welches eine einzelne Operation wie 2+2 auswerten und berechnen kann, ist relativ einfach zu schreiben. Voraussetzung hierfür ist natürlich, daß die möglichen Operatoren bekannt sind.

Der String mit der Formel muß dann nach den bekannten Formelzeichen (+, -, *, /) durchsucht werden, was mit der *INSTR()*-Funktion recht leicht ist. Ob sich ein Plus-Zeichen in der Formel befindet, kann etwa mit folgender Anweisung ermittelt werden:

Plus-Zeichen
suchen

```
Plus% = INSTR(Formel$, "+")
```

Das Ergebnis in der Variablen *Plus%* ist 0, wenn das Zeichen nicht in dem String *Formel$* enthalten ist. Andernfalls wird hier die Stelle innerhalb der Formel geliefert, wo das Zeichen steht.

Angenommen, es wird ein Formel-String der Form

```
15 + 2
```

geprüft, ergibt obige Programmzeile den Wert 4 (Leerzeichen werden mitgezählt!) in *Plus%*.

Wir wissen nun nicht nur, daß ein Plus-Zeichen vorliegt, sondern auch wo die zu addierenden Werte in dem String liegen. Der linke Wert kann im einfachsten Fall nur durch die Funktion *VAL (Formel$)* ermittelt werden, weil die *VAL()*-Funktion bei dem ersten Zeichen außer Ziffern oder dem Punkt abbricht. Wir wollen es aber etwas genauer haben und ermitteln nur den Wert des linken Teils neben dem Plus-Zeichen mit:

Werte ermitteln

```
VAL(LEFT$(Formel$, Plus% - 1))
```

Der rechte Wert ist ebeso leicht auszulesen. Hierbei wird die *MID$()*-Funktion eingesetzt, um den rechten Teil des Strings neben dem Plus-Zeichen herauszuholen. Der rechte Wert wird daher durch die folgende Anweisung ermittelt:

```
VAL(MID$(Formel$, Plus% + 1))
```

In Zusammenhang mit dem gefundenen Plus-Operator kann somit über die folgenden zwei Zeilen die Addition erkannt und ausgeführt werden:

```
Plus% = INSTR(Formel$, "+")      '** Plus ?
IF Plus% THEN
  Wert = VAL(LEFT$(Formel$, Plus% - 1)) + VAL(MID$(Formel$, Plus% + 1))
ENDIF
```

In der Variablen *Wert* steht nun das Ergebnis der Addition.

Das folgende Listing ist aus solchen Konstruktionen zusammengesetzt und beherrscht immerhin schon die vier Grundrechenarten. Voraussetzung für die korrekte Funktion ist natürlich, daß die Formel auch nur ein Rechenzeichen beinhaltet.

```
'*** Auswertung und Berechnung einer einfachen Formel ***
'*** erste Version
'*** aus DATA BECKERs Großem QBasic-Buch
'*** Autor: Stefan A. Dittrich
INPUT "Bitte geben Sie die Formel ein: ", Formel$

'********** Rechenoperator suchen **********
Plus% = INSTR(Formel$, "+")      '** Plus ?
IF Plus% THEN Wert = VAL(LEFT$(Formel$, Plus% - 1)) + VAL(MID$(Formel$,
                Plus% + 1))
Minus% = INSTR(Formel$, "-")     '** Minus ?
IF Minus% THEN Wert = VAL(LEFT$(Formel$, Minus% - 1)) -
                VAL(MID$(Formel$, Minus% + 1))
Mal% = INSTR(Formel$, "*")       '** Mal ?
IF Mal% THEN Wert = VAL(LEFT$(Formel$, Mal% - 1)) * VAL(MID$(Formel$,
                Mal% + 1))
```

RECHNEN1. BAS

```
Geteilt% = INSTR(Formel$, "/")       '** Geteilt ?
IF Geteilt% THEN Wert = VAL(LEFT$(Formel$, Geteilt% - 1)) /
                       VAL(MID$(Formel$, Geteilt% + 1))

'********** Ergebnis anzeigen **********
PRINT Formel$; " = "; Wert
```

So einfach die hier ausgeführten Programmschritte sind, so un-
günstig und aufwendig ist auch die Realisation. So wird in der
Praxis hoffentlich kein Programm aufgebaut, außer zum Testen
von Ideen und Algorithmen.

Gemeint ist hier die ständige Wiederholung fast gleicher Programmzeilen. Außerdem sollte eine solche Routine zur Berechnung einer Formel als FUNCTION ausgeführt sein, um ihren Einsatz aus dem gesamten Programm zu ermöglichen.

Es folgt daher nun eine zweite Version des Programmes, welches
die selbe Funktion hat. Die Berechnung der Formel ist hierbei in
die FUNCTION *Berechne()* eingesetzt und wird völlig anders ausgeführt.

RECHNEN2.
BAS

```
'*** Auswertung und Berechnung einer einfachen Formel ***
'*** zweite Version
'*** aus DATA BECKERs Großem QBasic-Buch
'*** Autor: Stefan A. Dittrich
DECLARE FUNCTION Berechne! (Formel$)

INPUT "Bitte geben Sie die Formel ein: ", Formel$
Wert = Berechne(Formel$)        '** Formel berechnen
PRINT Formel$; " = "; Wert       '** Ergebnis anzeigen
```

Die FUNCTION *Berechne()* könnte den selben Aufbau haben wie
die Auswertungs- und Berechnungszeilen der ersten Version. Um
die Programmierung jedoch etwas eleganter zu gestalten, wird
hier in einer Schleife nach den Formelzeichen gesucht.

Die gesuchten Formelzeichen sind in einem String zusammengefaßt, der in Verbindung mit der *MID$()*-Funktion in der *INSTR()*-
Funktion eingebaut ist:

```
Op% = INSTR(Formel$, MID$("+-*/", i%, 1))
```

Abhängig von dem Zähler *i%* wird hier eines der Zeichen aus
dem String herausgenommen und über die *INSTR()*-Funktion gesucht. Wird das jeweilige Formelzeichen gefunden, enthält die Variable *Op%* dessen Position.

In diesem Fall wird zuerst der Formelstring zerlegt und die beiden Werte in die Variablen *Links* und *Rechts* herausgelesen. Danach wird in einer *SELECT CASE*-Konstruktion der Stand des Zählers *i%* und damit das gefundene Formelzeichen ausgewertet, indem die Rechenoperation mit den Variablen *Links* und *Rechts* ausgeführt wird.

Danach wird die Schleife und damit die FUNCTION verlassen, weil ja nicht mit einem weiteren Fund eines Operators gerechnet wird.

```
FUNCTION Berechne (Formel$)
'** Einfache Formel in Formel$ berechnen

 FOR i% = 1 TO 4
  Op% = INSTR(Formel$, MID$("+-*/", i%, 1))      '** Operator suchen
  IF Op% THEN                                     '** gefunden!
   Links = VAL(LEFT$(Formel$, Op% - 1))           '** linker Wert
   Rechts = VAL(MID$(Formel$, Op% + 1))           '** rechter Wert
   SELECT CASE i%                                 '** Operation ausführen
    CASE 1: Berechne = Links + Rechts
    CASE 2: Berechne = Links - Rechts
    CASE 3: Berechne = Links * Rechts
    CASE 4: Berechne = Links / Rechts
    CASE ELSE: Berechne = 0
   END SELECT
   EXIT FOR                                        '** Schleife verlassen
  END IF
 NEXT i%
END FUNCTION
```

Die oben vorgestellten Programme haben beide einen großen Nachteil: Sie können nur einfache Formeln auswerten. Dies bedeutet, daß Formeln mit mehreren Operatoren, also Kettenrechnungen, nicht ausgeführt werden können!

*Ketten-
rechnungen*

Ziel des folgenden Projektes ist es, eine Formel wie die folgende ausrechnen zu können:

```
3 * 6 / 2 + 20
```

Mit dem einfachen Zerlegen in linken und rechten Teil und Auswertung des dazwischenliegenden Operators ist es nun nicht mehr getan. Wir müssen also anders an die Aufgabe herangehen.

Die Zerlegung von Formelausdrücken kann beliebig kompliziert werden, besonders wenn Klammersetzung und die Punkt-vor-Strich-Regel berücksichtigt werden soll. Wir wollen diese Spezialitäten jedoch einmal vernachlässigen. Das Programm, welches wir nun entwickeln, wird stur von links nach rechts rechnen.

Einschränkung   Es ergibt sich dabei natürlich der Nachteil, daß die oben angeführte Beispielformel zwar richtig gerechnet wird, die mathematisch völlig gleiche Formel

```
20 + 3 * 6 / 2
```

jedoch nicht. Obwohl hier 29 herauskommen sollte, wird die zweite Form das Ergebnis 69 ergeben. Gerechnet wird hier nämlich 20+3, das Ganze mal 6 geteilt durch 2. Wenn man das weiß, kann man die Formeln entsprechend aufbauen und das Ergebnis stimmt. Zugegeben, diese Lösung ist nicht besonders mathematisch. Dennoch bewirkt der hier eingeschlagene Kompromiß eine wesentlich einfachere Programmierung.

Realisation   Wie können wir nun die Auswertung realisieren?

Rekursion   In früheren Kapiteln wurde bereits einmal von der Methode der Rekursion gesprochen. Dies bedeutet, daß eine Routine sich selbst aufrufen kann. Für unsere Aufgabe ist das eine sehr interessante Technik, und zwar aus folgendem Grund. Betrachten wir wieder die Beispielformel:

```
3 * 6 / 2 + 20
```

Wenn Sie selbst die Formel sehen, die von links nach rechts berechnet werden soll, gehen Sie wahrscheinlich automatisch folgendermaßen vor:

Rechenweg 1   1. erste Zahl

2. verrechnet über das folgende Formelzeichen

3. mit dem nächsten Wert

4. das Ergebnis (und nun weiter bei 2.)

Eine andere Möglichkeit, die Formel zu berechnen, ist das Durchgehen von rechts nach links:

Rechenweg 2   1. rechte Zahl

2. verrechnet mit dem Formelzeichen links daneben

3. mit dem Ergebnis des linken Restes der Formel

Das in Punkt 3 aufgeführte Ergebnis des Restes wird auf genau die selbe Art gerechnet. Obwohl der Rechenweg beider Varianten völlig unterschiedlich aussieht, kommt genau der selbe Wert heraus.

Warum diese komplizierte Umkehrung des Rechenweges?

Beide Wege sehen danach aus, als ob sie rekursiv gerechnet werden könnten. Im Klartext heißt das, daß die Berechnung der ersten Version folgendermaßen ablaufen würde:

```
Berechnung (Formel$)
  ermittle erste Zahl der Formel durch VAL(Formel$)
  wenn Formelzeichen in Formel$ enthalten, dann:
    berechne den Teil rechts des Formelzeichens durch Aufruf der Funktion
Berechne(rechter Teil der Formel)
      verrechne die erste Zahl über das Formelzeichen mit dem berechneten
        rechten Teil
Fertig: liefere Ergebnis zurück
```

Wenn innerhalb der Routine die Berechnung des rechten Teils ausgeführt werden soll, wird die selbe Routine mit dem verbleibenden Rest der Formel als Argument aufgerufen.

Auf den ersten Blick sieht das ganz richtig aus. Das folgende Listing arbeitet genau so, wie hier beschrieben:

RECHNEN3.
BAS

```
'*** Berechnung einer Formel
'*** 1. Version: Schleife von links nach rechts
'*** !! rechnet von rechts nach links !!
DECLARE FUNCTION Rechne1! (Formel$)
CLS
Formel$ = "3 * 6 / 2 + 20"
PRINT Formel$; " = "; Rechne1(Formel$)

Formel$ = "20 + 3 * 6 / 2"
PRINT Formel$; " = "; Rechne1(Formel$)
FUNCTION Rechne1 (Formel$)
  Rechne1 = VAL(Formel$)                  '** Vorgabe: Ergebnis =
                                              Zahlenwert

  FOR i% = 1 TO LEN(Formel$)
  Zeichen$ = MID$(Formel$, i%, 1)         '** einzelne Zeichen prüfen

  IF INSTR("+-*/", Zeichen$) THEN         '** Operator?
    LinkerWert = VAL(Formel$)             '** ja: linker Wert = Zahl
    RechterWert = Rechne1(MID$(Formel$, i% + 1)) '** rechten Wert
berechnen
    SELECT CASE Zeichen$                  '** Links und Rechts verrechnen
      CASE "+": Rechne1 = LinkerWert + RechterWert
      CASE "-": Rechne1 = LinkerWert - RechterWert
```

```
    CASE "*": Rechne1 = LinkerWert * RechterWert
    CASE "/": Rechne1 = LinkerWert / RechterWert
    CASE ELSE
   END SELECT

   EXIT FOR                              '** Schleife verlassen
  END IF
 NEXT i%
END FUNCTION
```

Hier ist auch gleich ein Hauptprogramm vorgegeben, welches die Beispielformel in beiden Varianten durchrechnet und das Ergebnis anzeigt. Wie wir ja wissen, kann nur eine der beiden Formeln richtig berechnet werden. Werfen wir einen Blick auf das Ergebnis der Berechnungen:

Ergebnisse

```
3 * 6 / 2 + 20 = .8181819
20 + 3 * 6 / 2 = 29
```

Sie sehen deutlich, daß hier nur die zweite Variante richtig berechnet wurde. Die Routine rechnet also von rechts nach links, obwohl die Schleife in der FUNCTION den Formelstring von links nach rechts durchsucht.

Dieser scheinbare Widerspruch resultiert aus der rekursiven Programmierung. Wenn Sie sich die obige Routine einmal genauer ansehen, werden Sie sehen, daß die eigentliche Berechnung immer erst nach dem Aufruf der Rekursion ausgeführt wird.

Nehmen wir als Beispiel den ersten Fall mit der Formel

```
3 * 6 / 2 + 20
```

Die FUNCTION *Rechne1()* wird aufgerufen. Hier wird der linke Wert mit 3 ermittelt und die Berechnung des rechten Teils 6/2+20 durch die erste Rekursion angefordert. Dort wird wiederum der erste Wert mit 6 ermittelt und durch eine weitere rekursive Verschachtelung die Formel 2+20 berechnet.

Dies gilt für jede weitere Verschachtelung, wodurch die erste eigentliche Verrechnung erst stattfindet, wenn die zuletzt rekursiv aufgerufene FUNCTION kein Formelzeichen mehr findet und den Wert 20 zurückliefert, der am Ende der Formel steht. Dieser Wert wird dann in der zuvor aufgerufenen FUNCTION verrechnet, und zwar über die Addition 2+20=22. Dieser Wert wird wieder eine Rekursionsebene höher über 6/22, und das in der ersten

Ebene mal 3 genommen. Das Ergebnis ist 0.8181819, was ja eindeutig nicht dem erwarteten Ergebnis entspricht.

Den Vorgang der Berechnung von rechts nach links können Sie nun einmal selbst mit der zweiten Formel durchspielen. Das Ergebnis ist hier zwar richtig, aber dennoch kann die FUNCTION *Rechne1()* nicht vernünftig eingesetzt werden.

Es folgt nun eine korrigierte Version, die wirklich von links nach rechts rechnet. Hierbei ist einfach die Schleife innerhalb der FUNCTION umgedreht, also durchsucht die Formel von rechts nach links. Hierdurch wird der Effekt umgekehrt und die Formel von links nach rechts berechnet.

Korrigierte Version

Hier ist zudem noch ein weiteres Formelzeichen zugelassen, die Potenz (^). Außerdem ist bei der Berechnung der Division eine Sicherheitsabfrage eingebaut, die einen Laufzeitfehler bei einer Division durch 0 verhindert.

Formel-Berechnung

```
FUNCTION Rechne# (Line$)
 Wert# = 0
 FOR i% = LEN(Line$) TO 1 STEP -1
  IF INSTR("+-*/^", MID$(Line$, i%, 1)) THEN EXIT FOR
 NEXT i%
 IF i% > 1 THEN
  W1$ = UCASE$(LTRIM$(MID$(Line$, i% + 1)))
  Wert# = VAL(W1$)
  Fun$ = MID$(Line$, i%, 1)
  Line$ = LEFT$(Line$, i% - 1)
  IF Fun$ = "+" THEN Wert# = Rechne#(Line$) + Wert#
  IF Fun$ = "-" THEN Wert# = Rechne#(Line$) - Wert#
  IF Fun$ = "*" THEN Wert# = Rechne#(Line$) * Wert#
  IF Fun$ = "/" THEN
   IF ABS(Wert#) > .00001 THEN
    Wert# = Rechne#(Line$) / Wert#
   END IF
  END IF
  IF Fun$ = "^" THEN Wert# = Rechne#(Line$) ^ Wert#
 ELSE
  W1$ = UCASE$(Line$)
  Wert# = VAL(W1$)
 END IF
 Rechne# = Wert#
END FUNCTION
```

Ausprobieren des Formel-Parsers

Wir können nun zum Ausprobieren des fertigen Formel-Parsers schreiten. Der Parser ist eine Auswerte-Routine für Formeln. Bitte achten Sie bei der Erstellung der Formeln darauf, daß hier weder Klammerrechnung noch Punkt-vor-Strich berücksichtigt wird, sondern stets von links nach rechts gerechnet wird!

RECHNEN4. BAS

```
'*** Berechnung einer eingegebenen Formel ***
'*** aus DATA BECKERs Großem QBasic-Buch
'*** Autor: Stefan A. Dittrich
DECLARE FUNCTION Rechne# (Line$)
INPUT "Bitte Formel eingeben: "; Formel$
PRINT Formel$; " ="; Rechne#(Formel$)
```

```
Bitte Formel eingeben: ? 2 * 3 + 4
2 * 3 + 4 = 10
Bitte Formel eingeben: ? 3 ^ 2
3 ^ 2 = 9
Bitte Formel eingeben: ? 10 - 5 + 2
10 - 5 + 2 = 7
Bitte Formel eingeben: ?
```

Abb. 49: Test des Formel-Parsers

Aufgabe

Ergänzen Sie die FUNCTION *Rechne#()* bitte um die logischen Funktionen AND (Formelzeichen &) und OR (Formelzeichen |).

17.2 Spezielle Tastatureingaben

Für die Eingabe von Daten über die Tastatur bietet QBasic den Befehl *INPUT* an. Mit diesem Befehl kann nach der wahlweisen Ausgabe einer Eingabeaufforderung (Prompt) eine Eingabe stattfinden, innerhalb der auch editiert werden kann. Beendet wird die Eingabe mit `Return`.

Ein recht häufiger Fall bei der Eingabe von Daten ist es, einen bestehenden Wert oder Text verändern zu müssen. Hierfür ist der *INPUT*-Befehl nur bedingt zu gebrauchen, weil er keine Vorgabe akzeptiert. Zur Lösung dieses Problems hilft also nur, den gesamten Text bzw. die gesamte Zahl neu einzugeben. Um dies ein wenig zu erleichtern, kann die Eingabe so erfolgen, daß bei Betätigen von ⌐Return⌐ ohne eine Änderung der alte Wert wieder übernommen wird, etwa so:

INPUT

```
Text$ = "Testeingabe"
PRINT "Alter Text: "; Text$
INPUT "Neuer Text: "; Text1$
IF Text1$ <> "" THEN Text$ = Text1$
PRINT Text$
```

Diese Methode ist allerdings nur ein recht kleiner Schritt hin zu einem komfortablen Programm. Wirkliche Abhilfe kann hier nur eine selbstgeschriebene Eingaberoutine schaffen, die in der Lage ist, einen bestehenden Text zur Änderung anzubieten.

Eine solche Routine kann als SUB oder auch als FUNCTION ausgeführt werden, je nach der gewünschten Einsatzart. Sie muß den bestehenden Text ausgeben, den Cursor setzen und dann auf gedrückte Tasten entsprechend reagieren. Die folgende SUB *EdLine* erledigt diese Aufgabe.

Da bei der eigenen Eingaberoutine alle Möglichkeiten offen sind, die dem *INPUT*-Befehl versagt sind, können hier noch weitere Funktionen eingebaut werden. In dem hier gezeigten Beispiel ist dies die Möglichkeit, eine maximale Länge der Eingabe vorzugeben und das Eingabefeld mit dieser Länge zu markieren. Hierdurch werden Masken- und Formulareingaben ermöglicht.

Ein INPUT-Ersatz

EDLINE.BAS

```
SUB EdLine (Edl$, le%, X%, Y%)
  ' Form_Input:
  ' edl$  : übergabestring
  ' le%   : max. Länge
  ' x%/y% : Position (0=aktuelle Pos.)
  ' Ende durch Return,ESC oder Cursor hoch/runter
  IF Y% = 0 THEN Y% = CSRLIN      '** aktuelle Zeile
  IF X% = 0 THEN Y% = POS(0)      '** aktuelle Spalte
  xc% = 1                         '** Cursorposition im String
  Ed$ = Edl$
EdLineLoop:
  DO
   IF xc% > le% THEN xc% = le%
   LOCATE Y%, X%, 0
   PRINT MID$(Ed$ + STRING$(le%, "_"), 1, le%);
```

```
   LOCATE Y%, X% + xc% - 1, 1, 5 * ins%, 7
   DO
    Key$ = INKEY$                           '** auf Taste warten
   LOOP UNTIL LEN(Key$)
   R$ = MID$(Ed$, xc%)
   IF LEN(Key$) = 2 THEN '*******  Sondertasten auswerten *******
    sk% = ASC(RIGHT$(Key$, 1))
    SELECT CASE sk%
     CASE 72, 80                            '*** Cursor hoch/runter
      Ed1$ = Ed$
      EXIT DO
     CASE 71: xc% = 1                       '*** Home
     CASE 79: xc% = LEN(Ed$) + 1            '*** End
     CASE 75                                '*** Cursor links
      xc% = xc% - 1
      IF xc% = 0 THEN xc% = 1
     CASE 77                                '*** Cursor rechts
      xc% = xc% + 1
      IF xc% > LEN(Ed$) + 1 THEN xc% = LEN(Ed$) + 1
     CASE 82                                '*** Insert
      ins% = 1 - ins%
     CASE 83                                '*** Delete
      IF xc% < LEN(Ed$) + 1 THEN Ed$ = LEFT$(Ed$, xc% - 1) +
         MID$(R$, 2)
     CASE ELSE
    END SELECT
   ELSE
    k% = ASC(Key$)
    SELECT CASE k% '*******  Taste auswerten  *******
     CASE 9
     CASE 13, 27                            '*** Return oder Escape
      Ed1$ = Ed$
      EXIT DO
     CASE 8                                 '*** BackSpace
      IF xc% > 1 THEN
       Ed$ = LEFT$(Ed$, xc% - 2) + R$
       xc% = xc% - 1
      END IF
     CASE 25: xc% = 1: Ed$ = ""            '*** Ctl-Y
     CASE 21: Ed$ = Ed1$: EXIT SUB         '*** Ctl-U: UNDO
     CASE ELSE                             '*** normales Zeichen...
      Ed$ = LEFT$(Ed$, xc% - 1) + Key$
      IF ins% THEN
       Ed$ = Ed$ + R$
      ELSE
       IF LEN(R$) THEN Ed$ = Ed$ + MID$(R$, 2)
      END IF
      Ed$ = LEFT$(Ed$, le%)
      xc% = xc% + 1
    END SELECT
   END IF
  LOOP
  LOCATE , , 0
END SUB
```

Der SUB werden neben dem zu editierenden String noch die Länge sowie die X- und Y-Position des Eingabefeldes übergeben. Mit dem folgenden Programmbeispiel können Sie die Funktion der SUB ausprobieren. Hier wird ein Text so lange editiert und angezeigt, bis er gelöscht und bestätigt wird. Dieses Löschen kann mit der Tastenkombination Strg+Y geschehen. Eine weitere interessante Tastenkombination, Strg+U, macht die letzten Änderungen im Text rückgängig und zeigt den Originaltext wieder an (Undo).

```
'*** Eingabe ***
CLS
LOCATE 10, 1
PRINT "Eingabe:"
DO
  EdLine Text$, 20, 10, 10'** Text eingeben
  PRINT          '** Leerzeile
  PRINT "Text="; Text$; TAB(30);    '** Text anzeigen
LOOP UNTIL Text$ = ""
```

Dieses Beispielprogramm ist zugegebenermaßen nicht besonders sinnvoll. Eine sinnvolle Anwendung der *EdLine*-Routine wäre die Eingabe mehrerer Daten in Form einer Eingabemaske. Hier könnten zum Beispiel die Daten einer Adresse eingegeben bzw. geändert werden. Hierzu ein Beispiel:

Adreßeingabe

EDLINE.BAS

```
DECLARE SUB EdLine (Edl$, le%, X%, Y%)
DIM SHARED Key$
CLS
LOCATE 10, 1
PRINT "Name:     "
PRINT "Vorname: "
PRINT "Telefon: "
DIM Adr$(3)
Feld% = 1
DO
   EdLine Adr$(Feld%), 20, 10, 9 + Feld%      '** Eintrag editieren
((Leerzeile))  LOCATE 9 + Feld%, 10
   PRINT Adr$(Feld%); TAB(30);                '** Unterstriche weg
   SELECT CASE ASC(RIGHT$(Key$, 1))           '** Taste auswerten:
   CASE 72: Feld% = Feld% + (Feld% > 1)       '** hoch
   CASE 80, 13: Feld% = Feld% - (Feld% < 3)   '** runter, <Return>
   CASE ELSE: EXIT DO                         '** sonst: Ende
   END SELECT
LOOP
LOCATE 16, 1
PRINT "Name:     "; Adr$(1)
PRINT "Vorname: "; Adr$(2)
PRINT "Telefon: "; Adr$(3)
```

```
Name:    Bernstein
Vorname: Paul
Telefon: 0211/7654321_____
```

Abb. 50: Adreßeingabe

In diesem Beispiel kann schon zwischen den einzelnen Eingabe-
feldern mit den Pfeiltasten ⬆ und ⬇ beliebig gewechselt werden. Außerdem wird bei Betätigen von ⌜Return⌝ der Cursor in die
nächste Zeile gesetzt, was ein zügiges Eingeben ermöglicht. Beendet wird die Eingabe mit ⌜Esc⌝.

17.3 Hinweise und Meldungen auf dem Bildschirm

Oft kommt es vor, daß ein Programm während der Arbeit eine
Meldung ausgeben soll. Der einfachste Weg ist es natürlich, diese
Meldung mit dem *PRINT*-Befehl anzuzeigen.

Meldungsbox

Der Nachteil dieser simplen Methode ist aber, daß diese Meldung
einfach an der Cursorposition erscheint und auch ggf. das Scrollen
des Bildes nach oben bewirkt. Dies mag erwünscht sein, ist aber
bei einem vorgegebenen Bildaufbau sehr störend. Besser wäre es,
die Meldung gut sichtbar in der Bildmitte darzustellen, am besten
in einer Box, und nach dem Bestätigen wieder verschwinden zu
lassen.

Hier sind schon drei verschiedene Problemstellungen angesprochen: die mittige Ausgabe eines Textes auf dem Bildschirm,

die Darstellung einer Box und das Wiederherstellen des Bildschirm-Inhaltes. Gehen wir diese Probleme einmal von hinten nach vorne durch.

Bild retten und wiederherstellen

Da wäre zunächst einmal das Verschwindenlassen von Bildschirmveränderungen, in diesem Fall von Hinweisboxen. QBasic stellt hierfür einen speziellen Befehl zur Verfügung, der zwar einige interessante Möglichkeiten bietet, jedoch auch einen Haken hat.

Der Haken ist der, daß dieser Befehl nur in Verbindung mit Farbgrafik-Karten wie CGA, EGA oder VGA funktioniert, nicht jedoch bei einer HERCULES-Karte. Besitzer von HERCULES-Karten müssen den Bildschirm also leider selbst neu aufbauen!

Der QBasic-Befehl, von dem hier die Rede ist, lautet *PCOPY*. Er bewirkt das Kopieren einer Bildschirmseite in eine andere. Eine Grafikkarte wie VGA stellt mehrere solcher Bildschirmseiten zur Verfügung, von denen natürlich nur eine sichtbar ist. Die anderen Seiten sind aber im Speicher der Karte auch vorhanden.

PCOPY

Wird nun der aktuell sichtbare Bildschirm, welcher normalerweise die Seitennummer 0 trägt, mit *PCOPY 0, 1* in die Seite 1 kopiert, geschieht zunächst nichts Sichtbares. Wird nun das Bild etwa durch die Ausgabe einer Meldung verändert, verändert sich hierbei nur die aktive Seite 0, nicht jedoch die kopierte Seite 1. Um die Änderungen der Seite 0 also rückgängig zu machen, braucht nur die Seite 1 wieder in die Seite 0 kopiert zu werden und der Bildschirm erscheint wieder mit dem alten Inhalt. Dies sieht in der Praxis etwa so aus:

```
CLS
PRINT "Dies ist der Original-Bildschirm"
PCOPY 0, 1
PRINT "Nun wird die Seite 0 verändert..."
SLEEP 1
PCOPY 1, 0
```

In diesem simplen Beispiel wird ein Text ausgegeben, welcher dann als Originalbild mit *PCOPY 0, 1* in die Seite 1 kopiert wird. Danach wird das Bild in Seite 0 mit einem weiteren *PRINT*-Befehl verändert. Nach einer kurzen Pause (*SLEEP 1*) wird durch den Befehl *PCOPY 1, 0* der alte Bildschirminhalt wiederhergestellt. Wie schon gesagt: Dies funktioniert leider nicht bei HERCULES-Karten!

Box zeichnen

Das nächste Problem ist die Darstellung einer Box, also eines rechteckigen Kastens, in dem die Meldung des Programmes dargestellt werden soll. Eine solche Box wird auch von vielen Programmen verwendet, um verschiedenartige Bildschirm-Abschnitte voneinander zu trennen, wie etwa der Editor und der Direktmodus in QBasic. Der QBasic-Befehl *LINE*, der für das Zeichnen von Linien und Rechtecken vorgesehen ist, funktioniert hier leider nicht, weil dieser nur im Grafikmodus eingesetzt werden kann. Es muß also eine eigene Funktion in Form einer SUB geschrieben werden, die diese Box im Textmodus zeichnet.

Grafikzeichen

Für das Zeichnen selbst können die Grafikzeichen aus dem IBM-Zeichensatz verwendet werden. Diese Zeichen sind erreichbar, indem die [Alt]-Taste gedrückt und festgehalten wird und dabei auf dem Ziffernblock der Tastatur der ASCII-Code des Zeichens eingegeben wird. Hier eine Übersicht über alle IBM-Zeichen mit dem hexadezimalen Wert, der aus der Tabelle abgelesen werden kann:

*** ASCII-Tabelle nach Hex-Werten ***

	0	1	2	3	4	5	6	7	8	9	A	B	C	D	E	F
0		►		0	@	P	`	p	Ç	É	á	░	└	╨	α	≡
1	☺	◄	!	1	A	Q	a	q	ü	æ	í	▒	┴	╤	ß	±
2	☻	↕	"	2	B	R	b	r	é	Æ	ó	▓	┬	╥	Γ	≥
3	♥	‼	#	3	C	S	c	s	â	ô	ú	│	├	╙	π	≤
4	♦	¶	$	4	D	T	d	t	ä	ö	ñ	┤	─	╘	Σ	⌠
5	♣	§	%	5	E	U	e	u	à	ò	Ñ	╡	┼	╒	σ	⌡
6	♠	▬	&	6	F	V	f	v	å	û	ª	╢	╞	╓	µ	÷
7	•	↨	'	7	G	W	g	w	ç	ù	º	╖	╟	╫	τ	≈
8	◘	↑	(	8	H	X	h	x	ê	ÿ	¿	╕	╚	╪	Φ	°
9	○	↓	)	9	I	Y	i	y	ë	Ö	⌐	╣	╔	┘	Θ	∙
A	◙	→	*	:	J	Z	j	z	è	Ü	¬	║	╩	┌	Ω	·
B	♂	←	+	;	K	[	k	{	ï	¢	½	╗	╦	█	δ	√
C	♀	∟	,	<	L	\	l	|	î	£	¼	╝	╠	▄	∞	ⁿ
D	♪	↔	-	=	M	]	m	}	ì	¥	¡	╜	═	▌	φ	²
E	♫	▲	.	>	N	^	n	~	Ä	₧	«	╛	╬	▐	ε	■
F	☼	▼	/	?	O	_	o	⌂	Å	ƒ	»	┐	╧	▀	∩	

Abb. 51: ASCII-Tabelle

Für die Rahmenzeichen des IBM-Zeichensatzes sind folgende Zeichen einsetzbar:

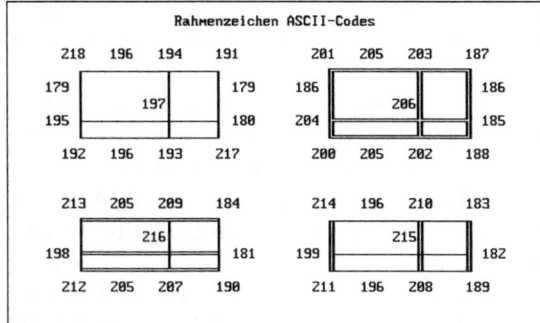

Abb. 52: Rahmenzeichen

Um mit diesen Zeichen eine Box auf den Bildschirm zu bringen, deren Ausmaße frei einstellbar sind, kann folgendes Programm verwendet werden:

```
SUB DrawBox (xl%, yl%)
 cl% = POS(0)
 PRINT "┌"; STRING$(xl% - 2, "-"); "┐"
 B$ = "│" + SPACE$(xl% - 2) + "│"
 FOR i% = 1 TO yl% - 2
  LOCATE , cl%
  PRINT B$
 NEXT i%
 LOCATE , cl%
 PRINT "└"; STRING$(xl% - 2, "-"); "┘";
END SUB
```

MESSAGE.BAS

Die SUB *DrawBox* zeichnet ab der aktuellen Cursorposition ein Rechteck nach rechts unten, und zwar mit der Breite xl% und der Höhe yl%. Für das Zeichnen der vertikalen Ränder wird hier ein kleiner Trick angewendet, um die Position nicht immer neu berechnen zu müssen. Hierbei wird bei dem Befehl *LOCATE*, welcher ja den Cursor an die gewünschte Position stellt, der erste Parameter einfach weggelassen, wodurch die aktuelle Zeile jeweils erhalten bleibt. Die Feststellung der aktuellen horizontalen Cursorposition (Spalte) wird zu Beginn der SUB mit der QBasic-Funktion *POS(0)* erledigt. Das Gegenstück hierzu, also die Ermittlung der aktuellen Cursorzeile, kann auch mit der Funktion *CSRLIN* stattfinden, was hier aber nicht notwendig ist. Eine solche Box soll nun in die Bildschirmmitte gezeichnet werden, in die dann auch der Hinweistext geschrieben wird. Für die Ermittlung der Position sowie Höhe und Breite der Box muß erst einmal der Text selbst bekannt sein.

Die SUB, die für die Anzeige der Meldung geschrieben werden muß, benötigt somit lediglich diesen Text. Aus dessen Länge ermittelt sich dann leicht die Breite der Box, deren Höhe ebenfalls immer 3 Zeichen betragen muß. Leider ist dies in der Praxis selten ausreichend, weil oft auch eine Meldung mit mehr als den sonst maximal möglichen 78 Zeichen (80 Zeichen Bildbreite minus linker und rechter Rand der Box) ausgegeben werden soll. Aus diesem Grund kann der Text, der mit der folgenden SUB ausgegeben wird, wahlweise einmal mit einem Trennzeichen versehen werden. Ist ein solches Zeichen im Text enthalten, wird die Box vier Zeichen hoch und der Text in zwei Zeilen darin ausgegeben. Als weitere Funktion kann diese SUB auch noch zwischen zwei verschiedenen Meldungsarten unterscheiden, wofür sie einen weiteren Parameter übergeben bekommt. Dieser Parameter namens *WaitFlag%* bestimmt, ob die SUB die Meldung nur anzeigen oder ob sie noch auf das Quittieren der Meldung warten soll. Hierdurch werden Abfragen wie Ja/Nein-Fragen mit minimalem Aufwand möglich. Voraussetzung hierfür ist allerdings, daß die quittierende Taste dem aufrufenden Programm bekannt gemacht wird, was im Hauptprogramm durch die Anweisung

```
DIM SHARED Key$
```

realisiert wird. Doch hier zunächst einmal die SUB *Message*, die alles dies kann:

Zentrierte
Meldung

```
SUB Message (M$, waitflag%)
'** Text in Message-Box anzeigen
' Zeilentrennung im Text: max 1* \
' waitflag%=1:warten auf Taste, =0: nicht warten
v% = 5: le% = LEN(M$)
zt% = INSTR(M$, "\")
IF zt% THEN
  v% = 6: le% = zt%
  IF le% < LEN(M$) / 2 THEN le% =.LEN(M$) - le%
END IF
BX% = 39 - le% / 2
by% = 11 - v% / 2
LOCATE by%, BX%
DrawBox le% + 4, v%
LOCATE by% + 2, BX% + 2
IF zt% = 0 THEN
  PRINT M$;
ELSE
  PRINT LEFT$(M$, zt% - 1)
  LOCATE , BX% + 2
  PRINT MID$(M$, zt% + 1);
END IF
IF waitflag% THEN
  DO
```

```
  Key$ = INKEY$
  LOOP UNTIL LEN(Key$)
 END IF
END SUB
```

Ein Hauptprogramm, welches mit Hilfe dieser SUB z.B. eine Sicherheitsabfrage zum Beenden des Programmes erstellen soll,
könnte folgendermaßen arbeiten:

```
DIM SHARED Key$
...
PCOPY 0, 1      '** nicht bei HERCULES!
Message "Programm wirklich beenden (J/N) ?", 1
PCOPY 1, 0
IF UCASE$(Key$) = "J" THEN END
```

MESSAGE.BAS

Hier wird der Bildschirm mit *PCOPY* in die Seite 1 kopiert (nur
bei CGA/EGA/VGA!) und dann die Meldung ausgegeben. Wird
diese Meldung mit **j** oder **J** quittiert, wird das Programm beendet,
andernfalls läuft es weiter. Die Meldung selbst wird unabhängig
davon mit dem erneuten *PCOPY* wieder vom Bild entfernt.

Abb. 53: Sicherheitsabfrage mit Message

17.4 Pulldown-Menüs à la carte

Eine eigentlich in jedem einigermaßen modernen Programm eingesetzte Technik ist die Anzeige möglicher Programmfunktionen,
aus denen der Anwender sich auf einfache Weise eine heraussu-

chen kann. Diese Funktionen à la carte werden dabei als Menü dargestellt. Die Darstellung eines Menüs kann auf vielerlei Arten geschehen, wobei sich allerdings einige wenige als Standards herausgestellt haben.

Balkenmenü

Die beiden grundsätzlichen Typen sind Balken- und Pulldown-Menüs. Die erste Gruppe erscheint als Liste auf dem Bildschirm, meistens in der Bildmitte und mit einem Rahmen versehen, in dem die einzelnen Menüpunkte eingetragen sind. Mit Hilfe von Kurzwahlbuchstaben oder auch mit den Pfeiltasten kann aus einer solchen Liste die gewünschte Funktion herausgesucht werden.

Pulldown-Menü

Die zweite Gruppe, welche sich immer größerer Beliebtheit erfreut, sind die Pulldown-Menüs. Diese sind zunächst lediglich als Menüleiste am oberen Bildrand zu sehen, ebenso wie in QBasic selbst. Wird einer dieser Menütitel aktiviert, erscheint das eigentliche Menü, welches in der Funktion einem Balkenmenü ähnelt. Sie kennen diese Menüvariante ja bereits vom Umgang mit QBasic her.

MONEY.BAS

In dem mitgelieferten BASIC-Programm MONEY.BAS, einer einfachen Kontenverwaltung, sind ebenfalls solche Pulldown-Menü enthalten, welche natürlich vollständig in BASIC programmiert sind. Dieses Menü erscheint ähnlich den QBasic-Menüs:

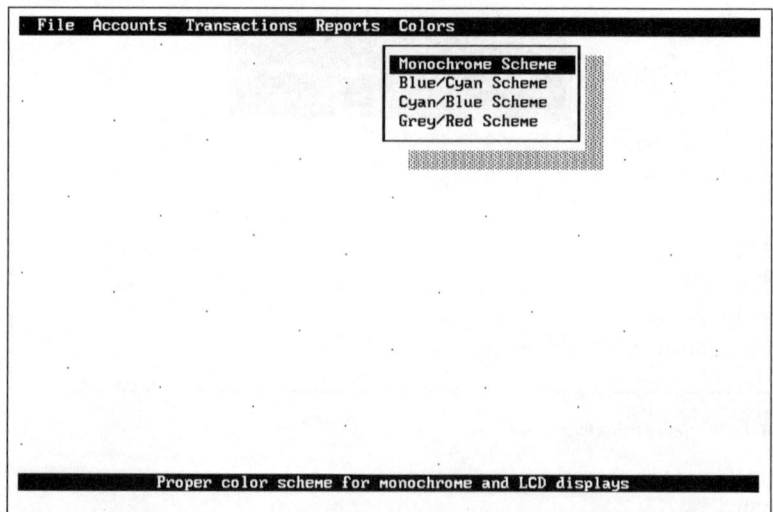

Abb. 54: Pulldown-Menü in MONEY.BAS

Sicherlich hat diese Menüart große Vorteile, weil ja immer mehr Programme mit Pulldown-Menüs ausgestattet werden. Aus diesem Grund ist es auch empfehlenswert, ein solches Menü in eigene Programme einzubauen. Leider erfordert dies jedoch normalerweise einen relativ großen Programmieraufwand.

Wenn Sie aber in ein Programm, welches Sie nicht weitergeben wollen, ein solches Menü einbauen wollen, empfiehlt es sich, auf die ja schon in MONEY.BAS enthaltenen Menüroutinen zurückzugreifen.

Der Hinweis auf das Nichtweitergeben eines solchen Programmes ist allerdings durchaus wichtig, weil die von Microsoft erstellten Programme einem Copyright unterliegen und daher nicht ohne weiteres weitergegeben werden dürfen.

Um die Menüroutinen aus dem MONEY-Programm herauszuholen, können zunächst einige der SUBs und FUNCTIONs des Programmes gelöscht werden. Die Routinen, die für die Menügestaltung notwendig sind, sind folgende:

- das Hauptprogramm, welches jedoch auch noch reduziert werden kann,

- die folgenden SUBs und FUNCTIONs:

box	Zeichnen einer Box
center	Zentrieren einer Ausgabe
fancyCls	Löschen des Bildschirms
Initialize	Initialisierung der Farben
Menu	Anzeige und Verwaltung des Menüs
MenuSystem	Zentrale Verwaltung der Menüauswahl
printHelpLine	Anzeige des Hilfetextes am unteren Bildrand

Alle anderen Routinen können Sie zunächst einmal löschen, indem Sie mit F2 die Funktionen-Übersicht einblenden und jeden nicht benötigten Eintrag anwählen und mit Alt + L löschen. Sind dann nur noch die oben aufgeführten SUBs übrig, verlassen Sie bitte die Übersicht mit Esc und speichern das Programm mit *Speichern unter...* unter dem Namen MENU.BAS ab.

Im Hauptprogramm können nun ebenfalls einige Zeilen gelöscht werden, die für die reine Menüverwaltung unnötig sind. Hierzu gehören:

Hauptprogramm

- Alle *DECLARE*-Zeilen, weil ja die wirklich benötigten beim Speichern wieder eingefügt werden.

- Die Typendeklarationen von *TYPE* bis *END TYPE*.

- Alle Dimensionierungen bis auf *Colors()* und *ColorPref*.

- Alle Programmzeilen bis auf *Initialize, MenuSystem* und die *DATA*-Zeilen für die Farben.

Wenn Sie dieses Programm nun starten wollen, erhalten Sie einige Fehlermeldungen. Diese weisen Sie darauf hin, daß einige SUBs aufgerufen werden sollen, die nicht (mehr) existieren. Diese Aufrufe sind in der SUB *MenuSystem* enthalten und können entfallen bzw. durch eigene ersetzt werden. Hier ist nämlich die eigentliche Menüverwaltung enthalten, die abhängig vom gewählten Menüpunkt die zugehörige Funktion aufruft.

Menü anpassen   Die eigentlichen Veränderungen zur Anpassung der Menüroutinen an Ihre Vorstellungen werden in der SUB *MenuSystem* vorgenommen. Diese SUB besteht aus mehreren Teilen: Der Verwaltung der Menüzeile und pro Menü aus einer Unterroutine, in der das Pulldown-Menü angezeigt und die Auswahl ausgewertet wird.

Die erste Anpassung des Programmes wird sein, die Menütitel abzuändern. Angenommen, Sie wollen ein Menü mit drei Titeln erstellen, etwa *Datei, Bearbeiten* und *Hilfe*, ändern Sie die ersten drei Einträge in das Feld *Choice$()* entsprechend ab. Die anderen Einträge in diese Liste können Sie dann löschen. Der nächste Schritt besteht darin, die horizontalen Positionen der Menüeinträge festzulegen. Diese werden in das Feld *MenuCol()* eingetragen; für das Beispiel wären dies etwa die Werte 2, 8 und 19. Ebenso wie zuvor können die restlichen Eintragungen in das Feld für die bisher bestehenden Menüs gelöscht werden.

Als letztes brauchen Sie nur noch die Hilfetexte anzupassen, welche bei Anwahl eines Menütitels in der untersten Bildschirmzeile angezeigt werden. Diese werden in das Feld *Help$()* eingetragen, die überflüssigen Einträge werden gelöscht.

Wenn Sie diese Änderungen vorgenommen haben, müssen Sie nur noch im Aufruf der FUNCTION *Menu* den zweiten Parameter auf 3 ändern, weil dieser die Anzahl der in den Feldern enthaltenen Menütitel enthält.

Dies waren die Änderungen für die Menütitel. Wenn das Programm bis hierhin gelaufen ist, wird in der FUNCTION *Menu* die Auswahl des Menüs bearbeitet. Die Nummer, die diese FUNC-

TION zurückliefert, entspricht dem vom Anwender aktivierten Menü. Dieser Wert wird in die Variable *subchoice* eingetragen, welche dann in einer *SELECT...CASE*-Konstruktion ausgewertet wird. In dieser Auswertung wird abhängig von dem gewählten Menütitel mit *GOSUB* eine Unterroutine aufgerufen, welche die Darstellung und Verwaltung des Pulldown-Menüs übernimmt.

Diese Unterroutinen sind alle auf die gleiche Weise aufgebaut, wodurch Sie diesen Aufbau beliebig erweitern und ändern können. Ebenso wie bei der Zusammenstellung der Menütitel sowie deren Positionen und Hilfetexte wird auch hier jeder Eintrag einzeln vorgenommen.

Sie müssen also für jeden Eintrag in dem Pulldown-Menü einen Menütext, die horizontale und vertikale Position des Menüeintrages sowie dessen Hilfetext anpassen. Als letztes muß dann noch die Anzahl der darzustellenden Menüeinträge im Aufruf der FUNCTION *Menu* angepaßt werden.

Der Rückgabewert dieser FUNCTION ist schließlich das eigentliche Endergebnis. Die Auswertung dieses Wertes wird ebenfalls in einer *SELECT...CASE*-Konstruktion vorgenommen, in der pro Eintrag ein Aufruf der zugehörigen SUB eingesetzt werden kann.

Diese für ein größeres Menü recht aufwendige Manipulation der verschiedenen Programmelemente kann allerdings auch wesentlich vereinfacht werden. Hierfür habe ich Ihnen eine SUB vorbereitet, mit deren Hilfe das Menü sehr einfach zusammengestellt und ausgewertet werden kann. Sie wird anstelle der SUB *MenuSystem* eingesetzt und liest die Daten der Menüs, also Titel, Einträge und die jeweiligen Hilfetexte aus *DATA*-Zeilen des Hauptprogrammes.

Eine einfachere Variante

Ein einfaches Beispiel hierfür ist das oben angeführte Beispiel, erweitert um die Farbpaletten-Auswahl des Originalprogrammes MONEY.BAS. Die hierzu benötigten *DATA*-Zeilen bestehen aus zwei Gruppen, den Menütiteln und den Menüeinträgen pro Titel, jeweils mit dem entsprechenden Hilfetext. Bei den Menüeinträgen sollten Sie darauf achten, daß alle Einträge eines Menüs dieselbe Gesamtlänge besitzen, weil sonst der Schatten unter dem jeweiligen Menü unregelmäßig dargestellt wird!

MENÜTEIL.
BAS

```
'***** Menü-DATAs für alternative Menüverwaltung *****
MenuDATA:         '** DATAs für Menütitel
 DATA "Datei", "Info und Programmende"
 DATA "Bearbeiten", "Text bearbeiten"
 DATA "Farben", "Farbkombinationen wählen"
 DATA "Hilfe", "Hilfestellung"
 DATA "",""
PulldownDATA:     '** Menü-DATAs für Menüeinträge
 DATA "Info", "Info über das Programm"
 DATA "Ende", "Beenden des Programmes"
 DATA "",""
 DATA "Ausschneiden", "Text ausschneiden"
 DATA "Einfügen      ", "Ausgeschnittenen Text einfügen"
 DATA "",""
 DATA "Monochromes Bild"
 DATA "Farben für monochrome bzw. LCD-Bildschirme"
 DATA "Blau/Cyan Bild  ", "Farbthema Cyan"
 DATA "Cyan/Blaues Bild", "Farbthema Blau"
 DATA "Grau/Rotes Bild ", "Farbthema Rot"
 DATA "",""
 DATA "Programm ", "Hinweise zum Programm"
 DATA "Copyright", "Copyright-Vermerk"
 DATA "",""
```

Die neue SUB *MenuSystem* hat einen sehr allgemeinen Aufbau, wodurch in ihr fast keine Änderungen für ein neues Menü vorgenommen werden müssen. Die einzige Änderung, die wohl auch die wichtigste ist, stellt die Auswertung des jeweils gewählten Menüpunktes am Ende der SUB statt. Hier kann innerhalb einer *SELECT...CASE*-Konstruktion für jeden Menüeintrag eine SUB aufgerufen werden, die die zugehörige Funktion ausführt.

Menü-
Verwaltung

```
SUB MenuSystem
DEFINT A-Z
 DIM Choice$(20), Help$(20)
 DIM menuRow(20), menuCol(20), PDCol(20)
 Choice = 1
 finished = FALSE
 WHILE NOT finished
   fancyCls Colors(2, ColorPref), Colors(1, ColorPref)
   GOSUB MenuTitles
   DO
     GOSUB PullDown
     fancyCls Colors(2, ColorPref), Colors(1, ColorPref)
     SELECT CASE SubChoice
       CASE -2: Choice = (Choice + MaxPD - 2) MOD MaxPD + 1
       CASE -3: Choice = Choice MOD MaxPD + 1
     END SELECT
   LOOP WHILE SubChoice < 0
 WEND
EXIT SUB
MenuTitles:           '******* Menüzeile bearbeiten *******
```

```
  RESTORE MenuDATA                 '** DATA-Zeiger auf Menütitel
  Col% = 2
  FOR i% = 1 TO 20
    READ Choice$(i%), Help$(i%)    '** Menütitel und Hilfetexte
                                   '** lesen
    IF Choice$(i%) = "" THEN MaxPD = i% - 1: EXIT FOR
    Choice$(i%) = " " + Choice$(i%) + " "
    menuRow(i%) = 1                '** alle obere Zeile
    menuCol(i%) = Col%            '** Spalte setzen
    PDCol%(i%) = Col%             '** merken für Pulldown-Menüs
    Col% = Col% + LEN(Choice$(i%)) '** nächste Spalte berechnen
  NEXT i%
  DO
    NewChoice = Menu(Choice, MaxPD, Choice$(), menuRow(),
               menuCol(), Help$(), TRUE)
  LOOP UNTIL NewChoice            '** alles, nur nicht <Escape>!
  Choice = NewChoice              '** Auswahl zurückliefern
RETURN


PullDown:                '********** Pulldown-Menü bearbeiten
  RESTORE PulldownDATA
  FOR i% = 2 TO Choice            '** Vorläufer-Menüs überlesen
    DO
      READ Dummy$, Dummy$
      IF Dummy$ = "" THEN EXIT DO
    LOOP
  NEXT i%
  FOR i% = 1 TO 20
    READ Choice$(i%), Help$(i%)      '** Menüeinträge und
                                     '** Hilfetexte lesen
    IF Choice$(i%) = "" THEN Anz% = i% - 1: EXIT FOR
    Choice$(i%) = " " + Choice$(i%) + " "
    menuCol(i%) = PDCol%(Choice)     '** Spalte entspricht
                                     '** Titelspalte
    menuRow(i%) = 2 + i%             '** Zeilen setzen
  NEXT i%
  SubChoice = Menu(1, Anz%, Choice$(), menuRow(), menuCol(),
             Help$(), FALSE)

  '****** hier wird der gewählte Menüeintrag ausgewertet! ******
  SELECT CASE Choice * 20 - 20 + SubChoice
    CASE 1: BEEP              '** Menü 1, Eintrag 1
    CASE 2: finished = TRUE '** Menü 1, Eintrag 2
    CASE 21                  '** Menü 2 , Eintrag 1
    '... usw.
    CASE 41 TO 44: ColorPref = SubChoice         '** Farben!
    CASE ELSE
  END SELECT
RETURN
END SUB
```

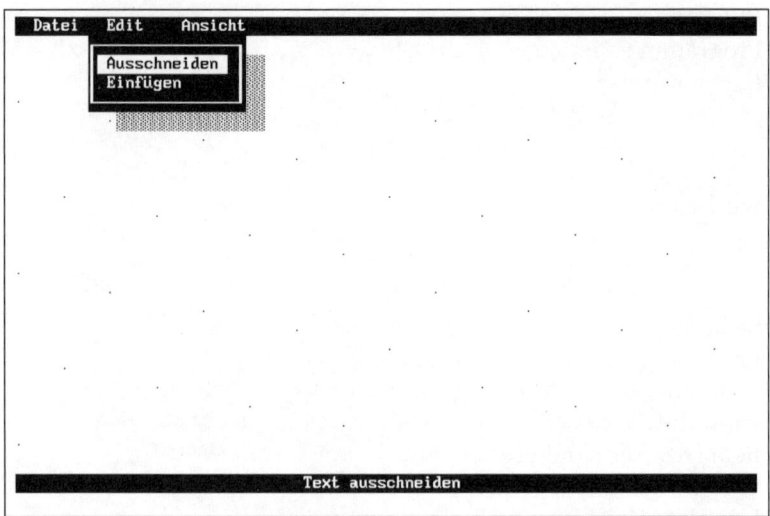

Abb. 55: Das neue Menü

Die oben angeführten übrigen Routinen, die für die gesamte Programmierung der Pulldown-Menüs notwendig sind, können wir leider hier nicht abdrucken. Auch auf der Diskette im Buch finden Sie nur die hier gezeigte Variante der SUB *MenuSystem()*, weil das Copyright zu MONEY.BAS bei der Firma Microsoft liegt. Das Zusammenstellen einer allgemeinen Menü-Routine muß daher leider von Hand vorgenommen werden, weil in QBasic Dateien nicht zusammengeführt werden können. Am besten gelingt das mit einer Textverarbeitung.

17.5 Druckersteuerung

Fast jedes Programm berechnet oder ermittelt Daten, die es dann ausgibt. Die einfachste Art der Ausgabe ist natürlich der *PRINT*-Befehl, der die Daten auf dem Bildschirm darstellt. Dies ist aber oft nicht ausreichend, wenn die Ausgaben weiterverwendet werden sollen: ein Drucker muß her.

LPRINT

Die Ausgabe auf den Drucker statt den Bildschirm zu bringen, ist in QBasic sehr einfach: Sie brauchen nur den *PRINT*-Befehl gegen *LPRINT* auszutauschen. *LPRINT* steht für LinePrint, also Ausgabe auf einem Zeilendrucker, funktioniert aber natürlich auch mit Nadel-, Tintenstrahl- oder Laserdruckern. Die Schreibweise des

LPRINT-Befehls ist ansonsten identisch mit *PRINT*, also muß im Programm sonst nichts geändert werden, außer dem zusätzlichen *L*.

```
PRINT "Heute ist der "; DATE$
```

wird zu

```
LPRINT "Heute ist der "; DATE$
```

Sicherlich haben Sie schon einmal Bildschirmausgaben dadurch übersichtlicher gestaltet, daß Sie einige Zeichen oder Texte in einer anderen Farbe oder hell dargestellt haben. Auf dem Bildschirm kann dies leicht mit dem *COLOR*-Befehl erreicht werden. Auf einem Drucker hat dieser Befehl allerdings keine Wirkung!

Um also dem Drucker Texte zu entlocken, die auf irgendeine Art hervorgehoben sind, stellt sich zunächst die Frage nach den Möglichkeiten des Druckers. So gut wie jeder Drucker verfügt standardmäßig über die Fähigkeit, Attribute darzustellen. Solche Attribute sind z.B. Fettdruck oder Unterstreichung. Manche Drucker verfügen auch über besondere Attribute wie kursiven, doppelt hohen Ausdruck. Dazu kommt noch die Möglichkeit, verschiedene Zeichensätze im Drucker zu aktivieren, was die Gestaltungsmöglichkeiten eines Ausdrucks enorm bereichert.

Attribute

Wie bringt man nun den Drucker dazu, diese Attribute zu aktivieren?

Die meisten Drucker verfügen über einige Tasten an der Frontseite, mit denen bereits einige Attribute oder Zeichensätze manuell aktiviert werden können. Dies ist zwar ganz nett, aber für den praktischen Einsatz zu unbequem. Damit auch ein Programm diese Attribute aktivieren kann, sind zudem noch einige speziellen Steuerzeichen für den Drucker definiert, mit denen dies möglich wird.

Diese Steuerzeichen sind im allgemeinen für alle Drucker gleichen Typs identisch, zumindest für die Standard-Attribute wie Fett oder Unterstreichung. Bei Nadeldruckern ist oft die Rede von EPSON-kompatiblen Druckern, was bedeutet, daß die Steuerzeichen dieselben sind, wie bei einem EPSON-Drucker. Dieser Standard wird als ESC/P-Standard bezeichnet; daneben steht noch der IBM-Standard. Diese beiden Standards für Nadeldrucker sind sehr ähnlich, unterscheiden sich jedoch in einigen wichtigen Details. Um mit einem IBM-PC vernünftige Aus-drucke zu ermögli-

ESC/P- und IBM-Standard

chen, sollte der Drucker auf den IBM-Standard eingestellt sein. Wie dies bei Ihrem Drucker gemacht wird, entnehmen Sie bitte dem Druckerhandbuch.

Die folgenden Ausführungen und Beispiele basieren auf dem Einsatz eines Druckers im IBM-Modus. Für die Besitzer eines Laserdruckers folgen jeweils einige Anmerkungen, mit denen Sie diese Beispiele auch auf diesem Gerät zum Laufen bringen können.

Drucker-Steuerbefehle

Der IBM-Standard definiert für die Druckeffekte und Attribute jeweils eine Steuerzeichenfolge, die der Drucker nicht zu Papier bringt, sondern die ihn zum Aktivieren eines Effektes veranlassen. Die meisten dieser Befehle beginnen mit dem Escape-Zeichen CHR$(27), gefolgt von einem oder mehreren weiteren Byte(s) für die gewünschte Funktion. In der folgenden Tabelle sind die wichtigsten Steuersequenzen aufgeführt:

Steuerbefehle für IBM-Modus-Drucker

ESC E	Fettdruck an
ESC F	Fettdruck aus
ESC - 1|0	Unterstreichung an/aus (1 bzw. 0 sind hier die Werte CHR$(1) bzw. CHR$(0))
CHR$(15)	Schmaldruck aktivieren
CHR$(18)	Schmaldruck deaktivieren
CHR$(14)	Breitdruck aktivieren
CHR$(20)	Breitdruck deaktivieren

Ihr Drucker verfügt sicherlich über weitaus mehr Befehle, die hier aber nicht aufgeführt werden sollen. Sie können diese und weitere Befehle in Ihrem Druckerhandbuch wiederfinden.

Wenn Sie einen Laserdrucker besitzen, haben Sie zwei Möglichkeiten, um die folgenden Beispiele nachzuvollziehen. Einerseits verfügen die meisten Laserdrucker über einen speziellen Modus, in dem sie einen Nadeldrucker emulieren, also nachbilden. In diesem Modus verhält sich der Drucker ebenso wie der entsprechende Nadeldrucker, zumindest was die Standard-Steuerzeichen betrifft. Wenn Sie diesen Modus aktivieren, müßten alle folgenden Beispiele auch auf diesem Drucker funktionieren; Sie müssen nur jeweils die Taste für den Papierauswurf drücken oder den Befehl

Papiervorschub   `LPRINT CHR$(12);`

anhängen, um das Ergebnis zu sehen. Sollte der Drucker nicht über einen solchen Modus verfügen, oder sollten Sie ihn nicht umstellen wollen, müssen Sie die Steuerzeichen der Beispiele gegen die Sequenzen für Ihren Drucker austauschen. Um mit diesen Befehlen eine Überschrift auszudrucken, die fettgedruckt wird, können Sie folgenden Befehl eingeben:

```
LPRINT CHR$(27); "Eüberschrift"
```

Hier ist durch *CHR$(27)* und das Zeichen **E** im Text der Befehl zum Einschalten des Fettdrucks eingesetzt worden. Das Ausschalten des Fettdrucks durch

```
LPRINT CHR$(27); "F";
```

ist in diesem Fall nicht notwendig, weil der Drucker das Attribut üblicherweise nur für maximal eine Druckzeile aufrechterhält. Soll neben die fettgedruckte Überschrift allerdings noch beispielsweise das Datum in normaler Schreibweise gedruckt werden, kann dies folgendermaßen programmiert werden:

```
LPRINT CHR$(27); "Eüberschrift"; CHR$(27); "F, "; DATE$
```

Ähnlich verhält es sich auch mit den anderen Druckeffekten. Um dieses Beispiel einmal mit einer breit gedruckten Überschrift und einem normal dargestellten Datum zu realisieren, lautet die Zeile:

```
LPRINT CHR$(14); "überschrift"; CHR$(20); ", "; DATE$
```

Werden in einem Programm solche Attribute häufig eingesetzt, ist es etwas lästig, jedesmal diese Kommandofolgen einzugeben. Hierzu bietet sich eine Methode an, die Druckersteuerung nicht nur einfacher, sondern auch übersichtlicher und flexibler zu gestalten.

Zu diesem Zweck werden zu Beginn des Programmes die benötigten Attribut-Steuerzeichen in spezielle Variablen eingelesen, deren Name auch selbsterklärend gewählt werden kann. Dies kann dann etwa so programmiert werden:

```
DIM SHARED D.Norm$, D.Fett$, D.Unter$, D.Breit$, D.Schmal$
Esc$ = CHR$(27)                '** Drucker-Sequenzen
D.Norm$ =   Esc$ + "F" + Esc$ + "-" +CHR$(0) +CHR$(20) +CHR$(18)
D.Fett$ =   Esc$ + "E"
D.Unter$ =  Esc$ + "-" + CHR$(1)
D.Breit$ =  CHR$(14)
D.Schmal$ = CHR$(15)
```

Steuersequenzen
definieren

Für einen Laserdrucker im HP-Laserjet-Modus sehen diese Sequenzen etwa so aus:

Laserdrucker

```
D.Norm$ =   Esc$ + "E" + Esc$ + "&l00" + Esc$ + "(sp10hb12V" +
            Esc$ + "&d@" + Esc$ + "&k0S"
D.Fett$ =   Esc$ + "(s3B"
D.Unter$ =  Esc$ + "&dD"
D.Schmal$ = Esc$ + "&k2S"
```

In diesem Beispiel wird für den Schmaldruck der Zeichensatz LinePrinter verwendet, weil nicht jeder Laserdrucker über echte Schmalschrift verfügt. Ebenso ist hier die Sequenz für Breitdruck nicht enthalten, weil auch dies nicht jedem Laserdrucker möglich ist.

Das obige Beispiel der Überschrift in Fettdruck mit dem Datum in Normalschrift wird nun folgendermaßen realisiert:

```
LPRINT D.Fett$; "überschrift"; D.Norm$; ", "; DATE$
```

Durch die eingangs als SHARED vorgegebene Dimensionierung kann nun auch jede SUB und FUNCTION des Programmes diese Steuersequenzen einsetzen, wodurch das Programm auch leichter zu lesen und zu ändern wird. Auch das Umstellen auf einen anderen Drucker ist hierdurch kein Problem mehr: Sie brauchen nur die Sequenzen neu zu definieren.

17.6 Verzeichnis auslesen/anzeigen: Die Dateiauswahl

Ein leidiges Problem vieler Programme, die mit Dateien arbeiten, ist die Auswahl einer Datei. Viele Programme fragen mit einer einfachen Eingabe nach dem Namen einer zu ladenden Datei, wodurch das Problem auftaucht, wie denn noch diese Datei gleich hieß..?

Wesentlich schöner ist für eine solche Abfrage eine Dateiauswahl, in der alle möglichen Dateien in Form einer Liste angeboten werden. Die einfachste Variante kann zumindest mit Hilfe des *FILES*-Befehls die möglichen Dateinamen anzeigen:

FILES

```
FILES "*.DAT"
INPUT "Dateinamen eingeben: "; DateiName$
```

Hier werden erst alle Dateien mit der Endung .DAT auf dem Bildschirm angezeigt, damit Sie die möglichen Namen sehen können. Dies ist zwar schon besser, als die völlig blinde Eingabe, aber besonders elegant ist dies nicht.

Eine besonders elegante Methode der Dateiauswahl ist in QBasic selbst realisiert. Diese Methode ist allerdings etwas aufwendig in der Programmierung.

Wir wollen daher zunächst eine wesentlich simplere Methode entwickeln, die aber immerhin schon die Auswahl einer Datei mit Hilfe der Pfeiltasten ermöglicht. Erst danach werden wir uns mit einer professionellen Methode befassen, die auch DOS-Funktionen mit einbezieht.

Die hier eingesetzte einfache Methode basiert auf zwei Grundlagen. Die eine ist die stets gleiche Form der Anzeige, die der *FILES*-Befehl auf den Bildschirm bringt. Dazu kommt die Möglichkeit in QBasic, das Zeichen an einer vorgegebenen Bildschirmposition zu ermitteln, und zwar mit der *SCREEN*-Funktion.

Diese Funktion arbeitet eigentlich recht einfach. Es handelt sich um eine Funktion, die den ASCII-Wert des Zeichens oder dessen Attribut an der angegebenen Bildposition zurückliefert. Dies kann in einem einfachen Beispiel demonstriert werden:

Die SCREEN-Funktion

```
CLS
PRINT "A"
Zeichen% = SCREEN(1, 1)
PRINT "Das Zeichen an der Position 1/1 ist "; CHR$(Zeichen%)
```

Wollen Sie das Attribut dieses Zeichens ermitteln, wird als dritter Parameter bei der *SCREEN*-Funktion noch eine 1 angegeben.

```
Attribut% - SCREEN(1, 1, 1)
```

Dieses Attribut ist das Byte, welches die Farben für Vorder- und Hintergrund enthält. Wenn Sie einen *COLOR*-Befehl eingeben, interpretiert QBasic die beiden Farben und fügt sie in das Attributsbyte zusammen.

Mit dieser *SCREEN*-Funktion können also Zeichen vom Bildschirm abgelesen werden. Dies bietet die Möglichkeit, die Ausgabe des *FILES*-Befehls auf dem Bildschirm auszuwerten, was für die angestrebte Dateiauswahl-Funktion genutzt werden kann.

Die folgende SUB arbeitet auf dieser Grundlage. Als Parameter werden ihr die Erweiterung der darzustellenden Dateien sowie die auszufüllende Variable für den gewählten Dateinamen übergeben. Die Funktion der Auswahl ist dann folgende:

Zunächst wird der Bildschirm gelöscht und die Überschrift angezeigt. In der dritten Bildschirmzeile wird dann der *FILES*-Befehl aufgerufen, welcher ab der vierten Zeile die Dateien in Viererreihen ausgibt, jeden Dateinamen 12 Zeichen lang und mit 6 Leerzeichen getrennt. Die Positionen der Dateinamen auf dem Bildschirm sind also bekannt.

Nach der Bestimmung des aktiven Dateinamens in X% und Y% wird der Dateiname an der daraus errechenbaren Bildposition in einer *FOR..NEXT*-Schleife ausgelesen. Das Ergebnis steht dann in der Variablen *FilN$*, welche nun an der Position der Anzeige mit invertierten Farben wieder ausgegeben wird.

Dies stellt den Cursor dar, welcher mit den Pfeiltasten bewegt werden soll. Der so dargestellte Dateiname soll bei der Betätigung von Return oder Esc als Ergebnis der SUB in *FilN$* an das aufrufende Programmteil zurückgeliefert werden.

Nach der Darstellung des Cursors wird nun auf einen Tastendruck gewartet. Ist dieser erfolgt, wird erst der Cursor durch Normaldarstellung des aktuellen Dateinamens entfernt. Danach beginnt die Auswertung der gedrückten Taste mit einer *SELECT...CASE*-Konstruktion.

War es Return oder Esc, so wird die *DO...LOOP*-Schleife und damit die SUB verlassen. In der an die SUB übergebenen String-Variablen steht dann das Ergebnis.

Soll bei Esc dieses Ergebnis nicht genutzt oder die entsprechende Funktion wie Laden oder Speichern abgebrochen werden, muß die Variable *Key$* als *SHARED* definiert sein. In diesem Fall kann die zuletzt gedrückte Taste, deren Code ja in dieser Variablen steht, ausgewertet werden.

Außer Return und Esc müssen nun noch die Pfeiltasten überprüft werden. Eine solche Taste liefert bei der *INKEY$*-Funktion ein zwei Zeichen langes Ergebnis zurück, wobei in dem rechten Zeichen der Code der Taste steht. Dieser Code bedeutet:

Tastatur-Codes

Code	Taste
15	`Shift`+`Tab`
16 - 25	`Alt`+`Q` - `Alt`+`P`
30 - 38	`Alt`+`A` - `Alt`+`L`
44 - 50	`Alt`+`Z` - `Alt`+`M`
59 - 68	`F1` - `F10`
71	`Pos1`
72	`↑`
73	`Bild ↑`
75	`←`
77	`→`
79	`Ende`
80	`↓`
81	`Bild ↓`
...	
82	`Einfg`
83	`Entf`
84 - 93	`Shift`+`F1` - `Shift`+`F10`
94 - 103	`Strg`+`F1` - `Strg`+`F10`
104 - 113	`Alt`+`F1` - `Alt`+`F10`
115	`Strg`+`←`
116	`Strg`+`→`
117	`Strg`+`Ende`
118	`Strg`+`Bild ↓`
119	`Strg`+`Pos1`
120 - 131	`Alt`+`1` - `Alt`+`0`
132	`Strg`+`Bild ↑`
133 - 134	`F11` - `F12`
135 - 136	`Shift`+`F11` - `Shift`+`F12`

Für die Auswertung der Pfeiltasten müssen also die Werte 72, 75, 77 und 80 überprüft werden. Diese Tasten werden in der *SELECT...CASE*-Konstruktion mit angegeben und bewirken das Verändern der Koordinaten X% und Y%, sofern dies möglich ist. Das Ende der Liste wird bei `↓` dadurch festgestellt, daß das erste Zeichen der nächsten Zeile überprüft wird. Steht hier ein Leerzeichen, ist die Liste beendet und Y% wird nicht erhöht.

*Dateiauswahl,
einfache Version*

```
SUB GetFN (Ext$, FilN$)
 CLS
 PRINT "Bitte "; Ext$; "-Datei auswählen:"
 PRINT
 FILES Ext$                    '** Dateien anzeigen
 X% = 1: Y% = 4
 DO
  FilN$ = ""                   '** Dateinamen aus Bild auslesen
  FOR i% = 0 TO 11
   FilN$ = FilN$ + CHR$(SCREEN(Y%, X% + i%))
  NEXT i%
  FilN$ = RTRIM$(FilN$)
```

```
COLOR 0, 7: LOCATE Y%, X%
PRINT FilN$                    '** Namen invers darstellen
DO
 Key$ = INKEY$
LOOP UNTIL LEN(Key$)           '** auf Taste warten
COLOR 7, 0: LOCATE Y%, X%
PRINT FilN$                    '** Namen wieder normal darstellen
SELECT CASE ASC(RIGHT$(Key$, 1))     '** Taste auswerten
 CASE 13, 27: EXIT DO                '** <Return> oder
                                     '** <Escape>: Ende

 CASE 72: Y% = Y% + (Y% > 4)         '** Cursor hoch
 CASE 80                             '** Cursor runter
  IF CHR$(SCREEN(Y% + 1, X%)) <> " " THEN Y% = Y% + 1
 CASE 75: X% = X% + 18 * (X% > 1)    '** Cursor links
 CASE 77: X% = X% - 18 * (X% < 54)   '** Cursor rechts
 CASE ELSE
END SELECT
LOOP
END SUB
```

Um diese SUB auszuprobieren, können Sie das folgende kleine Programm verwenden, welches die Auswahl einer Datei mit der Endung .DAT aufruft. Das Ergebnis wird danach auf dem Bildschirm angezeigt.

GETFN.BAS

```
'** Einfache Dateiauswahl **
DECLARE SUB GetFN (Ext$, FilN$)
GetFN "*.DAT", File$
CLS
PRINT "Gewählte Datei: "; File$
```

```
Bitte *.BAS-Datei auswählen:

C:\QB\QBASIC\NEU
3D-PLOT .BAS    ADRESSEN.BAS    BALL    .BAS    BEZIER  .BAS
BUB-SORT.BAS    COMTALK .BAS    DIAGRAMM.BAS    EDLINE  .BAS
FEHLER1 .BAS    FEHLER2 .BAS    FEHLER3 .BAS    FEUERWRK.BAS
FSELECT .BAS    GET-DB  .BAS    GETFN   .BAS    INTERUPT.BAS
KREIS   .BAS    LOGARITH.BAS    MAUS    .BAS    MAUSMAL .BAS
MENÜTEIL.BAS    MESSAGE .BAS    MINI-TAB.BAS    MOORE   .BAS
PLAYED  .BAS    Q-SORT  .BAS    RECHNEN1.BAS    RECHNEN2.BAS
RECHNEN3.BAS    RECHNEN4.BAS    SCRN-TST.BAS    SEITEN  .BAS
SINUS   .BAS    SIRENE  .BAS    SONNE   .BAS    TELEFON .BAS
TERMINAL.BAS    TEXTDREH.BAS    TEXTFORM.BAS    VIEW-PRT.BAS
VOKABEL .BAS    WARTE-T .BAS    ZEICHEN .BAS
 23502848 Bytes frei
```

Abb. 56: Dateiauswahl - einfache Version

Den so erhaltenen Dateinamen können Sie nun in einem OPEN-Befehl einsetzen, der die Datei zum Lesen öffnet, etwa so:

```
OPEN File$ FOR INPUT AS #1
```

Eine elegantere Lösung

Oben wurde bereits eine Methode vorgestellt, mit der Sie eine Dateiauswahl programmieren können. Im Zusammenhang mit der ebenfalls gezeigten Technik der DOS-Programmierung mittels der *Interr%()*-FUNCTION ist es aber auch möglich, ein Disketten- bzw. Festplatten-Inhaltsverzeichnis direkt einzulesen und auszuwerten. Verwendet werden hierzu drei DOS-Funktionen, deren detaillierte Funktionsbeschreibung Sie bitte weiterführender Literatur über DOS entnehmen. Es handelt sich um die Funktionen:

Set DTA

Mit dieser Funktion wird der Speicherbereich festgelegt, in den das DOS seine Verzeichnis-Daten ablegt (DTA = Data Transfer Address). Die beiden folgenden Funktionen schreiben dann die Informationen über die in den Verzeichnissen gefundenen Dateien in diesen Speicher, welcher mit *Set DTA* auf einen String gelegt wird. Aus diesem String können dann die teilweise verschlüsselten Informationen ausgelesen werden.

Die DOS-Funktionen

Die DTA muß vor jeder Verwendung neu eingestellt werden, da sich die Stringadresse im Speicher verändern kann. Außerdem setzt QBasic sie bei Bedarf wieder auf einen eigenen Speicherbereich um.

Search First

Diese Funktion durchsucht das angegebene oder das aktuelle Verzeichnis nach einer Datei. Findet es die Datei, wird die DTA mit deren Daten gefüllt. Andernfalls gibt sie eine Fehlermeldung in AX zurück, welche ja den Funktionswert von *Interr%()* darstellt und somit auswertbar ist.

Search Next

Search Next wiederholt die mit *Search First* initiierte Suche und sucht nach dem nächsten passenden Eintrag. Das nun zu erstellende Programm muß aus folgenden Schritten bestehen:

- Initialisieren des Maschinenprogrammes für *Interr%()*
- Setzen der DTA auf einen vorbereiteten String

- Ausführen von *Search First*

- Hat dies geklappt, dann Auswerten des DTA-Inhaltes

- Ausführen von *Search Next*

- Auswerten der DTA und wieder *Search Next*, bis diese Funktion eine Fehlermeldung liefert (Datei nicht gefunden)

Das folgende Hauptprogramm mit den bereits vorgestellten Funktionen *ReadData()* und *Interr%()* bereitet das Auslesen des Inhaltsverzeichnisses vor und ruft dann die SUB *ReadFiles* auf. Diese SUB bekommt als Parameter den Pfad des Verzeichnisses bzw. einen Leerstring zum Auslesen des aktuellen Verzeichnisses, eine Dateimaske (*.* für alle Einträge, *.BAS für alle BASIC-Dateien usw.) sowie drei Felder und eine INTEGER-Variable übergeben. In diesen Feldern werden die Namen, Längen und Datei-Attribute aller gefundenen Einträge zurückgeliefert, die INTEGER-Variable enthält dann die Anzahl der gefundenen Einträge.

```
'*** Directory einlesen und anzeigen ***
DECLARE SUB ReadData ()
DECLARE SUB ReadFiles (Path$, Maske$, Files$(), FLen&(),
                       FileAnz%)
DECLARE FUNCTION Interr% (Num%, AX%, BX%, CX%, DX%)
DIM Files$(200), FLen&(200), Attr%(200)
DIM SHARED MS%(30)
ReadData
 ReadFiles "", "*.*", Files$(), FLen&(), Attr%(), 16 + 32, FileAnz%
PRINT
PRINT FileAnz%; "Dateien gefunden:"
FOR i% = 1 TO FileAnz%
 PRINT USING "\          \ ####### ###"; Files$(i%); FLen&(i%);
Attr%(i%)
 PRINT ,
NEXT i%
PRINT

MS.Data:       '***** DATAs des Maschinenprogrammes für Interr%()
 DATA 55,8b,ec,56,57
 DATA 8b,76,06,8b,14
 DATA 8b,76,08,8b,0c
 DATA 8b,76,0a,8b,1c
 DATA 8b,76,0c,8b,04
 DATA cd,21
 DATA 8b,76,0c,89,04
 DATA 5f,5e,5d
 DATA ca,08,00
 DATA #
FUNCTION Interr% (Num%, AX%, BX%, CX%, DX%)
 IF MS%(0) = 0 THEN
  PRINT "FEHLER: Maschinenprogramm nicht eingelesen! Abbruch!"
```

```
  END
  END IF
  DEF SEG = VARSEG(MS%(0))
  POKE VARPTR(MS%(0)) + 26, Num%          '** Interrupt-Nummer
  CALL ABSOLUTE(AX%, BX%, CX%, DX%, VARPTR(MS%(0)))
  Interr% = AX%
END FUNCTION
SUB ReadData
  RESTORE MS.Data
  DEF SEG = VARSEG(MS%(0))
  FOR i% = 0 TO 99
   READ Byte$
   IF Byte$ = "#" THEN EXIT FOR
   POKE VARPTR(MS%(0)) + i%, VAL("&H" + Byte$)
  NEXT i%
END SUB
```

Die SUB *ReadFiles* selbst erledigt die eingangs aufgeführten Schritte. Hierfür wird zunächst ein String mit 80 Leerzeichen belegt, um eine ausreichende Größe der DTA sicherzustellen, und setzt dann die DTA auf diesen String. Danach wird die *Search First*-Funktion aufgerufen und in der folgenden *WHILE...WEND*-Schleife die DTA ausgewertet. Innerhalb der Schleife wird dann auch jeweils die Funktion *Search Next* aufgerufen, um den nächsten, zu der Maske passenden Eintrag aus dem Verzeichnis zu lesen und für die Auswertung zur Verfügung zu stellen.

Die Ermittlung des Dateinamens findet durch das Herauskopieren der Bytes 31 bis 42 aus der DTA statt. Hier befindet sich der Dateiname, wobei ein kürzerer Name mit einem Nullbyte (*CHR$(0)*) abgeschlossen wird.

Die Dateilänge liegt innerhalb der DTA in den Bytes 27 bis 30, und zwar binär codiert. Mit der QBasic-Funktion *CVL()* kann dieser 4 Bytes lange String in den entsprechenden LONG-Wert umgewandelt werden, welcher dann in das Feld *FLen&()* eingetragen wird.

Dateinamen
einlesen

```
SUB ReadFiles (Path$, Maske$, Files$(), FLen&(), Attr%(), Maske%,
FileAnz%)
'*** Verzeichnisse und Dateinamen, -Längen und Attribute einlesen und
     zurückgeben
DTA$ = STRINGS$(80, " ")
AX% = Interr%(&H21, &H1A00, 0, 0, SADD(DTA$))        '** Set DTA
'********** Dateinamen holen **********
FileAnz% = 0
FileName$ = Path$ + Maske$ + CHR$(0)
AX% = Interr%(&H21, &H4E00, 0, Maske%, SADD(FileName$)) '*** Find First
WHILE AX% < 18
```

```
  F$ = MID$(DTA$, 31, 12)                          '** Dateinamen aus DTA
                                                      extrahieren
  IF INSTR(F$, CHR$(0)) THEN F$ = LEFT$(F$, INSTR(F$, CHR$(0)) - 1)

  IF F$ <> "." THEN                                '** wenn nicht
                                                      "."

  FileAnz% = FileAnz% + 1
  Files$(FileAnz%) = F$                            '** Dateiname
  FLen&(FileAnz%) = CVL(MID$(DTA$, 27, 4))         '** Dateilänge
  Attr%(FileAnz%) = ASC(MID$(DTA$, 22, 1))         '** Attribut
  IF Attr%(FileAnz%) = 16 THEN
    Files$(FileAnz%) = "[" + Files$(FileAnz%) + "]"   '** Verzeichnis
                                                         in []

  END IF
  END IF
  AX% = Interr%(&H21, &H4F00, 0, 0, 0)             '*** Find Next
  WEND
END SUB
```

*Praktische
Anwendung*

Auf der Basis dieser SUB können Sie nun auch eine andere Dateiauswahl programmieren, die dann auch etwas komfortabler
sein kann, als die in diesem Buch vorgestellte. Darstellung und
Bedienung dieser Dateiauswahl können dabei beliebig gestaltet
werden.

In dem folgenden Listing fehlen lediglich die *DATA*-Zeilen mit
dem Maschinenprogramm sowie die Routinen *ReadData()* und *In-
terr%()*, die Sie ja oben sehen können.

*Dateiauswahl,
elegantere
Version*

Zunächst wieder das Hauptprogramm. Hier wird wie gewohnt
zuerst das Maschinenprogramm eingelesen und so der Interrupt
vorbereitet. Danach folgt der Aufruf der noch zu entwickelnden
SUB *SelectFile*, die eine Dateiliste darstellen und dort eine Auswahl anbieten soll. Wird eine Datei ausgewählt, liefert die SUB
den Namen der Datei in der Variablen *FileName$* zurück, andern-
falls einen Leerstring.

FSELECT.BAS

```
'*** Verzeichnis einlesen und Datei auswählen ***
DECLARE SUB SelectFile (Pfad$, FileName$)
DECLARE SUB ReadData ()
DECLARE SUB ReadFiles (Path$, Maske$, Files$(), FLen&(), Attr%(),
                       Maske%, FileAnz%)
DECLARE SUB SelectEntry (Titel$, Liste$(), Anz%, X%, Y%, B%, H%, Wahl%)
DECLARE SUB DrawBox (xl%, yl%)
DECLARE FUNCTION Interr% (Num%, AX%, BX%, CX%, DX%)
DIM Files$(200), FLen&(200), Attr%(200)
DIM SHARED MS%(30)                       '** Feld für Maschinenprogramm
ReadData                                 '** Maschinenprogramm einlesen
```

```
Pfad$ = "\"                        '** Start-Pfad =
                                        Hauptverzeichnis

'********** die folgenden Zeilen zeigen den Einsatz der SUB SelectFile:
CLS
PRINT "Bitte Verzeichnis / Datei auswählen!"
SelectFile Pfad$, FileName$
IF LEN(FileName$) THEN
 PRINT "Gewählte Datei:"
 PRINT USING "\          \ ####### Bytes"; Files$(Wahl%); FLen&(Wahl%);
ELSE
 PRINT "Abbruch!"
END IF
```

Die SUB *SelectFile*, die wir nun entwickeln, bietet die Dateiauswahl in einer Box an, was folgendermaßen aussieht:

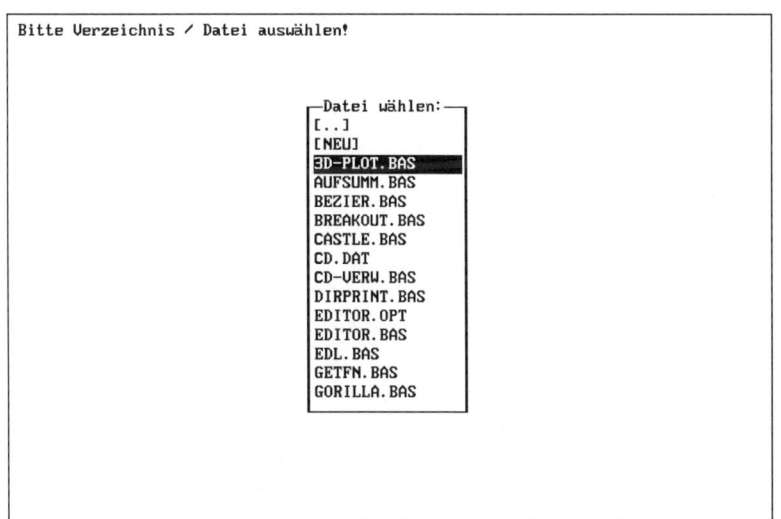

Abb. 57: Dateiauswahl - Profi-Version

Hier kann mit den Pfeiltasten ⟨↑⟩ und ⟨↓⟩ eine Datei aus der Liste angewählt werden. Bestätigt bzw. ausgewählt wird der Eintrag mit der ⟨Return⟩-Taste, abgebrochen wird die Funktion mit ⟨Escape⟩.

Die Box selbst wird in der bekannten SUB *DrawBox* gezeichnet:

```
SUB DrawBox (xl%, yl%)
'** Box zeichnen
 cl% = POS(0)
 PRINT "┌"; STRING$(xl% - 2, "-"); "┐"
```

Box zeichnen

```
B$ = "|" + SPACE$(xl% - 2) + "|"
FOR i% = 1 TO yl% - 2
  LOCATE , cl%
  PRINT B$
NEXT i%
LOCATE , cl%
PRINT "└"; STRING$(xl% - 2, "-"); "┘";
END SUB
```

Beginnen wir nun mit den Überlegungen, wie die SUB *SelectFile* aufgebaut werden kann. Wir übergeben an die SUB den Pfad, in dem die Datei gesucht werden soll, sowie die Variable *FileName$*, die nur als Rückgabeargument vorgesehen ist. Die SUB könnte daher auch als FUNCTION ausgeführt werden.

Dimensionie-rungen

Da die Funktion auf der Basis der oben vorgestellten SUB *ReadFiles* laufen soll, müssen hier zunächst die benötigten String-Felder für die gefundenen Einträge vorbereitet, sprich dimensioniert werden.

Bildschirm retten

Die Auswahl selbst zerstört den Bildschirminhalt, weil sie eine Box in die Mitte des Bildschirms zeichnet. Um dies wieder rückgängig machen zu können, wird mit dem *PCOPY*-Befehl der Bildschirm gerettet, was allerdings nicht in Verbindung mit einer HERCULES-Karte möglich ist!

Zusätzlich zum Retten des Bildschirminhaltes wird auch noch die aktuelle Cursorposition gerettet. Hierzu dienen die Systemvariablen *POS(0)* für die aktuelle Spalte und *CSRLIN* für die Zeile, in der der Cursor steht. Am Ende der Auswahl und damit der SUB wird dann nach dem *PCOPY*-Befehl ein *LOCATE* eingesetzt, um den Cursor wieder an die alte Position zu setzen. Hierdurch werden laufende Ausgaben des aufrufenden Hauptprogrammes nicht unterbrochen und können ungestört weitergehen.

Dateien einlesen

Nun kann schon der Aufruf der SUB *ReadFiles* folgen, um die Einträge des angegebenen Unterverzeichnisses einzulesen. Als Ergebnis liefert sie die Datei- bzw. Verzeichniseinträge in *Files$()*, deren Längen in *FLen&()* sowie die Attribute in *Attr%()*.

Eintrag auswählen

Sind die Einträge eingelesen, folgt die Auswahl mit der Box und den Pfeiltasten. Hierzu wird eine SUB namens *SelectEntry* eingesetzt, die später gezeigt wird. Dort können beliebige Einträge eines String-Feldes in einer Box ausgewählt werden, weshalb sie auch in völlig anderen Programmen eingesetzt werden kann. Doch dazu später.

Angenommen, die Auswahl in *SelectEntry* hat stattgefunden und ein Dateieintrag ist gewählt worden. Das Ergebnis der Dateiauswahl liegt somit vor und kann an das aufrufende Hauptprogramm zurückgeliefert werden, nachdem natürlich erst mit einem *PCOPY*-Befehl der alte Bildschirminhalt und mit dem *LOCATE*-Befehl die alte Cursorposition wiederhergestellt wurde.

Die Sache hat allerdings einen kleinen Haken. Wenn nämlich aus der Liste ein Unterverzeichniseintrag gewählt wurde, muß dies auch bearbeitet werden und die Auswahl im neuen Verzeichnis weitergehen! *Verzeichnis wechseln*

Daß ein Unterverzeichnis gewählt wurde, kann leicht erkannt werden. Einerseits ist der gewählte Eintrag der Liste in eckige Klammern [] eingefaßt, andererseits ist dessen Attribut in *Attr%()* 16.

Der Suchpfad in der Variablen *Pfad$* muß in einem solchen Fall korrigiert werden und das neue Verzeichnis wieder eingelesen und zur Auswahl gestellt werden. Aus diesem Grund ist die Auswahl selbst in eine *DO...LOOP*-Schleife eingebaut, die erst dann verlassen wird, wenn eine Datei gewählt oder mit [Escape] die Auswahl abgebrochen wurde.

Um den Pfad zu korrigieren, reicht es im Grunde aus, den gewählten Verzeichnisnamen an den vorhandenen Pfad anzuhängen. Hierdurch ergibt sich allerdings unter Umständen eine sehr unschöne Konstruktion für den Pfad, die DOS zwar akzeptiert, aber für die praktische Anwendung nicht akzeptabel ist. *Pfad korrigieren*

Gemeint ist hierbei die Möglichkeit, in ein übergeordnetes Verzeichnis durch Anwahl der zwei Punkte [..] zu wechseln. Angenommen, das aktuelle Verzeichnis beim Aufruf der SUB ist \BASIC\QB-BUCH. Der Anwender wählt nun das übergeordnete Verzeichnis und dann das Verzeichnis PROGRAMM an, so ergibt sich in *Pfad$* der Pfad \BASIC\QB-BUCH\..\PROGRAMME\. Sie können sich sicher vorstellen, was nach einem mehrmaligen Wechsel der Verzeichnisse für ein schauriger Pfad herauskommt!

Wie gesagt: DOS akzeptiert eine solche Konstruktion. Dennoch sollte der Effekt unterbunden werden, weil es ja sein kann, daß Sie den Pfad der gewählten Datei anzeigen wollen. Eine Pfadangabe wie die folgende ist dabei aber möglich, aber sicher nicht erwünscht:

```
\BASIC\QB-BUCH\..\PROGRAMME\..\..\BASIC\QB-BUCH\
```

Abhilfe schafft hier eine Abfrage, die nach der Zusammenstellung des neuen Pfadnamens erfolgt. Hier wird geprüft, ob die drei rechten Zeichen des neuen Pfades den Zeichen ..\ entspricht. Wenn ja, wird dies und der davorliegende Teil aus der Variablen *Pfad$* entfernt. Hierzu wird einfach nach dem nächsten \-Zeichen von rechts nach links gesucht und der Rest abgeschnitten. Das Ergebnis ist ein korrekter und entrümpelter Pfad, der auch nach einer Auswahl an das aufrufende Programm in der *Pfad$*-Variablen zurückgeliefert wird.

Hier nun die vollständige SUB, die die beschriebenen Aufgaben löst:

Datei und Pfad
auswählen

```
SUB SelectFile (Pfad$, FileName$)
'** Datei- und Pfadauswahl
'* Pfad$        Start- und Ergebnispfad der Suche
'* FileName$    gewählte Datei oder Leerstring bei Abbruch
DIM Files$(200), FLen&(200), Attr%(200)
PCOPY 0, 1                            '** Bildschirm retten
X% = POS(0)                           '** Cursorposition ermitteln
Y% = CSRLIN


DO

  '** Dateien (32) und Unterverzeichnisse (16) einlesen
  ReadFiles Pfad$, "*.*", Files$(), FLen&(), Attr%(), 16 + 32, FileAnz%
  SelectEntry "Datei wählen:", Files$(), FileAnz%, 32, 5, 16, 15, Wahl%
                                       '** Auswahl
  IF Wahl% > 0 AND Attr%(Wahl%) = 16 THEN    '** Verzeichnis gewählt!
   Pfad$ = Pfad$ + MID$(Files$(Wahl%), 2, LEN(Files$(Wahl%)) - 2) + "\"
   IF RIGHT$(Pfad$, 3) = "..\" THEN          '** ein Verzeichnis höher!
    FOR i% = LEN(Pfad$) - 4 TO 1 STEP -1
     IF MID$(Pfad$, i%, 1) = "\" THEN
      Pfad$ = LEFT$(Pfad$, i%)    '** letzten Eintrag raus
      EXIT FOR
     END IF
    NEXT i%
   END IF
  ELSE
   EXIT DO                         '** Datei gewählt bzw. Abbruch!
  END IF
LOOP
FileName$ = Files$(Wahl%)          '** gewählter Dateiname
PCOPY 1, 0                         '** alten Bildschirm wiederherstellen
LOCATE Y%, X%                      '** Cursor wieder an alte Position
END SUB
```

Listenauswahl

Was nun noch fehlt, ist die SUB für die Auswahl eines Eintrages. Ich habe mich bemüht, die SUB möglichst flexibel zu gestalten, wodurch Sie sie in Ihre eigenen Programme für jede beliebige Auswahl einsetzen können.

Die Parameter, die an die SUB *SelectEntry* übergeben werden, sind:

Titel$	Überschrift der Liste
Liste$()	String-Feld mit Auswahl-Strings
Anz%	Anzahl der Einträge in Liste$()
X%,Y%	linke, obere Position der Auswahlbox
B%,H%	Breite und Höhe der Auswahlbox (innere Ausmaße!)
Wahl%	Rückgabeparameter: Nummer des gewählten Eintrags oder 0 bei Abbruch

Die grundsätzliche Funktion der SUB ist folgende:
- definierte Box zeichnen

DO
- Feldeinträge in die Box schreiben, dabei
- aktuellen Eintrag invertiert darstellen
- auf Taste warten
- wenn Escape , mit Wahl%=0 die Schleife verlassen
- wenn Return , mit aktueller Wahl% die Schleife verlassen
- wenn Bewegung hoch/runter, aktuelle Auswahlnummer ändern

LOOP

So einfach ist das - oder besser gesagt, wäre das, wenn nicht ein Problem dabei berücksichtigt werden müßte. Liegen nämlich mehr Einträge zur Auswahl an als in die Box passen, muß ein Scrolling ermöglicht werden. Gemeint ist hier, daß nur ein Teil der Einträge angezeigt wird, die aber bei entsprechender Cursorbewegung durch die Box geschoben wird.

Realisiert wird das mit einer zusätzlichen Variablen in der SUB: *Offs%* für Offset. Diese Variable beinhaltet die Differenz zwischen dem ersten Element des Feldes und dem ersten angezeigten Element.

Scrolling

Zu Beginn ist die Variable immer 0, weil ja auch der erste Eintrag angezeigt wird. Bewegt der Anwender nun den Cursor an das Ende der Box und drückt ein weiters mal die ↓ -Taste, muß der Offset um eins erhöht werden. Bei der danach wieder folgenden

Ausgabe der Liste in der Box wird dadurch nicht mit dem ersten, sondern mit dem Eintrag Nummer 1+Offset begonnen.

Tasten

Neben den erwähnten Tasten, mit denen die Auswahl stattfinden kann, gibt es noch einige mehr. Hier eine Liste der unterstützten Auswahltasten (Sie können natürlich weitere hinzufügen!):

Taste	Funktion
Escape	Abbruch der Funktion, Ergebnis=0
Return	Auswahl des aktuellen Eintrages, Ergebnis=Nummer
↑	Cursor eins hoch, bis zum ersten Eintrag
↓	Cursor eins runter, bis zum letzten Eintrag
Bild ↑	Cursor eine halbe Liste hoch, bis zum ersten Eintrag
Bild ↓	Cursor eine halbe Liste runter, bis zum letzten Eintrag

Jede andere Taste wird ignoriert.

Listenauswahl

```
SUB SelectEntry (Titel$, Liste$(), Anz%, X%, Y%, B%, H%, Wahl%)
'** Eintrag aus Stringfeld auswählen
'* Titel$      überschrift der Liste
'* Liste$()    Liste mit Auswahl-Strings
'* Anz%        Anzahl der Einträge in Liste$()
'* X%,Y%       linke, obere Position der Auswahlbox
'* B%,H%       Breite und Höhe der Auswahlbox
'* Wahl%       Rückgabeparameter: Nummer des gewählten Eintrags
'              (0=Abbruch)
LOCATE Y%, X%
DrawBox B% + 2, H% + 2                     '** Box zeichnen
COLOR 7 + 8
LOCATE Y%, X% + (B% - LEN(Titel$)) / 2
PRINT Titel$;                             '** Titel ausgeben
COLOR 7
Offs% = 0
Wahl% = 1
DO
 FOR i% = 1 TO H%                         '** Einträge in Liste zeigen
   LOCATE Y% + i%, X% + 1
   IF i% + Offs% = Wahl% THEN COLOR 0, 7 ELSE COLOR 7, 0
   IF i% + Offs% <= Anz% THEN
    PRINT Liste$(i% + Offs%); TAB(X% + B% + 1);
   ELSE
    PRINT SPACE$(B%);                      '** mit Leerzeichen auffüllen
   END IF
 NEXT i%
 DO
  Key$ = INKEY$                            '** warten auf Taste
 LOOP UNTIL LEN(Key$)
 IF Key$ = CHR$(27) THEN Wahl% = 0: EXIT DO    '** <Escape> = Abbruch!
 IF Key$ = CHR$(13) THEN EXIT DO               '** <Return> = Auswahl!
```

```
 SELECT CASE ASC(RIGHT$(Key$, 1))     '** Taste auswerten
   CASE 80: Wahl% = Wahl% + 1         '** <Cursor runter>
   CASE 72: Wahl% = Wahl% - 1         '** <Cursor hoch>
   CASE 81: Wahl% = Wahl% + H% / 2    '** <Bild runter>
   CASE 73: Wahl% = Wahl% - H% / 2    '** <Bild hoch>
 END SELECT
 IF Wahl% > Anz% THEN Wahl% = Anz%              '** nach unten bzw.
 IF Wahl% < 1 THEN Wahl% = 1                    '** oben begrenzen
 IF Wahl% <= Offs% THEN Offs% = Wahl% - 1       '** runter scrollen
 IF Offs% < Wahl% - H% THEN Offs% = Wahl% - H% '** hoch scrollen
 LOOP
 COLOR 7, 0
END SUB
```

17.7 Sortieren

Eine sehr häufig benötigte Funktion ist das Sortieren von Datenfeldern. Eine solche Funktion stellt QBasic jedoch leider nicht von Hause aus zur Verfügung, man muß sie also selbst programmieren.

Es gibt eine große Auswahl an Methoden und Algorithmen für die Sortierung von Datenfeldern, die alle ihre Vor- und Nachteile haben. Ihnen alle diese Möglichkeiten hier vorzustellen, würde nicht nur den Rahmen sprengen, sondern auch wenig Sinn haben. Der wichtigste Gesichtspunkt für die Auswahl des Sortierverfahrens ist schließlich die Geschwindigkeit, mit der das Sortieren abläuft.

Geschwindigkeit

Aus diesem Grund möchte ich Ihnen hier das langsamste und das schnellste Verfahren (Algorithmus) sowie deren Programmierung und Einsatz vorstellen: Den Bubble-Sort- und den Quick-Sort-Algorithmus.

Das Bubble-Sort-Verfahren

Wie bereits erwähnt, handelt es sich bei dem Bubble-Sort-Verfahren um eine der langsamsten Sortierungen. Dennoch ist deren Betrachtung sinnvoll, weil die Programmierung sehr einfach und auch leicht nachzuvollziehen ist.

Die Idee des Verfahrens ist folgende:

In einer Schleife werden alle Werte mit dem jeweils folgenden verglichen. Ist der Folgewert größer, stimmt die Reihenfolge, andernfalls werden die beiden Einträge einfach ausgetauscht. Die

Position, an der zuletzt getauscht wurde, wird in einer Variablen vermerkt, die zu Beginn der Schleife auf 0 gesetzt wurde.

Ist das gesamte Feld durchlaufen, wird die erwähnte Variable überprüft. Ist sie 0, wurde kein Tausch vorgenommen, also ist das Feld sortiert. Andernfalls wird der Vorgang wiederholt.

Da davon ausgegangen werden kann, daß hinter dem letzten getauschten Element alle Werte in der richtigen Reihenfolge vorliegen, wird die Position der letzten Vertauschung beim nächsten Durchlauf der Schleife als Endwert verwendet. Hierdurch wird der Vorgang beschleunigt, weil nicht jedesmal die korrekt sortierten Werte wieder geprüft werden.

Bubble-Sort

```
SUB BubbleSort (Feld%())
  Max% = UBOUND(Feld%)              '** bis zum Ende sortieren!
  DO
    Getauscht% = 0                  '** Merker auf 0 setzen
    FOR i% = 1 TO (Max% - 1)        '** Einträge prüfen
      IF Feld%(i%) > Feld%(i% + 1) THEN  '** wenn Folgewert kleiner:
        SWAP Feld%(i%), Feld%(i% + 1)    '** EInträge tauschen
        Getauscht% = i%            '** und Position merken
      END IF
    NEXT i%
    Max% = Getauscht%              '** ab hier ist alles richtig!
  LOOP WHILE Getauscht%           '** weiter, bis alles sortiert
END SUB
```

Damit Sie die Funktion der Bubble-Sort-SUB auch ausprobieren können, habe ich das folgende Hauptprogramm vorbereitet. Hier werden 50 Einträge eines INTEGER-Feldes mit Zufallszahlen zwischen 0 und 999 gefüllt und dabei auf dem Bildschirm angezeigt. Danach wird die SUB *BubbleSort* aufgerufen und das Ergebnis ebenfalls angezeigt.

BUB-SORT.BAS

```
'*** Feld sortieren mit Bubble-Sort ***
'** aus DATA BECKERs Großem QBasic-Buch
'** Autor: Stefan A. Dittrich
DECLARE SUB BubbleSort (Feld%())

CLS
PRINT "** Bubble-Sort-Demo **"
DIM Feld%(50)                    '** Feld dimensionieren
FOR i% = 1 TO 50                 '** Felder zufällig belegen
  Feld%(i%) = RND * 1000
  PRINT Feld%(i%);               '** und anzeigen
NEXT i%
PRINT
PRINT "Sortierung läuft.."
```

```
BubbleSort Feld%()
FOR i% = 1 TO 50              '** sortiertes Feld anzeigen
 PRINT Feld%(i%);
NEXT i%
PRINT
```

Schauen wir uns den Vorgang an einem Beispiel an. Hier werden 5 Zahlen übergeben, die dann in jedem Durchgang der Schleife in ihrer Reihenfolge verändert werden:

Wann	Zahlenfolge	Getauscht
Vorgabe: 6 4 9 1 5		
1. Durchgang:	4 6 1 5 9	4-6, 9-1, 9-5
2. Durchgang:	4 1 5 6 9	6-1, 6-5
3. Durchgang:	1 4 5 6 9	4-1

Sortieren mit dem QuickSort-Algorithmus

Es folgt nun die Betrachtung der anderen, schnelleren Variante. Das Ziel ist es, eine möglichst einfache und flexible Sortierroutine vorzubereiten, die so einfach wie möglich in ein eigenes Programm eingesetzt werden kann.

Das QuickSort-Sortierverfahren arbeitet gegenüber den anderen Möglichkeiten enorm schnell, was in den später durchgeführten Tests sehr deutlich wird. Das Prinzip dieses Vorgangs jedoch ist weniger einfach zu durchschauen, obwohl es sich auch relativ leicht programmieren läßt. Auf den ersten Blick mag dieser Algorithmus wie schwarze Magie erscheinen, zumal er manchmal sogar auf der Basis von Zufallszahlen (!) arbeitet. Der zweite Blick lüftet dieses Geheimnis jedoch schnell.

QuickSort
rekursive
Variante

Für die Programmierung von QuickSort gibt es zwei grundsätzliche Varianten: rekursiv und nicht rekursiv. Da QBasic durch seine lokalen Variablen die rekursive Programmierung erlaubt, was ja in dem Beispiel der FUNCTION *Rechne#* in einem früheren Kapitel vorgestellt wurde, werden wir diesen Weg einschlagen.

Wie arbeitet nun der QuickSort-Algorithmus?

Zunächst wird das zu sortierende Feld in zwei Hälften geteilt. Abhängig von einem mittleren Wert, der zu Beginn willkürlich aus dem mittleren Element des Feldes entnommen wird, wird von unten nach oben und von oben nach unten je ein größerer bzw. ein kleinerer Wert als dieser Grenzwert gesucht. Es laufen also zwei Zeiger in das Feld von den äußeren Grenzen des Feldes aufeinander zu. Dabei wäre es der Idealfall, wenn der willkürlich gewählte

Grenzwert möglichst genau der mittlere aller vorkommenden Zahlen ist.

Treffen sich diese beiden Zeiger in der Mitte des Feldes, ohne daß ein größerer bzw. kleinerer Wert gefunden wurde, ist das Feld bereits sortiert und der Vorgang beendet. Andernfalls werden die gefundenen Werte vertauscht, wodurch diese beiden Werte bezüglich des Grenzwertes die richtige Position erhalten.

Ist durch das Zusammenlaufen der beiden Zeiger eine scheinbare Mitte gefunden, werden die beiden Hälften wiederum durch den rekursiven Aufruf der QuickSort-Funktion sortiert.

Hier das durch Rekursion überraschend kurze Listing der Quick-Sort-Routine: Übergeben wird das zu sortierende INTEGER-Feld selbst sowie Anfang und Ende des zu sortierenden Feldbereiches.

```
SUB QSort (Z%(), Von%, Bis%)
'*** QuickSort: aufsteigend sortieren von Z%()
i% = Von%: j% = Bis%      '** Anfang und Ende retten
X% = Z%((i% + j%) \ 2)    '** Grenzwert ermitteln
DO
  WHILE Z%(i%) < X%: i% = i% + 1: WEND       '** Suche von unten
  WHILE Z%(j%) > X%: j% = j% - 1: WEND       '** Suche von oben
  IF i% <= j% THEN
    SWAP Z%(i%), Z%(j%)                      '** Elemente tauschen
    i% = i% + 1
    j% = j% - 1
  END IF
LOOP UNTIL i% > j%
IF j% > Von% THEN QSort Z%(), Von%, j%       '** unteren Teil
                                            '** sortieren
IF i% < Bis% THEN QSort Z%(), i%, Bis%       '** oberen Teil
                                            '** sortieren
END SUB
```

Mit dem folgenden einfachen Hauptprogramm können die Funktion und die Geschwindigkeit dieser Sortierfunktion festgestellt werden.

Q-SORT.BAS

```
'*** Sortieren mit dem Quick-Sort-Verfahren
'** aus DATA BECKERs Großem QBasic-Buch
'** Autor: Stefan A. Dittrich
DECLARE SUB QSort (Z%(), Von%, Bis%)

PRINT "*****  QuickSort-Demo, aus DATA BECKERs Großem QBasic-Buch
       *****"
PRINT
INPUT "Wieviele Zahlen "; Max%   '** Anzahl Werte eingeben
```

```
DIM Z%(Max%)                '** Feld dimensionieren
PRINT "Zahlen werden ermittelt..."
FOR i% = 1 TO Max%
  Z%(i%) = 32000 * RND       '** Zufallszahlen ins Feld schreiben
NEXT i%
t = TIMER                    '** Startzeit merken
PRINT "Sortiere..."
QSort Z%(), 1, Max%          '** Sortieren!
PRINT "Fertig nach"; TIMER - t; "Sekunden"
```

Die hier einzugebende Anzahl der zu generierenden und zu sortierenden Zahlen sollte nicht höher als etwa 16.000 gewählt werden, weil die Felddimensionierung nur bis 32.766 möglich ist und, je nach Verteilung der Zahlen, in der Quick-Sort-Routine ein Überlauf in der Addition der INTEGER-Zahlen i% und j% auftreten könnte.

Die hier vorgestellte QuickSort-FUNCTION ist für die Sortierung von INTEGER-Zahlen vorgesehen. Sollten Sie in einem Programm das Sortieren von String-Feldern benötigen, müssen Sie hierzu einige kleine Änderungen vornehmen, die allerdings kein Problem sind. Sie müßten hierzu lediglich alle Z%(gegen Z$(sowie die Hilfsvariable X% gegen X$ austauschen. Daß dies so einfach möglich ist, basiert auf der Tatsache, daß QBasic auch Strings miteinander vergleichen kann. Der Vergleich Z$(i%) < X$ liefert also ebenso ein sinnvolles Ergebnis wie Z%(i%) < X%. Zu beachten ist hierbei allerdings, daß bei der Sortierung bzw. bei dem Vergleich zweier Strings ein Kleinbuchstabe stets als größer als ein Großbuchstabe angesehen wird, weil dessen ASCII-Code höher ist.

Varianten:
String-Sortierung

Der Buchstabe a ist somit für QBasic größer als ein Z. Wenn Sie aber die Sortierung unabhängig von der Groß-/Kleinschreibung (Graphie) vornehmen wollen, müssen Sie die Vergleiche in der SUB QSort() folgendermaßen programmieren:

a ist größer als Z

```
IF UCASE$(Z$(i%)) < UCASE$(X$) THEN ...
```

Ein weiteres Problem bei der Sortierung von Strings entsteht durch die Tatsache, daß die deutschen Umlaute Ä, Ö, Ü und das ß ebenfalls mit hohen ASCII-Codes versehen sind und daher immer nach hinten sortiert werden. Dazu kommt noch, daß auch die Graphie-Umsetzung mit *UCASE$()* oder *LCASE$()* bei Umlauten nicht funktioniert und damit die Einsortierung der mit einem Umlaut beginnenden Worte scheinbar willkürlich an das Ende der Liste stattfindet. Dies ist auch leider nicht ohne größeren Aufwand zu verhindern. Es müßte nämlich bei jedem Vergleich zusätzlich ein expliziter Vergleich der Umlaute und ß stattfinden.

18. Komplette Programme

Für die Anwendung in der Praxis möchte ich Ihnen einige kleine Programme vorstellen, in denen außer dem Einsatz der QBasic-Befehle und -Funktionen auch noch einige Programmiertricks zu finden sind. Hierbei handelt es sich um ein Programm zum Auslesen des Disketten-Inhaltes mit Dateinamen und -Längen, eine kleine Tabellenkalkulation und, last not least, ein Spiel.

18.1 Ein Blick in die mitgelieferten Programme von QBasic

Bevor wir eigene Programme entwickeln, sollten wir doch noch einen Blick in die von Microsoft mitgelieferten Programme werfen. Hierbei geht es weniger um die Anwendung der Programme als um einige interessante Details.

GORILLA.BAS

Ein interessantes technisches Detail ist schon zu Beginn des Programmes GORILLA.BAS eingebaut, wodurch für die Steuerung die NumLock-Funktion der Tastatur aktiviert wird. Hierzu wird durch einen *POKE*-Befehl das Bit 5 des Hardware-Registers 1047 (&H417) gesetzt, was auch durch das Aufleuchten der entsprechenden Lampe auf der Tastatur sichtbar wird. Zusammenfassend kann dies auch einfach so geschehen:

GORILLA: Aktivieren von NumLock

```
DEF SEG = 0
POKE 1047, PEEK(1047) OR 32
```

Mit weiteren Bits dieses Bytes können Sie auch ScrollLock (Bit 4, *OR* 16) und CapsLock (Bit 6, *OR* 64) ein- oder ausschalten. Um die NumLock-Funktion wieder auszuschalten, kann folgendes eingegeben werden:

```
DEF SEG = 0
POKE 1047, PEEK(1047) AND (255 - 32)
```

NIBBLES.BAS

NIBBLES:
Bildschirmzeilen
verdoppeln

In diesem Programm ist eine interessante Technik eingesetzt worden, um den Bildschirm voll auszureizen. Das gesamte Spiel läuft nämlich im Textmodus des Bildschirms und ist so unabhängig von der eingesetzten Bildschirmkarte. Der Nachteil dieses Modus ist aber, daß eigentlich nur 80 mal 25 Zeichen auf dem Bildschirm darstellbar sind, was ein recht kleines Spielfeld bedeutet. Durch die geschickte Verwendung der IBM-Grafikzeichen in der SUB *Set* wird diese Auflösung jedoch scheinbar verdoppelt, indem pro Zeichen der obere und der untere Teil mit den Grafikzeichen *CHR$(220)* und *CHR$(223)* einzeln dargestellt werden. Hierdurch wird eine Verdoppelung der ansteuerbaren Zeilenanzahl erreicht!

Um in dem Fall, daß im selben physikalischen Zeichen beide Spieler mit der jeweiligen Farbe sichtbar werden können, wird hierbei die Vordergrundfarbe auf die Farbe des einen und die Hintergrundfarbe auf die Farbe des anderen Spielers gesetzt. Auf diese Weise kann wirklich jede Punktkombination dargestellt werden!

18.2 Eine Mini-Tabellenkalkulation

Eine sehr häufige Anwendung eines Computers ist die Be- und Verarbeitung von Zahlen, was meist mit einer Tabellenkalkulation stattfindet. Hierfür gibt es auf dem Markt schon eine ganze Reihe, etwa MS-WORKS, MS-Multiplan oder MS-Excel. Oft sind diese Programme aber für die jeweilige Anwendung zu groß, etwa dann, wenn Sie einfach nur den Treibstoffverbrauch Ihres Autos berechnen wollen.

Einerseits, um dieses Problem zu lösen und dabei noch Geld zu sparen, und andererseits zur Demonstration der Möglichkeiten von QBasic möchte ich Ihnen nun ein Programm vorstellen, welches für solche Zwecke schon ausreicht. Es handelt sich dabei um eine kleine Tabellenkalkulation, mit der schon die häufigsten Anwendungen realisierbar sind.

Das Programm erscheint in der altbewährten Form, in der ein Arbeitsblatt mit einigen Zeilen und Spalten angezeigt wird. In einem dieser Felder, auch Zellen genannt, steht der Cursor, der durch ein invertiertes Feld erkennbar ist. Diese Marke können Sie mit den Pfeiltasten innerhalb des Arbeitsblattes frei bewegen. Der Inhalt des jeweiligen Feldes wird dabei am unteren Bildrand angezeigt. Wenn Sie dann (Return) drücken, können Sie dieses Feld editieren und einen Text, eine Zahl oder auch eine Formel eingeben. Texte müssen dabei mit einem Dollarzeichen beginnen, Formeln mit dem Zeichen #. Alle anderen Felder enthalten entweder nichts oder einen Wert.

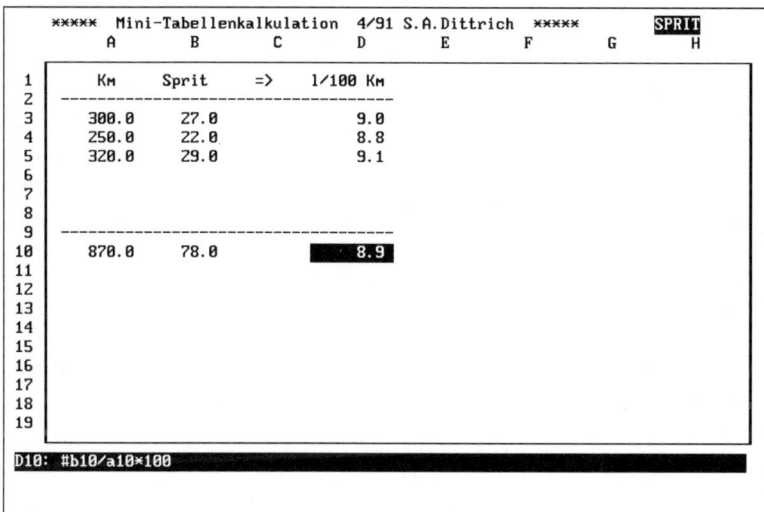

Abb. 58: Tabellenkalkulation

Nach jeder Veränderung eines Feldes wird das gesamte Arbeitsblatt neu durchgerechnet und angezeigt. Diese Berechnung findet dabei zeilenweise von links nach rechts statt.

Die Funktionstasten sind in diesem Programm ebenfalls belegt. Diese Belegung können Sie sich mit `F1` einblenden lassen.

Das Hauptprogramm zeichnet den grundsätzlichen Bildaufbau und bearbeitet dann die vom Anwender betätigten Tasten. Hierbei werden je nach Taste die entsprechenden SUBs aufgerufen.

```
'*** Mini-Tabellenkalkulation ***
'** aus DATA BECKERs Großem QBasic-Buch
'** Autor: Stefan A. Dittrich
DECLARE SUB RowCopy (Von%, Nach%)
DECLARE SUB InsertLine (Y%)
DECLARE SUB DelLine (Y%)
DECLARE SUB InsertRow (X%)
DECLARE SUB DelRow (X%)
DECLARE SUB SaveTable ()
DECLARE SUB LoadTable ()
DECLARE SUB EnterFilename (Pr$, F$)
DECLARE SUB Message (M$, waitflag%)
```

MINITAB.BAS

```
DECLARE SUB LineCopy (Von%, Nach%)
DECLARE SUB ZeigeWert (X%, Y%)
DECLARE SUB Redraw ()
DECLARE SUB DrawBox (xl%, yl%)
DECLARE SUB EdLine (edl$, le%, X%, Y%)
DECLARE FUNCTION Rechne# (Line$)
CONST MaxX = 8
CONST MaxY = 19
DIM SHARED Wert$(MaxX, MaxY)
DIM SHARED Key$, Maske$
Maske$ = "#####.## "
CLS
LOCATE , 12
PRINT "***** Mini-Tabellenkalkulation 1/92 S.A.Dittrich *****"
LOCATE , 11
PRINT "A        B        C        D        E        F        G        H"
PRINT
FOR i% = 1 TO MaxY
 PRINT USING "##"; i%
NEXT i%
LOCATE 3, 4
DrawBox 77, 21
Redraw
X% = 1: Y% = 1
DO
 LOCATE 24, 1: COLOR 0, 7
 PRINT USING "!##: \" + SPACE$(72) + "\"; CHR$(64 + X%); Y%; Wert$(X%,
          Y%);
 COLOR 0, 7
 ZeigeWert X%, Y%
 DO
  Key$ = INKEY$
 LOOP UNTIL LEN(Key$)
 COLOR 7, 0
 ZeigeWert X%, Y%,
 SELECT CASE ASC(RIGHT$(Key$, 1))
  CASE 13, 32
    W$ = Wert$(X%, Y%)
    EdLine Wert$(X%, Y%), 74, 6, 24
    Key$ = ""
   IF Wert$(X%, Y%) <> W$ THEN Redraw

  CASE 71: X% = 1: Y% = 1
  CASE 79: X% = MaxX: Y% = MaxY
  CASE 72: IF Y% > 1 THEN Y% = Y% - 1
  CASE 80: IF Y% < MaxY THEN Y% = Y% + 1
  CASE 75: IF X% > 1 THEN X% = X% - 1
  CASE 77: IF X% < MaxX THEN X% = X% + 1
  CASE 83                    '** <Del>
   DelWert$ = Wert$(X%, Y%)
   Wert$(X%, Y%) = ""
   Redraw
  CASE 82                    '** <Insert>
   Wert$(X%, Y%) = DelWert$
```

```
    Redraw
    CASE 59                      '** <F1>
    COLOR 0, 7
    Message "F2=Maske, F3=Laden, F4=Speichern, F5=Z.einfügen,
           F6=S.einfügen,\F7=Z.löschen, F8=S.löschen, F9=Z.kopieren,
           F10=S.kopieren", 1
    Key$ = ""
    Redraw

    CASE 60                      '** <F2>
    Message "Werte-Maske:          ", 0
    EdLine Maske$, 9, POS(0) - 9, 0
    Redraw
    CASE 61: LoadTable           '** <F3>
    CASE 62: SaveTable           '** <F4>
    CASE 63: InsertLine Y%       '** <F5>
    CASE 64: InsertRow X%        '** <F6>

    CASE 65: DelLine Y%          '** <F7>
    CASE 66: DelRow X%           '** <F8>
    CASE 67: IF Y% < MaxY THEN LineCopy Y%, Y% + 1: Redraw
    CASE 68: IF X% < MaxX THEN RowCopy X%, X% + 1: Redraw
    CASE ELSE
    END SELECT
LOOP UNTIL Key$ = CHR$(27)
END
```

Die SUB *Redraw* füllt das Arbeitsblatt mit den enthaltenen Einträgen bzw. deren Ergebnissen. Die Reihenfolge dieser Anzeige ist entscheidend für das Funktionieren von Querverweisen. Dies bedeutet, daß eine Formel, die sich wiederum auf eine andere Formel bezieht, nur dann ein korrektes Ergebnis liefern kann, wenn diese Formel bereits berechnet wurde. Da die Reihenfolge hier von links oben nach rechts unten ist, sollten somit alle Formeln nur Verweise auf andere Formeln haben, die weiter links oben liegen.

Arbeitsblatt neu aufbauen

```
SUB Redraw
'** Tabelle neu zeichnen
  COLOR 7, 0
  FOR Y% = 1 TO MaxY
  FOR X% = 1 TO MaxX

   ZeigeWert X%, Y%
  NEXT X%
  NEXT Y%
END SUB
```

Redraw()

In der SUB *ZeigeWert* wird ein Feld angezeigt. Hierbei ist die Anzeigeart von dem ersten Zeichen dieses Eintrags abhängig. Ist die-

Feldinhalt anzeigen

ses Zeichen ein #, so handelt es sich bei diesem Eintrag um eine Formel. Das Ergebnis der Formel wird dann mit der FUNCTION *Rechne#()* ermittelt und dargestellt.

Ist das erste Zeichen des Feldeintrags ein Dollarzeichen, wird der Rest des Eintrages als Text angesehen und direkt angezeigt. Leere Felder werden hier ebenfalls als Text angesehen, weil andernfalls alle unbelegten Felder als 0 dargestellt würden.

War das erste Zeichen des Eintrags weder # noch $, so handelt es sich um einen normalen Wert, welcher dann dargestellt wird. Die Darstellungsart der Werte und auch der Formelergebnisse wird in der Variablen *Maske$* bestimmt, die auch während des Programmablaufes verändert werden kann.

Im Normalzustand ist die Maske als "#####.## " definiert und bewirkt die Anzeige mit zwei Nachkommastellen.

ZeigeWert()

```
SUB ZeigeWert (X%, Y%)
'** Tabellenwert, -Text oder Formelergebnis ausgeben
W$ = Wert$(X%, Y%)
IF W$ = "" THEN W$ = "$"
LOCATE Y% + 3, X% * 9 - 3
SELECT CASE LEFT$(W$, 1)
  CASE "#"                         '** Formel
   W = Rechne#(Wert$(X%, Y%))
   PRINT USING Maske$; W;
  CASE "$"                         '** Text
   PRINT USING "\      \"; MID$(Wert$(X%, Y%), 2);
  CASE "_": PRINT STRINGS$(9, 196);   '** Trennlinie einfach
  CASE "=": PRINT STRINGS$(9, 205);   '** Trennlinie doppelt
  CASE ELSE                        '** Wert
   W = VAL(Wert$(X%, Y%))
   PRINT USING Maske$; W;
END SELECT
END SUB
```

Die wohl zentralste Funktion dieses Programmes ist die Berechnung der Formeln, welche in der FUNCTION *Rechne#()* stattfindet. Diese ist eine erweiterte Variante der bereits früher in diesem Buch vorgestellten rekursiven FUNCTION *Rechne#()*. Der Hauptunterschied liegt dabei darin, daß außer Zahlen und Formelzeichen auch Zellenverweise ausgewertet werden.

Zellenverweis

Ein solcher Querverweis besteht aus einer Buchstaben/Ziffern-Kombination, welcher die adressierte Zelle beschreibt. Die erste Zelle des Arbeitsblattes oben links trägt beispielsweise die Bezeichnung A1, die darunter A2 und die daneben B1. Um also in einer Zelle die Summe aus Feld A1 und A2 zu errechnen, wird in diese Zelle die Formel

`#a1+a2`

eingetragen. Bitte achten Sie bei der Erstellung der Formeln darauf, daß hier weder Klammerrechnung noch Punkt-vor-Strich berücksichtigt wird, sondern stets von links nach rechts gerechnet wird!

Formel-
Berechnung

```
FUNCTION Rechne# (Line1$)
'** rekursive Berechnung von Formeln in der Tabelle
Wert# = 0
Line$ = Line1$
IF LEFT$(Line$, 1) = "#" THEN Line$ = MID$(Line$, 2)    '** # ignorieren
FOR i% = LEN(Line$) TO 1 STEP -1
  IF INSTR("+-*/^", MID$(Line$, i%, 1)) THEN EXIT FOR   '** Rechensymbol
                                                           suchen
NEXT i%
IF i% > 1 THEN                                          '** Berechnung!
  W1$ = UCASE$(LTRIM$(MID$(Line$, i% + 1)))
  GOSUB GetWert                                         '** rechten Teil
                                                           rechnen
  Fun$ = MID$(Line$, i%, 1)                             '** Rechensymbol
  Line$ = LEFT$(Line$, i% - 1)                          '** linker Teil

  IF Fun$ = "+" THEN Wert# = Rechne#(Line$) + Wert#     '** Funktion
                                                           ausführen
  IF Fun$ = "-" THEN Wert# = Rechne#(Line$) - Wert#
  IF Fun$ = "*" THEN Wert# = Rechne#(Line$) * Wert#
  IF Fun$ = "^" THEN Wert# = Rechne#(Line$) ^ Wert#
  IF Fun$ = "/" THEN
    IF ABS(Wert#) > .00001 THEN                         '** nur teilen,
                                                           wenn <>0
      Wert# = Rechne#(Line$) / Wert#
    END IF
  END IF
ELSE
  W1$ = UCASE$(Line$)                                   '** keine
                                                           Rechnung
  GOSUB GetWert
END IF
Rechne# = Wert#
EXIT FUNCTION
GetWert:
  IF LEFT$(W1$, 1) >= "A" AND LEFT$(W1$, 1) <= "I" THEN '** Feldverweis!
    Wert# = Rechne#(Wert$(ASC(LEFT$(W1$, 1)) - 64, VAL(MID$(W1$, 2))))
  ELSE
    Wert# = VAL(W1$)                                    '** nur Zahl
  END IF
RETURN
END FUNCTION
```

Die nun folgenden SUBs löschen, fügen ein oder kopieren Spalten und Zeilen.

Zeilen und Spalten manipulieren

Zeile löschen

```
SUB DelLine (Y%)
'** Zeile Y% löschen
 FOR i% = Y% TO MaxY - 1
   LineCopy i% + 1, i%
 NEXT i%
 LineCopy 0, MaxY
 Redraw
END SUB
```

Spalte löschen

```
SUB DelRow (X%)
'** Spalte X% löschen
 FOR i% = X% TO 7
   RowCopy i% + 1, i%
 NEXT i%
 RowCopy 0, MaxX
 Redraw
END SUB
```

Zeile einfügen

```
SUB InsertLine (Y%)
'** Leerzeile  vor Y% einfügen
 FOR i% = 17 TO Y% STEP -1
   LineCopy i%, i% + 1
 NEXT i%
 LineCopy 0, Y%
 Redraw
END SUB
```

Spalte einfügen

```
SUB InsertRow (X%)
'** Leerspalte vor X% einfügen
 FOR i% = 7 TO X% STEP -1
   RowCopy i%, i% + 1
 NEXT i%
 RowCopy 0, X%
 Redraw
END SUB
```

Zeile kopieren

```
SUB LineCopy (Von%, Nach%)
'** Zeile kopieren
 FOR i% = 1 TO MaxX
   Wert$(i%, Nach%) = Wert$(i%, Von%)
 NEXT i%
END SUB
```

```
SUB RowCopy (Von%, Nach%)
'** Spalte kopieren
 FOR i% = 1 TO MaxY
  Wert$(Nach%, i%) = Wert$(Von%, i%)
 NEXT i%
END SUB
```

Spalte kopieren

Damit ein mühsam eingegebenes Arbeitsblatt auch später noch einsetzbar ist, kann es abgespeichert und später wieder eingeladen werden. Hierzu stehen die SUBs *LoadTable* und *SaveTable* zur Verfügung, die beide über die SUB *EnterFileName* einen Dateinamen anfordern. Gespeichert werden die Arbeitsblätter in Dateien mit der Endung .TAB, wobei in diese zuerst die Darstellungsmaske für Zahlen und dann spaltenweise die Feldeinträge geschrieben werden.

```
SUB LoadTable
'** Tabelle laden
 EnterFilename "Laden:", F$
 IF LEN(F$) > 0 AND Key$ <> CHR$(27) THEN
  OPEN F$ + ".TAB" FOR INPUT AS #1
  LINE INPUT #1, Maske$
  FOR X% = 1 TO MaxX
   FOR Y% = 1 TO MaxY
    LINE INPUT #1, Wert$(X%, Y%)
   NEXT Y%
  NEXT X%
  CLOSE #1
 END IF
 Key$ = ""
 Redraw
END SUB
```

Arbeitsblatt laden

```
SUB SaveTable
'** Tabelle speichern
 EnterFilename "Speichern unter:", F$
 IF LEN(F$) > 0 AND Key$ <> CHR$(27) THEN
  OPEN F$ + ".TAB" FOR OUTPUT AS #1
  PRINT #1, Maske$
  FOR X% = 1 TO MaxX
   FOR Y% = 1 TO MaxY
    PRINT #1, Wert$(X%, Y%)
   NEXT Y%
  NEXT X%
  CLOSE #1

 END IF
 Key$ = ""
 Redraw
END SUB
```

Arbeitsblatt speichern

Eingabe des
Dateinamens

```
SUB EnterFilename (Pr$, F$)
'** Dateinamen eingeben
 Message Pr$ + "          ", 0
 EdLine F$, 8, POS(0) - 9, 0
END SUB
```

Was nun noch fehlt, sind die SUBs *Message*, *DrawBox* und *EdLine*,
die zwar schon vorgestellt wurden, jedoch der Vollständigkeit
halber hier noch einmal aufgelistet sind.

Meldung
anzeigen

```
SUB Message (M$, waitflag%)
'** Text M$ in Message-Box anzeigen
'** Zeilentrennung im Text: max 1* \
'** waitflag%=1:warten auf Taste, =0: nicht warten
 v% = 5: le% = LEN(M$)
 zt% = INSTR(M$, "\")
 IF zt% THEN
  v% = 6: le% = zt%
  IF le% < LEN(M$) / 2 THEN le% = LEN(M$) - le%
 END IF
 BX% = 39 - le% / 2
 BY% = 11 - v% / 2
 LOCATE BY%, BX%, 0
 DrawBox le% + 4, v%
 LOCATE BY% + 2, BX% + 2
 IF zt% = 0 THEN
  PRINT M$;
 ELSE
  PRINT LEFT$(M$, zt% - 1)
  LOCATE , BX% + 2
  PRINT MID$(M$, zt% + 1);
 END IF
 IF waitflag% THEN
  DO
   Key$ = INKEY$
  LOOP UNTIL LEN(Key$)
 END IF
END SUB
```

Box zeichnen

```
SUB DrawBox (xl%, yl%)
'** Box zeichnen
 cl% = POS(0)
 PRINT "┌"; STRING$(xl% - 2, "-"); "┐"
 B$ = "│" + SPACE$(xl% - 2) + "│"
 FOR i% = 1 TO yl% - 2
  LOCATE , cl%
  PRINT B$
 NEXT i%
 LOCATE , cl%
 PRINT "└"; STRING$(xl% - 2, "-"); "┘";
END SUB
```

```
SUB EdLine (edl$, le%, X%, Y%)
'** Spezielle Eingaberoutine
'** edl$  : übergabestring
'** le%   : max. Länge
'** x%/y% : Position (0=aktuelle Pos.)
'** Ende durch Return,ESC oder Cursor hoch/runter
 IF Y% = 0 THEN Y% = CSRLIN
 xc% = 1    ' Cursorposition
 Ed$ = edl$
EdLineLoop:
 DO
  IF xc% > le% THEN xc% = le%
  LOCATE Y%, X%, 0
  PRINT MID$(Ed$ + STRING$(le%, "_"), 1, le%);
  LOCATE Y%, X% + xc% - 1, 1, 5 * ins%, 7
  DO
   Key$ = INKEY$                    '** auf Taste warten
  LOOP UNTIL LEN(Key$)
  R$ = MID$(Ed$, xc%)
  IF LEN(Key$) = 2 THEN '******* Sondertasten auswerten *******
   sk% = ASC(RIGHT$(Key$, 1))
   SELECT CASE sk%
    CASE 72, 80                      '*** Cursor hoch/runter
     edl$ = Ed$
     EXIT DO

    CASE 71: xc% = 1                 '*** Home
    CASE 79: xc% = LEN(Ed$) + 1      '*** End
    CASE 75                          '*** Cursor links
     xc% = xc% - 1
     IF xc% = 0 THEN xc% = 1
    CASE 77                          '*** Cursor rechts
     xc% = xc% + 1
     IF xc% > LEN(Ed$) + 1 THEN xc% = LEN(Ed$) + 1
    CASE 82                          '*** Insert
     ins% = 1 - ins%
    CASE 83                          '*** Delete
     IF xc% < LEN(Ed$) + 1 THEN Ed$ = LEFT$(Ed$, xc% - 1) + MID$(R$, 2)

    CASE ELSE
   END SELECT
  ELSE
   k% = ASC(Key$)
   SELECT CASE k% '******* Taste auswerten *******
    CASE 9
    CASE 13, 27                      '*** Return oder Escape
     edl$ = Ed$
     EXIT DO
    CASE 8                           '*** BackSpace
     IF xc% > 1 THEN
      Ed$ = LEFT$(Ed$, xc% - 2) + R$
      xc% = xc% - 1
     END IF
    CASE 25: xc% = 1: Ed$ = ""       '*** Ctl-Y
```

Eingabe einer
Zeile

```
    CASE 21: Ed$ = edl$: EXIT SUB      '*** Ctl-U: UNDO
    CASE ELSE                          '*** normales Zeichen...
      Ed$ = LEFT$(Ed$, xc% - 1) + Key$
      IF ins% THEN
       Ed$ = Ed$ + R$
      ELSE
       IF LEN(R$) THEN Ed$ = Ed$ + MID$(R$, 2)
      END IF
      Ed$ = LEFT$(Ed$, le%)
      xc% = xc% + 1
   END SELECT
  END IF
 LOOP
 LOCATE , , 0
END SUB
```

Bedienung des Programmes

Die Bedienung dieser Tabellenkalkulation findet mit folgenden
Tasten statt:

Bedienung

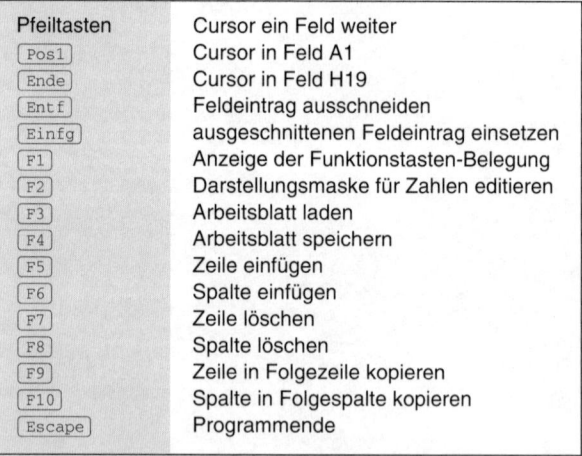

Pfeiltasten	Cursor ein Feld weiter
Pos1	Cursor in Feld A1
Ende	Cursor in Feld H19
Entf	Feldeintrag ausschneiden
Einfg	ausgeschnittenen Feldeintrag einsetzen
F1	Anzeige der Funktionstasten-Belegung
F2	Darstellungsmaske für Zahlen editieren
F3	Arbeitsblatt laden
F4	Arbeitsblatt speichern
F5	Zeile einfügen
F6	Spalte einfügen
F7	Zeile löschen
F8	Spalte löschen
F9	Zeile in Folgezeile kopieren
F10	Spalte in Folgespalte kopieren
Escape	Programmende

Feldeinträge

$xx	Text xx
#Formel	Formel berechnen mit +, -, *, / und ^, Querverweise mit Buchstabe und Zahl der adressierten Zelle
Wert	Zahlenwert

Mit den folgenden Einträgen läßt sich bereits eine einfache Sprit-
Berechnung für Ihr Auto erstellen, die in dem eingangs gezeigten

Bild zu sehen ist. Sie liegt auch auf der Diskette unter dem Namen
SPRIT.TAB bei.

SPRIT.TAB

Spalte A:
```
$    Km
$---------
300
250
320

$---------
#a3+a4+a5+a6+a7+a8
```

Spalte B:
```
$ Sprit
$---------
27
22
29

$---------
#b3+b4+b5+b6+b7+b8
```

Spalte C:
```
$    =>
$---------


$---------
```

Spalte D:
```
$1/100 Km
$---------
#b3/a3*100
#b4/a4*100
#b5/a5*100

$
#b10/a10*100
```

Erweiterungsvorschläge

Das hier gezeigte Programm läßt sich natürlich noch beliebig erweitern. Sie könnten hierzu die Auswahl der Dateinamen bei Laden/Speichern über eine Dateiauswahl realisieren, wie bereits in diesem Buch gezeigt wurde.

Des weiteren kann auch eine Druckfunktion eingebaut werden, die die Tabelle wahlweise als Zahlenwerte oder Formeln ausdruckt.

Verfügen Sie über eine EGA- oder VGA-Karte, können Sie die Anzahl der darstellbaren Zeilen der Tabelle auch auf 43 bzw. 50 erweitern. Für das Aktivieren dieser Darstellung können Sie dann den Befehl

```
WIDTH , 43
```

bzw.

```
WIDTH , 50
```

einsetzen.

18.3 Eine Adreß-Verwaltung

Eine der häufigsten Anwendungen von Computern ist das Verwalten von Daten wie beispielsweise Adressen. Es gibt hierzu eine ganze Reihe Varianten, wie die Daten verwaltet werden können.

In diesem Kapitel wird ein kleines Adreßverwaltungs-Programm vorgestellt. Es arbeitet mit einer Kombination von Sequentiellen- und RANDOM-Dateien, der Indexsequentiellen Datenverwaltung.

In Kapitel 11.3 wurde diese Variante bereits beschrieben.

ADRESSEN. DBK

ADRESSEN. IDX

Es werden Adressen verwaltet, die in der Random-Datei ADRESSEN.DBK zusammengefaßt sind. Der dazugehörige Index wird in der Datei ARESSEN.IDX gespeichert. Das Programm arbeitet mit einer sehr einfachen Benutzeroberfläche und ist somit vollständig einsetzbar. Außerdem ist es recht kurz und leicht zu verstehen und auszubauen.

Zuerst das Hauptprogramm. Hier werden die Datentypen der Adressen und der Index-Einträge definiert, einige Variablen und Felder dimensioniert und dann die Datenbank ADRESSEN.DBK geöffnet. Danach wird der Index eingelesen (*LeseIndex*), der Hauptbildschirm angezeigt (*ZeigeBild*) und, wenn noch kein Eintrag existiert, eine Eingabe gefordert (*EingabeDS*) und gespeichert (*EinfuegeDS*).

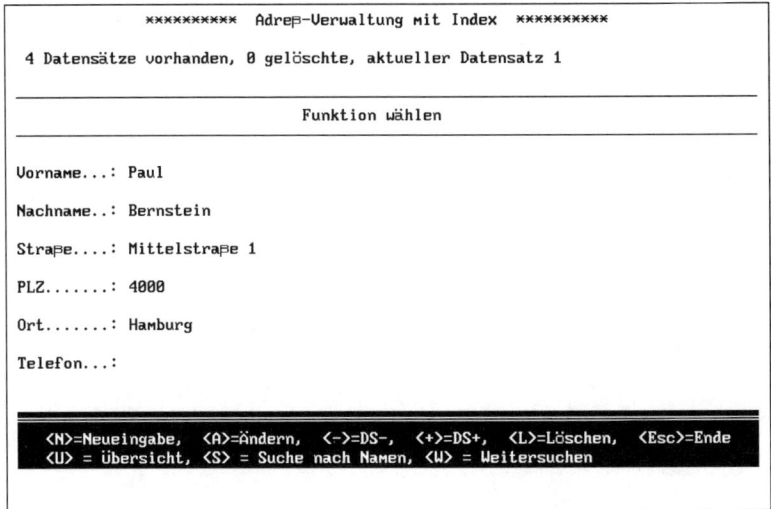

Abb. 59: Adreß-Verwaltung

Danach wird in einer Schleife der aktuelle Datensatz angezeigt, die Aufforderung "Funktion wählen" in der Statuszeile ausgegeben und auf einen Tastendruck gewartet. Ist dieser erfolgt, wird in einer *SELECT-CASE*-Konstruktion die gedrückte Taste ausgewertet.

Hier nun das komplette Listing der Indexsequentiellen Adreß-Datenbank:

```
'*** Beispielprogramm für Index-sequentielle Datenbank ***
'*** aus DATA BECKERs großem QBASIC-Buch
'*** Autor: Stefan A. Dittrich
DECLARE SUB EinfuegeDS ()
DECLARE SUB EingabeDS ()
DECLARE SUB LeseIndex ()
DECLARE SUB LoeschDS ()
DECLARE SUB QSort (Von%, Bis%)
DECLARE SUB SchreibeIndex ()
DECLARE SUB SpeichernDS ()
DECLARE SUB SucheDS (Such$, Von%)
DECLARE SUB WarteAufTaste (Key$)
DECLARE SUB ZeigeBild ()
DECLARE SUB ZeigeDS ()
DECLARE SUB ZeigeListe ()
DECLARE SUB ZeigeStatus (Text$)
TYPE AdressTyp                      '** Datensatz-Struktur
  Vorname       AS STRING * 20
  Nachname      AS STRING * 20
  Strasse       AS STRING * 20
  PLZ           AS INTEGER
```

ADRESSEN. BAS

```
 Ort            AS STRING * 20
 Telefon        AS STRING * 15
END TYPE
TYPE IndexTyp                            '** Index-Struktur
 Schluessel     AS STRING * 3            '** 3-Byte-Schlüssel
 Index          AS INTEGER               '** physikalische Nummer des DS
END TYPE
DIM SHARED Adresse AS AdressTyp, LeerAdresse AS AdressTyp
DIM SHARED Index(1000) AS IndexTyp
DIM SHARED Anz%, Gesamt%, Aktuell%
DIM SHARED Geloescht$                    '** "Gelöscht"-Markierung
Geloescht$ = STRING$(LEN(Index(1).Schluessel), CHR$(255))
OPEN "ADRESSEN.DBK" FOR RANDOM AS #1 LEN = LEN(Adresse)
LeseIndex                                '** Index-Datei einlesen
ZeigeBild                                '** Anzeige Status
IF Anz% = 0 THEN                         '** noch kein Eintrag vorhanden!
 EingabeDS                               '** Datensatz eingeben
 EinfuegeDS                              '** und in Datei einfügen
END IF

DO                                       '**** Hauptschleife ****
 ZeigeDS                                 '** aktuellen Datensatz zeigen
 ZeigeStatus "Funktion wählen"
 WarteAufTaste Key$                      '** auf Kommando warten

 SELECT CASE Key$                        '** Taste auswerten:

  CASE "+"                               '**** ein DS weiter
   IF Aktuell% < Anz% THEN Aktuell% = Aktuell% + 1

  CASE "-"                               '**** ein DS zurück
   IF Aktuell% > 1 THEN Aktuell% = Aktuell% - 1

  CASE "A"                               '**** DS ändern
    ZeigeStatus "Datensatz ändern"
    EingabeDS                            '** Datensatz eingeben
    SpeichernDS                          '** Datensatz speichern

  CASE "L"                               '**** DS löschen
    ZeigeStatus "Datensatz löschen (J) ?"
    WarteAufTaste Key$                   '** auf Bestätigung warten
    IF Key$ = "J" THEN
     LoeschDS                            '** Datensatz löschen
     QSort 1, Gesamt%                    '** Index sortieren
    END IF

  CASE "N"                               '**** Neueingabe
    ZeigeStatus "Datensatz Neueingabe"
    Adresse = LeerAdresse                '** Adresse löschen
    EingabeDS                            '** Datensatz eingeben
    EinfuegeDS                           '** und in Datei einfügen
    QSort 1, Gesamt%                     '** Index sortieren

  CASE "S"                               '**** Suchen
```

```
      ZeigeStatus "Suche im Namen nach: "
      INPUT Such$                        '** Suchbegriff eingeben
      IF LEN(Such$) THEN SucheDS Such$, 1
    CASE "W"                             '**** Weitersuchen
      IF LEN(Such$) THEN SucheDS Such$, Aktuell% + 1

    CASE "U"                             '**** übersicht zeigen
      ZeigeListe

    CASE CHR$(27)                        '**** Ende
      ZeigeStatus "Programm beenden (J) ?"
      WarteAufTaste Key$                 '** auf Bestätigung warten
      IF Key$ = "J" THEN
       ZeigeStatus "Programm beendet..."
       EXIT DO
      END IF

    CASE ELSE: BEEP                      '**** ungültige Taste
   END SELECT
 LOOP

 SchreibeIndex                          '** Index-Datei abspeichern
 CLOSE                                  '** Dateien schließen
```

Die SUB *WarteAufTaste* wartet in einer *DO...LOOP*-Schleife darauf, daß eine Taste gedrückt wird. Das Ergebnis wird als Großbuchstabe in der Variablen *Key$* zurückgeliefert.

WarteTaste()

```
SUB WarteAufTaste (Key$)
'** auf Taste warten, Taste groß in Key zurückgeben
 DO
  Key$ = UCASE$(INKEY$)                 '** Taste in Key$
 LOOP UNTIL LEN(Key$)
END SUB
```

Die SUB *ZeigeBild* dient zum Aufbauen des Arbeitsbildschirmes. Hierbei werden eine Statuszeile, eine Hilfezeile sowie die Namen der Datensatzfelder angezeigt.

ZeigeBild()

```
SUB ZeigeBild
'** Hauptbildschirm aufbauen
 CLS
 PRINT , "********** Adreß-Verwaltung mit Index **********"
 LOCATE 5, 1
 PRINT STRING$(80, CHR$(196))
 PRINT                                 '** Platz für Status
 PRINT STRING$(80, CHR$(196))
 PRINT : PRINT "Vorname...:"
 PRINT : PRINT "Nachname..:"
 PRINT : PRINT "Straße....:"
```

```
PRINT : PRINT "PLZ.......:"
PRINT : PRINT "Ort.......:"
PRINT : PRINT "Telefon...:"
LOCATE 22, 1                           '** Tastenbelegung zeigen
COLOR 0, 7
PRINT STRING$(80, CHR$(205))
PRINT "  <N>=Neueingabe, <A>=Ändern, <->=DS-, <+>=DS+, <L>=Löschen,
       <Esc>=Ende  ";
PRINT "  <U> = Übersicht, <S> = Suche nach Namen, <W> = Weitersuchen ";
COLOR 7, 0
END SUB
```

Über die SUB *ZeigeStatus* wird eine zentrierte Meldung in dem dafür vorgesehenen Bereich ausgegeben, der Statuszeile:

ZeigeStatus()

```
SUB ZeigeStatus (Text$)
'** Anzeige zentriert in Statuszeile
LOCATE 6, 1
PRINT SPACE$(80);               '** Zeile löschen
LOCATE 6, 39 - LEN(Text$) / 2  '** Position setzen
COLOR 7 + 8                     '** Attribut: hell
PRINT Text$;                    '** Text ausgeben
COLOR 7                         '** Attribut: normal
END SUB
```

In der SUB *ZeigeDS* wird der aktuelle Datensatz, der in die Variable *Adresse* geladen wurde, auf dem Bildschirm angezeigt. Zusätzlich werden die Informationen über den Datenbestand ausgegeben.

ZeigeDS()

```
SUB ZeigeDS
'** Datensatz anzeigen
LOCATE 3, 1
PRINT Anz%; "Datensätze vorhanden,"; Gesamt% - Anz%; "gelöschte,
              aktueller Datensatz"; Aktuell%
GET #1, Index(Aktuell%).Index, Adresse
LOCATE 9, 13: PRINT Adresse.Vorname
LOCATE 11, 13: PRINT Adresse.Nachname
LOCATE 13, 13: PRINT Adresse.Strasse
LOCATE 15, 12: PRINT Adresse.PLZ; " "
LOCATE 17, 13: PRINT Adresse.Ort
LOCATE 19, 13: PRINT Adresse.Telefon
END SUB
```

Um den Gesamtbestand der vorhandenen Einträge der Datenbank anzeigen zu können, dient die SUB *ZeigeListe*. Diese ist allerdings sehr einfach gestaltet und daher nur für kleine Datenbestände brauchbar, weil hier keine seitenweise Anzeige vorgenommen wird, sondern immer gleich alle Einträge gezeigt werden.

ZeigeListe()

```
SUB ZeigeListe
'** Gesamtliste zeigen
 CLS
 COLOR 7 + 8
 PRINT "*** übersicht über alle Adressen ***"
 PRINT
 PRINT "Nummer      Nachname        Vorname         Ort"
 COLOR 7
 FOR i% = 1 TO Anz%
   GET #1, Index(i%).Index, Adresse        '** Datensatz holen und zeigen
   PRINT i%; ")", Adresse.Nachname; Adresse.Vorname; Adresse.Ort
 NEXT i%
 PRINT : PRINT "*** Bitte Taste drücken ***"
 DO: LOOP UNTIL LEN(INKEY$)               '** auf Tastendruck warten
 ZeigeBild                                '** Hauptbild zeigen
 END SUB
```

Mit der folgenden SUB *LeseIndex* wird das Indexfeld aus der Datei ADRESSEN.IDX in das hierfür vorbereitete globale Variablenfeld *Index()* eingelesen.

LeseIndex()

```
SUB LeseIndex
'*** Index-Datei in Feld Index() einlesen ***
 OPEN "ADRESSEN.IDX" FOR RANDOM AS #2 LEN = LEN(Index(1))
 Gesamt% = LOF(2) / 5          '** Anzahl Einträge in Gesamt%
 FOR i% = 1 TO Gesamt%
  GET #2, i%, Index(i%)        '** Index-Liste einlesen
  IF Index(i%).Schluessel <> Geloescht$ THEN Anz% = i%
 NEXT i%
 CLOSE #2
 Aktuell% = 1                  '** aktueller Datensatz = 1
 END SUB
```

Nach der Veränderung der Datenbank und somit auch des Index-Feldes muß dieser beim Beenden der Arbeit auch wieder auf die Diskette zurückgeschrieben werden. Hierzu dient die SUB *SchreibeIndex*:

SchreibeIndex()

```
SUB SchreibeIndex
'** Indexdatei abspeichern
 KILL "ADRESSEN.IDX"           '** alte Indexdatei löschen
 OPEN "ADRESSEN.IDX" FOR RANDOM AS #2 LEN = LEN(Index(1))
 FOR i% = 1 TO Gesamt%
  PUT #2, i%, Index(i%)        '** Index-Liste abspeichern
 NEXT i%
 CLOSE #2
 END SUB
```

In der SUB *EingabeDS* wird ein Datensatz über die Tastatur eingelesen. Jedes Feld, das einfach mit [Return] übergangen wird, behält dabei seinen alten Inhalt, was das Ändern einzelner Einträge
des Datensatzes vereinfacht. Die Eingabe findet dabei in der
rechten Bildhälfte statt, wodurch der alte Inhalt des Datensatzes
sichtbar ist.

EingabeDS()

```
SUB EingabeDS
'** Datensatz eingeben, Leereingabe übernimmt alten Eintrag
  LOCATE 9, 40: INPUT X$: IF LEN(X$) THEN Adresse.Vorname = X$
  LOCATE 11, 40: INPUT X$: IF LEN(X$) THEN Adresse.Nachname = X$
  LOCATE 13, 40: INPUT X$: IF LEN(X$) THEN Adresse.Strasse = X$
  LOCATE 15, 40: INPUT X$: IF LEN(X$) THEN Adresse.PLZ = VAL(X$)
  LOCATE 17, 40: INPUT X$: IF LEN(X$) THEN Adresse.Ort = X$
  LOCATE 19, 40: INPUT X$: IF LEN(X$) THEN Adresse.Telefon = X$
  ZeigeBild
END SUB
```

In der nun folgenden SUB *EinfuegeDS* findet der wohl interessanteste Vorgang statt: Das Einfügen eines Datensatzes in die Datenbank. Hierbei wird zunächst geprüft, ob ein als gelöscht markier-
tes Feld existiert. Ist dies der Fall, wird der neue Datensatz an
diese Stelle geschrieben und die Markierung aufgehoben. Ist kein
gelöschter Eintrag vorhanden, wird der neue Datensatz hinten
angehängt.

EinfügeDS()

```
SUB EinfuegeDS
'** Datensatz in Datenbank einfügen
  Anz% = Anz% + 1                    '** ein Eintrag mehr
  IF Anz% > Gesamt% THEN             '** Eintrag neu hinzufügen!
   Gesamt% = Anz%
   Index(Anz%).Index = Anz%
  END IF
  Aktuell% = Anz%                    '** Eintrag aktuell
  SpeichernDS                        '** DS speichern
END SUB
```

Um einen Datensatz in die Datei abzuspeichern, kann ein einfacher *PUT*-Befehl verwendet werden. Hierbei muß allerdings auch
der entprechende Eintrag im Indexfeld manipuliert werden. Die
physikalische Position, an die der Datensatz in die Datei geschrieben werden soll, findet sich im Indexfeld im Eintrag *In-
dex(<logische Datensatznummer>).Index*.

SpeichernDS()

```
SUB SpeichernDS
'** Datensatz speichern
  Index(Aktuell%).Schluessel = Adresse.Nachname '** Schlüssel setzen
  PUT #1, Index(Aktuell%).Index, Adresse        '** Datensatz speichern
END SUB
```

Die eingangs so aufwendig erscheinende Aufgabe, einen Datensatz zu löschen, ist durch den Aufbau dieser Datenbank überraschend einfach geworden:

```
SUB LoeschDS
'** Aktuellen Datensatz löschen
 Index(Aktuell%).Schluessel = Geloescht$  '** als Gelöscht markieren
 Anz% = Anz% - 1                          '** ein Eintrag weniger
 QSort 1, Gesamt%                         '** Index sortieren
 Aktuell% = 1                             '** erster Eintrag aktuell
END SUB
```

LoeschDS()

Die SUB *QSort* stellt eine spezielle Variante des bereits früher in diesem Buch vorgestellten QuickSort-Algorithmus dar (Kapitel 17.7). Hier wird das Index-Feld in *Index()* nach dem Schlüssel sortiert, wodurch auch automatisch die als gelöscht markierten Einträge nach hinten gebracht werden.

```
SUB QSort (Von%, Bis%)
'*** QuickSort: Index aufsteigend nach Schlüssel sortieren
 i% = Von%: j% = Bis%
 X$ = Index(i% \ 2 + j% \ 2).Schluessel
 DO
  WHILE Index(i%).Schluessel < X$: i% = i% + 1: WEND
  WHILE Index(j%).Schluessel > X$: j% = j% - 1: WEND
  IF i% <= j% THEN
   SWAP Index(i%), Index(j%)
   i% = i% + 1
   j% = j% - 1
  END IF
 LOOP UNTIL i% > j%
 IF j% > Von% THEN QSort Von%, j%        '** linken Teil sortieren
 IF i% < Bis% THEN QSort i%, Bis%        '** rechten Teil sortieren
END SUB
```

QSort()

Um innerhalb der Datei einen bestimmten Eintrag herauszufinden, kann die Suchfunktion eingesetzt werden. In der SUB *SucheDS* werden die Index-Schlüssel nach dem übergebenen Eintrag durchsucht. Um die Möglichkeit des Weitersuchens zu schaffen, wird hier zusätzlich der erste zu durchsuchende Eintrag in *Von%* übergeben.

Suchen

```
SUB SucheDS (Such$, Von%)
'** DS suchen: Index-Schlüssel nach Such$ ab Von% durchsuchen

 '** Suchbegriff in Großbuchstaben und max. so lang wie Schlüssel
    wandeln
 Such$ = UCASE$(Such$)
```

SucheDS()

```
IF LEN(Such$) > LEN(Index(1).Schluessel) THEN Such$ = LEFT$(Such$,
   LEN(Index(1).Schluessel))
FOR i% = Von% TO Gesamt%            '** Indexfeld durchsuchen
 IF UCASE$(LEFT$(Index(i%).Schluessel, LEN(Such$))) = Such$ THEN
  Aktuell% = i%                     '** gefunden: Aktuell% setzen
  EXIT FOR
 END IF
NEXT i%
 IF i% = Gesamt% + 1 THEN BEEP      '** nicht gefunden!
END SUB
```

Suchverfahren   Durch die stets sortierte Index-Liste kann sehr leicht anders nach einem Eintrag der Datei gesucht werden. Nach den ersten Buchstaben des Namens wird in der Index-Liste gesucht, die weiteren Vergleiche finden dann mit den jeweils eingelesenen Datensätzen selbst statt. Soll diese Suche bzw. der Schlüssel genauer sein, kann auch leicht der Index-Schlüssel auf mehr Zeichen erweitert werden, indem einfach in der Typendefinition des Index-Typs der Schlüsselstring auf mehrere Buchstaben gesetzt wird.

Suchen in sortierter Liste

Wenn im Index-Feld sehr viele Einträge enthalten sind, was durch eine entsprechende Dimensionierung durchaus möglich ist, wird die Suche nach einem Eintrag dieser Liste unter Umständen auch eine Weile dauern. Wenn Sie z.B. nach dem Buchstaben z suchen, wird das gesamte Index-Feld durchsucht. Da jedoch wie in diesem Fall eine stets sortierte Liste vorliegt, kann durch einen einfachen Trick die Suchzeit drastisch verkürzt werden.

Bei dieser Methode beginnt man die Suche nicht im ersten Eintrag des Feldes, sondern im mittleren. Der so gefundene Eintrag wird mit dem gesuchten verglichen. Dabei gibt es drei Möglichkeiten: entweder ist er kleiner, größer oder gleich dem gesuchten. Ist er gleich, ist die Suche bereits beendet. Andernfalls wird nun die untere bzw. obere Hälfte des Feldes auf die gleiche Weise durchsucht, also beginnend mit dem mittleren Element dieser Hälfte. Dieser Vorgang wird sooft wiederholt, bis der Eintrag gefunden wurde. Besteht der zu durchsuchende Teil des Feldes nur noch aus zwei Einträgen, von denen der eine kleiner und der andere größer als der gesuchte ist, muß der Vorgang abgebrochen werden, weil der gesuchte Eintrag nicht in der Liste vorliegt.

Die Programmierung dieses Verfahrens ist relativ einfach und am besten rekursiv zu realisieren. Ich habe an dieser Stelle darauf verzichtet, dies vorzuführen, weil Sie es einmal selbst probieren sollten. Ein Tip hierzu: Schauen Sie sich doch einmal die *QSort*-SUB an, weil sie sehr ähnlich aufgebaut ist!

In obigem Beispiel ist diese Suchmethode nicht eingesetzt worden, um das Weitersuchen in der selben SUB zu ermöglichen. Es könnte natürlich eine Kombination eingesetzt werden, wobei für die erste Suche das beschriebene Verfahren und für das Weitersuchen die gezeigte SUB eingesetzt wird.

18.4 Ein kleines Mal-Programm

Die bisher beschriebenen Funktionen des Maustreibers und deren Anwendung aus einem QBasic-Programm heraus ermöglichen bereits die Einbindung der Maus in eigene Programme. Es soll nun anhand eines kleinen Malprogrammes die Praxis der Mausprogrammierung demonstriert werden. In diesem Programm werden einerseits weitere Mausfunktionen in Form von Subroutinen eingesetzt, um das Programm komfortabler zu gestalten, andererseits auch den Einsatz der Maus in der Text- als auch der Grafik-Umgebung zu zeigen.

Hauptprogramm

Das Hauptprogramm enthält zunächst die üblichen Deklarationen der verwendeten Subroutinen, wie sie ja beim Speichern eines QBasic-Programmes automatisch an den Anfang eingetragen werden. Danach folgen die Deklarationen der gemeinsamen Variablen, die die Informationen über die Position und Status der Maus enthalten. Danach folgt die Initialisierung des Maschinenprogrammes für den Interrupt sowie des Maustreibers.

Varianten

Nach diesen grundlegenden Funktionen wird wahlweise das text- oder das grafikorientierte Malprogramm aufgerufen. Beide Varianten ermöglichen das Zeichnen auf dem Bildschirm mit Hilfe der Maus, wobei einerseits mit Sonderzeichen im Textmodus, andererseits mit grafischen Elementen (Linien, Rechtecken oder Kreisen) im Grafikmodus gezeichnet werden kann. Die Programme sind für einen Farbbildschirm bzw. eine EGA/VGA-Karte ausgelegt; bei der Verwendung einer CGA-Karte muß besonders das Grafikprogramm in einem anderen Grafikmodus betrieben werden.

Herkuleskarte

Beim Einsatz der Herkuleskarte muß in der SUB *GraphikZeichner*
mit dem SCREEN-Modus 3 gearbeitet werden, welcher aber voraussetzt, daß Sie vor dem Start von QBasic das mitgelieferte Programm MSHERC.COM gestartet haben. Dieses Programm ermöglicht erst das Ansprechen des Grafikbildschirmes. Außerdem
müssen leider die UNDO-Programmteile entfernt werden, die mit
dem *PCOPY*-Befehl aufgebaut sind. Da dieser Befehl aber mit einer Herkuleskarte nicht funktioniert, ist kein UNDO möglich.

MAUSMAL.
BAS

```
'*************************************************
'********** Maus-Handling-Routinen **********
'*************************************************
DECLARE SUB MausInit ()
DECLARE SUB Maus (OnOff%)
DECLARE SUB MausForm (SoftHard%, BMaske%, CMaske%)
DECLARE SUB MausSet (X%, Y%)
DECLARE SUB MausTempo (Tempo%)
DECLARE SUB MausXBereich (X1%, X2%)
DECLARE SUB MausYBereich (Y1%, Y2%)
DECLARE SUB GetMaus (Mode%)
DECLARE SUB WarteKnopfLos ()
DECLARE SUB WarteBewegung (Mode%)
DECLARE SUB DrawBox (xl%, yl%)
DECLARE SUB ReadData ()
DECLARE FUNCTION Interr% (Num%, AX%, BX%, CX%, DX%)
DECLARE SUB ABSOLUTE (Funktion%, par1%, par2%, par3%, adr%)
DECLARE SUB MausZeichner ()
DECLARE SUB GraphikZeichner ()

'********** gemeinsame Variablen definieren **********
DIM SHARED MausX%, MausY%, MausK%      '*** Mausposition und -Knopf
DIM SHARED MS%(45)                     '** Feld für Maschinenprogramm
ReadData                               '*** Maschinenprogramm einlesen
'********** Maus initialisieren **********
MausInit
'********** Beispiel-Anwendung: Zeichen-Malprogramm mit Maus
**********
CLS
PRINT "***** Zeichenprogramm auswählen: *****"
PRINT "linke  Taste: Textmodus"
PRINT "rechte Taste: Grafikmodus"
DO
 GetMaus 0
LOOP UNTIL MausK%
MK% = MausK%
WarteKnopfLos
DO: LOOP UNTIL INKEY$ = ""      '** Tastaturpuffer löschen
IF MK% = 1 THEN
 MausZeichner                   '*** Zeichenprogramm im Textmodus    ***
ELSE
 GraphikZeichner                '*** Zeichenprogramm im Grafikmodus ***
```

```
END IF
CLS
END

MS.Data:          '***** DATAs des Maschinenprogrammes für Interr%()
  DATA 55,8b,ec,56,57          'Register retten
  DATA 8b,76,0c,8b,04          'AX bis DX holen
  DATA 8b,76,0a,8b,1c
  DATA 8b,76,08,8b,0c
  DATA 8b,76,06,8b,14
  DATA cd,21                   'INT 21 (Nummer wird verändert!)
  DATA 8b,76,0c,89,04          'AX bis DX zurückschreiben
  DATA 8b,76,0a,89,1c
  DATA 8b,76,08,89,0c
  DATA 8b,76,06,89,14
  DATA 5f,5e,5d                'Register holen
  DATA ca,08,00                'RETF 8  => Ende
  DATA #
```

Die DATA-Zeilen dienen wieder für das Maschinenprogramm,
das den Interrupt-Aufruf ermöglicht. Mit den SUBs *ReadData()*
und der FUNCTION *Interr%()* wird dies vorbereitet:

Maschinen-
programm
einlesen

```
SUB ReadData
'** DATAs für Maschinenprogramm in MS%() einlesen
  RESTORE MS.Data
  DEF SEG = VARSEG(MS%(0))
  FOR i% = 0 TO 99
    READ Byte$
    IF Byte$ = "#" THEN EXIT FOR
    POKE VARPTR(MS%(0)) + i%, VAL("&H" + Byte$)
  NEXT i%
END SUB
```

Interrupt
auslösen

```
FUNCTION Interr% (Num%, AX%, BX%, CX%, DX%)
'** Interrupt Nummer Num% auslösen mit Registerinhalten AX% bix DX%
  IF MS%(0) = 0 THEN               '** Ist MS%() initialisiert?
    PRINT "FEHLER: Maschinenprogramm nicht eingelesen! Abbruch!"
    END
  END IF
  DEF SEG = VARSEG(MS%(0))         '** Segment bestimmen
  POKE VARPTR(MS%(0)) + 26, Num%   '** Interrupt-Nummer einsetzen
  CALL ABSOLUTE(AX%, BX%, CX%, DX%, VARPTR(MS%(0))) '** Aufruf
  Interr% = AX%                    '** Rückgabewert aus AX% übernehmen
END FUNCTION
```

In dem Hauptprogramm können Sie nach dem Start entscheiden,
ob das Text- oder das Grafik-Programm aufgerufen werden soll.
Die linke Maustaste startet das Zeichnen im Textmodus, mit der
rechten Taste wird das Grafik-Programm aufgerufen.

Subroutinen

Als nächstes folgen die Subroutinen, welche die Schnittstellen zum Maustreiber darstellen.

Initialisierung

Mausroutinen

```
SUB MausInit
'** Maustreiber initialisieren
  R% = Interr%(&H33, 0, BX%, CX%, DX%)    '** Maustreiber initialisieren
END SUB
```

Mauszeiger an/aus

```
SUB Maus (OnOff%)
'** Mauszeiger an/ausschalten (0=aus, 1=an)
  IF OnOff% = 0 THEN OnOff% = 2 ELSE OnOff% = 1
  R% = Interr%(&H33, OnOff%, BX%, CX%, DX%)
END SUB
```

Abfrage

```
SUB GetMaus (Mode%)
'** Mausposition und -knopfstatus in MausX%, MausY% und MausK% holen
  R% = Interr%(&H33, 3, BX%, CX%, DX%)
  MausK% = BX%                    '** Maustaste (1=links, 2=rechts)

  IF Mode% THEN
   MausX% = CX% / 8 + 1           '** X-Position (Textmodus)
   MausY% = DX% / 8 + 1           '** Y-Position (Textmodus)
  ELSE
   MausX% = CX%                   '** X-Position (Grafikmodus)
   MausY% = DX%                   '** Y-Position (Grafikmodus)
  END IF
END SUB
```

Bis hierhin sind die Subroutinen noch bekannt. Es folgen nun einige weitere, die noch fehlende Funktionen des Maustreibers aufrufen.

Position setzen

```
SUB MausSet (X%, Y%)
'** Position des Mauszeigers setzen ***
'** X% und Y% sind Zeichenkoordinaten im Textmodus
  R% = Interr%(&H33, 4, BX%, X% * 8 - 8, Y% * 8 - 8)
END SUB
```

Bewegungsradius

```
SUB MausXBereich (X1%, X2%)
'** Mausbewegungsbereich horizontal setzen von X1% bis X2%
'** X1% und X2% sind Zeichenkoordinaten im Textmodus
  R% = Interr%(&H33, 7, 0, X1% * 8 - 8, X2% * 8 - 8)
END SUB
SUB MausYBereich (Y1%, Y2%)
```

```
'** Mausbewegungsbereich vertikal setzen von Y1% bis Y2%
'** Y1% und Y2% sind Zeichenkoordinaten im Textmodus
 R% = Interr%(&H33, 8, BX%, Y1% * 8 - 8, Y2% * 8 - 8)
END SUB
```

Mausform

```
SUB MausForm (SoftHard%, BMaske%, CMaske%)
'***** Mauscursor-Erscheinung setzen *****
 R% = Interr%(&H33, 10, SoftHard%, BMaske%, CMaske%) '** Mausform setzen
END SUB
```

*Mausge-
schwindigkeit*

```
SUB MausTempo (Tempo%)
'** Mausgeschwindigkeit einstellen (0=Schnell, 100=extrem langsam)
 R% = Interr%(&H33, 15, BX%, Speed%, Speed% * 2)
END SUB
```

Aus diesen Funktionen können noch weitere nützliche Subroutinen zusammengestellt werden, die die Arbeit mit der Maus erleichtern. So werden in den Zeichenprogrammen die folgenden Subroutinen gebraucht:

*Bewegung
abwarten*

```
SUB WarteBewegung (Mode%)
'** Warten, bis Maus bewegt oder Maustaste gedrückt/losgelassen
 GetMaus Mode%
 X% = MausX%: Y% = MausY%: k% = MausK%
 DO
  GetMaus Mode%
 LOOP UNTIL X% <> MausX% OR Y% <> MausY% OR k% <> MausK%
END SUB
```

*Auf Lösen der
Tasten warten*

```
SUB WarteKnopfLos
'** Warten, bis Maustaste losgelassen
 WHILE MausK%
  GetMaus 0
 WEND
END SUB
```

Mit Hilfe all dieser Werkzeuge sind Sie nun gerüstet, ein mausunterstütztes Programm zu schreiben. Zwar sind die oben beschriebenen SUBs zur Mausprogrammierung für den Editor ausreichend, was dennoch zu einem kleinen Exkurs animiert.

Wie bereits versprochen, werden daher als nächstes zwei kleine Programme vorgestellt, die alle Mausfunktionen anwenden und somit die Einbindung der Maus in der Praxis veranschaulichen.

Grafikmodus

Zunächst die Variante, die im Grafikmodus arbeitet. Hier wird am linken Bildrand ein einfaches Menü dargestellt, aus dem Sie mit der Maus die gewünschte Funktion auswählen können. Zur Verfügung stehen hier Freihandzeichnen, Linien ziehen, Rechtecke oder Kreise (gefüllt oder ungefüllt) sowie Füllen eines Bereiches. Außerdem wird eine Farbpalette angezeigt, aus der ebenfalls mit der Maus die Zeichenfarbe gewählt werden kann. Beim Zeichnen werden zudem ständig die Koordinaten der Mausposition angezeigt. Verlassen wird das Programm mit der rechten Maustaste.

Malprogramm im
Grafikmodus

```
SUB GraphikZeichner
'*****************************************************************************
'********  einfaches Malprogramm im Graphikmodus für Maus-Demo  ********
'*****************************************************************************
'**  Auswahl der Zeichenfunktion im Menü links                        **
'**  Zeichen mit linker Maustaste                                     **
'**  Tastatureingaben für Text an der Mausposition                    **
'*****************************************************************************
DIM Gr%(500)                          '** Puffer für GET/PUT
Maus 0                                '** Mauszeiger ausschalten
SCREEN 8                              '***** nur EGA / VGA !! *****
WINDOW SCREEN (1, 1)-(640, 200)       '*** virtuelle Bildgröße setzen
CLS
LINE (1, 1)-(95, 200), , B            '*** Menüleiste zeichnen
FOR i% = 1 TO 7
  LINE (1, 40 + 20 * i%)-STEP(93, 0)
NEXT i%
FOR i% = 0 TO 3
  LINE (2 + i% * 23, 28)-STEP(20, 10), i% * 2, BF     '*** Farbmuster
  LINE (2 + i% * 23, 40)-STEP(20, 10), i% * 2 + 1, BF
NEXT i%
LINE (10, 65)-(20, 70)                '*** Freihand
LINE -(30, 66)
LINE -(35, 74)
LINE -(65, 63)
LINE (5, 85)-(90, 95)                 '*** Linie
LINE (15, 105)-(80, 115), , B         '*** Box
LINE (15, 125)-(80, 135), , BF        '*** gefüllte Box
CIRCLE (50, 150), 15                  '*** Kreis
CIRCLE (50, 170), 15                  '*** gefüllter Kreis
PAINT (50, 170)
LINE (20, 185)-(50, 195), , B         '*** Füllen
LINE (50, 185)-(80, 195), , BF

Funktion% = 0
GOSUB InvertBlock                     '** aktuelles Werkzeug invertieren
Co% = 7                               '*** Grundfarbe weiß
LINE (5, 52)-(90, 58), Co%, BF
PCOPY 0, 2                            '** Bild retten für UNDO
Maus 1
DO
  IF LEN(Key$) THEN                   '** Tastatur betätigt!
```

```
   Maus 0
   SELECT CASE Key$
    CASE CHR$(27): EXIT DO         '** <Escape>=Ende
    CASE CHR$(0) + CHR$(60)        '** <F2>=UNDO
     PCOPY 0, 3                    '** neues Bild in Seite 3
     PCOPY 2, 0                    '** altes Bild zeigen
     PCOPY 3, 2                    '** neues Bild für erneutes UNDO
                                       in Seite 2
    CASE ELSE                      '** Zeichen schreiben
       LOCATE MausY% / 8, MausX% / 8 + 1
       COLOR Co%
       PRINT Key$;
       COLOR 7 + 8
       MausSet POS(0), CSRLIN + 1
   END SELECT
   Maus 1
   END IF
   IF MausK% = 1 THEN                   '*** Mausknopf gedrückt ! ***
    Maus 0
    IF Kn% = 0 THEN PCOPY 0, 2      '** Bild retten für UNDO
    IF MausX% < 95 THEN             '** innerhalb der Menüleiste !
       IF MausY% > 60 THEN          '** Funktionswahl
         GOSUB InvertBlock
         Funktion% = FIX((MausY% - 62) / 20)
         GOSUB InvertBlock

       ELSE
         IF MausY% > 28 AND MausY% < 51 THEN     '** Farbe auswählen
           Co% = FIX(MausX% / 25) * 2 - (MausY% > 40)
           LINE (5, 52)-(90, 58), Co%, BF
         END IF
       END IF
       Maus 1                      '** Mauszeiger einschalten
       WarteKnopfLos               '** warten, bis Mausknopf losgelassen

    ELSE                           '*** ins Zeichenfeld geklickt ! ***
       MausXBereich 13, 80         '** Maus-Bewegungsfläche setzen

       IF Kn% = 0 THEN             '** Knopf gerade gedrückt worden !
        PCOPY 0, 1                 '** Bildschirm retten
        X% = MausX%
        Y% = MausY% + 1
        IF Funktion% = 6 THEN
          VIEW (95, 0)-(639, 199)
          PAINT (X% * 1.16 - 105, Y%), Co%, Co%  '** direkt füllen
        ELSE
          PSET (X%, Y%)            '** oder Startpunkt setzen
        END IF

       ELSE
         SELECT CASE Funktion%     '*** Zeichenfunktion auswerten ***
          CASE 0                   '** Freihand
            LINE -(MausX%, MausY% + 1), Co%
          CASE 1                   '** Linie
```

```
        PCOPY 1, 0
        LINE (X%, Y%)-(MausX%, MausY%), Co%
      CASE 2                        '** Rechteck
        PCOPY 1, 0
        LINE (X%, Y%)-(MausX%, MausY%), Co%, B
      CASE 3                        '** gefülltes Rechteck
        PCOPY 1, 0
        LINE (X%, Y%)-(MausX%, MausY%), Co%, BF
      CASE 4, 5                     '** Kreis
        PCOPY 1, 0
        CIRCLE (X%, Y%), SQR(ABS(MausX% - X%) ^ 2 + ABS((MausY% - Y%)
              * 2.2) ^ 2), Co%
        IF Funktion% = 5 THEN PAINT (X%, Y%), Co%
      CASE ELSE
    END SELECT
   END IF
   Kn% = 1
   Maus 1
   WarteBewegung 0               '** warten auf Mausaktion
  END IF
ELSE                             '*** Maustaste nicht gedrückt ! ***
  MausXBereich 1, 80             '** Maus-Bewegungsfläche setzen
  VIEW
  Kn% = 0
END IF
GetMaus 0
IF MausX% > 95 THEN
   LOCATE 2, 3: PRINT USING "X = ###"; MausX% - 100
   LOCATE 3, 3: PRINT USING "Y = ###"; MausY%
END IF

X1% = MausX%: Y1% = MausY%: K1% = MausK%  '** warten auf Mausaktion
                                             oder Taste
DO
  GetMaus 0
  Key$ = INKEY$
LOOP UNTIL MausX% <> X1% OR MausY% <> Y1% OR MausK% <> K1% OR
LEN(Key$)
LOOP UNTIL MausK% = 2
Maus 0                          '*** Mauscursor ausschalten ***
EXIT SUB
InvertBlock:
  GET (3, 62 + 20 * Funktion%)-STEP(90, 16), Gr%
  PUT (3, 62 + 20 * Funktion%), Gr%, PRESET
RETURN
END SUB
```

Die Bedienung dieses Programmes erfordert wohl keine besonderen Erläuterungen. Aus dem Menü am linken Bildrand können die Funktionen und die Farben gewählt werden. Die rechte Maustaste beendet das Programm.

Außerdem kann auch mit der Tastatur gearbeitet werden. Wird ein Zeichen eingegeben, er-scheint es an der aktuellen Mausposition. So kann ein Text einge-tippt werden. Die ⎡F2⎤-Taste macht die letzte Aktion rückgängig (UNDO-Funktion).

Haben Sie also ein Element falsch gezeichnet, können Sie es mit dieser Taste wieder verschwinden lassen. ⎡Escape⎤ beendet ebenso wie die rechte Maustaste das Programm.

Das folgende Listing zeigt die Textmodus-Variante. Hier wird als zusätzlicher Effekt noch die Geschwindigkeit der Maus verändert, wenn das Menü angewählt wird.

Textmodus

Malprogramm im Textmodus

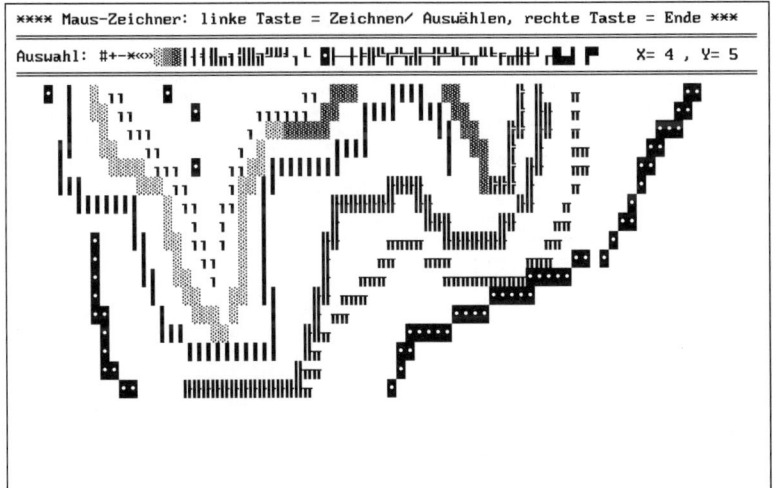

Abb. 60: Malprogramm im Textmodus

```
SUB MausZeichner
'****************************************************************************
'********  einfaches Malprogramm im Text-Modus für Maus-Demo  *********
'****************************************************************************
'**   Auswahl des Zeichens in der Auswahl-Zeile                      **
'**   Zeichen mit linker Maustaste                                   **
'**   Tastatureingaben für Text an der Mausposition                 **
'****************************************************************************

CLS
PRINT "**** Maus-Zeichner: linke Taste = Zeichnen/ Auswählen, rechte
          Taste = Ende ***"
PRINT STRING$(80, "=")
PRINT "Auswahl: #+-*";
FOR i% = 174 TO 223: PRINT CHR$(i%); : NEXT i%
```

```
PRINT STRING$(80, "=")
Zeichen$ = "*"
PCOPY 0, 2
Maus 1                              '** Mauscursor einschalten
DO
  GetMaus 1
  LOCATE 3, 68: PRINT USING "X=## , Y=##"; MausX%; MausY%

  IF MausY% < 5 THEN                '** Zeiger in der Auswahlleiste !
    MausTempo 10
    MausForm 0, &HFFFF, &HFF00       '** Zeiger: invertierter
                                        Hintergrund

  ELSE
    MausTempo 4
    MausForm 0, &HFF00, &HC000 + ASC(Zeichen$) '** Zeiger: blinkendes
                                        Zeichen
  END IF

  IF MausK% = 1 THEN                '*** linke Taste gedrückt ! ***
    Maus 0
    IF MausY% = 3 THEN              '** Zeichenauswahl
      Zeichen$ = CHR$(SCREEN(MausY%, MausX%))  '** neues Zeichen
                                        auswählen

      Maus 1
      WarteKnopfLos

    ELSE
      MausYBereich 5, 25            '** Maus-Bewegungsfläche setzen
      MausTempo 10
      LOCATE MausY%, MausX%
      PRINT Zeichen$;               '** Zeichen ausgeben
      Maus 1
      WarteBewegung 1

    END IF

  ELSE                             '** rechte oder keine Taste
                                        gedrückt:
    MausYBereich 3, 25            '** Maus-Bewegungsfläche setzen
  END IF
  X% = MausX%: Y% = MausY%
  DO                               '** warten auf Taste oder
                                        Mausaktion

    Key$ = INKEY$
    GetMaus 1
  LOOP UNTIL LEN(Key$) OR X% <> MausX% OR Y% <> MausY% OR MausK%
  IF LEN(Key$) THEN                '*** eingetipptes Zeichen
                                        ausgeben ***

    Maus 0
    SELECT CASE Key$
      CASE CHR$(27): EXIT DO        '** <Escape>=Ende
      CASE CHR$(0) + CHR$(60)       '** <F2>=UNDO
        PCOPY 0, 3                  '** neues Bild in Seite 3
```

```
    PCOPY 2, 0                        '** altes Bild zeigen
    PCOPY 3, 2                        '** neues Bild für erneutes UNDO
                                         in Seite 2
  CASE CHR$(0) + CHR$(61)             '** <F3>=Bild für UNDO retten
    PCOPY 0, 2

  CASE CHR$(0) + CHR$(62)             '** <F4>=Box zeichnen
    PCOPY 0, 1
    MausSet MausX% + 2, MausY% + 2    '** Mauszeiger weitersetzen
    GetMaus 1

    DO
      GetMaus 1
      IF MausX% < X% + 2 THEN MausSet X% + 2, MausY%: GetMaus 1
      IF MausY% < Y% + 2 THEN MausSet MausX%, Y% + 2: GetMaus 1

      LOCATE Y%, X%
      DrawBox MausX% - X%, MausY% - Y% '** Box zeichnen

      WarteBewegung 1

      IF MausK% = 0 THEN PCOPY 1, 0    '** Box wieder entfernen
    LOOP UNTIL MausK%                  '** bis Knopf gedrückt
    WarteKnopfLos
  CASE ELSE                            '** Zeichen schreiben
    LOCATE MausY%, MausX%
    PRINT Key$;
    MausSet MausX% + 1, MausY%         '** Mauszeiger weitersetzen
  END SELECT
  Maus 1
  END IF
LOOP UNTIL MausK% = 2                  '*** bis rechte Taste oder
                                          <Escape> ***
  Maus 0                               '*** Mauscursor ausschalten ***
END SUB
```

Bedienung

Bei dieser Version des Malprogrammes wird mit der Maus aus der oberen Zeichenleiste ein Zeichen ausgewählt, welches dann durch Druck auf den linken Mausknopf an einer beliebigen Stelle gesetzt werden kann.

Zusätzlich kann auch jederzeit ein Zeichen von der Tastatur eingegeben werden, welches dann an der Mausposition erscheint. Die [Escape]-Taste beendet ebenso wie die rechte Maustaste das Programm.

Ebenso wie in der Grafik-Variante dient auch hier die [F2]-Taste als UNDO, macht also Aktionen rückgängig. Hier wird allerdings zusätzlich durch die [F3]-Taste der aktuelle Bildstand festgehalten, der mit der UNDO-Taste wiederhergestellt werden soll.

Ein zusätzlicher Komfort des Programmes wird durch die F4 -Taste ausgelöst. Es wird dann ab der aktuellen Mausposition ein Rechteck nach rechts unten gezeichnet. Mit der Maus kann die Größe der Box eingestellt werden, erst bei einem Druck auf die linke Maustaste wird das Rechteck fixiert.

Diese Anwendungen der Mausroutinen sollen nur als Anregung dazu dienen, die Maus in Ihre eigenen Programme einzubinden. Sicherlich können Sie aber auch eines der Zeichenprogramme ergänzen, etwa um Laden und Speichern der Kunstwerke oder weitere Bearbeitungsfunktionen.

18.5 Spielerei: Moore, ein Selfmade-Spiel

Und nun möchte ich Ihnen, wie versprochen, ein Spiel vorstellen, welches mit überraschend geringem Programmieraufwand schon ein anhaltendes Spielvergnügen garantiert. Es handelt sich dabei um ein grafisches Spiel, in dem Sie eine Figur quer durch ein Spielfeld bewegen müssen. Dies ist dadurch erschwert, daß auf diesem fiktiven Terrain Moore verteilt sind, die nicht sichtbar sind.

Um die Durchquerung dennoch zu ermöglichen, verfügen Sie über ein Spürgerät, welches Ihnen die Anzahl der um Ihre Position herum verteilten Moore anzeigt, nicht jedoch deren Position.

Durch Kombinieren können Sie über die variierende Anzahl auf die Position der Moore schließen und das Feld durchqueren. Ist Ihnen dies gelungen, können Sie gleich ein weiteres Spiel beginnen, in dem aber jeweils noch mehr Moore vorliegen.

Um Ihnen diese Aufgabe zu erleichtern, können Sie zusätzlich noch bei Spielbeginn einstellen, wie oft Sie in ein solches Moor geraten dürfen, ohne zu versinken. Außerdem ist (unfairerweise) die Möglichkeit enthalten, mit der F1 -Taste kurz die Moore einzublenden. Das Spiel erscheint folgendermaßen:

```
****************************** Das Moor-Spiel ******************************

                                        Moore (von 45 )
                                        ┌──────────────────┐
                                        │  2               │
                                        └──────────────────┘


                                        Züge
                                        ┌──────────────────┐
                                        │  9               │
                                        └──────────────────┘


                                        Leben
                                        ┌──────────────────┐
                                        │  0               │
                                        └──────────────────┘

                                        *** ENDE ***
                                        Nochmal (J) ? █
```

Abb. 61: Moore suchen

Das Hauptprogramm setzt zunächst die Stackgröße auf 3.000 fest, um die rekursive Testroutine *TestField* zu ermöglichen. Dazu später mehr.

Danach werden die Variablenfelder dimensioniert. Das INTEGER-Feld *Feld%()* enthält später das Spielfeld, wobei für jeden möglichen Schritt ein Eintrag vorbereitet wird. Die Spielerposition wird in den globalen Variablen *PosX%* und *PosY%* festgehalten.

In *Code%* wird die gedrückte Taste festgehalten, in *Move%* die Anzahl der bisher gelaufenen Schritte. *OK%* dient der Überprüfung des Feldes und *Grad%* enthält den Schwierigkeitsgrad und damit indirekt die Anzahl der verteilten Moore (Grad * 15).

Danach wird der *SCREEN*-Modus eingestellt und die Farben der einzelnen Elemente werden in den Variablen *Colx%* eingetragen. Hier müssen Sie bei dem Einsatz einer HERCULES-Karte die jeweils andere Zeile durch entfernen des Kommentarhäkchens aktivieren.

Nun werden die Eingaben des Schwierigkeitsgrades und der Anzahl der Leben gefordert. Danach wird das Spielfeld initialisiert, d.h. mit den zufällig verteilten Mooren gefüllt.

Um sicherzustellen, daß auch bei einem hohen Schwierigkeitsgrad ein Durchgang möglich ist, wird nach diesem Füllvorgang ein Test durchgeführt, welcher programmtechnisch eine interessante Aufgabe ist!

Dann beginnt das eigentliche Spiel. Das Spielfeld wird gezeichnet (20 mal 20 Felder) und die Spielfigur in das obere linke Feld gesetzt. Das Ziel befindet sich unten rechts. Mit den Pfeiltasten können Sie nun die Figur durch das Feld bewegen, wobei jeweils die Anzahl der benachbarten Moore rechts im Bild angezeigt wird.

MOORE.BAS

```
'*** Das Moore-Spiel aus DATA BECKERs QBasic-Buch ***
'*** (c) 1991 DATA BECKER GmbH
'*** geschrieben von Stefan A. Dittrich
DECLARE SUB FillField ()
DECLARE SUB InitField ()
DECLARE SUB TestField (X%, Y%)
DECLARE SUB DrawPlayField ()
DECLARE SUB DoMove ()
DECLARE SUB SetField (X%, Y%, Typ%)
DECLARE SUB ScanMud (Muds%)
DECLARE SUB ShowAll (Nur%)
CLEAR , , 3000
DIM SHARED Feld%(21, 21)
DIM SHARED PosX%, PosY%, Code%, Move%, OK%, Grad%
'** Bildschirm-Konstanten:
'**    SCREEN-Modus, Farben Hintergrund, Linien, Spur, Figur
DIM SHARED Scr%, ColB%, ColL%, ColT%, ColF%, ColM%
'Scr% = 3                    '** HERCULES
Scr% = 9                     '** EGA
                                      '** Monochrom
'ColB% = 0: ColL% = 1: ColT% = 1: ColF% = 3: ColM% = 2
                                      '** Farbe
ColB% = 1: ColL% = 7: ColT% = 3: ColF% = 5: ColM% = 2
CLS
PRINT "*** Das Moor-Spiel ***"
PRINT
INPUT "Schwierigkeitsgrad (1-9) "; Grad%
IF Grad% = 0 THEN END
PRINT
INPUT "Wieviele Leben (Leer=1)  "; Lifes%
IF Lifes% = 0 THEN Lifes% = 1
DO
  FillField                 '** Feld leeren
  InitField                 '** Moore verteilen
  TestField 1, 1            '** auf möglichen Durchgang testen!
  IF OK% = 0 THEN PRINT "Feld unlösbar! Nächster Anlauf..."
LOOP UNTIL OK%              '** weiter, wenn nicht möglich
DrawPlayField              '** Feld zeichnen
PosX% = 1: PosY% = 1: Move% = 0    '** Startwerte
LOCATE 19, 56: PRINT Lifes%        '** Anzahl Leben anzeigen
DO
```

```
DoMove
  IF Feld%(PosX%, PosY%) = ColM% THEN     '** Moor !
    PLAY "o3 130 cfcfcfc"
    Lifes% = Lifes% - 1
    LOCATE 19, 56: PRINT Lifes%
  END IF
LOOP UNTIL Code% = 27 OR Lifes% = 0 OR (PosX% = 20 AND PosY%
          = 20)

IF PosX% = 20 AND PosY% = 20 THEN       '** Sieg !
  PLAY "o3 120 ceg"
  SetField PosX%, PosY%, ColF%
END IF
ShowAll 0                               '** übersicht zeigen
LOCATE 22, 55: PRINT "*** ENDE ***"
LOCATE 23, 55: INPUT "Nochmal (J) "; JN$
IF UCASE$(JN$) = "J" THEN RUN           '** Neustart
SCREEN 0
```

In der SUB *DoMove* wird der eigentliche Spielzug durchgeführt. Die Figur wird auf die aktuelle Position gesetzt und die Zuganzahl angezeigt. Dann wird die Anzahl der benachbarten Moore in der SUB *ScanMud* ermittelt und ebenfalls angezeigt. Sind Moore vorhanden, ertönt zur Warnung noch ein kurzer Piepton.

Nun wird auf einen Tastendruck gewartet und ausgewertet. Möglichen Tasten sind [Esc] für Programmende, [F1] für die kurze Hilfe (worauf man eigentlich verzichten sollte!) und die Pfeiltasten.

Spielzug ausführen

```
SUB DoMove
'** Zug bearbeiten und anzeigen
  SetField PosX%, PosY%, ColF%          '** Figur zeigen
  LOCATE 12, 56: PRINT Move%            '** Zug anzeigen
  ScanMud Muds%                         '** benachbarte Moore zählen
  LOCATE 5, 56: PRINT Muds%             '** Anzahl Moore anzeigen
  IF Muds% THEN SOUND 2000, 1
  DO
    Key$ = INKEY$
  LOOP UNTIL LEN(Key$)                  '** auf Taste warten
  Code% = ASC(RIGHT$(Key$, 1))         '** Tastencode ermitteln
  SetField PosX%, PosY%, 0             '** Figur entfernen
  XAlt% = PosX%: YAlt% = PosY%
  SELECT CASE Code%
    CASE 59                            '** <F1>: Moore anzeigen
      ShowAll ColM%                    '** Moore zeigen
      SLEEP 1                          '** 1 Sekunde lang
      DrawPlayField                    '** Feld neuzeichnen
      ShowAll ColT%
      SetField PosX%, PosY%, ColF%     '** Figur zeigen
    CASE 72: IF PosY% > 1 THEN PosY% = PosY% - 1
    CASE 80: IF PosY% < 20 THEN PosY% = PosY% + 1
```

```
 CASE 75: IF PosX% > 1 THEN PosX% = PosX% - 1
 CASE 77: IF PosX% < 20 THEN PosX% = PosX% + 1
 CASE ELSE
END SELECT
IF PosX% - XAlt% + PosY% - YAlt% THEN
 Move% = Move% + 1                         '** Zugnummer + 1
 END IF
END SUB
```

In der SUB *DrawPlayField* wird das Spielfeld und die Hinweisboxen gezeichnet. Wenn Sie eine HERCULES-Karte einsetzen,
sind diese Boxen und deren Texte leicht gegeneinander verschoben, was Sie aber bei Bedarf leicht korrigieren können.

Bild aufbauen

```
SUB DrawPlayField
'** Spielfeld zeichnen
 SCREEN Scr%
 LOCATE 1, 1: PRINT STRING$(80, "*")
 LOCATE 1, 30
 PRINT " Das Moor-Spiel "                  '** Titel
 LINE (10, 20)-STEP(400, 320), ColB%, BF   '** Gesamtfeld
 FOR i% = 10 TO 410 STEP 20
  LINE (i%, 20)-STEP(0, 320), ColL%        '** vertikale Linien
 NEXT i%
 FOR i% = 20 TO 340 STEP 16
  LINE (10, i%)-STEP(400, 0), ColL%        '** horizontale Linien
 NEXT i%
 LINE (11, 21)-STEP(18, 14), , B           '** Startfeld
 LINE (391, 325)-STEP(18, 14), , B         '** Zielfeld
 LOCATE 3, 55: PRINT "Moore (von"; Grad% * 15; ")"
 LINE (430, 44)-STEP(150, 40), ColT%, B
 LOCATE 10, 55: PRINT "Züge"
 LINE (430, 140)-STEP(150, 40), ColT%, B
 LOCATE 17, 55: PRINT "Leben"
 LINE (430, 240)-STEP(150, 40), ColT%, B
END SUB
```

In der folgenden SUB wird das Spielfeld bzw. das INTEGER-Feld
Feld%() mit der Hintergrundfarbe initialisiert.

*Hintergrundfarbe
initialisieren*

```
SUB FillField
'** Feld mit Hintergrundfarbe füllen
 FOR X% = 1 TO 20
  FOR Y% = 1 TO 20
   Feld%(X%, Y%) = ColB%
  NEXT Y%
 NEXT X%
END SUB
```

Die SUB *InitField* verteilt nun die Moore zufällig über das Spielfeld.

```
SUB InitField
'** Moore verteilen
 RANDOMIZE TIMER
 FOR i% = 1 TO Grad% * 15
  DO
   X% = INT(RND * 20) + 1: Y% = INT(RND * 20) + 1
  LOOP UNTIL X% + Y% > 4 AND (X% < 19 OR Y% < 19) AND Feld%(X%,
          Y%) = ColB%
  Feld%(X%, Y%) = ColM%
 NEXT i%
END SUB
```

In der nun folgenden SUB werden die um die aktuelle Spielerposition liegenden Felder auf das Vorhandensein von Mooren getestet. Die Anzahl der dabei gefundenen Moore wird in der Variablen *Muds%* zurückgeliefert.

```
SUB ScanMud (Muds%)
'** benachbarte Moore zählen
 Muds% = 0
 FOR xd% = -1 TO 1          '** von links nach rechts
  FOR yd% = -1 TO 1         '** von oben nach unten
   IF Feld%(PosX% + xd%, PosY% + yd%) = ColM% THEN Muds% =
      Muds% + 1
  NEXT yd%
 NEXT xd%
END SUB
```

Mit der SUB *SetField* kann ein einzelnes Feld angezeigt werden. Hierbei wird die Position in *X%* und *Y%* übergeben. In dem Parameter *Col%* wird entweder ein Wert ungleich 0 übergeben, um den Spieler dorthin zu bewegen, oder 0, um das Feld abhängig vom Inhalt anzuzeigen.

```
SUB SetField (X%, Y%, Col%)
'** Feld anzeigen: Col%<>0: Figur/Spur, =0: je nach Inhalt
'** Feld-Inhalte:
'    -2:    getestet (uninteressant)
'    -1:    Test-Spur-Markierung
'    ColB%: leeres Feld
'    ColT%: durchlaufenes Feld
'    ColM%: Moor
 IF Col% THEN
  Feld%(X%, Y%) = ColT%
 ELSE
  Col% = Feld%(X%, Y%)
```

```
END IF
IF Col% > -2 AND Col% <> ColB% THEN
  IF Col% = -1 THEN                      '** Test-Spur
    LINE (20 * X% - 4, 10 + Y% * 16)-STEP(8, 4), ColL%, B
  ELSE
    LINE (20 * X% - 8, 6 + Y% * 16)-STEP(16, 12), Col%, BF
    IF Col% = ColM% THEN                 '** Moor
      LINE (20 * X% - 6, 8 + Y% * 16)-STEP(12, 8), ColB%, B
    END IF
  END IF
END IF
IF Col% = ColF% THEN
  CIRCLE (20 * X%, 12 + Y% * 16), 5, ColB% '** Figur
END IF
END SUB
```

Das Anzeigen des gesamten Feldes wird in *ShowAll* bewirkt, was einfach für alle Felder die SUB *SetField* aufruft. Der Parameter *Nur%* bestimmt, welche Feldinhalte gezeigt werden sollen. Wird hier eine 0 übergeben, wird das gesamte Feld mit allen Inhalten gezeigt, andernfalls werden nur die Felder mit dem Inhalt des Parameters gezeigt. Dies wird zum Beispiel dazu verwendet, um alle Moore nach F1 anzuzeigen.

Gesamtfeld anzeigen

```
SUB ShowAll (Nur%)
'** Gesamtfeld mit allen Elementen oder nur Typen Nur% anzeigen
FOR X% = 1 TO 20
  FOR Y% = 1 TO 20
    IF Nur% = 0 THEN                     '** Alles zeigen
      SetField X%, Y%, 0
    ELSEIF Feld%(X%, Y%) = Nur% THEN     '** nur Typ Nur% zeigen
      SetField X%, Y%, 0
    END IF
  NEXT Y%
NEXT X%
SetField PosX%, PosY%, ColF%             '** Figur zeigen
END SUB
```

Durchgängigkeit testen

Einen besonderen Leckerbissen stellt die nun noch fehlende SUB *TestField* dar. Diese soll feststellen, ob überhaupt ein Durchgang durch das Feld möglich ist. Dies auf normale Weise zu realisieren, ist geradezu unmöglich, also wird es rekursiv durchgeführt, wozu ja der Stack eingangs auf 3.000 gesetzt wurde.

Wie funktioniert dies?

Rekursion

Ausgehend von der anfangs übergebenen Position 1/1 (links oben) wird geprüft, ob die Zielposition 20/20 (unten rechts) erreicht wurde. Wenn nicht, wird jedes benachbarte Feld ebenso überprüft, und zwar durch den rekursiven Aufruf derselben Routine. Der Ablauf ist im einfachsten Fall, also ohne jedes Moor, so, daß zunächst durch wiederholten Aufruf der SUB alle Felder nach rechts überprüft werden, bis $X\%$ den Wert 20 erreicht. Danach wird nach unten getestet, bis die Zielposition erreicht wird. In diesem Fall wird die Variable $OK\%$ auf 1 gesetzt und rückwärts durch die aufrufenden Instanzen gelaufen, in denen jeweils wegen der gesetzten $OK\%$-Variablen das aktuelle Feld auf -1 gesetzt und die SUB beendet wird. Das Resultat ist die Markierung des so gefundenen Durchgangs mit den Feldinhalten -1. Wenn Sie im Spiel in ein Moor geraten oder das Spiel durch ⌈Esc⌉ beenden, werden diese Felder bei der Gesamtausgabe durch ein kleines Rechteck gekennzeichnet.

Gesamtfeld testen

```
SUB TestField (X%, Y%)
'** Gesamtfeld rekursiv auf Durchgängigkeit testen
 IF X% = 20 AND Y% = 20 THEN              '** Weg gefunden!
  OK% = 1
  EXIT SUB
 END IF
                            '** Feld belegt / schon getestet!
 IF Feld%(X%, Y%) <> ColB% THEN EXIT SUB
 Feld%(X%, Y%) = -2                       '** Markieren als
                                          '** getestet!
 IF X% < 20 THEN TestField X% + 1, Y%     '** rechts
 IF OK% THEN Feld%(X%, Y%) = -1: EXIT SUB
 IF Y% < 20 THEN TestField X%, Y% + 1     '** runter
 IF OK% THEN Feld%(X%, Y%) = -1: EXIT SUB
 IF X% > 1 THEN TestField X% - 1, Y%      '** links
 IF OK% THEN Feld%(X%, Y%) = -1: EXIT SUB
 IF Y% > 1 THEN TestField X%, Y% - 1      '** hoch
 IF OK% THEN Feld%(X%, Y%) = -1: EXIT SUB
END SUB
```

Wie schon gesagt: Die Rekursion ist manchmal etwas schwierig nachzuvollziehen, bietet jedoch enorme Möglichkeiten der Programmierung!

4

QBasic zum Nachschlagen

Der nun folgende Teil des Buches besteht aus Listen und Informationen zum Nachschlagen. Zuerst werden alle QBasic-Befehle und -Funktionen in Form einer Liste aufgeführt. Sie ist nach Themengebieten sortiert. Sie können in dieser Liste leicht jeden gesuchten Begriff in der Referenz herausfinden und ablesen, wo Sie eine genaue Beschreibung des Befehls bzw. der Funktion finden. Eine alphabetische Liste im Anhang erleichtert Ihnen den direkten Zugriff auf die Referenz im Kapitel 19. Möchten Sie noch wissen, wo im Buch der Begriff gesondert beschrieben und praktisch eingesetzt wurde, können Sie auch im Stichwortverzeichnis nachschlagen.

Als nächstes folgt das Kapitel 19 und dann Kapitel 20, in dem alle QBasic-Befehle und -Funktionen im Detail beschrieben sind. Danach werden in Kapitel 21 auch die QBasic-Fehlermeldungen und -Codes aufgelistet.

Im Verlauf des Buches haben Sie die Möglichkeit kennengelernt, das Betriebssystem des Rechners über Interrupts zu programmieren. Sie finden eine Übersicht der wichtigsten Interrupts in Kapitel 22.

Sollten Sie bisher mit einer anderen BASIC-Variante gearbeitet haben und Ihre Programme in QBasic übertragen wollen, finden Sie hierzu Hinweise in Kapitel 23, wie auch Anmerkungen zu den größeren Brüdern von QBasic, QuickBASIC und BASIC PDS.

Im Buch und auf der beiliegenden Diskette sind eine ganze Reihe Programme und damit auch SUBs und FUNCTIONs enthalten. Kapitel 24 gibt Ihnen eine Übersicht über all diese Programme und Programmteile, damit Sie bei einer speziellen Problemstellung leicht das passende Programm im Buch finden.

19. Befehle- und Funktionen im Überblick

Die folgende Befehlsübersicht enthält alle vorhandenen QBasic-Befehle und -Funktionen nach Aufgabegebieten sortiert.

Konstanten, Variablen, Arrays

[**LET**] <Variablenname>=<Wert>	491
CONST <Konstantenname> = <Ausdruck> [,...]	444
DATA "Textkonstante"I<Konstante>[,...]	450
DEFDBL <Startbuchstabe> - <Endbuchstabe>	454
DEFINT <Startbuchstabe> - <Endbuchstabe>	455
DEFLNG <Startbuchstabe> - <Endbuchstabe>	455
DEFSNG <Startbuchstabe> - <Endbuchstabe>	456
DEFSTR <Startbuchstabe> - <Endbuchstabe>	456
DIM [SHARED]<Variable>[<Feldgröße>][AS<Datentyp>][,...]	457
END TYPE<Variablenname>=**UBOUND**(<Variablenname>[,<Dimension>])	571
ERASE <Variablenname>[,...]	464
LBOUND (<Variable>[,<Dimension>])	489
OPTION BASE 0I1	521
READ <Variablenname>[,...]	543
REDIM [SHARED]<Variablenname>(Feldgröße)[AS Datentyp][,...]	544
RESTORE [<Zeilennummer>I<Label>]	546
RUN [<Startzeile>I<Label>I.]	551
SHARED <Variablenname>[()][AS Datentyp][,...]	556
STATIC <Variablenname>[()][AS <Datentyp>][,...]	560
SWAP <Variable1>,<Variable2>	566
TYPE <neuer_Datentyp_Name> <Variablenname> AS <Datentyp>[...]	571

Bildschirmaufbau-Befehle

<Variablenname>=**CSRLIN**	446
<Variablenname>=**POS**(0)	534
<Variablenname>=**SCREEN**(<Zeile>,<Spalte>[,<Flag>])	552
CLS	440
CLS [{0|1|2}]	440
COLOR [<Textfarbe>][,<Hintergrundfarbe>][,<Rahmenfarbe>]	441
LOCATE [<Zeile>][,[<Spalte>][,[<Flag>][,[<Startzeile>][,<Endzeile>]]]]	494
PCOPY <Quellseite>,<Zielseite>	526
SCREEN [<Modus>][,[<Farbe>]][,[<Ausgabebildschirm>]][,[<Anzeigebildschirm>]]	553
VIEW PRINT <Startzeile> TO <Endzeile>	576
WIDTH <Zeichen>[,<Zeilen>]	578

Bildschirmausgaben

PRINT [<Ausdruck>][,|;[...]]	535
PRINT USING "<Maske>";<Ausdruck>[,|;[...]]	536
PRINT **SPC**(<n>)	559
PRINT **TAB**(<Spalte>)	567
WRITE [SPC(<Anzahl>] [,<Ausdruck>][,]	581

Druckerausgaben

<Variablenname>=**LPOS**(<Schnittstellennummer>)	497
LPRINT [<Ausdruck>[...][;|,]	497
LPRINT USING "<Maske>";<Ausdruck>[,|;[...]]	498
WIDTH LPRINT <Zeichen>	580

Tastatureingaben

String-Funktionen

<Stringvariable>=**TIME$**	568
TIME$=<Ausdruck>	568
<Stringvariable>=**UCASE$**(<String>)	572

Mathematische Funktionen

<Variablenname>=<Ausdruck1>**+**<Ausdruck2>[+...]	423
<Variablenname>=<Ausdruck1>**-**<Ausdruck2>[-...]	424
<Variablenname>=<Ausdruck1>*****<Ausdruck2>[*...]	424
<Variablenname>=<Ausdruck1>**/**<Ausdruck2>[/...]	425
<Variablenname>=<Ausdruck1>****<Ausdruck2>[\...]	425
<Variablenname>=<Ausdruck1>**^**<Ausdruck2>	426
<Variablenname>=**ABS**(<Ausdruck>)	430
<Variablenname>=<Ausdr1> **AND** <Ausdr2>[AND...]	430
<Variablenname>=**ATN**(<Ausdruck>)	432
<Variablenname>=**COS**(<Ausdruck>)	445
<Variablenname>=<Ausdr1> **EQV** <Ausdr2>	464
<Variablenname>=**EXP**(<Ausdruck>)	468
<Variablenname>=**FIX**(<Ausdruck>)	471
<Variablenname>=<Ausdr1> **IMP** <Ausdr2>	480
<Variablenname>=**INT**(<Ausdruck>)	484
<Variablenname>=**LOG**(<Ausdruck>)	496
<Variablenname>=<Ausdr1> **MOD** <Ausdr2>	507
<Variablenname>=**NOT**<Ausdr>	508
<Variablenname>=<Ausdr1> **OR** <Ausdr2>	521
RANDOMIZE [<Startwert>]	543
<Variablenname>=**RND** [(<Zahl>)]	549
<Variablenname>=**SGN**(<Ausdruck>)	556

<Variablenname>=**SIN**(<Ausdruck>)	557
<Variablenname>=**SQR**(<Ausdruck>)	560
<Variablenname>=**TAN**(<Ausdruck>)	567
<Variablenname>=<Ausdr1> **XOR** <Ausdr2>	583

Konvertier-Funktionen

<Variablenname>=**ASC**("<Zeichen>")	431
<Variablenname>=**CDBL**(<Ausdruck>)	435
<Stringvariable>=**CHR$**(<ASCII-Wert>)	437
<Variablenname>=**CINT**(<Ausdruck>)	437
<Variablenname>=**CLNG**(<Ausdruck>)	439
<Variablenname>=**CSNG**(<Ausdruck>)	446
<Stringvariable>=**HEX$**(<Wert>)	478
<Stringvariable>=**OCT$**(<Wert>)	509
<Stringvariable>=**STR$**(<Ausdruck>)	562
<Variablenname>=**VAL**(<String>)	573

Vergleichsoperatoren

<Ausdr1> **<** <Ausdr2>	426
<Ausdr1> **<=** <Ausdr2>	427
<Ausdr1> **=** <Ausdr2>	428
<Ausdr1> **<>** <Ausdr2>	428
<Ausdr1> **>=** <Ausdr2>	429
<Ausdr1> **>** <Ausdr2>	429
IF <Bedingung> **AND** <Bedingung> THEN	430
IF **NOT** <Bedingung> THEN	508
IF <Bedingung> **OR** <Bedingung> THEN	521

Programmtechniken

Dateiverwaltung

PRINT#<Dateinummer> **USING** "<Maske>";<Ausdruck>[,I;[...]]	539
PUT[#]<Dateinummer> [,<Satznummer>]	542
PUT#<Dateinummer>,<Anzahl>	541
RESET	546
RSET <Datenfeldvariable>=<Stringvariable>	550
<Variablenname>=**SEEK**(<Dateinummer>)	553
SEEK[#]<Dateinnummer>,<Position>	554
UNLOCK[#]<Dateinummer>[,<Startnummer>][TO <Endnummer>]]	573
WRITE #<Dateinummer> [,<Ausdruck>][,...]	582

Grafik-Funktionen

CIRCLE [STEP] (<Mpx>,<Mpy>),<Radius> [,[<Farbe>] [,[<Startwinkel>][,[<Endwinkel>][,<Achsenverhältnis>]]]]	438
COLOR [<Textfarbe>][,<Hintergrundfarbe>][,<Rahmenfarbe>]	441
DRAW <Stringvariable>	459
GET [STEP] (<x1>,<y1>)-[STEP] (<x2>,y2>),<Array>	476
LINE [STEP][(<X1>,<Y1>)]-[STEP](<X2>,<Y2>)[,[<Farbe>][,[B[F]][,<Raster>]]]	492
PAINT [STEP] (<x>,<y>[,[<Füllmodus>][,[<Randfarbe>][,<Hintergrund>]]]	523
PALETTE [<Farbealt>,<Farbeneu>]	524
PALETTE USING <Array>[<Index>]	524
PCOPY <Quellseite>,<Zielseite>	526
<Variablenname>=**PMAP**(<Koordinate>,<Modus>)	532
<Variablenname>=**POINT**(<x>,<y>)	533
PRESET [STEP](<X>,<Y>)[,<Farbe>]	535
PSET [STEP](<X>,<Y>)[,<Farbe>]	541
PUT [STEP] (<x>,<y>),<Array>[,<Modus>]	542
SCREEN [<Modus>][,[<Farbe>]][,[<Ausgabebildschirm>]][,[<Anzeigebildschirm>]]	552
<Variablenname>=**SCREEN**(<Zeile>,<Spalte>[,<Flag>])	553

VIEW [[SCREEN] (<x1>,<y1>)-(<x2>,<y2>) [,[<Farbe>][,[<Rahmenfarbe>]]]	576
WINDOW [[SCREEN] (<x1>,<y1>)-(<x2>,<y2>)]	581

Sound-/Ton-Funktionen

BEEP	432
<Variablenname>=**PLAY** (<dummy>)	529
PLAY <Stringvariable>	529
SOUND <Frequenz>,<Länge>	558

Schnittstellenfunktionen

<Variablenname>=**INP**(<Portadresse>)	481
<Variablenname>=**LOC**(<Dateinummer>)	494
<Variablenname>=**LOF**(<Dateinummer>)	496
OPEN "COM<Nummer>:[<Baudrate>][,[<Parität>][,[<Wortbreite>][,[<Stoppbits>] [,ASCI|BIN][,CD<Zeit>][,CS<Zeit>] [,DS<Zeit>][,LF][,OP<Zeit>][,RB<Größe>][,RS] [,TB<Größe>]]]]"[FOR <Modus>] AS [#]<Dateinummer> [LEN=<Satzlänge>]	518
OUT <Portadresse>,<Wert>	522
PUT [#]<Dateinummer> [,<Satznummer>]	542
PUT# <Dateinummer>,<Anzahl>	541
WAIT <Portnummer>,<AND-Maske>[,<XOR-Maske>]	577
WIDTH "COM<Schnittstellennummer>:",<Zeichen>	579
WIDTH "LPT<Schnittstellennummer>:",<Zeichen>	580

Speicherzugriffe

BLOAD <Dateiname>[,<Offset>]	433
BSAVE <Dateiname>,<Offset>,<Anzahl>	434

CLEAR [,,<Stack>]	439
DEF SEG [= <Segment-Adresse>] <Variable>=**DEF SEG**	453
<Variablenname>=**FRE**()	473
<Variablenname>=**PEEK**(<Offset>)	526
POKE <Offset>,<Wert>	534
<Variablenname>=**VARPTR** (<Variable>)I(#<Dateinummer>)-	574
<Stringvariable>=**VARPTR$**(<Variable>)	574
<Variablenname>=**VARSEG**(<Variable>)	575

Ereignis-Funktionen

COM<Nummer> ONIOFFISTOP	443
KEY <Tastennummer>,CHR$(<Umschaltung>)+CHR$(<Scancode>)	487
KEY(<Tastencode>) ONIOFFISTOP	488
ON COM<Nummer> **GOSUB** <Zeilennummer>I<Label>	509
ON KEY(<Tastencode>) **GOSUB** <Zeilennummer>I<Label>	512
ON PEN GOSUB <Zeilennummer>I<Label>	513
ON PLAY(<Anzahl>) **GOSUB** <Zeilennummer>I<Label>	513
ON STRIG(<Modus>) **GOSUB** <Zeilennummer>I<Label>	514
ON TIMER (<Sekunden>) **GOSUB** <Zeilennummer>I<Label>	515
PEN ONIOFFISTOP	527
PLAY ONIOFFISTOP	532
STRIG ONIOFFISTOP	563
TIMER ONIOFFISTOP	569

MS-DOS unter BASIC

CHDIR <"Pfad">	436
ENVIRON "<Environ-Variable>=<Ausdruck>"	462
<Stringvariable>=**ENVIRON$**("<Environ-Variable>"I<Nummer>)	462
FILES [<Dateiname>]	470
IOCTL [#]<Dateinummer>,<Kontrollstring>	485
<Stringvariable>=**IOCTL$**([#]<Dateinummer>)	485
MKDIR <"Verzeichnisname">	503
RMDIR <"Verzeichnisname">	548
SHELL [<Dateiname>]	557
<Variablenname>=**TIMER**	569

Assembler-Routinen

CALL ABSOLUTE ([<Parameter1>[,...]],<Adresse>)	435

Lightpen-, Joystick-, Mausfunktionen

<Variablenname>=**PEN**(<Modus>)	527
<Variablenname>=**STICK**(<Modus>)	561
<Variablenname>=**STRIG**(<Modus>)	563

Fehlerbehandlungen

<Variablenname>=**ERDEV**	465
<Stringvariable>=**ERDEV$**	465
<Variablenname>=**ERL**	466
<Variablenname>=**ERR**	466

20. Alle QBasic-Befehle und -Funktionen

Im folgenden werden die Befehle und Funktionen von QBasic in alphabetischer Reihenfolge aufgelistet und beschrieben.

+	**Arithmetikoperator/Stringverarbeitung**

Syntax	**<Variablenname>=<Ausdruck1>+<Ausdruck2>[+...]**

Beschreibung	Dieser Operator dient zum einen der Addition von Zahlen und zum anderen zum Verknüpfen von Zeichenketten oder Stringvariablen. Wird als **<Variablenname>** eine numerische Variable angegeben können für **<Ausdruck1>** und **<Ausdruck2>** numerische Variablen oder Konstanten verwendet werden. Ist **<Variablenname>** eine Stringvariable, müssen **<Ausdruck1>** und **<Ausdruck2>** Textkonstanten oder Stringvariablen sein.

Anmerkung	Das Ergebnis muß innerhalb des Variablenwertebereichs liegen.

Beispiele	`summe%=3+zahl2%+5` `Name$=Vorname$+" "+Nachname$`

-   **Arithmetikoperator**

Syntax   **<Variablenname>=<Ausdruck1>-<Ausdruck2>[-...]**

Beschreibung   Dieser Operator liefert als Ergebnis die Subtraktion **<Ausdruck1>** minus **<Ausdruck2>**.

Anmerkung   Es können keine Strings verarbeitet werden.

---

*   **Arithmetikoperator**

Syntax   **<Variablenname>=<Ausdruck1>*<Ausdruck2>[*...]**

Beschreibung   Dieser Operator liefert als Ergebnis die Multiplikation **<Ausdruck1>** mal **<Ausdruck2>**.

Anmerkung   Es ist darauf zu achten, daß das Ergebnis innerhalb des Variablenwertebereichs liegt.

/   **Arithmetikoperator**

Syntax   **<Variablenname>=<Ausdruck1>/<Ausdruck2>[/...]**

Beschreibung   Dieser Operator liefert als Ergebnis die Division **<Ausdruck1>** durch **<Ausdruck2>**.

**   **Arithmetikoperator

Syntax   **<Variablenname>=<Ausdruck1>\<Ausdruck2>[\...]**

Beschreibung   Dieser Operator liefert als Ergebnis die Integerdivision **<Ausdruck1>** durch **<Ausdruck2>**. Im Gegensatz zur Division "/" wird nur der ganzzahlige Anteil der Division ermittelt.

Beispiele

```
a = 9 \ 4          Ergebnis: a =  2
PRINT -9 \ 4                     -2
```

^	Arithmetikoperator

Syntax   <Variablenname>=<Ausdruck1>^<Ausdruck2>

Beschreibung   Diese Funktion liefert als Ergebnis die Potenzierung **<Ausdruck1>** hoch **<Ausdruck2>**.

Anmerkungen   Durch die Angabe eines gebrochenen Exponenten kann auch eine Wurzel gezogen werden.

Im zweiten Beispiel wird die Zahl 10 mit 5 potenziert und aus dem Ergebnis sofort die Quadratwurzel gezogen.

Wird eine negative Basis angegeben, sind gebrochene Exponenten unzulässig.

Beispiele
```
a = 2 ^ (5+5)          Ergebnis: a=1024
PRINT 10 ^ 5.5                   316227.5
PRINT 100 ^ 0.5                  10
```

<	Vergleichsoperator

Syntax   <Ausdr1> < <Ausdr2>

Beschreibung   Die beiden Ausdrücke **<Ausdr1>** und **<Ausdr2>** werden miteinander verglichen.

Sollte **<Ausdr1>** kleiner als **<Ausdr2>** sein, liefert die Funktion einen Wert ungleich 0 (wahr), sonst den Wert 0 (falsch).

Anmerkungen	Das Ergebnis eines Vergleichs kann als logische Aussage innerhalb einer Schleifendefinition genutzt werden.

Es sind auch Stringvergleiche erlaubt, wobei dann die ASCII-Werte der einzelnen Zeichen verglichen werden.

Bei Angabe von Variablen werden deren Inhalte miteinander verglichen.

Beispiele

```
1 < 2           Ergebnis: wahr
a < b                     wahr
A < a                     falsch
abc < a b c               falsch
Var1$ < Var2$
```

<=   **Vergleichsoperator**

Syntax   **<Ausdr1> <= <Ausdr2>**

Beschreibung Die beiden Ausdrücke **<Ausdr1>** und **<Ausdr2>** werden miteinander verglichen.

Sollte **<Ausdr1>** kleiner oder gleich **<Ausdr2>** sein, liefert die Funktion einen Wert ungleich 0 (wahr), sonst den Wert 0 (falsch).

Anmerkung   Siehe auch Vergleichsoperator <

=   **Vergleichsoperator/Zuordnung**

Syntax   **<Ausdr1> = <Ausdr2>**

Beschreibung Die beiden Ausdrücke **<Ausdr1>** und **<Ausdr2>** werden miteinander verglichen. Sollte **<Ausdr1>** gleich **<Ausdr2>** sein, liefert die Funktion einen Wert ungleich 0 (wahr), sonst den Wert 0 (falsch). Das Gleichheitszeichen kann Variablen auch Werte bzw. Ergebnisse zuordnen.

Anmerkung   siehe auch Vergleichsoperator <

Beispiele
```
a$ = "BASIC"
summe% = a% + 10
```

<>   **Vergleichsoperator**

Syntax   **<Ausdr1> <> <Ausdr2>**

Beschreibung Die beiden Ausdrücke **<Ausdr1>** und **<Ausdr2>** werden miteinander verglichen.

Sollten beide Ausdrücke ungleich sein, liefert die Funktion einen Wert ungleich 0 (wahr), sonst den Wert 0 (falsch).

Anmerkung   siehe auch Vergleichsoperator <

>=	Vergleichsoperator

Syntax   <Ausdr1> >= <Ausdr2>

Beschreibung   Die beiden Ausdrücke <Ausdr1> und <Ausdr2> werden miteinander verglichen. Sollte <Ausdr1> größer oder gleich
<Ausdr2> sein, liefert die Funktion einen Wert ungleich 0
(wahr), sonst den Wert 0 (falsch).

Anmerkung   siehe auch Vergleichsoperator <

>	Vergleichsoperator

Syntax   <Ausdr1> > <Ausdr2>

Beschreibung   Die beiden Ausdrücke <Ausdr1> und <Ausdr2> werden miteinander verglichen. Sollte <Ausdr1> größer als <Ausdr2>
sein, liefert die Funktion einen Wert ungleich 0 (wahr), sonst
den Wert 0 (falsch).

Anmerkung   siehe auch Vergleichsoperator <

ABS   mathematische Funktion

Syntax   **<Variablenname>=ABS(<Ausdruck>)**

Beschreibung   Die Funktion ermittelt den Absolutwert von **<Ausdruck>**. Negative Zahlen werden immer in positive Zahlen umgewandelt.

Anmerkung   Als **<Ausdruck>** können beliebige Berechnungen, numerische Variablen oder numerische Konstanten angegeben werden.

Beispiele

```
a=ABS(2-7)          Ergebnis:  a=5
print ABS(a%-b%)
```

AND   mathematische Funktion/Logikoperator

Syntax   **<Variablenname>=<Ausdr1> AND <Ausdr2>[AND...]**
IF <Bedingung> AND <Bedingung> THEN ...

Beschreibung   Die Funktion liefert als Ergebnis die bitweise mit AND verknüpften Operanden zurück.

Anmerkungen   Die Funktion kann zum Löschen einzelner Bits eingesetzt werden.

AND kann auch für eine logische Verknüpfung, z.B. innerhalb von IF-Abfragen, verwendet werden.

Die Verknüpfung ist wahr (<>0), wenn beide Bedingungen ungleich 0 sind, und falsch (=0), wenn eine oder beide Bedingungen 0 sind.

Ausdr1	Ausdr2	Ergebnis
0	0	0
0	1	0
1	0	0
1	1	1

Beispiele

```
IF a=1 AND b$="OK" THEN ...
a=&HFC AND &HCA    Ergebnis: a=&HC8
```

ASC   Konvertierfunktion

Syntax   **<Variablenname>=ASC("<Zeichen>")**

Beschreibung   Die Funktion liefert den ASCII-Wert eines Zeichens.

Anmerkung   Bei Angabe eines Strings für **<Zeichen>** wird nur das erste Zeichen berücksichtigt.

Beispiele
```
a=ASC("Z")          Ergebnis: a=90
b=ASC(c$)
```

ATN   Arcustangens

Syntax   **<Variablenname>=ATN(<Ausdruck>)**

Beschreibung   Die Funktion liefert den Arcustangens von <Ausdruck> im Bogenmaß.

Anmerkungen   Die Berechnung erfolgt mit einfacher Genauigkeit.

Für **<Ausdruck>** können Berechnungen, numerische Variablen oder Konstanten angegeben werden.

Der Wert Pi (˙) wird durch die Formel 4*ATN(1) berechnet.

Beispiele
```
a=ATN(3)
b=ATN(c)
Pi=4*ATN(1)
```

BEEP   Tonausgabe

Syntax   **BEEP**

Beschreibung   Mit BEEP wird ein einfacher Ton ausgegeben.

Verweis   Weitere Informationen zum Befehl BEEP finden Sie ab Seite 199.

BLOAD

Syntax   **BLOAD <Dateiname>[,<Offset>]**

Beschreibung Der Befehl lädt einen Speicherbereich von einem Datenträger an eine bestimmte Adresse.

Mit **<Dateiname>** wird die Datei nach MS-DOS-Konventionen, also gegebenenfalls mit Laufwerksbezeichnung und Pfadnamen, angegeben. Mit der optionalen Angabe **<Offset>** wird die Lade-Adresse innerhalb des mit DEF SEG festgelegten Segments bestimmt.

Anmerkungen Fehlt die **<Offset>**-Angabe, wird der Speicherbereich an die Adresse geladen, an der er beim Abspeichern gestanden hat.

Es werden Daten eingelesen, bis der ASCII-Wert 26 (EOF) auftritt.

Beispiele
```
BLOAD Datei$
BLOAD "Speicher.bin",&H8000
```

BSAVE   Speicherzugriff

Syntax   **BSAVE <Dateiname>,<Offset>,<Anzahl>**

Beschreibung   Dieser Befehl speichert einen Speicherbereich auf einem Da-
                      tenträger ab. Mit **<Dateiname>** wird die Datei nach MS-DOS-
                      Konventionen angegeben, also gegebenenfalls mit Laufwerk-
                      sangabe und vollständigem Pfadnamen. Mit **<Offset>** wird
                      der Offset innerhalb des mit DEF SEG festgelegten Segments
                      angegeben, **<Anzahl>** gibt die Anzahl der abzuspeichernden
                      Bytes an.

Anmerkung   Der maximale Wert für **Anzahl** beträgt 65.535.

Beispiel   BSAVE "Speicher.bin",&H1000,1024

CALL   Prozeduraufruf

Syntax   **[CALL] <Name> [(<Parameter>[,...])]**

Beschreibung   Mit diesem Befehl wird eine QBasic-SUB aufgerufen. Das Be-
                      fehlswort CALL ist optional und kann entfallen. Mit **<Name>**
                      wird der Name der Prozedur oder Funktion bzw. der Sub-
                      routine angegeben. Danach folgt optional die Übergabe von
                      Parametern. Diese werden dann in Klammern übergeben.
                      Mehrere Parameter werden durch Kommata getrennt. Wer-
                      den Arrays übergeben, muß dies durch leere Klammern hin-
                      ter dem Array-Namen kenntlich gemacht werden (z.B. A()).

Beispiele   CALL test1 (a%())
                      CALL test2 (x$, y%, z%())

CALL ABSOLUTE

Maschinenprogramm-Aufruf

Syntax **CALL ABSOLUTE ([<Parameter1>[,...]],<Adresse>)**

Beschreibung Dieser Befehl ruft eine Assembler-Routine an **<Adresse>** auf. Die Adresse wird als Offset auf die mit DEF SEG festgelegte Segment-Adresse interpretiert. Optional können Parameter übergeben werden. Mehrere Parameter werden durch Kommata getrennt. Bei Arrays muß ein leeres Klammernpaar angegeben werden (z.B. A()).

Anmerkung Mit diesem Befehl ist sehr sorgsam umzugehen, weil ein falscher Aufruf oft zum Absturz des Rechners führt!

Verweis Weitere Informationen zum Befehl CALL ABSOLUTE finden Sie ab Seite 249.

Beispiel `CALL ABSOLUTE (a%, b$, &H8000)`

CDBL

Konvertier-Funktion

Syntax **<Variablenname>=CDBL(<Ausdruck>)**

Beschreibung Die Funktion liefert den Wert eines beliebigen numerischen Ausdrucks in doppelter Genauigkeit.

Beispiel `a#=CDBL(2%+b!-c&)`

CHAIN   Programm nachladen

Syntax   **CHAIN <Dateiname>**

Beschreibung Mit CHAIN wird das angegebene Programm nachgeladen und gestartet.

Anmerkungen Wird keine Extension angegeben, nimmt QBasic ".BAS" an.

CHDIR   Verzeichnis wechseln

Syntax   **CHDIR <"Pfad">**

Beschreibung Dieser Befehl wechselt wie unter MS-DOS das aktuelle Verzeichnis.

Anmerkungen Der **<"Pfad">** wird nach MS-DOS-Konventionen angegeben.

Die Pfadangabe muß in Anführungszeichen oder als Stringvariable übergeben werden.

String-Funktionen sind innerhalb des Befehls nicht erlaubt.

Beispiel   `CHDIR "c:\basic"`

CHR$ Konvertier-Funktion

Syntax   **<Stringvariable>=CHR$(<ASCII-Wert>)**

Beschreibung   Die Funktion wandelt einen ASCII-Wert in das entsprechende
                    Zeichen um.

Beispiele   ```
a$=CHR$(90)
ABC$=CHR$(65)+"BC"
```

## CINT                                                   Konvertier-Funktion

**Syntax**          **<Variablenname>=CINT(<Ausdruck>)**

**Beschreibung**    Die Funktion wandelt einen beliebigen numerischen Wert
                    durch Rundung in einen Integerwert um.

**Beispiele**       ```
a=CINT(2.2)         Ergebnis:   2
b=CINT(2.6)                     3
c=CINT(-2.2)                   -2
d=CINT(-2.6)                   -3
```

CIRCLE
Grafikbefehl

Syntax

CIRCLE [STEP] (<Mpx>,<Mpy>),<Radius>
[,[<Farbe>][,[<Startwinkel>][,[<Endwinkel>]
[,<Achsenverhältnis>]]]]

Beschreibung

Dieser Befehl zeichnet einen Kreis oder eine Ellipse mit dem Mittelpunkt <Mpx>,<Mpy> in einer Größe von <Radius> in Pixeln. Ohne das Schlüsselwort **STEP** werden die Mittelpunktkoordinaten absolut, ansonsten relativ zum letzten angesprochenen Punkt angenommen.

Die Zeichenfarbe kann dabei mit <Farbe> festgelegt werden. Mit den Angaben von <Startwinkel> und <Endwinkel> kann ein beliebiger Kreis- oder Ellipsenausschnitt gezeichnet werden. Mit dem <Achsenverhältnis> wird das Aussehen des Kreises bzw. der Ellipse bestimmt.

Anmerkungen

Die Angaben für <Startwinkel> und <Endwinkel> erfolgen im Bogenmaß von 0 bis 2*.

Es wird die mathematische Winkeleinteilung berücksichtigt, wodurch sich 0 rechts vom Mittelpunkt befindet und gegen den Uhrzeigersinn gerechnet wird.

Sind die Winkelangaben negativ, werden diese automatisch positiv betrachtet. Zusätzlich werden die Endpunkte des Kreises bzw. der Ellipse mit dem Mittelpunkt verbunden.

Bei Angabe des Wertes 1 für <Achsenverhältnis> wird (theoretisch) ein Kreis gezeichnet. Da jedoch die Pixelbreiten der Höhe und der Breite des Monitors in der Regel nicht gleich groß sind, ergeben sich immer Ellipsen. Hier kann experimentiert werden, bis sich wirklich ein Kreis ergibt. Jeder andere Wert erzeugt dann eine Ellipse.

Beispiele	
	`CIRCLE (100, 100), 50, 2, 1.5, 4.64`
	`CIRCLE (100, 100), 50, farbe%, -1.1, -3.14`
	`CIRCLE STEP (10, 10), 25,,,,1`
	`CIRCLE STEP (10, 10), 40,,,,,.2`

CLEAR   Speicher löschen

Syntax	**CLEAR [„<Stack>]**
Beschreibung	Alle Variablen werden gelöscht bzw. bekommen einen Leer-string zugewiesen, und alle Dateien werden geschlossen. Bei Angabe des Parameters **<Stack>** wird die Größe des Stacks für Unterprogrammaufrufe und Schleifen neu festgelegt.
Anmerkung	Die Angabe für **<Stack>** erfolgt in Bytes.

CLNG   Konvertier-Funktion

Syntax	**<Variablenname>=CLNG(<Ausdruck>)**
Beschreibung	Die Funktion liefert aus einem beliebigen numerischen Aus-druck einen Wert vom Datentyp LONG.
Beispiele	`a&=CLNG(b%)`
	`c&=CLNG(d!+e#)`

CLOSE
Datei schließen

Syntax   **CLOSE [[#]<Dateinummer>[,...]]**

Beschreibung   Eine bereits geöffnete Datei wird geschlossen. Dabei werden zunächst die Datenpuffer auf den Datenträger zurückgeschrieben. Die **<Dateinummer>** wird wieder freigegeben und steht für weitere OPEN-Befehle zur Verfügung.

Anmerkung   Bei Verwendung von CLOSE ohne weitere Parameter werden alle offenen Dateien geschlossen.

Beispiele
```
CLOSE 1
CLOSE #2, #3, #4
```

CLS
Bildschirm löschen

Syntax   **CLS [{0|1|2}]**

Beschreibung   Der Bildschirm wird gelöscht. Folgende Optionen können zusätzlich gewählt werden.

0   Der gesamte Text- bzw. Grafikbildschirm wird gelöscht.

1   Im Grafikmodus wird nur das mit VIEW gesetzte Fenster gelöscht.

2   Es wird nur der Textbildschirm gelöscht, der Grafikbildschirm bleibt unverändert.

Verweis   Weitere Informationen zum Befehl CLS finden Sie ab Seite
                   104.

Anmerkung   Der Cursor wird nach dem Löschen in der oberen linken Ecke
                   des Bildschirms bzw. des Fensters positioniert.

COLOR   Bildschirmfarben

Syntax   *bei SCREEN(0):*
                   COLOR [<Textfarbe>][,<Hintergrundfarbe>]
                     [,<Rahmen-farbe>]

                   bei SCREEN(1):
                   COLOR [<Hintergrundfarbe>][,<Palette>]

                   bei SCREEN(7-10):
                   COLOR [<Textfarbe>][,<Hintergrundfarbe>]

                   bei SCREEN(4, 12, 13):
                   COLOR [<Textfarbe>]

Beschreibung   Mit diesem Befehl werden die Farben für Text, Hintergrund,
                   Rahmen und Farbpalette angegeben.

Anmerkungen   Je nach eingestelltem Bildschirmmodus sind die Überga-
                   beparameter verschieden. Wenn bei **<Textfarbe>** zum Farb-
                   wert die 16 addiert wird, erhält man eine blinkende Darstel-
                   lung. Für **<Textfarbe>** sind daher Werte von 0 bis 31 möglich.

                   Für **<Hintergrundfarbe>** und **<Rahmenfarbe>** sind je nach
                   Grafikkarte jeweils Werte von 0 bis 15 möglich. Die
                   <Rahmenfarbe> kann nicht bei jeder Grafikkarte verändert
                   werden.

Im Bildschirmmodus 1 wird mit dem Parameter **<Palette>** bestimmt, aus welcher Farbpalette die Farben für die Grafikbefehle verwendet werden sollen. Hierbei sind Werte von 0 bis 255 erlaubt. Bei allen anderen Bildschirmmodi als den oben angegebenen führt der Befehl COLOR zu einer Fehlermeldung.

Farbtabelle

Farbnummer	Farbe
0	Schwarz
1	Blau
2	Grün
3	Türkis/Cyan
4	Rot
5	Purpur/Magenta
6	Braun
7	Hellgrau
8	Dunkelgrau
9	Hellblau
10	Hellgrün
11	Helltürkis/Hellcyan
12	Hellrot
13	Hellpurpur/Hellmagenta
14	Gelb
15	Weiß

Verweis   Weitere Informationen zum Befehl COLOR finden Sie ab Seite 108.

Beispiel
```
SCREEN(0)
COLOR ,3
```

COM
Interrupt einbinden

Syntax   **COM<Nummer> ON|OFF|STOP**

Beschreibung   Mit diesem Befehl wird der ON-COM-Interrupt eingeschaltet, ausgeschaltet oder unterbrochen. Durch **<Nummer>** wird die serielle Schnittstelle spezifiziert. (Siehe auch ON COM).

Anmerkungen   Mit **COM<Nummer> ON** wird der Interrupt eingeschaltet.

Mit **COM<Nummer> OFF** wird der Interrupt ausgeschaltet. Eventuell auftretende Zeichen lösen kein Ereignis aus.

COM<Nummer> STOP unterbindet den Interrupt, merkt sich im Gegensatz zu **OFF** jedoch, ob ein Zeichen angekommen ist. Nach dem Befehl **COM<Nummer> ON** wird der Interrupt wieder aufgenommen.

Sollte während **STOP** ein Zeichen angekommen sein, wird direkt nach **ON** das Unterprogramm ausgeführt.

COMMON
Variablenübergabe

Syntax   **COMMON [SHARED]<Variablenname>**
[AS<Datentyp>][,...]

Beschreibung   Mit COMMON können Variablen festgelegt werden, die einem mit CHAIN nachgeladenen und gestarteten Programm übergeben werden.

Mit der Option **SHARED** wird festgelegt, daß die Variablen global gelten und damit für alle Prozeduren und Funktionen verfügbar sind.

Mit **<Variablenname>** wird die Variable angegeben. Hier können alle Variablentypen einschließlich Arrays benutzt werden.

Mit der Option **AS** kann für noch nicht definierte Variablen der Variablentyp angegeben werden (INTEGER, LONG, SINGLE, DOUBLE, STRING oder selbstdefinierte Typen).

Anmerkungen   Unter einem COMMON versteht man einen Datenbereich, der für mehrere Programme gemeinsam benutzt werden kann.

Die Variablen können im aufrufenden und im aufgerufenen Programm gleichermaßen verwendet werden.

Die COMMON-Anweisung muß in beiden Programmen erfolgen.

Beispiele
```
COMMON a, b$, c()
COMMON SHARED var a$, b()
```

CONST   Konstantendefinition

Syntax   **CONST <Konstantenname> = <Ausdruck> [,...]**

Beschreibung   Dem **<Konstantenname>** kann ein fester Wert zugewiesen werden, der im Programm nicht mehr geändert werden kann.

Verweis   Weitere Informationen zum Befehl CONST finden Sie ab Seite 77.

Anmerkungen   Die Art der Konstante hängt von der Kennung oder von den vorher festgelegten Befehlen DEFXXX ab.

Bei numerischen Konstanten kann der Wert der Konstante auch durch eine Berechnung mit den vier Grundrechenarten festgelegt werden.

Zeichenketten werden in Hochkommata angegeben.

Mit diesem Befehl können sehr leicht spätere Änderungen, z.B. der Mehrwertsteuer, in einem Programm durchgeführt werden, wenn durchgehend mit der entsprechenden Konstanten gearbeitet wird. Es muß dann der neue Wert nur einmal am Anfang neu angegeben werden.

Beispiel
```
CONST A$="Copyright by DATA BECKER"
CONST MWSt%=14
CONST vorname$="Susanne", name$="Zoller"
```

COS   Cosinus

Syntax   **<Variablenname>=COS(<Ausdruck>)**

Beschreibung   Die Funktion liefert den Cosinus von **<Ausdruck>** im Bogenmaß.

Anmerkungen   QBasic liefert den Wert mit einfacher Genauigkeit.

Der Ausdruck kann eine Berechnung oder eine numerische Variable bzw. Konstante sein.

Beispiele
```
a=COS(3)
b=COS(c)
```

CSNG   Konvertier-Funktion

Syntax   **<Variablenname>=CSNG(<Ausdruck>)**

Beschreibung   Die Funktion wandelt einen beliebigen numerischen **<Aus-druck>** in einen Wert mit einfacher Genauigkeit.

Beispiel   `a!=CSNG(b%+c#)`

CSRLIN   Cursorposition ermitteln

Syntax   **<Variablenname>=CSRLIN**

Beschreibung   Mit dieser Funktion wird die Zeile (1-25) ermittelt, in der sich der Cursor gerade befindet.

Anmerkung   Wurde in QBasic mit VIEW PRINT ein Textfenster einge-richtet, wird die Zeile in diesem Textfenster ermittelt.

CVD   Konvertier-Funktion

Syntax   **<Variablenname>=CVD(<Datenfeldvariable>)**

Beschreibung   Der Befehl CVD dient zur Wandlung eines mit MKD$ erstellten, in einer RANDOM-Datei gespeicherten acht-Byte-Strings in einen Fließpunktwert mit doppelter Genauigkeit.

Beispiel   `a#=CVD(8 Byte-String)`

CVDMBF

Konvertier-Funktion

Syntax   **<Variablenname>=CVDMBF(<Stringvariable>)**

Beschreibung   Die Funktion wandelt eine Stringvariable, die einen komprimierten Fließpunktwert doppelter Genauigkeit im Microsoft-Binary-Format enthält, in das IEEE-Format um. Als Ergebnis erhält man einen numerischen Fließpunktwert mit doppelter Genauigkeit.

Anmerkungen   Der String kann zur Speicherung in RANDOM-Dateien mit MKDMBF erstellt werden.

Die Funktion ist aus Kompatiblitätsgründen zu anderen BASIC-Dialekten implementiert.

Beispiel   `a#=CVDMBF(8 Byte-String)`

CVI
Konvertier-Funktion

Syntax   **<Variablenname>=CVI(<Datenfeldvariable>)**

Beschreibung   Der Befehl CVI dient zur Wandlung eines mit MKI$ erstellten und in einer RANDOM-Datei gespeicherten, zwei Byte langen Strings in einen Integerwert.

Beispiel   `a%=CVI(2 Byte-String)`

CVL
Konvertier-Funktion

Syntax   **<Variablenname>=CVL(<Datenfeldvariable>)**

Beschreibung   Dieser Befehl dient zur Wandlung eines mit MKL$ erstellten und in einer RANDOM-Datei gespeicherten, vier Byte langen Strings in einen numerischen Wert vom Typ LONG

Beispiel   `a&=CVL(4 Byte-String)`

CVS
Konvertier-Funktion

Syntax   **<Variablenname>=CVS(<Datenfeldvariable>)**

Beschreibung   Der Befehl CVS dient zur Wandlung eines mit MKS$ erstellten und in einer RANDOM-Datei gespeicherten, vier Byte langen Strings in einen Fließpunktwert mit einfacher Genauigkeit.

Beispiel   `a!=CVS(4 Byte-String)`

CVSMBF
Konvertier-Funktion

Syntax   **<Variablenname>=CVSMBF(<Stringvariable>)**

Beschreibung   Die Funktion wandelt eine Stringvariable, die einen komprimierten Fließpunktwert einfacher Genauigkeit im Microsoft-Binary-Format enthält, in das IEEE-Format um. Als Ergebnis erhält man einen numerischen Fließpunktwert mit einfacher Genauigkeit.

Anmerkungen   Der String kann zur Speicherung in RANDOM-Dateien mit MKSMBF erstellt werden.

Die Funktion ist aus Kompatiblitätsgründen zu anderen BASIC-Dialekten implementiert.

Beispiel   `a!=CVSMBF(4 Byte-String)`

DATA   Variablenwerte zuweisen

Syntax   **DATA "Textkonstante"|Konstante[,...]**

Beschreibung   Der Befehl dient dem Zuweisen von Werten an Variablen.

Anmerkungen   Mit diesem Befehl lassen sich im Programm Tabellen anlegen,
                    deren einzelne Werte bestimmten Variablen zugewiesen wer-
                    den.

                    Das Schlüsselwort **DATA** dient zur Definition der Tabelle.

                    Es können **Konstanten** angegeben werden.

                    Bei Angabe mehrerer **Konstanten** werden diese durch Kom-
                    mata getrennt.

                    Textkonstanten müssen in Hochkommata gesetzt werden
                    (Ausnahme: Die gesamte DATA-Zeile besteht nur aus Text-
                    konstanten).

                    Der READ-Befehl weist die erste **Konstante** der ersten
                    DATA-Zeile der angegebenen **<Variablen>** zu.

                    Es ist zu beachten, daß die Datentypen übereinstimmen.

                    Mit jedem weiteren READ-Befehl wird die nächste Konstante
                    zugewiesen.

Beispiel
```
READ A$,I,J%
DATA "BASIC",3.14,5
```

DATE$ Datum lesen/setzen

Syntax   **<Stringvariable>=DATE$ oder DATE$=<Ausdruck>**

Beschreibung   Hiermit läßt sich das Datum lesen bzw. setzen.

Anmerkungen   Es handelt sich um das Systemdatum, das sich unter MS-DOS mit DATE auslesen und verändern läßt. Das Datum muß im Format "mm-tt-jjjj" angegeben werden. Beim Setzen kann für **<Ausdruck>** entweder eine Stringvariable, eine Textkonstante oder eine Stringberechnung angegeben werden.

Beispiele
```
datum$=DATE$
DATE$="09-20-1988"
```

DECLARE FUNCTION   Funktionsdeklaration

Syntax   **DECLARE FUNCTION <Funktionsname>**
[([<Parameter>[,...])]

Beschreibung   Dieses Schlüsselwort dient zur Deklaration von Funktionen, die sich nicht im geladenen Programm, sondern in Unterprogrammen befinden. Für jeden der danach folgenden **<Parameter>** sind die folgenden Angaben möglich:

```
<Variablenname> [AS <Datentyp>]
```

Mit **AS** kann der Datentyp der Variablen für die Überprüfung angegeben werden. Hierbei sind INTEGER, LONG, SINGLE, DOUBLE, STRING* <Anzahl> oder ein mit TYPE selbst festgelegter Datentyp möglich. Mit dem Schlüsselwort **ANY** als **<Datentyp>** wird die Überprüfung für diesen Parameter ausgeschaltet.

Anmerkungen   Durch eine solche Deklaration ist es QBasic möglich, beim Aufruf eine Überprüfung der Parameter durchzuführen und so Fehler zu entdecken. Diese Anweisung sollte am Programmanfang stehen.

DECLARE SUB   Prozedur-Deklaration

Syntax   **DECLARE SUB <Prozedurname> [([<Parameter>[,...])]]**

Anmerkung   Diese Deklaration entspricht der Funktionsdeklaration, allerdings für Prozeduren.

DEF FN   Funktionsdefinition

Syntax   **DEF FN**
              <Funktionsname>[(<Parameter>[,...])]=<Funktion>
              oder

              DEF FN <Funktionsname>[(<Parameter>[,...])]
              [Anweisungsblock]
              FN <Funktionsname>=<Funktion>
              [Anweisungsblock]
              [EXIT DEF]
              [Anweisungsblock]
              END DEF

Beschreibung	DEF FN definiert eine eigene Funktion. Mit **<Funktions-name>** wird der Name angegeben, der die Funktion aufruft. Es muß sich hierbei um einen gültigen Variablennamen handeln. Der Funktion können durch Kommata getrennte **<Para-meter>** übergeben werden. Mit **<Funktion>** wird die gewünschte Funktion angegeben und damit der Rückgabewert gebildet. Hierbei ist auch die Verwendung von Stringvariablen möglich.

Es gibt zwei Möglichkeiten der Definition, einmal die kurze Definition, die sich nur über eine Programmzeile erstreckt, und zum zweiten die längere Funktion, die mit END DEF endet. |
| **Anmerkungen** | Die Anzahl der definierten Parameter muß beim Aufruf berücksichtigt werden. Die angegebenen Variablen werden als lokal angenommen, und somit Variablen mit gleicher Bezeichnung nicht verändert. Die Funktion wird durch FN <Funktionsname> (<Parameter>...) ausgeführt. |
| **Verweis** | Weitere Informationen zum Befehl DEF..FN finden Sie ab Seite 143. |
| **Beispiel** | ```
DEF FN Name$(Vorname$,Nachname$)=Vorname$+" "+Nachname$
Adresse$=FN Name$("Willi","Wacker")
``` |

DEF SEG   Segment-Adresse festlegen/ermitteln

Syntax	**DEF SEG [= <Segment-Adresse>]** **<Variable>=DEF SEG**
Beschreibung	Der Befehl legt die Segment-Adresse fest, die für die Befehle BSAVE, BLOAD, PEEK, POKE, VARPTR und VARPTR$ verwendet werden soll.
```

Anmerkungen	Bei Aufruf von DEF SEG ohne weitere Parameter wird in QBasic die Segment-Adresse auf das Datensegment DS gesetzt.

Beispiele	`DEF SEG = &HB800` `a = DEF SEG`

DEFDBL   Variablendefinition

Syntax	**DEFDBL <Startbuchstabe> - <Endbuchstabe>**

Beschreibung	Alle Variablen mit den Anfangsbuchstaben von **<Startbuchstabe>** bis einschließlich **<Endbuchstabe>** werden automatisch als
	Double-Variablen, also als Fließpunkt-Variablen mit doppelter Genauigkeit angenommen.

Anmerkungen	Die Kennung # muß anschließend nicht mehr explizit angegeben werden.
	Die Variablen haben einen Wertebereich von +-4.19E-307 bis +-1.67E308.

Beispiel	`DEFDBL A - B`

DEFINT   Variablendefinition

Syntax　　**DEFINT <Startbuchstabe> - <Endbuchstabe>**

Beschreibung　Alle Variablen mit den Anfangsbuchstaben von **<Startbuch-stabe>** bis einschließlich **<Endbuchstabe>** werden automatisch als Integer-Variablen angenommen.

Anmerkungen　Die Kennung "%" ist anschließend nicht mehr explizit notwendig. Die Variablen haben einen Wertebereich von -32.768 bis 32.767.

Beispiel　　```DEFINT C - F```

DEFLNG   Variablendefinition

Syntax　　**DEFLNG <Startbuchstabe> - <Endbuchstabe>**

Beschreibung　Alle Variablen mit den Anfangsbuchstaben von **<Startbuch-stabe>** bis einschließlich **<Endbuchstabe>** werden automatisch als Long-Integer-Variablen angenommen.

Anmerkungen　Die Kennung "&" ist anschließend nicht mehr explizit notwendig. Die Long-Integer-Variablen haben einen Wertebereich von -2.147.483.648 bis +2.147.483.647.

Beispiel　　```DEFLNG G - J```

DEFSNG   Variablendefinition

Syntax   **DEFSNG <Startbuchstabe> - <Endbuchstabe>**

Beschreibung   Alle Variablen mit den Anfangsbuchstaben von **<Startbuch-stabe>** bis einschließlich **<Endbuchstabe>** werden automatisch als SINGLE-Variablen angenommen.

Anmerkungen   Eine Single-Variable ist eine Fließpunktzahl mit einfacher Genauigkeit. Die Kennung "!" ist anschließend nicht mehr explizit notwendig. Die Variablen haben einen Wertebereich von +-8.43E37 bis +-3.37E38.

Beispiel   `DEFSNG K - M`

DEFSTR   Variablendefinition

Syntax   **DEFSTR <Startbuchstabe> - <Endbuchstabe>**

Beschreibung   Alle Variablen mit den Anfangsbuchstaben von **<Startbuch-stabe>** bis einschließlich **<Endbuchstabe>** werden automatisch als String-Variable angenommen.

Anmerkungen   Die Kennung "$" ist anschließend nicht mehr explizit notwendig. Bei QBasic beträgt die Maximallänge 32.767 Zeichen.

Beispiel   `DEFSTR N - Q`

DIM

Syntax

DIM[SHARED]<Variable>[<Feldgröße>][AS<Datentyp>]
[,..]

Beschreibung

Der Befehl DIM reserviert für die angegebene <Variable> den benötigten Speicherplatz.

Mit der Option **SHARED** wird festgelegt, ob es sich um eine globlale Variable handelt, auf die von allen Prozeduren und Funktionen aus zugegriffen werden kann, oder ob es sich um eine lokale Variable handelt. Mit <Variable> wird der Name der Variablen angegeben. Die <Feldgröße> bestimmt die Größe des Arrays.

Dabei können im Gegensatz zu vielen anderen Programmiersprachen der Start und das Ende der Indizierung angegeben werden:

[<Start> TO]<Ende>[,...].

Mit **AS** <Datentyp> wird festgelegt, von welchem Datentyp die angelegte Variable sein soll.

Anmerkung

Es lassen sich auch negative Indizes verwenden. Bei der Angabe nur eines Index' wird das erste Element als Index 0 oder 1 angenommen, abhängig von der Einstellung mit OPTION BASE.

Verweis

Weitere Informationen zum Befehl DIM finden Sie ab Seite 78.

Beispiel

```
DIM Alter(18 TO 50)
```

DO..LOOP   Programmschleife

Syntax

DO
  [<Anweisungen>[...]]
  [EXIT DO]
LOOP [WHILE|UNTIL <Bedingung>]

DO [WHILE|UNTIL <Bedingung>]
  [<Anweisungen>[...]]
  [Exit DO]
LOOP

Beschreibung

Die **<Anweisungen>** werden wiederholt, bis die **<Bedingung>** erfüllt (bei **UNTIL**) oder nicht mehr erfüllt ist (bei **WHILE**) oder die Schleife mit **EXIT DO** verlassen wird.

Anmerkungen

Ein Verlassen mit GOTO ist nicht erlaubt, weil der Stack dann nicht bereinigt wird. Die Schlüsselworte **UNTIL** und **WHILE** können entweder direkt nach **DO** oder **LOOP** folgen oder ganz entfallen. Im zweiten Fall wird die Schleife mindestens einmal durchlaufen, im dritten Fall muß die Schleife mit **EXIT DO** verlassen werden.

Verweis

Weitere Informationen zum Befehl DO..LOOP finden Sie ab Seite 124.

Beispiele

```
i=0
DO UNTIL i=5
  PRINT i
  i=i+1
LOOP

i=0
DO
  PRINT i
  i=i+1
LOOP WHILE i<6
```

```
i=0
DO
  PRINT i
  IF i=5 THEN EXIT DO
  i=i+1
LOOP
```

DRAW   Zeichenbefehl

Syntax   **DRAW "<String>"**

Beschreibung   Dieser Befehl zeichnet eine Grafik, die in **<String>** definiert
                    ist. Beim Zeichnen wird bei der zuletzt angesprochenen Bild-
                    schirmposition begonnen. Der String setzt sich aus einzelnen
                    Befehlen zusammen, die durch Leerzeichen voneinander ge-
                    trennt werden müssen. Folgende Befehle sind zulässig:

U<Anzahl>
<Anzahl> Punkte nach oben zeichnen

D<Anzahl>
<Anzahl> Punkte nach unten zeichnen

L<Anzahl>
<Anzahl> Punkte nach links zeichnen

R<Anzahl>
<Anzahl> Punkte nach rechts zeichnen

E<Anzahl>
<Anzahl> Punkte diagonal nach rechts oben zeichnen

F<Anzahl>
<Anzahl> Punkte diagonal nach rechts unten zeichnen

G<Anzahl>
<Anzahl> Punkte diagonal nach links unten zeichnen

H<Anzahl>

<Anzahl> Punkte diagonal nach links oben zeichnen

M<x>,<y>

Bis zum angegebenen Punkt wird gezeichnet. Ohne Vorzeichen werden die Koordinaten als absolute Werte, mit angegebenen Vorzeichen als relative Werte zum letzten angesprochenen Punkt ausgewertet. Vor die oben beschriebenen Befehle können zwei Buchstaben gesetzt werden:

B

Der Grafikcursor wird zur angegebenen Position bewegt, ohne daß eine Linie gezeichnet wird.

N

Der Grafikcursor wird zur angegebenen Stelle bewegt, kehrt dann jedoch zum Startpunkt (dem Punkt vor Ausführung des letzten Befehls) zurück. Neben den Zeichenbefehlen sind noch Steuerbefehle vorhanden:

A<Wert>

Der Rotationswinkel wird gesetzt. Dabei sind die Werte 0 für 0 Grad, 1 für 90 Grad, 2 für 180 Grad und 3 für 270 Grad möglich. Hiermit wird die Ausrichtung der Zeichnung beeinflußt. Ist z.B. der Rotationswinkel auf 90 Grad eingestellt, wird eine Linie L50 nach oben gezeichnet.

TA<Wert>

Auch hierbei wird der Rotationswinkel gesetzt. Die Angabe erfolgt jetzt jedoch in Grad, wodurch auch kleinere Drehungen möglich sind. Bei positiver Angabe des Winkels wird in mathematischer Betrachtung, also gegen den Uhrzeigersinn, bei negativen Winkelangaben im Uhrzeigersinn gedreht.

C<Farbnummer>

Die Zeichenfarbe wird auf den angegebenen Wert gesetzt.

P<Füllfarbe>,<Randfarbe>

Die mit <Randfarbe> begrenzte Fläche, in der sich der letzte angesprochene Punkt befindet, wird mit <Füllfarbe> bedeckt. Ein Muster ist hierbei nicht möglich.

S<Faktor>

Es wird ein Teilungsfaktor angegeben, der zwischen 1 und 255 liegen kann. Alle Richtungsangaben werden dann mit 1/<Faktor> multipliziert.

V

Es werden nicht mehr physikalische, sondern logische Koordinaten verwendet.

X<Stringvariable>

Die in der angegebenen Stringvariablen enthaltenen Befehle werden zunächst ausgeführt. Danach wird wieder mit dem bisherigen String fortgefahren. Es handelt sich hierbei um eine Art Unterprogrammaufruf. Bei QBasic sollte immer die Adresse des Strings mit VARPTR$ angegeben werden. Bei der Zuweisung von numerischen Werten in Befehlen können auch Variablen angegeben werden. Dies wird mit einem Gleichheitszeichen gekennzeichnet. Ein Befehl könnte dann z.B. so aussehen: DRAW "D=Schritt%".

Verweis	Weitere Informationen zum Befehl DRAW finden Sie ab Seite 182.

| **Beispiel** | ```
a=25
DRAW "M150,100 U"+VARPTR$(a)+" R20"

b$="U25"
DRAW "M150,100 X"+VARPTR$(b$)
``` |

END   Programm beenden

Syntax	END

Beschreibung	Der Befehl beendet einen Programmablauf.
```

Anmerkungen	Es werden alle Dateien geschlossen. Der Befehl muß nicht unbedingt am Programmende stehen, weil automatisch der Programmablauf beendet wird, sobald keine weiteren Befehle folgen.

ENVIRON   Environ-Tabelle einrichten

Syntax	**ENVIRON "<Environ-Variable>=<Ausdruck>"**

Beschreibung	MS-DOS verwaltet eine Tabelle, in der wichtige Informationen über die Systemumgebung (Environment) eingetragen werden. Mit diesem Befehl können den **<Environ-Variablen>** neue Werte zugewiesen werden.

Anmerkungen	Der Eintrag einer Variablen kann durch Angabe eines Leerstrings oder eines Semikolons für **<Ausdruck>** gelöscht werden. Die Änderungen sind nur solange gültig, wie das Programm läuft. Bei Beendung des Programms werden die unter MS-DOS gültigen Werte wieder restauriert.

| Beispiel | ```
ENVIRON "PATH C:\WORD"!
``` |
|---|---|

ENVIRON$ Environ-Tabelle lesen

Syntax	**<Stringvariable>=ENVIRON$ ("<Environ-Variable>"l<Nummer>)**
```

Beschreibung	MS-DOS verwaltet eine Tabelle, in der wichtige Informationen über die Systemumgebung (Environment) eingetragen werden. Mit diesem Befehl lassen sich die aktuellen Werte dieser Environ-Variablen ermitteln.

Anmerkungen	Die **<Environ-Variable>** kann entweder über den Namen oder über die **<Nummer>** des Eintrags in der Tabelle festgelegt werden. Existiert die Variable nicht oder ist die Nummer nicht vorhanden, liefert die Funktion einen Leerstring zurück.

Beispiele
```
a$=ENVIRON$ ("PATH")
b$=ENVIRON$ (i%)
c$=ENVIRON$ (2)
```

EOF   Datei-Ende feststellen

Syntax	**<Variablenname>=EOF(<Dateinummer>)**

Beschreibung	Diese Funktion ermittelt, ob das Datei-Ende beim Lesen der bereits geöffneten sequentiellen Datei erreicht ist. Mit **<Dateinummer>** wird die beim Öffnen der Datei festgelegte Dateinummer angegeben.

Anmerkung	Ist das Datei-Ende noch nicht erreicht, wird eine 0 (falsch), ansonsten ein Wert ungleich 0 (wahr) zurückgeliefert.

Beispiele
```
a=EOF(1)
WHILE NOT EOF(2) ...
```

EQV

Logikoperator

| Syntax | <Variablenname>=<Ausdr1> EQV <Ausdr2> |

Beschreibung Die Funktion verknüpft die beiden Parameter **<Ausdr1>** und **<Ausdr2>** bitweise miteinander.

Anmerkung Im Ergebnis wird ein Bit gesetzt, wenn dieses Bit bei beiden Parametern gleich (EQuiValent) ist, also entweder beide gesetzt oder ungesetzt sind.

Wahrheitstabelle

Ausdr1	Ausdr2	Ergebnis
0	0	1
0	1	0
1	0	0
1	1	1

Beispiel:
```
a=&B11111100 EQV &B11001010
Ergebnis: a ist &B11001001
```

ERASE

Array löschen

Syntax ERASE <Variablenname>[,...]

Beschreibung Dieser Befehl löscht eine oder mehrere Feld-Dimensionierungen (Arrays).

Beispiel
```
ERASE NAME$
```

ERDEV   Fehlernummer ermitteln

Syntax   **<Variablenname>=ERDEV**

Beschreibung   Die Funktion liefert im niederwertigen Byte die Fehler-
                   nummer des BIOS, die über den Interrupt 24h ermittelt wird.
                   Das höherwertige Byte enthält in den Bits 0, 1, 2, 3, 13, 14 und
                   15 das Statuswort des entsprechenden Peripheriegerätes.

Beispiel   a%=ERDEV

ERDEV$ Peripheriegerät ermitteln

Syntax   **<Stringvariable>=ERDEV$**

Beschreibung   Diese Funktion liefert den Namen des Peripheriegerätes, wel-
                   ches den Fehler verursachte.

Beispiel   a$=ERDEV$

ERL   Fehlerzeile ermitteln

Syntax   **<Variablenname>=ERL**

Beschreibung   Nach einem aufgetretenen Fehler enthält ERL die Pro-
grammzeilennummer, in der der Fehler aufgetreten ist.

Anmerkungen   Die Fehlervariable ERL wird von BASIC automatisch verwaltet.

In QBasic muß bei Verwendung dieser Funktion mit Zeilennummern gearbeitet werden.

Beispiel   a=ERL

ERR   Fehlernummer ermitteln

Syntax   **<Variablenname>=ERR**

Beschreibung   Nach einem aufgetretenen Fehler enthält ERR die QBasic-
Fehlernummer.

Anmerkungen   Die Fehlervariable ERR wird von BASIC automatisch verwaltet.

Die möglichen Fehlernummern sind im Anhang dieses Buches aufgelistet.

Beispiel   a=ERR

ERROR

Syntax **ERROR <Fehlernummer>**

Beschreibung Mit diesem Befehl können beliebige Fehler erzeugt werden.

Anmerkungen Dieser Befehl kann zum Testen eigener Programme auf Fehler und eigener Fehlerroutinen genutzt werden.

Die Fehlernummern und ihre Bedeutungen finden Sie im Kapitel 20.

Beispiel `ERROR 11`

EXIT

Syntax **EXIT (DEF|DO|FOR|FUNCTION|SUB)**

Beschreibung Mit diesem Befehl beenden Sie eine **DEF**-FN-Funktion, eine **DO**..LOOP-Schleife, eine **FOR**..NEXT-Schleife, eine **FUNCTION** oder eine **SUB**-Routine.

Anmerkung Eine **WHILE**-Schleife kann nicht mit Exit verlassen werden.

EXP   Mathematische Funktion

Syntax   **<Variablenname>=EXP(<Ausdruck>)**

Beschreibung   Als Ergebnis liefert die Funktion die Eulersche Zahl "e"
                    (2.71...) hoch **<Ausdruck>** als Fließpunktzahl in einfacher Ge-
                    nauigkeit.

Anmerkung   Für **<Ausdruck>** kann eine Berechnung oder eine numerische
                    Variable bzw. eine Konstante stehen.

Beispiele   `a=EXP (2)`
                    `b=EXP (1/c)`

FIELD   RANDOM-Datei lesen/schreiben

Syntax   **FIELD [#]<Dateinummer>,<Länge> AS <Stringvariable>
                    [,...]**

Beschreibung   Dieser Befehl dient zur Reservierung und Definition eines
                    Datenpuffers für Schreib- und Lesezugriffe auf eine RAN-
                    DOM-Datei. Nach dem optionalen Nummernzeichen **[#]**
                    wird die beim Öffnen festgelegte **<Dateinummer>** angege-
                    ben. Mit **<Länge> AS <Stringvariable>** werden die Länge ei-
                    nes Datenfeldes in Bytes und der Name der Variablen ange-
                    geben, in der dieses Feld zwischengespeichert werden soll.

Anmerkungen   Für jedes Datenfeld sind jeweils die Angabe der Länge und
                    der Variablenname notwendig.

Der gesamte Befehl darf nicht länger als eine Programmzeile sein.

Die Zuweisungen an die definierten Variablen müssen über die Befehle LSET oder RSET erfolgen. Nach dem Lesen aus der Datei mittels GET # können die Inhalte der Variablen direkt ausgelesen werden.

Beispiel   `FIELD #1, 15 AS nachname$, 10 AS vorname$, 15 AS beruf$`

FILEATTR   Datei-Attribut ermitteln

Syntax   **<Variablenname>=FILEATTR(<Dateinummer>, <Modus>)**

Beschreibung Die Funktion dient zum Ermitteln von Datei-Attributen in der bereits geöffneten Datei. Mit **<Dateiname>** wird die beim Öffnen festgelegte Dateinummer übergeben. Mit **<Modus>** kann zwischen zwei Möglichkeiten gewählt werden:

Modus=1 Die Funktion liefert den beim Öffnen festgelegten **<Modus>** der Datei. Die Ergebnisse sind bitweise codiert, wodurch auch z.B. 3 als Ergebnis geliefert wird, wenn eine Datei zum Lesen und Schreiben geöffnet wurde.

Ergebnis	Bedeutung
1	INPUT
2	OUTPUT
4	RANDOM
8	APPEND
32	BINARY

Modus=2 Als Ergebnis liefert die Funktion die DOS-Handle-Nummer der Datei. Dies kann z.B. interessant sein, wenn in Routinen anderer Programmiersprachen auf die Datei zugegriffen werden soll.

Beispiel   `a=FILEATTR (1,1)`

FILES   Verzeichnis auflisten

Syntax   **FILES [<Dateiname>]**

Beschreibung Dieser Befehl zeigt das Inhaltsverzeichnis eines Datenträgers an. Mit **<Dateiname>** können das gewünschte Laufwerk und der Pfad angegeben werden.

Anmerkungen Es wird das gleiche Ausgabeformat wie beim MS-DOS-Befehl DIR/W verwendet.

Bei **<Dateiname>** können die Wildcards Sternchen "*" und Fragezeichen "?" verwendet werden.

Ohne weitere Parameter werden alle Dateien im aktuellen Verzeichnis angezeigt.

FIX

Mathematische Funktion

Syntax

<Variablenname>=FIX(<Ausdruck>)

Beschreibung

Die Funktion liefert den ganzzahligen Teil von <**Ausdruck**> zurück.

Anmerkungen

Eventuell vorhandene Nachkommastellen werden abgeschnitten, es wird dabei nicht gerundet.

Im Gegensatz zu INT liefert die Funktion auch bei negativen Zahlen den Vorkommateil.

Beispiele

```
a=FIX (b)
c=FIX (d*3.5)
```

FN

Definierte Funktion ausführen

Syntax

FN <Funktionsname> [(<Parameter>...)]

Beschreibung

Die mit DEF FN definierte Funktion wird ausgeführt.

Beispiel

```
DEF FN Name$(Vorname$,Nachname$)=Vorname$+" "+Nachname$
Adresse$=FN Name$("Willi","Wacker")
```

FOR..NEXT

Programmschleife

Syntax

FOR<Laufvariable>=<Start>TO<Ende>[STEP<Schritt-weite>]
   [<Anweisung>[...]]
   [EXIT FOR]
NEXT [<Laufvariable>]

Beschreibung

Dieser Befehl dient zur wiederholten Abarbeitung von Anweisungen. Die Grenzen werden vor der Abarbeitung der
Schleife festgelegt. Zur Zählung der Durchläufe wird die
<Laufvariable> verwendet, und mit **<Start>** wird der Startwert bestimmt, wodurch die **<Laufvariable>** initialisiert
werden soll. Nach jedem Durchlauf (Erreichen des Schlüsselwortes **NEXT**) wird die **<Laufvariable>** um die **<Schritt-
weite>** erhöht (bzw. bei negativen Schrittweiten verringert).
Die Schleife wird anschließend so oft durchlaufen, bis der
Wert **<Ende>** erreicht ist. Die Schleife kann vorzeitig, also vor
Erreichen von **<Ende>**, durch das Schlüsselwort **EXIT FOR**
verlassen werden.

Anmerkungen

Fehlt das Schlüsselwort **STEP**, wird die **<Schrittweite>** 1 angenommen.

Mit GOTO darf eine Schleife niemals verlassen werden, weil
dabei der Stack nicht bereinigt wird.

Verweis

Weitere Informationen zum Befehl FOR..NEXT finden Sie ab
Seite 122.

Beispiel

```
FOR i%=10 TO 0 STEP -1
  PRINT i%, i%*i%
NEXT i%
```

FRE()

Speicherplatz ermitteln

Syntax

\<Variablenname\>=FRE(0|-1|-2)

Beschreibung

Diese Funktion ermittelt den freien Speicherplatz. FRE() mit Parameter **0** ermittelt die Anzahl der freien Bytes für Strings, mit Parameter **-1** für numerische Variablen und Arrays und mit Parameter **-2** den Speicherplatz für den Stack.

Beispiel

a=FRE(-2)

FRE("")

Speicher freigeben

Syntax

\<Variablenname\>=FRE("")

Beschreibung

Bei der Verwaltung von Stringvariablen fallen sehr viele Textstücke an, die nicht mehr benötigt, jedoch nicht gelöscht werden. Mit FRE("") wird eine Garbage Collection erzwungen, die solche Textstücke löscht. Es wird dadurch Platz für weitere Variablen geschaffen. Als Ergebnis liefert die Funktion die Anzahl der freien Bytes nach der Bereinigung.

Anmerkung

Bei größeren Stringbearbeitungen sollte die Funktion häufiger verwendet werden, weil die Bereinigung ansonsten einige Zeit in Anspruch nehmen kann.

Beispiel

a=FRE("")

FREEFILE   Dateinummer ermitteln

Syntax   **<Variablenname>=FREEFILE**

Beschreibung Die Funktion liefert die nächste freie Dateinummer zurück, die bei OPEN angegeben werden kann.

Beispiel   `a=FREEFILE`

FUNCTION   Funktionsdefinition

Syntax   **FUNCTION <Name> [(<Parameter1>[,...])][STATIC]**
                     <Name>=<Wert>
                  EXIT FUNCTION
                  END FUNCTION

Beschreibung Dieser Befehl definiert eine Funktion mit dem Namen **<Name>**. Die Parameter werden in runden Klammern übergeben. Mehrere **<Parameter>** werden durch Kommata getrennt. Bei Verwendung des Schlüsselwortes **STATIC** werden die lokalen Variablen nicht bei jedem Aufruf der Funktion neu zugewiesen, sondern behalten den Wert des letzten Durchlaufes. Innerhalb der Funktion muß dem Funktionsnamen **<Name>** ein **<Wert>** zugewiesen werden, der dem Aufruf als Funktionsergebnis zurückgeliefert wird.

Die Definition der Funktion wird mit **END FUNCTION** abgeschlossen. Die Funktion kann auch vorzeitig durch **EXIT FUNCTION** verlassen werden, dann ist der Funktionswert nicht definiert, d.h. rein zufällig.

Verweis	Weitere Informationen zum Befehl FUNCTION finden Sie ab Seite 141.

| **Beispiel** | ```
FUNCTION dreieck (grundlinie, hoehe)
    flaeche=grundlinie*hoehe/2
    dreieck=flaeche
END FUNKTION
``` |

GET   Datensatz lesen

Syntax	**GET [#]<Dateinummer> [,[<Satznummer>][,<Variable>]]**

Beschreibung	GET liest einen Datensatz einer vorher geöffneten RANDOM-Datei in den durch FIELD definierten Datenpuffer bzw. in die angegebene **<Variable>** ein. Nach dem optionalen Nummernzeichen **[#]** wird die beim Öffnen der Datei festgelegte **<Dateinummer>** angegeben. Ohne den Vermerk **<Satznummer>** wird der nächste Datensatz, ansonsten der angegebene gelesen. Nach dem Lesen können die Daten aus der Variablen des Datenpuffers entnommen und weiterverarbeitet werden.

Anmerkung	Ist der angegebene Kanal als serielle Schnittstelle geöffnet, kann mit **<Satznummer>** nur die Anzahl der zu lesenden Bytes bestimmt werden.

| **Beispiele** | ```
GET #1, 2
GET #2, , Adresse
``` |

GET   Grafik speichern

Syntax   **GET [STEP] (<x1>,<y1>)-[STEP] (<x2>,y2>),<Array>**

Beschreibung Dieser Befehl dient zum Speichern eines mit <x1>,<y1> und
                  <x2>,<y2> angegebenen Grafikbildschirmausschnittes in ein
                  numerisches <Array>. Das Schlüsselwort **STEP** sorgt dafür,
                  daß die Koordinaten relativ zum letzten angesprochenen
                  Punkt angegeben werden. Ansonsten sind absolute Koordi-
                  naten zu übergeben.

Anmerkungen   Das <Array> kann auch auf einem Datenträger abgespeichert
                  werden.

                  Es muß vor der Benutzung dimensioniert werden und groß
                  genug sein, um alle Bilddaten und zusätzliche Informationen
                  aufnehmen zu können.

                  Die Anzahl der benötigten Bytes berechnet sich aus

                  4+INT((PunkteX)*(Anzahl der Bits pro Bildpunkt+7)/8)
                  (Anzahl der Ebenen)(PunkteY)

                  Der abgespeicherte Grafikausschnitt kann mit dem Befehl
                  PUT wieder auf dem Bildschirm dargestellt werden, auch an
                  einer anderen Position.

Beispiel   GET (50,50)-(100,100),a%

GOSUB   Unterprogramm aufrufen

Syntax   **GOSUB <Zeilennummer>|<Label>**

Beschreibung   Mit diesem Befehl wird das Unterprogramm an der Stelle
                      <Zeilennummer> bzw. **<Label>** aufgerufen.

Anmerkungen   Das Unterprogramm muß mit dem Befehl RETURN enden.

                      Nach Verlassen des Unterprogramms wird das Programm
                      mit dem nächsten Befehl hinter GOSUB fortgeführt.

Verweis   Weitere Informationen zum Befehl GOSUB finden Sie ab Seite
                      135.

Beispiele   ```
                      GOSUB 1000
                      GOSUB Unterprogramm
                      ```

## GOTO                                                     Programmverzweigung

**Syntax**            **GOTO <Zeilennummer>|<Label>**

**Beschreibung**      Mit diesem Befehl wird der Programmablauf an der ange-
                      gebenen **<Zeilenummer>** oder dem **<Label>** fortgesetzt.

**Verweis**           Weitere Informationen zum Befehl GOTO finden Sie ab Seite
                      133.
                      ```

HEX$ Konvertier-Funktion

Syntax **\<Stringvariable\>=HEX$(\<Wert\>)**

Beschreibung Die Funktion wandelt den angegebenen **\<Wert\>** in die hexadezimale (sedezimale) Schreibweise um.

Anmerkungen Das Ergebnis wird als String zurückgeliefert.

Beispiel
```
a$=HEX$(10)
b$=HEX$(c%+17)
```

IF..THEN..ELSE Bedingte Verzweigung

Syntax **IF \<Bedingung\> THEN \<Anweisung1\> [ELSE \<Anweisung2\>]**

Beschreibung Die IF-Abfrage dient zum Ausführen von Anweisungen aufgrund einer **\<Bedingung\>**. Die **\<Anweisung1\>** hinter **THEN** wird nur ausgeführt, wenn die Bedingung logisch wahr ist. Ist die **\<Bedingung\>** falsch, dann wird die **\<Anweisung2\>** hinter **ELSE** ausgeführt.

Anmerkungen Der **ELSE**-Zweig ist optional und kann weggelassen werden.

Entfällt der **ELSE**-Zweig wird bei nichtzutreffender **\<Bedingung\>** mit dem nächsten Befehl fortgefahren.

Logischerweise können nie beide Anweisungen hintereinander ausgeführt werden, sondern immer nur **<Anweisung1>** oder **<Anweisung2>**.

Der Befehl kann in eine Zeile eingegeben werden; reicht der Platz nicht aus, muß die Kombination IF..THEN..ELSEIF.. THEN.. ELSE.. END IF verwendet werden.

Verweis   Weitere Informationen zum Befehl IF..THEN..ELSE finden Sie ab Seite 130.

Beispiel   ```
IF a<10 THEN PRINT "a kleiner 10" ELSE PRINT "a größer oder
                 gleich 10"
```

---

**IF..THEN..ELSEIF..THEN..ELSE..END IF**        **Bedingte Verzweigung**

**Syntax**    **IF <Bedingung> THEN**
        **[<Anweisung1>[...]]**
     **[ELSEIF <Bedingung> THEN**
        **[<Anweisung2>[...]][...]]]**
     **[ELSE**
        **[<Anweisung3>[...]]]**
     **ENDIF**

**Beschreibung**    Die IF-Abfrage dient zum Ausführen von Anweisungen aufgrund einer **<Bedingung>**. Die **<Anweisung1>** hinter **THEN** wird nur ausgeführt, wenn die **<Bedingung>** logisch wahr ist. Ist diese falsch, werden nacheinander die **ELSEIF**-Bedingungen getestet, bis eine **<Bedingung>** erfüllt ist, die dann als **<Anweisungen2>** ausgeführt wird.

Sind alle **ELSEIF**-Bedingungen logisch falsch, werden die **<Anweisungen3>** hinter **ELSE** befolgt. Die gesamte Abfrage wird mit **ENDIF** abgeschlossen.
```

Anmerkungen Der **ELSE**-Zweig sowie die **ELSEIF**-Zweige sind optional und können weggelassen werden. Dann wird bei Nichtzutreffen der Bedingung mit dem nächsten Befehl hinter **ENDIF** fortgefahren.

Die Abfragen können über mehr als eine Zeile geschrieben werden.

Verweis Weitere Informationen zum Befehl IF..THEN..ELSE..END IF finden Sie ab Seite 130.

Beispiel
```
IF a<10 THEN
   PRINT "a ist kleiner als 10"
ELSEIF a>10 THEN
   PRINT "a ist größer als 10"
ELSE
   PRINT "a ist gleich 10"
ENDIF
```

IMP   Logikoperator

Syntax **<Variablenname>=<Ausdr1> IMP <Ausdr2>**

Beschreibung Die Funktion liefert das Ergebnis durch bitweises Verknüpfen der Parameter. Dabei wird das Zielbit nur gelöscht, wenn das zugehörige Bit in **<Ausdr1>** gesetzt und in **<Ausdr2>** gelöscht ist (IMPlikation).

Wahrheitstabelle

Ausdr1	Ausdr2	Ergebnis
0	0	1
0	1	1
1	0	0
1	1	1

INKEY$ Zeichen einlesen

Syntax	**\<Stringvariable\>=INKEY$**

Beschreibung   Diese Funktion liefert den ASCII-Wert der zuletzt betätigten Taste zurück. Bei Sondertasten, die keinen ASCII-Wert haben, wird ein zwei Byte großer String zurückgeliefert. Das erste Byte ist dann 0, das zweite Byte enthält den Wert des erweiterten Tastaturcodes (Tabelle im Anhang).

Verweis   Weitere Informationen zum Befehl INKEY$ finden Sie ab Seite 98.

Beispiel   `a$=INKEY$`

INP   Schnittstelle lesen

Syntax	**\<Variablenname\>=INP(\<Portadresse\>)**

Beschreibung   Aus dem angegebenen Port wird ein Byte gelesen. Hierzu muß die Adresse des Ports mit **\<Portadresse\>** angegeben werden.

INPUT   Zeichen einlesen

Syntax   **INPUT [;]["Kommentar",l;]<Variablenname>[,...]**

Beschreibung   Dieser Befehl dient dem Einlesen von Daten über die Ta-
                    statur. Wenn hinter **INPUT** ein Semikolon [;] folgt, wird nach
                    Abschluß der Eingabe mit «Return» oder «Enter» kein Zei-
                    lenvorschub ausgelöst. Mit **<Kommentar>** kann zusätzlich
                    ein Text ausgegeben werden. Das folgende Komma [,] oder
                    Semikolon [;] dient zur Trennung der Variablen voneinander.

Anmerkungen   Der **<Kommentar>** kann nicht mittels einer Variablen an-
                    gegeben werden. Bei der Verwendung von Kommata wird
                    das Fragezeichen unterdrückt. Sollen mehrere Variablen mit
                    einem INPUT-Befehl eingelesen werden, sind diese durch
                    Kommata zu trennen. Bei der Eingabe sind dann auch die ein-
                    zelnen Daten durch Kommata zu trennen. Mit dem INPUT-
                    Befehl können keine Anführungszeichen und Kommata ein-
                    gelesen werden.

Verweis   Weitere Informationen zum Befehl INPUT finden Sie ab Seite
                    93.

Beispiel   ```
                    INPUT "Geben Sie drei Zahlen ein ",zahl1,zahl2,zahl3
                    PRINT "Die Summe beträgt: ";zahl1+zahl2+zahl3
                    ```
                    ```

INPUT$ Zeichen einlesen

Syntax	**<Stringvariable>=INPUT$(<Anzahl>,[#<Dateinummer>])**

Beschreibung	Diese Funktion dient dem Einlesen von **<Anzahl>**-Zeichen von der Tastatur oder aus einer geöffneten Datei. Zum Lesen aus einer Datei muß die beim Öffnen festgelegte **<Datei-nummer>** angegeben werden.

Beispiel	a$=INPUT$ (64,#1)

INPUT#   Daten lesen

Syntax	**INPUT#<Dateinummer>,<Variablenname>[,...]**

Beschreibung	Der INPUT#-Befehl dient dem Einlesen von Daten aus einer bereits geöffneten Datei. Diese Daten müssen jeweils durch die Steuerzeichen Carriage Return (13) und Line Feed (10), Anführungszeichen oder Kommata getrennt sein. Dies ist z.B. beim Schreiben von Daten mit PRINT# der Fall. Mit **#<Dateinummer>** wird die beim Öffnen der Datei festgelegte Dateinummer angegeben.

Anmerkungen	Datensätze, die Kommata enthalten, können mit dem LINE INPUT#-Befehl vollständig eingelesen werden. Beim Einlesen von numerischen Daten wird beim ersten nichtnumerischen Zeichen abgebrochen. Dies gilt auch für führende Leerzei-chen.

Beispiel	INPUT#1,a$,b$,c%

INSTR   Zeichenkette suchen

Syntax   <Variable>=INSTR([Start,]<Quellstring>,<Suchstring>)

Beschreibung   Es wird die Position des <Suchstrings> im <Quellstring> er-
                    mittelt. Es kann optional angegeben werden, an welcher Stelle
                    die Suche begonnen werden soll. Als Ergebnis wird die Posi-
                    tion, an der der <Suchstring> zum ersten Mal vollständig ge-
                    funden wurde, oder eine 0, falls der <Suchstring> nicht im
                    <Quellstring> vorkommt, übergeben.

Beispiel   `a=INSTR(5,b$,c$)`

INT   Mathematische Funktion

Syntax   <Variablenname>=INT(<Ausdruck>)

Beschreibung   Die Funktion ermittelt die nächste ganze Zahl, die kleiner
                    oder gleich <Ausdruck> ist.

Anmerkungen   Bei positiven Zahlen entspricht das Ergebnis dem Vor-
                    komma-Teil, bei negativen Zahlen dem Vorkomma-Teil mi-
                    nus Eins.

                    Für <Ausdruck> kann jeder Ausdruck stehen, der ein nu-
                    merisches Ergebnis liefert.

Beispiele   ```
a%=INT(5.5)   Ergebnis: 5
b%=INT(-2.2)   -3
```
```

IOCTL   Treiber initialisieren

Syntax   **IOCTL [#]<Dateinummer>,<Kontrollstring>**

Beschreibung   Dieser Befehl erlaubt das Senden eines Kontroll- bzw. In-
                    itialisierungsstrings an einen Gerätetreiber von MS-DOS. Bei
                    IOCTL wird nach dem optionalen Nummernzeichen [#] die
                    beim Öffnen festgelegte <Dateinummer> angegeben.

Anmerkungen   Der Treiber muß installiert sein und IOCTL-Strings akzep-
                    tieren. Mit dem Befehl OPEN muß ein Kanal für diesen
                    Gerätetreiber geöffnet werden.

Beispiel   IOCTL #1,a$

IOCTL$ Treiber lesen

Syntax   **<Stringvariable>=IOCTL$([#]<Dateinummer>)**

Beschreibung   Mit dieser Funktion kann die Antwort eines Gerätetreibers
                    auf das Senden eines IOCTL-Strings ermittelt werden. Nach
                    dem optionalen Nummernzeichen [#] wird die beim Öffnen
                    des Kanals für den Gerätetreiber festgelegte <Dateinummer>
                    angegeben.

Anmerkung   Der Inhalt des Strings hängt vom Treiberprogramm ab.

Beispiel   a$=IOCTL$(#1)

KEY   Funktionstasten belegen

Syntax   **KEY <Funktionstastennummer>,<Text>**

Beschreibung   Der Befehl dient zur Belegung von Funktionstasten. Mit
                    <Funktionstastennummer> wird die Funktionstaste fest-
                    gelegt.

Anmerkungen   Die normalen Funktionstasten `F1` bis `F10` haben die Werte
                    1 bis 10.

                    Die erweiterten Tasten `F11` und `F12` werden unter den
                    Nummern 30 und 31 angesprochen.

                    Als **<Text>** können jeder beliebige String oder auch eine
                    Stringvariable angegeben werden.

                    Sollen Befehle direkt ausgeführt werden, muß der String mit
                    CHR$(13) enden (ASCII-Zeichen für «Return»).

Beispiel   KEY 3,"RUN"+CHR$(13)

KEY   Interrupt-Tasten definieren

Syntax   **KEY <Tastennummer>,CHR$(<Umschaltung>)
                    +CHR$(<Scancode>)**

Beschreibung   Dieser Befehl dient zur Definition von Tasten für die Inter-
                    rupt-Verarbeitung mit ON KEY. Es stehen 15 Definitions-
                    möglichkeiten zur Verfügung, wobei die Werte 15 bis 29 für
                    <Tastennummer> angegeben werden können. Der ON-KEY-
                    (x)-GOSUB-Befehl trägt dann dieselbe **<Tastennummer>**.

Durch **<Umschaltung>** wird festgelegt, mit welchen Sondertasten die gewünschte Taste zusammen betätigt werden muß. Hierfür sind folgende Werte möglich:

1 - 3	Rechte, linke oder beide `Umschalt`-Tasten gleichzeitig betätigt. BASIC unterscheidet die beiden `Umschalt`-Tasten nicht, wodurch alle drei Werte identisch behandelt werden.
4	`Strg` gleichzeitig betätigt
8	`Alt` gleichzeitig betätigt
32	`NumLock` eingerastet
64	`CapsLock` eingerastet
128	Zusätzliche Tasten der erweiterten Tastatur betätigt. Mit <Scancode> wird die zu betätigende Taste festgelegt.

Anmerkungen Die einzelnen Sondertasten können auch durch einfache Addition der Werte miteinander kombiniert werden.

Beispiel `KEY 15,CHR$(2)+CHR$(22)`

KEY   Interrupt einbinden

Syntax **KEY(<Tastennummer>) ON|OFF|STOP**

Beschreibung Mit diesem Befehl wird der ON KEY-Interrupt eingeschaltet, ausgeschaltet oder unterbrochen. Durch **<Tastennummer>** wird die Taste spezifiziert.

Anmerkungen Mit **KEY(<Tastennummer>) ON** wird der Interrupt eingeschaltet. Mit **KEY(<Tastennummer>) OFF** wird der Interrupt ausgeschaltet. Eventuell betätigte Tasten lösen dann kein Ereignis aus.

KEY(<Tastennummer>) STOP unterbindet den Interrupt, merkt sich im Gegensatz zu OFF jedoch, ob eine Taste gedrückt wurde. Nach dem Befehl KEY(<Tastennummer>) ON wird der Interrupt wieder aufgenommen.

Sollte während STOP ein Zeichen angekommen sein, wird direkt nach ON das Unterprogramm ausgeführt. Innerhalb des Unterprogramms setzt BASIC automatisch KEY(<Tastennummer>) STOP, um Probleme zu vermeiden. Nach Ablauf des Unterprogramms wird automatisch KEY (<Tastennummer>) ON gegeben.

KEY (ON|OFF)   Funktionstasten anzeigen

Syntax   KEY (ON|OFF)

Beschreibung Dieser Befehl schaltet die Funktionstasten-Anzeige in der untersten Bildschirmzeile ein (ON) oder aus (OFF).

KEY LIST   Funktionstasten auflisten

Syntax   KEY LIST

Beschreibung Die momentane Funktionstastenbelegung wird angezeigt.

KILL
Datei löschen

Syntax **KILL "<Dateiname>"**

Beschreibung Der Befehl KILL löscht die angegebene Datei vom Datenträger.

Anmerkung Die Angabe des **<Dateinamens>** erfolgt nach MS-DOS-Konventionen und enthält gegebenenfalls die Laufwerks- und Pfadangabe.

Beispiel `KILL "c:\temp.bas"`

LBOUND
Indizierung ermitteln

Syntax **LBOUND(<Variable>[,<Dimension>])**

Beschreibung Diese Funktion liefert als Ergebnis die kleinstmögliche Indizierung der angegebenen **<Variablen>**. Bei mehrdimensionalen Feldern kann mit **<Dimension>** die gewünschte Dimension angegeben werden, für die die kleinste Indizierung ermittelt werden soll.

Beispiel `PRINT LBOUND(Name$)`
`PRINT LBOUND(a%,2)`

LCASE$ Konvertier-Funktion

Syntax	**\<Stringvariable>=LCASE$(\<String>)**

Beschreibung   Die Funktion liefert als Ergebnis den **\<String>** in Kleinbuchstaben zurück.

Anmerkung   Umlaute werden nicht berücksichtigt.

Beispiel   `a$=LCASE$("klein")`

LEFT$ Zeichenketten-Funktion

Syntax	**\<Stringvariable>=LEFT$(\<Quellstring>,\<Anzahl>)**

Beschreibung   Die Funktion liefert die ersten (linken) **\<Anzahl>**-Zeichen
vom **\<Quellstring>** zurück.

Beispiel   `vorname$=LEFT$("Susanne Zoller",7)`

LEN   Zeichenkettenlänge ermitteln

Syntax   **<Variablenname>=LEN(<Stringvariable>)**

Beschreibung   Die Funktion liefert die Länge einer Textkonstanten, einer
                     Stringvariablen oder eines Stringausdrucks.

Beispiele
```
a=LEN("Zeichenkette")
b=LEN(c$+".txt")
```

LET   Werte zuweisen

Syntax   **[LET] <Variablenname>=<Wert>**

Beschreibung   Der Befehl dient dem Zuweisen von Werten an Variablen.
                     Das Befehlswort **LET** kann auch weggelassen werden.

Beispiele
```
A$="TEST"
LET Name$="Iris Schepers"
```

LINE
Grafik zeichnen

Syntax   **LINE [STEP][(<X1>,<Y1>)]-[STEP](<X2>,<Y2>)**
[,[<Farbe>][,[B[F]][,<Raster>]]]

Beschreibung   Dieser Befehl dient dem Zeichnen von Linien und Rechtecken. Mit den Koordinaten **<X1>** und **<Y1>** wird der erste
Punkt der Linie bzw. die linke untere Ecke des Rechtecks, mit
<X2> und **<Y2>** der zweite Punkt der Linie bzw. die rechte
obere Ecke des Rechtecks definiert.

Ohne das Schlüsselwort **STEP** werden die Koordinaten absolut, mit **STEP** relativ zur letzten benutzten Position des Bildschirmes angesehen. Mit **<Farbe>** kann die Zeichenfarbe mit
Werten von 0 bis 3 festgelegt werden. Das Schlüsselwort **B**
liefert die Ausgabe eines Rechtecks (Box). Folgt diesem **B** ein
F, wird dieses Rechteck zusätzlich noch ausgefüllt. Mit **<Ra-
ster>** kann die Linienart angegeben werden.

Anmerkung   Mit **<Raster>** kann ein 16-Bit-Wert angegeben werden, wobei
nur jedes gesetzte Bit gezeichnet wird.

Beispiel   `LINE (50,50)-(150,150),,BF,&HAAAA`

LINE INPUT
Zeichen lesen

Syntax   **LINE INPUT [;]["Kommentar",|;]<Variablenname>**

Beschreibung   Der Befehl dient dem Einlesen von Daten über die Tastatur.
Folgt hinter LINE INPUT direkt ein Semikolon, wird nach

...ler Eingabe mit Return oder Enter kein Zeilenvor-
...gelöst. Mit **Kommentar** kann zusätzlich ein Text
...n werden. Das folgende Komma **[,]** oder Semikolon
...r Trennung der Variablen.

...nentar kann nicht mittels einer Variablen ange-
...en.

...ndung eines Kommas wird das Fragezeichen un-

...satz zum INPUT-Befehl werden auch Anfüh-
...en und Kommata eingelesen.

...weils nur eine Variable eingelesen werden.

Beispiel	`LINE INPUT "Geben Sie den Satz ein:",Satz$`

LINE INPUT#   Daten einlesen

Syntax	**LINE INPUT #<Dateinummer>,<Stringvariable>**

Beschreibung	Mit diesem Befehl können aus einer bereits geöffneten Datei Daten inclusive Trennzeichen gelesen werden. Mit **#<Datei-nummer>** wird die beim Öffnen der Datei festgelegte Datei-nummer angegeben. LINE INPUT# liest die Zeichen solange ein, bis entweder die Steuerzeichen Carriage Return (13) und Line Feed (10) auftreten oder die Anzahl der eingelesenen Zeichen 255 beträgt.

Beispiel	`LINE INPUT #1,a$`

LOC
Datenzeigerposition ermitteln

Syntax   **<Variablenname>=LOC(<Dateinummer>)**

Beschreibung   Diese Funktion ermittelt die augenblickliche Position des Dateizeigers innerhalb der bereits geöffneten Datei. Mit **<Dateinummer>** wird die beim Öffnen der Datei festgelegte Dateinummer angegeben.

Anmerkungen   Bei sequentiellen Dateien liefert die Funktion die Anzahl der 128-Byte-Blöcke vom Anfang der Datei bis zur aktuellen Position.

Bei RANDOM-Dateien wird die aktuelle Datensatznummer ermittelt.

Bei BINARY-Dateien wird die tatsächliche Byteposition ab dem Anfang der Datei ausgegeben.

Beispiel   `a=LOC(1)`

LOCATE
Cursor positionieren

Syntax   **LOCATE [<Zeile>][,[<Spalte>][,[<Flag>][,[<Startzeile>] [,<Endzeile]]]]**

Beschreibung   Mit diesem Befehl wird der Cursor positioniert. Mit **<Zeile>** wird die Zeile (1-25 bzw. 43 oder 50 bei EGA- oder VGA-Einsatz) und mit **<Spalte>** die Spalte (1-80) angegeben. Mit dem

<Flag> wird angegeben, ob der Cursor aus- (Flag=0) oder eingeschaltet (Flag=1) werden soll. Mit **<Startzeile>** und **<Endzeile>** kann die Höhe des Cursors bestimmt werden.

Anmerkungen	Die Spaltenbreite kann mit dem WIDTH-Befehl auf kleinere Grenzen (z.B. 40) eingestellt werden.

Bei der Angabe der Cursorhöhe sind Werte von 0 bis 31 möglich.

Die Höhe des Cursors sollte nicht größer als ein Buchstabe sein und beträgt daher bei CGA und EGA-Karten 0 bis 7 und bei Monochrom-Karten 0 bis 15.

Verweis	Weitere Informationen zum Befehl LOCATE finden Sie ab Seite 104.

Beispiel	`LOCATE 10,12,1`

LOCK   Dateizugriff festlegen

Syntax	**LOCK [#]<Dateinummer>[,<Startnummer>]** **[TO <Endnummer>]]**

Beschreibung	Bei Benutzung einer Datei in einem Netzwerk oder einem Mehrplatzsystem führt ein gleichzeitiger Zugriff auf Daten von mehreren Benutzern u.U. zu Komplikationen. Daher kann mit LOCK der Zugriff auf bestimmte Datensätze einer Datei gesperrt werden. Nach dem optionalen Nummernzeichen **[#]** wird die **<Dateinummer>** übergeben, die beim Öffnen der Datei festgelegt wurde. Es werden die von **<Startnummer>** bis **<Endnummer>** angegebenen Datensätze geschützt.

Anmerkungen	Ohne Angabe von **<Startnummer>** und **<Endnummer>** werden alle Datensätze der Datei gegen gleichzeitigen Zugriff geschützt. Die Angabe von **<Startnummer>** und **<Endnummer>** ist nur bei RANDOM-Dateien möglich. Bei sequentiellen Dateien wird immer die gesamte Datei geschützt.

Beispiel	`LOCK #1,10 TO 20`

LOG   Dateilänge ermitteln

(Überschrift: LOF — Dateilänge ermitteln)

Syntax	**<Variablenname>=LOF(<Dateinummer>)**

Beschreibung	Diese Funktion ermittelt die Länge einer bereits geöffneten Datei in Byte. Mit **<Dateinummer>** muß die beim Öffnen festgelegte Dateinummer angegeben werden.

Beispiel	`a=LOF(1)`

LOG   Mathematische Funktion

Syntax	**<Variablenname>=LOG(<Ausdruck>)**

Beschreibung	Die Funktion liefert den natürlichen Logarithmus von **<Ausdruck>** in einfacher Genauigkeit zurück.

Anmerkung	Für **<Ausdruck>** kann jeder Ausdruck stehen, der ein numerisches Ergebnis liefert.

Beispiele	`a=LOG(1.2)` `b=LOG(c+d)`

LPOS   Zeigerposition ermitteln

Syntax	**<Variablenname>=LPOS(<Schnittstellennummer>)**

Beschreibung	Die Funktion LPOS ermittelt die augenblickliche Position des Zeigers auf den Druckerpuffer, was der x-Position entspricht.

Anmerkungen	Für **<Schnittstellennummer>** können je nach Hardware-Konfiguration die Werte 1 bis 3 (LPT1: - LPT3:) eingesetzt werden.

Beispiel	`a=LPOS(1)`

LPRINT   Druckerausgabe

Syntax	**LPRINT [<Ausdruck>[...][;I,]**

Beschreibung	Dieser Befehl dient zur Ausgabe von beliebigen Daten auf einem Drucker, der an der parallelen Schnittstelle angeschlossen ist.

Ein abschließendes Komma [,] oder Semikolon [;] verhindert einen Zeilenvorschub.

Anmerkungen

Für <Ausdruck> können beliebige Konstanten, Variablen oder Berechnungen angegeben werden.

Bei Aufruf von LPRINT ohne weitere Angaben wird der Cursor automatisch an den Anfang der nächsten Zeile gesetzt (Leerzeile).

Ohne die Zeichen Komma [,] oder Semikolon [;] wird der Cursor nach der Ausgabe automatisch an den Anfang der nächsten Zeile gesetzt.

Eine weitere Ausgabe mit LPRINT erfolgt bei einem Semikolon [;] direkt hinter der letzten Ausgabe, bei einem Komma [,] am nächsten Tabulatorstopp (alle 8 Zeichen).

Nach dem Komma [,] bzw. Semikolon [;] können beliebig viele Ausdrücke folgen, die jeweils durch Komma oder Semikolon getrennt werden.

Sollte eine Ausgabe über den rechten Rand hinausgehen, wird in der nächsten Zeile weitergeschrieben.

Beispiele

```
LPRINT
LPRINT a$+".txt",
LPRINT a$;".txt",
```

LPRINT USING   Formatierte Druckerausgabe

Syntax

LPRINT USING "<Maske>";<Ausdruck>[,|;[...]]

Beschreibung

Dieser Befehl dient der formatierten Ausgabe von beliebigen Daten auf einem an der parallelen Schnittstelle angeschlossenen Drucker. Er unterscheidet sich nur wenig vom

LPRINT-Befehl. Neu ist die Angabe einer **<Maske>**, die das
Aussehen der Ausgabe bestimmt. Hiermit sind z.B. leicht
Ausgaben in Tabellen möglich. Dabei gibt es folgende Mög-
lichkeiten:

"#####"

Ausgabe von ganzzahligen Werten. Jedes Nummernzeichen
steht für eine Stelle des Zeichens. Das vordere Nummernzeichen gibt das Vorzeichen an. Kleinere Zahlen werden
rechtsbündig ausgegeben. Nachkommastellen werden kaufmännisch gerundet.

"###.##"

Ausgabe von Fließpunktzahlen. Die Anzahl der Nummernzeichen minus eins vor dem Punkt ergibt die Anzahl der
Vorkommastellen, die Anzahl nach dem Punkt die Nachkommastellen. Auch hier ist wieder das erste Nummernzeichen
für ein Vorzeichen reserviert. Zu viele Nachkommastellen
werden kaufmännisch gerundet, Zahlen kommarichtig ausgegeben.

"+###.##"

Mit dem führenden Pluszeichen wird die Ausgabe des Vorzeichens auch bei positiven Zahlen erzwungen.

"###.##-" oder *"###.##+"*

Die Ausgabe des Vorzeichens erfolgt nach Ausgabe der Zahl.
Bei einem Minuszeichen wird das Vorzeichen nur bei negativen, bei einem Pluszeichen bei allen Zahlen mit ausgegeben.

"###.##^^^^"

Die Ausgabe von Zahlen wird in Exponentialschreibweise
vorgenommen. Das erste ^-Zeichen steht für den Buchstaben
E, das zweite für das Vorzeichen, die beiden weiteren stehen
für zwei Stellen des Exponenten. Die Exponentialdarstellung
wird bei besonders großen oder kleinen Zahlen notwendig.

"#####,.##"

Diese Maske dient zur formatierten Ausgabe von großen
Zahlen. Jede Tausenderkolonne wird durch Kommata getrennt, leider genau umgekehrt zur deutschen Schreibweise,
also Nachkommapunkt und Trennungskomma (3,123.45 entsprechen im Deutschen 3.123,45).

"**###.##"

Zur formatierten Ausgabe von Zahlen wurden bei den o.g. Masken nicht benötigte Stellen von links an mit Leerzeichen aufgefüllt. Bei dieser Maske werden nicht benötigte führende Stellen als Sternchen ausgegeben. Dies kann z.B. bei Bankgeschäften zur Verhinderung späterer Änderungen auf Ausdrucken nützlich sein.

"$$###.##"

Vor der Zahl wird ein Dollarzeichen ausgegeben. Die Exponentialdarstellung ist hierbei nicht möglich. Sollen das Dollarzeichen und führende Leerzeichen als Sternchen ausgegeben werden, entfällt ein $ ("**$###.##").

"\ \"

Diese Maske dient zur Ausgabe von Textkonstanten oder Stringvariablen. Die Anzahl der auszugebenden Zeichen wird durch die Anzahl der Zeichen zwischen den Anführungszeichen festgelegt. Dabei zählt ein Backslash jeweils mit. Der kleinste String ist damit zwei Zeichen groß. Die Ausgabe erfolgt linksbündig.

"!"

Es wird nur das erste Zeichen der Textkonstanten oder Stringvariablen ausgegeben.

"&"

Die Zeichenkette oder Stringvariable wird unformatiert vollständig ausgegeben.

"<Text> ###.## <Text>"

Neben den Steuerzeichen können beliebige Texte an den Stellen **<Text>** eingefügt und dann unverändert ausgegeben werden. Hiermit kann z.B. ein führendes DM statt dem automatischen $ ausgegeben werden. Dann würde die Maske "DM ###.##" lauten.

"_"

Damit auch Zeichen ausgegeben werden können, die normalerweise innerhalb der Maske als Steuerzeichen gewertet werden, ist als Escape-Zeichen der Unterstrich vorgesehen. Das folgende Zeichen wird unverändert ausgegeben (z.B. _&).

Anmerkungen	Für **<Ausdruck>** können beliebige Konstanten, Variablen oder Berechnungen angegeben werden. Ohne die Zeichen Komma [**,**] oder Semikolon [**;**] wird der Cursor nach der Ausgabe automatisch an den Anfang der nächsten Zeile gesetzt. Eine weitere Ausgabe mit LPRINT erscheint bei einem Semikolon [**;**] direkt hinter der letzten Ausgabe, bei einem Komma [**,**] am nächsten Tabulatorstopp (alle 8 Zeichen). Nach dem Komma [**,**] bzw. Semikolon [**;**] können beliebig viele Ausdrücke folgen, die jeweils durch Komma oder Semikolon getrennt werden. Mehrere Ausgaben innerhalb einer LPRINT-USING-Anweisung erhalten als Trennzeichen ein Semikolon.

| **Beispiele** | ```
LPRINT USING "Eine & Ausgabe";"formatierte"
LPRINT USING "####.###";1234.567
``` |

LSET   Daten formatieren

Syntax	**LSET <Datenfeldvariable>=<Stringvariable>**

Beschreibung	Mit LSET wird der Inhalt der **<Stringvariablen>** an eine **<Datenfeldvariable>** zum Schreiben mit PUT linksbündig zugewiesen.

Anmerkung	Der Befehl kann auch bei normalen Stringvariablen zur Formatierung eingesetzt werden.

| **Beispiele** | ```
LSET name$="Schmitt"
LSET a$=b$
``` |

LTRIM$ String-Funktion

Syntax	**<Stringvariable>=LTRIM$(<String>)**

Beschreibung Diese Funktion liefert als Ergebnis eine Kopie von **<String>** zurück, wobei führende Leerzeichen entfernt werden. Man erhält somit eine linksbündige Zeichenkette.

Beispiel
```
a$=LTRIM$("   linksbündig   ")
```

MID$ String-Funktion

Syntax   **<Stringvariable>=MID$(<Quellstring>,<Start> [,<Anzahl>)**

MID$(<Zielstring>,<Start>[,<Anzahl>])=<Quellstring>

Beschreibung Die Funktion liefert einen Teilstring des **<Quellstrings>** ab dem Zeichen an der Position **<Start>** zurück. Mit **<Anzahl>** wird die Länge des Ergebnisstrings festgelegt. Mit der zweiten Form läßt sich ein beliebiger Teil eines Strings verändern. Ab **<Start>** wird dann im **<Zielstring>** der **<Quellstring>** mit einer Länge **<Anzahl>** abgelegt.

Anmerkung Ohne die **<Anzahl>**-Angabe wird der gesamte String ab **<Start>** geliefert.

Beispiel
```
A$=MID$("Dies ist ein Test",6,3)

Text$="Dies ist ein Test"
MID$(Text$,6,3)="war"
```

MKD$ Konvertier-Funktion

Syntax   **<Stringvariable>=MKD$(<Ausdruck>)**

Beschreibung   Die Funktion MKD$ dient zum Wandeln eines Fließ-
punktwertes mit doppelter Genauigkeit in einen acht Byte
langen String.

Anmerkungen   Der komprimierte String kann in einer RANDOM-Datei abgespeichert und später mit CVD wieder zurückgewandelt
werden.

Für **<Ausdruck>** läßt sich jeder numerische Ausdruck einsetzen, der als Ergebnis einen Fließpunktwert mit doppelter Genauigkeit liefert.

Beispiel   `a$=MKD$(b#)`

MKDIR Unterverzeichnis erstellen

Syntax   **MKDIR <"Verzeichnisname">**

Beschreibung   Dieser Befehl erzeugt, wie unter MS-DOS, ein neues Unterverzeichnis mit dem Namen **<"Verzeichnisname">**.

Anmerkungen   Der **<"Verzeichnisname">** muß entweder in Anführungszeichen stehen oder als Stringvariable übergeben werden.

String-Funktionen sind innerhalb des Befehls nicht erlaubt.

Beispiel	`MKDIR "c:\temp"`

MKDMBF$ Konvertier-Funktion

Syntax	**<Stringvariable>=MKDMBF$(<Ausdruck>)**

Beschreibung	Die Funktion wandelt einen Fließpunktwert doppelter Genauigkeit vom IEEE-Format in das Microsoft-Binary-Format um.

Anmerkungen	Das Ergebnis ist ein String, der sich zur Speicherung in RANDOM-Dateien nutzen läßt. Für **<Ausdruck>** kann jeder numerische Ausdruck eingesetzt werden, der als Ergebnis einen Fließpunktwert mit doppelter Genauigkeit liefert. Die umgekehrte Wandlung wird mit CVDMBF vorgenommen. Die Funktion ist aus Kompatiblitätsgründen zu anderen BASIC-Dialekten implementiert.

Beispiel	`a$=MKDMBF$(b#)`

MKI$ Konvertier-Funktion

Syntax	**<Stringvariable>=MKI$(<Ausdruck>)**

Beschreibung	Die Funktion MKI$ dient zum Wandeln eines Integerwertes in einen zwei Byte langen String.

Anmerkungen	Der komprimierte String kann in einer RANDOM-Datei abgespeichert und später mit CVI wieder zurückgewandelt werden.
	Für **<Ausdruck>** kann jeder numerische Ausdruck eingesetzt werden, der als Ergebnis einen Integerwert liefert.
Beispiel	`a$=MKI$(b%)`

MKL$ Konvertier-Funktion

Syntax	**<Stringvariable>=MKL$(<Ausdruck>)**
Beschreibung	Die Funktion MKL$ dient zum Wandeln eines numerischen Wertes vom Typ LONG in einen vier Byte langen String.
Anmerkungen	Der komprimierte String kann in einer RANDOM-Datei abgespeichert und später mit CVL wieder zurückgewandelt werden.
	Für **<Ausdruck>** kann jeder numerische Ausdruck eingesetzt werden, der als Ergebnis einen Wert vom Datentyp LONG liefert.
Beispiel	`a$=MKL$(b&)`

MKS$ Konvertier-Funktion

Syntax <Stringvariable>=MKS$(<Ausdruck>)

Beschreibung Die Funktion MKS$ wandelt einen Fließpunktwert mit einfacher Genauigkeit in einen vier Byte langen String um.

Anmerkungen Der komprimierte String kann in einer RANDOM-Datei abgespeichert und später mit CVS wieder zurückgewandelt werden.

Für <Ausdruck> kann jeder numerische Ausdruck eingesetzt werden, der als Ergebnis einen Fließpunktwert mit einfacher Genauigkeit liefert.

Beispiel
```
a$=MKS$(b!)
```

MKSMBF$ Konvertier-Funktion

Syntax <Stringvariable>=MKSMBF$(<Ausdruck>)

Beschreibung Die Funktion wandelt einen Fließpunktwert einfacher Genauigkeit vom IEEE-Format in das Microsoft-Binary-Format um.

Anmerkungen Das Ergebnis kann zur Speicherung in RANDOM-Dateien benutzt werden kann. Die umgekehrte Wandlung wird mit CVSMBF vorgenommen.

Für **<Ausdruck>** läßt sich jeder numerische Ausdruck einsetzen, der als Ergebnis einen Fließpunktwert mit einfacher Genauigkeit liefert.

Die Funktion ist aus Kompatiblitätsgründen zu anderen BASIC-Dialekten implementiert.

Beispiel
```
a$=MKSMBF$(b!)
```

MOD   Mathematische Funktion

Syntax   **<Variablenname>=<Ausdr1> MOD <Ausdr2>**

Beschreibung   Dieser Operator liefert als Ergebnis den Rest der Integerdivision.

Beispiele
```
a=10 MOD 4 Ergebnis: 2
b=c% MOD 5
```

NAME   Datei umbenennen

Syntax   **NAME <Dateiname_alt> AS <Dateiname_neu>**

Beschreibung   Dieser Befehl dient zum Umbenennen von Dateien oder Verzeichnissen auf einem Datenträger. Mit **<Dateiname_ alt>** wird der bisherige, mit **<Dateiname_neu>** der gewünschte neue Name der Datei angegeben.

Anmerkung	Die Angaben werden nach MS-DOS-Konventionen erwartet und enthalten gegebenenfalls die Laufwerksangabe und den vollständigen Pfadnamen.

Beispiel	`NAME "c:\temp.bas" AS "c:\programm.bas"`

NOT   Logikoperator

Syntax	<Variablenname>=NOT<Ausdr> IF NOT<Ausdr> THEN

Beschreibung	Die Funktion liefert die bitweise Umkehr von **<Ausdr>**. Das Bit im Ergebnis ist gesetzt, wenn es in **<Ausdr>** nicht gesetzt war und umgekehrt.

Wahrheitstabelle

Ausdr	Ergebnis
0	1
1	0

Anmerkung	NOT kann auch in Vergleichen (z.B. in einer IF-Abfrage) zur Umkehr von logischen Aussagen eingesetzt werden.

Beispiel	`IF NOT EOF THEN ...`

OCT$ Konvertier-Funktion

Syntax	**<Stringvariable>=OCT$(<Wert>)**

Beschreibung   Die Funktion wandelt den angegebenen **<Wert>** in die oktale
Schreibweise um.

Anmerkungen   Das Ergebnis wird als String zurückgeliefert.

Die größtmögliche Zahl ist 65.535.

Beispiel   `a$=OCT$(10)`

ON COM..GOSUB   Unterprogramm aufrufen

Syntax	**ON COM(<Nummer>) GOSUB <Zeilennummer>I<Label>**

Beschreibung   Die serielle Schnittstelle kann im Interrupt automatisch abgefragt werden. Mit dem Befehl ON COM .. GOSUB kann ein
Unterprogramm angesprungen werden,bald ein Zeichen
empfangen wurde. Mit **<Nummer>** wird die Nummer der seriellen Schnittstelle angegeben. Der Sprung kann zu einer
<Zeilennummer> oder einem **<Label>** erfolgen.

Anmerkungen Das Unterprogramm muß mit RETURN enden. Nach Beendigung des Unterprogramms wird der normale Programmablauf fortgeführt.

Während der Ausführung des Unterprogramms werden weitere Aufrufe zunächst nicht beachtet. Eine Anforderung wird jedoch zwischengespeichert und nach Ablauf des Unterprogramms bearbeitet.

Beispiele
```
ON COM(1) GOSUB 1000
ON COM(2) GOSUB unterprogramm
```

ON ERROR GOTO   Unterprogramm aufrufen

Syntax **ON ERROR GOTO <Zeilennummer>I<Label>**

Beschreibung Dieser Befehl dient zum Abfangen von Fehlermeldungen. Sobald ein Fehler auftritt, wird an die angegebene **<Zeilennummer>** bzw. an das **<Label>** gesprungen.

Anmerkungen Nach der Behandlung kann das Programm mit RESUME bzw. RESUME NEXT fortgeführt werden.

Mit ON ERROR GOTO 0 wird die eigene Fehlerbehandlung ausgeschaltet, und die Fehlermeldungen werden wieder ausgegeben.

Beispiele
```
ON ERROR GOTO 1000
ON ERROR GOTO unterprogramm
```

ON..GOSUB   Unterprogramm aufrufen

Syntax   **ON <Ausdruck> GOSUB <Zeile1>|<Label1>[,...]**

Beschreibung Dieser Befehl dient zum bedingten Sprung in ein Unter-
                  programm in Abhängigkeit von **<Ausdruck>**.

Anmerkungen   Für **<Ausdruck>** kann jeder beliebige Ausdruck eingesetzt
                  werden, der ein numerisches Ergebnis liefert.

                  Hat der Ausdruck den Wert 1, dann wird zu Zeile1/ Label1,
                  bei Wert 2 zu Zeile2/Label2 usw. gesprungen.

                  Ist der Ausdruck 0 oder größer als die Anzahl der an-
                  gegebenen Sprungziele, wird der Befehl ignoriert und mit
                  dem nachfolgenden Befehl fortgefahren.

Beispiele   ```
                  ON a GOSUB 1000,2000,3000
                  ON b GOSUB lab1,lab2,lab3
                  ```

# ON..GOTO                                        Programmverzweigung

**Syntax**        **ON <Ausdruck> GOTO <Zeile1>|<Label1>[,...]**

**Beschreibung**  Dieser Befehl dient in Abhängigkeit von **<Ausdruck>** dem
                  bedingten Sprung im Programm .
                  ```

Anmerkungen	Für **<Ausdruck>** kann jeder beliebige Ausdruck eingesetzt werden, der ein numerisches Ergebnis liefert.

Hat der Ausdruck den Wert 1, wird zu Zeile1/ Label1, bei Wert 2 zu Zeile2/Label2 usw. gesprungen.

Ist der Ausdruck 0 oder größer als die Anzahl der angegebenen Sprungziele, wird der Befehl ignoriert und mit dem nachfolgenden Befehl fortgefahren. |

Beispiele

```
ON a GOTO 1000,2000,3000
ON b GOTO lab1,lab2,lab3
```

ON KEY..GOSUB   Unterprogramm aufrufen

Syntax

**ON KEY(<Tastennummer>) GOSUB
<Zeilennummer>|<Label>**

Beschreibung   Einige Funktions- und Steuertasten werden automatisch im Interrupt abgefragt. Mit dem Befehl ON KEY..GOSUB besteht die Möglichkeit, ein Unterprogramm aufzurufen, sobald die spezifizierte Taste betätigt wurde.

Anmerkungen   Die möglichen Zeichen haben den folgenden Code, der bei **<Tastennummer>** angegeben werden muß:

o	11
u	14
l	12
r	13
F1 bis F10	1-10
F11 bis F12	30-31
Benutzerdefinierte Tasten	15-29

Die benutzerdefinierten Zeichen müssen zunächst mit KEY(n) definiert werden. Innerhalb des Unterprogramms kann die Taste nicht mit INKEY$ ermittelt werden, weil die Tastennummer verworfen wird.

Beispiele
```
ON KEY (5) GOSUB 1000
ON KEY (6) GOSUB unterprogramm
```

ON PEN GOSUB   Unterprogramm aufrufen

Syntax   **ON PEN GOSUB <Zeilennummer>|<Label>**

Beschreibung   Der Light-Pen kann innerhalb eines Interrupts überprüft werden. Wenn mit diesem Befehl ein Unterprogramm durch **<Zeilennummer>** oder **<Label>** angegeben ist, wird dieses angesprungen, sobald der Taster des Light-Pens betätigt wird.

Beispiele
```
ON PEN GOSUB 1000
ON PEN GOSUB unterprogramm
```

ON PLAY..GOSUB   Unterprogramm aufrufen

Syntax   **ON PLAY(<Anzahl>) GOSUB <Zeilennummer>|<Label>**

Beschreibung   Dieser Befehl dient zur Kontrolle der im Hintergrund ablaufenden Musik. Mit **<Anzahl>** kann die Anzahl der Noten angegeben werden, die noch mindestens im PLAY-Puffer stehen müssen. Sobald diese Anzahl oder weniger Noten im Puffer stehen, wird das Unterprogramm, das durch Angabe der **<Zeilennummer>** oder eines **<Labels>** bestimmt wird, aufgerufen. Hier kann dann z.B. ein neuer PLAY-Befehl stehen, um fortlaufende Hintergrundmusik zu ermöglichen.

Beispiele

```
ON PLAY (20) GOSUB 1000
ON PLAY (20) GOSUB unterprogramm
```

ON STRIG..GOSUB   Unterprogramm aufrufen

Syntax   **ON STRIG(<Modus>) GOSUB <Zeilennummer>|<Label>**

Beschreibung Der Zustand der Feuerknöpfe der Joysticks läßt sich innerhalb eines Interrupts ermitteln. Mit dem Befehl wird ein Unterprogramm installiert, das bei Auftreten eines solchen Ereignisses angesprungen wird. Mit **<Zeilennummer>** oder **<Label>** wird angegeben, wo das Unterprogramm beginnt. Mit **<Modus>** wird festgelegt, auf welche Joysticktaste reagiert werden soll. Dabei sind folgende Werte erlaubt:

0	Taste 1	Joystick 1
2	Taste 1	Joystick 2
4	Taste 2	Joystick 1
6	Taste 2	Joystick 2

Beispiele

```
ON STRIG (2) GOSUB 1000
ON STRIG (4) GOSUB unterprogramm
```

ON TIMER..GOSUB   Unterprogramm aufrufen

Syntax   **ON TIMER (<Sekunden>) GOSUB <Zeilennummer>|
                  <Label>**

Beschreibung Dieser Befehl definiert einen Unterprogrammsprung bei Ab-
                  lauf einer einstellbaren Zeit. Das Sprungziel kann entweder
                  als **<Zeilennummer>** oder als **<Label>** angegeben werden.

Anmerkungen   Die Zeit wird als Integerwert in Sekunden angegeben.

                  Nach Abschluß der Unterroutine mit <RETURN>, wird mit
                  dem normalen Programmablauf fortgefahren.

                  Während des Unterprogrammablaufs sind keine weiteren
                  Timer-Einsprünge möglich.

Beispiele   ```
                  ON TIMER (20) GOSUB 1000
                  ON TIMER (40) GOSUB unterprogramm
                  ```

## OPEN                                       Datei öffnen

**Syntax**        **OPEN <Dateiname> FOR <Modus> [ACCESS<Zugriff-
                  modus>]
                  [LOCK <Sperrmodus>] AS #<Dateinummer>
                  [LEN=<Satzlänge>]**

**Beschreibung**  Mit OPEN wird eine Datei geöffnet. **<Dateiname>** bestimmt
                  den Namen der Datei nach MS-DOS-Konvention, gegebenen
                  ```

falls mit Laufwerksangabe und vollem Pfad. Durch **<Modus>** nach dem Schlüsselwort **FOR** wird eingestellt, für welchen Zweck die Datei geöffnet werden soll. Dabei sind folgende Modi möglich:

INPUT

Die Datei wird zum Lesen geöffnet. und der Dateizeiger an den Anfang der Daten gesetzt und somit das erste Zeichen gelesen.

OUTPUT

Die Datei wird zum Schreiben geöffnet. Existiert die angegebene Datei noch nicht, wird sie angelegt und eine bestehende Datei gelöscht. Der an den Anfang gesetzte Dateizeiger läßt das erste Zeichen schreiben.

APPEND

Die Datei wird zum Schreiben geöffnet. Im Gegensatz zu OUTPUT werden die zu schreibenden Daten jedoch an die Datei angehängt. Dazu wird der Dateizeiger an das Ende der Datei, also hinter das letzte Zeichen, gesetzt. Existiert die angegebene Datei nicht, wird sie angelegt.

RANDOM

Die Datei besteht aus Datensätzen mit fester Länge und wird für den Direktzugriff zum Lesen und Schreiben geöffnet. Der Dateizeiger wird an den Anfang der Datei gesetzt. Existiert die Datei nicht, wird sie neu angelegt. Die Datensatzlänge muß nach LEN als **<Satzlänge>** erfolgen.

BINARY

Eine Datei läßt sich auch im Direktzugriff mit der Satzlänge 1 zum Lesen und Schreiben öffnen. Damit ist ein beliebiger Zugriff auf Daten der Datei möglich. Der Dateizeiger wird an den Anfang der Datei gesetzt. Existiert die angegebene Datei nicht, wird sie neu angelegt.

Mit dem Schlüsselwort **ACCESS** wird die Zugriffsberechtigung für den jeweiligen Benutzer des Programms geregelt. Dazu stehen folgende Zugriffsmodi zur Verfügung:

ACCESS READ

Aus der Datei darf nur gelesen werden.

ACCESS WRITE

Es darf nur in die Datei geschrieben werden.

ACCESS READ WRITE

Es darf sowohl gelesen als auch geschrieben werden.

Wenn in Netzwerken oder in Mehrplatzsystemen (ab DOS 3.x möglich) gearbeitet wird, müssen Dateien gegen den gleichzeitigen Zugriff von mehreren Personen geschützt werden. Dies wird durch **LOCK** erreicht. Mit **<Sperrmodus>** wird die Art des Schutzes festgelegt:

LOCK SHARED

Die Datei kann beliebig oft geöffnet werden.

LOCK READ

Die Datei kann nur einmal zum Lesen, aber beliebig oft zum Schreiben geöffnet werden.

LOCK WRITE

Die Datei kann nur einmal zum Schreiben, aber beliebig oft zum Lesen geöffnet werden.

LOCK READ WRITE

Die Datei kann nur einmal geöffnet werden.

Anmerkungen   Nach dem Nummernzeichen # muß eine **<Dateinummer>** angegeben werden. Diese Nummer ist beliebig und dient nur zur Identifizierung der Dateien. Bei allen weiteren Zugriffen auf die Datei wird nur noch die Nummer und nicht der gesamte Dateiname angegeben.

Bei RANDOM-Dateien wird mittels **LEN** die **<Satzlänge>** angegeben.

Verweis   Weitere Informationen zum Befehl OPEN finden Sie ab Seite 208.

Beispiel   `OPEN "adressen.dat" FOR OUTPUT AS #1`

OPEN
Datei öffnen

Syntax   OPEN "<Modus>",[#]<Dateinummer>,<Dateiname>
[,<Satzlänge>]

Beschreibung   Dieser Befehl dient dem Öffnen von Dateien. Mit <Modus> wird die Art des Zugriffs auf die Datei angegeben. Dabei sind folgende Modi möglich:

I	(INPUT)	siehe vorheriger OPEN-Befehl
O	(OUTPUT)	siehe vorheriger OPEN-Befehl
A	(APPEND)	siehe vorheriger OPEN-Befehl
R	(RANDOM)	siehe vorheriger OPEN-Befehl
B	(BINARY)	siehe vorheriger OPEN-Befehl

Anmerkung   Siehe vorheriger OPEN-Befehl.

OPEN COM
Schnittstelle öffnen

Syntax   OPEN "COM<Nummer>:[<Baudrate>][,[<Parität>]
[,[<Wortbreite>][,[<Stoppbits>][,ASC|BIN][,CD<Zeit>]
[,CS<Zeit>][,DS<Zeit>][,LF][,OP<Zeit>][,RB<Größe>]
[,RS][,TB<Größe>]]]]" [FOR <Modus>] AS
[#]<Dateinummer> [LEN=<Satzlänge>]

Beschreibung   Dieser Befehl öffnet und initialisiert die mit <Nummer> angegebene serielle Schnittstelle. Mit <Baudrate> wird die Übertragungsgeschwindigkeit festgelegt. Dabei sind die Werte 75, 110, 150, 300, 600, 1.200, 1.800, 2.400, 4.800, 9.600 oder 19.200 möglich. Fehlt die Angabe, wird 300 Baud angenommen. Mit <Parität> wird die mögliche Überprüfung der Daten eingestellt. Folgende Kennbuchstaben sind wählbar:

N	(None)	keine Parität
E	(Even)	gerade Parität
O	(Odd)	ungerade Parität
S	(Space)	Leerzeichen wird übergeben
M	(Mark)	Kennzeichen wird übergeben

Mit **<Stoppbits>** wird die Anzahl der Stoppbits eingestellt. Hier sind die Werte 1, 1.5 und 2 möglich. Als Defaultwert sind für Baudraten bis 110 Baud 2 Stoppbits und darüber 1 Stopbit voreingestellt.

Die nachfolgenden Schlüsselwörter sind optional. Die Eingabereihenfolge ist beliebig. Die einzelnen Schlüsselworte haben folgende Bedeutungen:

ASC

Die serielle Schnittstelle wird im ASCII-Modus geöffnet. Alle Tabulatorenzeichen werden in Leerzeichen gewandelt. Am Zeilenende wird automatisch Carriage Return eingefügt, "^Z" wird als Datei-Ende angesehen. Sobald der Kanal geschlossen wird, wird ein "^Z" gesendet.

BIN

Die serielle Schnittstelle wird im Binär-Modus geöffnet. Alle Zeichen werden unverändert empfangen und gesendet.

CD<Zeit>

Die Leitung DCD (Data Carrier Detect) wird überprüft. Mit **<Zeit>** kann die Wartezeit in Millisekunden (Default 1.000 ms) angegeben werden. Sobald eine Zeitüberschreitung auftritt, wird dies gemeldet.

CS<Zeit>

Die Leitung CTS (Clear To Send) wird überprüft. Mit **<Zeit>** kann die Wartezeit in Millisekunden (Default 1.000 ms) angegeben werden. Sobald eine Zeitüberschreitung auftritt, wird dies gemeldet.

DS<Zeit>

Die Leitung DSR (Data Set Ready) wird überprüft. Mit **<Zeit>** kann die Wartezeit in Millisekunden (Default 1.000 ms) angegeben werden. Sobald eine Zeitüberschreitung auftritt, wird dies gemeldet.

LF

Nach jeder Zeile wird neben dem Carriage Return zusätzlich ein Line Feed gesendet. Dies ist z.B. für Drucker an der seriellen Schnittstelle notwendig, um einen Zeilenvorschub zu erreichen.

OP<Zeit>

Es wird überprüft, wie lange das Öffnen der Schnittstelle dauert. Mit **<Zeit>** kann die Wartezeit in Millisekunden eingestellt werden. Der Defaultwert beträgt 1.000 Millisekunden. Wird OP ohne weiteren Paramter angegeben, wartet der Befehl so lange, bis die Schnittstelle erfolgreich geöffnet wurde.

RB<Größe>

Der Empfangsbuffer wird auf **<Größe>** Bytes gesetzt. 256 Bytes sind voreingestellt. Die Höchstgrenze beträgt 32.767.

RS

Die Überprüfung des Signals RTS (Request To Send) wird unterdrückt.

TB<Größe>

Der Sendebuffer wird auf **<Größe>** Bytes gesetzt. 256 Bytes sind voreingestellt. Die Höchstgrenze beträgt 32.767.

Nach dem Schlüsselwort **FOR** folgt der **<Modus>**, in dem die Schnittstelle geöffnet werden soll. Hierfür stehen die Schlüsselworte

INPUT	zum Lesen von der seriellen Schnittstelle
OUTPUT	zum Schreiben auf die serielle Schnittstelle
RANDOM	für Direktzugriff

zur Verfügung. Nach dem optionalen Nummernzeichen # wird die **<Dateinummer>** angegeben, unter der die Schnittstelle weiterhin angesprochen werden kann. Hier sind Werte von 1 bis 15 möglich. Wurde die Schnittstelle im Modus RANDOM geöffnet, kann mit **<Satzlänge>** die Länge eines Satzes angegeben werden.

Beispiel   `OPEN "COM1:9600" AS #1`

OPTION BASE   Indizierung festlegen

Syntax	**OPTION BASE 0|1**

Beschreibung   Mit diesem Befehl wird der Start bei der Indizierung von Variablen angegeben.

Anmerkungen   Es sind die Werte 0 und 1 zulässig.

Bei OPTION BASE 1 beginnt die Indizierung mit dem Wert 1 und geht bis zum dimensionierten Wert.

Bei OPTION BASE 0 beginnt die Indizierung bei 0 und geht bis zum dimensionierten Wert.

OR   Logikoperator

Syntax	**<Variablenname>=<Ausdr1> OR <Ausdr2>** **IF <Bedingung1> OR <Bedingung2> THEN ...**

Beschreibung   Die Funktion liefert als Ergebnis die bitweise ODER-Verknüpfung der beiden Ausdrücke zurück.

Anmerkungen   OR kann auch für eine logische Verknüpfung z.B. innerhalb von IF-Abfragen verwendet werden.

Die Verknüpfung ist falsch (=0), wenn beide Bedingungen 0 sind, und wahr (<>0), wenn eine oder beide Bedingungen ungleich 0 sind.

Wahrheitstabelle

Ausdr1	Ausdr2	Ergebnis
0	0	0
0	1	1
1	0	1
1	1	1

Beispiele

```
IF a=1 OR b$="OK" THEN ...

a=&HFC OR &HCA     Ergebnis: a=&HFE
```

OUT   Daten ausgeben

Syntax   **OUT <Portadresse>,<Wert>**

Beschreibung   Das mit **<Wert>** angegebene Byte wird in einen Port ge-
                   schrieben. Die Adresse des Ports muß bei **<Portadresse>** ste-
                   hen.

Anmerkung   Die Adressen können bei verschiedenen Rechnern unter-
                   schiedlich sein. Eine falsche Programmierung kann unkon-
                   trollierbare Folgen haben.

PAINT
Grafik füllen

Syntax

PAINT [STEP] (<x>,<y>[,[<Füllmodus>][,[<Randfarbe>]
[,<Hintergrund>]]]

Beschreibung

Der Befehl füllt eine abgegrenzte Grafikfläche mit einem Muster oder einer Füllfarbe. Mit <x> und <y> wird die Position angegeben, von der aus mit dem Ausfüllen begonnen wird. Ohne Schlüsselwort **STEP** werden die Angaben als absolute, mit **STEP** als relative Werte zum letzen angesprochenen Punkt angesehen.

Ist bei <**Füllmodus**> ein numerischer Wert von 0 bis 3 angegeben, wird er als Farbwert interpretiert. Wird ein beliebiger String als <**Füllmodus**> übergeben, heißt dieses Zeichen, daß ein Muster zum Füllen benutzt werden soll.

Das zu verwendende Füllmuster wird dann als String bei <**Hintergrund**> übergeben. Es kann ein 8 Bit breites und 64 Byte hohes Muster umfassen.

Der String wird mit der Funktion CHR$ zusammengesetzt. Unter <**Randfarbe**> muß die Farbnummer erscheinen, die als Abgrenzung der Füllfläche dient.

Anmerkung

Der angegebene Punkt <x>,<y> darf nur innerhalb einer Fläche liegen, die vollkommen mit der angegebenen Farbe umschlossen ist, z.B. durch Linien oder Kreisbögen. Bei kleinsten Öffnungen innerhalb der Begrenzungslinie wird der ganze Bildschirm ausgefüllt.

Beispiel

```
CIRCLE (100,100),50,2
PAINT (90,110),1,2
```

PALETTE   Farben festlegen

Syntax   **PALETTE [<Farbealt>,<Farbeneu>]**

Beschreibung Mit diesem Befehl wird eine neue Farbe ausgewählt. Mit
              <Farbealt> wird die zu ändernde Farbnummer übergeben,
              mit **<Farbeneu>** die neue Farbe zu dieser Nummer.

Anmerkungen   Dieser Befehl dient z.B. zum kurzzeitigen Ändern von Bild-
              schirmfarben, um Animationen anzudeuten oder um Punkte
              einer Farbe verschwinden zu lassen.

              PALETTE ohne Parameter setzt alle Farben wieder auf die
              Defaultwerte zurück.

Beispiel   PALETTE 7, 0

PALETTE USING   Farben festlegen

Syntax   **PALETTE USING <Array>[<Index>]**

Beschreibung Mit diesem Befehl kann eine neue Farbpalette ausgewählt
              werden.

Anmerkungen   Dieser Befehl funktioniert nur in Verbindung mit einer EGA-
              oder VGA-Karte.

              Im Gegensatz zum PALETTE-Befehl werden hier alle Farben
              umgeschaltet.

Sollen einzelne Farben nicht verändert werden, muß der entsprechende Eintrag im Array -1 betragen.

Die Farbnummern müssen sich in der Reihenfolge in einem numerischen Array vom Typ INTEGER oder LONG befinden.

Die optionale Angabe des Index' gibt die Startposition der ersten Farbnummer an.

Beispiel   Farbpaletten-Array definieren

```
DIM farbe%(20)
farbe%(0)=0
farbe%(1)=1
farbe%(2)=2
farbe%(3)=3
farbe%(4)=4
farbe%(5)=5
farbe%(6)=6
farbe%(7)=7
farbe%(8)=-1
farbe%(9)=9
farbe%(10)=2
farbe%(11)=-1
farbe%(12)=12
farbe%(13)=13
farbe%(14)=14
farbe%(15)=-1
farbe%(16)=0
farbe%(17)=2
farbe%(18)=4
farbe%(19)=6
```

Die ersten 16 Farben benutzen:

```
PALETTE USING farbe% (0)
```

Die letzten 16 Farben nutzen:

```
PALETTE USING farbe%(4)
```

PCOPY
Bildschirminhalt kopieren

Syntax PCOPY <Quellseite>,<Zielseite>

Beschreibung Einige Grafikkarten sind in der Lage, mehr als eine Bildschirmseite gleichzeitig zu verarbeiten, wobei nur eine Bildschirmseite sichtbar ist. Mit dem Befehl PCOPY können beliebige Bildschirminhalte von einer zur anderen Seite kopiert werden. Der Parameter <Quellseite> gibt die Seite an, die kopiert werden soll, <Zielseite> gibt die Seite an, wohin kopiert werden soll.

Anmerkung Die Parameter werden als Zahl von 0 bis n-1 angegeben, wobei "n" die Anzahl der möglichen Seiten angibt.

PEEK
Speicher lesen

Syntax <Variablenname>=PEEK(<Offset>)

Beschreibung Die Funktion liefert den Wert des Bytes, das an der angegebenen Adresse steht.

Anmerkung Die Adresse setzt sich dabei aus der Segment-Adresse, die mit DEF SEG geändert werden kann und dem <Offset> zusammen.

Beispiele
```
a=PEEK(255)
b=PEEK(&H2A)
```

PEN
Interrupt einbinden

Syntax	**PEN ON|OFF|STOP**

Beschreibung Mit diesem Befehl wird der ON-PEN-Interrupt eingeschaltet, ausgeschaltet oder unterbrochen.

Anmerkungen Mit **PEN ON** wird der Interrupt eingeschaltet.

Mit **PEN OFF** wird der Interrupt ausgeschaltet.

PEN STOP unterbindet den Interrupt, merkt sich im Gegensatz zu **OFF** jedoch, ob eine Taste gedrückt wurde. Nach dem Befehl **PEN ON** wird der Interrupt wieder aufgenommen.

Sollte während **STOP** ein Zeichen angekommen sein, wird direkt nach **ON** das Unterprogramm ausgeführt.

Innerhalb des Unterprogramms setzt BASIC automatisch **PEN STOP**, um Probleme zu vermeiden; nach Ablauf des Unterprogramms wird entsprechend automatisch **PEN ON** gegeben.

PEN()
Light-Pen-Informationen lesen

Syntax	**<Variablenname>=PEN(<Modus>)**

Beschreibung Diese Funktion erfragt Informationen über einen angeschlossenen Light-Pen. Mit **<Modus>** können Informationen gewünscht werden. Dazu stehen folgende Möglichkeiten zur Verfügung:

PEN(0)   Wurde der Taster am Light-Pen seit dem letzten Aufruf betätigt, liefert die Funktion den Wert -1, ansonsten den Wert 0.

PEN(1)   Die Funktion liefert die x-Koordinate des Light-Pens beim letzten Betätigen des Tasters.

PEN(2)   Die Funktion liefert die y-Koordinate des Light-Pens beim letzten Betätigen des Tasters.

PEN(3)   Die Funktion liefert den Wert -1, wenn der Taster des Light-Pens gerade betätigt wird, ansonsten den Wert 0.

PEN(4)   Die letzte gültige x-Koordinate des Light-Pens wird geliefert.

PEN(5)   Die letzte gültige y-Koordinate des Light-Pens wird geliefert.

PEN(6)   Die Funktion liefert die Zeile (1-24), in der sich der Light-Pen beim letzten Betätigen des Tasters befand.

PEN(7)   Die Funktion liefert die Spalte (1-40 oder 1-80), in der sich der Light-Pen beim letzten Betätigen des Tasters befand.

PEN(8)   Die letzte gültige Zeile, in der sich der Light-Pen befand, wird geliefert.

PEN(9)   Die letzte gültige Spalte, in der sich der Light-Pen befand, wird geliefert.

Anmerkungen   Bei aktiviertem Maustreiber funktionieren die Anfragen an einen Light-Pen nicht, weil der Maustreiber diese benutzt.

Durch die Funktion 14 des Mautreibers kann die Light-Pen-Emulation des Maustreibers aus- und durch die Funktion 13 wieder eingeschaltet werden.

Beispiel   a=PEN(2)

PLAY

Notenanzahl ermitteln

Syntax   <Variablenname>=PLAY (<dummy>)

Beschreibung   Die Funktion ermittelt die Anzahl der noch zu spielenden Noten der Hintergrundmusik.

Anmerkung   Wird keine Musik im Hintergrund gespielt, wird der Wert 0 übergeben.

Verweis   Weitere Informationen zum Befehl PLAY finden Sie ab Seite 200.

PLAY

Tonfolge spielen

Syntax   PLAY <Stringvariable>

Beschreibung   Dieser Befehl dient dem Abspielen einer Tonfolge, die vorher in einer **<Stringvariablen>** definiert wurde. Für den String stehen folgende Steuerzeichen zur Verfügung:

MN
(Modus Normal) Die Tonerzeugung erfolgt mit 7/8 des im String durch L festgelegten Zeitablaufs.

ML
(Modus Legato) Die Tonerzeugung erfolgt mit dem im String durch L festgelegten Zeitablauf.

MS

(Modus Staccato) Die Tonerzeugung erfolgt mit 3/4 des im String durch L festgelegten Zeitablaufs.

MF

(Modus Foreground) Die Tonerzeugung wird im Vordergrund vorgenommen, d.h. das Programm wird während der Tonerzeugung nicht weiter bearbeitet.

MB

(Modus Background) Die Tonerzeugung wird im Hintergrund vorgenommen, d.h. das Programm wird während der Tonerzeugung weiter abgearbeitet. Hierbei handelt es sich also um eine Art Multitasking. In diesem Modus können maximal 32 Zeichen übergeben werden.

O<n>

(Octave) Bestimmt die Oktave, in der die zu spielenden Töne liegen. Möglich sind hier Werte von 0 bis 6.

> <Note>

Die angegebene Note (1-84) wird eine Oktave höher gespielt.

< <Note>

Die angegebene Note (1-84) wird eine Oktave tiefer gespielt.

A bis G [#|+|-]

Geben die Noten an. Dabei entspricht A der Note A, C der Note C, B jedoch der Note H, weil diese Note überall auf der Welt (außer in Deutschland) mit B bezeichnet wird. Mit dem Pluszeichen oder der Raute läßt sich die Note um einen Halbton erhöhen (#), mit dem Minuszeichen verringern (b).

N<Note>

(Note) Hiermit kann jede beliebige Note aus allen Oktaven gewählt werden. Dabei sind Werte von 1 bis 84 möglich. Wird für <Note> eine 0 angegeben, wird für die Dauer einer Note eine Tonpause eingelegt.

P<Länge>

(Pause) Es wird eine Tonpause mit angegebener Länge eingelegt. Der Wert bezieht sich dabei auf die Anzahl der Noten, deren Länge mit dem Befehl L eingestellt wurde. Die Befehlsfolge L8P5 macht deshalb eine Pause einer 5/8-Note.

L<Länge>

(Tonlänge) Die Länge der folgenden Noten wird von 1 bis 64 festgelegt. Dabei sind folgende Werte möglich:

Wert	Bedeutung
L1	Ganze Note
L2	Halbe Note
L4	Viertel Note
L8	Achtel Note
L16	Sechzehntel Note
L32	Zweiunddreißigstel Note
L64	Vierundsechzigstel Note

Auch Zwischenwerte sind erlaubt, wodurch es auch Siebtel-Noten usw. gibt. Steht das L mit Parameter direkt hinter der Notenangabe, gilt die Länge nur für die eine Note.

T<Tempo>(Tempo) Das Tempo der Tonerzeugung wird als Anzahl der Viertelnoten pro Minute festgelegt. Es sind Werte zwischen 32 und 255 möglich.

(Verlängerung) Das Abarbeiten des Tons dauert 50 Prozent länger.

X<Stringvariable>

Das Abarbeiten im augenblicklichen String wird unterbrochen, und die Tonbefehle in der an-gegebenen Stringvariablen (VARPTR$) werden ausgeführt. Sobald dieser String abgearbeitet ist, wird der Tonbefehl nach dem X interpretiert. Da-mit entspricht der Befehl in etwa einem Unterpro-grammaufruf.

Anmerkungen Die numerischen Werte können auch durch Variablen an-gegeben werden.

In QBasic muß dann nach dem Befehlsbuchstaben ein Gleich-heitszeichen mit Variablennamen und einem Semikolon fol-gen, z.B. L=Laenge;

Verweis Weitere Informationen zum Befehl PLAY finden Sie ab Seite 200.

PLAY
Interrupt einbinden

Syntax   **PLAY ON|OFF|STOP**

Beschreibung Mit diesem Befehl wird der ON-PLAY-Interrupt eingeschaltet, ausgeschaltet oder unterbrochen.

Anmerkungen   Mit **PLAY ON** wird der Interrupt eingeschaltet.

Mit **PLAY OFF** wird der Interrupt ausgeschaltet. Eine Überprüfung der Notenanzahl findet nicht statt.

PLAY STOP unterbindet den Interrupt, merkt sich im Gegensatz zu **OFF** jedoch, ob die Notenmindestanzahl erreicht
wurde. Nach dem Befehl **PLAY ON** wird der Interrupt wieder aufgenommen.

Sollte während **STOP** die Notenmindestanzahl erreicht bzw.
unterschritten worden sein, wird direkt nach **ON** das Unterprogramm ausgeführt.

Innerhalb des Unterprogramms setzt BASIC automatisch
PLAY STOP, um Probleme zu vermeiden. Nach Ablauf des
Unterprogramms wird automatisch **PLAY ON** gegeben.

PMAP
Koordinaten berechnen

Syntax   **<Variablenname>=PMAP(<Koordinate>,<Modus>)**

Beschreibung Diese Funktion rechnet die Koordinate in eine gemäß WIN-
DOW transformierte **<Koordinate>** um und umgekehrt. Mit

<Modus> wird die gewünschte Umrechnung angegeben. Dazu sind folgende Werte möglich:

0   Die angegebene Koordinate wird als x-Wert von dem neuen Koordinatensystem in eine absolute Koordinate umgerechnet.

1   Die angegebene Koordinate wird als y-Wert von dem neuen Koordinatensystem in eine absolute Koordinate umgerechnet.

2   Die angegebene Koordinate ist ein absoluter x-Wert, der in das neue Koordinatensystem umgerechnet werden soll.

3   Die angegebene Koordinate ist ein absoluter y-Wert, der in das neue Koordinatensystem umgerechnet werden soll.

Beispiel   `a=PMAP(b,2)`

POINT   Farbe ermitteln

Syntax   **<Variablenname>=POINT(<x>,<y>)**

Beschreibung   Die Funktion liefert als Ergebnis den Farbwert des mit <x> und <y> angegebenen Punktes.

Beispiel   `a=POINT(50,50)`

POKE   Speicher schreiben

Syntax   **POKE <Offset>,<Wert>**

Beschreibung   Der Befehl schreibt den **<Wert>** als Byte an die angegebene
                    Adresse.

Anmerkung   Die Adresse setzt sich aus der Segment-Adresse, die mit DEF
                    SEG geändert werden kann, und dem **<Offset>** zusammen.

Beispiel   POKE 256,65

POS(0)   Cursorposition ermitteln

Syntax   **<Variablenname>=POS(0)**

Beschreibung   Diese Funktion ermittelt die Spalte (1-40 bzw. 1-80), in der
                    sich der Cursor befindet.

PRESET

Grafikpunkt löschen

Syntax	**PRESET [STEP](<X>,<Y>)[,<Farbe>]**

Beschreibung	Dieser Befehl löscht an Position <X> und <Y> auf dem Gra-fikbildschirm einen Punkt. Ohne **STEP** werden die Ko-ordinaten absolut, mit **STEP** relativ zur letzten angespro-chenen Position angesehen. Mit <Farbe> läßt sich die Zeichenfarbe bestimmen, mit der der Punkt gelöscht werden soll.

Anmerkung	Für <Farbe> sind Werte von 0 bis 3 möglich.

Beispiel	PRESET 50,50,2

PRINT

Zeichen ausgeben

Syntax	**PRINT [<Ausdruck>][,I;[...]]**

Beschreibung	Dieser Befehl dient zur Ausgabe von beliebigen Daten auf dem Bildschirm. Als Kurzform kann auch "?" angegeben werden.

Anmerkungen Für **<Ausdruck>** lassen sich beliebige Konstanten, Variablen oder Berechnungen angeben.

Wird PRINT ohne weitere Angaben aufgerufen, muß man den Cursor an den Anfang der nächsten Zeile positionieren (Leerzeile).

Ohne weitere Zeichen (Komma **[,]** oder Semikolon **[;]**) setzt sich der Cursor nach der Ausgabe automatisch an den Anfang der nächsten Zeile.

Ein abschließendes Komma **[,]** oder Semikolon **[;]** verhindert einen Zeilenvorschub.

Eine weitere Ausgabe mit PRINT erfolgt bei einem Semikolon **[;]** direkt hinter der letzten Ausgabe, bei einem Komma **[,]** am nächsten Tabulatorstopp (alle 8 Zeichen).

Sollte eine Ausgabe über den rechten Rand hinausgehen, wird in der nächsten Zeile weitergeschrieben.

Beispiel

```
PRINT "Die Summe von 2 und 5 ist ";2+5;"."
```

PRINT USING   Formatierte Zeichenausgabe

Syntax   **PRINT USING "<Maske>";<Ausdruck>[,l;[...]]**

Beschreibung Dieser Befehl dient der formatierten Ausgabe von beliebigen Daten auf dem Bildschirm. Er unterscheidet sich nur wenig vom PRINT-Befehl. Neu ist die Definition einer Maske, die das Aussehen der Ausgabe bestimmt. Hiermit sind z.B. leicht Tabellendarstellungen möglich.

"#####"

Ausgabe von ganzzahligen Werten. Jedes Nummernzeichen steht für eine Stelle des Zeichens. Das erste Nummernzeichen bestimmt das Vorzeichen. Kleinere Zahlen werden rechtsbündig ausgegeben, Nachkommastellen kaufmännisch gerundet.

"###.##"

Ausgabe von Fließpunktzahlen. Die Anzahl der Nummernzeichen minus Eins vor dem Punkt ergibt die Anzahl der Vorkommastellen, die Anzahl nach dem Punkt die Nachkommastellen. Auch hier ist wieder das erste Nummernzeichen für ein Vorzeichen reserviert. Zu viele Nachkommastellen werden kaufmännisch gerundet, Zahlen kommarichtig ausgegeben.

"+###.##"

Ein führendes Pluszeichen erzwingt die Ausgabe des Vorzeichens auch bei positiven Zahlen.

"###.##-" oder *"###.##+"*

Die Ausgabe des Vorzeichens erfolgt nach Ausgabe der Zahl. Bei einem Minuszeichen wird das Vorzeichen nur bei negativen, bei einem Pluszeichen bei allen Zahlen ausgegeben.

"###.##^^^^"

Die Ausgabe von Zahlen wird in Exponentialschreibweise vorgenommen. Das erste Zeichen steht für den Buchstaben E, das zweite für das Vorzeichen, die beiden weiteren für zwei Stellen des Exponenten. Die Exponentialdarstellung wird bei besonders großen oder kleinen Zahlen notwendig.

"#####,.##"

Diese Maske dient der formatierten Ausgabe von großen Zahlen. Jede Tausender-Kolonne wird durch ein Komma getrennt. Leider erfolgt dies genau umgekehrt zur deutschen Schreibweise, also Nachkommapunkt und Trennungskomma (3,123.45 entspricht im Deutschen 3.123,45).

"**###.##"**

Zur formatierten Ausgabe von Zahlen wurden bei den o.g. Masken nicht benötigte Stellen von links an mit Leerzeichen aufgefüllt. Bei dieser Maske erscheinen nicht benötigte führende Stellen als Sternchen. Dies kann z.B. bei Bankgeschäften zur Verhinderung späterer Änderungen auf Ausdrucken mützlich sein.

"$$###.##"

Vor der Zahl steht ein Dollarzeichen ausgegeben. Die Exponentialdarstellung ist hierbei nicht möglich. Sollen das Dollarzeichen und führende Leerzeichen als Sternchen erscheinen, entfällt ein $ ("**$###.##").

"\ \"

Diese Maske dient zur Ausgabe von Textkonstanten oder Stringvariablen. Die Anzahl der auszugebenen Zeichen wird durch die Anzahl der Zeichen zwischen den Anführungszeichen festgelegt. Dabei zählt ein Backslash jeweils mit. Der kleinste String ist damit zwei Zeichen groß. Die Ausgabe erfolgt linksbündig.

"!"

Es wird nur das erste Zeichen der Textkonstanten oder Stringvariablen ausgegeben.

"&"

Die Zeichenkette oder Stringvariable wird unformatiert vollständig ausgegeben.

"<Text> ###.## <Text>"

Neben den Steuerzeichen lassen sich beliebige Texte an den Stellen <Text> einfügen werden, die dann unverändert ausgegeben werden. Hiermit kann z.B. ein führendes DM statt des automatischen $ ausgegeben werden. Dann würde die Maske "DM ###.##" lauten.

"_"

Damit auch Zeichen ausgegeben werden können, die normalerweise innerhalb der Maske als interpretierte Steuerzeichen erscheinen, ist als Escape-Zeichen der Unterstrich vorgesehen. Das folgende Zeichen kommt unverändert zur Ausgabe (z.B. _&).

Anmerkungen	Für **<Ausdruck>** können beliebige Konstanten, Variablen oder Berechnungen angegeben werden.

Ohne weitere Zeichen (Komma [,] oder Semikolon [;]) wird der Cursor nach der Ausgabe automatisch an den Anfang der nächsten Zeile gesetzt.

Bei einem Komma [,] rückt der Cursor an die nächste Tabulatorstelle (alle acht Zeichen).

Bei einem Semikolon [;] erfolgt die nächste Ausgabe direkt hinter dem letzten Zeichen der letzten Ausgabe.

Mehrere Ausgaben innerhalb einer PRINT-USING-Anweisung trennt jeweils ein Semikolon.

Beispiel	`PRINT USING "## plus ## gleich ###";3;8;3+8`

PRINT#   Daten in eine Datei schreiben

Syntax	**PRINT#<Dateinummer> [,<Ausdruck>][,|;[...]]**

Beschreibung	Dieser Befehl dient zur Ausgabe von beliebigen Daten in eine vorher zum Schreiben geöffnete Datei. Mit **#<Dateinummer>** wird die Nummer angegeben, die beim Öffnen der Datei festgelegt wurde.

Anmerkungen	Für **<Ausdruck>** können beliebige Konstanten, Variablen oder Berechnungen angegeben werden.

Ohne weitere Zeichen (Komma [,] oder Semikolon [;]) werden die Zeichen Carriage Return (13) und Line Feed (10) in die Datei geschrieben.

Die Zeichen Carriage Return (13) und Line Feed (10) unterbindet jeweils ein Semikolon. Allerdings können die Daten
dann nicht mehr mit dem INPUT#-Befehl einzeln eingelesen
werden.

Bei Abschluß durch ein Komma werden Leerzeichen bis zum
nächsten Tabulatorstopp (alle acht Zeichen) geschrieben.

Beispiel   `PRINT #1, a$,b%`

PRINT# USING   Formatierte Daten in eine Datei schreiben

Syntax   **PRINT#<Dateinummer> USING "<Maske>";<Ausdruck>
[,|;[...]]**

Beschreibung   Dieser Befehl dient der formatierten Ausgabe von beliebigen
Daten in eine vorher geöffnete Datei. Mit **#<Dateinummer>**
wird die Dateinummer angegeben, die beim Öffnen der Datei
verwendet wurde.

Anmerkungen   PRINT# USING unterscheidet sich nur wenig vom PRINT#-
Befehl. Neu ist die Angabe einer **<Maske>**, die das Aussehen
der Ausgabe bestimmt.

Mit PRINT# USING sind z.B. leicht Tabellendarstellungen
möglich.

Die Formatiermöglichkeiten entsprechen denen des PRINT-
USING-Befehls.

PSET   Grafikpunkt setzen

Syntax	**PSET [STEP](<X>,<Y>)[,<Farbe>]**
Beschreibung	Dieser Befehl setzt an Position **<X>** und **<Y>** auf dem Grafikbildschirm einen Punkt. Ohne **STEP** werden die Koordinaten absolut, mit **STEP** relativ zur letzten angesprochenen Position angesehen. Mit **<Farbe>** bestimmt man die Zeichenfarbe.
Anmerkung	Bei **<Farbe>** sind Werte von 0 bis 3 zulässig.
Beispiel	PSET (50,50),2

PUT#   Datensatz schreiben

Syntax	**PUT[#]<Dateinummer> [,[<Satznummer>][,<Variable>]]**
Beschreibung	PUT schreibt einen Datensatz (<Variable>) aus dem durch FIELD definierten Datenpuffer in eine vorher geöffnete RANDOM-Datei. Nach dem optionalen Nummernzeichen **[#]** wird die beim Öffnen der Datei festgelegte **<Dateinummer>** angegeben. Ohne die Angabe von **<Satznummer>** wird der nächste Datensatz geschrieben, ansonsten der angegebene.
Anmerkung	Vor dem Schreiben müssen die Daten mit LSET oder RSET in die Variable(n) des Datenpuffers gebracht werden.
Beispiel	PUT #1,2

PUT   Grafik ausgeben

Syntax   **PUT [STEP] (<x>,<y>),<Array>[,<Modus>]**

Beschreibung   Dieser Befehl dient der Ausgabe eines mit GET gespeicherten
Bildschirmausschnittes auf dem Bildschirm. Mit <x>,<y> läßt
sich die linke obere Koordinate angegeben, an der der Bildschirmausschnitt dargestellt werden soll. Das Schlüsselwort
STEP gibt die Koordinaten relativ zum letzen angesprochenen Punkt an. Ansonsten sind absolute Koordinaten zu
übergeben. <Array> bezeichnet das Feld, in dem der Aus-
schnitt gespeichert ist, und mit **<Modus>** bestimmt man, wie
der Bildschirmausschnitt mit dem Hintergrund verknüpft
werden soll. Dabei sind folgende Modi möglich:

PSET   Der Bildschirmausschnitt wird genauso wieder-
gegeben, wie er abgespeichert wurde. Eine Verknüpfung mit dem Hintergrund erfolgt nicht.

PRESET   Der Bildschirmauschnitt wird invertiert wieder-
gegeben, eine Verknüpfung mit dem Hintergrund
erfolgt nicht.

AND   Der Bildschirminhalt wird bitweise mit dem Hintergrund durch logisches AND verknüpft. Es erscheinen nur jene Bildschirmpunkte, die sowohl
im Bildschirmausschnitt als auch im Hintergrund
gesetzt sind.

OR   Der Bildschirminhalt wird bitweise mit dem Hintergrund durch logisches OR verknüpft. Es werden nur Bildschirmpunkte gelöscht, wenn sie
auch im Hintergrund gelöscht sind.

XOR   Der Bildschirminhalt wird bitweise mit dem Hintergrund durch logisches XOR verknüpft. Es erscheinen nur jene Bildschirmpunkte, die umgekehrt zum Hintergrund gesetzt sind.

Beispiel   `PUT (20,20),a%,XOR`

RANDOMIZE   Zufallszahl ermitteln

Syntax	**RANDOMIZE [<Startwert>]**

Beschreibung	Der Befehl dient dem Festlegen des **<Startwertes>** bei der Berechnung von Zufallszahlen.

Anmerkungen	Ein gleicher **<Startwert>** erzeugt immer die gleichen Zufallszahlen.
	Ein Aufruf von RANDOMIZE ohne Parameter, fordert den Anwender auf, einen **<Startwert>** einzugeben.
	Die **<Startwerte>** können zwischen -32.768 und 32.767 liegen.

READ..DATA   Variablenwerte zuweisen

Syntax	**READ <Variable>[,...]** **DATA "Textkonstante"|Konstante**

Beschreibung	Der Befehl dient dem Zuweisen von Werten an Variablen.

Anmerkungen	Mit diesem Befehl können im Programm Tabellen angelegt werden, deren einzelne Werte bestimmten Variablen zugewiesen werden.
	Das Schlüsselwort **DATA** dient zur Definition der Tabelle.
	Es können **Konstanten** angegeben werden.

Bei Angabe mehrerer **Konstanten** werden diese durch Kommata getrennt.

Textkonstanten müssen in Hochkommata gesetzt werden (Ausnahme: die gesamte DATA-Zeile besteht nur aus Textkonstanten).

Der READ-Befehl weist die erste **Konstante** der ersten DATA-Zeile der angegebenen **<Variablen>** zu.

Die Datentypen müssen übereinstimmen.

Jeder weitere READ-Befehl weist die nächste Konstante zu.

Verweis   Weitere Informationen zum Befehl READ..DATA finden Sie ab Seite 100.

Beispiel
```
READ A$,I,J%
DATA "BASIC",3.14,5
```

REDIM   Felddimensionierung ändern

Syntax   **REDIM [SHARED]<Variablenname>(<Feldgröße>)
                  [AS Datentyp][,...]**

Beschreibung Das Array **<Variablenname>** wird vollständig gelöscht und mit der vorgegebenen **<Feldgröße>** neu angelegt. Das Schlüsselwort **SHARED** deutet auf eine globale Variable, die von allen Prozeduren und Funktionen aus angesprochen werden kann. Mit dem Schlüsselwort **AS** läßt sich ein Datentyp angeben.

| Anmerkung | Die **<Feldgröße>** gibt neben der Dimension auch Start und Ende der Dimension an. Start und Ende werden durch das Schlüsselwort TO getrennt. |

| Beispiele | `REDIM a$(20)`
`REDIM b$(5 TO 15)` |

REM   Kommentar angeben

| Syntax | **REM <Kommentar> oder '<Kommentar>** |

| Beschreibung | Der Befehl REM leitet einen **Kommentar** ein. |

| Anmerkung | Der **<Kommentar>** wird beim Abarbeiten des Programms nicht berücksichtigt, sondern dient nur zur Dokumentation des Programmlistings. Eine Ausnahme bilden die beiden Metabefehle REM $STATIC und REM $DYNAMIC. Diese werden aber in der Regel nicht benötigt, weil die Befehle DIM und REDIM geeigneter sind. |

| Beispiel | `REM Dies ist ein Kommentar`
`10 PRINT   'Leerzeile` |

RESET   Alle Dateien schließen

Syntax	**RESET**

Beschreibung   Alle offenen Dateien werden geschlossen.

Anmerkungen   Es werden zuvor alle Datenpuffer auf den Datenträger zurückgeschrieben. Die Dateinummern stehen alle nach dem
Befehl für weitere OPEN-Befehle zur Verfügung.

RESTORE   READ-Leseposition bestimmen

Syntax	**RESTORE [<Zeilennummer>|<Label>]**

Beschreibung   Beim Einlesen von Daten mit dem Befehl READ..DATA wird
immer die jeweils nächste Konstante erfaßt. Der RESTORE-
Befehl ermöglicht die Bestimmung der nächsten Leseposition.
<Zeilennummer> oder **<Label>** legen fest, ab wo nach der
nächsten DATA-Zeile gesucht werden soll.

Anmerkung   Erfolgt keine Positionsangabe wird wieder bei der ersten
DATA-Zeile des Programms begonnen.

Beispiele   RESTORE 1000
                     RESTORE lesemarke

RESUME   Fehlerbehandlungs-Routine beenden

Syntax   **RESUME [<Zeilennummer>|<Label>|NEXT]**

Beschreibung   Nach der eigenen Fehlerbehandlung, die mit ON ERROR
                   GOTO eingeschaltet wurde, wird das normale Programm mit
                   Hilfe von RESUME fortgeführt.

Anmerkungen   Bei Aufruf von RESUME ohne weitere Parameter wird der
                   Befehl, der zum Fehler führte, erneut aufgerufen. Dies ge-
                   schieht auch, wenn als **<Zeilennummer>** eine 0 angegeben
                   wird.

                   Bei Angabe von **RESUME NEXT** wird der FehlerBefehl über-
                   sprungen und der nächste Befehl abgearbeitet.

                   Wird eine **<Zeilennummer>** oder ein **<Label>** angegeben, ar-
                   beitet das Programm an dieser Stelle weiter.

Beispiele
```
RESUME
RESUME 0
RESUME 1000
RESUME marke
RESUME NEXT
```

RETURN   Unterprogramm beenden

Syntax   **RETURN [<Zeilennummer>|<Label>]**

Beschreibung   Dieser Befehl verläßt ein Unterprogramm; der Programmab-
                   lauf wird hinter dem GOSUB-Befehl des Aufrufes fortgesetzt.

Anmerkung   Bei Angabe einer **<Zeilennummer>** oder eines **<Label>** wird das Programm an dieser Stelle fortgesetzt.

Verweis   Weitere Informationen zum Befehl RETURN finden Sie ab Seite 135.

Beispiele
```
RETURN 1000
RETURN marke
```

RIGHT$ String-Funktion

Syntax   **<Stringvariable>=RIGHT$(<Quellstring>,<Anzahl>)**

Beschreibung   Diese Funktion liefert den rechten Teil des **<Quellstrings>** in der Länge **<Anzahl>** zurück.

Beispiel
```
A$=RIGHT$("Iris Pauen",5)
A$ ist gleich "Pauen"
```

RMDIR   Verzeichnis löschen

Syntax   **RMDIR <"Verzeichnisname">**

Beschreibung   Dieser Befehl löscht wie unter MS-DOS das angegebene Unterverzeichnis.

Anmerkungen	Der **<"Verzeichnisname">** wird nach MS-DOS-Konventionen angegeben, jedoch in Anführungszeichen oder als Stringvariable.

String-Funktionen sind innerhalb des Befehls nicht erlaubt.

Beispiel	`RMDIR "c:\Temp"`

RND   Zufallszahl ermitteln

Syntax	**<Variablenname>=RND [(<Zahl>)]**

Beschreibung	Dieser Befehl dient dem Ermitteln von Zufallszahlen.

Anmerkungen	Es kann eine negative **<Zahl>** angegeben werden. Gleiche negative Zahlen liefern immer gleiche Zufallszahlen.

Wird eine positive Zahl übergeben, erhält man eine Zufallszahl.

Wird der Wert 0 angegeben, erhält man die zuletzt gelieferte Zufallszahl erneut.

Ermittelt werden die Zahlen zwischen 0 und 1.

Werden andere Zahlen benötigt, sind diese durch Addition und Multiplikation entsprechend zu bilden.

Beispiel	`Zahl=INT(1+RND(0)*49)`

RSET   String-Funktion

Syntax   **RSET <Datenfeldvariable>=<Stringvariable>**

Beschreibung   Mit RSET wird der Inhalt der **<Stringvariablen>** an eine
                    <Datenfeldvariable> zum Schreiben mit PUT rechtsbündig
                    zugewiesen.

Anmerkung   Der Befehl kann auch bei normalen Stringvariablen zur For-
                    matierung eingesetzt werden.

Beispiel   RSET a$=b$

RTRIM$ String-Funktion

Syntax   **<Stringvariable>=RTRIM$(<String>)**

Beschreibung   Diese Funktion liefert als Ergebnis eine Kopie von **<String>**
                    zurück, wobei nachfolgende Leerzeichen entfernt werden.

Anmerkung   Übergeben wird eine rechtsbündige Zeichenkette.

Beispiel   a$=RTRIM$("   rechtsbündig   ")

RUN   Programm starten

Syntax   **RUN [<Startzeile>|<Label>|.]**

Beschreibung   Der Befehl startet das im Speicher befindliche Programm.

Anmerkungen   Alle Variablen und Zeiger werden vor dem Start zurückgesetzt. Ohne Parameterangabe startet das Programm am
Anfang, ansonsten beginnt das Abarbeiten an der angegebenen **<Startzeile>** oder bei **<Label>**.

Beispiele
```
RUN
RUN 1000
RUN marke
```

RUN   Programm laden und starten

Syntax   **RUN "<Dateiname>"**

Beschreibung   Dieser Befehl dient dem automatischen Laden und Starten einer Datei.

Anmerkungen   Die Datei wird nach MS-DOS-Konvention mit **<Dateiname>**
angegeben. Als Extension nimmt QBasic ".BAS" an, wenn
keine andere angegeben wurde.

Beispiel
```
RUN "c:\basic\test.bas"
```

SCREEN

Grafikmodus setzen

Syntax

SCREEN [<Modus>][,[<Farbe>]][,[<Ausgabe-
bildschirm>]][,[<Anzeigebildschirm>]]

Beschreibung

Dieser Befehl dient zur Auswahl der Bildschirmseite, des Gra-
fikmodus und der Bildschirmfarben. Mit **<Modus>** kann der
Modus der Grafikkarte eingestellt werden. Dazu sind die
Werte in der Tabelle möglich.

Mit dem Parameter **<Farbe>** läßt sich entscheiden, ob die
Bildschirmfarben unverändert bleiben (wie mit COLOR eingestellt, Farbe=1) oder ob die Farbeinstellungen auf die De-
faultwerte zurückgesetzt werden (Farbe=0). Mit **<Aus-
gabeseite>** wird die Nummer der Bildschirmseite angegeben,
auf der alle Ausgaben von BASIC erfolgen. Der Parameter
<Anzeigeseite> gibt die dargestellte Bildschirmseite an.

Wert	Bedeutung	Auflösung	Farben	Attribute	Grafikkarte
0	Textmodus				beliebig
1	Grafikmodus	320x200	16	4	ab CGA
2	Grafikmodus	640x200	16	2	ab CGA
7	Grafikmodus	320x200	16	16	ab EGA od. VGA
8	Grafikmodus	640x200	16	16	ab EGA od. VGA
9	Grafikmodus	640x350	64	16	ab EGA od. VGA
10	Grafikmodus	640x350	9	4	ab EGA od. VGA
11	Grafikmodus	640x480	262144	2	VGA od. MCGA
12	Grafikmodus	640x480	262144	16	VGA
13	Grafikmodus	320x200	262144	256	VGA od. MCGA

Anmerkung

Die Ausgabe- und Anzeigeseiten können sich unterscheiden.
Für die beiden Parameter gibt es je nach verfügbaren Seiten
Werte von 0 bis 7. Die Parameter werden nur im Modus 0,
also im Textmodus, beachtet, weil die Grafikmodi von nur einer Seite ausgehen.

Verweis

Weitere Informationen zum Befehl SCREEN finden Sie ab
Seite 167.

SCREEN
ASCII-Code und Darstellungsattribut ermitteln

Syntax	**<Variablenname>=SCREEN(<Zeile>,<Spalte>[,<Flag>])**

Beschreibung Diese Funktion ermittelt den ASCII-Code (Flag=0 oder keine Angabe) oder das Darstellungsattribut (Flag=1) des an der Position **<Zeile>,<Spalte>** befindlichen Zeichens.

Verweis Weitere Informationen zum Befehl SCREEN finden Sie ab Seite 167.

Beispiel a=SCREEN(50,50,1)

SEEK
Datenzeigerposition ermitteln

Syntax	**<Variablenname>=SEEK(<Dateinummer>)**

Beschreibung Als Funktion liefert SEEK die augenblickliche Position des Dateizeigers in einer Datei. Mit **<Dateinummer>** wird die beim Öffnen der Datei festgelegte Dateinummer angegeben.

Beispiel a=SEEK(1)

SEEK   Datenzeiger setzen

Syntax   **SEEK[#]<Dateinnummer>,<Position>**

Beschreibung   Als Befehl setzt SEEK den Dateizeiger auf die angegebene
                   <Position>. Nach dem optionalen Nummernzeichen **[#]** muß
                   die beim Öffnen festgelegte **<Dateinummer>** angegeben wer-
                   den.

Anmerkung   In RANDOM-Dateien ist bei der **<Position>** die Satznummer,
                   ansonsten die Anzahl der Bytes ab dem Datei-Anfang ein-
                   zugeben.

Beispiel   SEEK #1,64

SELECT CASE..CASE..CASE ELSE..END SELECT
                                              Bedingte Verzweigung

Syntax   **SELECT CASE <Variablenname>**
                   CASE <Bedingung> [<Anweisung>[...]]
                   [CASE...]
                   [CASE ELSE [<Anweisung>[...]]]
                   END SELECT

Beschreibung   Dieser Befehl dient zur Ausführung von Anweisungen je
                   nach Wert von **<Variablenname>**. Für jede Abfrage wird das

Schlüsselwort **CASE**, gefolgt von der zu prüfenden **<Bedingung>**, eingesetzt. Ist diese Bedingung wahr werden die folgenden Anweisungen ausgeführt; ist keiner der CASE-Zweige erfüllt, werden die Anweisungen nach **CASE ELSE** ausgeführt. Über **<Bedingung>** lassen sich auch zusammenhängende Bereiche überprüfen. Dazu werden diese durch das Schlüsselwort **TO** getrennt.

Ebenso kann hinter dem Schlüsselwort **IS** ein Vergleichsoperator, gefolgt von einem Ausdruck, angegeben werden. Eine solche Angabe führt zum Vergleich der Variablen mit dem Ausdruck.

Anmerkungen   Der Befehl ähnelt der IF-Abfrage, bietet jedoch bei vielen verschiedenen Abfragen der gleichen Variablen wesentlich mehr Übersicht.

Verweis   Weitere Informationen zum Befehl SELECT..CASE finden Sie ab Seite 119.

Beispiel
```
SELECT CASE Zahl
    CASE 1 TO 9
        PRINT"Die Zahl ist kleiner als 10"
    CASE 10 TO 19
        PRINT"Die Zahl ist kleiner als 20"
    CASE 20 TO 29
        PRINT"Die Zahl ist kleiner als 30"
    CASE 30
        PRINT"Die Zahl lautet 30"
    CASE ELSE
        PRINT"Die Zahl ist größer als 30"
END SELECT
```

SGN   Vorzeichen ermitteln

Syntax	**<Variablenname>=SGN(<Ausdruck>)**

Beschreibung	Die Funktion ermittelt das Vorzeichen von **<Ausdruck>**.

Anmerkung	Die Funktion liefert den Wert -1 bei negativen Zahlen, den Wert 1 bei positiven Zahlen und den Wert 0 bei der Zahl 0.

Beispiel	`a=SGN(b%*c%+50)`

SHARED   Variable definieren

Syntax	**SHARED <Variablenname>[()][AS Datentyp][,...]**

Beschreibung	Mit diesem Befehl werden Variablen global definiert. Mit **Datentyp** ist die Festlegung für INTEGER, LONG, SINGLE, DOUBLE, STRING oder mit TYPE festgelegten Datentypen möglich.

Anmerkungen	Die Variablen sind in allen Unterprogrammen verfügbar und können verändert werden.
	Handelt es sich bei der Variablen um ein Array, wird dies durch Klammern **()** angedeutet.

Beispiel	`SHARED titel$ AS STRING`

SHELL   DOS-Befehl ausführen

Syntax	**SHELL [<Dateiname>]**

Beschreibung Mit diesem Befehl können ein ausführbares Programm mit der Endung .EXE oder .COM oder eine Batch-Datei mit der Endung .BAT gestartet werden. Mit **<Dateiname>** läßt sich der Name des aufzurufenden Programms nach MS-DOS-Konventionen angeben, also gegebenenfalls mit Laufwerks-angabe und vollständigem Pfadnamen.

Anmerkungen Der Kommandointerpreter COMMAND.COM muß sich auf dem Datenträger befinden.

Nach Verlassen des aufgerufenen Programms oder der Batchdatei wird mit dem nächsten BASIC-Befehl fortgefahren. Von BASIC aus läßt sich der Kommandointerpreter COMMAND.COM starten, um MS-DOS-Befehle eingeben zu können, wenn der Parameter **<Dateiname>** keine Angabe enthält.

Der Kommandointerpreter wird dann mit EXIT verlassen. QBasic kann mittels dieser Funktion nicht gestartet werden.

SIN   Mathematische Funktion

Syntax	**<Variablenname>=SIN(<Ausdruck>)**

Beschreibung Die Funktion liefert den Sinus-Wert von **<Ausdruck>** in einfacher Genauigkeit.

Anmerkung	Der **<Ausdruck>** kann jede Berechnung oder Konstante beinhalten, die einen numerischen Wert liefert. Der Wert muß im Bogenmaß angegeben werden.

Beispiele	`a=SIN(0.707)` `b=SIN(1.5*pi)`

SLEEP   Programm anhalten

Syntax	**SLEEP [<Sekunden>]**

Beschreibung	Dieser Befehl hält den Programmablauf solange an, bis entweder die mit **<Sekunden>** angegebene Zeit abgelaufen ist (falls angegeben), eine Taste betätigt wurde oder ein Interrupt-Ereignis auftritt (ON xxx GOSUB).

Beispiele	`SLEEP` `SLEEP(30)`

SOUND   Tonausgabe

Syntax	**SOUND <Frequenz>,<Länge>**

Beschreibung	Dieser Befehl dient der Ausgabe von Tönen. Mit **<Frequenz>** wird die Tonhöhe und mit **<Länge>** die Tonlänge in Systemtakten (=1/18.2 Sekunden) festgelegt.

Anmerkungen	Der Wertebereich von **<Frequenz>** ist 37 bis 32.767. Der Wertebereich von **<Länge>** ist 1 bis 65.535.

Verweis	Weitere Informationen zum Befehl SOUND finden Sie ab Seite 199.

Beispiel	`SOUND 440,100`

SPACE$ String-Funktion

Syntax	**<Stringvariable>=SPACE$(<Anzahl>)**

Beschreibung	Diese Funktion liefert als Ergebnis einen String aus Leerzeichen mit einer Länge **<Anzahl>** zurück.

Beispiel	`leer$=SPACE$(10)`

SPC   Leerzeichenausgabe

Syntax	**PRINT SPC(<n>)**

Beschreibung	Diese Funktion wird in PRINT-Ausdrücken verwendet, um **<n>** Zeichenpositionen mit Leerzeichen zu beschreiben.

Anmerkung	Eventuell existierende Zeichen der Zeile werden überschrieben.

Beispiele

```
PRINT SPC(5)
PRINT SPC(10);a$;SPC(5);"Textausgabe"
```

SQR   Mathematische Funktion

Syntax   **<Variablenname>=SQR(<Ausdruck>)**

Beschreibung   Die Funktion liefert die Quadratwurzel von **<Ausdruck>** in einfacher Genauigkeit.

Anmerkung   Der angegebene **<Ausdruck>** muß positiv sein.

Beispiele

```
a=SQR(100)
b=SQR(c%)
```

STATIC   Variable definieren

Syntax   **STATIC <Variablenname>[()][AS <Datentyp>][,...]**

Beschreibung   Dieser Befehl dient dazu, innerhalb von Prozeduren oder Funktionen lokale Variablen zu definieren, die dann nur innerhalb der Prozedur oder Funktion gelten und nicht mit evtl. gleichnamigen Variablen im Hauptprogramm in Konflikt geraten. Der Inhalt der Variablen bleibt dabei zwischen zwei

Aufrufen erhalten. Falls es sich bei der Variablen um ein Array handelt, wird die Indizierung durch Klammern () angedeutet. Als **<Datentypen>** sind die Typen INTEGER, LONG, SINGLE, DOUBLE, STRING oder ein mit TYPE selbst angelegter Datentyp möglich.

Anmerkung Es ist mit diesem Befehl möglich, oft benutzte Variablennamen, z.B. für Schleifen, auch in Unterprogrammen problemlos zu benutzen.

Beispiel `STATIC I() AS INTEGER`

STICK   Joystick-Informationen ermitteln

Syntax   **<Variablenname>=STICK(<Modus>)**

Beschreibung Die Funktion liefert Informationen über die Position angeschlossener Joysticks. Mit **<Modus>** kann die gewünschte Information spezifiziert werden. Dabei sind folgende Werte erlaubt:

STICK(0) Die Funktion liefert die augenblickliche x-Koordinate von Joystick 1.

STICK(1) Die Funktion liefert die augenblickliche y-Koordinate von Joystick 1.

STICK(2) Die Funktion liefert die augenblickliche x-Koordinate von Joystick 2.

STICK(3) Die Funktion liefert die augenblickliche y-Koordinate von Joystick 2.

Anmerkungen   Vor dem Aufruf von STICK(1) bis (3) muß einmal STICK(0) aktiviert werden, weil diese Funktion nicht nur die x-Koordinate von Joystick 1 liefert; sie legt auch alle anderen Koordinaten in den Zwischenspeicher, auf die mit den Modi 1 bis 3 zugegriffen werden kann.

STOP   Programm unterbrechen

Syntax   **STOP**

Beschreibung   Der Befehl unterbricht das laufende Programm an der Stelle, wo der STOP-Befehl auftritt.

STR$ String-Funktion

Syntax   **<Stringvariable>=STR$(<Ausdruck>)**

Beschreibung   Die Funktion wandelt einen beliebigen numerischen **<Ausdruck>** in einen String um.

Beispiel   Zahl$=STR$(-123.45)

STRIG   Interrupt einbinden

Syntax   **STRIG ON|OFF|STOP**

Beschreibung   Mit diesem Befehl wird der ON-STRIG-Interrupt eingeschaltet, ausgeschaltet oder unterbrochen.

Anmerkungen   Mit **STRIG ON** wird der Interrupt eingeschaltet.

Mit **STRIG OFF** wird der Interrupt ausgeschaltet. Eventuell
betätigte Joystick-Tasten lösen dann kein Ereignis aus.
STRIG STOP unterbindet den Interrupt, merkt sich im Gegensatz zu **OFF** jedoch, ob eine Taste gedrückt wurde. Nach
dem Befehl **STRIG ON** wird der Interrupt wieder aufgenommen.

Sollte während **STOP** eine Joysticktaste gedrückt worden
sein, wird direkt nach **ON** das Unterprogramm ausgeführt.
Innerhalb des Unterprogramms setzt BASIC automatisch
STRIG STOP, um Probleme zu vermeiden. Nach Ablauf des
Unterprogramms wird automatisch **STRIG ON** gegeben.

STRIG()   Joystick-Informationen ermitteln

Syntax   **<Variablenname>=STRIG(<Modus>)**

Beschreibung   Diese Funktion liefert den Status der Feuertasten angeschlossener Joysticks zurück. Mit **<Modus>** läßt sich die gewünschte Information spezifizieren. Dabei sind folgende Werte
möglich:

STRIG(0)   Wurde Knopf 1 am Joystick 1 seit der letzten Abfrage betätigt, liefert die Funktion den Wert -1, ansonsten den Wert 0.

STRIG(1)   Wird Knopf 1 am Joystick 1 momentan betätigt, liefert die Funktion den Wert -1, ansonsten den Wert 0.

STRIG(2)   Wurde Knopf 1 am Joystick 2 seit der letzten Abfrage betätigt, liefert die Funktion den Wert -1, ansonsten den Wert 0.

STRIG(3)   Wird Knopf 1 am Joystick 2 momentan betätigt, liefert die Funktion den Wert -1, ansonsten den Wert 0.

STRIG(4)   Wurde Knopf 2 am Joystick 1 seit der letzten Abfrage betätigt, liefert die Funktion den Wert -1, ansonsten den Wert 0.

STRIG(5)   Wird Knopf 2 am Joystick 1 momentan betätigt, liefert die Funktion den Wert -1, ansonsten den Wert 0.

STRIG(6)   Wurde Knopf 2 am Joystick 2 seit der letzten Abfrage betätigt, liefert die Funktion den Wert -1, ansonsten den Wert 0.

STRIG(7)   Wird Knopf 2 am Joystick 2 momentan betätigt, liefert die Funktion den Wert -1, ansonsten den Wert 0.

Beispiel   `a=STRIG(5)`

STRING$ String-Funktion

Syntax	**<Stringvariable>=STRING$(<Anzahl>,<Zeichen>)**

Beschreibung	Diese Funktion liefert als Ergebnis einen String zurück, der aus **<Anzahl>** gleicher **<Zeichen>** besteht.

Anmerkungen	Wird ein bestimmtes **<Zeichen>** angegeben, muß es in Anführungszeichen gesetzt sein.
	Alternativ zu **<Zeichen>** kann auch der ASCII-Wert des Zeichens, eine Konstante, eine Variable oder eine StringFunktion angegeben werden.

Beispiele	`A5$=STRING$(5,65)`
	`b10$=STRING$(10,"b")`
	`c$=STRING$(d%,e$)`

SUB   Unterprogramm definieren

Syntax	**SUB <Name> [(<Parameter1>[,...])][STATIC]** **EXIT SUB** **END SUB**

Beschreibung	Dieser Befehl definiert ein Unterprogramm mit dem Namen **<Name>**. Die **<Parameter>** werden in runden Klammern übergeben. Durch das Schlüsselwort **STATIC** brauchen die lokalen Variablen nicht bei jedem Aufruf des Unterprogramms neu zugewiesen zu werden, sondern behalten

den Wert des letzten Durchlaufes. Die Definition des Unterprogramms schließt mit **END SUB** ab. Das Unterprogramm
kann auch vorzeitig durch **EXIT SUB** verlassen werden.

Anmerkungen   Der **<Name>** wird global angesehen und darf daher nicht
mehr in einer SUB-oder FUNCTION-Anweisung innerhalb
des gleichen Programms verwendet werden.

Mehrere **<Parameter>** werden durch Kommata getrennt.

Verweis   Weitere Informationen zum Befehl SUB..ENDSUB finden Sie
ab Seite 137.

Beispiel
```
SUB dreieck(grundlinie,hoehe,flaeche)
   flaeche=grundlinie*hoehe/2
END SUB
```

SWAP   Variableninhalte tauschen

Syntax   **SWAP <Variable1>,<Variable2>**

Beschreibung   Der Inhalt der beiden Variablen wird getauscht. Nach dem
Aufruf enthält **<Variable1>** den Wert von **<Variable2>** und
umgekehrt.

Anmerkungen   Die beiden Variablen müssen vom gleichen Typ sein. Es können auch Arrays angegeben werden.

Beispiel   ```SWAP I%,J%```

SYSTEM   BASIC verlassen

Syntax   **SYSTEM**

Beschreibung Das laufende Programm wird beendet und der QBasic-Interpreter verlassen und zur MS-DOS-Ebene gewechselt.

TAB   Zeichenausgabe festlegen

Syntax   **PRINT TAB(<Spalte>)**

Beschreibung Setzt den Cursor bei einer Ausgabe mit PRINT in die angegebene **<Spalte>**.

Beispiele
```
PRINT TAB(10)
PRINT TAB(5);a$;TAB(10);"Textausgabe"
```

TAN   Mathematische Funktion

Syntax   **<Variablenname>=TAN(<Ausdruck>)**

Beschreibung Die Funktion liefert den Tangens von **<Ausdruck>** in einfacher Genauigkeit.

Anmerkung	<Ausdruck> muß als Bogenmaß angegeben werden.

Beispiele	`a=TAN(2)` `b=TAN(c+1.2)`

TIME$ Uhrzeit lesen/setzen

Syntax	**<Stringvariable>=TIME$** **TIME$=<Ausdruck>**

Beschreibung	Hiermit läßt sich die Uhrzeit lesen bzw. setzen. Gemeint ist die Systemzeit, die sich unter MS-DOS mit TIME anzeigen und verändern läßt. Wird die Systemzeit gelesen, erfolgt die Übergabe des Ergebnisses als String. Beim Setzen kann für **<Ausdruck>** entweder eine Stringvariable, eine Textkonstante oder eine Stringberechnung angegeben werden.

Anmerkung	Die Uhrzeit hat das Format "Stunde:Minute:Sekunde" oder "Stunde:Minute:Sekunde:Hunderstel".

Beispiele	`zeit$=TIME$` `TIME$="10:11:12"`

TIMER   Zeitspanne ermitteln

Syntax	**<Variablenname>=TIMER**

Beschreibung	Diese Funktion liefert die Anzahl der seit 00:00 Uhr vergangenen Sekunden inclusive Nachkommastellen in einfacher Genauigkeit.

Anmerkung	Mit diesem Befehl lassen sich kurze Zeiten ermitteln, z.B. Programmlaufzeit oder Reaktionszeiten des Benutzers.

TIMER   Interrupt einbinden

Syntax	**TIMER ON|OFF|STOP**

Beschreibung	Mit diesem Befehl wird der ON-TIMER-Interrupt eingeschaltet, ausgeschaltet oder unterbrochen.

Anmerkungen	Mit **TIMER ON** wird der Interrupt eingeschaltet.
	Mit **TIMER OFF** wird der Interrupt ausgeschaltet.
	TIMER STOP unterbindet den Interrupt, merkt sich im Gegensatz zu **OFF** jedoch, ob die vorgegebene Zeit erreicht wurde. Nach dem Befehl **TIMER ON** wird der Interrupt wieder aufgenommen.
	Wurde während **STOP** die Zeit erreicht, arbeitet direkt nach **ON** das Unterprogramm.

TROFF

TRACE-Modus ausschalten

Syntax   TROFF

Beschreibung   Der mit TRON eingeschaltete TRACE-Modus wird wieder ausgeschaltet.

Anmerkung   Anschließend wird das Programm wieder normal abgearbeitet.

TRON

Trace-Modus einschalten

Syntax   TRON

Beschreibung   Dieser Befehl dient dem Einschalten des TRACE-Modus.

Anmerkungen   Der TRACE-Modus dient dem Austesten von Programmen und zur Beseitigung von Fehlern.

Während des Programmablaufs erscheint ständig die aktuelle Programmzeile. Der Modus kann mit TROFF wieder ausgeschaltet werden.

TYPE..AS..END TYPE   Datentyp definieren

Syntax   **TYPE <neuer_Datentyp_Name>**
                    <Variablenname> AS <Datentyp>
                    [...]
                    END TYPE

Beschreibung   Mit diesem Befehl wird ein neuer zusammengesetzter Da-
                    tentyp angelegt. Als **<Datentypen>** sind INTEGER, LONG,
                    SINGLE, DOUBLE und STRING * <n> möglich. Mit STRING
                    * <n> wird eine Zeichenkette mit genau definierter Länge an-
                    gegeben.

Anmerkungen   Der Befehl entspricht der RECORD-Anweisung in Pascal und
                    den Strukturen in C. Die einzelnen Variablen werden unter
                    der Angabe des **<neuen_Datentyp_Namen>** angesprochen,
                    gefolgt von einem Punkt und dem gewünschten Variablenna-
                    men.

Verweis   Weitere Informationen zum Befehl TYPE..END TYPE finden
                    Sie ab Seite 83.

Beispiel
```
TYPE Auto
    Marke AS STRING * 25
    Leistung AS INTEGER
    Farbe AS STRING * 10
    Preis AS DOUBLE
END TYPE
DIM Autodaten(20) AS Auto
```

Damit ist ein Array von 20 Elementen angelegt, das die einzelnen Variablentypen enthält. Eine vollständige Zuweisung
könnte dann so aussehen:

```
Autodaten.Marke = "VW Golf GL"
Autodaten.Leistung = 90
Autodaten.Farbe = "Blau"
Autodaten.Preis = 24750.90
```

UBOUND   Indizierung ermitteln

Syntax   <Variablenname>=UBOUND(<Variable>[,<Dimension>])

Beschreibung   Diese Funktion liefert als Ergebnis die größtmögliche Indi-
                    zierung der angegebenen <Variablen>. Bei mehrdimen-
                    sionalen Feldern kann mit <Dimension> die gewünschte Di-
                    mension angegeben werden, für die die größte Indizierung
                    ermittelt werden soll.

Beispiel   PRINT UBOUND(name$)

UCASE$ String-Funktion

Syntax   <Stringvariable>=UCASE$(<String>)

Beschreibung   Diese Funktion liefert als Ergebnis den <String> in Groß-
                    buchstaben zurück.

Anmerkung   Umlaute bleiben unberücksichtigt.

Beispiel   a$=UCASE$("Grossbuchstaben")

UNLOCK   Zugriff freigeben

Syntax	**UNLOCK[#]<Dateinummer>[,<Startnummer>] [TO <Endnummer>]]**
Beschreibung	Über diesen Befehl wird der Schutz gegen gleichzeitiges Benutzen von Dateien mit LOCK wieder aufgehoben.
Anmerkung	Der Befehl UNLOCK muß mit den gleichen Parametern aufgerufen werden wie der LOCK-Befehl.
Beispiel	UNLOCK #1,50 TO 100

VAL   Konvertier-Funktion

Syntax	**<Variablenname>=VAL(<String>)**
Beschreibung	Die Funktion wandelt einen **<String>** mit numerischem Inhalt in eine Zahl um und weist dieser eine numerische Variable zu.
Anmerkung	Die Wandlung beginnt beim ersten Zeichen des **<String>** und endet automatisch nach dem letzten Zeichen, oder sobald ein nicht erlaubtes Zeichen auftritt.
Beispiel	Zahl=VAL("-123.45")

VARPTR   Variablenoffset-Adresse ermitteln

Syntax   **<Variablenname>=VARPTR (<Variable>)**

Beschreibung   Diese Funktion ermittelt die Offset-Adresse der Variablen
                    <Variable> im Datensegment DS.

Anmerkungen   Der **<Variablen>** muß zunächst ein Wert zugewiesen wer-
                    den.

                    Als **<Variable>** können alle Variablentypen incl. Arrays
                    angegeben werden.

                    Die Funktion arbeitet unabhängig vom DEF-SEG-Befehl, lie-
                    fert also immer den Offset zum Datensegment DS.

                    Mit **VARSEG** kann die Adresse des Segments ermittelt wer-
                    den. Die Adressen können sich bei einer Garbage Collection
                    ändern!

Beispiel   ```
                    a=VARSEG(b%)
                    DEF SEG a
                    c=VARPTR(b%)
                    ```

## VARPTR$                         Variablen-Offsetadresse/Variablentyp ermitteln

**Syntax**          **<Stringvariable>=VARPTR$(<Variable>)**

**Beschreibung**    Diese Funktion ermittelt von der angegebenen **<Variablen>**
                    die Offset-Adresse im Datensegment sowie die Art der Vari-
                    ```

ablen. Das Ergebnis ist ein drei Byte großer String, der im ersten Byte die Information über den Typ der **<Variablen>** enthält:

CHR$(2)	Integer
CHR$(3)	String
CHR$(4)	Fließpunkt mit einfacher Genauigkeit
CHR$(8)	Fließpunkt mit doppelter Genauigkeit
CHR$(20)	Long

Das zweite und dritte Byte des Strings enthalten die Offset-Adresse im Format Low-Byte/High-Byte.

Anmerkungen
Die Funktion arbeitet unabhängig vom Befehl DEF SEG und liefert immer den Offset im Datensegment. Der String läßt sich z.B. direkt für die Befehle PLAY und DRAW verwenden. Durch eine Garbage Collection kann sich die Adresse ändern.

Beispiel
```
a=VARSEG(b%)
DEF SEG a
c$=VARPTR$(b%)
```

VARSEG   Variablensegment-Adresse ermitteln

Syntax
<Variablenname>=VARSEG(<Variable>)

Beschreibung
Die Funktion liefert als Ergebnis die Segment-Adresse der angegebenen **<Variable>**.

Anmerkung
Die angegebene **<Variable>** kann auch ein Array sein.

Beispiele
```
a=VARSEG(b$)
```

VIEW   Bildschirmgrenzen setzen

Syntax   **VIEW [[SCREEN] (<x1>,<y1>)-(<x2>,<y2>) [,[<Farbe>]
[,[<Rahmenfarbe>]]]**

Beschreibung   Dieser Befehl definiert Bildschirmgrenzen für die weiteren
grafischen Ausgaben. Mit den Koordinaten <x1>,<y1> und
<x2>,<y2> wird ein Rechteck angegeben. Bei Nichtbenutzung
des Schlüsselworts **SCREEN** werden die Koordinaten zum
Zeichnen von Grafiken automatisch auf die rechte, untere
Ecke des Darstellungsbereichs bezogen; mit **SCREEN** dagegen werden die Koordinaten auf die obere, linke Ecke des
Bildschirms bezogen. Bei Angabe des Parameters **<Farbe>**
wird der neue Darstellungsbereich mit dieser Farbe ausgefüllt. Über **<Rahmenfarbe>** wird um den neuen Darstellungsbereich ein Rahmen mit der angegebenen Farbe gezeichnet.

Beispiel   ```
VIEW (10,10 - 100,100),2,7
```

## VIEW PRINT                                          Textfenster anlegen

**Syntax**    **VIEW PRINT <Startzeile> TO <Endzeile>**

**Beschreibung**    Mit diesem Befehl wird ein Textfenster angelegt, das von
**<Startzeile>** bis **<Endzeile>** reicht.
```

Anmerkungen	Das Textfenster erstreckt sich über die gesamte Breite des Bildschirms.

Alle Textausgaben und Cursorbefehle beziehen sich anschließend auf das angegebene Textfenster.

Beispiel   VIEW PRINT 15 TO 20

WAIT   Programm unterbrechen

Syntax   **WAIT <Portnummer>,<AND-Maske>[,<XOR-Maske>]**

Beschreibung   Der Programmablauf wird gestoppt, bis an dem mit **<Portnummer>** angegebenen Port ein bestimmtes Bitmuster anliegt. Das ermittelte Bitmuster des Ports wird mit der **<AND-Maske>** nach dem logischen AND verknüpft. Bei Angabe der **<XOR-Maske>** wird das Ergebnis mit dieser Maske nach dem logischen XOR verknüpft.

Anmerkungen   Für **<Portnummer>** sind die Werte 0 bis 255 möglich.

Nur wenn danach das Ergebnis der logischen Verknüpfung ungleich 0 ausfällt, wird das Programm fortgesetzt, ansonsten der Port ständig neu gelesen.

Beispiel   WAIT 1,&HABCD

WHILE..WEND   Bedingte Befehlsausführung

Syntax   **WHILE <Bedingung> [<Anweisung>[...]] WEND**

Beschreibung   Die **<Anweisungen>** werden ausgeführt, solange die **<Bedingung>** erfüllt ist.

Anmerkungen   Da die Abfrage am Beginn der Schleife erfolgt, muß der Anweisungsblock nicht unbedingt durchlaufen werden.

Ein Verlassen der Schleife mit GOTO ist nicht möglich, wenn der Stack dann bereinigt werden soll.

Verweis   Weitere Informationen zum Befehl WHILE..WEND finden Sie ab Seite 128.

Beispiel
```
i%=0
WHILE i%<=10
   PRINT i%,i%*i%
   i%=i%+1
WEND
```

WIDTH   Zeichen-/Zeilenanzahl festlegen

Syntax   **WIDTH <Zeichen>[,<Zeilen>]**

Beschreibung   Mit diesem Befehl werden die Anzahl der **<Zeichen>** pro Zeile und optional die Anzahl der **<Zeilen>** pro Seite eingestellt.

Anmerkungen	Für **<Zeichen>** sind die Werte 40 und 80 erlaubt.

Bei der Umschaltung von 40 auf 80 und umgekehrt wird immer der Bildschirm gelöscht.

Die **<Zeilen>**-Angabe kann 43 für EGA- und 50 für VGA-Grafikkarten betragen. Bei anderen Grafikkarten wird der Parameter nicht ausgewertet.

Verweis Weitere Informationen zum Befehl WIDTH finden Sie ab Seite 107.

Beispiele
```
WIDTH 40
WIDTH 80,43
```

WIDTH "COMX:"   Zeichenanzahl festlegen

Syntax **WIDTH "COM<Schnittstellennummer>:",<Zeichen>**

Beschreibung Mit diesem Befehl wird die maximale Anzahl der **<Zeichen>** in einer Zeile für das an **COM<Schnittstellennummer>:** angeschlossene Gerät angegeben.

Anmerkung Nach Ausgabe der Anzahl der **<Zeichen>** über die serielle Schnittstelle, wird automatisch ein Carriage Return gesendet.

Beispiel
```
WIDTH "COM1:",50
```

WIDTH "LPTX:"   Zeichenanzahl festlegen

Syntax   **WIDTH "LPT<Schnittstellennummer>:",<Zeichen>**

Beschreibung   Mit diesem Befehl wird die maximale Anzahl der druckbaren
                     <Zeichen> in einer Zeile für den an **LPT <Schnittstellen-
                     nummer>:** angeschlossenen Drucker angegeben.

Anmerkung   Nach Ausgabe der festgelegten Anzahl von **<Zeichen>** über
                     die parallele Schnittstelle wird automatisch ein Carriage Re-
                     turn gesendet.

Beispiel   ```
WIDTH "LPT2:",75
```

# WIDTH LPRINT                               Zeichenanzahl festlegen

**Syntax**           **WIDTH LPRINT <Zeichen>**

**Beschreibung**     Mit diesem Befehl wird die maximale Anzahl der druckbaren
                     **<Zeichen>** in einer Zeile für einen an der parallelen Schnitt-
                     stelle angeschlossenen Drucker festgelegt.

**Beispiel**         ```
WIDTH LPRINT 75
```

WINDOW   Koordinatensystem definieren

Syntax   **WINDOW [[SCREEN] (<x1>,<y1>)-(<x2>,<y2>)]**

Beschreibung Mit diesem Befehl können eigene Koordinatensysteme definiert werden. Die Koordinaten <x1>,<y1> und <x2>, <y2> definieren zwei gegenüberliegende Punkte eines Rechtecks, die die maximale Ausdehnung angeben. Ohne Schlüsselwort **SCREEN** werden die Einheiten der Y-Achse nach oben, mit **SCREEN** nach unten hin steigend angesehen.

Anmerkung   WINDOW ohne Parameter schaltet auf das normale Koordinatensystem zurück.

Beispiel   WINDOW SCREEN (10,10 - 150,150)

WRITE   Zeichenausgabe

Syntax   **WRITE [SPC(<Anzahl>] [<Ausdruck>][,l;]**

Beschreibung Der Befehl WRITE dient ebenso wie der PRINT-Befehl zur Ausgabe von Daten auf dem Monitor. **<Anzahl>** legt die Anzahl von Leerzeichen fest, die vor der eigentlichen Datenausgabe auf dem Monitor ausgegeben werden. Das Steuerzeichen Komma **[,]** kann zur Trennug verwendet werden.

Anmerkungen   Bei **<Ausdruck>** lassen sich beliebige Konstanten, Variablen oder Berechnungen angeben.

Mehrere **<Ausdrücke>** werden durch Kommata oder Semikola getrennt.

Bei der Ausgabe werden alle Stringausdrücke in Anführungszeichen ausgegeben.

Komma und Semikolon am Ende des Befehls zur Vermeidung eines Zeilenvorschubs können nicht verwendet werden.

Verweis   Weitere Informationen zum Befehl WRITE finden Sie ab Seite 110.

Beispiel   `WRITE SPC(5),a$,b%`

WRITE #   Daten in Datei schreiben

Syntax   **WRITE #<Dateinummer> [,<Ausdruck>][,l;]**

Beschreibung   Der Befehl WRITE# dient ebenso wie der PRINT#-Befehl zur Ausgabe von Daten in eine bereits geöffnete Datei. Mit **#<Dateinummer>** wird die beim Öffnen der Datei festgelegte Dateinummer angegeben.

Anmerkungen	Für **<Ausdruck>** lassen sich beliebige Konstanten, Variablen oder Berechnungen angeben. Mehrere **<Ausdrücke>** werden durch Kommata oder Semikola getrennt.

Bei der Ausgabe sind alle Stringausdrücke in Anführungszeichen gesetzt.

Komma und Semikolon am Ende des Befehls zur Vermeidung eines Zeilenvorschubs können nicht verwendet werden.

Beispiel

```
WRITE #1,a$,b%
```

XOR   Logik-Funktion

Syntax   **<Variablenname>=<Ausdr1> XOR <Ausdr2>**

Beschreibung   Diese Funktion liefert als Ergebnis die bitweise Verknüpfung von **<Ausdr1>** und **<Ausdr2>** nach der XOR-Funktion **(eXclusiv-OdeR)**.

Anmerkung   Ein Bit im Ergebnis wird nur dann gesetzt, wenn die sich Bits bei den beiden Parametern voneinander unterscheiden.

Wahrheitstabelle

Ausdr1	Ausdr2	Ergebnis
0	0	0
0	1	1
1	0	1
1	1	0

Beispiel   a=&HFC OR &HCA   Ergebnis: a=&H36

21. QBasic-Fehlermeldungen

In diesem Kapitel werden die Fehlermeldungen von QBasic aufgelistet. Hier können Sie nachschlagen, wenn Sie bei einem Fehler die Ursache suchen wollen.

Runtime-Errors

Runtime-Errors (Laufzeit-Fehler) sind Fehler, die während des Programmablaufs auftreten. Im folgenden sind die einzelnen Fehlermeldungen nach ihren Zuordnungszahlen aufgelistet.

---

01 NEXT ohne FOR   **NEXT without FOR**

Es soll im Programm ein *NEXT* ausgeführt werden, ohne daß zuvor ein *FOR* abgearbeitet wurde.

---

02 Syntaxfehler   **Syntax Error**

Es wurden ein oder mehrere Zeichen verwendet, die der Interpreter nicht verarbeiten kann.

---

03 RETURN ohne GOSUB   **RETURN without GOSUB**

Es soll im Programm ein *RETURN* ausgeführt werden, ohne daß zuvor ein *GOSUB* erfolgte.

04 READ jenseits von DATA   **Out of DATA**

Es sollen *DATA*-Werte eingelesen werden, obwohl keine mehr vorhanden sind.

---

05 Unzulässiger Funktionsaufruf   **Illegal function call**

Es soll eine Funktion ausgeführt werden, wobei der Aufruf selber oder die verwendeten Parameter nicht gültig sind.

---

06 Überlauf   **Overflow**

Bei einer Berechnung wurde der erlaubte Wertebereich überschritten.

---

07 Zu wenig Speicher   **Out of memory**

Der vorhandene Speicherplatz ist für die Verwaltung der Daten nicht ausreichend, oder die erlaubte Verschachtelungstiefe wurde überschritten.

---

08 Marke nicht definiert   **Undefined line number**

Es soll zu einer nicht vorhandenen Zeilennummer verzweigt bzw. gesprungen werden.

---

09 Index außerhalb des zulässigen Bereichs   **Subscript out of range**

Es soll auf ein nicht dimensioniertes Element eines Arrays zugegriffen werden.

10 Doppelte Definition   **Duplicate definition**

Ein bereits dimensioniertes bzw. angesprochenes Array soll dimensioniert werden.

11 Division durch Null   **Division by zero**

Es soll bei einer Berechnung durch 0 dividiert werden.

12 Unzulässig im Direktmodus   **Illegal direct**

Es soll ein unerlaubter Befehl im Direktmodus verarbeitet werden.

13 Falscher Datentyp   **Type mismatch**

Einer Variablen wurden Daten falschen Typs zugewiesen.

14 Zu wenig Zeichenketten-Speicherplatz   **Out of string space**

Der vorhandene Speicherplatz für Strings wurde überschritten.

15 Stringlänge zu groß   **String too long**

Es soll eine Stringlänge von über 255 Zeichen verarbeitet werden.

16 Zeichenketten-Formel zu umfangreich   **String formula too complex**

Es sollen zu umfangreiche Stringoperationen innerhalb einer Befehlszeile ausgeführt werden.

17 QBasic kann nicht fortsetzen   **Can't continue**

Es wurde der *CONT*-Befehl verwendet ohne voraufgegangenen *STOP*-Befehl, oder das Programm wurde nach dem *STOP* abgeändert.

18 QBasic-Funktion nicht definiert   **Undefined user function**

Es soll eine *FN*-Funktion ausgeführt werden, die zuvor nicht definiert wurde.

19 RESUME fehlt   **No RESUME**

Eine *ON-ERROR-GOTO*-Routine enthält kein abschließendes *RESUME* bzw. *END*.

20 RESUME ohne Fehler   **RESUME without ERROR**

Es soll ein *RESUME*-Befehl ausgeführt werden, ohne daß zuvor eine Fehlerroutine angesprochen wurde.

22 Operand nicht vorhanden   **Missing operand**

Bei einer Operation wurde eine falsche Anzahl von Operanden angegeben.

23 Eingabepuffer voll   **Line buffer overflow**

Es wurden im Direktmodus mehr als 255 Zeichen innerhalb einer Zeile eingegeben.

24 Zeitüberschreitung am Gerät   **Device timeout**

Ein angesprochenes Perpheriegerät gibt innerhalb der eingestellten Wartezeit keine Antwort.

25 Gerätefehler **Device fault**

Ein angesprochenes Peripheriegerät existiert nicht bzw. ist ausgeschaltet.

26 FOR ohne NEXT **FOR without NEXT**

Es wurde eine *FOR*-Anweisung benutzt, die nicht mit *NEXT* abgeschlossen wurde.

27 Papier zu Ende **Out of paper**

Der angesprochene Drucker hat kein Papier mehr.

29 WHILE ohne WEND **WHILE without WEND**

Es wurde eine *WHILE*-Anweisung benutzt, die nicht mit *WEND* abgeschlossen wurde.

30 WEND ohne WHILE **WEND without WHILE**

Es soll im Programm ein *WEND* ohne vorheriges *WHILE* ausgeführt werden.

39 CASE ELSE erwartet **CASE ELSE expected**

Eine *SELECT..CASE*-Anweisung findet keinen passenden Fall, entsprechend dem Ausdruck.

40 Variable erforderlich **Variable required**

Bei einer *GET*- oder *PUT*-Anweisung fehlt die Angabe einer Variablen, wobei die Datei im *BINARY*-Format geöffnet wurde.

50 FIELD-Überlauf **FIELD overflow**

Die maximale *FIELD*-Größe wurde überschritten.

51 Interner Fehler **Internal Error**

Es ist ein Fehler von Seiten des BASIC-Interpreters aufgetreten.

52 Ungültige(r) Dateiname oder -nummer **Bad file number**

Es wurde auf eine zuvor nicht geöffnete Datei zugegriffen, oder die Dateinummer ist größer als 15 bzw. kleiner als 1. Es könnte auch sein, daß keine weitere Datei geöffnet werden darf, weil die erlaubte Anzahl an geöffneten Dateien erreicht war.

53 Datei nicht gefunden **File not found**

Die angesprochene Datei existiert nicht an der aktuellen Stelle.

54 Ungültiger Dateimodus **Bad file mode**

Es wurde auf eine Datei in unzulässiger Weise zugegriffen.

55 Datei ist bereits offen **File already open**

Eine bereits benutzte Dateinummer soll ein weiteres Mal verwendet werden.

57 Ein-/Ausgabe-Gerätefehler **Device I/O-Error**

Beim Zugriff auf die Ein-/Ausgabegeräte ist ein Fehler aufgetreten.

58 Datei existiert bereits   **File already exists**

Eine Datei soll eine bereits vorhandene Bezeichnung bekommen.

59 Ungültige Record-Länge   **Bad record length**

Bei einer *GET*- oder *PUT*-Anweisung ist eine Datensatzvariable angegeben worden, deren Länge nicht mit der Datensatzlänge der zugehörigen *OPEN*-Anweisung übereinstimmt.

61 Festplatte/Diskette voll   **Disk full**

Die Disketten- bzw. Festplattenkapazität ist überschritten worden.

62 Datei-Ende überschritten   **Input past end**

Es wurde versucht, nach dem Erreichen des Datei-Endes weitere Daten einzulesen.

63 Illegale Recordnummer   **Bad record number**

Die verwendete Satznummer ist kleiner 1 oder größer, als maximal erlaubt.

64 Ungültiger Dateiname   **Bad file name**

Ein gewählter Dateiname ist zu lang oder enthält unzulässige Zeichen.

66 Datei enthält Direktanweisung   **Direct statement in file**

Es wurde eine ASCII-Datei geladen, die eine Zeile ohne Zeilennummer enthält.

67 Zuviele Dateien   **Too many files**

Die maximale Aufnahmekapazität an Dateien innerhalb des Hauptverzeichnisses wurde überschritten.

68 Verbindung zu Gerät ist unterbrochen   **Device unavailable**

Es wurde auf ein Peripheriegerät zugegriffen, das nicht verfügbar ist.

69 Kommunikationspuffer-Überlauf   **Communicationsbuffer overflow**

Die Aufnahmekapazität des Puffers der seriellen Schnittstelle wurde überschritten.

70 Zugriff verweigert   **Disk write protected**

Es wurde versucht, auf einer schreibgeschützten Diskette zu speichern.

71 Festplatte/Diskette nicht bereit   **Disk not ready**

Es wurde auf ein Laufwerk zugegriffen, das keine Diskette enthält bzw. das nicht ordnungsgemäß geschlossen ist.

72 Spur/Sektor defekt   **Disk media error**

Beim Zugriff auf eine Diskette wurden Fehler festgestellt.

73 Erweiterte Funktion nicht verfügbar   **Feature unavailable**

Es soll eine Anweisung ausgeführt werden, die in QBasic nicht vorhanden ist.

74 Umbenennung über Datenträger hinweg   **RENAME across disks**

Beim *RENAME*-Befehl wurden zwei verschiedene Laufwerke als Parameter verwendet.

75 Pfad/Datei-ZugriffsfehlerPath   **File access error**

Die verwendete Pfad- bzw. Dateispezifikation ist fehlerhaft.

76 Pfad nicht gefunden   **Path not found**

Der angegebene Suchpfad war nicht in Ordnung.

22. Die wichtigsten Interrupt-Funktionen

Das Betriebssystem stellt viele Funktionen zur Systemprogrammierung zur Verfügung, die über Interrupts aufgerufen werden können. Nicht alle sind jedoch für QBasic-Programmierer interessant, weil diese durch einfache Befehle direkt aufgerufen werden können, z.B. das Dateihandling. Andere Funktionen stehen dagegen unter QBasic nicht zur Verfügung. Die folgende Auflistung stellt nur eine Auswahl interessanter Funktionen dar. Eine vollständige Liste mit vielen Beispielen finden Sie z.B. im Buch "PC Intern 3.0 - Systemprogrammierung" von Michael Tischer, erschienen im DATA BECKER Verlag.

Interrupt	Funktion	Unterfunktion	Bedeutung
05h	-	-	führt ein Bildschirmhardcopy auf LPT1: aus. Entspricht dem Drücken der Druck bzw. PrtScr -Taste.
10h	01h	-	definiert das Erscheinungsbild des Cursor. Eingabe: AH 01h CH Startzeile des Cursors CL Endzeile des Cursors
10h	02h	-	Positionierung des Cursors. Eingabe: AH 02h BH Bildschirmseite DH Zeile DL Spalte
10h	03h	-	lesen der Cursorposition und -Aussehen. Eingabe: AH 03h BH Bildschirmseite Ergebnis: DH Bildschirmzeile DL Bildschrimspalte CH Anfangszeile des Cursors CL Endzeile des Cursors
10h	05h	-	Auswahl der aktuellen Bildschirmseite Eingabe: AH 05h AL Bildschirmseite
10h	06	-	Bildschirmbereich nach oben scrollen Eingabe: AH 06h AL Anzahl Scrollzeilen CH Zeile obere linke Ecke CL Spalte obere linke Ecke DH Zeile untere rechte Ecke DL Spalte untere rechte Ecke BH Farbe für Leerzeilen

Interrupt	Funktion	Unterfunktion	Bedeutung

10h	07h	-	Bildschirmbereich nach unten scrollen
			Eingabe: AH 07h
			           AL Anzahl Scrollzeilen
			           CH Zeile obere linke Ecke
			           CL Spalte obere linke Ecke
			           DH Zeile untere rechte Ecke
			           DL Spalte untere rechte Ecke
			           BH Farbe für Leerzeilen

10h	08h	-	Auslesen Zeichen und Farbe an Cursorposition
			Eingabe: AH 08h
			           BH Bildschirmseite
			Ergebnis: AL ASCII-Wert
			           AH Farbwert

10h	09h	-	Ausgabe Zeichen und Farbe an Cursorposition
			Eingabe: AH 09h
			           BH Bildschirmseite
			           CX Anzahl Wiederholungen
			           AL ASCII-Code
			           BL Farbe

10h	0Ah	-	Ausgabe Zeichen an Cursorpostion, alte Farbe
			wird beibehalten
			Eingabe: AH 0Ah
			           BH Bildschirmseite
			           CX Anzahl Wiederholungen
			           AL ASCII-Code

10h	0Bh	0	Rahmen- und Hintergrundfarbe setzen
			Eingabe: AH 0Bh
			           BH 00h
			           BL Farbe

10h	0Bh	1	Auswahl Farbpalette
			Eingabe: AH 0Bh
			           BH 01h
			           BL Farbpalettennummer

10h	0Fh	-	Ermitteln des Videomodus
			Eingabe: AH 0Fh
			Ergebnis: AL Videomodus
			               0=Text 40 * 25 sw
			               1=Text 40 * 25 color
			               2=Text 80 * 25 sw
			               3=Text 80 * 25 color
			               4=Grafik 320*200 color
			               5=Grafik 320*200 sw
			               6=Grafik 640*200 color
			           AH Zeichen pro Zeile
			           BH Bildschirmseite

Interrupt	Funktion	Unterfunktion	Bedeutung
11h	-	-	Konfiguration feststellen Ergebnis: AX Konfiguration Bit 0 zwei oder mehr Diskettenstationen Bit 1 Coprozessor (ab AT) Bit 2-3 Hauptspeicher auf Hauptplatine (nur XT) 00 = 16 kByte 01 = 32 kByte 10 = 48 kByte 11 = 64 kByte Bit 4-5 Default-Videomodus 00 = reserved 01 = 40 * 25 color 10 = 80 * 25 color 11 = 80 * 25 sw Bit 6-7 Anzahl der Disk-Laufwerke Bit 8 DMA vorhanden (0) Bit 9-11 Anzahl RS232 Bit 12 Spieleadapter (nur XT) Bit 13 reserved Bit 14-15 Anzahl Drucker
13h	15h	-	Ermitteln des Laufwerktyps (ab AT) Eingabe: AH 15h DL Disklaufwerk Ergebnis: AH Type 0=nicht vorhanden 1=Diskwechsel wird nicht erkannt 2=Diskwechsel wird erkannt 3=Festplatte
13h	16h	-	- Diskwechsel feststellen (ab AT) Eingabe: AH 16h DL Disklaufwerk Ergebnis: AH Diskwechsel (6)
14h	00h	-	serielle Schnittstelle initalisieren Eingabe: AH 00h DX Nummer der Schnittstelle AL Parameter Bit 0-1 Datenlänge 10=7 Bit 11=8 Bit Bit 2 Anzahl Stopbits Bit 3-4 Parität 00=keine 01=odd 10=even Bit 5-7 Geschwindigkeit 000=110 Baud 001=150 Baud

Interrupt	Funktion	Unterfunktion	Bedeutung
			010=300 Baud
			011=600 Baud
			100=1200 Baud
			101=2400 Baud
			110=4800 Baud
			111=9600 Baud
			Ergebnis: AH Schnittstellen-Status
			Bit 0 Daten stehen bereit
			Bit 1 Overflow
			Bit 2 Paritätsfehler
			Bit 3 Protokollfehler
			Bit 4 Unterbrechung
			Bit 5 Sende-Hold leer
			Bit 6 Sende-Shift leer
			Bit 7 Time-Out
			AL Modem-Status
			Bit 0 Sendebereit (Delta)
			Bit 1 eingeschaltet (Delta)
			Bit 2 Ring (Delta)
			Bit 3 Connect (Delta)
			Bit 4 Sendebereit
			Bit 5 eingeschaltet
			Bit 6 Ring
			Bit 7 Connect
14h	01h	-	Zeichen senden auf RS232
			Eingabe: AH 01h
			DX Schnittstellennummer
			AL ASCII-Code Zeichen
			Ergebnis AH Status
			Bit 0 Daten stehen bereit
			Bit 1 Overflow
			Bit 2 Paritätsfehler
			Bit 3 Protkollfehler
			Bit 4 Unterbrechung
			Bit 5 Sende-Hold leer
			Bit 6 Sende-Shift leer
			Bit 7 Fehler beim Senden
14h	02h	-	Zeichen empfangen über RS232
			Eingabe: AH 02h
			DX Schnittstellennummer
			Ergebnis AL Zeichen ASCII-Code
			AH Status
			Bit 0 Daten stehen bereit
			Bit 1 Overflow
			Bit 2 Paritätsfehler
			Bit 3 Protkollfehler
			Bit 4 Unterbrechung
			Bit 5 Sende-Hold leer
			Bit 6 Sende-Shift leer
			Bit 7 Fehler beim Senden

Interrupt	Funktion	Unterfunktion	Bedeutung
14h	03h	-	RS232 Status erfragen Eingabe: AH 03h DX Schnittstellennummer Ergebnis: AH Schnittstellen-Status Bit 0 Daten stehen bereit Bit 1 Overflow Bit 2 Paritätsfehler Bit 3 Protokollfehler Bit 4 Unterbrechung Bit 5 Sende-Hold leer Bit 6 Sende-Shift leer Bit 7 Fehler beim Senden AL Modem-Status Bit 0 Sendebereit (Delta) Bit 1 eingeschaltet (Delta) Bit 2 Ring (Delta) Bit 3 Connect (Delta) Bit 4 sendebereit Bit 5 eingeschaltet Bit 6 Ring Bit 7 Connect
15h	84h	0	Joystick Feuerknöpfe erfragen (ab AT) Eingabe: AH 84h DX 00h Ergebnis: Carry-Flag Spiele Adapter vorhanden (0) AL Status Bit 7 Knopf 1 Joystick 1 Bit 6 Knopf 2 Joystick 1 Bit 5 Knopf 1 Joystick 2 Bit 4 Knopf 2 Joystick 2
15h	84h	1	Joystickstellung (ab AT) Eingabe: AH 84h DX 01h Ergebnis: Carry-Flag Spiele Adapter vorhanden (0) AX X-Position Joystick 1 BX Y-Position Joystick 1 CX X-Position Joystick 2 DX Y-Position Joystick 2
17h	00h	-	Zeichen drucken Eingabe: AH 00h AL Zeichen ASCII-Code DX Drucker Ergebnis: AH Druckerstatus Bit 0 Time-Out Bit 1-2 reserved Bit 3 Übertragungsfehler Bit 4 Online

Interrupt	Funktion	Unterfunktion	Bedeutung
			Bit 5 no Paper Bit 6 OK Bit 7 Busy
17h	01h	-	Drucker initialisieren Eingabe: AH 01h DX Drucker Ergebnis: AH Druckerstatus Bit 0 Time-Out Bit 1-2 reserved Bit 3 Übertragungsfehler Bit 4 Online Bit 5 no Paper Bit 6 OK Bit 7 Busy
17h	02h	-	Druckerstatus erfragen Eingabe: AH 02h DX Drucker Ergebnis: AH Druckerstatus Bit 0 Time-Out Bit 1-2 reserved Bit 3 Übertragungsfehler Bit 4 Online Bit 5 no Paper Bit 6 OK Bit 7 Busy
19h	-	-	Rechner booten
21h	0Eh	-	aktuelles Laufwerk wählen Eingabe: AH 0Eh DL Laufwerk Ergebnis: AL Anzahl vorh. Laufwerke
21h	19h	-	aktuelles Laufwerk erfragen Eingabe: AH 19h Ergebnis: AL Laufwerksnummer
21h	1Bh	-	aktuelle Laufwerksinfo erfragen Eingabe: AH 1Bh Ergebnis: AL Anzahl Sektoren pro Cluster DS Segment-Adresse Media-Descriptor BX Offsetadresse Media-Descriptor DX Anzahl der Cluster beim Mediadescriptor bedeuten: F8h Festplatte F9h 2 Seiten 15 Sektoren FCh 1 Seite 9 Sektoren

Interrupt	Funktion	Unterfunktion	Bedeutung
			FDh 2 Seiten 9 Sektoren
			FEh 1 Seite 8 Sektoren
			FFh 2 Seiten 8 Sektoren
21h	1Ch	-	beliebige Laufwerksinfo erfragen
			Eingabe: AH 1Ch
			DL Laufwerk
			Ergebnis: AL Anzahl Sektoren pro Cluster
			DS Segment-Adresse Media-Descriptor
			BX Offsetadresse Media-Descriptor
			DX Anzahl der Cluster
			beim Mediadescriptor bedeuten:
			F8h Festplatte
			F9h 2 Seiten 15 Sektoren
			FCh 1 Seite 9 Sektoren
			FDh 2 Seiten 9 Sektoren
			FEh 1 Seite 8 Sektoren
			FFh 2 Seiten 8 Sektoren
21h	2Eh	-	Verify Flag setzen
			Eingabe: AH 2Eh
			DL 00h
			AL Verify ein(1)/aus(0)
21h	30h	-	DOS-Version ermitteln
			Eingabe: AH 30h
			Ergebnis: AL Hauptversion
			AH Unterversion
21h	33h	0	Status Break-Flag
			Eingabe: AH 33h
			AL 00h
			Ergebnis: DL 0=Test nur bei Zeichenein- und ausgaben
			1=immer
21h	33h	1	Break-Flag setzen
			Eingabe: AH 33h
			AL 01h
			DL 0=Test nur bei Zeichenein- und ausgaben
			1=immer
21h	43h	0	Datei-Attribut ermitteln
			Eingabe: AH 43h
			AL 00h
			DS Segment-Adresse Dateiname
			DX Offsetadresse Dateiname
			Ergebnis: Carry-Flag 0=ok
			CX Attribut
			Bit 0 Read-Only

Interrupt	Funktion	Unterfunktion	Bedeutung
			Bit 1 versteckt
			Bit 2 Systemdatei
			Bit 3 Volume-Name
			Bit 4 Verzeichnis
			Bit 5 Archivbit
			Carry-Flag 1=Fehler
			AX Fehlercode
			1 unbekannter Code
			2 Datei nicht gefunden
			3 Pfad nicht gefunden
21h	43h	1	Datei-Attribut setzen
			Eingabe: AH 43h
			AL 01h
			DS Segment-Adresse Dateiname
			DX Offsetadresse Dateiname
			CX Attribut
			Bit 0 Read-Only
			Bit 1 versteckt
			Bit 2 Systemdatei
			Bit 3 Volume-Name
			Bit 4 Verzeichnis
			Bit 5 Archivbit
			Ergebnis: Carry-Flag 0=ok
			Carry-Flag 1=Fehler
			AX Fehlercode
			1 unbekannter Code
			2 Datei nicht gefunden
			3 Pfad nicht gefunden
			5 Attribut nicht geändert
21h	54h	-	Verify-Flag lesen
			Eingabe: AH 54h
			Ergebnis: AL Verify-Flag gesetzt
33h	00h	-	Maustreiber Reset
			Eingabe: AH 00h
			Ergebnis: AX 0000h = kein Maustreiber
			AX FFFFh = OK
33h	01h	-	Maus-Cursor zeigen
			Eingabe: AH 01h
33h	02h	-	Maus-Cursor ausblenden
			Eingabe: AH 02h
33h	03h	-	Mausposition ermitteln
			Eingabe: AH 03h
			Ergebnis: BX Status Maustasten
			Bit 0 linke Taste
			Bit 1 rechte Taste

Interrupt	Funktion	Unterfunktion	Bedeutung
			Bit 2 mittlere Taste CX X-Position DX Y-Position
33h	04h	-	Mausposition setzen Eingabe: AH 04h CX X-Position DX Y-Position
33h	05h	-	Anzahl Tastenbetätigung seit letztem Aufruf ermitteln Eingabe: AH 05h BX Auswahl Maustasten Bit 0 linke Taste Bit 1 rechte Taste Bit 2 mittlere Taste Ergebnis: AX Status Maustasten Bit 0 linke Taste Bit 1 rechte Taste Bit 2 mittlere Taste BX Anzahl Betätigung CX X-Position bei letztem Aufruf DX Y-Position bei letztem Aufruf
33h	06h	-	Anzahl Tasten Loslassen seit letztem Aufruf ermitteln Eingabe: AH 06h BX Auswahl Maustasten Bit 0 linke Taste Bit 1 rechte Taste Bit 2 mittlere Taste Ergebnis: AX Status Maustasten Bit 0 linke Taste Bit 1 rechte Taste Bit 2 mittlere Taste BX Anzahl Loslassen CX X-Position bei letztem Aufruf DX Y-Position bei letztem Aufruf
33h	07h	-	max X-Koordinaten festlegen Eingabe: AH 07h CX minimale X-Position DX maximale X-Position
33h	08h	-	max Y-Koordinaten festlegen Eingabe: AH 08h CX minimale Y-Position DX maximale Y-Position
33h	1Ah	-	Mausempfindlichkeit einstellen Eingabe: AH 1Ah

Interrupt	Funktion	Unterfunktion	Bedeutung
			BX Anzahl horizontaler Mickeys pro 8 Punkte (default 8) CX Anzahl vertikaler Mickeys pro 8 Punkte (default 16) DX Schwelle für doppelte Mausgeschwindigkeit
33h	1Bh	-	Mausempfindlichkeit ermitteln Eingabe: AH 1Bh Ergebnis: BX Anzahl horizontaler Mickeys pro 8 Punkte (default 8) CX Anzahl vertikaler Mickeys pro 8 Punkte (default 16) DX Schwelle für doppelte Mausgeschwindigkeit
33h	1Ch	-	Interruptrate festlegen (nur Inport-Maus) Eingabe: AH 1Ch BX Interruptrate Bit 0 kein Interrupt Bit 1 30 Int/Sekunde Bit 2 50 Int/Sekunde Bit 3 100 Int/Sekunde Bit 4 200 Int/Sekunde
33h	24h	-	Maustyp ermitteln Eingabe: AH 24h Ergebnis: BH Hauptversionsnummer BL Unterversionsnummer CH Maustyp 1 Bus-Maus 2 serielle Maus 3 InPort-Maus 4 PS/2-Maus 5 HP-Maus CL Interrupt-Nummer 0=PS/2

23. Hinweise für Auf- und Umsteiger

23.1 Unterschiede zu GW-BASIC

Die Einordnung von QBasic in die Riege der Programmiersprachen ist abhängig vom Standpunkt des Anwenders. Ein sicherlich wichtiger Gesichtspunkt dabei ist, daß QBasic ohne Aufpreis im MS-DOS 5.0-Paket enthalten ist und somit keinen eigenenen Kostenfaktor darstellt. Genau dieser Grund erklärt ja auch die Popularität des Vorläufers GW-BASIC oder PC-BASIC.

QBasic hat mit GW-BASIC noch mehr Gemeinsamkeiten. Die meisten GW-BASIC-Programme laufen unverändert in QBasic, wenn sie als Text abgespeichert wurden. Näheres dazu finden Sie im nächsten Kapitel.

GW-BASIC

Die Vorteile von QBasic gegenüber GW-BASIC sind allerdings enorm. Angefangen von der komfortablen Oberfläche mit den Menüs und Dialogboxen über den leistungsfähigen Editor bis hin zu den verläßlichen Fehlersuche-Funktionen, dem erweiterten Befehlsumfang und der deutlich höheren Arbeitsgeschwindigkeit sind die Vorzüge so gravierend, daß GW-BASIC spätestens mit der Einführung von QBasic der Geschichte angehört. Der scheinbar einzige treffende Vergleich zwischen GW-BASIC und QBasic ist demnach der wie zwischen einem Fahrrad und einem Auto; mit beiden kommt man von A nach B...

23.2 Übernahme von Programmen aus GW-BASIC

Sollten Sie bereits Programme in BASIC auf PCs geschrieben haben, war Ihre Grundlage hierfür vermutlich GW- oder PC-BASIC. Abgesehen hiervon sind auch oft in Zeitschriften oder Büchern Programme abgedruckt, die für diese Interpreter geschrieben wurden.

Die meisten Programme, die unter GW-BASIC laufen, können auch unverändert in QBasic gestartet werden. Die Zeilennummern sind hierbei zwar etwas störend, werden jedoch von QBasic klaglos verarbeitet. Dennoch kann es unter verschiedenen Umständen zu Problemen kommen, die QBasic mit einer Fehlermeldung ahndet. Solche Probleme und deren Lösung könnten sein:

ASCII-Format
- Das Programm muß, um in QBasic geladen werden zu können, in GW-BASIC mit der Option ,A als ASCII-Datei gespeichert worden sein. Ist dies nicht der Fall, laden Sie das Programm zunächst in GW-BASIC ein und speichern es mit *SAVE "<Name>.BAS",A* wieder ab.

Struktur
- In GW-BASIC sind einige unsaubere Programmkonstruktionen möglich, wie z.B. *IF X = 0 THEN NEXT*. In QBasic muß eine solche Zeile umgeschrieben werden, etwa in diesem Fall durch *IF X <> 0 THEN EXIT FOR* und *NEXT* in der nächsten Zeile.

Syntax
- Schreibfehler (Syntax Errors) in GW-BASIC-Programmen werden dort nur dann erkannt, wenn die betroffene Anweisung ausgeführt werden soll. Aus diesem Grund verbleiben manchmal auch in getesteten GW-BASIC-Programmen noch solche Fehler, wenn ausgerechnet diese Anweisung nicht bei den Tests ausgeführt wurde. In QBasic werden diese Fehler bereits vor dem Programmstart erkannt und müssen beseitigt werden, bevor das Programm überhaupt starten kann.

Zeilennummern entfernen

Mit QBasic wird auch ein Programm namens ENTFZEIL.BAS oder REMLINE. BAS ausgeliefert. Dieses Programm dient dazu, die unnötigen Zeilennummern aus einem GW-BASIC-Programm zu entfernen. Die hierzu notwendigen Informationen zu dem Einsatz dieses Programmes sind in den Kommentarzeilen enthalten. Das Ergebnis eines Durchlaufs dieses Programmes ist ein BASIC-Programm, in dem nur noch diejenigen Zeilennummern enthalten sind, auf die mit einem *GOTO*, *GOSUB*, *RESTORE* oder ähnlich verwiesen wird. Alle Programmblöcke, in denen keine Zeilennummern stehen, können somit als zusammengehörend oder zumindest linear programmiert angesehen und somit evtl. in eine SUB oder FUNCTION zusammengefaßt werden. Auf diese Weise läßt sich ein GW-BASIC-Programm leicht strukturieren.

Ein weiterer Unterschied zwischen den beiden BASIC-Varianten ist die Bedeutung des *CALL*-Befehls. Während dieser in GW-BASIC ein Maschinenprogramm adressiert, dient er in QBasic optional dem Aufruf eigener SUBs. Sollten also in Ihrem GW-BASIC-

Programm solche Anweisungen vorkommen, müssen Sie diese mit dem Umweg über *ABSOLUTE* umschreiben.

23.3 Ausblick auf QuickBASIC und BASIC PDS

QuickBASIC

Eine BASIC-Variante, mit der QBasic verglichen werden muß, ist dessen großer Bruder QuickBASIC. Nur auf den ersten Blick sind sich diese beiden Programme sehr ähnlich. QBasic ist einfach eine kleinere, abgespeckte Version von QuickBASIC, was auch schon der Lieferumfang zeigt. Bei QuickBASIC werden nämlich ein Compiler und ein Linker mitgeliefert, mit denen ein QuickBASIC- und auch ein QBasic-Programm in ein direkt lauffähiges .EXE-Programm umgewandelt werden können. Dies bedeutet eine nochmals deutlich gesteigerte Geschwindigkeit und die Möglichkeit, Programme ohne Preisgabe des Quellcodes weiterzugeben.

QuickBASIC

Auch der Interpreter selbst ist in QuickBASIC anders. Dieser hat die Möglichkeit, mehrere BASIC-Dateien als Module zu einem einzigen großen Programm zusammenzufassen. Weitere Unterschiede sind:

• Verwaltung von Funktionsbibliotheken aus Fremdsprachen

• Möglichkeit der Einbindung von INCLUDE-Dateien

• Unterstützung eines Mathematik-Coprozessors

• Erweiterte Hilfe und Debugging-Funktionen

Dies sind nur einige der Unterschiede zwischen den beiden großen Qs. Einer fehlt dabei natürlich in der Liste: QuickBASIC kostet extra. Dennoch: Sollten Sie bei der Programmierung in mehr oder weniger professionellere Bereiche vordringen, sei der Erwerb von QuickBASIC wärmstens empfohlen.

BASIC-PDS

Für den professionellen Programmierer gibt es das **BASIC Professional Developement System**, kurz **BASIC PDS** mit der Versionsnummer 7.0, später 7.1. Mit diesem Paket sind einige noch

BASIC PDS

verbliebene Beschränkungen von QuickBASIC überwunden, wodurch die recht abgegriffene Bezeichnung **Professional** in diesem Fall voll und ganz zutrifft.

Was ist nun der große Unterschied zu QuickBASIC?

Hält man das PDS-Paket in Händen, fällt der erste Unterschied bereits auf. PDS wird auf fünf HD-Disketten (je 1,2 MByte!) zusammen mit der englischen Dokumentation in zwei Ringordnern geliefert. Die Programme auf den Disketten sind zudem noch komprimiert, wodurch insgesamt eine enorme Menge Dateien zusammenkommt.

Dies liegt daran, daß im PDS außer dem Interpreter QBX.EXE und den dazugehörigen Programmen BC, LINK und LIB noch diverse Werkzeuge wie der Debugger CodeView, das MAKE-Programm NMAKE und die Programmer's Workbench PWB enthalten sind. Dazu kommen eine Reihe (Quick-)Bibliotheken für grafische Benutzeroberfläche, Diagrammerstellung, Finanz- und Matrizenmathematik oder Formatumrechnungen und -darstellungen. Die Krönung dabei bildet eine komplette ISAM-Datenbank, die sich auf einfache Art in die PDS-Programme integrieren läßt.

Die Installation von PDS ist sehr umfangreich, weil vor dem eigentlichen Installationsvorgang (nur auf Festplatte!) diverse Einstellungen zu der gewünschten Konfiguration vorgenommen werden können. Hierbei läßt sich auch die Installation für die OS/2-Umgebung vornehmen, unter der QBX mit speziellen Befehlen noch mächtiger arbeitet als schon unter MS-DOS!

Bei der anschließenden Installation auf der Platte, die je nach Rechner eine halbe Stunde dauert, werden einige der benötigten Bibliotheken erst hergestellt. Hierdurch wächst der Umfang der auf der Platte installierten Dateien auf einige MByte an, wobei aber auch nur die gewünschten Dateien installiert werden.

Startet man danach den Interpreter mit QBX, stellt sich das Programm auf die bekannte Weise dar, allerdings auf englisch. Alle sauber programmierten QuickBASIC-Programme können direkt eingeladen und gestartet werden, ebenso wie in Microsoft BASIC 6.0 geschriebene Programme.

Die Besonderheiten dieses Systems zeigen sich erst nach und nach. Wenn Sie z.B. über EMS-Speicher verfügen und ein großes Programm einladen, das in QuickBASIC gerade noch genug Speicher freiließ, bleibt in PDS ein ungleich größerer freier Speicher, obwohl der Interpreter selbst über 300 KByte groß ist. Deshalb lagert PDS alle größeren Module in den EMS-Speicher aus und schafft so Platz im Hauptspeicher. Der Unterschied ist so groß, daß bedeutend umfangreichere Programme in QBX entwickelt und getestet werden können als in QuickBASIC. Auch mit Variablen kann PDS besser umgehen als QuickBASIC. Es verfügt nicht nur über den weiteren Datentyp CURRENCY, der trotz extremer Genauigkeit sehr schnell verrechnet werden kann, oder über die Möglichkeit, Felder innerhalb von eigenen Datentypen zu verwalten, sondern er setzt u.U. den gesamten Hauptspeicher für Strings und Felder ein. Hierdurch gehört die Leistungsgrenze der 64 KByte für Variablen endlich der Vergangenheit an!

Doch das ist immer noch nicht alles, was man für den wenn auch deutlich höheren Preis von PDS bekommt. Im folgenden eine Liste der wichtigsten Vorteile des Interpreters QBX gegenüber Quick-BASIC 4.5:

- Insgesamt höhere Verarbeitungsgeschwindigkeit

- Unterstützung von EMS: Auslagern von SUBs und FUNCTI-ONs

- Volle Speichernutzung durch Far-Strings (Strings in anderen Speichersegmenten) und Huge Arrays (Riesen-Felder, also Felder über 64 KByte)

- Neuer Datentyp CURRENCY (19 signifikante Stellen mit 4 Nachkommastellen)

- Felder innerhalb eigener Datentypen möglich

- Direkter Verzeichniszugriff mit DIR$, CURDIR$ und CH-DRIVE

- Lokale Fehlerbandlung in SUBs und FUNCTIONs möglich

- Bessere Fehlerbehandlung durch ERDEV$ (Fehlerverursachendes Gerät) und ERDEV (DOS-Fehlernummer bzw. COM-Fehlerart)

- Redimensionieren von Feldern ohne Datenverlust durch REDIM PRESERVE möglich

- UNDO und REDO in bis zu 20 Schritten

- Selbstkonfigurierbares Utility-Menü

- Umdefinieren der Tastatur möglich

- Vielseitigere Compileroptionen

Auch die anderen Programme BC, LINK und LIB bieten mehr Möglichkeiten als zuvor, z.B.: Overlay-Unterstützung.

Die ISAM-Datenbank kann wahlweise direkt in ein Programm eingebunden oder als TSR-Programm gestartet werden. Sie unterstützt Mehrfach-Datenbanken bis zu 128 MByte, jeweils mit mehreren Indices, Transaktionsverwaltung und vieles mehr, alles mit einer hohen Geschwindigkeit und vor allem leicht zu programmieren. Als sinnvolle Ergänzung hierzu liegt auch ein Programm zur Konvertierung von DBase- oder BTrieve-Dateien nach ISAM und zurück bei.

Die beiliegenden (Quick-)Bibliotheken .LIB und .QLB sowie die BASIC-Module enthalten sehr verschiedene Funktionen, deren Selbst-Programmierung recht aufwendig und zeitintensiv wäre. Sie enthalten:

- Datum- und Zeitumrechnung

- Finanzmathematische Funktionen

- Formatierung von Ausdrücken (ähnlich PRINT USING, nur mit dem Ergebnis in einem String)

- BASIC-Modul für Grafische Oberfläche nach SAA-Standard

- BASIC-Modul für Matrizenrechnung

- BASIC-Modul für Torten-, Balken- oder Liniendiagramme

Die des weiteren in dem PDS-Paket enthaltenen Programme dienen der Fehlersuche oder dem Anpassen des gesamten Pakets an die eigenen Anforderungen. Hierzu dienen die Programme:

CodeView

Sourcelevel-Debugger, mit dem Quellcode, Maschinencode, Variablen- und Registerinhalte gleichzeitig eingesehen und teilweise verändert werden können, und zwar mit Einzelschritt, Trace und Breakpoints, fast so wie in QBX

BUILDRTM

Programm zur Erstellung eines eigenen Runtime-Programmes

HELPMAKE

Programm zur Manipulation der Hilfetexte von PDS

MKKEY

Umwandler von Tastaturbelegungs-Dateien von ASCII- in .KEY-Format

NMAKE

MAKE-Programm für selektives Compilieren und Linken von PDS-Projekten

Insgesamt ist das PDS-7.1-Paket dermaßen umfangreich, daß es eine Weile dauert, bis all seine Vorzüge ausgeschöpft sind. Durch die Kompatibilität mit QuickBASIC ist der Umstieg keinerlei Problem, und nach und nach werden die einzelnen Pluspunkte zu unverzichtbaren Funktionen. Hat man sich einmal an das PDS gewöhnt, fällt der Schritt zurück zu QuickBASIC sehr schwer.

QuickBASIC dient, um dies an dieser Stelle noch einmal zu wiederholen, als großartiges Werkzeug für die Erstellung kleiner und komplexer Projekte. Für die meisten Hobby-Anwender ist es das perfekte System, solange aus dem Hobby nicht mehr wird. Spätestens dann werden aber die Programme zu groß, wird eine Datenbank benötigt oder durch gemischtsprachige Programme das Debuggen in QBX nicht mehr ausreichen. An diesem Punkt kann wirklich der Schritt zu PDS empfohlen werden, was auch durch Upgrades, also Inzahlungnahme des QuickBASIC-Paketes, dann wieder nicht zu teuer ist.

24. Programme und Routinen im Buch

Im Verlauf des Buches werden eine Reihe einzelner Routinen und ganzer Programme erstellt oder vorgegeben. Es folgt nun eine Zusammenfassung der wichtigen Programme und Routinen im Buch und auf der Diskette.

24.1 Die Diskette im Buch

Im Inhalt der Diskette finden sich drei Teile bzw. Unterverzeichnisse:

1. Die Programme und Routinen des Buches befinden sich im Unterverzeichnis PROGRAMM. In Kapitel 24.2 werden alle aufgelistet.

2. Die Lösungen der Aufgaben finden Sie im Unterverzeichnis LOESUNG. Sie werden ebenfalls in Kapitel 24.2 aufgeführt.

3. Im dritten Unterverzeichnis EXE stehen die compilierten und sofort ablauffähigen Programme.

Im Buch weist ein Disketten-Ikon daraufhin, daß das gekennzeichnete Programm unter demselben Programmnamen auf der Diskette zu finden ist.

Sie können entweder direkt die Programme von der Diskette in die QBasic-Entwicklungsumgebung laden und von dort aus starten bzw. die EXE-Dateien auch direkt von der Diskette aufrufen. Anderenalls kopieren Sie die Dateien in ein gewünschtes Verzeichnis auf ihrer Festplatte; legen Sie dazu z.B. ein Verzeichnis QBASIC auf Ihrer Festplatte an und kopieren Sie die Verzeichnisse der Diskette samt aller Dateien in dieses Verzeichnis:

```
C:\MD QBASIC
CD QBASIC
XCOPY A:*.* /S
```

Oder erstellen sie einzelne Verzeichnisse, und kopieren Sie die Dateien entsprechend:

```
C:\MD QBASIC
```

```
CD QBASIC
MD PROGRAMM
CD PROGRAMM
COPY A:\PROGRAMM\*.*
```

 Lesen Sie bitte vor der Installation der Diskette die LIESMICH-Datei. Wichtige Informationen, die für die Bucherstellung nicht mehr berücksichtigt werden konnten, werden Ihnen in dieser Textdatei mitgeteilt.

24.2 Programmübersicht

Die Programme sowie Lösungen im Buch, die auch die Diskette enthält, werden nun mit einer kurzen Beschreibung alphabetisch aufgelistet. Dahinter folgt jeweils eine kurze Beschreibung der Programmfunktion sowie in Klammern das Kapitel, in dem es beschrieben ist. Sollte das Programm auch als ablauffähige EXE-Datei vorliegen, erkennen Sie das an dem abschließenden EXE-Hinweis.

3D-PLOT.BAS	Darstellung von räumlichen Funktionsgraphen, (9.4)	EXE
ADRESSEN.BAS	Index-sequentielle Adreß-Datenbank (18.3)	EXE
BALL.BAS	Bewegungs-Demo im Textmodus: fliegender Ball (9.6)	
BERECHNE	Einsatz von CHAIN und COMMON (7.6)	
BEZIER.BAS	Zeichnen einer Bézier-Kurve (9.7)	
BUB-SORT.BAS	Sortierung mit dem Bubble-Sort-Algorithmus (17.7)	
COMTALK.BAS	Kommunikationsprogramm über Modem (12.3)	EXE
DIAGRAMM.BAS	Darstellung von Balkendiagrammen (9.3)	EXE
EDLINE.BAS	Routine für Input-Ersatz (17.2)	
EINGABE.BAS	Einsatz von CHAIN und COMMON (7.6)	
FEHLER1.BAS bis FEHLER3.BAS	Fehlerhafte Programme zur Übung der Fehlersuche (15)	
FEUERWRK.BAS	Farbiges Feuerwerk (9.6)	EXE
FSELECT.BAS	Dateiauswahl-Routine, Profi-Version (17.6)	
GET-DB.BAS	Einlesen von dBase-Dateien (11.6)	EXE
GETFN.BAS	Dateiauswahl-Routine, einfache Version (17.6)	
INTERUPT.BAS	Demonstration der Interrupt-Programmierung (13)	
INTERUPT.ASM	Maschinen-Quellcode für Interrupt-Einbindung in QBasic (13)	

KREIS.BAS	Kreis zeichnen (9.3)	
LOGARITH.BAS	Logarithmus-Kurve (9.3)	
MAUS.BAS	Routinen für die Mauseinbindung (13.5)	
MAUSMAL.BAS	Malprogramme für Maus im Text- und Grafikmodus (18.4)	EXE
MENÜTEIL.BAS	Ersatz der Menüroutine in MONEY.BAS (17.4)	
MESSAGE.BAS	Routine für Meldungen auf dem Bildschirm (17.3)	
MINI-TAB.BAS	Tabellen-Kalkulationsprogramm (18.2)	EXE
MOORE.BAS	Spiel: Moore suchen (18.5)	EXE
PLAYED.BAS	Testprogramm zur Erstellung von PLAY-Melodien (10.3)	
Q-SORT.BAS	Sortieren mit dem Quick-Sort-Algorithmus (17.7)	
RECHNEN1.BAS bis RECHNEN4.BAS	Auswertung und Berechnung von Formelausdrücken (17.1)	
SCRN-TST.BAS	Test der Grafik-Modi (9.2)	EXE
SEITEN.BAS	Demo zur Seitenumschaltung bei Farbgrafik-Karten (9)	
SINUS.BAS	Sinus-Kurve (9.3)	
SIRENE.BAS	Sirenenton mit SOUND (10.1)	
SONNE.BAS	Sonnenauf- und Untergang (9.6)	
TELEFON.BAS	Wahlprogramm für HAYES-Modems (12.3)	
TERMINAL.BAS	Mini-Terminalprogramm (12.2)	EXE
TEXTDREH.BAS	Beispiele für SUB und FUNCTION: Drehen von Texten (7.2, 7.3)	
TEXTFORM.BAS	Textauswertung und -Formatierung (16)	
VIEW-PRT.BAS	Fenster-Programmierung mit VIEW PRINT (5.3)	
VOKABEL.BAS	Kleiner Vokabel-Trainer (11.2)	EXE
VOKABEL.DAT	Vokabel-Datei für Vokabeltrainer (11.2)	
WARTE-T.BAS	Warten auf Tastendruck (7.2.1)	
ZEICHEN.BAS	Flexible Zifferndarstellung mit dem DRAW-Befehl (9.5)	EXE

Lösungen

AMPEL.BAS	Grafische Ampel (9)
CHARCNT.BAS	Ermittlung der Zeichenhäufigkeit in Texten (16)
FARBTAB.BAS	Anzeige einer Farbtabelle (6)
FEHLER3L.BAS	Fehlerbereinigte Verbrauchstabelle (15)

FINDMAX.BAS	Ermittlung des kleinsten und größten Wertes eines Integer-Feldes (7)
ORGEL.BAS	Orgel-Programm mit SOUND und PLAY (10)
RECHNENL.BAS	Erweiterte Formelauswertung und -berechnung (17)
SAY-NUM.BAS	Ausgabe von Zahlen im Klartext (6)
ST-STAT.BAS	Anzeige des Sondertasten-Status (13)
TELEFONL.BAS	Erweitertes Wahlprogramm für Hayes-Modems (12)
ZEIGEBAS.BAS	Anzeige von BASIC-Programmen (11)

Die Programme im Detail

Die oben aufgeführten Programme im Buch bestehen teilweise aus mehreren Teilen, verfügen also über SUBs und/oder FUNCTI-ONs. Im folgenden werden die Programme in alphabetischer Rei-ehenfolge mit allen Unterprogrammen (SUBs und FUNCTIONs) mit einer jeweils kurzen Beschreibung aufgelistet.

Programm 3D-PLOT.BAS

```
'** 3D-Plotter in QBasic
'** Die Funktion Y = f(X,Z) muß in der FUNCTION YFunc stehen!
```

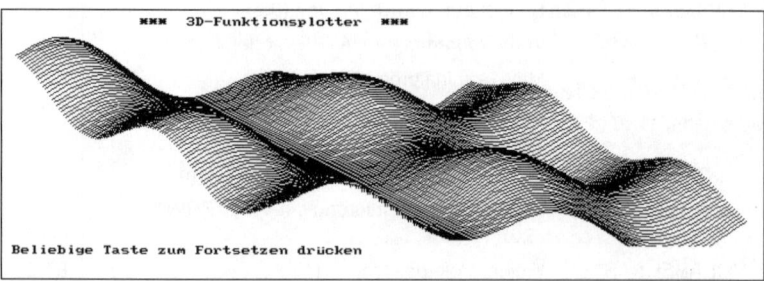

Abb. 62: 3D-Plotter

Das Programm zeichnet eine dreidimensionale Funktionsebene auf den Bildschirm. Die darzustellende Funktion wird in der FUNCTION *YFunc* eingesetzt. An die FUNCTION werden die Pa-rameter X und Z übergeben, aus denen als Funktionswert der zu-gehörige Y-Wert berechnet und zurückgeliefert wird.

```
FUNCTION YFunc (X, Z)
 '** darzustellende Funktion Y = f(X,Z)
```

Programm ADRESSEN.BAS

```
'** Beispielprogramm für Index-sequentielle Datenbank
```

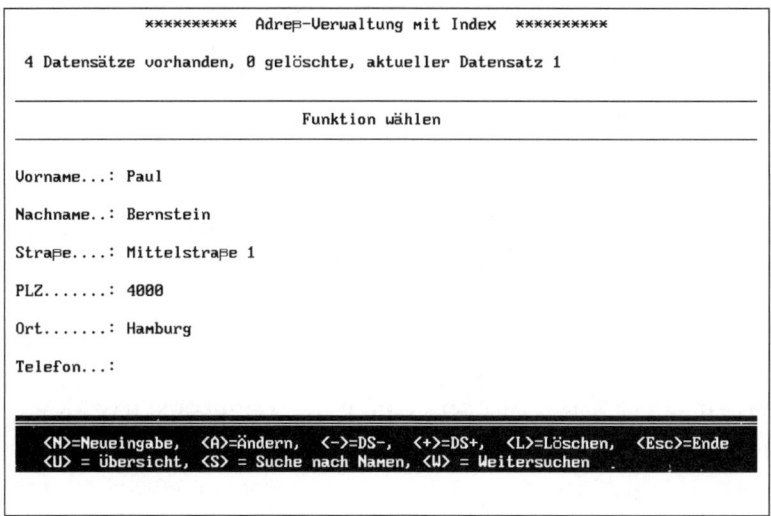

```
********** Adreß-Verwaltung mit Index **********

4 Datensätze vorhanden, 0 gelöschte, aktueller Datensatz 1


                        Funktion wählen


Vorname...: Paul

Nachname..: Bernstein

Straße....: Mittelstraße 1

PLZ.......: 4000

Ort.......: Hamburg

Telefon...:


 <N>=Neueingabe,  <A>=Ändern,  <->=DS-,  <+>=DS+,  <L>=Löschen,  <Esc>=Ende
 <U> = übersicht, <S> = Suche nach Namen, <W> = Weitersuchen
```

Abb. 63: Adressendatenbank

Das Hauptprogramm wertet die Taste aus, die vom Anwender gedrückt wird. Es wird dabei jeweils eine der SUBs aufgerufen, um die gewünschte Funktion auszuführen:

```
SUB EinfuegeDS
'** Datensatz in Datenbank einfügen
```

Der aktuelle Datensatz wird in die Datei eingefügt und in den Index einsortiert.

```
SUB EingabeDS
'** Datensatz eingeben, Leereingabe übernimmt alten Eintrag
```

Die Eingabe bzw. Änderung eines Datensatzes (Adresse) wird bearbeitet. Die Leereingabe, also das Quittieren einer leeren Zeile mit der [Return]-Taste, behält den alten Eintrag des Feldes bei.

```
SUB LeseIndex
'** Index-Datei in Feld Index() einlesen
```

Die Datei ADRESSEN.IDX wird in das vorbereitete Feld *Index()* eingelesen. Sie enthält die Reihenfolge der Datensätze in der Datei ADRESSEN.DBK.

```
SUB LoeschDS
'** Aktuellen Datensatz löschen
```

Der aktuelle Datensatz wird aus der Datei gelöscht, und zwar durch das Markieren des zugehörigen Index-Eintrages als "gelöscht".

```
SUB QSort (Von%, Bis%)
'** QuickSort: Index aufsteigend nach Schlüssel sortieren
```

Das Index-Feld und damit die gesamte Adreßliste wird aufsteigend mit dem Quick-Sort-Algorithmus sortiert.

```
SUB SchreibeIndex
'** Indexdatei abspeichern
```

Das Index-Feld *Index()* wird in die Datei ADRESSEN.IDX gespeichert.

```
SUB SpeichernDS
'** Datensatz speichern
```

Der aktuelle Datensatz wird in die Datei ADRESSEN.DBK geschrieben und der Index neu sortiert.

```
SUB SucheDS (Such$, Von%)
'** DS suchen: Index-Schlüssel nach Such$ ab Von% durchsuchen
```

Der Begriff in *Such$* wird in der Adreßdatei sequentiell gesucht.

```
SUB WarteAufTaste (Key$)
'** auf Taste warten, Taste groß in Key zurückgeben
```

Es wird auf einen Tastendruck gewartet und das Zeichen der gedrückten Taste als Großbuchstabe in *Key$* zurückgeliefert.

```
SUB ZeigeBild
'** Hauptbildschirm aufbauen
```

Der Hauptbildschirm der Adreßverwaltung mit Statusfeld, Adreßanzeige und Menü wird aufgebaut.

```
SUB ZeigeDS
'** Datensatz anzeigen
```

Der aktuelle Datensatz wird auf dem Bildschirm angezeigt.

```
SUB ZeigeListe
'** Gesamtliste zeigen
```

Alle (nicht gelöschten) Adressen werden als Liste auf dem Bildschirm angezeigt.

```
SUB ZeigeStatus (Text$)
 '** Anzeige zentriert in Statuszeile
```

Der übergebene Text wird in der Statuszeile zentriert ausgegeben.

Programm BALL.BAS

```
 '** fliegender Ball in QBasic: Textmodus!
```

Ein "Ball" (das Zeichen *) wird im Textmodus über den Bildschirm bewegt, wobei er an den Bildrändern abprallt.

Programm BEZIER.BAS

```
 '** Bézier-Kurven in QBasic **
```

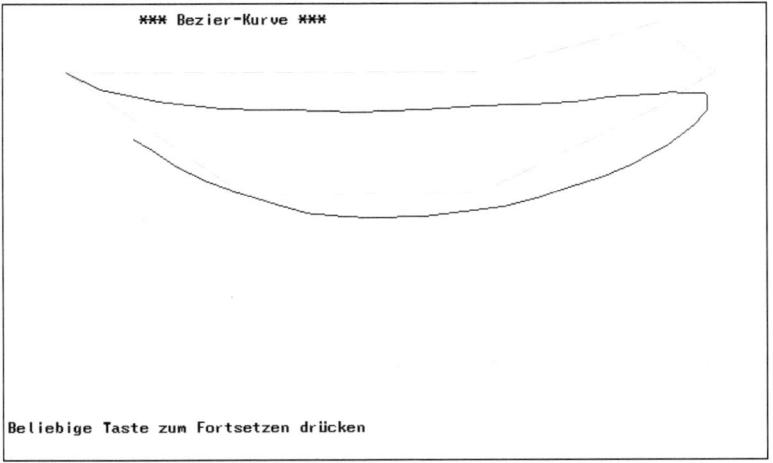

Abb. 64: Bezier-Kurve

Es wird eine Bézier-Kurve gezeichnet, die sich an vorgegebenen Stützpunkten orientiert.

Programm BUB-SORT.BAS

```
 '** Feld sortieren mit Bubble-Sort **
```

Das im Hauptprogramm dimensionierte und mit Zufallszahlen gefüllte Array *Feld%()* wird in der SUB *BubbleSort()* mit dem Bubble-Sort-Algorithmus aufsteigend sortiert.

```
SUB BubbleSort (Feld%())
 '** Bubble-Sort-Routine
```

Programm COMTALK.BAS

```
'** Modem-Kommunikationsprogramm
```

```
══════════════════════ Text vom Sender ══════════════════════
AT DP 0211 9331 S


OK

AT H0


OK

═════════════════════════════════════════════════════════════
─────────────────── Text von hier (<Esc> = Ende) ───────────────────
AT DP 0211 9331 9

AT H0

_
```

Abb. 65: Modem-Kommunikationsprogramm

Auf dem zweigeteilten Bildschirm wird eine Unterhaltung über die serielle Schnittstelle ermöglicht. Unten erscheinen die auf der Tastatur eingegebenen Zeichen, oben die von der seriellen Schnittstelle empfangenen.

Programm DIAGRAMM.BAS

```
'** Beispielprogramm für Diagramm-Darstellung
```

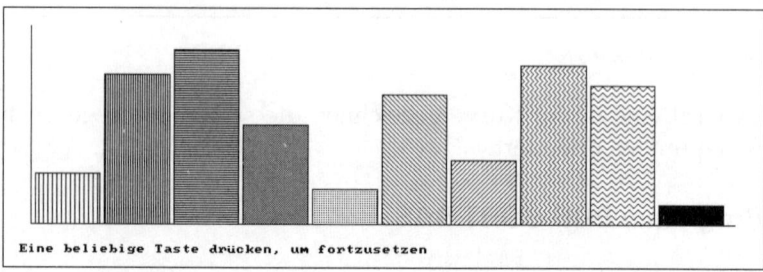

Abb. 66: Diagramm

Aus den im Hauptprogramm eingelesenen Werten im Feld *Feld%()* wird in der SUB *Diagramm* ein Balkendiagramm erstellt.

```
SUB Diagramm (Feld%())
'** Balkendiagramm aus den Werten in Feld%() bilden
```

Programm EDLINE.BAS

```
'** Eingaberoutine EdLine
```

Eingabe-Routine als Ersatz für *LINE INPUT*: Es kann ein Text vorgegeben und mit den Pfeiltasten editiert werden. Die Eingabe findet ab der Position $X\%/Y\%$ mit einer Länge von $le\%$ statt. Der Vorgabe- und Ergebnis-Text wird in *Edl$* übergeben.

```
SUB EdLine (Edl$, le%, X%, Y%)
'* Form-Input:
'* edl$  : übergabestring
'* le% : max. Länge
'* x%/y% : Position (0=aktuelle Pos.)
'* Ende durch Return, ESC oder Cursor hoch/runter
```

FEHLER1.BAS bis FEHLER3.BAS

Programm FEHLER1.BAS

```
'** 1. fehlerhaftes Programm zur übung des Debugging
```

Programm FEHLER2.BAS

```
'** 2. fehlerhaftes Programm zur übung des Debugging
SUB ZeigeDiagramm (Anzahl%)
'** Verbrauchswerte als Linie anzeigen
```

Programm FEHLER3.BAS

```
'** 3. fehlerhaftes Programm als Aufgabe zum Debugging
```

Programm FEUERWRK.BAS

```
'** Feuerwerk in QBasic
```

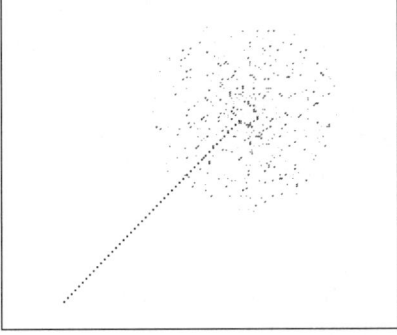

Abb. 67: Feuerwerk

Ein einfaches Feuerwerk erscheint: eine aufsteigende Rakete, die dann in allen Farben "explodiert".

Programm FSELECT.BAS

```
'** Verzeichnis einlesen und Datei auswählen
```

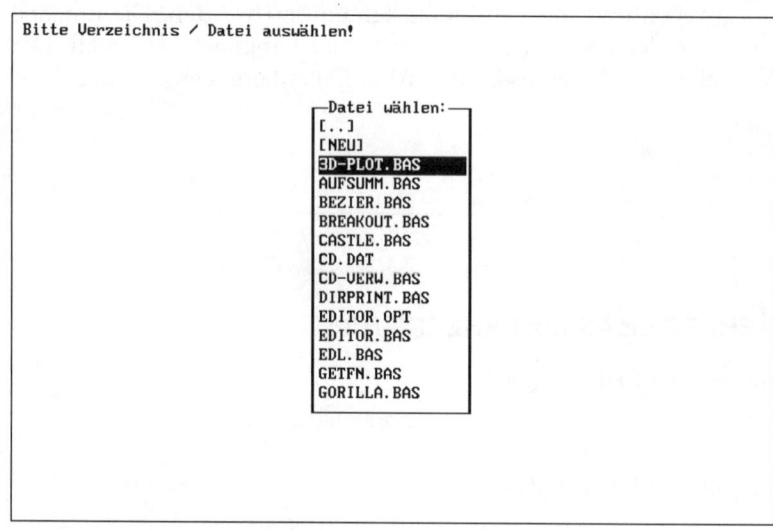

Abb. 68: *Komfortable Dateiauswahl*

Mit diesen Routinen kann eine komfortable Dateiauswahl stattfinden. Die Haupt-SUB ist *SelectFile()*.

```
SUB SelectFile (Pfad$, FileName$)
'** Datei- und Pfadauswahl
'* Pfad$     Start- und Ergebnispfad der Suche
'* FileName$ gewählte Datei oder Leerstring bei Abbruch
```

Die SUB wird einfach aufgerufen mit der Vorgabe des Pfades in *Pfad$* und der Dateimaske in *FileName$*. Es erscheint dann eine Box in der Mitte des Bildschirmes, aus der die Datei oder aber ein Verzeichnis angewählt werden kann. Ist eine Datei ausgewählt und mit Return bestätigt, wird diese in *FileName$* zurückgegeben. Escape bricht die Auswahl ab und liefert in *FileName$* einen Leerstring.

Die Funktion des Programmes basiert auf DOS-Funktionen, die über Interrupts aufgerufen werden. Hierzu muß die SUB *Interr%()* vorliegen und das zugehörige Maschinenprogramm mit *ReadData* eingelesen sein.

```
FUNCTION Interr% (Num%, AX%, BX%, CX%, DX%)
'** Interrupt ausführen


SUB ReadData
'** DATAs für das Interrupt-Maschinenprogramm einlesen
```

Die SUB *ReadFiles* liest die Dateieinträge des vorgegebenen Verzeichnisses ein und liefert die Datei-Einträge in den Feldern zurück. Hierbei werden jeweils die Namen, Längen und Attribute
der Einträge ermittelt.

```
SUB ReadFiles (Path$, Maske$, Files$(), FLen&(), Attr%(), Maske%, FileAnz%)
'** Verzeichnisse und Dateinamen, -Längen und Attribute einlesen und
    zurückgeben
```

Die SUB *SelectEntry()* bearbeitet die Auswahl eines Eintrages aus
einer Liste. Die Einträge der Liste werden im Feld *Liste$()* überge-
ben.

```
SUB SelectEntry (Titel$, Liste$(), Anz%, X%, Y%, B%, H%, Wahl%)
'** Eintrag aus Stringfeld auswählen
'* Titel$    überschrift der Liste
'* Liste$()  Liste mit Auswahl-Strings
'* Anz%      Anzahl der Einträge in Liste$()
'* X%,Y%     linke, obere Position der Auswahlbox
'* B%,H%     Breite und Höhe der Auswahlbox
'* Wahl%     Rückgabeparameter: Nummer des gewählten Eintrags (0=Abbruch)
```

Die Box, in der die Auswahl stattfindet, wird in der SUB *DrawBox*
gezeichnet:

```
SUB DrawBox (xl%, yl%)
'** Box zeichnen
```

Programm GET-DB.BAS

```
'** Einlesen und Anzeigen einer dBase-Datei
```

Es werden die Einträge einer dBase-Datei eingelesen und angezeigt. Hierzu wird zunächst die SUB *ReaddBStruct* aufgerufen, die
die dBase-Datei öffnet und deren Struktur in das Feld *dBStruct()*
einliest. Die Feldstruktur wird im Hauptprogramm definiert.

```
SUB ReaddBStruct (dBName$, dBStruct() AS dBStruktur, DSLen%, Anz&, Felder%,
    Header%)
'** Datenstruktur aus DBase-Datei in dBStruct() einlesen
```

Mit der SUB *ReaddBEntry()* kann ein Datensatz aus der dBase-Datei eingelesen werden. Zu Übergeben sind dabei die in *ReaddB Struct()* ermittelten Angaben über die Struktur der Datei sowie die Nummer des einzulesenden Datensatzes in *Num%*. Im Stringfeld *Datensatz$()* werden die eingelesenen Felder zurückgeliefert. Datumsfelder werden aus dem dBase-Format in das Format TT.MM.JJJJ in der FUNCTION *GetDate$()* übersetzt.

```
SUB ReadDBEntry (Num%, Datensatz$(), dBStruct() AS dBStruktur, Felder%,
    DSLen%, Header%)
 '** Datensatz Num% aus DBase-Datei in Datensatz$() einlesen


FUNCTION GetDate$ (DBDate$)
 '** DBase-Datum DBDate$ in Datum tt.mm.jjjj umwandeln
```

Programm GETFN.BAS

```
 '** Einfache Dateiauswahl
```

```
Bitte *.BAS-Datei auswählen:

C:\QB\QBASIC\NEU
3D-PLOT .BAS     ADRESSEN.BAS     BALL    .BAS     BEZIER  .BAS
BUB-SORT.BAS     COMTALK .BAS     DIAGRAMM.BAS     EDLINE  .BAS
FEHLER1 .BAS     FEHLER2 .BAS     FEHLER3 .BAS     FEUERWRK.BAS
FSELECT .BAS     GET-DB  .BAS     GETFN   .BAS     INTERUPT.BAS
KREIS   .BAS     LOGARITH.BAS     MAUS    .BAS     MAUSMAL .BAS
MENÜTEIL.BAS     MESSAGE .BAS     MINI-TAB.BAS     MOORE   .BAS
PLAYED  .BAS     Q-SORT  .BAS     RECHNEN1.BAS     RECHNEN2.BAS
RECHNEN3.BAS     RECHNEN4.BAS     SCRN-TST.BAS     SEITEN  .BAS
SINUS   .BAS     SIRENE  .BAS     SONNE   .BAS     TELEFON .BAS
TERMINAL.BAS     TEXTDREH.BAS     TEXTFORM.BAS     VIEW-PRT.BAS
VOKABEL .BAS     WARTE-T .BAS     ZEICHEN .BAS
 23502848 Bytes frei
```

Abb. 69: Einfache Dateiauswahl

Dies ist eine einfache Variante einer Dateiauswahl. In der SUB *GetFN()* wird mit dem *FILES*-Befehl die Liste der Dateien ausgegeben, die mit der Endung aus *Ext$* versehen sind. Über das Auslesen des resultierenden Bildschirminhaltes kann dann eine Datei mit den Pfeiltasten gewählt werden.

```
SUB GetFN (Ext$, FilN$)
 '** Aus Dateien *.Ext$ eine auswählen und in FilN$ liefern
```

Programm INTERUPT.BAS

```
'**  Interrupt-Aufruf über ABSOLUTE-Funktion
```

```
xxxxx Interrupt-Test xxxxx

>> BIOS-Interrupt &H10, Funktion 9: Ausgabe mehrerer Zeichen mit Attribut
AAAAAAAAAAAAAAAAAAAAAAAAAAAAAAAAAAAAAAAAAAAAAAAAAAA
Rückgabewert = $941

>> DOS-Interrupt &H21, Funktion 2: Ausgabe eines Zeichens
X
Rückgabewert = $258

>> Mal nachsehen, ob eine Datei existiert (mit Exists%())
Dateiname (auch mit x oder ?), <Return>=Ende ? x.bas
x.bas existiert!
Dateiname (auch mit x oder ?), <Return>=Ende ? x.txt
x.txt nicht da!
Dateiname (auch mit x oder ?), <Return>=Ende ?




Eine beliebige Taste drücken, um fortzusetzen
```

Abb. 70: Interrupt-Aufruf

Nach dem Vorbereiten des Maschinenprogrammes für den Interrupt in *ReadData* werden verschiedene Interrupts im Hauptprogramm ausgelöst. Außerdem kann mit der FUNCTION *Exists%()*
das Vorhandensein einer Datei ermittelt werden.

```
FUNCTION Interr% (Num%, AX%, BX%, CX%, DX%)
 '** Interrupt ausführen
SUB ReadData
 '** DATAs für Maschinenprogramm in MS%() einlesen
FUNCTION Exists% (FileName$)
 '** ermitteln, ob Datei/Verzeichnis FileName$ existiert
```

Programm MAUS.BAS

```
'** Mausroutinen über Interrupt in QBasic
```

In diesem Programm sind die wichtigsten Funktionen einer Maus
zugänglich gemacht. Für jede der Funktionen ist eine eigene SUB
vorbereitet. Die Programmierung wird auch hier über die FUNC-
TION *Interr%* ausgeführt, die das mit *ReadData* eingelesene Maschinenprogramm voraussetzt.

```
FUNCTION Interr% (Num%, AX%, BX%, CX%, DX%)
'** Interrupt Nummer Num% auslösen mit Registerinhalten AX% bis DX%
SUB ReadData
'** DATAs für Maschinenprogramm in MS%() einlesen
SUB GetMaus
'** Mausposition und -knopfstatus in MausX%, MausY% und MausK% holen
SUB Maus (OnOff%)
'** Mauszeiger an/ausschalten (0=aus, 1=an)
SUB MausInit
'** Maustreiber initialisieren
SUB MausSet (X%, Y%)
'** Position des Mauszeigers setzen
'** X% und Y% sind Zeichenkoordinaten im Textmodus
SUB MausTempo (Speed%)
'** Mausgeschwindigkeit einstellen (0=Schnell, 100=extrem langsam)
SUB MausXBereich (X1%, X2%)
'** Mausbewegungsbereich horizontal setzen von X1% bis X2%
'** X1% und X2% sind Zeichenkoordinaten im Textmodus
SUB MausYBereich (Y1%, Y2%)
'** Mausbewegungsbereich vertikal setzen von Y1% bis Y2%
'** Y1% und Y2% sind Zeichenkoordinaten im Textmodus
SUB WarteBewegung
'** Warten, bis Maus bewegt oder Maustaste gedrückt/losgelassen
SUB WarteKnopfLos
'** Warten, bis Maustaste losgelassen
```

Programm MAUSMAL.BAS

```
'** Malprogramm mit der Maus
'** Text- oder Grafikmodus
```

Hier sind zwei Malprogramme für die Maus enthalten. Im Hauptprogramm kann hier über eine Maustaste Text- oder Grafikmodus gewählt werden.

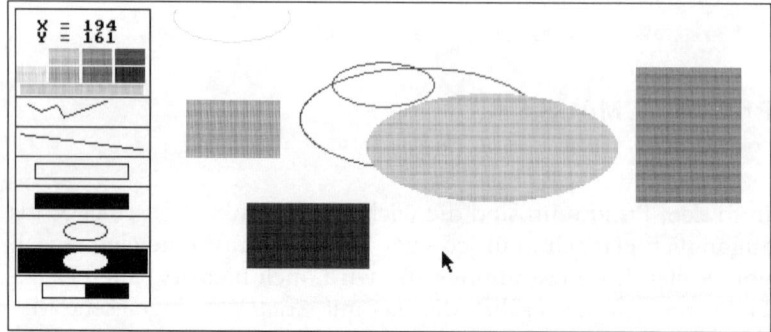

Abb. 71: Mausmal-Programm im Grafikmodus

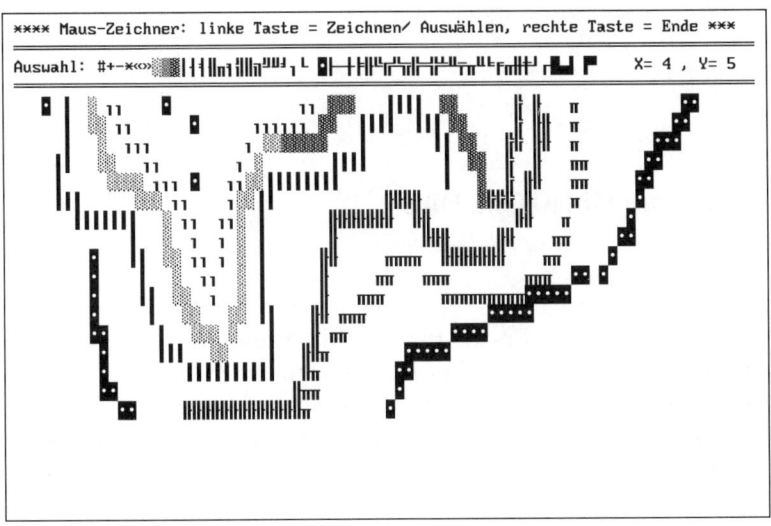

Abb. 72: Mausmal-Programm im Textmodus

```
SUB GraphikZeichner
 '** einfaches Malprogramm im Graphikmodus für Maus
SUB MausZeichner
 '**  einfaches Malprogramm im Text-Modus für Maus-Demo
FUNCTION Interr% (Num%, AX%, BX%, CX%, DX%)
 '** Interrupt Nummer Num% auslösen mit Registerinhalten AX% bis DX%
SUB ReadData
 '** DATAs für Maschinenprogramm in MS%() einlesen
SUB DrawBox (xl%, yl%)
 '** Box zeichnen
SUB MausInit
 '** Maustreiber initialisieren
SUB GetMaus (Mode%)
 '** Mausposition und -knopfstatus in MausX%, MausY% und MausK% holen
SUB Maus (OnOff%)
 '** Mauszeiger an/ausschalten (0=aus, 1=an)
SUB MausForm (SoftHard%, BMaske%, CMaske%)
 '** Mauscursor-Erscheinung setzen
SUB MausSct (X%, Y%)
 '** Position des Mauszeigers setzen
 '** X% und Y% sind Zeichenkoordinaten im Textmodus
SUB MausTempo (Speed%)
 '** Mausgeschwindigkeit einstellen (0=Schnell, 100=extrem langsam)
SUB MausXBereich (X1%, X2%)
 '** Mausbewegungsbereich horizontal setzen von X1% bis X2%
 '** X1% und X2% sind Zeichenkoordinaten im Textmodus
SUB MausYBereich (Y1%, Y2%)
 '** Mausbewegungsbereich vertikal setzen von Y1% bis Y2%
```

```
'** Y1% und Y2% sind Zeichenkoordinaten im Textmodus
SUB WarteBewegung (Mode%)
'** Warten, bis Maus bewegt oder Maustaste gedrückt/losgelassen
SUB WarteKnopfLos
'** Warten, bis Maustaste losgelassen
```

Programm MENÜTEIL.BAS

```
'** Menü-DATAs für alternative Menüverwaltung in MONEY.BAS
```

Hierbei handelt es sich nicht um ein vollständiges Programm, sondern um einen Ersatz für die Menüroutine *MenuSystem* in MONEY.BAS. Diese Version ist übersichtlicher gestaltet und ermöglicht die Definition des Menüs in einfachen *DATA*-Zeilen. In Kapitel 17.4 finden Sie eine Anleitung, wie dies eingesetzt werden kann.

```
SUB MenuSystem
'** Ersatz-SUB für MONEY.BAS-Programm: Pulldown-Menü verwalten
```

Programm MESSAGE.BAS

```
'** Meldung einblenden mit Message
'** Hier: Sicherheitsabfrage für Programmende
```

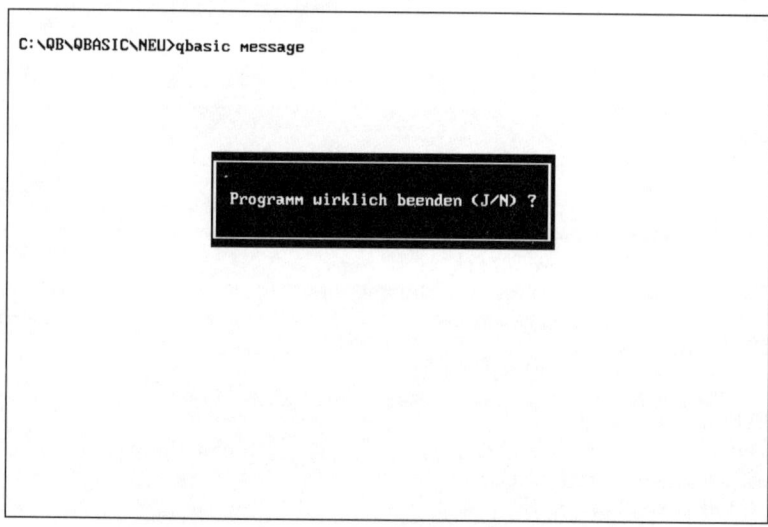

Abb. 73: Meldung einblenden

Die SUB *Message* blendet eine zentrierte Box auf dem Bildschirm ein, in dem der übergebene Text *M$* eingetragen ist. Der Text kann einmal mit dem \-Zeichen umgebrochen werden. Das übergebene *Waitflag%* bestimmt, ob die Funktion noch auf eine Taste warten soll (ungleich 0). Bei **ja** wartet sie und gibt die gedrückte Taste in der globalen Variablen *Key$* zurück. Die SUB eignet sich gut für Hinweise und Abfragen, was auch im Hauptprogramm demonstriert wird.

```
SUB Message (M$, waitflag%)
 '** Text in Message-Box anzeigen
 ' Zeilentrennung im Text: max 1* \
 ' waitflag%=1:warten auf Taste, =0: nicht warten
SUB DrawBox (xl%, yl%)
 '** Box zeichnen
```

Programm MINI-TAB.BAS

```
 '** Mini-Tabellenkalkulation
```

```
***** Mini-Tabellenkalkulation  4/91 S.A.Dittrich  *****        SPRIT
         A       B       C       D       E       F       G       H
  1     Km     Sprit    =>    1/100 Km
  2   ----------------------------------------------
  3    300.0    27.0            9.0
  4    250.0    22.0            8.8
  5    320.0    29.0            9.1
  6
  7
  8
  9   ----------------------------------------------
 10    870.0    78.0            8.9
 11
 12
 13
 14
 15
 16
 17
 18
 19
D10:  #b10/a10*100
```

Abb. 74: Mini-Tabellenkalkulation

Das Programm stellt eine kleine, aber vollständig einsetzbare Tabellenkalkulation dar. In den einzelnen Feldern können Texte, Werte oder Formeln eingesetzt werden. Das Arbeitsblatt wird automatisch nachgerechnet und die Ergebnisse werden angezeigt. Es kann auch gespeichert und wieder geladen werden.

```
SUB DelLine (Y%)
 '** Zeile Y% löschen
SUB DelRow (X%)
 '** Spalte X% löschen
```

```
SUB DrawBox (xl%, yl%)
'** Box zeichnen
SUB EdLine (edl$, le%, X%, Y%)
'** Spezielle Eingaberoutine
'** edl$  : Übergabestring
'** le%   : max. Länge
'** x%/y% : Position (0=aktuelle Pos.)
'** Ende durch Return,ESC oder Cursor hoch/runter
SUB EnterFilename (Pr$, F$)
'** Dateinamen eingeben
SUB InsertLine (Y%)
'** Leerzeile  vor Y% einfügen
SUB InsertRow (X%)
'** Leerspalte vor X% einfügen
SUB LineCopy (Von%, Nach%)
'** Zeile kopieren
SUB LoadTable
'** Tabelle laden
SUB Message (M$, waitflag%)
'** Text M$ in Message-Box anzeigen
'** Zeilentrennung im Text: max 1* \
'** waitflag%=1:warten auf Taste, =0: nicht warten
FUNCTION Rechne# (Line1$)
'** rekursive Berechnung von Formeln in der Tabelle
SUB Redraw
'** Tabelle neu zeichnen
SUB RowCopy (Von%, Nach%)
'** Spalte kopieren
SUB SaveTable
'** Tabelle speichern
SUB ZeigeWert (X%, Y%)
'** Tabellenwert, Text oder Formelergebnis ausgeben
```

Programm MOORE.BAS

```
'** Das Moore-Spiel
```

Dieses taktische Spielprogramm stellt eine Moorlandschaft dar, in
der man versuchen muß, von links oben nach rechts unten zu ge-
langen. Die Bewegung der Spielfigur wird mit den Pfeiltasten
vorgenommen. Die zu umgehenden Moore werden nicht angezeigt, sondern nur die Anzahl der den Spieler umgebenden
Moore.

```
SUB DoMove
'** Zug bearbeiten und anzeigen
SUB DrawPlayField
'** Spielfeld zeichnen
SUB FillField
'** Feld mit Hintergrundfarbe füllen
SUB InitField
```

```
'** Moore verteilen
SUB ScanMud (Muds%)
 '** benachbarte Moore zählen
SUB SetField (X%, Y%, Col%)
 '** Feld anzeigen: Col%<>0: Figur/Spur, =0: je nach Inhalt
SUB ShowAll (Nur%)
 '** Gesamtfeld mit allen Elementen oder nur Typen Nur% anzeigen
SUB TestField (X%, Y%)
 '** Gesamtfeld rekursiv auf Durchgängigkeit testen
```

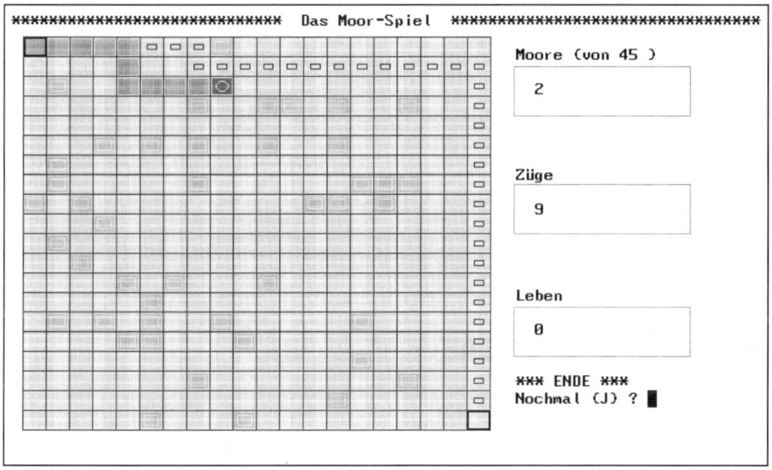

Abb. 75: Das Moore-Spiel

Programm PLAYED.BAS

```
'** Sequenz-Editor für PLAY
```

Das Hauptprogramm verwendet die SUB *EdLine()* für die Eingabe eines Melodienstrings für den *PLAY*-Befehl. Mit [Return] wird der String abgespielt. Sollte der String einen Schreibfehler enthalten, wird dieser unter Angabe der ungefähren Position angezeigt.

```
SUB EdLine (Edl$, le%, X%, Y%)
 '* Form Input:
 '* edl$  : übergabestring
 '* le% : max. Länge
 '* x%/y% : Position (0=aktuelle Pos.)
 '* Ende durch Return, ESC oder Cursor hoch/runter
```

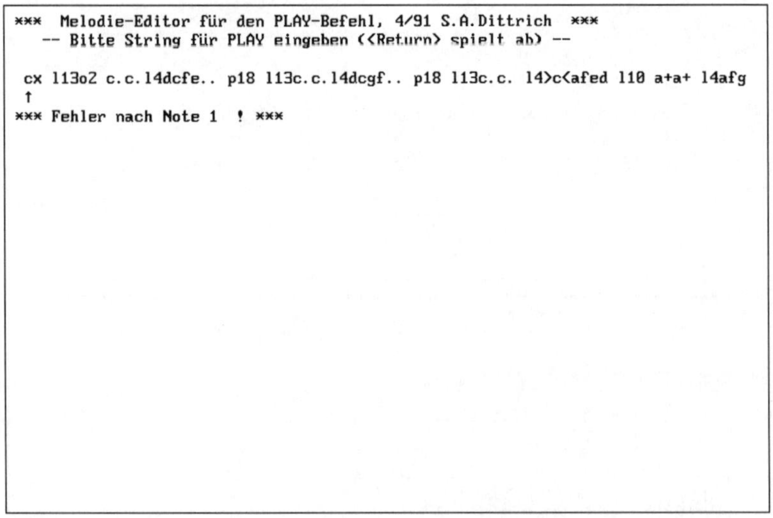

```
*** Melodie-Editor für den PLAY-Befehl, 4/91 S.A.Dittrich ***
   -- Bitte String für PLAY eingeben (<Return> spielt ab) --

 cx 113o2 c.c.14dcfe.. p18 113c.c.14dcgf.. p18 113c.c. 14>c<afed 110 a+a+ 14afg
 ↑
*** Fehler nach Note 1  ! ***
```

Abb. 76: Sequenz-Editor

Programm Q-SORT.BAS

```
'** Sortieren mit dem Quick-Sort-Verfahren
```

Das im Hauptprogramm dimensionierte und mit Zufallszahlen gefüllte Array $Z\%()$ wird in der SUB *QSort()* mit dem Quick-Sort-Algorithmus aufsteigend von Eintrag *von%* bis Eintrag *bis%* sortiert.

```
SUB QSort (Z%(), Von%, Bis%)
 '** QuickSort: aufsteigend sortieren von Z%()
```

RECHNEN1.BAS bis RECHNEN4.BAS

Im Verlauf dieser Programme wird in Kapitel 17.1 die Auswertung und Berechnung von Formeln entwickelt.

Programm RECHNEN1.BAS

```
'** Auswertung und Berechnung einer einfachen Formel
'** erste Version
```

Programm RECHNEN2.BAS

```
'** Auswertung und Berechnung einer einfachen Formel
'** zweite Version
FUNCTION Berechne (Formel$)
 '** Einfache Formel in Formel$ berechnen
```

Programm RECHNEN3.BAS

```
'** Berechnung einer Ketten-Formel
'** 1. Version: Schleife von links nach rechts
'** !! rechnet von rechts nach links !!
FUNCTION Rechne1 (Formel$)
'** Formel berechnen (fehlerhaft!)
```

Programm RECHNEN4.BAS

```
'** Berechnung einer eingegebenen Ketten-Formel
FUNCTION Rechne# (Line$)
'** Formel berechnen
```

Programm SCRN-TST.BAS

```
'** Test der Grafikkarte in QBasic
```

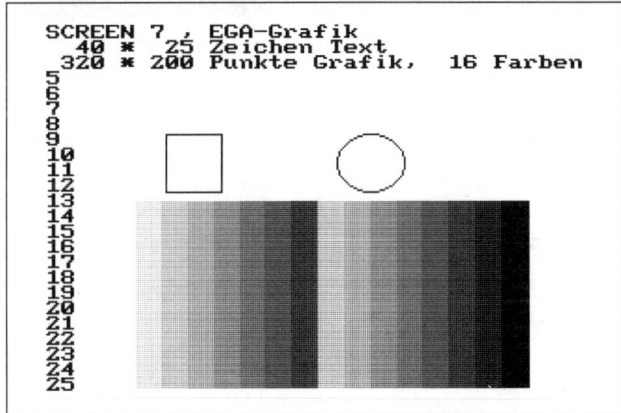

Abb. 77: Grafikkarten-Test

Dieses Programm testet die möglichen *SCREEN*-Modi der eingebauten Grafikkarte und zeigt sie an.

Programm SEITEN.BAS

```
'** Beispiel für Seitenumschaltung mit dem SCREEN-Befehl
'** Ausgegangen wird von einer CGA-/EGA-/VGA-Karte, die 4 Seiten hat
```

Programm SIRENE.BAS

```
'** US-Sirene mit dem SOUND-Befehl
```

Programm SONNE.BAS

```
'** Sonnenaufgang / Sonnenuntergang
```

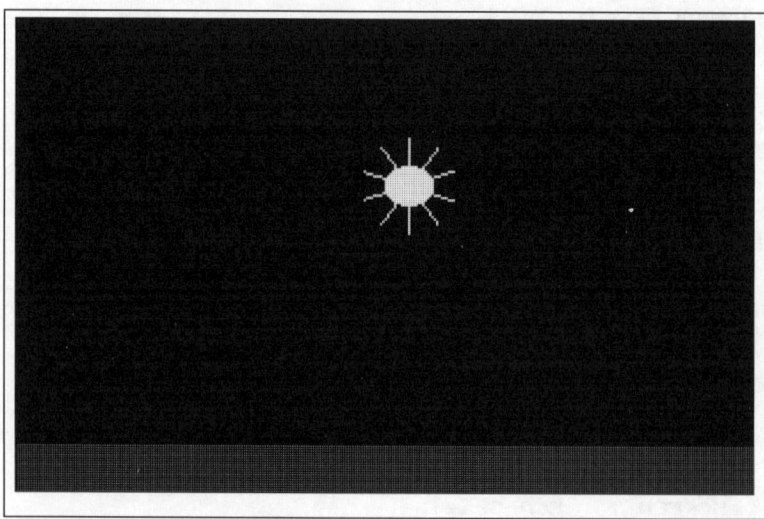

Abb. 78: Sonnenaufgang/Sonnenuntergang

Mit den Befehlen *GET* und *PUT* wird eine grafische Animation ausgeführt.

Programm TELEFON.BAS

```
'** Mini-Telefonbuch mit automatischer Wahl
'** nur für Hayes-kompatible Modems!
```

```
Teilnehmer:

 1 > Hans      654321
 2 > Sabine    765432
 3 > Stefan    876543
Welchen Teilnehmer anwählen ? 3
Nummer 876543 wird angewählt...
*** Bitte Hörer abnehmen und Taste drücken, wenn Freiton hörbar ist! ***
Das Gespräch kann nun geführt werden!




Eine beliebige Taste drücken, um fortzusetzen
```

Abb. 79: Mini-Telefonbuch

Ein aus einer Namensliste ausgewählter Eintrag wird vom angeschlossenen Hayes-kompatiblen Modem angewählt.

Programm TERMINAL.BAS

```
'** Mini-Terminal in QBasic
```

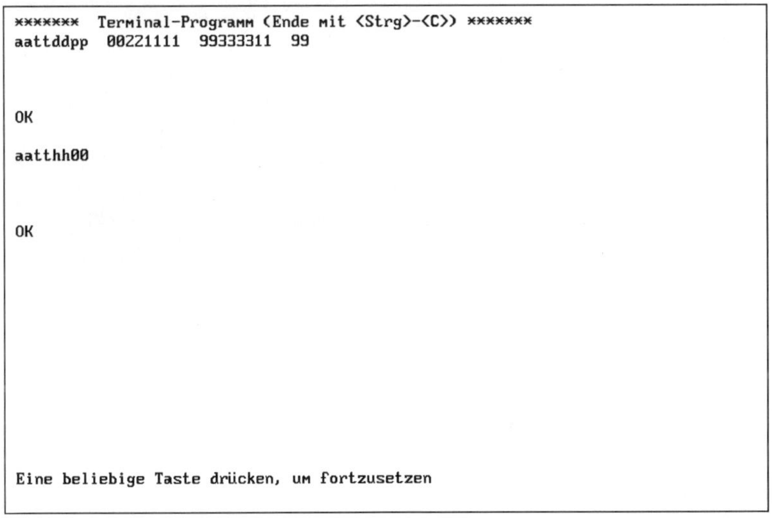

```
******* Terminal-Programm (Ende mit <Strg>-<C>) *******
aattddpp  00221111  99333311  99


OK

aatthh00


OK












Eine beliebige Taste drücken, um fortzusetzen
```

Abb. 80: Mini-Terminal

Hierbei handelt es sich um ein kleines Terminal-Programm, mit dem die serielle Schnittstelle bedient werden kann.

Programm TEXTDREH.BAS

```
'** Demonstration einer SUB und einer FUNCTION für das Drehen von Texten
```

In Kapitel 7.2.2 wird anhand der SUB *TextDreh()* das Umdrehen eines Textes demonstriert. Kapitel 7.3.1 zeigt die gleiche Funktion, diesmal jedoch mit Hilfe einer FUNCTION.

```
SUB TextDreh (Text$)
 '** Subroutine zum Drehen eines Textes
FUNCTION TextDreh1$ (Text$)
 '** FUNCTION zum Drehen eines Textes
```

Programm TEXTFORM.BAS

```
'** Formatierung und Bearbeitung eines Textes
```

Ein vorgegebener Text wird hier auf verschiedene Arten ausgewertet und bearbeitet (Kapitel 16).

```
SUB BPrint (Text$, GesLen%)
 '** Ausgabe des Textes in Text$ im Blocksatz mit Gesamtbreite GesLen%
SUB CCount (Text$, Char$, Zeichen%)
 '** Anzahl der in Char$ vorgegebenen Zeichen in Text$ ermitteln
SUB Teile (Text$, Trenn$, Links$, Rechts$)
 '** Zerlegen von Text$ in Teil links und rechts von Trenn$
SUB WCount (Text$, Worte%)
 '** Worte in Text$ zählen
SUB Zerlege (Text$, Zeile$(), MaxLen%, Zeilen%)
 '** Zerlegen des langen Textes aus Text$ in das Stringfeld Zeile$()
 '** Maximale Zeilenlänge MaxLen%
 '** Rückgabe: Anzahl der Zeilen in Zeilen%
SUB ZPrint (Text$, Mitte%)
 '** Zentrierte Ausgabe des Textes in Text$ um mittlere Position Mitte%
```

Programm VIEW-PRT.BAS

```
'** VIEW PRINT-Demo
```

```
Dies ist die Titelzeile, die fest stehen bleibt.
Zeile 187
Zeile 188
Zeile 189
Zeile 190
Zeile 191
Zeile 192
Zeile 193
Zeile 194
Zeile 194
Zeile 195
Zeile 196
Zeile 197
Zeile 198
Zeile 199
Zeile 200
Zeile 201
Zeile 202
Zeile 203
Zeile 204
Zeile 205
Zeile 206
Zeile 207
Hier ist eine feste Fußzeile
```

Abb. 81: VIEW PRINT-Demo

Hier wird demonstriert, wie mit Hilfe des *VIEW PRINT*-Befehls ein Bildschirmausschnitt als Fenster definiert werden kann.

Programm VOKABEL.BAS

```
'** Einfacher Vokabeltrainer in QBasic
'** zur Demonstration einer sequentiellen Datei
```

```
Möchten Sie: Vokabeln (e)ingeben, (a)bfragen, (L)iste oder (P)rogrammende ?a
*** Vokabel-Abfrage ***
 (D=Deutsch, E=Englisch, X=Ende)

Deutsches Wort   :? auto
Deutsch: Auto => Englisch: car
Deutsches Wort   :? e
Englisches Wort :? house
Deutsch: Haus => Englisch: house
Englisches Wort :? x

Möchten Sie: Vokabeln (e)ingeben, (a)bfragen, (L)iste oder (P)rogrammende ?p




Beliebige Taste zum Fortsetzen drücken
```

Abb. 82: Vokabeltrainer

In einer sequentiellen Datei werden deutsche und englische Vokabeln erfaßt, die in der SUB *Eingabe* eingegeben und gespeichert werden. Die SUB *Liste* zeigt die gesamte Liste der erfaßten Vokabeln. In der SUB *Abfrage* können deutsche oder englische Begriffe eingegeben werden, woraufhin die Übersetzung angezeigt wird.

```
SUB Eingabe
'** neue Vokabeln eingeben
SUB Liste
 '** Gesamtliste aller Vokabeln zeigen
SUB Abfrage
'** Vokabeln abfragen
```

Programm ZEICHEN.BAS

```
'** Skalier- und drehbare Zeichen in QBASIC
```

Mit Hilfe des *DRAW*-Befehls werden hier Ziffern dargestellt. Durch diese Methode können Zahlen in jeder beliebigen Größe und auch gedreht im Grafikmodus dargestellt werden.

```
SUB DrawChars (V#, xp, yp)
'** Zahl aus V# an Position xp/yp ausgeben
```

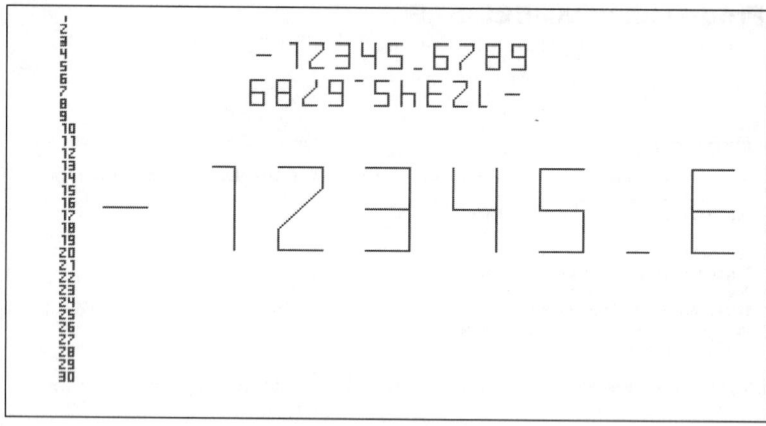

Abb. 83: Skalier- und drehbare Zeichen

Lösungen zu den Aufgaben im Buch

Einige der im Verlauf des Buches gestellten Aufgaben erfordern die Entwicklung eines Lösungsprogrammes. Die fertigen Programme hierzu sind ebenfalls auf der Diskette enthalten und werden im Anhang A erläutert.

Programm AMPEL.BAS

```
'** Lösung der Aufgabe im Grafik-Kapitel: Ampel
```

Abb. 84: Ampel

Es wird eine Ampel auf dem Bildschirm ausgegeben, die die in Deutschland üblichen Folgen im Sekundentakt durchläuft (Rot, Rot-Gelb, Grün, Gelb).

Programm CHARCNT.BAS

```
'** Lösung zur Aufgabe Textbearbeitung: Zeichenhäufigkeit ermitteln
'** Ermittlung der Häufigkeit der Zeichen A-Z
```

Die Häufigkeiten der Buchstaben A bis Z innerhalb des übergebenen Textes werden gezählt und im Feld *Zeichen%()* als Anzahlen zurückgeliefert.

```
SUB CharCount (Text$, Zeichen%())
'** Zeichen A-Z in Text$ zählen und in Zeichen%() zurückliefern
```

Programm FARBTAB.BAS

```
'** Lösung zur Aufgabe Schleifen (Kapitel 6): Farbtabelle
```

Hier wird eine Farbtabelle dargestellt, die alle möglichen Kombinationen von Vorder- und Hintergrundfarbe anzeigt.

Programm FEHLER3L.BAS

```
'** Lösung der Aufgabe zum Kapitel 15 "Fehlersuche und Debugging"
```

```
Verbrauchs-Tabelle (links Liter, oben Kilometer, Kreuzungen: Verbrauch)
      300    320    340    360    380    400    420    440    460    480    500
     ------------------------------------------------------------------------
30   10.0    9.4    8.8    8.3    7.9    7.5    7.1    6.8    6.5    6.3    6.0
32   10.7   10.0    9.4    8.9    8.4    8.0    7.6    7.3    7.0    6.7    6.4
34   11.3   10.6   10.0    9.4    8.9    8.5    8.1    7.7    7.4    7.1    6.8
36   12.0   11.3   10.6   10.0    9.5    9.0    8.6    8.2    7.8    7.5    7.2
38   12.7   11.9   11.2   10.6   10.0    9.5    9.0    8.6    8.3    7.9    7.6
40   13.3   12.5   11.8   11.1   10.5   10.0    9.5    9.1    8.7    8.3    8.0
42   14.0   13.1   12.4   11.7   11.1   10.5   10.0    9.5    9.1    8.8    8.4
44   14.7   13.8   12.9   12.2   11.6   11.0   10.5   10.0    9.6    9.2    8.8
46   15.3   14.4   13.5   12.8   12.1   11.5   11.0   10.5   10.0    9.6    9.2
48   16.0   15.0   14.1   13.3   12.6   12.0   11.4   10.9   10.4   10.0    9.6
50   16.7   15.6   14.7   13.9   13.2   12.5   11.9   11.4   10.9   10.4   10.0
```

Abb. 85: Fehler-Debugging

Die geforderte Verbrauchstabelle wird hier korrekt angezeigt.

Programm FINDMAX.BAS

```
'** Lösung zur Aufgabe aus Kapitel 7
'** Ermittlung des kleinsten und größten Eintrages eins INTEGER-Feldes

SUB FindMinMax (Feld%(), Min%, Max%)
'** kleinsten und größten Eintrag in Feld%() ermitteln
```

Dieses Programm ermittelt den kleinsten und größten Eintrag eines INTEGER-Feldes.

Programm ORGEL.BAS

```
'** Lösung zur Aufgabe im Sound-Kapitel: Orgel
```

Das Programm enthält die Lösung beider in Kapitel 10 gestellten Aufgaben. Die Orgelfunktion kann mit dem *SOUND*- oder dem *PLAY*-Befehl ausgeführt werden, wozu im Programm nur die entsprechende Zeile eingesetzt werden muß.

Programm RECHNENL.BAS

```
'** Lösung der Aufgabe: Rechnen einer Formel mit AND und OR
FUNCTION Rechne# (Line$)
'** Formel berechnen
```

Die in Kapitel 17.1 gezeigte FUNCTION *Rechne#()* ist hier um die Funktionen AND (Formelzeichen &) und OR (Formelzeichen |) ergänzt.

Programm SAY-NUM.BAS

```
'** Lösung zur Aufgabe aus Kapitel 6 Zahl im Klartext ausgeben
```

Das Programm bewirkt, daß eingegebene Zahlen im Klartext ausgegeben werden.

Programm ST-STAT.BAS

```
'** Lösung der Aufgabe zu Interrupt-Anwendung: Sondertasten-Status
```

In folgender Abbildung wird der Status der Sondertasten (Shift , Alt , Strg) über einen Interrupt ermittelt und angezeigt.

```
*** Status der Sondertasten <Shift>, <Alt> und <Strg>

  216

<Alt>-Taste
<Scroll Lock>
<Caps Lock>
<Einfüge-Modus>
```

Abb. 86: Sondertasten-Status

```
FUNCTION Interr% (Num%, AX%, BX%, CX%, DX%)
'** Interrupt ausführen
SUB ReadData
'** DATAs für das Interrupt-Maschinenprogramm einlesen
```

Programm TELEFONL.BAS

```
'** Mini-Telefonbuch mit automatischer Wahl
'** Lösung zur Aufgabe: Ergänzung um Eintrag "Eigene Nummer"
'** nur für Hayes-kompatible Modems!
```

Das in Kapitel 12.3 vorgestellte Wahlprogramm für Hayes-kompatible Modems ist hier um die Funktion "Eigene Nummer" ergänzt, wo eine beliebige Telefonnummer eingegeben werden kann.

Programm ZEIGEBAS.BAS

```
'** Lösung zur Aufgabe Dateien: Text- bzw. BASIC-Datei anzeigen
```

Mit diesem Programm kann eine QBasic-Datei eingelesen und auf dem Bildschirm angezeigt werden.

24.3 Problemstellungen und Lösungswege im Buch

Im Verlauf der Erstellung eigener Programme stößt man oft auf Problemstellungen, deren Lösung nicht in QBasic vorgegeben sind. Einige dieser Probleme treten immer wieder auf und können leicht gelöst werden.

In den vielen Kapiteln und Themen des Buches werden eine ganze Reihe solcher Standard-Problemstellungen besprochen und gelöst. Hierbei ist die entsprechende Lösung meist recht einfach zu finden, weil sie unmittelbar einem als Kapitel enthaltenen Thema zuzuordnen ist.

Die folgende Tabelle stellt darüber hinaus einige Stichwörter zur Auswahl, anhand derer Sie vielleicht Ihre Problemstellung und damit den Buchteil mit der Lösung finden können.

Stichwort	Thema	Kapitel
Ausgaben	auf Bildschirm	5.3
	auf Drucker	5.3
	in Datei	11
Auswertungen	IF...THEN...ELSE	6.1.1
	SELECT...CASE	6.1.2
Arrays	dimensionieren	4.4
	Speicherbedarf	8
	löschen	4.4, 8
BASIC	andere Versionen	23.1
	QBasic-Programm	2.1
	alte Programme anpassen	23.2
	Ausblick	23.3
Befehle	Definition	3.1
	Liste	19
	Beschreibungen	20
Bewegung	Animation	9.6
Bilder	zeichnen	9.3
	Malprogramm	18.4
Bildschirm	Ausgaben	5.3
	Zeilenanzahl	5.3
	löschen	5.3
	Farben	5.3
BIOS	programmieren	13.3
	Funktionen Übersicht	22.1
Box	zeichnen	17.3
Datum	ausgeben	2.7

Anhang

Anhang A:Lösungen der Aufgaben im Buch

Es folgen nun die Lösungen der in den einzelnen Kapiteln gestellten Aufgaben:

Kapitel 5:	Anzeigen einer Adresse aus einer DATA-Zeile

Aus einer *DATA*-Zeile wird eine Adresse ausgelesen und mit einer *PRINT*-Anweisung auf dem Bildschirm angezeigt.

```
READ Vorname$
READ Nachname$
READ Ort$
READ Strasse$

PRINT Vorname$, Nachname$, Ort$, Strasse$

DATA Hans, Meier, 4000 Düsseldorf, Oststraße 1
```

Kapitel 6:	Auswertung der Variablen X%

```
IF X% = 1 THEN
   PRINT "Eins"

ELSE IF X% = 0 THEN
   PRINT "Null"

ELSE IF X% < 0 THEN
   PRINT "Kleiner als Null"

ELSE IF X% > 100 THEN
   PRINT "Größer als 100"

ELSE IF X% > 1 THEN
   PRINT "Größer als 1"

ELSE
   PRINT "Zahl zwischen 0 und 1"

END IF
```

Sie sehen hier, daß die Abfrage nach all den vorgegebenen Kriterien recht kompliziert wird. Mit einer *SELECT...CASE*-Konstruk-
tion wäre es einfacher.

Sie können die einzelnen Abfragen aus obigem Beispiel auch anders sortieren. Hierbei ist allerdings zu beachten, daß der Test auf
"Größer als 1" und "Größer als 100" nicht umgekehrt wird, weil
sonst ein Wert über 100 immer nur als "Größer als 1" gemeldet
wird!

Farbtabelle

Für die Lösung der Aufgabe werden zwei ineinander verschach-
telte *FOR...NEXT*-Schleifen eingesetzt. Die äußere Schleife bestimmt die Zeile und damit die Vordergrundfarbe, die innere
Schleife die Spalte und die Hintergrundfarbe.

Das Setzen des Cursors und der Farbe geschieht direkt mit den
Schleifenzählern. Bei der Positionierung mit *LOCATE* wird jeweils
noch 5 addiert, weil die Position 0 nicht existiert. Zusätzlich wird
hier noch die horizontale Position mit 4 multipliziert, um eine
übersichtlichere Darstellung zu erreichen.

FARBTAB.BAS

```
'*** Lösung zur Aufgabe Schleifen (Kapitel 6): Farbtabelle

CLS

FOR Zeile% = 0 TO 15              '** 16 Zeilen
  FOR Spalte% = 0 TO 15          '** á 16 Spalten

    LOCATE Zeile% + 5, Spalte% * 4 + 5    '** Cursor setzen
    COLOR Zeile%, Spalte%                 '** Farbe festlegen
    PRINT " * ";                          '** Sternchen ausgeben

  NEXT Spalte%                   '** nächste Spalte
NEXT Zeile%                      '** nächste Zeile
```

Zahl im Klartext ausgeben

Eine eingegebene Zahl soll im Klartext, Zeichen für Zeichen, ausgegeben werden. Dabei sollen die Ziffern, der Dezimalpunkt und
ein eventuelles Minuszeichen mit dem entsprechenden Wort ausgedrückt werden.

```
'** Lösung zur Aufgabe aus Kapitel 6: Zahl im Klartext ausgeben

INPUT "Bitte Zahl eingeben: ", Zahl$

FOR i% = 1 TO LEN(Zahl$)              '** Zeichen für Zeichen...
 Zeichen$ = MID$(Zahl$, i%, 1)        '** in Zeichen$ einlesen

 '** in Zeichen$ steht nun das auszuwertende Zeichen
 SELECT CASE Zeichen$                 '** Zeichen$ auswerten
  CASE "0":  PRINT "Null";
  CASE "1":  PRINT "Eins";
  CASE "2":  PRINT "Zwei";
  CASE "3":  PRINT "Drei";
  CASE "4":  PRINT "Vier";
  CASE "5":  PRINT "Fünf";
  CASE "6":  PRINT "Sechs";
  CASE "7":  PRINT "Sieben";
  CASE "8":  PRINT "Acht";
  CASE "9":  PRINT "Neun";
  CASE "-":  PRINT "Minus";
  CASE ".":  PRINT "Punkt";
  CASE ELSE: PRINT "Unbekanntes Zeichen";
 END SELECT

 PRINT " ";
NEXT i%

PRINT
```

SAY-NUM.BAS

Kapitel 7   Ermittlung des kleinsten und größten Eintrages eines INTEGER-Feldes:

```
'** Lösung zur Aufgabe Kapitel 7:
'** Ermittlung des kleinsten und größten Eintrages eines INTEGER-Feldes

DECLARE SUB FindMinMax (Feld%(), Min%, Max%)

DIM Feld%(100)

FOR i% = 1 TO 100               '** Feld mit Zufallszahlen füllen
 Feld%(i%) = RND * 1000
NEXT i%

FindMinMax Feld%(), Min%, Max%

PRINT "Im Feld ist die kleinste Zahl"; Min%; " und die größte"; Max%

SUB FindMinMax (Feld%(), Min%, Max%)
'** kleinsten und größten Eintrag in Feld%() ermitteln

 Min% = 32000                             '** Min% und Max% vorgeben
 Max% = -32000
```

FINDMAX.BAS

```
FOR i% = LBOUND(Feld%) TO UBOUND(Feld%)    '** Feld%() durchsuchen
 IF Feld%(i%) < Min% THEN Min% = Feld%(i%)  '** ggf. Min% neu setzen
 IF Feld%(i%) > Max% THEN Max% = Feld%(i%)  '** ggf. Max% neu setzen
 NEXT i%

END SUB
```

In *FindMinMax* werden zuerst die Variablen *Min%* und *Max%* auf Werte gesetzt, die mit Sicherheit zu groß bzw. zu klein sind. Danach wird in einer Schleife, die von der unteren zur oberen Dimensionierungsgrenze des Feldes läuft, jeder Wert mit den beiden Variablen verlichen. Bei einem kleineren Wert als *Min%* bzw. einem größeren Wert als *Max%* wird die entsprechende Variable korrigiert.

| Kapitel 8: | Speicherbedarf der dimensionierten Felder |

Speicherbedarf

```
DIM Real(200)
```

Feldeinträge: 201 (0 bis 200) mal 4 Bytes pro Eintrag = 804 Bytes, aufgerundet auf die nächste durch 16 teilbare Zahl, ergibt:

816 Bytes

```
DIM Long&(-100 TO 100)
```

Feldeinträge: 201 (-100 bis 100 einschließlich 0) mal 4 Bytes pro Eintrag = 804 Bytes, aufgerundet auf die nächste durch 16 teilbare Zahl, ergibt ebenfalls:

816 Bytes

```
DIM Text$(10 TO 100)
Text$(10) = SPACE$(100)
Text$(11) = "Hallo!"
```

Feldeinträge: 91 mal 4 Bytes = 364 Bytes plus 8 Bytes Konstante = 372 Bytes

Belegung: Text$(10) = 100 Bytes plus Text$(11) = 6 Bytes = 106 Bytes plus 2 Byte pro belegtes Feld = 4 Bytes

Gesamtspeicherbedarf: 482 Bytes

Kapitel 9:   Ampel-Programm

Hier wird zuerst der Grafikmodus 9 eingeschaltet (nur EGA und VGA!) und der Rahmen um die Ampel mit einem *LINE*-Befehl gezeichnet. Danach beginnt die Steuerung der Ampel, die in einer *DO...LOOP*-Schleife abläuft. Die Schleife wird durch einen Tastendruck beendet (*LOOP UNTIL LEN(INKEY$)*).

Da eine Ampel 4 Zyklen besitzt (Rot, Rot-Gelb, Grün, Gelb), wird nun eine *FOR...NEXT*-Schleife von 1 bis 4 eingesetzt. Zunächst wird mit einem *LINE*-Befehl der Inhalt der Ampel-Box gelöscht; dann werden die drei Kreise gezeichnet.

Abhängig von dem Schleifenzähler *i%*, der den Ampelzyklus beschreibt, werden dann die einzelnen Kreise mit der jeweiligen Farbe durch einen *PAINT*-Befehl gefüllt. Danach wartet das Programm wegen des *SLEEP*-Befehls eine Sekunde lang und der nächste Zyklus wird angezeigt.

AMPEL.BAS

```
'*** Lösung der Aufgabe im Grafik-Kapitel: Ampel ***

SCREEN 9                '** Grafikmodus einschalten

LINE (100, 1)-(200, 300), , B        '** Rahmen zeichnen

DO
  FOR i% = 1 TO 4
    LINE (101, 2)-(199, 299), 0, BF     '** Rahmen löschen

    CIRCLE (150, 50), 30, 4              '** Lampen zeichnen
    IF i% = 3 OR i% = 4 THEN PAINT (150, 50), 4   '** Rot

    CIRCLE (150, 150), 30, 14
    IF i% = 2 OR i% = 4 THEN PAINT (150, 150), 14 '** Gelb

    CIRCLE (150, 250), 30, 2
    IF i% = 1 THEN PAINT (150, 250), 2            '** Grün

    SLEEP 1                          '** 1 Sekunde Pause
  NEXT i%

LOOP UNTIL LEN(INKEY$)        '** Schleife, bis Taste gedrückt
```

Kapitel 10:   Orgel-Programm

Das eigentliche Orgel-Programm läuft innerhalb einer *DO... LOOP*-Schleife ab. Hier wird erst mit einer weiteren *DO...LOOP*-Schleife auf einen Tastendruck gewartet. Das gedrückte Zeichen steht dann in der Variablen *Key$*. Sollte es sich dabei um das Zeichen *CHR$(27)* (Escape -Taste) handeln, wird die Schleife verlassen und damit das Programm beendet.

Mit der *INSTR*-Funktion wird nun die laufende Nummer der Taste in der untersten Tastaturzeile ermittelt. Es ergibt sich in der Variablen *Ton%* ein Wert zwischen 0 (ungültige Taste) und 7 (Taste M). War die Taste gültig, (Wert von 1 bis 7 in *Ton%*), wird der *SOUND*-Befehl mit dem Wert * 100 ausgelöst.

ORGEL.BAS

```
'*** Lösung zur Aufgabe im Sound-Kapitel: Orgel ***

DO
 DO
  Key$ = INKEY$
 LOOP UNTIL LEN(Key$)                    '** auf Taste warten

 IF Key$ = CHR$(27) THEN EXIT DO         '** Abbruch mit <Escape>!

 Ton% = INSTR("YXCVBNM", UCASE$(Key$))   '** Ton ermitteln

 IF Ton% THEN                            '** wenn gültige Note:

  SOUND Ton% * 100, 4                     '** Ton spielen (SOUND-Variante)

 ' PLAY MID$("cdefgab", Ton%, 1)          '** Ton spielen (PLAY-Variante)

 END IF

LOOP
```

Wenn Sie hier die Zeile mit dem *SOUND*-Befehl gegen die Folgezeile mit *PLAY* durch Entfernen des Kommentarhäkchens in der zweiten und Einsetzen in der ersten dieser Zeilen austauschen, ergibt sich die zweite Variante mit *PLAY*.

Kapitel 11:   BASIC-Datei-Anzeige

Nach Löschen des Bildschirms werden zuerst alle BASIC-Dateien durch den *FILES*-Befehl angezeigt. In der folgenden Eingabe mittels *INPUT* wird dann der Name der anzuzeigenden Datei eingegeben.

Mit *OPEN* wird die angegebene Datei dann zum Lesen geöffnet und in einer *DO...LOOP*-Schleife die Zeilen eingelesen und mit *PRINT* angezeigt. Das Einlesen wird mit *LINE INPUT* vorgenommen, weil Kommata und Anführungszeichen in einer BASIC-Zeile vorkommen können. Ist das Ende der Datei erreicht (*EOF(1)* wird wahr), werden die Schleife verlassen, die Datei geschlossen (*CLOSE*) und das Programm beendet.

```
'*** Lösung zur Aufgabe Dateien: Text- bzw. BASIC-Datei anzeigen ***

CLS
FILES "*.BAS"                    '** BASIC-Dateien anzeigen

INPUT "Dateiname eingeben: ", DateiName$
OPEN DateiName$ FOR INPUT AS #1 '** Datei zum Lesen öffnen

DO
  LINE INPUT #1, Zeile$          '** Zeile einlesen
  PRINT Zeile$                   '** und anzeigen
LOOP UNTIL EOF(1)                '** bis Ende der Datei erreicht

CLOSE #1                         '** Datei schließen
```

ZEIGEBAS.BAS

Kapitel 12:   Ergänzung des Telefonbuches

Um die Teilnehmerliste um den Eintrag "Eigene Nummer" zu ergänzen, werden der erste Eintrag des Feldes *Teilnehmer$()* mit diesem Text belegt und im Anschluß die *DATA*-Zeilen in die Einträge 2 bis n eingelesen.

Nach Auswahl des anzuwählenden Teilnehmers folgt eine Abfrage, ob die Nummer 1 gewählt wurde. Ist das der Fall, erfolgt ein *INPUT*, in dem die zu wählende Telefonnummer eingegeben werden kann.

Hier das vollständige Programm mit den beschriebenen Ergänzungen:

```
'*** Mini-Telefonbuch mit automatischer Wahl ***
'** Lösung zur Aufgabe: Ergänzung um Eintrag "Eigene Nummer"
'** nur für Hayes-kompatible Modems!

'** aus DATA BECKERs Großem QBasic-Buch
'** Autor: Stefan A. Dittrich

DIM Teilnehmer$(20), Nummer$(20)           '** Felder für Namen und
Nummern

Teilnehmer$(1) = "Eigene Nummer"           '** ersten Eintrag
vorgeben

FOR i% = 2 TO 20                           '** Teilnehmer einlesen
```

TELEFONL.BAS

```
  READ Teilnehmer$(i%)
  READ Nummer$(i%)
  IF Teilnehmer$(i%) = "#" THEN Anz% = i% - 1: EXIT FOR '** Ende der
  Liste
NEXT i%

CLS
PRINT "Teilnehmer:"
PRINT

FOR i% = 1 TO Anz%                          '** Teilnehmer auflisten
  PRINT i%; ") "; Teilnehmer$(i%), Nummer$(i%)
NEXT i%

'*** Teilnehmerdaten: Name, Telefonnummer
DATA Hans, 654321
DATA Sabine, 765432
DATA Stefan, 876543

'*** Ende-Markierung für Teilnehmerdaten
DATA #,#

INPUT "Welchen Teilnehmer anwählen "; Num%   '** Teilnehmer auswählen
IF Num% = 0 OR Num% > Anz% THEN END          '** Abbruch!

IF Num% = 1 THEN                             '** eigene Nummer
  INPUT "Telefonnummer eingeben: "; Nummer$(1)  '** eingeben!
END IF

OPEN "COM1: 2400,n,8,1" FOR RANDOM AS #1     '** Kanal #1 öffnen

PRINT "Nummer "; Nummer$(Num%); " wird angewählt..."

PRINT #1, "AT DP " + Nummer$(Num%)           '** Nummer wählen


PRINT "*** Bitte Hörer abnehmen und Taste drücken, wenn Freiton hörbar
ist! ***"
DO
LOOP UNTIL LEN(INKEY$)                       '** auf Taste warten

PRINT #1, ""                                 '** Modem abkoppeln!
CLOSE #1

PRINT "Das Gespräch kann nun geführt werden!"
```

Kapitel 13:   Sondertasten-Anzeige

Nachdem hier die üblichen Vorbereitungen getroffen sind (Einlesen des Maschinenprogrammes in das *MS%()*-Feld), beginnt eine *DO...LOOP*-Schleife für die Anzeige der Sondertasten.

Innerhalb dieser Schleife erfolgt eine weitere, in der auf die Veränderung des Tastenstatus gewartet wird. Die Abfrage des Status
erfolgt durch den Aufruf des Interrupt &H16 mit der Funktion 2
(erster Parameter = &H200). Der zurückgelieferte Status wird
hierbei gleichzeitig mit *AND 255* um den oberen Anteil bereinigt,
wo stets die Funktionsnummer 2 steht. Der so ermittelte Wert der
Sondertasten wird dann angezeigt. Danach erfolgen die Auswer-
tungen der einzelnen Bits des Wertes und - so gesetzt - die Anzeige der zugehörenden Taste im Klartext.

ST-STAT.BAS

```
'*** Lösung der Aufgabe zu Interrupt-Anwendung: Sondertasten-Status ***

'** aus DATA BECKERs Großem QBasic-Buch
'** Autor: Stefan A. Dittrich

'*** Shift-Tasten-Status ermitteln und anzeigen

DECLARE FUNCTION Interr% (Num%, AX%, BX%, CX%, DX%)
DECLARE SUB ReadData ()

DIM SHARED MS%(30)                  '** Feld für Maschinenprogramm
ReadData                            '** Maschinenprogramm einlesen

DO

  DO                                '** solange
   Status% = Interr%(&H16, &H200, 0, 0, 0) AND 255 '** Status ermitteln

   IF INKEY$ = CHR$(27) THEN END    '** bis entweder <Escape> (=
                                        Ende)
  LOOP UNTIL Status% <> AlterStatus% '** oder Sondertaste gedrückt

  AlterStatus% - Status%            '** Status merken

  CLS
  PRINT "*** Status der Sondertasten <Shift>, <Alt> und <Strg>"

  LOCATE 3, 2                       '** Anzeige-Position
  PRINT Status%                     '** Wert anzeigen

  PRINT                             '** Status aufschlüsseln
  IF Status% AND 1 THEN PRINT "Rechte <Shift>-Taste"
  IF Status% AND 2 THEN PRINT "Linke <Shift>-Taste"
  IF Status% AND 4 THEN PRINT "<Strg>-Taste"
  IF Status% AND 8 THEN PRINT "<Alt>-Taste"
  IF Status% AND 16 THEN PRINT "<Scroll Lock>"
  IF Status% AND 32 THEN PRINT "<Num Lock>"
  IF Status% AND 64 THEN PRINT "<Caps Lock>"
  IF Status% AND 128 THEN PRINT "<Einfüge-Modus>"

LOOP
```

```
MS.Data:          '***** DATAs des Maschinenprogrammes für Interr%()
'                         Register retten
DATA 55,8b,ec,56,57
'                         DX holen
DATA 8b,76,06,8b,14
'                         CX holen
DATA 8b,76,08,8b,0c
'                         BX holen
DATA 8b,76,0a,8b,1c
'                         AX holen
DATA 8b,76,0c,8b,04
'                         INT 21 (Nummer wird verändert!)
DATA cd,21
'                         AX zurückschreiben
DATA 8b,76,0c,89,04
'                         Register holen
DATA 5f,5e,5d
'                         RETF 8  =>  Ende
DATA ca,08,00
DATA #

FUNCTION Interr% (Num%, AX%, BX%, CX%, DX%)

IF MS%(0) = 0 THEN
  PRINT "FEHLER: Maschinenprogramm nicht eingelesen! Abbruch!"
  END
END IF

DEF SEG = VARSEG(MS%(0))
POKE VARPTR(MS%(0)) + 26, Num%          '** Interrupt-Nummer

CALL ABSOLUTE(AX%, BX%, CX%, DX%, VARPTR(MS%(0)))

Interr% = AX%

END FUNCTION

SUB ReadData

RESTORE MS.Data
DEF SEG = VARSEG(MS%(0))

FOR i% = 0 TO 99
  READ Byte$
  IF Byte$ = "#" THEN EXIT FOR
  POKE VARPTR(MS%(0)) + i%, VAL("&H" + Byte$)
NEXT i%

END SUB
```

Kapitel 15: Fehlersuche im Tabellenprogramm

Die folgenden Fehler stecken in dem vorgegebenen Programm:

1. Die Unterstreichung der Überschrift ist zu lang (STRING$(77, "-")), wodurch die Linie in die nächste Zeile übergeht.

2. Der LOCATE-Befehl für die Anzeige der Liter muß auch einen X-Parameter von 1 bekommen, weil sonst nur die Zeile definiert wird.

3. Hinter die Anzeige des Verbrauchs muß ein Semikolon gesetzt werden, weil sonst nach jeder Anzeige des untersten Wertes der Cursor in die unterste Zeile springt und das Bild nach oben rollen läßt.

Verbrauchs-Tabelle

FEHLER3L.BAS

```
'*** Lösung der Aufgabe zum Debugging ***

'** aus DATA BECKERs Großem QBasic-Buch
'** Autor: Stefan A. Dittrich

CLS

PRINT "    Verbrauchs-Tabelle (links Liter, oben Kilometer, Kreuzungen:
          Verbrauch)"
PRINT
PRINT "    "; STRING$(76, "-")          '** KM unterstreichen

FOR i% = 0 TO 10                        '** 10 Spalten
  KM% = 300 + i% * 20

  COLOR 7 + 8                           '** hell darstellen
  LOCATE 2, i% * 7 + 6
  PRINT KM%;                            '** Kilometer überschrift

  FOR l% = 1 TO 11                      '** 11 Zeilen
    Liter% = 28 + l% * 2

    COLOR 7 + 8                         '** hell darstellen
    LOCATE 2 + l% * 2, 1
    PRINT Liter%;                       '** Liter anzeigen

    COLOR 7                             '** normal darstellen
    LOCATE 2 + l% * 2, i% * 7 + 6
    PRINT USING "##.#"; Liter% / KM% * 100; '** Verbrauch anzeigen

  NEXT l%

NEXT i%
```

Kapitel 16:   Zeichenhäufigkeit ermitteln

Die hier eingesetzte SUB *CharCount* zählt die Häufigkeit der Zeichen A bis Z und setzt sie in das übergebene Feld *Zeichen%()* ein. Hierzu wird in einer *FOR...NEXT*-Schleife jedes Zeichen des Textes in Großschrift in die Variable *Z$* eingelesen. Handelt es sich um ein Zeichen innerhalb der Grenzen A bis Z, wird der Feldindex in *Zeichen%()* berechnet und der entsprechende Eintrag um 1 erhöht. Das Hauptprogramm ruft die SUB mit einem vorgegebenen Text auf und gibt danach die ermittelten Häufigkeiten auf dem Bildschirm aus.

Zeichenhäufigkeit

CHARCNT.BAS

```
'** Lösung zur Aufgabe Textbearbeitung: Zeichenhäufigkeit ermitteln
'** Ermittlung der Häufigkeit der Zeichen A-Z

DECLARE SUB CharCount (Text$, Zeichen%())

Text$ = "Dies ist der Text, dessen Buchstabenverteilung ermittelt werden
soll."

DIM Zeichen%(ASC("Z") - ASC("A") + 1)

CharCount Text$, Zeichen%()

CLS
PRINT Text$

FOR i% = 1 TO ASC("Z") - ASC("A") + 1
  PRINT CHR$(i% + ASC("A") - 1); ":"; Zeichen%(i%),
NEXT i%
PRINT

SUB CharCount (Text$, Zeichen%())
'** Zeichen A-Z in Text$ zählen und in Zeichen%() zurückliefern

  FOR i% = 1 TO LEN(Text$)
   Z$ = UCASE$(MID$(Text$, i%, 1))
   IF Z$ >= "A" AND Z$ <= "Z" THEN
    Z% = ASC(Z$) - ASC("A") + 1
    Zeichen%(Z%) = Zeichen%(Z%) + 1
   END IF
  NEXT i%

END SUB
```

Kapitel 17.1   Formelauswertung mit AND (&) und OR (|)

RECHENL.BAS

```
'** Lösung der Aufgabe: Rechnen einer Formel mit AND und OR
'** aus DATA BECKERs Großem QBasic-Buch
'** Autor: Stefan A. Dittrich

DECLARE FUNCTION Rechne# (Line$)

INPUT "Bitte Formel eingeben: "; Formel$

PRINT Formel$; " ="; Rechne#(Formel$)

FUNCTION Rechne# (Line$)
'** Formel berechnen

 Wert# = 0

 FOR i% = LEN(Line$) TO 1 STEP -1
  IF INSTR("+-*/^&|", MID$(Line$, i%, 1)) THEN EXIT FOR
 NEXT i%

 IF i% > 1 THEN
  Wert# = VAL(MID$(Line$, i% + 1))

  Fun$ = MID$(Line$, i%, 1)
  Line$ = LEFT$(Line$, i% - 1)

  IF Fun$ = "+" THEN Wert# = Rechne#(Line$) + Wert#
  IF Fun$ = "-" THEN Wert# = Rechne#(Line$) - Wert#
  IF Fun$ = "*" THEN Wert# = Rechne#(Line$) * Wert#
  IF Fun$ = "/" THEN
   IF ABS(Wert#) > .00001 THEN
    Wert# = Rechne#(Line$) / Wert#
   END IF
  END IF
  IF Fun$ = "^" THEN Wert# = Rechne#(Line$) ^ Wert#

  IF Fun$ = "&" THEN Wert# = Rechne#(Line$) AND Wert#
  IF Fun$ = "|" THEN Wert# = Rechne#(Line$) OR Wert#

 ELSE
  Wert# = VAL(Line$)
 END IF

 Rechne# = Wert#

END FUNCTION
```

Anhang B: Glossar

Arbeitsspeicher

In einem Computer müssen Programme und Daten in den Arbeitsspeicher (RAM - Random Access Memory) geladen werden, damit der Prozessor darauf zugreifen kann. Die Daten in diesem Speicher sind flüchtig, d.h., nach dem Ausschalten des Computers sind alle Informationen gelöscht.

Argument

Um Werte oder Variablen an Funktionen oder Prozeduren zu übergeben, sind Argumente notwendig. Man unterscheidet dabei Argumentübergaben als Werte (Zahlenübergaben - Call by Value) oder als Adressen (Adresse der verwendeten Variablen.- Call by Reference).

Array

Ein Array ist ein Feld oder eine Matrix einfacher Variablen, die unter gleichem Namen durch Angabe von Indizes unterschieden werden. Ein Array wird mit DIM definiert.

ASCII-Code

Definition, welchem Zeichen welcher binäre Code zugewiesen ist. Ursprünglich besteht der ASCII-Code nur aus 127 Zeichen (7 Bit). Damit lassen sich allerdings nicht die länderspezifischen Sonderzeichen (z.B. Umlaute) darstellen. Daher wird dieser Code in der Regel mit 8 Bit (=255 verschiedenen Zeichen) verwendet. Da dies jedoch nicht genormt ist, kommt es bei der Übertragung von Texten auf verschiedenen Rechnerfamilien immer wieder zu Konvertierungsproblemem.

Betriebssystem

Beim Betriebssystem handelt es sich um ein Programm, das grundlegende Funktionen des Computers zur Verfügung stellt. Ein Teil davon wird fest in einem ROM abgelegt, wodurch der Computer beim Einschalten das Betriebssystem laden kann. Dieses ist dann in der Lage, Dateien zu lesen, die Tastatur abzufragen, Text auf den Bildschirm zu bringen und einiges mehr. Auf dem PC wird in aller Regel das Betriebssystem MS-DOS von Microsoft geladen.

Bit

Kleinstmögliche Informationseinheit mit den möglichen Werten 0 und 1. Es repräsentiert damit einen einfachen Schalter und kann zur Auswertung von logischen Gleichungen dienen.

Byte

Eine Gruppe von acht Bits wird ein Byte genannt. Damit lassen sich Zahlen von 0 bis 255 darstellen. Bei älteren Prozessoren ist dies die Standard-Rechenbreite. Bei modernen Rechnern beträgt diese 16 Bit (=1 Word), 32 Bit (=1 Longword) oder sogar 64 Bit (=1 Quadword).

Compiler

Der Quelltext wird durch einen Compiler (zusammen mit einem Linker) in einen ausführbaren Maschinencode übersetzt. Das erzeugte Programm muß daher nicht während der Laufzeit übersetzt werden und ist daher schneller als bei einem Interpreter.

Datentyp

Gibt an, welche Informationen eine Variable aufnehmen soll. Beispiele sind Integer oder String.

Debugger

Zur Beseitigung von Programmfehlern wird ein Debugger eingesetzt. Dieser ist in der Lage, das Programm in Einzelschritten ablaufen zu lassen, Variableninhalte anzuzeigen und zu verändern und Haltpunkte zu definieren. Der Begriff Debuggen (=entwanzen) stammt noch aus der Zeit, als Computer aus Relais aufgebaut waren und wirklich Wanzen die Kontake der Relais versperrten.

Direktmodus

In QBasic ist es möglich, Befehle nicht nur in einem Programm ablaufen, sondern auch direkt ausführen zu lassen. Dies ermöglicht unter anderem nach dem Abbruch eines Programms mit einer Fehlermeldung, evtl. Variablen etc. auszugeben, um den Inhalt zu überprüfen.

DOS

Meist wird das Betriebssystem DOS von Microsoft eingesetzt (MS-DOS), oft findet man aber auch Digital Research`s DOS (DR-DOS). DOS steht für Disk Operation System.

Double-Word

Eine Gruppe von 32 Bits wird ein Double-Word genannt.

Editor

Ein Editor ist ein einfaches Textsystem und dient zur Eingabe von Quelltexten. In Qbasic ist der Editor Bestandteil der Benutzeroberfläche. Er ist intelligenter als normale Editoren, weil er nach dem Abschluß einer Zeile gleich eine Syntax-Überprüfung durchführt.

Endlosschleife

Bei der Konstruktion der Schleife wurde keine oder eine falsche Abbruchbedingung verwendet, die nie erreicht werden kann. Die Schleife wird nicht mehr verlassen, wodurch das Programm nie beendet wird.

Floatingpoint

(Fließkommazahl) ist eine Zahl mit Nachkommastellen. Qbasic unterscheidet Floatingpoints mit einfacher und doppelter Genauigkeit. Auf Computerebene unterscheiden sich diese Datentypen durch die Anzahl und die Interpretation der Bits. Der Benutzer erkennt es an dem unterschiedlichen Wertebereich und Anzahl der signifikanten Stellen.

Funktionen

Unterprogramme werden vom Hauptprogramm oder anderen Prozeduren aus aufgerufen. Nach Ablauf der Funktion wird das Programm an der Stelle weiter bearbeitet, von der aus der Aufruf durchgeführt wurde. Funktionen geben im Gegensatz zu Prozeduren direkt einen Funktionswert zurück, der von der aufrufenden Stelle weiterverarbeitet werden kann.

Globale Variable

Variablen, die im Gegensatz zu lokalen Variablen innerhalb des gesamten Programmes zur Verfügung stehen. Sie können inner-

halb von Hauptprogramm, allen Prozeduren und Funktionen gelesen und verändert werden.

Integer

Bei Integerwerten handelt es sich um ganze Zahlen, deren Wertebereich von der Implementation abhängt. (Meist von -32768 bis
32767).

Interpreter

Bei einem Interpreter wird der Quelltext während der Laufzeit in
maschinenausführbare Instruktionen übersetzt. Bei einer Schleife
wird dies immer wieder durchgeführt. Daher ist ein Programm,
das im Interpreter abläuft, langsamer als ein compiliertes Programm.

Keyword

Keyword (Schlüsselwort) ist ein reserviertes Wort einer Programmiersprache, das nicht in Variablennamen verwendet werden darf. Dies sind z.B. alle Befehle und deren Abkürzungen.

Konstante

Eine Konstante dient zur Aufnahme eines konstanten Wertes, der
während des gesamten Programms nicht verändert wird. Wie bei
Variablen gibt es für Konstanten verschiedene Datentypen zur
Aufnahme von Strings, Integerwerten und Floatingpoints.

Koordinaten

Beschreibung eines Punktes auf dem Bildschirm durch Angabe
seines X- und Y-Wertes. Der Ursprung des Koordinatensystems
liegt bei Qbasic in der linken oberen Ecke. Auch in Y-Richtung
wird positiv gezählt. Die möglichen Werte hängen von dem momentanen Bildschirmmodus ab. (Im Textmodus meist 80 * 25, im
Grafikmodus (VGA) meist 640*480.)

Laufzeitfehler

Hierbei handelt es sich um Fehler, die erst bei der Laufzeit von
Programmen auftreten. Ein typisches Beispiel ist die Division
durch 0. Dies kann der Editor bei der Prüfung nicht feststellen,
weil die Programmzeile syntaktisch richtig ist.

Lokale Variable

Hierunter versteht man Variablen, die im Gegensatz zu globalen Variablen nur innerhalb der Prozedur oder Funktion gültig sind, in der sie verwendet werden. Beim Beenden der Prozedur bzw. Funktion, werden die Variablen komplett vergessen. Das Hauptprogramm und andere Prozeduren und Funktionen können nicht auf diese Variablen zugreifen.

Parameter

Beim Aufruf von Funktionen oder Prozeduren können meist Parameter übermittelt werden, die dann innerhalb der Funktionen oder Prozeduren ausgewertet und verarbeitet werden. Einzelne Parameter bezeichnet man als Argument.

Prozeduren

Unterprogramme, die vom Hauptprogramm oder anderen Prozeduren aus aufgerufen werden, heißen Prozeduren. Nach Ablauf der Prozedur wird das Programm an der Stelle weiter bearbeitet, von der aus der Aufruf der Prozedur durchgeführt wurde. Prozeduren geben im Gegensatz zu Funktionen nicht direkt einen Funktionswert zurück. Dies kann durch globale Variablen oder durch ein Argument mit Adressübergabe (Call by Reference) erfolgen.

Rekursion

Eine Prozedur oder Funktion, die sich selbst aufruft, nennt man Rekursion. Dabei ist zu beachten, daß eine Abbruchbedingung definiert ist, die auch irgendwann erreicht ist, weil es sonst zu einer Endlos-Schleife kommt. Damit eine Rekursion möglich ist, muß die Programmiersprache lokale Variablen verwalten können. Dies ist unter QBasic möglich. Ein bekanntes Beispiel für die Rekursion ist die Berechnung der Fakultät.

Schleife

Die Schleife ist eine Konstruktion, die es erlaubt, daß ein Programmteil mehrmalig wiederholt wird. Dabei unterscheidet man Schleifen, deren Anzahl der Durchläufe bereits bei Beginn der Schleife bekannt ist (FOR...NEXT), Schleifen, bei der die Abbruch-Bedingung am Anfang der Schleife geprüft wird, DO...LOOP und Schleifen, bei denen die Abbruch-Bedingung erst am Ende der Schleife geprüft wird (DO...WHILE). Im zweiten Fall kann es vorkommen, daß der Programmteil innerhalb der Schleife nie durchlaufen wird, während im dritten Fall mindestens einmal dieser Teil ausgeführt wird. Bei Schleifen ist auf eine Abbruchbedingung zu achten, die auch erreicht wird, weil sonst eine Endlos-Schleife auftritt, die nie mehr beendet wird.

Steuerzeichen

Im Gegensatz zu sichtbaren Zeichen gibt es Steuerzeichen, die nicht angezeigt oder gedruckt werden, sondern eine bestimmte Aktion auf dem Ausgabegerät ausführen. Dies kann z.B. ein Schriftwechsel, Fettdruck usw. sein. Im allgemeinen wird eine solche Sequenz von einem besonderen Zeichen eingeleitet, dem Escape-Zeichen mit dem ASCII-Wert 27. Die möglichen Befehle hängen vom Ausgabegerät ab.

String

Dies ist eine Ansammlung von einzelnen Zeichen zu einer Zeichenkette.

Syntaxfehler

Fehler, die durch fehlerhafte Verwendung von Befehlen auftreten, heißen Syntaxfehler. Diese treten z.B. auf, wenn die Anzahl der Argumente nicht eingehalten wurde, oder durch Tippfehler.

Variable

Eine Variable dient zur Aufnahme von Zahlenwerten oder Zeichen und Zeichenketten. Diese können im Gegensatz zu Konstanten jederzeit verändert werden. Eine Variable ist dabei eindeutig unter ihrem Namen ansprechbar. Bei ihrer Definition wird der Datentyp festgelegt (oder durch Angabe einer bestimmten Endung). Mehrere Variablen gleichen Typs lassen sich zu Arrays zusammenfassen.

Wertebereich

Minimale und maximale Größe einer Variable stecken den Wertebereich ab. Dieser ist abhängig vom Datentyp.

Word

Eine Gruppe von 16 Bits wird ein Word genannt. Damit lassen sich Zahlen von 0 bis 65536 darstellen.

Anhang C: Editor-Tasten und -Funktionen der QBasic-Entwicklungs- umgebung

Text einfügen:

Umschalten zwischen Einfügen/ Überschreiben-Modus	`Einfg` oder `Strg`+`V`
Unterhalb Cursorposition Leerzeile einfügen	`Ende`+`Return`
Oberhalb Curosrposition Leerzeile einfügen	`Pos1`, `Strg`-`N`
Sonderzeichen einfügen	`Strg`+`P`,`Strg`+`Taste`

Text ausschneiden und löschen:

Aktuelle Zeile ausschneiden	`Strg`+`Y`
Bis Zeilenende ausschneiden	`Strg`+`Q`,`Y`
Markierten Text ausschneiden	`Shift`+`Entf`
Markierten Text löschen	`Entf`
Ein Zeichen links vom Cursor löschen	`Backspace` oder `Strg`+`H`
Ein Zeichen an Cursorposition löschen	`Entf` oder `Strg`+`G`
Wort ab Cursorposition löschen	`Strg`+`T`
Markierten Text löschen	`Entf` oder `Strg`+`G`
Füllzeichen aus markierten Zeilen löschen	`Shift`+`Tab`

Text markieren:

Zeichen links	`Shift`+`←`
Zeichen rechts	`Shift`+`→`
Wort links	`Shift`+`Strg`+`←`
Wort rechts	`Shift`+`Strg`+`→`
Aktuelle Zeile	`Shift`+`↑`
Zeile oben	`Shift`+`↓`
Bildschirmseite oben	`Shift`+`Bild ↑`
Bildschirmseite unten	`Shift`+`Bild ↓`
Zum Beginn der Datei	`Shift`+`Strg`+`Pos1`
Zum Ende der Datei	`Shift`+`Strg`+`Ende`

Zwischenablage (Cut/Paste)

Markierten Text in Zwischenablage kopieren	`Strg`+`Einfg`
Markierten Text löschen und in Zwischen- ablage kopieren	`Shift`+`Entf`

Aktuelle Zeile löschen und in Zwischenablage kopieren	`Strg`+`Y`
Bis Zeilenende löschen und in Zwischenablage kopieren	`Strg`+`Q`,`Y`
Inhalt der Zwischenablage einfügen	`Shift`+`Einfg`

Hilfe-Funktionen

Hilfe anzeigen zu Schlüsselworten	`F1` oder rechte Maustaste
Hilfe Beenden	`Escape`
Überblick anzeigen	`Shift`+`F1`
Hilfe-Menü anzeigen	`Alt`+`H`
Cursor zum nächsten Hilfethema verschieben	`Tab`
Cursor zum vorherigen Hilfethema verschieben	`Shift`+`Tab`
Cursor zum nächsten Hilfethema mit diesem Anfangsbuchstaben	Buchstabentaste
Cursor zum vorherigen Hilfethema mit diesem Anfangsbuchstaben	`Shift`+Buchstabentaste
Vorheriges Hilfethema anzeigen	`Alt`+`F1` oder doppel-klicken auf Schaltfläche Zurück
Nächstes Thema der Hilfe-Datei anzeigen	`Strg`+`F1`
Vorheriges Thema der Hilfe-Datei anzeigen	`Shift`+`Strg`+`F1`

Cursor bewegen

Zeichen links	`←`	`Strg`+`S`
Zeichen rechts	`→`	`Strg`+`D`
Wort links	`Strg`+`←`	`Strg`+`A`
Wort rechts	`Strg`+`→`	`Strg`+`F`
Vorige Zeile	`↑`	`Strg`+`E`
Nachfolgende Zeile	`↓`	`Strg`+`X`
Erste Einzugsebene der aktuellen Zeile	`Pos1`	
Beginn der aktuellen Zeile	`Strg`+`Q`,`S`	
Beginn der nächsten Zeile	`Strg`+`Return`	`Strg`+`J`
Zeilenende	`Ende`	`Strg`+`Q`,`D`
Oberer Fensterrand	`Strg`+`Q`,`E`	
Unterer Fensterrand	`Strg`+`Q`,`X`	
Bewegen zum nächsten Fenster	`F6`	
Zeile nach oben	`Strg`+`↑`	`Strg`+`W`
Zeile nach unten	`Strg`+`↓`	`Strg`+`Z`
Seite nach oben	`Bild ↑`	`Strg`+`R`
Seite nach unten	`Bild ↓`	`Strg`+`C`
Ein Fenster nach links	`Strg`+`Bild ↑`	
Ein Fenster nach rechts	`Strg`+`Bild ↓`	

Fenstergrößen ändern

Aktuelles Fenster vergrößern	`Alt`+`+`
Aktuelles Fenster verkleinern	`Alt`+`-`

Lesezeichen

Lesezeichen bestimmen (max. 4)	`Strg`+`K`, `0`-`3`
Gehe zu Lesezeichen	`Strg`+`Q`, `0`-`3`

Suchen

Suchtext	`Strg`+`Q`, `F`
Vorgang mit gleichem Suchtext wiederholen	`Strg`+`L` oder `F3`
Ersatztext	`Strg`+`Q`, `A`

Anhang D: Literaturverzeichnis

Wir listen im folgenden einige Bücher auf, die Ihnen für die weitere Beschäftigung mit dem Thema BASIC hilfreich sein können:

Dittrich
  "Das große QuickBASIC Buch",
  DATA BECKER, Düsseldorf 1991

Dittrich
  "Das große Visual Basic Buch",
  DATA BECKER, Düsseldorf 1991

Tischer
  "PC intern 3.0",
  DATA BECKER, Düsseldorf 1992

Tornsdorf/Tornsdorf
  "Das große Buch zu DOS 5.0",
  DATA BECKER, Düsseldorf 1991

Anhang E: ASCII-Tabelle

```
                *** ASCII-Tabelle nach Hex-Werten ***
```

	0	1	2	3	4	5	6	7	8	9	A	B	C	D	E	F
0		▶		0	@	P	`	p	Ç	É	á	░	└	╨	α	≡
1	☺	◄	!	1	A	Q	a	q	ü	æ	í	▒	┴	╤	β	±
2	☻	↕	"	2	B	R	b	r	é	Æ	ó	▓	┬	╥	Γ	≥
3	♥	‼	#	3	C	S	c	s	â	ô	ú	│	├	╙	π	≤
4	♦	¶	$	4	D	T	d	t	ä	ö	ñ	┤	─	╘	Σ	⌠
5	♣	§	%	5	E	U	e	u	à	ò	Ñ	╡	┼	╒	σ	⌡
6	♠	▬	&	6	F	V	f	v	å	û	ª	╢	╞	╓	µ	÷
7	•	↨	'	7	G	W	g	w	ç	ù	º	╖	╟	╫	τ	≈
8	◘	↑	(	8	H	X	h	x	ê	ÿ	¿	╕	╚	╪	Φ	°
9	○	↓	)	9	I	Y	i	y	ë	Ö	⌐	╣	╔	┘	Θ	∙
A	◙	→	*	:	J	Z	j	z	è	Ü	¬	║	╩	┌	Ω	·
B	♂	←	+	;	K	[	k	{	ï	¢	½	╗	╦	█	δ	√
C	♀	∟	,	<	L	\	l	|	î	£	¼	╝	╠	▄	∞	ⁿ
D	♪	↔	-	=	M	]	m	}	ì	¥	¡	╜	═	▐	φ	²
E	♫	▲	.	>	N	^	n	~	Ä	₧	«	╛	╬	▌	ε	■
F	☼	▼	/	?	O	_	o	⌂	Å	ƒ	»	┐	╧	▀	∩	

Die Tabelle zeigt die ASCII-Tabelle nach den Hex-Werten sortiert. Die obere Zeile zeigt den HI-Wert, die linke Spalte steht für LO. Als Beispiel hat das Zeichen *0* den Hex-Wert $30, abzulesen an der 3 oben und der 0 links.

Um die ASCII-Werte der Zeichen in dezimaler Schreibweise zu erhalten, können Sie dies entweder durch Umrechnen der hier ermittelten Werte mit *VAL(&Hxx)* oder mit der QuickBASIC-Hilfe erhalten.

Im folgenden sehen Sie eine komplette ASCII-Tabelle:

Dez.	Hex.	Zeichen	Dez.	Hex.	Zeichen	Dez.	Hex.	Zeichen	Dez.	Hex.	Zeichen
0	00		32	20		64	40	@	96	60	`
1	01	☺	33	21	!	65	41	A	97	61	a
2	02	☻	34	22	"	66	42	B	98	62	b
3	03	♥	35	23	#	67	43	C	99	63	c
4	04	♦	36	24	$	68	44	D	100	64	d
5	05	♣	37	25	%	69	45	E	101	65	e
6	06	♠	38	26	&	70	46	F	102	66	f
7	07	•	39	27	'	71	47	G	103	67	g
8	08	◘	40	28	(	72	48	H	104	68	h
9	09	○	41	29	)	73	49	I	105	69	i
10	0A	◙	42	2A	*	74	4A	J	106	6A	j
11	0B	♂	43	2B	+	75	4B	K	107	6B	k
12	0C	♀	44	2C	,	76	4C	L	108	6C	l
13	0D	♪	45	2D	-	77	4D	M	109	6D	m
14	0E	♫	46	2E	.	78	4E	N	110	6E	n
15	0F	─	47	2F	/	79	4F	O	111	6F	o
16	10	►	48	30	0	80	50	P	112	70	p
17	11	◄	49	31	1	81	51	Q	113	71	q
18	12	↕	50	32	2	82	52	R	114	72	r
19	13	‼	51	33	3	83	53	S	115	73	s
20	14	¶	52	34	4	84	54	T	116	74	t
21	15	§	53	35	5	85	55	U	117	75	u
22	16	▬	54	36	6	86	56	V	118	76	v
23	17	↨	55	37	7	87	57	W	119	77	w
24	18	↑	56	38	8	88	58	X	120	78	x
25	19	↓	57	39	9	89	59	Y	121	79	y
26	1A	→	58	3A	:	90	5A	Z	122	7A	z
27	1B	←	59	3B	;	91	5B	[	123	7B	{
28	1C	┕	60	3C	<	92	5C	\	124	7C		
29	1D	↔	61	3D	=	93	5D	]	125	7D	}
30	1E	▲	62	3E	>	94	5E	^	126	7E	~
31	1F	▼	63	3F	?	95	5F	_	127	7F	▓

Dez.	Hex.	Zeichen	Dez.	Hex.	Zeichen	Dez.	Hex.	Zeichen	Dez.	Hex.	Zeichen
128	80	Ç	160	A0	á	192	C0	└	224	E0	α
129	81	ü	161	A1	í	193	C1	┴	225	E1	ß
130	82	é	162	A2	ó	194	C2	┬	226	E2	Γ
131	83	â	163	A3	ú	195	C3	├	227	E3	π
132	84	ä	164	A4	ñ	196	C4	–	228	E4	Σ
133	85	à	165	A5	Ñ	197	C5	┼	229	E5	σ
134	86	å	166	A6	ª	198	C6	╞	230	E6	μ
135	87	ç	167	A7	º	199	C7	╟	231	E7	τ
136	88	ê	168	A8	¿	200	C8	╚	232	E8	Φ
137	89	ë	169	A9	⌐	201	C9	╔	233	E9	Θ
138	8A	è	170	AA	¬	202	CA	╩	234	EA	Ω
139	8B	ï	171	AB	½	203	CB	╦	235	EB	δ
140	8C	î	172	AC	¼	204	CC	╠	236	EC	∞
141	8D	ì	173	AD	¡	205	CD	=	237	ED	ϕ
142	8E	Ä	174	AE	«	206	CE	╬	238	EE	ϵ
143	8F	Å	175	AF	»	207	CF	╧	239	EF	$\cap$
144	90	É	176	B0	░	208	D0	╨	240	F0	≡
145	91	æ	177	B1	▒	209	D1	╤	241	F1	±
146	92	Æ	178	B2	▓	210	D2	╥	242	F2	≥
147	93	ô	179	B3	│	211	D3	╙	243	F3	≤
148	94	ö	180	B4	┤	212	D4	╘	244	F4	⌠
149	95	ò	181	B5	╡	213	D5	╒	245	F5	⌡
150	96	û	182	B6	╢	214	D6	╓	246	F6	÷
151	97	ù	183	B7	╖	215	D7	╫	247	F7	≈
152	98	ÿ	184	B8	╕	216	D8	╪	248	F8	°
153	99	Ö	185	B9	╣	217	D9	┘	249	F9	•
154	9A	Ü	186	BA	║	218	DA	┌	250	FA	·
155	9B	¢	187	BB	╗	219	DB	█	251	FB	√
156	9C	£	188	BC	╝	220	DC	▄	252	FC	η
157	9D	¥	189	BD	╜	221	DD	▌	253	FD	²
158	9E	₧	190	BE	╛	222	DE	▐	254	FE	■
159	9F	ƒ	191	BF	┐	223	DF	▀	255	FF	

Anhang F: Schlüsselwort-Index

Die folgende Befehlsübersicht enthält alle vorhandenen QBasic-Befehle und -Funktionen in alphabetischer Reihenfolge einschließliche der Seite, wo in der Befehlsreferenz darauf eingegangen wird.

Stichwortverzeichnis

Vielen Dank!

Wenn Sie Ihr Buch nicht von hinten nach vorne studieren, dann haben Sie jetzt den ganzen Band gelesen und können ihn an Ihren eigenen Erwartungen messen. Schreiben Sie uns, wie Ihnen das Buch gefällt, ob der Stil Ihrer "persönlichen Ader" entspricht und welche Aspekte stärker oder weniger stark berücksichtigt werden sollten. Natürlich müssen Sie diese Seite nicht herausschneiden, sondern können uns auch eine Kopie schicken; für längere Anmerkungen fügen Sie einfach ein weiteres Blatt hinzu. Vielleicht haben Sie ja auch Anregungen für ein neues Buch oder ein neues Programm, das Sie selbst schreiben möchten.
Wir freuen uns auf Ihren Brief!

Mein Kommentar: _____

_____

_____

_____

_____

☐ Ich möchte selbst DATA-BECKER-Autor werden.
   Bitte schicken Sie mir Ihre Informationen für Autoren.

Name _____

Straße _____

PLZ Ort _____ _____

Ausschneiden oder kopieren und einschicken an:
DATA BECKER, Abteilung Lektorat
Merowingerstr. 30, 4000 Düsseldorf 1

440 574

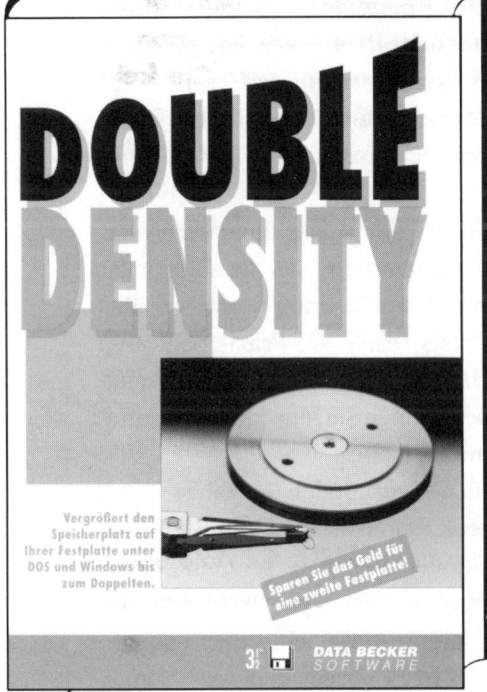

PC Praxis: Ihr zuverlässiger Partner

Ob Einsteiger, Fortgeschrittener oder Profi – wer die neuesten Entwicklungen auf dem PC-Markt miterleben will, der liest die PC Praxis.

Monat für Monat finden Sie hier das Know-how, das Sie sofort nutzen können. Unter Rubriken wie Praxis-Tests, DOS-Praxis, Software, Hardware, Windows-Praxis u.v.a.m. bekommen Sie Informationen rund um Ihren PC.

Immer verbunden mit zahlreichen praktischen Tips und Tricks. Dazu aktuelle Berichte, schonungslose Produkt-Tests, gut recherchierte Hintergrundberichte und und und. Das ist PC-Praxis in purer Form.

- Praxis-Tests
- Hardware und PC Tuning
- DOS-Praxis
- Software
- Windows-Praxis
- Aktuelles, Shareware u.v.a.m.

Holen Sie sich diese Praxis!
Monat für Monat neu im Zeitschriftenhandel